国家社会科学基金重大项目"拓展我国区域发展新空间研究"
(项目批准号:15ZDC016)

区域发展新空间

安树伟 肖金成 高国力 等著

图书在版编目（CIP）数据

区域发展新空间/安树伟等著.—北京：商务印书馆，2024
ISBN 978-7-100-23508-2

Ⅰ.①区… Ⅱ.①安… Ⅲ.①区域经济发展—研究—中国 Ⅳ.①F127

中国国家版本馆 CIP 数据核字（2024）第 055662 号

权利保留，侵权必究。

区域发展新空间

安树伟 肖金成 高国力 等著

商 务 印 书 馆 出 版
（北京王府井大街 36 号 邮政编码 100710）
商 务 印 书 馆 发 行
北京侨友印刷有限公司印刷
ISBN 978-7-100-23508-2
审图号：GS 京（2024）0900 号

2024 年 10 月第 1 版　　开本 880×1230　1/32
2024 年 10 月北京第 1 次印刷　印张 27 1/8
定价：149.00 元

序　言

魏　后　凯

　　"十一五"时期以来,中国区域协调发展战略取得了显著、积极的成效,鼓励东部地区率先发展战略、西部大开发战略、振兴东北地区等老工业基地战略和促进中部地区崛起战略已经进入一个新的阶段,特殊类型地区加快发展,共建园区、对口帮扶、转移支付、区际利益补偿等区域协调发展机制不断丰富完善,更加充分发挥地区比较优势,中西部地区经济增速连续多年高于东部地区,区域发展的协调性显著增强。2002—2022年,东部与西部人均地区生产总值之比由2.57∶1缩小到1.64∶1;2012—2020年,中国区域协调发展指数由100.0提高到118.59,这表明区域经济发展进入了一个重要的"转折"期。近年来,东部地区的城镇化和工业化速度已经趋缓,城镇化和工业化带动经济快速发展的动力逐渐减弱。无论是培育发展新动力,完善经济增长的动力源体系,促进中国经济持续平稳增长,还是促进城乡区域协调发展和共同富裕,都亟须拓展发展新空间。在新形势下,2015年10月,《中共中央关于制定国民经济和社会发展第十三个五年规划的建议》明确提出:"用发展新空间培育发展新动力，用发展新动力开拓发展新空间。"区域发展新空间是对全国经济发展具有重要的战略意义，资源环境保障能力强、经济规模大、辐射带动作用较强、经济发展动力充足、经济增长速度高于全国平均水平、能够集聚更多的人口和产业，经过一段时间的培育和发展，可以有效地推进国家工业化和城镇化的关键区域。中国是一个发展中大国，由于发展条件和机遇等方面的不同，各区域之间存在着明显的经济增长阶段的异质性，当京津冀、长三角和珠三角等进入缓慢增长阶段的时候，另外一些区域即区域发展新空间刚好处在快速增长阶段，发挥着对全国经济增长的支撑作用，这就是区域经济空间接力规律。保证中国经济持续平稳增长客观上要求拓展区域发展新空间，区域经济空间接力规律的客观存在与中国区域经济空间格局的变化，为拓展区域发展新空间提供了理论基础与现实依据。

2016年3月，首都经济贸易大学安树伟教授申请了国家社会科学基金重大项目"拓展我国区域发展新空间研究"，这是很有前瞻性的一项研究课题，这本著作就是该课题的最终研究成果。该书遵循"破题—立论—求解—对策"的研究思路，围绕支撑未来中国经济持续平稳增长的第一代区域发展空间的高质量发展、区域发展新空间的空间结构优化与产业升级、培育潜在区域发展新空间、拓展海洋发展新空间的主线，在对中国区域经济发展进入新阶段进行深入分析的基础上，构建了区域增长接力传导机制的理论模型，对区域发展空间进行了识别，提出了中国区域发展空间战略，探讨了不同类型区域发展空间的战略导向和战略重点，研究提出了推动第一代区域发展空间迈向高质量发展新阶段、充分发挥区域发展新空间的承上启下作用、筑牢潜在区域发展新空间的发展基础、陆海统筹拓展海洋发展新空间的长效机制，以及促进发展空间梯次推进的重大政策措施，对于服务和完善国家"统筹东中西、协调南北方"的区域发展总体思路，促进中国经济持续平稳增长、推动经济增长动能转换、构建区域发展新格局、促进区域协调发展具有重要意义，对于政府决策有较好的参考价值。

本书是集体合作的成果，课题负责人安树伟教授是我在中国社会科学院工业经济研究所合作的博士后，肖金成研究员、高国力研究员等是在国内区域经济和城市经济领域卓有建树的知名学者，经过四年多的研究形成了这部高质量的著作。概括来讲，该书的创新体现在如下几个方面：

第一，提出区域增长接力是拓展中国区域发展新空间的理论基础。该书分析了区域增长接力的内涵，构建了区域增长接力机制分析框架，认为区域增长接力主要通过区域发展差异、产业集聚与扩散、区域创新、政府作用四条路径推动接力区域进入快速增长阶段，并通过区域间增长新组合推动经济整体效率提升，实现区域经济持续平稳增长。基于新经济地理学的 LS 模型（Local Spillovers Model），加入时间因素，将研究对象由两区域扩展到多区域，构建了区域增长接力理论模型，从理论上证明了不同区域的经济快速增长阶段的接力可以使一个经济体获得更长时间的经济持续较快速增长。采用空间统计标准差椭圆（SDE）方法，以 2003—2017 年中国 285 个地级及以上城市为足迹空间，从连续空间大规模聚集角度计算和分析了中国区域增长接力变化趋势，认为中国经济呈现出较为明显的"由东向西、由北向南"区域增长接力，直接表现为区域之间的产业转移，进而验证了基于扩展的 LS 模型所得出的结论，为拓展区域发展新空间奠定了理论基础。

第二，科学划分三代区域发展空间，并把海洋发展空间纳入区域发展新空间的范畴。该书明确提出了狭义区域发展新空间和广义区域发展新空间的概念。狭义区域发展新空间，是指国家工业化和城镇化的重点承载区域，也是中国新一轮经济调整和经济总量扩张的主要区域。广义区域发展新空间，不仅包括狭义区域发展新空间，还包括潜在区域发展新空间和海洋发展空间等。本书把海洋发展空间界定为中国内水和领海、专属经济区和大陆架及其他管辖海域。

第三，提出拓展中国区域发展新空间的总体思路。本书主张拓展中国区域发展新空间，要以"轴带引领、城市群（都市圈）支撑、群区耦合、陆海统筹、梯次推进"为重点，形成区域发展空间梯次推进的发展格局。（1）轴带引领，重塑区域发展新格局。在已形成沿海经济带、长江经济带、陇海-兰新经济带、京广-京哈经济带和包昆经济带的基础上，积极培育渤（海湾）（内）蒙（古）新（疆）经济带、珠江（三角洲）-西江经济带和沿边经济带，形成"三纵四横一沿边"的国土空间开发主骨架。（2）城市群（都市圈）支撑，形成区域发展新空间的主体形态。（3）群区耦合，完善城市群与经济区的良性互动机制。通过城市群自身的扩展效应、作为增长极的带动效应、城市群核心城市连接形成发展轴的拓展效应、网络化的结构效应带动经济区发展。（4）陆海统筹，全方位拓展区域发展新空间。顺应海洋开发全球化趋势，推动国家发展战略由"以陆为主"向"倚陆向海、陆海并重"转变，迈向全球大洋，增强中国在全球海洋开发和公益服务中的能力与话语权。（5）梯次推进，形成"第一代区域发展空间—区域发展新空间—潜在区域发展新空间"的接力态势，把支撑全国经济持续平稳增长的"接力棒"有序地传递下去，以共同支撑未来中国经济的持续平稳增长。

第四，提出努力形成梯次推进的区域发展新空间。一是推动第一代区域发展空间迈向高质量发展新阶段。第一代区域发展空间是中国开放程度最高、经济发展最活跃、创新能力最强的区域，要以高质量发展为导向，严格生态环境保护，构建协同创新产业体系，完善城市-区域治理体系，高质量推动基本公共服务均等化，促进城市群核心城市与外围地区的良性互动发展。二是充分发挥区域发展新空间的承上启下作用。区域发展新空间要尽快成长为国家工业化和城镇化的主要承载区域，主要途径是空间结构优化和产业升级。空间结构优化要着力推动城市群空间结构网络化，优化等级规模结构，构建特色化导向的职能结构，完善现代化基础设施支撑体系；产业升级要把寻找升级捷径和拓展升级机会有机结合起来，在发挥比较优势的同时培育新的比较优势，把有利于缩小产品空间距离与加速显著比较优势扩散的产业作为发展重点。三是筑牢潜在区域发展新空间的发展基础。省际交界地区重点是消除省际合作障碍，培育区域性中心城市，探索区域利益分享机制；省内连片地区重点是加强城乡融合发展，加快促进新旧动能转换；省会及周边地区重点是强省会，构建以省会为核心的都市圈，增强集聚和辐射功能。四是陆海统筹，拓展海洋发展新空间。从中国陆海兼备的基本国情出发，以提升海洋在国家发展安全格局中的战略地位、促进陆海国土战略地位的平等为前提，以倚陆向海、加快海洋开发进程、充分发挥海洋在资源环境保障、经济社会发展和国家安全维护中的作用为导向，以协调陆海关系，加强陆海资源开发、产业布局、交通通道建设、生态环境保护等领域统筹协调，促进陆海一体化发展为路径，构建大陆文明和海洋文明相容并济的可持续发展格局。

该书还提出了拓展区域发展新空间的对策建议，即：一方面政府要坚持"有所为"，为拓展区域发展新空间提供保障；另一方面政府要坚持"有所不为"，科学界定政府作用边界，把本属于市场的作用和功能从政府职能中剥离出来，减少对经济活动的直接干预，强化政府在政策引导、规划指导、依法监管和公共服务等方面的职能，为拓展区域发展新空间提供保障。

是为序。

2023 年 11 月 16 日
（作者系中国社会科学院农村发展研究所所长、研究员）

目　录

观点概要 …………………………………………………… 1

第一篇　总　论

第一章　导论 ……………………………………………… 63
第一节　研究背景与意义 ………………………………… 64
第二节　概念界定 ………………………………………… 70
第三节　研究思路与总体框架 …………………………… 73
第四节　主要创新 ………………………………………… 81
参考文献 …………………………………………………… 85

第二章　文献综述 ………………………………………… 86
第一节　关于区域发展新空间含义与识别的研究 ……… 87
第二节　关于区域发展新空间功能与特征的研究 ……… 91
第三节　关于区域发展空间格局的研究 ………………… 93
第四节　关于拓展区域发展新空间重点与途径的研究 … 98

第五节　关于拓展区域发展新空间政策的研究 ……………… 110
第六节　总体评述 …………………………………………… 112
参考文献 ……………………………………………………… 119

第三章　区域增长接力的传导机制与检验 …………………… 129

第一节　文献综述 …………………………………………… 130
第二节　区域增长接力的内涵与特征 ……………………… 134
第三节　区域增长接力机制 ………………………………… 138
第四节　区域增长接力模型——基于扩展的 LS 模型解释… 145
第五节　中国区域增长接力的实证检验 …………………… 153
第六节　研究结论与政策含义 ……………………………… 163
参考文献 ……………………………………………………… 167

第四章　拓展中国区域发展新空间的科学基础 ……………… 170

第一节　区域发展新空间的特征 …………………………… 170
第二节　中国省际经济增长传递的基本事实与机制 ……… 173
第三节　区域发展新空间与潜在区域发展新空间的
　　　　初步识别 …………………………………………… 188
第四节　形成区域发展空间梯次推进的发展格局 ………… 211
参考文献 ……………………………………………………… 214

第五章　中国区域发展新特征与空间战略 …………………… 217

第一节　中国区域发展空间战略的演变 …………………… 217

第二节　新时代中国区域发展的新特征 226

第三节　中国区域空间发展面临的新形势 233

第四节　中国区域空间发展总体战略 238

第五节　中国区域空间发展总体战略实施对策 261

参考文献 272

第六章　第一代区域发展空间的高质量发展 275

第一节　文献综述 275

第二节　沿海三大城市群在中国区域经济格局中的地位 280

第三节　沿海三大城市群发展的现状与特征 290

第四节　沿海三大城市群高质量发展的内涵 300

第五节　沿海三大城市群高质量发展的重点 309

第六节　沿海三大城市群高质量发展的对策 317

参考文献 325

第七章　区域发展新空间的空间结构优化与产业升级 330

第一节　区域发展新空间的界定及其内涵 331

第二节　区域发展新空间的空间结构优化 338

第三节　区域发展新空间的产业升级 348

第四节　促进区域发展新空间的空间结构优化与产业升级
　　　　对策 382

参考文献 392

第八章　培育中国潜在区域发展新空间 …… 395

第一节　潜在区域发展新空间的内涵、特征与作用 …… 395

第二节　潜在区域发展新空间的选择 …… 398

第三节　潜在区域发展新空间发展的方向与重点 …… 418

第四节　培育潜在区域发展新空间的对策 …… 431

参考文献 …… 436

第九章　拓展中国海洋发展新空间 …… 438

第一节　海洋空间基本特征及中国海洋空间开发历程 …… 439

第二节　中国海洋空间开发利用现状和形势 …… 448

第三节　拓展中国海洋发展新空间的总体思路 …… 460

第四节　优化中国海洋发展新空间战略布局 …… 465

第五节　拓展中国海洋发展新空间的路径 …… 474

第六节　拓展海洋发展新空间的对策 …… 480

参考文献 …… 485

第十章　拓展区域发展新空间的对策 …… 487

第一节　现状政策的局限性 …… 487

第二节　完善自上而下与自下而上相结合的制度基础 …… 491

第三节　以财政政策梯次推进区域发展新空间 …… 494

第四节　创新区域发展新空间的协调发展机制 …… 497

第五节　完善分类指导的政策导向 …… 501

第六节　形成区域发展空间梯次推进格局 …… 507

参考文献 ………………………………………………………………… 510

第二篇 专 论

第十一章 区域发展新空间形成的动力源泉——基于资本空间转移视角 ……………………………………………… 517

第一节 文献综述 ………………………………………………… 518
第二节 资本空间转移与区域发展新空间的形成 ……………… 524
第三节 区域发展新空间由外围向核心的转变机制 …………… 527
第四节 不同空间尺度下区域发展新空间的形成 ……………… 530
第五节 研究结论与政策含义 …………………………………… 533
参考文献 …………………………………………………………… 538

第十二章 一体化、经济集聚与区域发展空间 …………… 540

第一节 文献综述 ………………………………………………… 541
第二节 一体化、经济集聚的事实与特征 ……………………… 543
第三节 一体化与经济集聚：理论模型与实证分析 …………… 553
第四节 一体化与经济集聚视角的拓展区域发展新空间 …… 577
第五节 研究结论与政策含义 …………………………………… 580
参考文献 …………………………………………………………… 583

第十三章 区域发展新空间拓展方式与全要素生产率 …… 587

第一节 文献综述 ………………………………………………… 589
第二节 影响因素与机制 ………………………………………… 592

第三节 模型设计与变量选择 …………………………………… 598
第四节 实证分析 …………………………………………………… 604
第五节 研究结论与政策含义 …………………………………… 617
参考文献 ……………………………………………………………… 619

第十四章 区域发展新空间的风险来源与规避 ……………… 623

第一节 区域发展新空间的形成过程 …………………………… 623
第二节 区域风险因素及其分析框架 …………………………… 627
第三节 区域发展新空间的风险来源 …………………………… 630
第四节 区域发展新空间的风险规避 …………………………… 632
参考文献 ……………………………………………………………… 636

第十五章 "一带一路"倡议与区域发展新空间 ……………… 638

第一节 "一带一路"倡议对拓展区域发展新空间的影响 …… 639
第二节 "一带一路"倡议下拓展区域发展新空间的重点 …… 645
第三节 "一带一路"倡议下拓展区域发展新空间的对策 …… 652
参考文献 ……………………………………………………………… 658

第十六章 供给侧改革与区域发展新空间 …………………… 661

第一节 供给侧改革影响区域发展新空间的机制 …………… 661
第二节 供给侧改革下拓展区域发展新空间的重点 ………… 666
第三节 供给侧改革下拓展区域发展新空间的对策 ………… 672
参考文献 ……………………………………………………………… 679

第十七章　资源环境约束下的区域发展新空间 ………………… 680

第一节　文献综述 ………………………………………… 681
第二节　中国经济发展的资源条件 ……………………… 683
第三节　拓展中国区域发展新空间的资源约束 ………… 691
第四节　拓展中国区域发展新空间的环境约束 ………… 695
第五节　资源环境约束下中国区域发展新空间的发展导向 … 701
第六节　资源环境约束下拓展中国区域发展新空间的对策 … 709
参考文献 …………………………………………………… 716

第十八章　国外拓展区域发展新空间的经验与启示 ……… 719

第一节　国外典型国家发展历程 ………………………… 719
第二节　国外拓展区域发展新空间的主要经验 ………… 728
第三节　国外拓展区域发展新空间的教训 ……………… 738
第四节　国外拓展区域发展新空间对中国的启示 ……… 740
参考文献 …………………………………………………… 743

第三篇　案　例

第十九章　京津冀区域发展新空间 …………………………… 751

第一节　京津冀拓展区域发展新空间的现实要求 ……… 752
第二节　京津冀发展空间的现状和演进 ………………… 756
第三节　京津冀发展新空间和潜在发展新空间的选择 … 766
第四节　京津冀发展新空间的发展方向和重点 ………… 774
第五节　京津冀潜在发展新空间的发展方向和重点 …… 779

第六节　京津冀拓展区域发展新空间的对策 ······ 782

参考文献 ······ 786

第二十章　广东区域发展新空间 ······ 788

第一节　文献综述 ······ 790

第二节　广东区域经济的基本特征 ······ 792

第三节　基于经济总体层面的新空间演变轨迹 ······ 798

第四节　基于产业层面的新空间演变轨迹 ······ 806

第五节　研究结论与政策含义 ······ 813

参考文献 ······ 818

第二十一章　北京区域发展新空间 ······ 820

第一节　北京拓展区域发展新空间的必要性 ······ 820

第二节　北京区域发展新空间的识别 ······ 824

第三节　优化提升北京第一代区域发展空间 ······ 834

第四节　北京区域发展新空间的功能定位和发展方向 ······ 838

第五节　北京拓展区域发展新空间的对策 ······ 842

参考文献 ······ 845

后记 ······ 848

观点概要

经过改革开放 40 多年的高速发展,中国取得了长期高速经济增长和大规模城镇化的辉煌成就。中共二十大报告指出:"从二〇二〇年到二〇三五年基本实现社会主义现代化;从二〇三五年到本世纪中叶把我国建成富强民主文明和谐美丽的社会主义现代化强国。"在未来一个较长时期内,中国经济和社会发展对资源和环境的压力将持续加大,各地区的自然结构和社会经济结构将继续演变,社会经济与自然基础之间的匹配和适应关系更趋于复杂。这将使中国国土安全、资源保障、生态和环境等面临诸多问题。为了应对这些可能出现的挑战,我们需要对这些问题进行思考:中国日益庞大的经济总量如何在全国地域上合理布局?如何使那些生态脆弱和环境恶化的地区不至于崩溃?如何使那些都市圈和城市群、人口和产业集聚带能够增加可持续发展的能力?如何看待中国内部的发展不平衡?根据城镇化发展的一般规律和发达国家城镇化的峰值水平来看,未来东部地区大部分省份的城镇化速度将趋缓,城镇化带动东部地区快速发展的动力会减弱。中国今后社会经济发展的空间格局无法按照目前的态势均衡地延伸下去,各地区不可能都使 GDP 以同样速度翻番下去,全国及各地区的城镇化和工业化进程及其与支撑体系要素间的匹配关系将更加千差万别。2015年3月,李克强总理在政府工作报告中提出:"拓展区域发展新空间。统筹实施'四大板块'和'三个支撑带'战略组合。"2015年10月,《中共中央关于制定国民经济和社会发展第十三个五年规划的建议》明确提出:"用发展新空间培育发展新动力,用发展新动力开拓发展新空间。"2022年,习近平总书记在中共二十大报告中指出:"促进区域协调发展,深入实施区域协调发展战略、区域重大战略、主体功能区战略、新型城镇化战略,优化重大生产力布局,构建优势互补、高质量发展的区域经济布局和国土空间体系。"在这样的背景下,拓展区域发展新空间必然成为关系到全国经济社会可持续发展的重大战略问题,也是未来一段时期迫切需要解决的问题。

一、中国区域经济发展进入新阶段

随着区域重大战略陆续推出,中国区域空间发展也面临着新的形势,区域格局将发生深刻变化。从国际看,世界经济格局出现新变化,有利于中国参与全球产业分工和区域合作,提升综合国力和国际竞争力。从国内看,中国总体正处于工业化中期后半期阶段、城镇化快速发展的后期阶段,同时处于聚集国家财富和实力并提高国际地位的时期。随着中国工业化、城镇化、市场化、信息化、国际化的深入发展,经济总量将继续较快速扩张,人口总量将持续扩大,社会转型加快,国民意识和价值观快速变化,资源与空间瓶颈制约凸显,人口老龄化和经济结构转型加快,宜居环境建设需求不断提高,对中国的国土空间开发提出了更高的要求。即不仅要解决"量"的扩张带来的对各类国土空间的需求,也要考虑"质"的提高对国土空间的优化;不仅要考虑与国际的接轨,也要考虑区域内国土空间体系的构建：中国国土空间开发面临的形势将更加复杂。特别是，中国正处于工业化中期的后半期，产业结构、区域结构、城乡结构正发生较大的变化，迫切需要在工业化和城镇化快速推进过程中，优化区域空间开发结构，拓展区域发展新空间，从而有利于促进中国经济持续平稳增长，有利于到21世纪中叶全面建成社会主义现代化强国，有利于推动经济增长动能转换，有利于构建优势互补、高质量发展的区域经济布局，有利于促进区域协调发展。

（一）区域经济增长动力由东部带动为主转向东中西共同带动为主

"十一五"以来，东部地区受国际金融危机的影响比较严重，经济增长的速度开始慢于国内其他地区。2006—2021年，中国东部、中部、西部、东北地区的地区生产总值年均增长率（按可比价格计算）分别为8.6%、9.5%、9.8%、7.0%。与此同时，东部地区在全国的地位有所下降，产业向中西部地区转移的趋势开始加速，中西部地区与东部地区经济发展水平差距在不断缩小。2006—2021年，东部地区生产总值占全国的比重总体上呈下降趋势，2014年后虽稍有上升，但2017年后又开始下降，2020年之后略有反弹；2006—2019年，中部地区占全国的比重持续上升，由18.7%上升至22.2%，2021年略下降至22.0%；西部地区占全国的比重总体上呈现上升趋势，2017年略微下降，但之后又不断上升；2014年之前，东北地区占全国的比重稳定在8.5%左右，之后持续下降（见图1）。这一时期，东部地区仍然是支撑全国经济发展的主导地区。

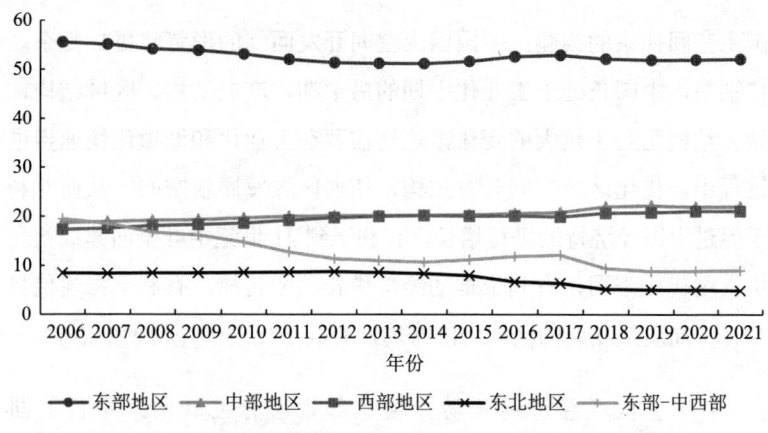

图1 2006—2021年四大区域地区生产总值占全国比重的变化（%）

资料来源：2006—2020年数据根据相关年份《中国统计年鉴》整理，2021年数据根据《中国统计摘要2022》整理。

从东部、中部、西部和东北四大区域对全国经济增长的贡献率来看，2006—2012年，东部地区对全国经济增长的贡献率在下降，2013—2016年不断上升，2017年开始下降，2018年达到最低，2019年有所反弹，2021年对全国经济增长的贡献率为53.0%，与2006年相比降低了2.5个百分点。而中西部地区对全国经济增长贡献率的波动情况与东部地区正好相反，2018年达到最高，2019年稍有下降，2021年中西部地区对全国经济增长的贡献率为43.3%，与2006年相比提高了6.7个百分点，且中部地区贡献率略高于西部地区（见图2），这说明未来中国区域经济增长动力由东部带动为主转向东中西共同带动为主。根据国务院发展研究中心"中长期增长"课题组预测，2019—2023年，中国东部地区预期年均增速将略高于6%，中部地区除了个别省份外，预期增速将达到7%左右，西部地区预期增速将达到7%，东北地区经济增长仍将保持相对较低的速度，预期平均增速略高于 5%（刘世锦，2019）。当时尚未发生全球性的新冠疫情，受新冠疫情影响，2020 年以来中国经济增长速度持续下降，2020 年为 1.9%，2021 年为 8.2%，2022 年为 3.0%。这次新冠疫情对中国经济增长冲击很大，有些方面可能无法回到疫情之前的状态。但是，中国经济的基本面并未伤筋动骨，从长远和大局看经过短期政策和中长期改革的有效结合，中国经济有可能在两三年内回到正常增长轨道（刘世锦，2020）。

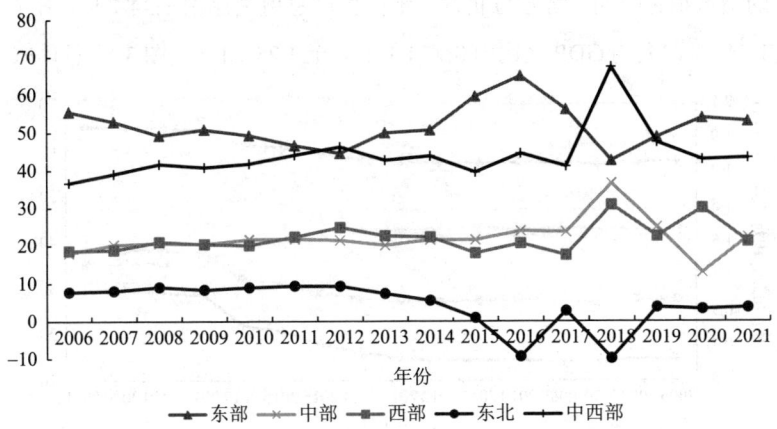

图 2　2006—2021 年四大区域对全国经济增长的贡献率（%）

资料来源：2006—2020 年数据根据相关年份《中国统计年鉴》整理，2021 年数据根据《中国统计摘要 2022》整理。

（二）区域经济分异由东西分异转向南北分异

随着区域协调发展战略的实施，2006—2021 年，中国的东部地区与中西部地区的地区生产总值占全国比重的差距总体上在不断缩小（见图 1）。同期，东部地区与西部地区的地区生产总值之比由 3.2：

1下降至2.5∶1，人均地区生产总值之比由2.4∶1下降至1.7∶1。与中国经济发展的东西差距变化不同，2006—2021年，中国南方与北方的地区生产总值占全国比重的差距比较稳定，2012年以后总体上在不断扩大。①2006—2021年，北方的地区生产总值年均增长率（按可比价格计算）为8.2%，比南方低1.1个百分点。这种增长速度差异导致中国南北方发展水平差距趋于扩大。2006—2021年，北方的地区生产总值占全国比重从42.7%下降至35.2%，成为改革开放以来的最低值；同期，南方与北方的地区生产总值之比由1.34∶1上升至1.84∶1，人均GDP之比由0.97∶1上升至1.25∶1（见图3）。总体来

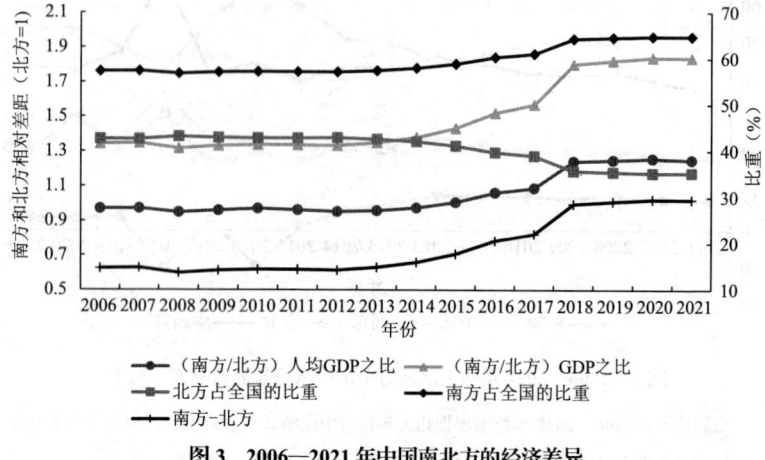

图3 2006—2021年中国南北方的经济差异

资料来源：2006—2020年数据根据相关年份《中国统计年鉴》整理，2021年数据根据《中国统计摘要2022》整理。

---

① 基本以秦岭-淮河为分界线，南方包括安徽、江苏、浙江、上海、湖北、湖南、四川、重庆、贵州、云南、广西、江西、福建、广东、海南、西藏，共16个省（自治区、直辖市）；北方包括北京、天津、内蒙古、新疆、河北、甘肃、宁夏、山西、陕西、青海、山东、河南、辽宁、吉林、黑龙江，共15个省（自治区、直辖市）。

看，2010年以后南方与北方的地区生产总值占全国比重的差距，大于东部与中西部的地区生产总值占全国比重的差距，中国区域经济差距已经由东西差距转向南北差距。

投资增速差异是中国南北经济分化的一个重要原因。从全社会固定资产投资来看，南北方投资增速均呈现明显下行趋势，但北方下滑幅度更大。2006—2017年，北方全社会固定资产投资增速从27.2%下滑至-0.5%，降低了27.7个百分点；同期，南方从21.5%下滑至10.5%，但仍保持两位数增长。北方投资增速从领先南方5.7个百分点转变为落后11.0个百分点。

我国区域经济的南北分化与产业结构密切相关。北方资源型产业比重大，产业链条短，深加工程度低，产业转型升级慢，严重制约了地区经济发展（魏后凯，年猛，李功，2020）。以辽宁和山西为代表的资源型经济、"去产能"大省下滑严重，而南方以服务业为主的第三产业发展势头良好，产业转型升级迅速，以广东、江苏等为代表的东南沿海的经济强省经济韧性强，以重庆、贵州、西藏为代表的部分西南省份经济增速较高，但目前对全国经济拉动效果有限。目前来看，随着产业结构的转变，南北增速分化主要表现在第三产业。2011—2021年，北方第三产业增加值平均增速（按当年价格计算）从20.12%下滑至8.30%，降低了11.82个百分点；同期，南方第三产业增加值增速从20.17%下滑至12.37%，降低了7.80个百分点。十年间，北方第三产业增速从落后南方0.05个百分点扩大至落后4.07个百分点。

（三）区域政策的空间尺度日益多元化

随着区域问题的日益复杂化，中国区域政策的空间尺度变得更加多元,更加关注跨区域尺度,甚至正在跨越国界。在国际层面,澜沧江-湄公河国际次区域合作、长吉图开发开放先导区建设等不断推进,"一带一路"倡议的落实,对中国经济发展和对外开放产生了重要的影响,在区域政策方面得到越来越多的重视。在全国层面,京津冀协同发展、长江三角洲区域一体化发展、粤港澳大湾区建设、长江经济带发展、黄河流域生态保护和高质量发展相继上升为区域重大战略。在区域层面,以城市群和都市圈为主体形态推动新型城镇化,尤其开始重视省际交界地区的合作与发展。在城市层面,国家级新区、产城融合示范区、航空港经济综合实验区、开发开放试验区等城市功能区的区域规划和政策文件越来越多。总的来说,区域政策的着力点从"个别"转向"整体",从"区域内"转向"区域间",从"差异化"转向"一体化"。

(四)部分区域的城市收缩问题突出

2010—2020年,扣除行政区划调整因素,全国623个县级及以上城市[1]中,以建成区人口[2]计算,共有116个城市出现收缩,占城市总数的18.6%。其中,人口减少10%以上的城市有49个,占收缩城市的42.2%;人口减少5%—10%的城市有31个,占26.7%;人口减少1%—5%的城市有25个,占21.6%;人口减少低于1%的城市有11个,占9.5%。收缩城市主要为东北地区的资源型枯竭型煤炭、森

---

[1] 《中国城市建设统计年鉴2020》缺失新疆的图木舒克、五家渠数据,南通的海门、长治的潞城、烟台的蓬莱与济南的莱芜均撤县(市)设区,也没有考虑新设立的县级市。

[2] 采用相关年份《中国城市建设统计年鉴》的城区人口和城区暂住人口数据测算,城区总人口=城区人口+城区暂住人口。

工城市，占 41.4%，其中辽宁有 18 个、吉林有 16 个、黑龙江有 14 个（见表 1）。

表 1　2010—2020 年全国县级及以上城市的人口减少幅度

城市类型	人口减少幅度（%）	数量（个）	城　市
地级市	10%以上	11	伊春、鄂州、鄂尔多斯、抚顺、四平、白银、中卫、淮北、鸡西、辽源、鹤岗
	5%—10%	8	佳木斯、鞍山、本溪、通辽、平顶山、黄石、锦州、白城
	1%—5%	10	铁岭、营口、安顺、雅安、辽阳、齐齐哈尔、朝阳、双鸭山、吉林、哈密
	1%以下	6	佛山、洛阳、滨州、大同、阜新、商丘
县级市	10%以上	38	洪湖、根河、井冈山、玉门、东方、舒兰、大安、公主岭、万宁、罗定、汾阳、肇东、永济、汨罗、都江堰、海城、桦甸、耒阳、三河、五指山、图们、塔城、敦化、集安、开原、龙井、绥芬河、瑞安、义乌、磐石、合山、广汉、北票、铁力、琼海、新民、灯塔、丹江口
	5%—10%	23	洮南、兴宁、额尔古纳、霍林郭勒、东兴、奎屯、大石桥、韶山、海阳、当阳、和龙、兰溪、敦煌、津市、北安、冷水江、汉川、北镇、虎林、台山、常宁、德令哈、凌海
	1%—5%	15	乐昌、双辽、巢湖、江山、义马、张家港、任丘、同江、沅江、信宜、瓦房店、牙克石、连州、合作、大冶
	1%以下	5	博乐、莱阳、高密、宁安、五大连池

资料来源：根据 2010 年和 2020 年《中国城市建设统计年鉴》整理。

（五）区域经济从竞争为主转向合作为主，省际交界区域发展问题逐渐成为国家重点关注的区域

经济新常态下，中国通过继续追加要素投入促进经济增长的空

间不大，将更多地依赖生产率的提高。各地区从过去依靠自身"一亩三分地"为主体的区域竞争来推动经济增长，转向开展区域合作、促进市场一体化、减少负外部性的联动发展，通过要素在区域间重新配置带来生产率的提高。具体来看，一是通过减少壁垒，降低产业合作的交易成本和流通成本。二是构建统一市场，进一步促进专业化分工，提高生产效率。三是更加注重引导和利用先发地区的知识外溢，带动后发地区增强发展能力。四是通过联动发展促进解决生态环境等负外部性问题。五是继续扩大开放，通过国际合作扩大中国在全球配置资源的范围，消化和转移过剩产能；通过基础设施互联互通等改善中国地缘区位，提升竞争优势；通过中国自由贸易试验区等制度创新，促进技术和服务贸易发展。

近年来，中国通过开展各种类型的区域合作，进一步挖掘释放区域比较优势，维持发展动力，尤其是省际交界地区的合作越来越受到重视。中国省级行政区陆路边界共66条，总长5.2万千米，按边界两侧各15千米计算，总面积约156万多平方千米，分布了849个县级行政区，蕴藏有丰富的资源。但省际交界区域更多的表现为经济的欠发达性、不协调性和不可持续性，形成了一种特殊的经济现象——行政区边缘经济（安树伟，2004）。2018年11月，《中共中央 国务院关于建立更加有效的区域协调发展新机制的意见》提出，支持晋陕豫黄河金三角、粤桂、湘赣、川渝等省际交界地区合作发展，探索建立统一规划、统一管理、合作共建、利益共享的合作新机制。加强省际交界地区城市间交流合作，建立健全跨省城市政府间联席会议制度，完善省际会商机制。可以预见，省际交界地区发展将受到越来越多的重视。

(六)区域经济增长新动力正在孕育

近年来,中国一些地区出现了以互联网等现代信息技术平台为基础,以"大众创业、万众创新"为动力的众多新经济形态;种类繁多、形式多样的新业态和商业模式,对于激发和保持经济增长活力发挥了重要作用。互联网催生的现代服务新业态、新模式,尤其是数字经济,正在成为地方经济增长的新动力源。在一些电子商务起步较早的地区,电子商务已经成为保持地方经济活力的重要因素,如浙江促进电子商务和外贸融合,通过金融、物流、信用、监管等机制创新,大力发展跨境电商。互联网经济对产业衰退地区的转型同样具有积极促进作用,东北许多老工业基地和资源型地区涌现出了智能制造、柔性定制等新的制造业形态,成为衰退地区经济发展的亮点。北京、深圳、杭州等技术和商业模式创新活跃、融资便捷的城市,成为以分享经济为代表的新业态发展的标杆,在金融、生活服务、交通出行、知识技能、房屋短租领域都占据了引领地位。

二、拓展区域发展新空间的科学基础

准确把握区域发展新空间的基本内涵与本质特征,概括中国区域增长接力的基本事实、阶段与特征,分析区域增长接力的机制,科学识别不同类型的发展新空间,为拓展区域发展新空间奠定了科学的基础。

(一)区域发展新空间的内涵

区域发展新空间是对全国经济发展具有重要的战略意义,资源环境保障能力强、经济规模较大、辐射带动作用较强、经济发展动力充足、经济增长速度高于全国平均水平、能够集聚更多的人口和产业,经过一定时间的培育和发展,可以有效地推进国家工业化和城镇化的关键区域。区域发展新空间的概念有狭义和广义之分(安树伟,肖金成,2016)。从狭义上看,区域发展新空间主要指国家工业化和城镇化的重点承载区域,也是新一轮中国经济调整和经济总量扩张的主要区域、基本实现社会主义现代化的重点保障区域。从广义上看,区域发展新空间不仅包括狭义的新空间,还包括高度发达的京津冀、长三角和珠三角地区,这些地区通过实现高质量发展仍然有一定的发展空间,也包括未来15—35年支撑中国经济稳定持续平稳增长、建成社会主义现代化强国的潜在区域发展新空间和海洋空间。

因此,广义区域发展新空间可以分为三种类型:第一种类型是第一代区域发展空间,指经历了一段时期经济快速增长后处于高度发达但增长速度趋于缓慢的地区,通过转型升级、结构优化和功能提升等内涵式方式拓展发展空间,未来的发展方向是高质量发展;第二种类型是第二代区域发展空间,即狭义区域发展新空间,指当前经济发展动力充足、增长速度快、具有一定经济规模的地区,是在未来15年左右推进国家工业化和城镇化的引领区域和带动区域、基本实现社会主义现代化的重点保障区域,也是目前国家区域经济战略调整的主导力量;第三种类型是第三代区域发展空间,也称为潜在区域发展新空间,指当前经济增长速度快、发展动力较足但经济规模较小的地区。与前两者相比,潜在区域发展新空间的发展水平仍然较低,产业结构需要转型升级,仍有较大的发展潜力可以释放,是区域发展新空间的接替区域,是未来15—35年支撑中国经济持续稳定增长和全面建成社会主义现代化强国的重要区域。需要特别强调的是,第三代区域发展空间也包括海洋发展空间。

(二)区域发展新空间的特征

1. 广义区域发展新空间的特征

广义区域发展新空间有如下五个特征。

一是战略性。区域发展新空间对国民经济发展具有重要的全局意义,经济总量较大,经济增速较快,对全国经济增速有较大的贡献,有条件集聚更多的人口和产业,可以有效地推进国家工业化和城镇化进程,是落实国家发展战略的重点区域。二是带动性。区域发展新空间在一定地域范围内吸引人口、资本、技术等生产要素集聚,是支撑全国经济发展的增长极,对周边地区发展具有很强的辐射带动作用。三是梯次性。区域发展新空间既包括可以通过空间结构优化和产业升级更好地参与国际竞争的高度发达地区,又包括未来15年左右支撑全国经济持续平稳增长的关键区域和基本实现社会主义现代化的重点保障区域,还包括未来更长时间内能够支撑全国经济平稳增长、建成社会主义现代化强国的潜在发展新空间和海洋发展空间。不同类型的新空间,无论是自身经济发展水平和发展阶段,还是支撑中国经济发展的时间跨度,都是梯次推进的。四是层次性。区域发展新空间既有全国层面的新空间,又有城市群层面的新空间,还有省域层面及地级市层面的新空间。不同层次的新空间战略重点有所不同:国家层面的新空间着重于寻找经济新的增长点,区域层次的新空间着重于统筹实施区域协调发展战略和区域重大战略所带来的新空间,城市群层次的新空间着重于城市群的成长所带来的新空间。五是多维性。区域发展新空间既可以是内涵式的新空间,即通过科技创新、结构优化、功能提升等带来的经济效率提高和速度加快，走高质量发展之路；也可以是外延式的新空间，即在地理空间上的扩展，主要指土地利用的扩张，例如城市建成区范围的扩大、海洋发展空间的拓展、城市新区的发展等；还有可能是内涵与外延并重的区域发展新空间。

2. 狭义区域发展新空间的特征

与第一代、第三代区域发展空间相比，狭义区域发展新空间（即第二代区域发展空间）具有如下特点。

第一，承上启下性。狭义区域发展新空间是近期内支撑中国经济平稳增长和基本实现社会主义现代化的重要保障区域，也是全国新一轮经济调整和经济总量扩张的主要区域，即需要充分发挥承上启下作用，不仅要把第一代区域发展空间的经济支撑作用接替过来，更需要带动潜在区域发展新空间尽快成长。第二，空间集聚性。从空间形态看，狭义区域发展新空间是发育较为成熟的城市群，其发育程度和发展水平尚低于东部沿海地区的京津冀、长三角和珠三角三大城市群，但近年来发展迅速，城市群空间结构表现出较强的轴线发展特征。加之狭义区域发展新空间经济发展和城镇化水平较高、产业基础良好，使得该区域的产业承载能力强、人口集聚功能优，对周边地区产生较强的辐射带动作用。第三，增长动力强劲。从经济发展状况看，狭义区域发展新空间具有较充足的发展动力和较快的经济增长速度。第一代区域发展空间在经历了一段时期快速增长后，当前经济发展速度趋于缓慢，但创新能力强；第三代区域发展空间经济增长速度快，但发展动力还相对偏弱，经济规模也不大。狭义区域发展新空间兼具第一代、第三代发展空间的优势，不仅保持了较快的经济增长速度，而且有较高的创新能力、较快的新型城镇化速度等因素形成的较强劲经济发展动力。第四，环境容量大。

狭义区域发展新空间是当前国家工业化和城镇化的重点承载区域和基本实现社会主义现代化的重点保障区域。一方面，这些区域尚未经过大规模、高强度的经济开发，生态环境的破坏和污染程度较低；另一方面，这些区域也拥有较为充足的水资源、土地资源等经济社会发展所必需的要素资源，发展条件较优越，具有较强的资源环境承载力以支撑其经济持续发展。

（三）区域增长接力与中国区域经济增长的阶段性

1. 区域经济增长的阶段性

对一个区域而言，经济增长分为起步缓慢增长、快速增长、增速减缓和结构调整三个阶段（见图4）。但由于各区域所拥有的资源禀赋、技术水平、人力等因素不同，区域间经济增长阶段存在差异，这为区域间组合式增长提供了可能。当先发地区经济增长放缓时，可以利用次先发地区经济的快速增长带动整体区域经济持续增长。当次

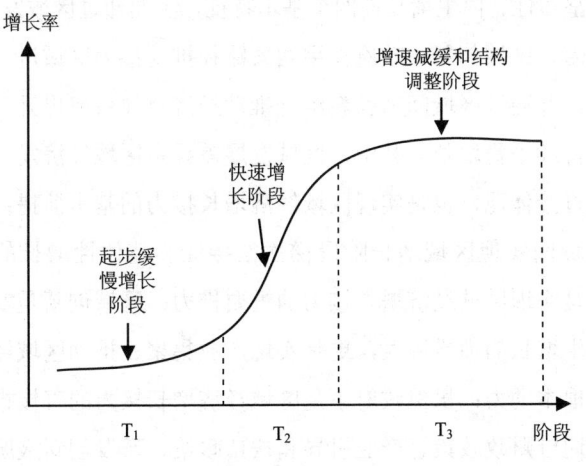

图4　区域增长三阶段示意图

先发地区进入经济增长放缓阶段时，又可以通过先发地区的转型实现新一轮增长或者后发地区的快速增长等接力方式实现整体区域经济持续平稳增长。由于区域间存在经济发展阶段异质性，通过不同区域增长阶段的组合形成区域增长接力，最终有较大可能延长整体经济的增长周期，实现区域经济持续平稳增长。

2. 区域增长接力机制

区域增长接力是指在足够大的空间范围内，经济体内部不同区域的经济快速增长阶段梯次发生且彼此衔接，通过多区域经济体动态组合增长，最终推动区域经济持续平稳增长，延长整体区域增长生命周期的过程。与传统意义上的区域梯度转移、区际传递相比，它不仅体现在区域间经济的转移或承接，更侧重于经济增长异质性的视角，强调能够通过新的区域增长组合承接起带动整体经济持续平稳增长的接力棒，延长整体经济增长周期，支撑未来经济持续稳定增长。区域增长接力是一个动态过程，具有阶段异质性、梯次衔接性、整体性、内生增长性四个基本特征，主要通过区域发展差异、产业外溢、区域创新、政府作用四条路径推动接力区域进入快速增长阶段，并通过区域间增长新组合推动经济整体效率提升，实现区域经济持续平稳增长。其中，区域发展差异是区域经济发展阶段异质性的直接体现，也是实现区域经济增长接力的基本前提；产业外溢是区域间实现区域增长阶段梯次衔接性和整体性增长的主要路径，也是实现区域经济增长接力的重要推力；区域创新是实现区域经济内生增长的力量源泉，更是实现产业集聚、推动区域经济增长接力的根本动力；虽然政府不是区域经济增长接力的直接推动者，但可以通过财政政策、产业引导和扶持政策、研发创新鼓励政策等一系列措施，间接推动区域创新、产业外溢和区域间差异化发展，进而影响区域经济增长过程（见图 5）。

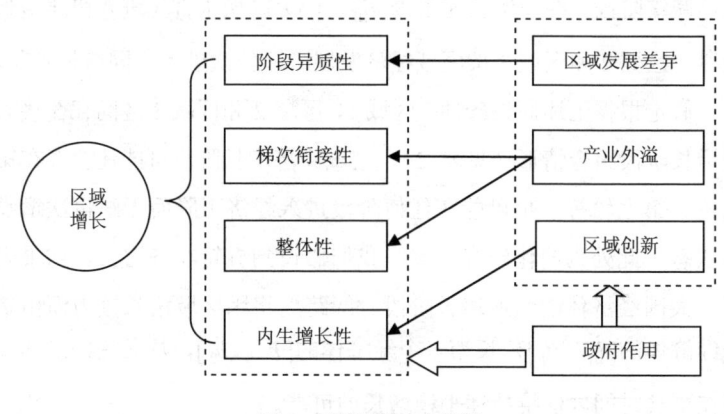

图 5　区域增长接力机制

在 LS 模型（Local Spillovers Model）的基础上，加入时间因素，同时将研究由两区域扩展到多区域，构建区域增长接力模型。不同的区域由于存在时序差异而分为先发区域、次先发区域和后发区域，分别记为区域 1、区域 2 和区域 3。假定：(1) 每一个区域均存在两轮区域经济增长周期。(2) 每一个区域的经济增长周期内部至少经历三个阶段，即起步缓慢增长、快速增长、增速减缓阶段。设定在第一轮经济增长周期 T_1 内，当 $t \in [0, \alpha h_1]$（其中，$\alpha < 1$，且 $h_1 < h_2$）时，经济增长处于起步缓慢增长阶段，经济增长速率为 g_I；当 $t \in (\alpha h_1, h_1]$ 时，经济增长处于快速增长阶段，经济增长速率为 g_II；当 $t \in (h_1, t_1]$ 时，经济增长处于增速减缓阶段，经济增长速率为 g_III（$g_\text{III} > g_\text{I}$）。在第二轮经济增长周期 T_2 内，当 $t \in (t_1, \partial t_1]$（其中，$1 < \partial < h_2 / t_1$）时，经济增长处于新一轮起步缓慢增长阶段，经济增长速率为 g'_I，$g'_\text{I} > g_\text{I}$；当 $t \in (\partial t_1, h_2]$ 时，经济增长处于快速增长阶段，经济增长速率为 g'_{II}，$g'_{II} > g_{II}$；当 $t \in (h_2, t_2]$ 时，经济增长处于增速减缓阶段，经济增长速率为 g'_{III}。(3) 区域 1 首先进入快速增长阶段，区域 2 和区域 3 按区域经济发展阶段依次进入不同增长阶段。

假定根据上述假设条件，区域 1、区域 2 和区域 3 之间存在接力型增长阶段组合情形（见表 2）。区域经济增长阶段可能还会存在第六轮、第七轮等，也可能在任何阶段进入经济下降而无法再次增长的状态。此处为简化研究问题，我们假设到五轮经济增长。结果表明，大国经济体的快速增长阶段时间跨度将因区域增长接力而由单个经济体的 $[h_1, t_1]$ 延长为多个经济体的 $[h_1, h_2]$，从而使经济体实现在更长时间内保持持续平稳增长的可能。

表 2　区域增长阶段异质性条件下区域组合增长增速

组合增长阶段	区域1	区域2	区域3	时间区间
第一轮	g_{II}	g_{I}	g_{I}	$[0, h_1]$
第二轮	g_{III}	g_{II}	g_{I}	$(h_1, t_1]$
第三轮	g'_{I}	g_{III}	g_{II}	$(t_1, \partial t_1]$
第四轮	g'_{II}	g'_{I}	g_{III}	$(\partial t_1, h_2]$
第五轮	g'_{III}	g'_{II}	g'_{I}	$(h_2, t_2]$

3. 中国区域增长接力的现实依据

区域增长接力的基本事实在中国省级和地级市两个空间尺度均存在。

（1）基于省级层面的区域增长接力

从省级层面来看，中国区域经济增长存在明显的省际传递。通过分析 1978—2021 年全国 30 个省（自治区、直辖市）①（不含香港、澳门和台湾地区）经济增长率（按当年价格计算）的变化，把经济增长率排名前 10 位的省份作为带动全国经济增长的区域。结果表明，不同时期带动中国经济增长的区域发生了较为明显的变化，大致可以分为四个阶段（见图 6）：（1）均衡带动阶段（1978—1985 年）。这一时期，带动中国经济增长的省份在地区分布上相对均衡，经济增长的主要动力来自政策导向下的改革开放和能源需求。（2）东部省份持续带动阶段（1986—2000 年）。这与国家区域经济发展战略由均衡发展战略向非均衡发展战略转变，以及东部地区的经济发展基础好、市场化程度高、对外开放程度高有关。（3）以东部省份带动为主向以中西部省份带动为主过渡阶段（2001—2005 年）。这同国家区域经济协调发展战略、扩大内需政策、市场经济体制建立与全方位对外开放格局的形成，以及东部地区产业逐步向中西部地区转移有关。（4）以中西部省份带动为主阶段（2006 年至今）。这一时期，带动中国经济增长的省份转变为以中西部省份为主。该时期，国家实施了区域协调发展战略，继续扩大国内需求、优化产业结构，推动经济发展。

（2）基于地级市层面的区域增长接力

从地级市层面来看，中国经济呈现出较为明显的"由东向西、由北向南"的区域增长接力现象。以 2003—2020 年中国 285 个地级及以上城市为足迹空间，通过标准差椭圆（SDE）方法分析中国区域

---

① 由于在自然地理、地缘政治、民族宗教等方面的特殊性，西藏经济发展基本上是中央政府援助主导式的发展，故此处不包括西藏。

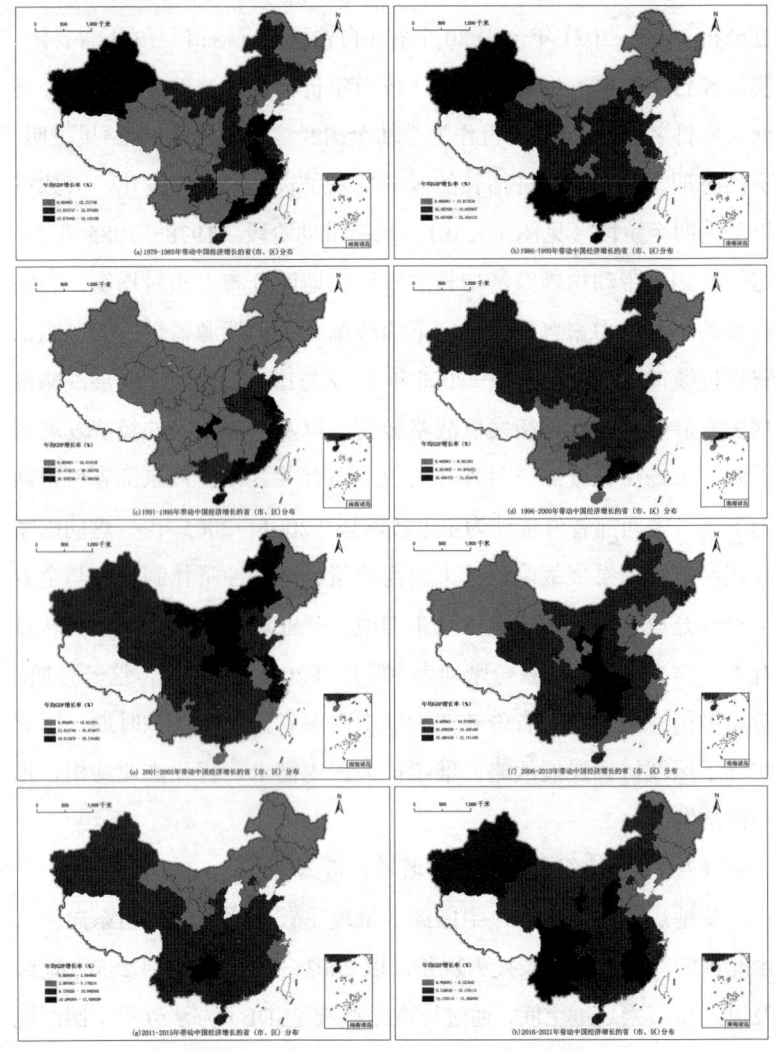

图6　1978—2021年带动中国经济增长的省份分布

注：图中年均 GDP 增长率区间端点值的选取，以把全国 30 个省（自治区、直辖市）分为三个层次为目的。

资料来源：根据各省（自治区、直辖市）相关年份统计年鉴和《中国统计摘要 2022》整理。

经济增长接力变化趋势。2003—2020 年，中国人均 GDP 绝对值与 GDP 增长率椭圆空间分布中心移动轨迹总体方向一致，大致呈现"由东南向西北再向西南"移动的趋势（见图 7）。具体来看，地级及以上城市的区域增长接力可分为三个阶段：(1) "由东向西"增长接力阶段（2003—2009 年）。这一时期，中国经济处于快速增长阶段，增速介于 9.1%和 14.2%之间，经济中心呈现由东南部沿海向中西部偏北区域偏移，中西部偏北区域由经济起步缓慢增长阶段进入经济快速增长阶段，而东南部沿海地区的增速开始趋缓。(2) 转折阶段（2010—2012 年）。这一时期，是中国中西部偏北区域向偏南区域偏移的过渡阶段，经济中心虽仍向中西部偏北区域偏移，但西南地区经济集聚动力开始增强。(3) "由北向南"增长接力阶段（2013 年至今）。这一时期，中国西南地区经济集聚力超过来自东部地区的产业溢出，且这种集聚力达到一定程度，经济中心开始明显向中西部偏南地区移动，中部和西南地区成为带动区域经济增长接力区域。

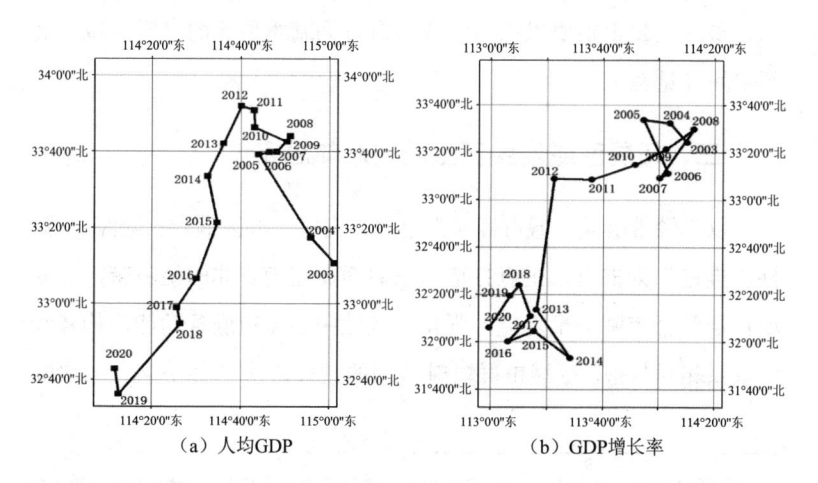

图 7　2003—2020 年全国 285 个地级及以上城市人均 GDP 和 GDP 增长率中心空间位移

（四）区域发展新空间的识别

识别新空间是拓展区域发展新空间的重要前提，也是发挥新空间功能需要首先解决的关键科学问题。依据区域发展新空间和潜在区域发展新空间的内涵，使用经济增长率来衡量经济增长速度，从产业升级、需求拉动、创新驱动、城市引导四个方面构建城市经济增长动力指标体系，采用市辖区工业用地比重和人均供水能力来衡量资源环境承载力。识别过程包括四个步骤：首先，以全国287个地级及以上城市[①]为研究对象，从经济增长速度和经济增长动力两个方面，识别出以地级市为基本单元的新空间（空间节点）；其次，用市辖区工业用地比重和人均供水能力两个指标衡量其资源环境承载力；再次，通过修正后的引力模型分析以地级市为基本单元的新空间与其周边地区的经济联系（空间联系），确定其空间影响范围；最后，按照战略支撑性、政策延续性、空间连续性、区域协调性的原则，最终初步识别出以都市圈或城市群为基本单元的三类区域发展新空间（见表3）。

三、拓展区域发展新空间的总体思路

以"轴带引领、城市群（都市圈）支撑、群区耦合、陆海统筹、梯次推进"为重点，重点打造承东启西、连南贯北的经济带，提高城市群和都市圈集聚功能，强化区域性中心城市服务功能，构建经济联系相对紧密、受城市群辐射带动的规模较大的经济区，加快陆

---

① 与上文285个地级及以上城市相比，增加了贵州的毕节市和铜仁市，2003年这两个城市尚未撤地设市。

表3 中国三种类型区域发展新空间范围和2020年经济社会主要指标

区域发展空间		范围	面积（万平方千米）	人口[1]（万人）	GDP（亿元）
第一代区域发展空间	京津冀城市群	北京、天津、石家庄、唐山、秦皇岛、邯郸、邢台、保定、张家口、承德、沧州、廊坊、衡水	21.7	10806.8	85919.9
	长三角城市群	上海、南京、无锡、常州、苏州、南通、扬州、镇江、泰州、盐城、杭州、宁波、温州、嘉兴、湖州、金华、绍兴、舟山、台州、合肥、芜湖、马鞍山、铜陵、安庆、滁州、池州、宣城	23.1	17481.0	211977.1
	珠三角城市群	广州、深圳、珠海、佛山、东莞、中山、江门、肇庆、惠州	5.5	7823.5	89523.9
	合计		50.3	36111.3	387420.9
第二代区域发展空间	海峡西岸城市群	福州、厦门、莆田、泉州、漳州、宁德	5.5	3371.0	36371.3
	成渝城市群	重庆、成都、自贡、泸州、德阳、绵阳、遂宁、内江、乐山、眉山、广安、资阳	18.2	8575.0	60154.6
	山东半岛城市群	济南、青岛、淄博、东营、烟台、潍坊、威海、德州、滨州	9.1	5223.6	51489.7
	长株潭城市群	长沙、株洲、湘潭、岳阳、益阳、娄底	6.4	2941.6	25126.4
	武汉城市群	武汉、黄石、鄂州、孝感、黄冈、咸宁、天门、潜江、仙桃	5.8	3198.8	26361.0
	中原城市群	郑州、开封、洛阳、平顶山、新乡、焦作、许昌、漯河、济源	5.9	4676.0	32823.5
	关中平原城市群	西安、铜川、宝鸡、咸阳、渭南	5.5	2564.0	16750.2

续表

区域发展空间		范 围	面积（万平方千米）	人口[1]（万人）	GDP（亿元）
第二代区域发展空间	辽中南城市群	沈阳、大连、鞍山、抚顺、本溪、营口、辽阳、盘锦	6.9	2575.5	20445.8
	合计		63.3	33125.5	269522.5
第三代区域发展空间	滇中地区	昆明、曲靖、昭通、玉溪、普洱、保山	15.4	2640.8	15038.0
	黔西北地区	贵阳、遵义、安顺、六盘水	5.8	1810.4	10338.1
	太原都市圈	太原、晋中	2.3	869.9	5622.0
	晋陕蒙交界地区	呼和浩特、包头、鄂尔多斯、巴彦淖尔、乌兰察布、大同、朔州、榆林	31.9	1987.4	17382.7
	湘粤桂交界地区	韶关、清远、河源、桂林、柳州、怀化、邵阳、永州、郴州	19.0	3985.8	18074.2
	淮海经济区	连云港、徐州、淮安、宿迁、枣庄、济宁、菏泽、商丘、淮北	7.9	5404.2	31639.6
	汉江中上游地区	陇南、巴中、汉中、安康、十堰、随州、襄阳	14.4	2133.7	11514.7
	北部湾-西江中游地区	南宁、钦州、贵港、玉林、崇左、北海、防城港、湛江、茂名、阳江	11.6	4278.6	19786.8
	兰州及其周边地区	兰州	1.3	437.2	2886.7
	银川及其周边地区	银川	0.9	286.2	1964.4
	乌鲁木齐及其周边地区	乌鲁木齐	1.4	405.4	3337.3
	合计		111.9	24239.6	137584.5

[1] 天门、铜川、大连、辽阳、朔州、钦州、崇左、北海、防城港的人口为2018年的数据。

资料来源：根据2020年各市国民经济和社会发展统计公报和2021年相关省份统计年鉴整理。

海双向走出去步伐,形成区域发展空间梯次推进的发展格局,为中国经济持续平稳增长奠定区域基础。

(一)轴带引领,重塑区域发展新格局

2013年以来,国家大力推动"一带一路"建设,考虑到中国客观存在的省际经济增长传递现象,未来中国区域经济发展格局是面向全球的"沿海-内陆-沿边"全面开放格局(见图8)(安树伟,2018)。在"沿海-内陆-沿边"区域发展格局下,通过轴带引领,构建连接东中西、贯通南北方的多中心、网络化的区域开发总体框架,形成功能清晰、分工合理、各具特色、协调联动的区域发展格局,在更大范围、更高层次促进要素流动与合理配置,从而为经济发展提供

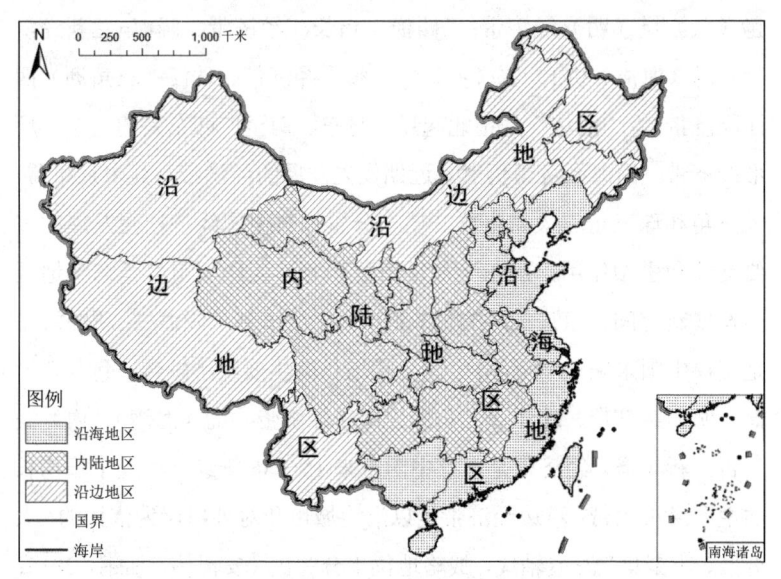

图8 "一带一路"倡议下的"沿海-内陆-沿边"全面开放格局

持久动力。借助"一带一路"建设,以及长江经济带发展、黄河流域生态保护和高质量发展等区域重大战略的实施,促进中国内陆地区形成开放型经济高地,实现内陆、沿边地区由对外开放的"边缘"向"前沿"的转变,形成东西互济的全方位开放新格局。

支撑未来中国经济持续平稳增长的区域经济空间战略格局的总体框架是"三纵四横一沿边"。中国已形成沿海经济带、长江经济带、陇海-兰新经济带、京广-京哈经济带和包(头)昆(明)经济带五条纵横全国的经济带。未来还要立足国土空间开发的整体需求,积极培育渤(海湾)(内)蒙(古)新(疆)经济带、珠江(三角洲)西江经济带和沿边经济带,推动形成"三纵四横一沿边"国土空间开发总体框架(见图9)。"三纵"指沿海经济带、京广-京哈经济带、包(头)昆(明)经济带;"四横"指长江经济带、陇海-兰新经济带、渤(海湾)(内)蒙(古)新(疆)经济带、珠江(三角洲)西江经济带;"一沿边"是指北起辽宁丹东、南至广西东兴的一条半环形经济带。沿海经济带仍然是近期优先发展的经济带,其中京津冀、长三角和珠三角三大城市群,要充分发挥对全国经济社会发展的重要支撑和引领作用,山东半岛城市群和海峡西岸城市群是东部地区的发展新空间;京广-京哈经济带、长江经济带、陇海-兰新经济带是支撑中国未来15年经济中速平稳增长的主要经济轴带;包(头)昆(明)经济带、珠江(三角洲)西江经济带、渤(海湾)(内)蒙(古)新(疆)经济带是支撑中国未来15—35年经济持续平稳增长的主要经济轴带;沿边经济带是以沿边城市和对外口岸为依托的"大分散、小聚集"发展轴线,战略地位十分突出(安树伟,郁鹏,2015;安树伟,肖金成,2016),但目前发展基础和发展能力还比较薄弱。渤(海湾)(内)蒙(古)新(疆)经济带、珠江(三角洲)西江经济带和沿边经济带尚未成型，需要给予高度重视和特殊扶持。

除国家级经济轴带外，沪（上海）昆（明）经济带、青（岛）济（南）邯（郸）经济带、山西大（同）太（原）运（城）经济带、汉江生态经济带、呼（和浩特）包（头）银（川）经济带等区域性经济带可作为国家二级开发轴带培育。

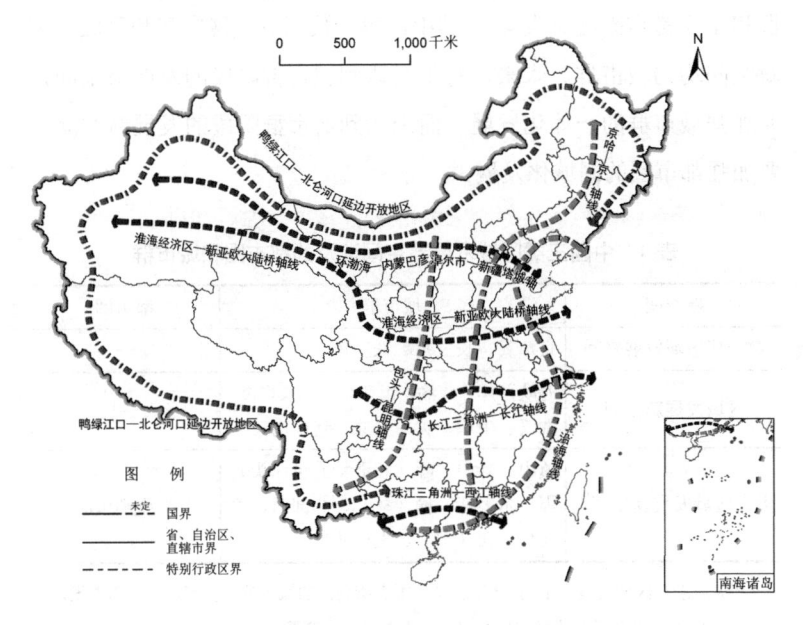

图9　中国"三纵四横一沿边"的空间格局

（二）城市群（都市圈）支撑，形成区域发展新空间的主体形态

都市圈和城市群是城市空间结构变化不同阶段的空间形态，都市圈是城市群的初级阶段。城市群和都市圈已成为支撑中国经济发展的核心区，是带动经济持续平稳增长、促进区域协调发展、参与

国际合作与竞争的主要载体。区域发展新空间应该是以地级市为基本单元的具有较大发展潜力、处于快速成长阶段的城市群和都市圈。但是，考虑到目前中国部分城市群规划面积过大、城市间联系程度低，事实上仍处于都市圈形成阶段，故少数区域发展新空间以都市圈为基本单元。目前，中国广义区域发展新空间主要涉及17个城市群和1个都市圈（见表4）。其中，第一代区域发展空间和区域发展新空间均为城市群。未来，对于已达到城市群阶段的发展新空间，要加强城市群的一体化发展；而未达到城市群阶段的发展新空间，要加强都市圈的同城化发展。

表4 中国三类区域发展新空间涉及的都市圈和城市群

新空间	城市群	都市圈
第一代区域发展空间	京津冀、长三角、珠三角	—
区域发展新空间	海峡西岸、成渝、山东半岛、长株潭、武汉、中原、关中平原、辽中南	
潜在区域发展新空间[1]	滇中、黔中、呼（和浩特）包（头）鄂（尔多斯）榆（林）、北部湾、兰（州）西（宁）、天山北坡	太原都市圈

[1]关于潜在区域发展新空间，严格意义上本表所列出的城市群并没有达到城市群发展阶段，但这些地区出台了有关城市群的规划，本书以城市群看待。

在都市圈或城市群的空间范围内，核心城市是其增长极，在极化效应和扩散效应的双重作用下带动外围地区经济发展。核心城市对于外围地区的带动作用，取决于核心城市辐射能力、外围地区承接能力、核心城市与外围地区要素流动通道这三个要素（见图10）。促进城市群（都市圈）发展，一是要提高核心城市功能，增强其溢出效应。尊重城市发展规律，优先发展城市群（都市圈）的核心城市，提高核心城市自身的辐射带动能力。二是要提高外围地区的承接能力。增强其产业发展、人口集聚、吸纳就业和公共服务功能。三是畅通城市群（都市圈）核心城市与外围地区的要素流通渠道。畅通渠道既包括交通等基础设施互联互通等，也包括市场一体化。通过培育发展现代化城市群（都市圈），促进城市群（都市圈）内部核心城市与周边中小城市一体化发展，推动城市群（都市圈）基础设施一体高效、公共服务共建共享、产业专业化分工协作、生态环境共保共治、城乡融合发展，把城市群（都市圈）打造成中国区域经济高质量发展的增长极。

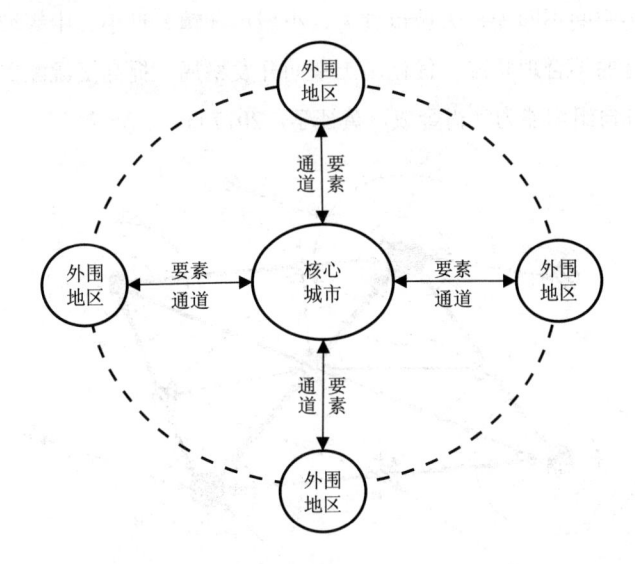

图 10　核心城市带动外围地区三要素理论示意图

资料来源：安树伟、李瑞鹏："城市群核心城市带动外围地区经济增长了吗？"，《中国软科学》2022 年第 9 期，第 85—96 页。

（三）群区耦合，完善城市群与经济区的良性互动机制

经济轴带是中国区域发展的主体框架，城市群是区域发展新空间的重要载体，经济区是发展轴线与城市群连接的中间环节（安树伟、肖金成，2016）。对于城市群来说，通过城市群自身的扩展效应、作为增长极的带动效应、城市群核心城市连接形成发展轴的拓展效应、网络化的结构效应带动经济区发展（见图11）。以城市群为核心推动形成经济区，不仅顺应了中国经济在空间上先集聚成点、后扩散于带、再辐射为面的客观趋势，也有利于改变目前中国人口与产业结构空间不匹配、大城市过大、小城市（镇）过小、中等城市发育不良的不合理状况，优化国土空间开发格局，提高资源配置效率和经济自组织能力（肖金成、黄征学，2017）。

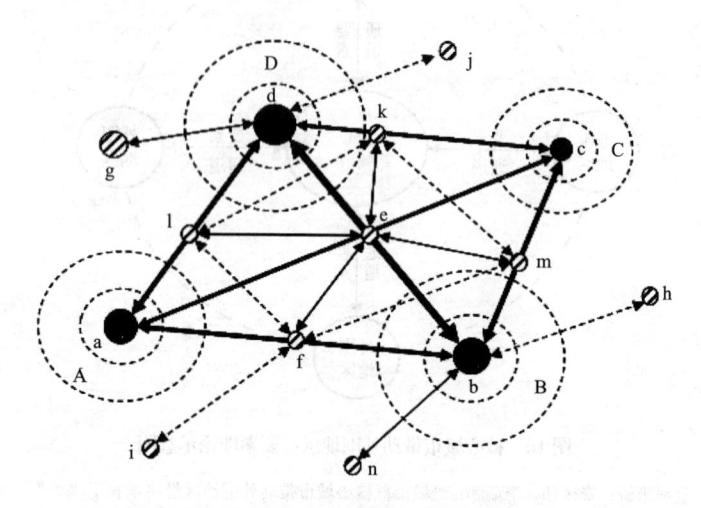

图 11　城市群带动经济区的作用机理

资料来源：安树伟、张晋晋："都市圈带动黄河流域高质量发展研究"，《人文杂志》2021年第4期，第22—31页。

以城市群为核心，形成中国八大经济区。顺应城市群和经济区相互耦合的趋势，发挥城市群对周边区域的辐射力和带动力，才能将城市群与更大范围区域耦合起来，以城市群为核心构建主要经济区。具体而言，可依托辽中南城市群构建东北经济区；依托京津冀、山东半岛城市群，构建渤海经济区；依托长三角城市群构建泛长三角经济区；依托海峡西岸城市群构建海峡经济区；依托珠三角城市群构建泛珠三角经济区；依托武汉城市群、长株潭城市群、中原城市群，构建中部经济区；依托关中平原城市群、乌鲁木齐及其周边地区，构建西北经济区；依托成渝城市群构建西南经济区。培育一批城市群（都市圈）之外的区域性中心城市，增强经济区内生动力（邬晓霞，安树伟，2022）。优化区域性中心城市的产业结构，加强区域合作，促进小城镇发展为小城市、小城市发展为中等城市、中等城市向大城市发展，形成空间布局合理、可持续发展、具有内生动力的经济区（肖金成，李博雅，2020）。尤其要重视省际交界地区区域性中心城市建设（安树伟，黄艳，王慧英，2022）。

（四）陆海统筹，全方位拓展区域发展新空间

中国是一个海陆兼备的国家，海洋经济与陆域经济共同构成了国民经济的大系统。海洋资源种类繁多，海洋生物、石油、天然气、固体矿产、可再生能源、滨海旅游等资源丰富，开发潜力巨大。2006年以来，国家加强了对沿海地区经济发展的支持，沿海地区增长极不断涌现，一批临港临海产业园区快速崛起，海洋经济规模效益明显提升。但是，中国海洋经济发展仍然比较滞后，2022年中国海洋生产总值94628亿元，占国内生产总值的比重为7.8%，远低于发达国家15%—20%的水平。中国陆海统筹发展尚处于起步阶段，与世界

主要发达国家相比存在较大差距，现阶段海陆经济关系不协调、海岸带和海域资源开发布局不合理、陆海生态环境冲突严重、新兴产业发展不足等问题，制约着中国陆海统筹发展的进程。

坚持陆海统筹，拓展中国海洋发展新空间。一要以海洋大开发为支撑，实现陆海发展战略平衡。建设一批高质量海洋经济发展示范区和特色海洋产业集群，全面提高北部、东部、南部三大海洋经济圈发展水平，建设现代海洋产业体系，推动国家发展战略由"以陆为主"向"倚陆向海、陆海并重"转变。二要发挥沿海地区带动作用，促进海陆一体化发展。以渤海、长江口及其两翼、珠江口及其两翼、北部湾、海峡西岸以及辽东半岛、山东半岛、海南岛附近海域为重点，充分发挥沿海地区在引领海洋开发和内陆地区发展中的带动作用，建立海陆复合型产业体系，推动沿海、内陆和海域协调发展。三要加快陆海双向走出去步伐，拓展国家发展战略空间。在内陆边疆的沿边开放持续进行的同时，顺应海洋开发全球化和海洋问题国际化的趋势，面向全球大洋深度参与国际海洋治理机制和相关规则制定与实施，推动建设公正合理的国际海洋秩序，增强中国在全球海洋开发和公益服务中的能力与话语权，推动构建海洋命运共同体。四要探索建立沿海、流域、海域协同一体的综合治理体系，夯实陆海统筹发展基础。发挥市场在资源配置中的决定性作用和更好发挥政府作用相结合，不断完善体制机制，强化经济和法律手段，为陆海统筹发展提供保障，构建大陆文明和海洋文明相容并济的发展格局。

（五）梯次推进，形成"第一代区域发展空间—区域发展新空间—潜在区域发展新空间"的接力态势

把区域发展新空间和潜在区域发展新空间置于中国经济不同发展阶段"区域领跑者"的更替之中，一方面着力促进区域发展新空间尽快成长，另一方面及早培育潜在发展新空间，同时赋予第一代区域发展空间新的功能，从而形成"第一代区域发展空间—区域发展新空间—潜在区域发展新空间"梯次推进的格局和接力机制，把支撑全国经济持续平稳增长的"接力棒"有序地传递下去，共同支撑未来中国经济的持续平稳增长。

第一代区域发展空间包括京津冀、长三角、珠三角沿海三大城市群。沿海三大城市群在全国区域经济格局中具有举足轻重的地位，是中国参与国际竞争的重要区域、高质量发展的动力源和创新引领示范区。2020 年，沿海三大城市群以占全国 5.24%的国土面积承载了 25.57%的人口，创造了 38.13%的地区生产总值，是中国经济发展的重要支撑。沿海三大城市群开发程度较高，其外延的新空间拓展潜力非常有限，但是与世界级城市群相比其内部发展发育仍不够充分。因此，第一代区域发展空间应以内涵式发展为主，走高质量发展之路，加快改革开放，推进城市群的结构优化，建设世界级城市群，将其打造成为引领中国高质量发展的新高地及全国高质量发展的动力源。

中国现阶段的区域发展新空间包括海峡西岸城市群、成渝城市群、山东半岛城市群、长株潭城市群、武汉城市群、中原城市群、关中平原城市群、辽中南城市群等处于快速成长但尚未发育成熟的城市群，面积占全国的 6.59%，2020 年承载了全国 23.46%的人口、

创造了 26.53%的地区生产总值。区域发展新空间主要位于中西部地区，在总体经济发展水平上要落后于沿海三大城市群，是中国未来新一轮区域经济调整和经济总量扩展的主要新空间。因此，要以自身"做大做强"为主，推进城市群功能提升，在实现经济快速增长的过程中兼顾结构优化，充分发挥区域发展新空间的"承上启下"作用。"承上"，即尽快成长为国家工业化和城镇化的主要承载区，以及更好地承担第一代区域发展空间转移出来的功能，也要避免第一代空间发展过程中出现的粗放式发展、包容性不强、农业转移人口市民化滞后、生态环境恶化等问题；"启下"，即充分发挥区域发展新空间的辐射带动作用，通过承接产业转移和开展区域合作，带动潜在区域发展新空间的快速成长（安树伟，肖金成，2016）。

中国的潜在区域发展新空间既有若干城市集中连片的区域，也有单个城市及其周边区域，还包括海洋发展新空间。其中，集中连片的潜在区域发展新空间包括湘粤桂交界地区、北部湾-西江中游地区、黔西北地区、滇中地区、汉江中上游地区、皖西地区、淮海经济区、晋陕蒙交界地区、蒙东地区、太原都市圈，共 10 个区域；单个城市及其周边区域包括兰州、银川和乌鲁木齐三个省会（自治区首府）城市及其周边地区。潜在区域发展新空间面积占全国的 16.79%，2020 年承载了全国 18.43%的人口，创造了全国 22.18%的地区生产总值（含海洋产业）。这些区域既是战略性资源富集区，全国重要的能源原材料、加工制造、农产品加工、文化旅游产业基地，又是中国对外开放的新门户，还是维护国家稳定、巩固民族团结和边疆安全的重要区域。因此，潜在区域发展新空间必须注重培育发展动力，近期要完善基础设施建设，推进市场化进程，积蓄能量为 2035 年之后的快速发展奠定基础。对于海洋发展新空间，要优化以城市群为支撑的沿海地区综合布局，统筹海岸带资源开发和产业布局，推动渤海、黄海、东海和南海四大海域开发空间布局优化。

四、形成梯次推进的区域发展新空间

形成"第一代区域发展空间—区域发展新空间—潜在区域发展新空间"梯次推进的区域发展新空间：第一代区域发展空间未来发展以高质量发展为主；区域发展新空间的发展水平尚低于第一代区域发展空间，但近年来发展迅速，是承接第一代区域发展空间产业转移、推动区域协调发展、引领未来中国经济增长的重要空间载体，未来发展以功能提升和空间结构优化为主；潜在区域发展新空间以培育发展动力为主。

（一）推动第一代区域发展空间迈向高质量发展新阶段

京津冀、长三角和珠三角沿海三大城市群，总面积50.3万平方千米，2020年总人口36111.3万人、地区生产总值387420.9亿元。作为中国的第一代区域发展空间，它们是中国开放程度最高、经济发展最活跃、创新能力最强的区域。城镇化水平较高但城市体系规模结构不合理，存在超大城市过大，小城市数量过多，特大城市、大城市和中等城市数量过少、发育不足等问题（肖金成，申现杰，马燕坤等，2017）；城市群核心城市的地位有所差别，城市间经济联系强度不同，核心城市对外围地区带动作用差异较大。

1. 沿海三大城市群高质量发展的内涵

不同区域高质量发展的内涵不同，沿海三大城市群高质量发展应以绿色发展为理念，以动能转换推动效率变革，积极发展高端现代化产业，提升城市群治理能力，通过内引外联实现各地区优势互补，最终实现城市群功能提升，以满足人民对美好生活的向往。在迈向高质量发展过程中，动能转换既是高质量发展的关键，也是实现效率变革、质量变革的基础。城市群与国内其他地区之间的相互联系、相互依赖是沿海三大城市群带动中国经济发展的基础；城市群与其他国家或地区之间的联系则是提升沿海三大城市群经济实力和国际竞争力的有效路径。沿海三大城市群正面临着传统产业竞争优势减弱、资源环境约束增强、劳动力成本上升等压力，产业必须向高端化方向发展。高水平治理是实现沿海三大城市群高质量发展的保障。优良的生态环境不仅是人民对宜居生活的根本要求，也是沿海三大城市群高质量发展的目标。沿海三大城市群居民收入水平较高，但城乡居民收入差距仍然较大，实现全体人民更加公平地享受发展成果，是高质量发展的最终目的（见图12）。

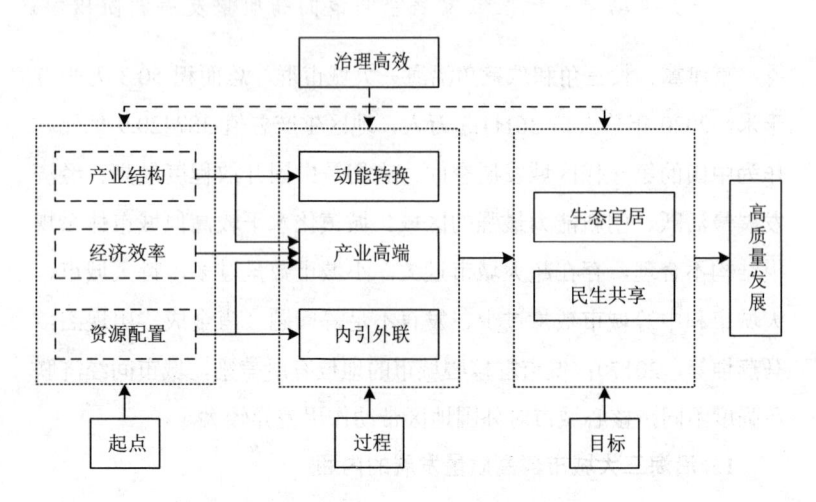

图 12 第一代区域发展空间高质量发展的内涵

2. 沿海三大城市群高质量发展的重点

推动沿海三大城市群高质量发展，重点是严格生态保护、构建协同创新产业体系、完善区域治理体系、推进高质量公共服务基本均等化、促进城市群核心城市与外围地区的良性互动。

一是严格生态保护。严守生态保护红线、永久基本农田、城镇开发边界三条控制线，根据未来承载人口和经济发展的需要，规划好后备开发区域，同时要促进各类土地复合利用，提高综合利用效率；合理评估城市群核心城市和外围城市资源环境承载能力，引导生产、生活、生态空间合理布局，促进生产空间集约高效、生活空间宜居适度、生态空间山清水秀；划定生态保护红线，构建点线面结合、点状开发、面线保护的基本生态格局。二是构建协同创新产业体系。充分发挥创新资源集聚优势，协同推动原始创新、技术创新和产业创新，合力打造城市群科技创新共同体，形成具有全国影响力的科技创新和制造业研发高地；大力发展高端现代产业，打造全球重要的现代服务业和先进制造业中心；坚持市场主导和产业政策引导相结合，引导产业合理布局；促进产业链与创新链精准对接，形成基础研究、技术开发、成果转化和产业创新全流程创新产业链。三是完善城市-区域治理体系。发展多元治理结构，尽量满足区域各主体的利益，凝聚共识提高发展效能；改革财税体制，协调利益分配，建立让参与各方都能从中规范获利的制度；推进精治、共治、法治，增强超大城市-区域精细化治理水平。四是推进高质量公共服务基本均等化。创新跨区域服务机制，推动公共服务便利共享；协同扩大优质教育供给，促进教育均衡发展，率先实现区域教育现代化；优化配置医疗卫生资源，大力发展健康产业，共享高品质医疗资源。五是促进城市群核心城市与外围地区的良性互动。通过发挥城市群核心城市的引领带动作用、培育城市群中的副中心城市、促进核心城市与外围城市协调发展、加快核心城市功能拓展区和新城建设等方式，优化城镇体系结构，使城市群具有更丰富的多样性、更强大的创造力和更持久的发展潜力。

（二）充分发挥区域发展新空间的承上启下作用

中国区域发展新空间中，山东半岛城市群、中原城市群、关中平原城市群处于黄河流域中下游，在黄河流域高质量发展中具有重要作用；武汉城市群、长株潭城市群、成渝城市群处于长江中上游，是长江经济带的重要组成部分；辽中南城市群和海峡西岸城市群地处沿海，在区域发展中具有重要的战略地位。这八个城市群总面积63.3万平方千米，2020年总人口33125.5万人、地区生产总值269522.5亿元，具有较高的经济发展水平和城镇化水平，产业基础良好，主导产业各具特色，在空间结构上表现出较强的轴线集聚特征。但是，中心城市规模偏小，以双（多）中心为主要形态，城市群一体化发展仍处于初期阶段，整体竞争力不足。区域发展新空间的发展体现在功能提升和结构优化两方面，二者相辅相成、协同发展（见图13）。由于区域发展新空间总体发展水平低于沿海三大城市群，其功能提升的有效路径是更好地承接第一代区域发展空间转移出来的产业，尽快成长为国家工业化和城镇化的主要承载区域，因此需要大力促进产业升级。实现产业升级需要城市群内部的合理分工与协作，城市群是经济活动在地域空间上集聚的结果，具有合理组织区域经济资源的功能，因此需要优化城市群空间结构。通过产业升级和城市群空间结构优化，促进工业化与城镇化的协同并进，实现区域发展新空间的可持续发展。

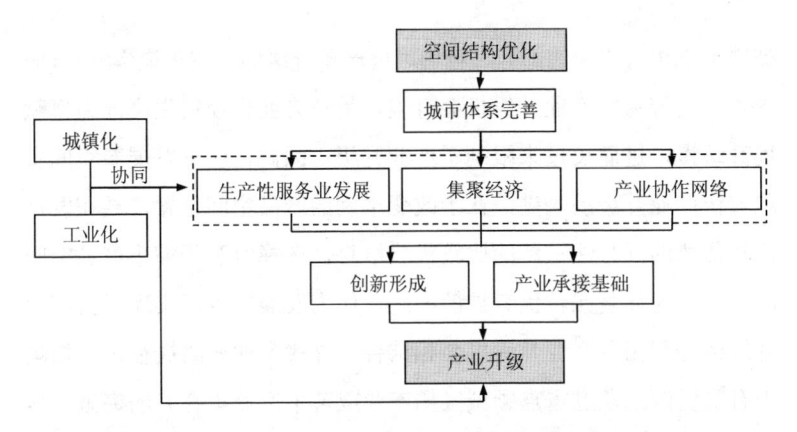

图 13　区域发展新空间产业升级与空间结构优化的互动机制

1. 优化空间结构

区域发展新空间要完善城市群的空间轴线，引导产业、人口等生产要素向沿线城市集中，推动城市群空间结构网络化。打破行政区划限制，合理确定空间组织单元，优化等级规模结构。构建特色化的城市群职能结构：对于多中心城市群，重点引导各中心城市协调发展，避免职能雷同造成的恶性竞争；对于单中心城市群，重点引导中小城市特色化发展。以快速交通和轨道交通引导城镇空间集聚，充分利用互联网等信息技术手段，在一定范围和程度上摆脱实体地理空间对发展的制约，促进要素流动，增强城市之间的联系，打造现代化基础设施支撑体系，从而有效支撑城市群结构优化。

2. 推动产业升级

中西部地区处于相对不利的产业升级起点，同时面临着升级机会有限、支持升级的生产能力禀赋不足等不利条件。总体上，产业升级的基本格局是生产能力禀赋较大约束下为数不多的便捷升级机会。其中最大的瓶颈在于这些区域处于不利的产品空间位置，长期被锁定于相对边缘的部分，较为远离产业升级的"主干道"，一方面导致较为容易的产业升级机会有限，另一方面也使得生产能力禀赋提升缓慢，进而反过来限制了产业升级。因此，区域发展新空间实现较快产业升级的关键，在于改变不利的产品空间位置，要在发挥比较优势的同时注重新的比较优势培育，选择有利于缩小产品空间距离与加速显著比较优势扩散的产业作为发展重点，实现寻找产业升级捷径和拓展产业升级机会相结合。寻找产业升级捷径，是指集中有限资源，通过重点领域（如产业或若干产业集合）的突破，尽可能弱化与联通产品空间"核心"区便捷路径之间的生产能力禀赋壁垒；拓展产业升级机会，是指按照比较优势演化规律，选择邻近度较高、有利于发挥各地区比较优势的产业作为升级目标，以此为依托尽可能加速显著比较优势的扩散，形成更多样化的优势产业，从而达到增加产业升级机会的目的。

（三）筑牢潜在区域发展新空间的发展基础

中国潜在区域发展新空间主要集中在中西部地区，以省际交界地区和沿边地区为主，总面积 161.2 万平方千米，2020 年总人口 26037.4 万人、地区生产总值 145351.5 亿元（不含海洋产业）。各个潜在区域发展新空间由于所处区位、包含的城市数量以及发展水平的不同，在经济社会发展的诸多方面存在着明显差异。2020 年，人均 GDP 最高的晋陕蒙交界地区达到了 87465 元，最低的湘粤桂交界地区只有 45346 元，而且大部分区域的人均地区生产总值还没有达到全国平均水平。各个潜在区域发展新空间的城镇化率多数超过了 50%，但是大部分区域并没有达到全国平均水平。这也表明，潜在区域发展新空间具有较大发展潜力。因此，各个潜在区域发展新空间的发展与自身的发展基础、区位及宏观政策等密切相关,不同类型区域的发展方向和战略重点各不相同。

1. 跨省连片地区

由于跨省连片地区地缘关系密切,拥有相似的区域社会文化背景,山同脉、水同源、人同种、话同语,但因分属不同省份,受行政区域管辖影响,各城市的交往与合作比较困难,表现为显著的行政区边缘经济现象(安树伟,2004)。未来发展方向:一是要消除省际的合作障碍;二是要培育省际交界地区的区域性中心城市,带动交界地区合作发展;三是要探索区域利益分享机制,通过合作共建产业园区,进一步完善规划、建设、招商以及利益分享机制,以及在促进科技成果转移转化、股权激励、科技金融结合、人才培养与引进等方面,积极开展探索示范。

2. 省内连片地区

省内连片地区同处于一省的行政范围内,行政区分割现象相对较弱,更容易实现统筹发展。未来发展方向:一是要加强城乡融合发展,更好地释放发展潜力。要顺应城乡一体化发展趋势,进一步明确城乡关系的平等地位,推动城乡要素自由流动、平等交换和公共资源合理配置,促进新型工业化、信息化、城镇化、农业现代化同步发展,加快形成工农互促、城乡互补、全面融合、共同繁荣的新型工农城乡关系。二是加快新旧动能转换。加快转变经济发展方式,坚持绿色发展理念,实施创新驱动发展战略,着力突破能够有效提升价值链层级的产业发展的关键环节,加快构建现代产业新体系(贺灿飞,2018)。

3. 省会(自治区首府)城市及周边地区

省会(自治区首府)城市在科技、教育、行政等方面具有省内其他城市不可比拟的优势，决定了其可以在推动全省（自治区）经济发展中起到带动和示范作用。但是，也要避免资源过度向省会（自治区首府）城市集中，加剧省（自治区）域内区域发展不平衡的问题。未来要从单一的中心城市向形成具有竞争力的大城市转变，构建以省会（自治区首府）城市为核心的都市圈，增强对周边地区的辐射功能。

五、陆海统筹拓展海洋发展新空间

21世纪是海洋世纪，以争夺海洋资源、控制海洋空间、获取最大海洋经济利益为主要特征的国际海洋竞争日益加剧，海洋经济已成为全球发展的新空间。拓展海洋发展新空间，对于重塑中国区域经济格局具有重要意义。海洋空间为沿海地区可持续发展提供了能源资源支撑，减缓了中西部地区的资源能源开采压力；搭建了中国与外界交换的通道，极大促进了东部沿海国际航线数量的增加；推动了全球产业和产品跨境转移和集聚，极大地促进了东部沿海地区的工业化、城镇化和国际化。

（一）优化海洋空间的战略布局

从陆海统筹视角统一谋划海洋和陆地国土空间，要突出沿海地区的核心地位，优化中国海洋发展空间战略布局，推进陆海统筹发展。

1. 优化以城市群为支撑的沿海地区综合布局

充分发挥辽中南、京津冀、山东半岛、长三角、海峡西岸、珠三角六大沿海城市群在"沿海-内陆"关系中的核心作用，增强城市群的辐射带动能力。一是要处理好沿海地区的各种关系。协调好城乡建设和基础设施建设的空间布局的关系，协调好开发建设空间、国土资源开发利用和生态环境保护整治的关系，协调好不同行政区域之间基础设施建设的关系。二是要加快发展海洋产业和临海产业，增强沿海与内陆的产业联系和要素流动，同时带动辽西地区、河北沿海、苏北沿海、广东西南沿海、广西沿海等经济社会实力薄弱地区加快发展。

2. 优化海岸带资源开发和产业布局

一方面，合理确定海岸线和近岸海域功能，加强近岸海洋资源开发的统一规划与管理；合理划分不同岸线生产、生活和生态功能，统一规划和合理利用岸线资源；合理确定不同区域海洋产业发展方向和重点，着力推动跨区域海洋产业的空间重组，优化海洋资源开发空间布局和区域海洋经济分工。另一方面，要充分利用临海（港）的区位优势，以临海（港）产业园区为载体，促进海洋产业和沿海内陆区域宜海、海洋依赖性产业空间集聚，实现海陆产业的协作配套和集群化发展；规范临海（港）产业园区开发建设秩序，做到统一建设，分级规划、监督和管理；合理确定产业园区发展方向与重点，杜绝"非亲海"产业项目占用滨海空间。妥善协调港（口）城（市）园（区）发展的关系，协调港口建设和城市发展的关系，推动港城一体化发展；协调临海（港）产业园区与城市发展的关系，促进临港产业园区向产业新城转变。

3. 推动渤海、黄海、东海和南海等海域开发空间布局优化

渤海海域海洋经济发展，要实施最严格的生态环境保护政策，维护渤海海峡区域航运水道交通安全，依托北京的科技、人文交流、国际交往优势，天津和河北的港口和临港产业优势，山东半岛的海洋产业优势，辽东半岛对接日本、韩国等国家的优势，将环渤海地区建设成为"21世纪海上丝绸之路"北方战略支点和海洋科技合作示范区。黄海海域海洋经济发展，要优化利用深水港湾资源，建设国际、国内航运交通枢纽，发挥成山头等重要水道功能，保障海洋交通安全；将山东半岛蓝色经济区打造成为东亚海洋经济合作的核心区域；充分发挥中国（江苏）自由贸易试验区连云港片区功能，建设亚欧重要国际交通枢纽、集聚优质要素的开放门户、共建"一带一路"国家（地区）交流合作平台；支持南通建设进口资源加工基地和重化工配套产业基地。东海海域海洋经济发展，要充分发挥长江口和海峡西岸区域港湾、深水岸线、航道资源优势，重点发展国际化大型港口和临港产业，强化国际航运中心地位；支持长三角、海峡西岸地区利用东海优势资源发展特色海洋经济。南海海域海洋经济发展，要适应海上开放开发经济区建设的要求，不断加大海岛资源保护与开发力度，强力推动港口和其他生产生活基础设施建设，加快发展海水淡化、海洋能源、交通运输等基础产业，建立远洋捕捞、海水养殖、生态旅游、交通运输和中转贸易基地，大力推动海上城市建设；支持长三角、港澳台、北部湾和海南利用南海优势资源发展特色海洋经济（国家海洋局，2012；曹忠祥，2014）。

（二）多层面拓展海洋发展空间

1. 挖掘海洋资源开发潜力

大力挖掘海洋生物资源潜力，加快海洋油气、风能、潮汐能等能矿资源开发进程。坚持生态优先、养捕结合、控制近海、拓展外海、发展远洋的方针，严格控制近海捕捞强度，推动海水养殖业加快发展，建设远洋渔业服务基地。统筹围（填）海造地，控制近岸围（填）海，积极推进离岸和岛（礁）基围填海，科学有序推动围

（填）海造地。推进海岛合理开发利用，加快舟山、平潭、横琴等近岸岛屿开发开放步伐，重视无居民海岛开发。扩大海水利用规模，在天津、青岛等地建设国家海水利用产业化基地。

2. 加快海洋新兴产业发展

重点扶持海洋油气、海洋生物医药、海洋化工、海水综合利用、海洋工程装备制造、海洋新能源、海洋监测服务等增长速度较快、发展潜力较大的新兴高科技产业；重点发展滨海旅游等消费性服务业，培育邮轮游艇、休闲渔业等滨海旅游新业态；加快海洋渔业、海洋运输、海盐、滨海旅游、船舶制造等传统产业升级。

3. 坚持科技兴海

发挥国家重点实验室、技术创新中心、深海科技平台等的作用，重点突破海水淡化和海水直接利用、深水油气勘探和安全开发、深远海生物资源利用、海洋新能源利用、海洋工程装备制造等领域的关键技术；优化海洋科研人才结构和加大资金投入，加快海洋科技成果转化。

4. 加强海洋生态保护和修复

按照海域-流域-区域控制体系，确定氮、磷、营养物质等陆源污染物的总量控制目标；高度关注渤海海域环境质量，将海洋环境质量作为刚性约束，强化地方政府和涉海企业环境责任；启动重点河口区、海湾和浅滩的污染源综合治理，重点实施水源涵养、湿地建设、河岸带生态阻隔等综合治理工程。

5. 加大海洋开发的国际合作

加快对国际海域海洋资源的调查、评价和产业化开发步伐，积极参与国际公海的利益角逐；紧紧抓住"21世纪海上丝绸之路"建设的机遇，通过合作建港、港口租赁运营、与港口城市间战略合作关系搭建等多种方式,加强与沿线国家海洋资源开发的合作。

六、建立拓展区域发展新空间的长效机制

为形成梯次推进的区域发展新态势和打造陆海统筹的区域发展新格局,要构建新空间战略统筹机制,深化新空间合作机制,健全区际利益补偿机制,完善要素市场化配置机制,为拓展中国区域发展新空间提供制度保障。

(一)构建新空间战略统筹机制

统筹第一代区域发展空间与区域发展新空间、潜在区域发展新空间之间的关系,建立第一代区域发展空间与区域发展新空间、潜在区域发展新空间的联动机制,以城市群和都市圈为载体,以国家级新区、承接产业转移示范区、跨省合作园区等为平台,推动区域发展新空间和潜在区域发展新空间发展壮大,形成新的增长极,以带动中西部广大地区发展。

统筹区域经济协调发展战略。新时期,应确立以西部大开发、振兴东北地区等老工业基地、促进中部地区崛起、东部地区率先发展等区域发展总体战略为基础,以京津冀协同发展、长江三角洲区域一体化发展和粤港澳大湾区建设等区域重大战略为引领,以长江经济带发展、黄河流域生态保护和高质量发展为纽带,以新型城镇化重点轴带为主框架,以革命老区、民族地区、边疆地区、贫困地区(欠发达地区)、资源型地区、老工业城市、生态退化地区等特殊类型地区发展战略为重要补充,把建设海洋强国作为拓展区域发展新空间的重大战略举措,形成各类区域各具优势与侧重、互为支撑与补充、有机融合与交流的局面,促进东中西协同、南北方互动和

陆海统筹发展，推动构建新时期区域经济协调发展新蓝图。

推动陆海统筹发展，促进陆海发展新空间在空间布局、产业发展、基础设施建设、资源开发、环境保护等方面的协同发展。推进陆海统筹发展的综合管理体制改革与机制创新。一是上下联动。以国家海洋委员会为依托，建议沿海各省（自治区、直辖市）、地级市相应成立地方海洋委员会，加强对陆海统筹发展的总体协调和战略指导。二是横向联动。建立跨越海陆部门行政权界、跨越各省（自治区、直辖市）行政边界的行政管理体制，强化地区间合作与交流，并通过相应的政策激励与约束手段，形成推动陆海统筹发展的合力和长效机制。

（二）深化新空间合作机制

加强城市群内部城市间的紧密合作。推动城市群内城市间产业分工、基础设施、公共服务、环境治理、对外开放、改革创新等协调联动，加快构建大中小城市和小城镇协调发展的城镇化格局。研究设立城市群一体化发展投资基金，分期确定基金规模，采用直接投资与参股设立子基金相结合的运作模式，鼓励社会资本参与基金设立和运营，基金应重点投向城市群内重大基础设施互联互通、生态环境联防共治、公共服务和信息系统共建共享等领域，以构建城市群一体化发展体系。

深化第一代区域发展空间、区域发展新空间与潜在区域发展新空间之间的合作，提升合作层次和水平。鼓励第一代区域发展空间与区域发展新空间、潜在区域发展新空间之间开展多种形式的对口合作，区域发展新空间、潜在区域发展新空间可通过委托管理、投资合作等多种形式，与第一代区域发展空间合作共建飞地产业园区，形成互惠互利的合作模式。

加强长江、黄河等大江大河的生态保护和高质量发展。加大中央资金对长江生态环境修复和保护的支持力度，共同完善共抓大保护的机制，加快培育一批先进制造业集群。完善黄河上下游毗邻省（自治区）规划对接机制、相关省（自治区）政府协商合作机制，协调解决地区间合作发展重大问题。

加强省际交界地区合作。支持湘粤桂交界地区、北部湾-西江中游地区、汉江中上游地区、晋陕蒙交界地区、淮海经济区等省际交界地区合作发展，探索建立统一规划、统一管理、合作共建、利益共享的合作发展新机制，构建跨区域城市政府定期联席会议制度（中共中央，国务院，2018）。

积极开展国际区域合作。以落实"一带一路"倡议为重点，推动构建互利共赢的国际区域合作新机制。继续巩固中国政府与共建国家政府和国际组织间的双边合作机制，重点拓展区域小多边合作机制，鼓励政府引导、企业自主建设，不断夯实投融资、绿色发展、科技创新、通关便利化、检验检疫、教育、智库等领域的合作机制（国务院发展研究中心国际合作局，2019）。

（三）健全区际利益补偿机制

1. 建立多元化的横向生态补偿机制

形成全方位、多元化、多渠道的横向生态补偿机制，以保障区域内不同功能区都能实现公平、和谐、良性发展。将政府、企业、居民以及非政府组织都纳入到生态补偿机制中，政府主导、企事业单位投入和公众参与相结合，建立企业动态排污数据库和企业环境保护信用档案。对于信用良好的企业，给予税收补贴、优惠贷款等方面政策的适度优惠；对于信用较差的企业，按照更严格的应急减排要求，倒逼企业退出市场或转型。有效调动公众参与环境治理的积极性，构建普通民众参与环境公共治理机制。鼓励生态受益地区与生态保护地区、流域上下游通过资金补偿、对口协作、产业转移、人才培训、共建园区等方式建立横向生态补偿关系。加强跨省（自治区、直辖市）界环境污染纠纷协调，建立环境污染赔偿机制，制定具体赔付补偿办法。探索建立区域生态建设投入激励机制，提升地区维护生态环境的积极性。

2. 建立税收利益共享和征管协调机制

城市群内部要加强利益共同体意识，研究探索产业转移税收利益共享机制，促进城市空间的合理利用。按照统一税制、公平税负、促进公平竞争的原则，加强区域税收优惠政策的规范管理，减少税收政策洼地，促进要素自由流动。建立城市群内省际互认的征收管理制度，构建税收信息沟通与常态化交流机制，时时监控、事事监督，实现税源、政策和稽查等信息共享，建立区域税收利益争端处理和稽查协作机制，达到"1+1＞2"的效果。

切实提高区域发展新空间和潜在区域发展新空间的增值税地方分享比例。为促进区域发展新空间和潜在区域发展新空间的发展，建议在实行统一增值税政策的基础上，分阶段对区域发展新空间和潜在区域发展新空间实行增值税区域性优惠，向国家相关部门争取适当提高区域发展新空间和潜在区域发展新空间的增值税地方分享比例，以缓解地方财力紧张状况。

积极探索第一代区域发展空间、区域发展新空间和潜在区域发展新空间的税收分成体制。第一代区域发展空间土地空间较少，可以到土地充裕的区域发展新空间和潜在区域发展新空间合作共建产业园区，产生的税收双方协商按照一定比例分成。

（四）完善要素市场化配置机制

完善要素市场化配置体制机制，特别要注重推动劳动力、资本、土地、技术市场等关键性市场的实质性改革与建设。

引导劳动力要素合理无障碍流动。完善人才评价体系和人力资源开发配置机制，建立有利于人才交流的户籍、住房、教育、人事管理和社会保险关系转移接续制度。推进资本要素市场化配置，推动产权交易市场合作；加快金融机构组织创新，增加有效金融服务供给，构建多层次、广覆盖、有差异、大中小合理分工的银行机构体系，优化金融资源配置，放宽金融服务业市场准入，推动信用信息深度开发利用，增加针对小微企业和民营企业的金融服务供给；推进绿色金融创新；完善金融机构退出机制。推进土地要素市场化配置，建立城乡统一的建设用地市场，调整完善产业用地政策，盘活建设用地存量。建立区域统一的技术市场，实施统一的技术标准，实行高技术企业与成果资质互认制等，完善科技创新资源配置方式，支持企业、高校、科研院所等培育发展技术转移机构，推动科技成果资本化。加快培育数据要素市场，探索建立统一规范的数据管理制度（中共中央，国务院，2020），为区域发展新空间的科技创新与数据合作搭桥牵线。

此外，要健全要素市场的运行机制。通过拓展公共资源交易平台、科技成果交易平台、大数据交易市场等途径，健全要素市场化交易平台，完善要素交易规则和服务。国家相关部门还应加强行业市场调查与监管，加快推动市场一体化进程，切实打破行业和企业垄断对资源配置的阻隔（中共中央，国务院，2020）。

七、拓展区域发展新空间的政策措施

拓展区域发展新空间作为事关全国经济社会发展的战略性问题，要从系统和区域的高度着眼于加强顶层设计，完善不同新空间分类指导的政策导向，引导产业有序转移。在完善国家宏观调控的同时，更需要注重自然规律及区域经济发展的基础，要加快软、硬件建设，畅通要素流动渠道，提升都市圈和城市群集聚功能，充分发挥各种功能平台的作用，形成"第一代区域发展空间—区域发展新空间—潜在区域发展新空间"梯次推进的格局。

（一）科学发挥政府引导作用

政府的职能应当是为市场经济建立规则，而不是直接改变或影响市场选择的结果。通过发挥有效市场和有为政府的作用拓展区域发展新空间。一是要"有所不为"，充分发挥市场在资源配置中的决定性作用。要科学界定政府作用边界，把本属于市场的作用和功能从政府职能中剥离出来，有效调动各类市场主体的积极性和创造力，减少对经济活动的直接干预，强化政府在宏观调控、公共服务和市场监管等方面的职能，为市场经济建立规则。二是要"有所为"，为拓展区域发展新空间提供政策保障。政府在主动作为过程中，可通过运用互联网、大数据等现代技术手段，建立完善的信息共享机制，促进有效市场和有为政府的有机互动，以优化服务提高政府行政效能。同时，还应提高政府公共服务管理能力，加快向服务型政府的根本性转变。三是要进一步优化中央和地方的事权关系，提高政府引导效率。中央政府与地方政府之间需要明确事权范围，中央政府或上级政府要注重按照全局思路制定区域发展战略和区域政策，协

调跨行政区调解事项，地方政府在坚决执行中央政府决策的过程中，要进一步深化行政管理体制改革，提高政府办事效率。

此外，在发挥政府的引导作用时，要转变政府的调控手段。政府调控区域经济主要有经济手段、行政手段、法律手段三种手段，中国更多的调控手段是以通知、意见、纲要、决定、建议、规划的形式提出，缺乏相应的法律依据。区域经济的调控手段应该从以行政手段为主逐渐转向以法律手段和经济手段为主，这样政策才能够有连续性，政策效力才能够不断传递下去。政府要真正做到法无授权不可为，企业和市民等市场主体真正做到法无禁止即可为（安树伟、肖金成，2016）。

（二）完善分类指导的政策导向

由于区域经济增长是长期动态变化的过程，不同的区域由于发展基础和发展阶段的差异，需要政府在引导区域增长接力的过程中根据实际采取更有针对性的政策措施，制定差异化的政策措施，避免"一刀切"。

1. 支持第一代发展空间迈向高质量发展新阶段

支持沿海三大城市群迈向高质量发展的新阶段：一要实施创新驱动发展战略，健全协同创新机制。吸引世界级跨国公司和科技型企业和高层次科技人才，培育创新引擎的企业、跨国公司和创新型人才，构建跨区域协同创新平台，努力将北京、上海、广州、深圳打造成为全球科技创新中心。二要推进产业结构优化升级。全面提升制造业发展水平，围绕物联网、数字经济、人工智能、生物医药、航空航天等新兴产业，培育一批具有国际竞争力的龙头企业，强化区域优势产业协作，建设世界级制造业集群，打造全球重要的先进制造业中心。创新服务业服务内容、业态和模式，围绕现代金融、现代物流、科技服务、软件和信息服务等现代服务业，打造高水平的服务业集聚区、创新平台和全球重要的现代服务业中心。三要继续扩大对外开放。加快与国际通行贸易规则相衔接，推进贸易高质量发展；坚持"引进来"和"走出去"相结合，鼓励引进外资和国内企业海外投资，更好地学习世界先进技术，提高经济发展的内外联动性；充分发挥展会平台作用，发展外贸新业态，开拓新兴市场，加快外贸转型升级；坚持互利共赢的开放战略，深度落实"一带一路"倡议。四要提高城市-区域治理能力。沿海三大城市群治理主体可充分运用大数据、互联网等科技手段，以网格化治理为基础，探索"大城区、小片区"的治理模式，赋予各片区相应的权利，提升城市-区域治理精细化水平。五是增强城市群对经济区的带动能力。

2. 有效提升区域发展新空间的辐射带动能力

有效提升区域发展新空间的辐射带动能力：一要优化城市群空间结构，形成合理的城市规模体系。未来一段时间，中西部重点城市群的核心城市仍要集聚要素，快速发展、控制增量、更新存量、提升品质是未来发展的必由之路，需重点从产业发展、城市功能、创新、城市活力四个方面促进中心城市发展，提升发展品质。中小城市发展是中西部重点城市群未来发展的新空间，应以产城融合和发展特色产业为核心，在城市群的节点地区重点培育中小城市。中西部重点城市群处于单核心或双核心集聚、点轴扩展的城市群演化初级阶段，与发展成为功能互补、密切联系和交互增长的网络化城市群差距很大，应引导空间网络化发展以形成发展合力，提升城市群整体实力。二要促进中西部重点城市群产业升级。由于中西部地区产业基础相对薄弱，依靠本地经济自然演化产业升级比较缓慢，应创新产业承接模式，通过集群式转移模式与核心企业带动模式，突破发展困境。通过适度产业政策与干预，引导一些关键性产业的发展，促进形成新的比较优势和产业升级。形成以省会城市为中心、其他不同等级城市为节点，培育一体化的城市群经济格局，整合形成城市群"圈层"经济结构以参与国内外市场竞争。中西部地区较差的营商环境是产业发展的掣肘，应设法提升中西部地区市场化程度。

3. 培育潜在区域发展新空间新动能

为培养潜在区域发展新空间的动能，应在突出区域特色的基础上：一要加快改善潜在区域发展新空间的软、硬件条件。潜在区域发展新空间，尤其是中西部地区的潜在区域发展新空间，基础设施建设仍然比较落后，制度完善和转型较为滞后，要加快基础设施建设，推进市场化进程。二要积极开展国际区域合作。以落实"一带一路"倡议为重点，积极参与中国-东盟合作、东盟与中日韩合作、澜沧江-湄公河合作、图们江地区开发合作等国际区域合作（张建军，2010）。三要注重人才引进和培育。潜在区域发展新空间人才资源总体缺乏且流失严重，应建立健全人才培养体系，创新人才管理，加大人才资源的引进与培养力度。

4. 有效拓展海洋发展新空间

拓展海洋发展新空间：一要在国家层面加快统筹陆海规划编制。沿海各地区在编制国土空间规划、五年规划等综合性规划中，要切实体现陆海统筹的思想，将海洋国土纳入国家国土资源开发利用规划体系，强化海洋国土的重要地位，构建陆海一体的国土开发与治理框架体系，实现海陆一张图；有针对性地加快制定涉及陆海统筹发展的专项规划，健全陆海统筹的规划体系，主要包括国家建设用海规划、区域建设用海规划、全国统筹陆海生态环境保护规划、海岸线保护与利用规划，以及沿海地区海洋经济区划和跨区域海洋经济发展规划（曹忠祥，高国力，2015）。二要大力发展海洋科技。继续推进科技兴海战略，加快推进海洋科技资源共享平台、技术创新平台、成果转化平台和深海科技平台的建设，加强海洋科技人才引进和培养。三要加强海陆多层次对外合作。优先推动海峡两岸在油气和渔业资源开发、海洋生物资源和生态环境保护、海洋科学技术研究及海洋防灾减灾等方面的合作，加强与国外海洋大国强国的合作。四要建立陆海统筹发展示范区。依托已经批准建设的山东、浙江、福建、广东等海洋经济示范省，选择设立不同类型、等级和功能的陆海统筹发展示范区，实行重点倾斜的政策，支持示范区先行先试。五要积极实施一批重大战略工程，如南海海上开放开发经济区建设工程、陆海战略通道拓展工程、科技创新和战略支撑产业培育工程、大型河口区域生态环境综合治理工程。

（三）促进要素跨区域自由流动

行政区之间和行业企业间市场壁垒、生产许可垄断、价格垄断、销售渠道垄断等诸多不利于市场公平竞争的行为或现象，会在不同程度上损害全国资源要素配置的效率和行业企业发展的公平性。为此，一要着力打破行政区、行业企业间市场垄断阻碍，清理和废除妨碍全国统一市场和公平竞争的各种规定和做法，加快推进全国统一大市场建设，促进劳动、资本、土地、技术、数据等生产要素有序自由流动，全面提高资源配置效率。二要推动区域间、城市间深度合作，从不同地区和不同城市新旧动能同步转换、差异引导的角度，积极创新搭建合作平台，通过创新链引导要素链、产业链实现跨区域、跨城市整合配置，推动东部地区与中西部地区、东北地区等区域之间，不同省（自治区、直辖市）之间，不同规模和等级的城市之间实现新旧动能有序更替和同步转换。三要从构建行业企业发展环境的角度，积极运用新技术、新模式，推动不同产业之间、不同部门之间、产业链不同环节的企业之间围绕价值链共同提升的方向，加强资源就地深度挖掘和要素异地高效重组，让行业、企业在分化中走向新的成长生命周期。

（四）实施一批重大工程

强化重大工程项目建成后对区域要素流动的引导作用，以规划为引导，集中财力加大投资，尽快启动一批跨区域重大交通、水利、生态环保、社会民生等领域重大工程项目。一是推进"十纵十横"大通道建设，加强中西部地区尤其是西部地区高速铁路、高速公路等道路交通设施建设，其中，高速铁路、高速公路干线等重大交通设施的规划布局要与重点经济带相衔接，形成一批纵横交错、互相连接的沿海、沿江、沿边战略大通道。二是针对西北地区资源型缺水的制约，研究论证黄土高原区水土流失治理重大工程和跨流域重大调水工程等。三是推动以5G、新能源汽车充电桩、人工智能、工业互联网、物联网为代表的新型基础设施建设，带动各行业数字化转型，优化生产和服务资源配置，催生新技术、新业态和新模式。四是与共建"一带一路"国家共同推进国际运输通道建设，推进与周边国家铁路、公路、航道、油气管道、通信等基础设施的互联互通。

（五）引导产业有序转移

加快促进东部地区产业向中西部地区转移，促进城市群核心城市部分产业向外围地区转移（李国平等，2016）。积极引导第一代区域发展空间劳动密集型产业、能源矿产开发和加工业、农产品加工业、装备制造业、现代服务业、高技术产业、加工贸易等产业向区域发展新空间、潜在区域发展新空间有序转移。在产业转移过程中，要引导产业链条式、整体式、集群式转移。正确认识不同区域之间资源禀赋和所处工业化阶段的差异性，把握不同产业在不同地理区域之间转换接续的空间和机遇，加强对各区域承接产业转移和布局的分类指导，加快东西部地区合作共建园区以及城市群内产业转移承接平台建设，完善承接产业转移载体（安树伟，肖金成，2016）。

（六）充分发挥功能平台的引领作用

1. 科学统筹各类功能平台的布局

科学统筹国家级新区、产业承接转移示范区、中国自由贸易试验区、综合配套改革试验区、开发开放试验区、自主创新示范区等各类功能平台的区域布局，适当向中西部和东北地区倾斜，赋予其更多先行先试政策，鼓励大胆探索，充分发挥其作用，培育区域发展新增长极。此外，加强南方和北方、东中西及东北地区功能平台联动发展，既要促进改革创新经验交流和推广，也可围绕重大改革创新举措引导不同区域之间合作推进平台建设。

2. 将城市新区打造成为新的经济增长极

国家级新区是中国在经济特区之后推出的新的开发模式，是一种疏解城市功能、集聚产业、实现体制创新的组织形式，是产业集聚的平台和载体，是拓展区域发展新空间的重要手段（肖金成，2017）。其中，体制创新是国家级新区承担的核心功能（曹云，2014）。截至2022年年底，中国已经设立了19个国家级新区。国家级新区作为区域战略的核心节点，在拓展区域发展新空间中的作用不容忽视。国家级新区发展应以融入国家轴带引领和城市群支撑战略为导向，以发展开放型经济为纽带，着力推进产业体系、贸易通道、科技创新、环境保护等协同发展（郭爱君，范巧，2019）。通过作为体制创新先行区的国家级新区的建设增强区域发展的政策融合、产业融合，促进产城融合，加速城镇化进程，实现城市集聚力和辐射力的倍增，为区域经济协调发展打下更坚实的基础（安树伟，郁鹏，2015）。

（七）强化国土空间规划引导与约束作用

区域发展离不开科学、合理的规划和治理。立足新时代、新特点、新趋势，《全国国土空间规划纲要（2021—2035年）》已经发布。从中长期看，要着眼于到2035年和2050年的国家发展战略，积极谋划一批重大区域规划的前期研究论证工作。例如，省际交界区域合作发展规划、沿边经济带开发开放规划、南北走向的骨干铁路或高速公路经济带规划、沿海经济带规划、重点区域的区域治理及其现代化建设规划等。编制规划不能操之过急，尤其是跨省（自治区、直辖市）大尺度的规划要经过科学论证。规划要有约束力，一经批准，便具有法律效力，涉及的各级地方政府应遵照执行。

参考文献

安树伟.行政区边缘经济论[M].北京：中国经济出版社，2004：6.
安树伟.改革开放40年以来我国区域经济发展演变与格局重塑[J].人文杂志，2018（6）：1–10.
安树伟，黄艳，王慧英.中国省际交界区域合作与发展的新态势和新特点[J].区域经济评论，2022（1）：82–91.
安树伟，李瑞鹏.城市群核心城市带动外围地区经济增长了吗？[J].中国软科学，2022（9）：85–96.
安树伟，肖金成.区域发展新空间的逻辑演进[J].改革，2016（8）：45–53.
安树伟，郁鹏.未来中国区域经济发展空间战略新棋局[J].区域经济评论，2015（1）：13–17.
安树伟，张晋晋.都市圈带动黄河流域高质量发展研究[J].人文杂志，2021（4）：22–31.
曹云.国家级新区比较研究[M].北京：社会科学文献出版社，2014：54–65.
曹忠祥，高国力.我国陆海统筹发展的战略内涵、思路与对策[J].中国软科学，2015（2）：1–12.
曹忠祥.对我国陆海统筹发展的战略思考[J].宏观经济管理，2014（12）：30–33.
郭爱君，范巧.南北经济协调视角下国家级新区的北-南协同发展研究[J].贵州社会科学，2019（2）：117–127.
国家海洋局.全国海洋功能区划（2011—2020年）[Z].2012.
国务院发展研究中心国际合作局."一带一路"国际合作机制研究[M].北京：中国发展出版社，2019：41–43.
贺灿飞.区域产业发展演化：路径依赖还是路径创造？[J].地理研究，2018，37（7）：1253–1267.

李国平等.产业转移与中国区域空间结构优化[M].北京：科学出版社，2016：121.

刘世锦.中国经济增长十年展望（2019—2028）：建设高标准市场经济[M].北京：中信出版集团，2019：348.

刘世锦.中国经济增长十年展望（2020—2029）：战疫增长模式[M].北京：中信出版集团，2020：30.

魏后凯，年猛，李玏."十四五"时期中国区域发展战略与政策[J].中国工业经济，2020（5）：5–22.

邬晓霞，安树伟.中西部区域性中心城市的识别与发展方向[J].改革，2022（10）：133–143.

肖金成.创新区域发展战略[N].中国社会科学报，2017–7–11（006）.

肖金成，黄征学.未来20年中国区域发展新战略[J].财经智库，2017，2（5）：41–67+142–143.

肖金成，李博雅.城市群对经济区的辐射带动作用[J].开发研究，2020（1）：38–46.

肖金成，申现杰，马燕坤等.京津冀世界级城市群发展研究[R].亚洲开发银行技术援助项目TA–9042分报告之一，2017.

张建军.中国西部区域发展路径——层级增长极网络化发展模式[M].北京：科学出版社，2010：173.

中共中央，国务院.关于建立更加有效的区域协调发展新机制的意见[Z].2018.

中共中央，国务院.关于构建更加完善的要素市场化配置体制机制的意见[Z].2020.

第一篇 总 论

第一篇 总论

第一章 导 论

经过改革开放40多年的高速发展，中国取得了长期高速经济增长和大规模城镇化的辉煌成就。中共二十大报告指出："从二〇二〇年到二〇三五年基本实现社会主义现代化；从二〇三五年到本世纪中叶把我国建成富强民主文明和谐美丽的社会主义现代化强国。"在未来一个较长时期内，中国经济和社会发展对资源和环境的压力将持续加大，各地区的自然结构和社会经济结构将继续演变，社会经济与自然基础之间的匹配和适应关系将更趋于复杂。这将使中国国土安全、资源保障、生态和环境等面临诸多问题。为了应对这些可能出现的挑战，我们需要对这些问题进行思考：中国日益增大的经济总量如何在全国地域上合理布局？如何使那些生态脆弱和环境恶化的地区不至于崩溃？如何使那些城市群（都市圈）、人口和产业集聚带能够增加可持续发展的能力？如何看待中国内部的发展不平衡和不充分？根据城镇化发展的一般规律和发达国家城镇化的峰值水平来看，未来东部地区大部分省份的城镇化速度将趋缓，城镇化带动东部地区快速发展的动力会减弱。今后中国经济发展的空间格局无法按照目前的态势均衡地延伸下去，各地区不可能都使GDP以同样速度翻番下去，全国及各地区的城镇化和工业化进程及其与支撑体系要素间的匹配关系将更加千差万别。在这种背景下，拓展区域发展新空间就成为关系到中国经济社会可持续发展的重大战略问题，也是目前中国迫切需要解决的重要问题之一。

第一节 研究背景与意义

2015年3月，李克强总理在政府工作报告中提出："拓展区域发展新空间。统筹实施'四大板块'和'三个支撑带'战略组合。"2015年10月，《中共中央关于制定国民经济和社会发展第十三个五年规划的建议》明确提出："用发展新空间培育发展新动力，用发展新动力开拓发展新空间。"2022年，习近平总书记在中共二十大报告中指出："促进区域协调发展。深入实施区域协调发展战略、区域重大战略、主体功能区战略、新型城镇化战略，优化重大生产力布局，构建优势互补、高质量发展的区域经济布局和国土空间体系。"目前中国区域经济发展面临着一些新的变化，拓展区域发展新空间既有必要也有可能。

一、研究背景

1980年代以来，伴随着信息和交通技术的广泛应用与全球贸易自由化的开展，西方发达国家通过推动过剩资本向全球进行扩张，也推动了全球-国家-地方空间关系的重塑，促使一些国家内部具有区位交通、发展基础与资源禀赋等相对优势的区域发展成为国民经济发展的重要支撑。正是在这种背景下，1978年以来借助于改革开放政策，中国东部沿海地区通过引进外资发展外贸，融入全球生产网络体系，迅速成长为支撑中国经济增长的重要空间。2008年国际金融危机和2020年新冠疫情以来，受全球经济复苏缓慢和贸易保护主义等因素影响，全球主要资本主义国家与中国的经贸关系逐渐开始转变，这就要求中国在京津冀、长三角、珠三角已有发展空间的基础上，依托内需市场拓展区域发展新空间，提升中国经济应对内外风险的韧性。

海洋经济已成为全球经济的重要增长点。21世纪是海洋世纪，世界沿海各国纷纷加速海洋产业转型升级，不断优化海洋经济结构，海洋经济已成为全球经济的重要增长点。中国是一个海陆兼备的国家，但是海洋经济发展仍然比较滞后，陆海统筹发展尚处于起步阶段。2022年，中国海洋生产总值为94628亿元，占国内生产总值的比重为7.8%，[①]远低于发达国家15%—20%的水平。从长远发展来看，随着陆地资源的日益枯竭和环境压力的不断加大，特别是海洋开发技术水平的不断提高、海岛和海上巨型悬浮平台等载体功能的不断提升，海洋作为一种特殊区域类型必将在中国区域发展格局中发挥更加重要的作用。

当前中国区域发展进入新阶段，京津冀协同发展等区域重大战略陆续实施，区域格局发生了深刻的变化，中国区域空间发展也面临着新的形势。中国总体上处于工业化中期的后半期、城镇化快速发展的后期阶段，同时处于聚集国家财富和实力并提高国际地位的时期。随着中国工业化、城镇化、市场化、信息化、国际化的深入发展，经济总量将继续较快速扩张，社会转型加快，国民意识和价值观快速变化，资源与空间瓶颈制约凸显，人口老龄化和经济结构

---

① 与2015年相比，降低了1.7个百分点。

转型加快，宜居环境建设需求不断提高。这些都对中国的国土空间开发提出了更高的要求；迫切需要在工业化、城镇化快速推进的过程中，优化区域空间开发结构，拓展区域发展空间，构建高效、协调、可持续的区域空间发展新格局。

"十一五"以来，中国区域经济增长动力由东部带动为主转向东中西共同带动为主。2006—2012年，东部地区对全国经济增长的贡献率在下降，2013—2016年不断上升，2017年又开始下降，2018年达到最低，2019年开始又有所上升，2021年对全国经济增长的贡献率为53.0%，与2006年相比减少了2.5个百分点。而中西部地区对全国经济增长贡献率的波动情况与东部地区正好相反，2021年中西部地区对全国经济增长的贡献率为43.3%，与2006年相比增加了6.7个百分点，且中部地区贡献率显著高于西部地区，这说明未来中国区域经济增长动力由东部带动为主转向东中西共同带动为主。如果未来几年国内外宏观经济环境没有大的变化，这一趋势将保持一定时期。

与此同时，区域分异已经开始由东西分异转向南北分异。2006—2012年，中国南方与北方的地区生产总值占全国比重的差距比较稳定，[①]2012年以后二者差距总体上不断增加。2006—2021年，北方的地区生产总值占全国比重由42.7%下降至35.2%，南北方人均GDP之比由0.97∶1扩大到1.25∶1，这种分异与产业结构、市场化程度、对外开放程度等因素密切相关。

---

① 基本以秦岭-淮河为分界线，南方包括安徽、江苏、浙江、上海、湖北、湖南、四川、重庆、贵州、云南、广西、江西、福建、广东、海南、西藏，共16个省（自治区、直辖市）；北方包括北京、天津、内蒙古、新疆、河北、甘肃、宁夏、山西、陕西、青海、山东、河南、辽宁、吉林、黑龙江，共15个省（自治区、直辖市）。

中国经济增长已接近或达到资源环境的约束边界。目前中国对能源的开发利用已达到相当高的强度，尽管技术进步使单位产出资源消耗减少，但大量基础设施建设导致资源消耗的总体规模仍在扩大，资源支撑经济发展的能力十分有限。在中国资源环境压力业已较大的背景下，如何在有限的国土空间合理布局，以承载人口增长、经济扩张带来的高强度的经济活动，使中国生态脆弱和环境恶化的地区得到保护和改善，使城市群（都市圈）、经济带、经济区等实现可持续发展，实现人与自然真正意义的和谐，就成为一个非常重要和迫切需要解决的问题。同时，中国经济社会的快速发展、人们生活水平的提高、国民环境意识的转变，对环境质量提出了更高要求，生态环境需求的满足也成为人的福利水平的重要标志。因此，为适应中国国民意识和价值观的转变，为了满足中国广大民众的生态环境需求，我们在国土空间开发时应大力提升国土环境质量，促进人与自然的和谐发展。

二、研究意义

（一）拓展区域发展新空间，有利于促进中国经济持续平稳增长，建成社会主义现代化强国

中国是一个大国经济体，由于发展条件和机遇等方面的不同，内部各区域之间存在着明显的经济增长阶段异质性。率先发展的东部地区因工业化和城镇化趋于完成，呈现出经济增速缓慢或下滑的态势，部分地区由于人口和经济活动集聚程度过高导致资源环境承载力接近极限。而中西部地区很多省份的工业化仍然处于中期甚至初期阶段，城镇化也处于中期加速阶段，拥有较大的发展潜能。由

此可见，中国拥有区域增长接力发展的巨大空间，如果能够有效利用区域之间的发展阶段差异，识别出具有一定发展潜力的区域发展新空间，形成区域接力增长态势，把推动全国经济增长的"接力棒"有序地传递下去，就有可能实现全国经济更长时间的持续平稳增长，构建起现代化经济体系，为到 2035 年基本实现社会主义现代化、到 21 世纪中叶全面建成社会主义现代化强国奠定坚实的区域基础。

（二）拓展区域发展新空间，有利于推动经济增长动能转换

中国经济运行面临国际与国内、总量与结构、供给与需求的多重因素制约，经济下行压力不断加大。2010—2022 年，经济增长速度从 10.6%下降到 3.0%，下降了 7.6 个百分点。拓展区域发展新空间，形成"第一代区域发展空间—区域发展新空间—潜在区域发展新空间"梯次推进的发展格局，一方面可以打破制约要素流动的既有利益格局和体制障碍，促进要素自由流动和优化配置，实现经济增长动能由要素投入向全要素生产率提升的转化，另一方面，可以为国内产业的梯度转移创造条件，从而为东部地区推动产业技术变革、增强原始创新能力和高质量发展提供缓冲时间和空间，同时中西部地区通过承接东部地区的产业转移实现空间结构优化和产业升级，最终实现经济中长期持续平稳增长。

（三）拓展区域发展新空间，有利于构建区域发展新格局

目前，中国区域经济结构处于大变动时期。从经济空间变动格局来看，经济活动正在不断地由南向北、由东向西转移；从整个国家的区域分工格局来看，区域之间分工正在从部门间分工、部门内分工转向价值链分工，东南沿海发达地区正在成为产业链的高端区

域，向中西部地区的产业转移在逐步加快；从国家层面来看，区域战略布局呈现出多层次、多极化、全方位的新态势。与区域经济结构变动相适应，国家区域发展战略也出现了新的重大变化，在推动西部大开发形成新格局、推动东北振兴取得新突破、推动中部地区高质量发展、鼓励东部地区加快推进现代化，以及落实"一带一路"倡议的基础上，又相继提出了京津冀协同发展、长江经济带发展、粤港澳大湾区建设、长江三角洲区域一体化发展、黄河流域生态保护和高质量发展等国家区域重大战略。拓展和培育区域发展新空间是落实新时期国家区域发展战略的重要举措，对于打造承东启西、连南贯北的经济带，建设联系紧密、辐射带动力强、影响力大的城市群和都市圈，选择具有战略意义的地区培育新的经济增长极，构建"统筹东中西、协调南北方"的区域空间发展新格局具有重要意义。

（四）拓展区域发展新空间，有利于促进区域发展的平衡性和协调性

2021年中央经济工作会议指出，要深入实施区域重大战略和区域协调发展战略，促进东部、中部、西部和东北地区协调发展，区域政策要增强发展的平衡性和协调性。中国区域发展相对差距开始呈现缩小趋势，但从绝对差距来看，1978年各省（自治区、直辖市）中最高的上海人均GDP比最低的贵州高2322元，2021年最高的北京人均GDP与最低的甘肃的差距已经扩大为142934元，按当年价格计算，43年间扩大了60.6倍。从不同区域层面拓展区域发展新空间，激发经济发展潜力，有助于深入推进东部、中部、西部、东北地区四大区域协调发展，有助于通过要素自由流动，发挥区域政策

的平衡性和协调性，更加有效地深化区域合作，有助于加大对革命老区、民族地区、边疆地区的扶持力度，形成持续发展的新动力和新机制，有助于统一规划陆海开发和保护，实现陆海统筹发展。

第二节 概念界定

本书研究涉及的核心概念是区域发展新空间，下文首先对区域发展新空间的概念进行界定，在此基础上依次界定第一代区域发展空间、第二代区域发展空间（狭义区域发展新空间）、第三代区域发展空间（潜在区域发展新空间）和海洋发展空间。

一、区域发展新空间

区域发展新空间是对全国经济发展具有重要的战略意义，资源环境保障能力强、经济规模大、辐射带动作用较强、经济发展动力充足、经济增长速度高于全国平均水平、能够集聚更多的人口和产业，经过一定时间的培育和发展，可以有效地推进国家工业化和城镇化的关键区域（安树伟，肖金成，2016）。区域发展新空间的概念有狭义和广义之分。从狭义上看，区域发展新空间主要指国家工业化和城镇化的重点承载区域、基本实现社会主义现代化的重点保障区域，也是中国新一轮经济结构调整和经济总量扩张的主要区域。从广义看，区域发展新空间不仅包括狭义区域发展新空间，还包括高度发达的京津冀、长三角和珠三角地区，即第一代区域发展空间，这些地区通过高质量发展仍然有一定的增长潜力；也包括未来 15—35 年支持中国经济持续平稳增长、建成社会主义现代化强国的潜在区域发展新空间（即第三代区域发展空间）。

本书采用广义区域发展新空间概念，将区域发展新空间分为第一代区域发展空间、第二代区域发展空间（狭义区域发展新空间）、第三代区域发展空间（潜在区域发展新空间）。需要说明的是，第三代区域发展空间也包括海洋空间，但鉴于海洋空间的特殊性，本书单独对其进行研究。

二、第一代区域发展空间

第一代区域发展空间，是指经历了一段时期经济快速增长后处于高度发达但发展速度趋于缓慢的地区，包括发育相对成熟的京津冀、长三角[①]、珠三角[②]沿海三大城市群，这三大城市群曾支撑了中国 40 多年的经济高速增长，是中国东部乃至全国经济的重要增长极，在带动中国经济发展和参与全球化竞争方面发挥了重要作用。如无特别说明，本书中涉及的中国第一代区域发展空间就是京津冀、长三角、珠三角沿海三大城市群。

三、第二代区域发展空间

第二代区域发展空间，即狭义区域发展新空间，指当前经济发

---

① 参考 2019 年中共中央、国务院印发的《长江三角洲区域一体化发展规划纲要》，本书长三角地区包括上海、南京、无锡、常州、苏州、南通、扬州、镇江、泰州、盐城、杭州、宁波、温州、嘉兴、湖州、金华、绍兴、舟山、台州、合肥、芜湖、马鞍山、铜陵、安庆、滁州、池州、宣城，共 27 个城市，为长三角的中心区，面积 22.5 万平方千米。

② 珠三角包括广州、深圳、珠海、佛山、东莞、中山、江门、肇庆、惠州，共 9 个城市。

展动力充足、增长速度快、具有一定发展规模的地区。区域发展新空间是在未来15年左右推进国家工业化和城镇化的引领区域和带动区域、基本实现社会主义现代化的重点保障区域，也是推进国家区域经济战略调整的主导力量。现阶段的区域发展新空间包括成渝、长株潭、武汉、中原、山东半岛、海峡西岸、辽中南、关中平原城市群，共8个处于快速成长阶段但尚未发育成熟的城市群。

四、第三代区域发展空间

第三代区域发展空间，也称为潜在区域发展新空间，是指发展水平低于第一代区域发展空间且暂时低于第二代区域发展空间，但是具有较好的资源、环境与经济发展基础，经过一定时间的培育和发展，经济增长能够快于全国平均水平，形成新的人口和产业集聚的区域（肖金成等，2015；高国力，2008），在未来15—35年能够有效支撑中国经济长期持续平稳增长、工业化和城镇化持续推进、建成社会主义现代化强国的区域发展新空间（肖金成，2014）。潜在区域发展新空间是区域发展新空间的接替区域，集中在中国中西部地区，以省际交界地区和沿边地区为主，包括湘粤桂交界地区、北部湾-西江中游地区、汉江中上游地区、晋陕蒙交界地区、淮海经济区、黔西北地区、滇中地区、皖西地区、蒙东地区、太原都市圈，共10个集中连片区域；还包括兰州及其周边地区、银川及其周边地区、乌鲁木齐及其周边地区。

五、海洋发展空间

参考2015年国务院发布的《全国海洋主体功能区规划》，本书将中国海洋发展空间界定为中国内水和领海、专属经济区和大陆架[①]及其他管辖海域（不包括港澳台地区）。中国已明确公布的内水和领海面积为38万平方千米，是海洋开发活动的核心区域，也是坚持陆海统筹的关键区域。中国海洋经济目前仍处于成长阶段，海洋经济总量有限、发展方式粗放，现有发展水平不仅和海洋大国的地位不相称，也与发达海洋国家差距十分明显。

第三节 研究思路与总体框架

拓展区域发展新空间。一方面，中国区域经济发展面临一系列突出矛盾和问题，如东部沿海城市群参与全球竞争的能力还不强，中西部地区的增长潜力没有得到充分发挥，落后地区持续发展的长效机制尚未形成等。另一方面，在国家政策层面上，从区域协调发展战略到京津冀协同发展、长江经济带发展、粤港澳大湾区建设、长江三角洲区域一体化发展、黄河流域生态保护和高质量发展等区域重大战略，到各类重点经济区、城市群（都市圈）、国家中心城市和区域性中心城市、城市新区，研究内容日益拓宽。这就使得拓展中国区域发展新空间研究具有问题导向和战略导向的双重属性，既要直面当前区域发展中存在的突出矛盾和问题，又要放眼未来在中国区域经济发展新的空间格局下进行研究。因此，本书既着眼于解

[①] 内水和领海海域，我国在法律地位上享有领土主权（领海受无害通过权限制）；专属经济区和大陆架享有勘探开发自然资源的主权权利，具有人工岛屿设施和结构的建造和使用、海洋科学研究、海洋环境保护和保全等三项管辖权，并涉及海洋权益的问题。

决当前区域发展中存在的突出问题，又着力从统筹东中西、协调南北方、提高国家竞争力层面，积极谋划中国区域发展新格局。

一、研究思路

本书遵循"破题—立论—求解—对策"的研究思路，围绕支撑未来中国经济持续平稳增长的第一代区域发展空间的高质量发展、区域发展新空间的空间结构优化与产业升级、培育潜在区域发展新空间、拓展海洋发展新空间的主线，形成一个有机的分析整体（见图1-1）。以区域经济学、城市经济学基础理论为依托，融合、借鉴空间经济学、产业经济学等以及地理学等学科的理论和分析方法，在对中国区域经济发展进入新阶段进行分析的基础上，构建了区域增长接力传导机制的理论模型，对不同类型的区域发展空间进行了识

拓展我国区域发展新空间	破题	我国区域经济发展进入新阶段
	立论	区域增长接力传导机制 新空间的识别 新时代我国区域发展空间战略
	求解	第一代区域发展空间的高质量发展 区域发展新空间的空间结构优化与产业升级 培育潜在区域发展新空间 拓展海洋发展新空间
	对策	拓展区域发展新空间的政策措施

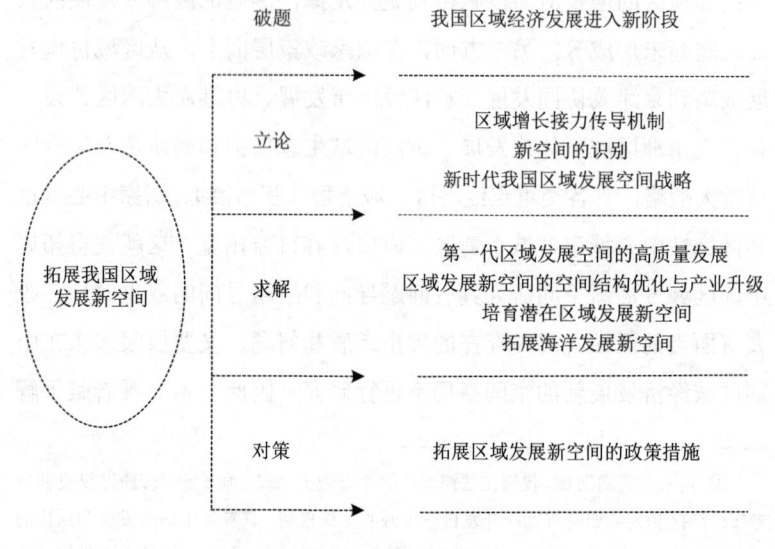

图1-1 研究总体思路

别，提出了中国区域发展空间战略，探讨了不同类型区域发展空间的战略导向和战略重点，研究提出了推动第一代区域发展空间迈向高质量发展新阶段、充分发挥区域发展新空间的承上启下作用、筑牢潜在区域发展新空间的发展基础、陆海统筹完善拓展海洋发展新空间的长效机制，以及促进区域发展空间梯次推进的重大政策措施，以更好地服务国家构建优势互补、高质量发展的区域经济布局和国土空间体系，尽快形成布局合理、梯次推进的新时代区域发展新格局。

二、总体框架

除观点概要外，本书分为总论篇、专论篇、案例篇，共三篇二十一章，形成了"总论-专论-案例"的总体框架（见图1-2）。

观点概要和各篇、各章主要内容如下：

观点概要重点分析了中国区域经济发展的新态势与新特征、拓展区域发展新空间的重要意义和科学基础；提出了拓展区域发展新空间的总体思路、形成梯次推进的区域发展新空间和拓展海洋发展新空间的重点任务，最后提出了拓展中国区域发展新空间的长效机制与政策措施。

第一篇是总论篇。沿着"确定研究问题—寻找理论支撑—探讨科学基础—提出空间战略—明确战略重点—提出保障措施"的技术路线，围绕第一代区域发展空间的高质量发展、第二代区域发展空间的空间结构优化与产业升级、培育潜在区域发展新空间、拓展海洋发展新空间，形成了一个有机的分析整体。总论篇包括第一章至第十章，共十章。

76　区域发展新空间

观点概要
- 区域经济发展进入新阶段
- 拓展区域发展新空间的总体思路
- 形成梯次推进的区域发展新空间
- 打造陆海统筹区域发展新格局
- 完善区域发展新空间的长效机制与政策措施

第一篇 总论
- 确定研究问题 → 研究背景 → 文献研究
- 寻求理论支撑 → 区域增长接力内涵 → 区域增长接力机制 → 区域增长接力模型
- 探讨科学基础 → 内涵特征 → 省际经济增长传递机制 → 新空间的识别
- 提出空间战略 → 区域协调 → 城乡融合 → 轴带引领 → 群区耦合
- 明确战略重点 → 第一代区域发展空间的高质量发展 / 第二代区域发展空间的空间结构优化和产业升级 / 培育潜在区域发展新空间 / 拓展海洋发展新空间
- 提出保障措施 → 制度基础 → 财政政策 → 协调发展机制 → 分类指导

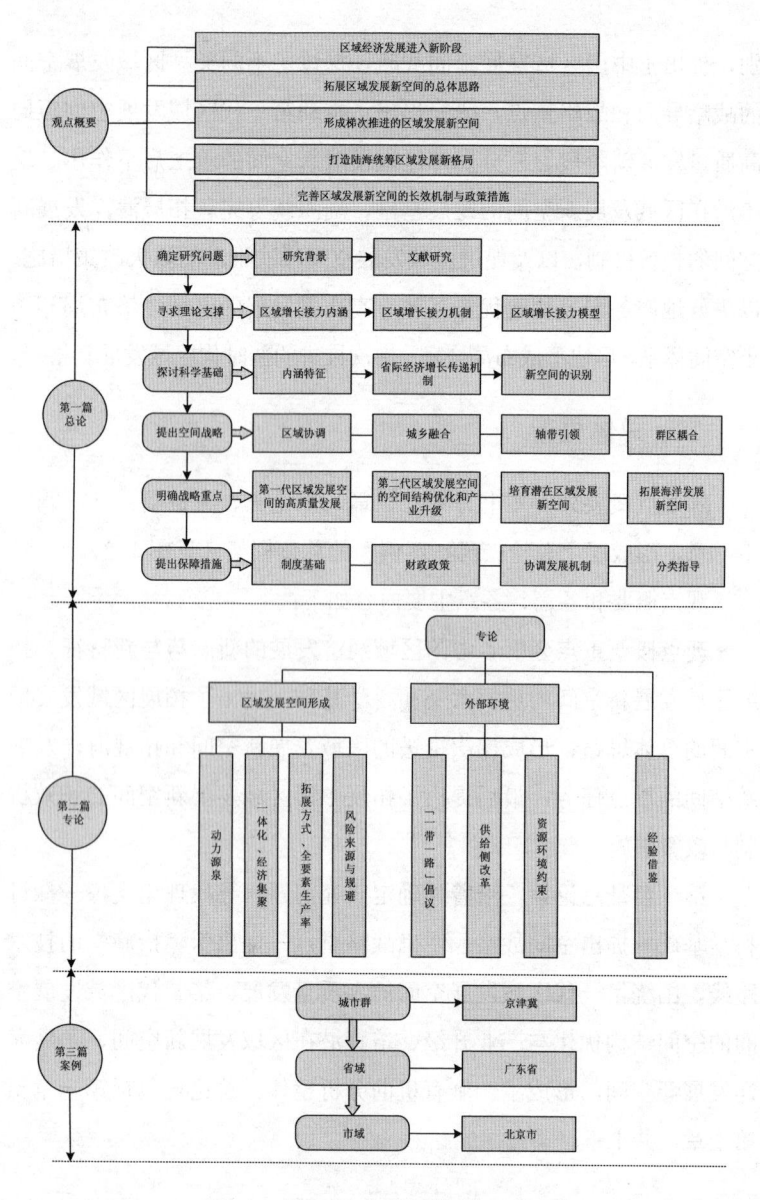

第二篇 专论
专论
- 区域发展空间形成：动力源泉；一体化、经济集聚；拓展方式、全要素生产率；风险来源与规避
- 外部环境："一带一路"倡议；供给侧改革；资源环境约束；经验借鉴

第三篇 案例
- 城市群 → 京津冀
- 省域 → 广东省
- 市域 → 北京市

图 1-2　本书总体框架

第一章，导论。主要阐述了本书的研究背景与意义，对区域发展新空间相关概念进行了界定，提出了本书的研究思路、总体框架和研究方法，并提炼了主要创新点。

第二章，文献综述。主要从新空间的含义与识别、功能与特征、空间格局、拓展重点、拓展途径与对策等方面，对区域发展新空间的相关文献进行梳理和归纳，分析研究的基本脉络，并对区域发展新空间的研究现状进行总结和讨论，提出了未来研究方向。

第三章，区域增长接力的传导机制与检验。分析了区域增长接力内涵，构建了区域增长接力机制框架。基于新经济地理学的本地溢出（LS）模型，加入时间因素，将研究视角由两区域扩展到多区域，构建了区域增长接力模型，探讨了区域增长接力的可能性和传导机制；采用空间统计标准差椭圆（SDE）方法，以中国285个地级及以上城市为足迹空间，运用人均地区生产总值和地区生产总值增长率，验证了中国区域增长接力的传导机制，并进一步分析了推动区域增长接力的传导因素。

第四章，拓展中国区域发展新空间的科学基础。分析了区域发展新空间的基本内涵与特征；根据中国省际经济传递的基本事实，阐述了省际经济传递机制，认为政府作用、需求条件、生产要素、经济集聚与扩散是影响省际经济增长传递的关键要素，四者共同决定经济增长传递的结果。通过构建指标体系，识别出以城市群（都市圈）为基本单元的区域发展新空间和潜在区域发展新空间，为拓展区域发展新空间奠定了科学基础。

第五章，中国区域发展新特征与空间战略。阐述了中华人民共和国成立以来区域发展空间战略的演变，分析了新时代中国区域发展的新特征及区域发展面临的新形势，提出了中国区域空间发展总体战略和实施对策。

第六章，第一代区域发展空间的高质量发展。明确了沿海三大城市群在中国区域经济格局中的地位，阐明了沿海三大城市群高质量发展的内涵，最后提出了沿海三大城市群高质量发展的重点和对策。

第七章，区域发展新空间的空间结构优化与产业升级。首先运用夜间灯光数据界定了区域发展新空间的范围，论证了区域发展新空间的发展方向是空间结构优化与产业升级。然后从空间结构、等级规模结构、职能结构和支撑体系四个维度，提出了区域发展新空间的空间结构优化路径；构造了中国产品空间结构布局图，设计了产业升级识别方法，判别区域发展新空间的潜在优势产业，分析了区域发展新空间的产业升级机会，并提出了相应路径。最后，提出了区域发展新空间的空间结构优化与产业升级的政策措施。

第八章，培育中国潜在区域发展新空间。在分析潜在区域发展新空间的内涵与特征的基础上，确定了中国潜在区域发展新空间，并分析了影响潜在区域发展新空间发展的因素，最后提出了省际交界区域、省内连片地区、省会城市等不同类型新空间的发展方向、重点及对策建议。

第九章，拓展中国海洋发展新空间。首先分析了海洋空间的基本特征及海洋空间在中国区域格局中的地位，概括了中国海洋空间开发的历程与基本经验，提出了拓展中国海洋发展新空间的总体思路，明确了中国海洋发展新空间的战略布局，最后提出了拓展海洋发展新空间的路径和对策建议。

第十章，拓展区域发展新空间的对策。在对现状政策的局限性进行分析的基础上，从完善自上而下与自下而上相结合的制度基础、以财政政策梯次推进区域发展新空间、创新区域发展新空间的协调发展新机制、完善分类指导的政策导向、推进形成新空间梯次发展格局等方面，提出了拓展区域发展新空间的体制保障和政策措施。

第二篇是专论篇。从不同视角对拓展中国区域发展新空间涉及的相关问题进行了专门研究，包括第十一章至第十八章，共八章。

第十一章，区域发展新空间形成的动力源泉。基于资本空间转移视角，对区域发展新空间的动力源泉与生成路径进行剖析，认为资本积累过程中对不同空间的全面塑造，是推动区域发展新空间形成的动力源，推动了区域空间的不断发展及在不同空间尺度上的出现。政府应将具有一定优势的地区划为政策空间，通过政策引导推动资本向该区域转移，最终推动区域发展新空间的快速成长。

第十二章，一体化、经济集聚与区域发展空间。从理论和实证两个方面分析了一体化与经济集聚、经济集聚与区域发展空间格局的关系；拓展区域发展新空间，应该更加注重经济效率的提升，通过更具内涵的方式在扩散中不断促进经济集聚发展，推进区域经济一体化进程，以"城市群-发展轴"为主体形态拓展区域发展新空间。

第十三章，区域发展新空间拓展方式与全要素生产率。从"结构-行为-绩效"角度，阐释了中国省级行政区空间拓展模式对全要素生产率影响的绩效及其行为传导机制。利用城市夜间灯光数据，考察了中国省级行政区空间拓展方式对全要素生产率的影响，最后提出了转变区域空间发展方式和优化空间结构的政策含义。

第十四章，区域发展新空间的风险来源与规避。分析了区域发展新空间的形成过程，从资源要素、需求条件、基础设施、营商环境、地方政府和外部环境六个方面概括了区域的风险来源，阐述了不同发展阶段区域发展新空间可能面临的风险，并提出了相应的风险规避策略。

第十五章，"一带一路"倡议与区域发展新空间。分析了"一带一路"倡议对拓展区域发展新空间的影响，提出了"一带一路"倡议下拓展区域发展新空间的重点与对策。

第十六章，供给侧改革与区域发展新空间。阐述了供给侧改革的内涵，分析了供给侧改革影响区域发展新空间的机制，提出了供给侧改革下拓展区域发展新空间的重点和对策。

第十七章，资源环境约束下的区域发展新空间。对中国经济发展资源条件进行了判断，分析了拓展中国区域发展新空间的资源和环境约束，提出了资源环境约束下区域发展新空间的发展导向和对策。

第十八章，国外拓展区域发展新空间的经验与启示。在分析以美国、日本、德国为代表的发达国家，以俄罗斯、印度、巴西为代表的发展中国家发展历程的基础上，概括了国外拓展区域发展新空间的基本经验和教训，并得出了相关政策启示，为国内拓展区域发展新空间提供参考借鉴。

第三篇是案例篇。从城市群、省域、市域三个空间尺度分别选择发育相对成熟的京津冀城市群、发展水平较高的广东省和北京市，对拓展区域发展新空间进行案例研究，取得具有典型意义的成果。案例篇包括第十九章至第二十一章，共三章。

第十九章，京津冀区域发展新空间。分析了京津冀发展空间的现状和演进过程，选择了京津冀发展新空间和潜在发展新空间，提出了京津冀不同类型发展空间的发展方向和重点，最后提出了相应对策。

第二十章，广东区域发展新空间。从时空演变的角度，在对广东区域发展新空间的整体动态演变趋势判断的基础上，分析了产业结构在广东拓展区域发展新空间中的演变轨迹及相互之间的动态关系，揭示了广东拓展区域发展新空间的规律与特点，并提出了相应的政策含义。

第二十一章，北京区域发展新空间。在阐述北京拓展区域发展新空间的必要性与可行性的基础上，识别出了北京区域发展新空间和潜在区域发展新空间，提出了北京拓展区域发展新空间的路径，明确了北京区域发展新空间的功能定位和发展方向，最后提出了北京拓展区域发展新空间的对策。

第四节 主要创新

本书立体式、全方位、多角度地研究了中国拓展区域发展新空间问题，在以下几方面有较好的创新：

一是构建了区域增长接力模型，揭示了拓展中国区域发展新空间的理论基础。认为区域增长接力主要通过区域发展差异、产业外溢、区域创新、政府作用四条路径推动接力区域进入快速增长阶段，并通过区域间增长新组合推动经济整体效率提升，实现区域经济持续平稳增长。基于新经济地理学的 LS 模型，加入时间因素，将研究对象由两区域扩展到多区域，构建了区域增长接力理论模型，从理论上论证了不同区域的经济快速增长阶段的接力可以使一个经济体获得更长时间的经济持续较快速增长。采用空间统计标准差椭圆（SDE）方法，以 2003—2017 年中国 285 个地级及以上城市为足迹空间，从连续空间上大规模聚集角度计算和分析了中国区域增长接力变化趋势，认为中国经济呈现出较为明显的"由东向西、由北向南"区域增长接力格局，进而验证了基于扩展的 LS 模型所得出的结论。

二是科学划分了中国三类区域发展新空间，把海洋发展空间纳入区域发展新空间的范畴，并明确界定了广义区域发展新空间与狭义区域发展新空间概念。明确提出了区域发展新空间和潜在区域发展新空间的内涵和本质特征，建立了区域发展新空间和潜在区域发展新空间的识别指标体系，用不同方法对区域发展新空间与潜在区域发展新空间进行了识别。第一代区域发展空间是发育相对成熟的京津冀、长三角、珠三角沿海三大城市群；区域发展新空间是发育程度相对较高的成渝、长株潭、武汉、中原、山东半岛、海峡西岸、辽中南、关中平原城市群；潜在区域发展新空间集中在中国中西部地区，以省际交界地区和沿边地区为主，也包括兰州及其周边地区、银川及其周边地区、乌鲁木齐及其周边地区等三个特殊的区域，还包括海洋发展空间。

三是提出了拓展中国区域发展新空间的总体思路。拓展中国区域发展新空间，要以"轴带引领、城市群（都市圈）支撑、群区耦合、陆海统筹、梯次推进"为重点，重点打造承东启西、连南贯北的经济带，提高城市群功能，强化区域性中心城市服务功能，构建经济联系相对紧密、受城市群辐射带动的规模较大的经济区，加快陆海双向走出去步伐，形成区域发展空间梯次推进的发展格局。

四是明确提出了中国区域空间发展总体战略。新时期，构建"统筹东中西、协调南北方"的区域空间发展新格局，应实施区域协调发展、城乡融合发展、轴带引领发展、群区耦合发展四大战略，重点打造承东启西、连南贯北的经济带，规划建设联系紧密、带动力强、影响力大的城市群，选择宜居宜业、具有战略意义的地区培育新的增长极，构建经济联系相对紧密、受城市群辐射带动的规模较大的经济区，建设有较大规模、经济实力较强、有一定辐射带动能力的区域性中心城市，实现东中西互动、城乡融合、经济社会与自然和谐发展。

五是深入研究了第一代区域发展空间、区域发展新空间、潜在区域发展新空间、海洋发展空间的战略导向和发展重点。第一代区域发展空间以高质量发展为主，要严格生态环境保护、完善区域治理体系、推进高质量公共服务基本均等化、促进城市群核心城市与外围地区的良性互动发展。区域发展新空间以空间结构优化与产业升级为主：空间结构优化要推动城市群空间结构网络化、优化等级规模结构、构建特色化导向的职能结构、打造现代化基础设施支撑体系；产业升级的基本路径是，寻找产业升级捷径和拓展产业升级机会相结合，在发挥比较优势的同时注重新的比较优势培育，选择有利于缩小产品空间距离与加速显著比较优势扩散的产业作为发展重点。潜在区域发展新空间以培育发展能力为主，省际交界地区重点是消除省际的合作障碍、培育省际交界地区的区域性中心城市、探索区域利益分享机制；省内连片地区重点是加强城乡融合发展、加快促进新旧动能转换；省会（自治区首府）及周边地区重点是强省会（自治区首府），形成以中心城市为核心的都市圈，增强集聚和辐射功能。海洋发展空间，要将优化海洋开发战略布局、推动海洋经济结构的战略性调整、发挥科技创新引领作用、加强生态环境保护、扩大海洋开发国际合作等作为发展方向，协同推进海洋生态保护、海洋经济发展和海洋权益维护，加快建设海洋强国。

六是提出了拓展区域发展新空间的体制机制和政策措施。要构建新空间战略统筹机制，深化新空间合作机制，健全区际利益补偿机制，完善要素市场化配置机制，为拓展中国区域发展新空间提供体制基础和制度保障；完善自上而下与自下而上相结合的制度基础、以财政政策梯次推进区域发展新空间、完善分类指导的政策导向，推进形成新空间梯次发展格局。

七是选择不同视角对拓展中国区域发展新空间的相关问题进行了专题研究。从区域发展新空间形成的动力源泉，一体化、经济集聚与区域发展空间，区域发展新空间拓展方式与全要素生产率，区域发展新空间的风险来源与规避，"一带一路"倡议与区域发展新空间，供给侧改革与区域发展新空间，资源环境约束下的区域发展新空间，国外拓展区域发展新空间的经验与启示等角度，进行了深入分析，得出了若干有价值的结论。如资本积累过程中对不同空间的全面塑造，是推动区域发展新空间形成的动力源；经济集聚（扩散）是区域经济一体化的动态效应之一，是内涵式拓展区域发展空间的重要途径；不同类型区域发展空间所面对的风险各异，未来应加强区域风险管理；城市多中心的集中均衡式拓展对全要素生产率的促进作用最大，而且不同的空间拓展模式主要通过技术效率影响全要素生产率等；这对于拓展中国区域发展新空间具有较好的决策参考价值。

八是选择典型区域进行了案例研究，对国内其他地区拓展发展新空间有较好的借鉴作用。从城市群、省域、市域三个空间尺度，分别选择京津冀、广东和北京，对拓展区域发展新空间进行了案例研究。石家庄、保定、廊坊、唐山和沧州应该作为京津冀发展新空间加以培育；随着珠三角产业结构转型调整，广东东南部区域将成为带动广东拓展服务业发展的新空间；朝阳、海淀、石景山、丰台、通州、大兴和顺义，具备发展成为北京区域发展新空间的条件和可能。

参考文献

安树伟,肖金成.区域发展新空间的逻辑演进[J].改革,2016(8):45–53.
高国力.区域经济不平衡发展论[M].北京:经济科学出版社,2008:67.
国务院.全国海洋主体功能区规划[Z].2015.
肖金成.城镇化与区域协调发展[M].北京:经济科学出版社,2014:34.
肖金成等.长江上游经济区一体化发展[M].北京:经济科学出版社,2015:132.

第二章　文献综述

中共十八大以前，中国经济在空间上实现向具有比较优势区域集聚的同时，区域发展水平差距持续扩大（樊杰，王亚飞，梁博，2019）。区域发展水平差距的扩大严重制约了中国人居环境、居民福祉和营商环境的改善，进而影响了国家整体竞争力的提升。随着经济社会发展进入新的阶段，国家区域发展战略出现重大变化，原有的区域发展总体战略向区域协调发展战略过渡，一些发展势头较好、资源环境承载力较强、经济发展潜力较大的区域发展新空间受到国家的重视。2014年3月，李克强总理在政府工作报告中提出要"谋划区域发展新棋局"；2015年3月，李克强总理在政府工作报告中进一步提出了"拓展区域发展新空间"，区域发展新空间成为区域经济学研究的热点问题之一。拓展区域发展空间，对于增强区域经济发展内生动力、保持经济持续平稳增长具有重要的现实意义（陈耀，2015；孙久文，2015；邓仲良，张可云，2021）。迄今为止，国内学术界对区域发展新空间的研究已经有了一定的基础，本章主要从新空间的含义与识别、功能与特征、空间格局、拓展重点与途径、拓展政策等方面，对区域发展新空间的相关文献进行梳理和归纳，探讨研究的基本轨迹，并对区域发展新空间的相关研究进行总结和讨论，为未来研究和政府决策提供参考。

第一节 关于区域发展新空间含义与识别的研究

国内对区域发展新空间的系统研究尚处于起步阶段，许多学者对区域发展新空间及相关概念进行了探索。

一、关于区域发展新空间含义的研究

在区域经济学、城市经济学、经济地理学等学科领域，区域发展新空间并未有明确的概念界定。综合有关文献分析，与其有内涵关联的词汇有战略性新兴区域、区域发展新棋局、国家级战略性区域发展规划地区等（见表2-1）。

表2-1 区域发展新空间的相关概念解析

相关概念	作者	主要内容	特征
战略性新兴区域	侯永志、张永生、刘培林等（2015）、安树伟（2015）	从支撑中国经济持续增长角度研究，战略性新兴区域是长时间对中国经济增长有重大影响，具有新的竞争优势的增长动力接续者	可衡量、操作性较高，但范围太广
区域发展新棋局	孙久文（2015）、刘勇（2015）	从政策延续性角度研究，区域发展新棋局是四大板块和三个支撑带的统筹发展	宏观指导性较强，缺乏实践性
国家战略性区域发展规划地区	范恒山（2011）、段娟（2014）	省域内部的国家级区域规划地区是区域发展新空间重要组成部分	操作性较高，但缺乏区域间联动性

从支撑中国经济持续增长的战略性区域角度看，战略性新兴区域类似于区域发展新空间。侯永志、张永生、刘培林等（2015）指出，战略性新兴区域需要具备经济增速较快、经济总量较大、辐射带动较强的条件，这种新空间是在相当长的时间范围内对中国经济增长有着重大影响、起着战略性作用的区域，在区域空间上具有新竞争优势的增长动力接续者；安树伟（2015）从区域接力增长、梯次推进的视角，按照统筹东中西、协调南北方、陆海统筹、战略支撑作用明显，空间连续性和政策延续性强等原则，提出战略区域-新战略区域-潜在新战略区域的区域发展新空间分析框架。

从政策延续性角度看，区域发展新空间与区域发展新棋局具有密切的联系。在"一带一路"建设、京津冀协同发展、长江经济带发展的基础上，2015年3月，李克强总理在政府工作报告中明确提出："统筹实施'四大板块'和'三个支撑带'战略组合。"立足四大板块和三个支撑带[①]，利用三个支撑带解决四大板块战略的独建独享的问题，以优化空间结构、推进转型发展、增强承载能力为重点，实现区域空间的全方位、多层次、立体化、绿色化开发利用（孙久文，2015）。

从区域规划角度看，国家战略性区域发展规划地区是新空间的重要组成部分。中国目前虽已形成了东部、中部、西部、东北四大区域的区域发展总体战略，但该战略的空间尺度仍然偏大，操作性、针对性和有效性都存在一定的问题，需要对区域发展总体战略进一

---

① 四大板块即指东部、中部、西部和东北地区；三个支撑带指长三角支撑长江经济带，环渤海支撑东北、华北和西北经济带，以及泛珠三角支撑西南和中南经济带（刘勇，2015）。

步细化和落实（范恒山，2011）。而国家战略性区域发展规划地区往往在一个省域之内，实施起来较为方便，是落实中国区域发展总体战略的基础，也是拓展区域发展空间的重要手段。2005—2006年，国务院相继批准了上海浦东新区和天津滨海新区发展规划；2007—2011年，国家共批复了43个重点区域规划，尤其是2009—2011年区域规划密集出台，占批复规划总数的70%；从2011年下半年，国家开始有针对性地批复了老少边穷地区、边疆地区等规划，如《滇桂黔石漠化片区区域发展与扶贫攻坚规划（2011—2020年）》《武陵山片区区域发展与扶贫攻坚规划（2011—2020年）》《陕甘宁革命老区振兴规划（2012—2020年）》等（段娟，2014）。这些新的国家战略性区域发展规划地区是否可以作为区域发展新空间的重要组成部分，学术界并未达成共识。

安树伟和肖金成（2016）较早地对区域发展新空间做出了定义。他们认为，区域发展新空间是指对全国经济发展具有重要意义，资源环境保障能力强、经济规模较大、经济增长速度高于全国平均水平、能够集聚更多人口和产业，经过一定时间的培育和发展，可以有效地推进国家工业化和城镇化的关键区域。区域发展新空间的概念有广义和狭义之分：狭义区域发展新空间是指国家工业化和城镇化的重点承载区域，基本实现社会主义现代化的重点保障区域，当前新一轮经济调整和经济总量扩张的主要区域；广义区域发展新空间还包括未来15—35年支持中国经济持续平稳增长、建成社会主义现代化强国的潜在新空间，也包括中国的海洋发展空间。

二、关于区域发展新空间识别的研究

关于区域发展新空间的识别，目前学术界主要有两种方法：一是标准设定识别法。侯永志、张永生、刘培林等（2015）通过空间均衡、结构转换、要素集聚三个标准，对中国 285 个地级市进行了六轮筛选，并根据数据的可得性，将结构转换和要素集聚指标进行二级划分，[①] 识别出 38 个潜在战略性城市（新空间），包括环渤海经济区、长江经济带、海峡西岸城市群、北部湾城市群、成渝都市圈和西安都市圈。安树伟（2015）则初步识别了新战略性区域和潜在新战略区域。上述方法是先确定一定标准，根据社会经济统计数据，判断哪些地区或城市符合区域发展新空间的标准，从而划分出新空间。史育龙、贾若祥和党丽娟（2016）以中国四个直辖市和 334 个地级行政单位为基本单元，以五年时间跨度为一个阶段，计算了从"十五"到"十二五"三个时期各单元经济增量对全国经济增长贡献率的变化，同时考虑各单元经济的绝对规模，筛选出过去 15 年对全国经济增长贡献突出的单元，将贡献率增幅越来越大、加速度为正、经济动力不断增强的区域定义为区域发展新空间。这种方法具有操作简便的优点，但是主观性较强，定性描述也较多。二是模型设定识别法。该方法通过建立经济学模型，依据空间微观数据，如通勤率、通勤时间、交通可达性、夜间灯光数据，运用经济引力模型、要素扩散路径模型等方法进行空间计量分析，识别区域经济增长新空间（张倩，胡百锋，刘纪远等，2011；方创琳，2011）。这一方法得出的结论客观性较强，但数据收集比较困难。

此外，一些学者也对优化海洋空间布局进行了深入研究（朱坚真，闫玉科，2010；刘大海，李峥，邢文秀等，2015），提出了海洋

---

① 结构转换类指标包括工业化率和城镇化率，要素集聚类指标包括地区就业人口、贷款-存款比、货运客运量、房地产开发投资额等。

空间规划和布局的理论框架和基本原则，有助于中国海洋发展新空间和海洋强国建设的研究。但这些学者对于海洋经济的研究往往是从地理学、海洋学的角度进行的，这里不再赘述。

第二节　关于区域发展新空间功能与特征的研究

区域发展新空间承载着实现国家发展战略目标、带动不同等级区域经济增长、谋划体制机制创新等功能，具有经济结构快速变动、经济贡献率不断增加、要素集聚能力不断增强等特征。

一、关于区域发展新空间功能的研究

区域发展新空间承担着实现国家区域发展战略目标的功能。段娟（2014）从战略规划、发展方式方面进行了详细阐述。从战略规划角度看，区域发展新空间应该体现两个基本要求：一是促进区域协调发展，缩小区域发展差距；二是促进国民经济又好又快发展，增强可持续发展能力。从发展方式角度看，区域发展新空间是国家对规划地区进行战略部署的结果，国家战略的高目标和高期望会推动该区域形成新的发展模式，表现出具有中央和地方共同利益的特征，应具备产业结构升级和空间布局优化、突出体制创新和区域合作的特点。

区域发展新空间承担着不同等级区域经济增长极的功能。改革开放以来，中国东部沿海地区已形成了京津冀、长三角、珠三角等

经济相对发达的地区，但作为一个发展中大国，仅靠这三个经济增长极无法支撑全国经济的健康发展。章予舒、裴厦和谢高地等（2012）指出，随着区域规划及相关政策的不断完善，现阶段已经基本形成了跨省和省内两级区域规划；拓展区域发展新空间，解决国家和特定区域发展问题需要涵盖不同层次增长极，以促进区域之间及内部协调发展。

区域发展新空间承担着国家体制机制创新试验的功能。近年来国务院批复的区域规划，并不仅仅给予这些区域更多的政策优惠和投资项目，而是给予更多的制度创新和试验自主权。如国家级新区就具有明显的制度外部供给和内生制度创新相结合的特点，通过依托原有的国家综合配套改革试验区或中央政府直接授权承担某项改革任务，为区域发展新空间奠定体制改革与创新的基础（郝寿义，曹清峰，2018）。

二、关于区域发展新空间特征的研究

区域发展新空间的特征，一是经济结构快速变动，经济贡献率不断增强。从经济结构变动的角度出发，侯永志、张永生、刘培林等（2015）认为如果一个地区工业化和城镇化趋于完成，经济增长部门转换效应将趋缓，要素转换步伐将放慢，经济增长的城乡转换效应将变得不再显著，也就不具备区域新空间所具备的特征；史育龙、贾若祥和党丽娟（2016）依据各地区对全国增长贡献率的变化，提出新空间应该具备经济增长贡献率加速度为正、经济增长动力不断增强的特点。

二是吸引要素集聚能力不断增强。一个地区的发展离不开劳动力、资本、技术、土地等生产要素的集聚和优化配置。区域发展新空间应该是要素的净流入地,是人口净迁入地、资本汇聚地、技术创新区和土地增值区。没有要素的集聚,就不具备经济起飞的条件,不符合区域发展新空间的内涵(章予舒,裴厦,谢高地等,2012)。

第三节 关于区域发展空间格局的研究

区域发展新空间的空间格局涉及区域经济总体格局塑造、重点经济区、重点城市群三个层级,下面分别进行综述。

一、关于区域经济总体格局的研究

第一种观点是以"两横三纵"[①]为基础,构建区域发展总体框架。在原有"两横三纵"空间框架基础上,肖金成和欧阳慧(2012)提出继续打造承东启西、连南贯北的发展轴,着力打造沿边经济带。刘勇(2015)将"两横三纵"拓展为"四纵四横"[②]的区域发展空间总体框架。安树伟和肖金成(2016)综合"两横三纵"和沿边地区空间框架,进一步细化为"三纵四横一沿边"[③]的区域经济空间战略

---

① 两横是指第二条亚欧大陆桥通道和沿长江通道这两条横轴,三纵是沿海通道、(北)京哈(尔滨)-(北)京广(州)通道、包(头)昆(明)通道这三条纵轴。

② 四纵包括沿海纵线、(北)京哈(尔滨)-(北)京九(龙)线、二(连浩特)三(亚/沙)线和西部沿边线;四横包括大连-北方捷道、陇海-喀什线、沿长江线和台湾-大陆线。

③ 三纵指沿海轴线、(北)京哈(尔滨)-(北)京广(州)轴线、包(头)昆(明)轴线;四横指北部湾-西江轴线、长江三角洲-长江轴线、淮海经济区-新亚欧大陆桥轴线、环渤海-内蒙古巴彦淖尔-新疆塔城轴线;一沿边指从鸭绿江口到北仑河口的沿边开放地区。

新格局。

第二种观点是以四大区域为基础，实施轴带结合的区域发展总体框架。在东部、中部、西部、东北四大区域基础上形成横跨东中西、连接南北方的重要轴带，提升轴带对统筹区域发展的引领和带动作用（陈耀，2015；孙久文，2015）。沿长江、珠江、黄河等大江大河和京广、京哈、京沪、陇海等重要交通干线，逐渐形成经济开发轴带；同时充分发挥一级轴带的核心作用，辐射带动周边地区二级开发轴带和复合开发轴带，形成中国区域开发的主轴带。在轴带开发的同时，进一步细化四大区域，依托现已形成的城市群和经济区，逐步培育形成东北、京津冀（含山东）、泛长三角、泛珠三角、长江中游、西南、西北、海峡西岸八大区域经济板块，最终形成网格化、多支撑的区域发展新格局（宋晓梧，2015）。

此外，也有学者从理论层面分析了总体格局塑造应遵循的基本模式，如点轴发展向网络化发展模式（李国平，王志宝，2013）。覃成林和韩美洁（2022）提出，中国区域经济发展已初步形成多极网络空间发展格局，增长极与空间经济网络之间存在正向非对称互惠共生关系。樊杰、王亚飞和梁博（2019）提出，中国区域发展格局已经形成以京津冀、长三角、珠三角、成渝地区四大核心区域中心为顶点、以相邻区域连线为边界合围成的"菱形"区域经济空间结构。随着京津冀协同发展、长江经济带发展等区域重大战略的实施，中国的区域经济总体格局进一步呈现出以四大板块为基础、城市群和都市圈为支撑、轴带引领的"4+X"区域空间总体格局。

二、关于重点经济区划分的研究

经济区是相对于行政区而言的，是指在劳动地域分工基础上形成的不同层次和各具特色的地域经济单元,具有核心城市支撑、市场发育充分、经济联系密切等特征(喻新安,2015)。不同学者对中国经济区的划分存在不同看法。

改革开放后,刘再兴(1985)、杨树珍(1990)、顾朝林(1991)较早地阐述了经济区的概念。杨吾扬和梁进社(1992)基于劳动地域分工规律指导下的远景性、开拓性和阶段性原则,将中国划分为东北区、京津区、晋陕区、山东区、上海区、中南区、四川区、东南区、西南区、大西区,共十个经济区;基于各省份之间的经济联系,胡序威(1993)将中国划分为东北区、华北区、西北区、东中区、华南区、西南区,共六个经济区。2000年之后,随着区域协调发展逐步加深,国务院发展研究中心(2005)在原有东部、中部、西部、东北四大区域基础上,提出了八大经济区的观点,即东北经济区、北部沿海经济区、东部沿海经济区、南部沿海经济区、黄河中游经济区、长江中游经济区、西北经济区、西南经济区。黄征学(2012)则提出了以城市群为核心构建八大经济区的方案,即以辽中南、吉林中部、黑龙江西南部城市群为核心构建东北经济区,以京津冀、山东半岛城市群为核心构建渤海经济区,以长三角、江淮城市群为核心构建泛长三角经济区,以海峡西岸城市群为核心构建海峡经济区,以珠三角、北部湾城市群为核心构建泛珠三角经济区,以长江中游、中原、湘东城市群为核心构建中部经济区,以川渝城市群为核心构建西南经济区,以关中平原和天山北坡城市群为核心构建西北经济区。

三、关于重点城市群组织形式的研究

《中华人民共和国国民经济和社会发展第十一个五年规划纲

要》提出，城市群的发展将作为中国推进城市化的主体形态。"十一五"以来，中国已出台了 50 多个关于促进区域协调发展的指导性文件和相关规划，助推原有的经济区域向块状、轴带状发展，形成了若干个以中心城市为核心的重点城市群。《中华人民共和国国民经济和社会发展第十四个五年规划和 2035 年远景目标纲要》提出，要以促进城市群发展为抓手，加快形成"两横三纵"城镇化战略格局。重点要优化提升京津冀、长三角、珠三角、成渝、长江中游等城市群，发展壮大山东半岛、粤闽浙沿海、中原、关中平原、北部湾等城市群，培育发展哈长、辽中南、山西中部、黔中、滇中、呼包鄂榆、兰州-西宁、宁夏沿黄、天山北坡等城市群。

不同学者对城市群的组织形式有不同认识。基于城市数量、人口规模、城市化水平、人均 GDP、非农产值比重、经济密度、经济外向度等识别标准，方创琳（2011）提出，中国有"15+8"个城市群，[1]随着城市群空间进一步演进，将形成由东部沿海地区、长江流域和黄河流域城市群连绵带组成"π"形城市群连绵带。基于人口、经济、社会三方面标准，宁越敏（2011）提出，中国已经形成长三角、珠三角、京津冀、辽中南、山东半岛、闽东南、成渝、中原、关中平原、哈（尔滨）大（庆）齐（齐哈尔）、长（春）吉（林）、武汉、长株潭共 13 个城市群。肖金成和欧阳慧（2012）结合城市化

---

[1] 其中，长三角、珠三角、京津冀、山东半岛、辽东半岛、海峡西岸、长株潭、武汉、成渝、环鄱阳湖、中原、哈（尔滨）大（庆）长（春）、江淮、关中、天山北坡城市群共 15 个城市群已达到城市群发育标准，南（宁）北（海）钦（州）防（城港）、晋中、银川平原、呼（和浩特）包（头）鄂（尔多斯）、酒（泉）嘉（峪关）玉（门）、兰（州）白（银）西（宁）、黔中、滇中城市群共 8 个城市群尚未达到发育标准。

水平及城市功能提出，除京津冀、长三角、珠三角 3 个城市群之外，现已初步形成山东半岛、辽中南、长江中游、中原、海峡西岸、川渝、关中平原城市群 7 个城市群，未来可能形成长株潭、吉林中部、黑龙江西南部、北部湾、天山北坡城市群 5 个城市群，即"3+7+5"城市群。尽管学术界对城市群识别标准、组织形式的研究结论存在差异，但城市群作为拓展区域发展新空间的主体形态和重要支撑，已经成为学术界的共识。

近年来，中央逐渐探索区域政策实施单元的精准调控，旨在更好发挥区域政策的靶向作用（叶振宇，2020）。与城市群相比，现代都市圈是构建大中小城市和小城镇协调发展的城镇格局的基础工程（姜长云，2020）。都市圈是城市群形成的必要条件，城市群是在都市圈的基础上形成的，没有都市圈就没有城市群（肖金成，2021）。关于都市圈空间范围的界定，许多学者持不同观点（姜长云，2020；马燕坤，肖金成，2020；安树伟，张晋晋等，2020；黄艳，安树伟，2021；汪光焘，李芬，刘翔等，2021）。但在都市圈建设方面，大多数学者认为应加快构建现代都市圈一体化发展机制（齐爽，2022），通过现代化都市圈建设形成区域竞争新优势，为城市群整体实力提升和高质量发展、经济转型升级提供重要支撑，助推形成空间一体化开发格局（张学良，林永然，2019；郭文尧，刘维刚，2021）。同时，众多学者也对各个都市圈的发展提出了有针对性的政策建议。

第四节 关于拓展区域发展新空间重点与途径的研究

国内关于拓展区域经济发展新空间的途径研究，主要集中于轴带引领与城市群支撑两个方面，近年来，中心城市、城市新区和陆海统筹等的研究也逐渐兴起。

一、关于实施轴带引领的研究

第一，关于通过"一带一路"建设构筑全面开放的区域发展格局的研究。2013 年，习近平主席提出了建设"丝绸之路经济带"和"21 世纪海上丝绸之路"。2015 年，国家发展和改革委员会、外交部、商务部经国务院授权发布《推动共建丝绸之路经济带和 21 世纪海上丝绸之路的愿景与行动》，相关研究呈现井喷式增长。一些学者认为依托"一带一路"全方位开放、基础设施互联互通（胡再勇，付韶军，张璐超，2019）、能源合作（吕江，2019）、贸易畅通（李丹，崔日明，2015）、人文交流（殷杰，郑向敏，李实，2019），能够促进内陆地区形成若干大都市经济区和内陆型开放经济高地，提升沿海地区国际竞争力，促进沿边地区发展，形成沿线、沿海、沿边全方位国土开发新空间（刘慧，叶尔肯·吾扎提，王成龙，2015）。从发展目标看，"一带一路"建设的核心是促进经济要素有序自由流动、资源高效配置和市场深度融合，推动开展更大范围、更高水平、更深层次的区域合作，共同打造开放、包容、均衡、普惠的区域经济合作架构（安树伟，2015）。从地区战略定位看，有条件省份要充当陆路和海路的连接纽带，积极探索地区开放型经济建设（王佳宁，罗重谱，2017）。如新疆提出要打造新丝绸之路经济带西北门户、战略通道、重要支点和人文交流中心（刘遵乐，2019），陕西提出建设丝绸之路经济带新起点和桥头堡，甘肃提出建设丝绸之路经济带黄金地段（袁新涛，2014），江苏定位为"一带一路"战略交汇节点，浙江提出打造"一带一路"经贸合作先行区（郑志来，2015）。此外，"丝绸之路经济带"沿线的青海、宁夏、重庆、四川、云南、河南以及"21世纪海上丝绸之路"沿线的福建、广东、海南等省份也都结合自身特点和优势提出了相关规划方案。

第二，关于依托京津冀协同发展、探索建设区域经济共同体的研究。2015年《京津冀协同发展规划纲要》中明确北京的功能定位是政治中心、文化中心、国际交往中心、科技创新中心，天津的定位为全国先进制造研发基地、北方国际航运核心区、金融创新运营示范区、改革开放先行区，河北的定位是全国现代商贸物流重要基地、产业转型升级试验区、新型城镇化与城乡统筹示范区、京津冀生态环境支撑区，这为京津冀区域发展格局的调整和拓展区域发展空间奠定了基础。有关京津冀拓展区域发展新空间顶层设计的相关研究主要集中在空间管治下的区域协同发展类型区划研究（黄金川，林浩曦，漆潇潇，2017）、产业协同发展研究（刘建朝，李丰琴，2021；田学斌，柳源，张昕玥，2022）、体制创新研究（丛屹，王焱，2014；孙兵，2016）、环境治理（安树伟，郁鹏，母爱英，2016）等方面；在拓展区域发展空间方面，雄安新区对京津冀协同发展的支撑、北京城市副中心建设等成为研究京津冀协同发展空间拓展的重要方向。此外，拓展北京发展新空间（张长，2018）、天津空间优化（刘峻源，2016）也成为重要研究方向。

第三，关于将长江经济带打造成拓展发展空间和优化经济布局的中国经济新支撑带的研究。2014年9月，《国务院关于依托黄金水道推动长江经济带发展的指导意见》提出，将长江经济带建设成为具有全球影响力的内河经济带、东中西互动合作的协调发展带、沿海沿江沿边全面推进的对内对外开放带和生态文明建设的先行示范带。长江经济带建设的意义体现在东中西协调发展、新型城镇化建设以及"一带一路"建设等多个层面（陈耀，2015）。缩小长江经济带东中西部之间地区差异，促进区域协调发展，形成上中下游优势互补、协作的互动格局，是长江经济带发展的本质所在（曾浩，余瑞祥，左桠菲等，2015）。现阶段，长江经济带整体经济联系网络密度处于较低水平，一体化发展是长江经济带拓展区域发展新空间的总体方向（邹琳，曾刚，曹忠贤等，2015）。一些学者主要从区域分工合作机制（郝寿义，曹清峰，2018）、产业集聚（黄庆华，时培豪，胡江峰，2020）、发挥中心城市和城市群作用（孙军，邹琳华，2022）、多元化建设路径（刘耀彬，易容，李汝资，2022）等多方面提出全面推进长江经济带建设的政策建议。在推进长江经济带建设的同时，长江经济带国土空间的脆弱性（张正昱，金贵，郭柏枢等，2020）、水污染风险（周夏飞，曹国志，於方等，2020）、水资源生态足迹（卢亚丽，徐帅帅，沈镭，2021）等的研究也逐渐受到重视。

"一带一路"建设、京津冀协同发展、长江经济带发展是轴带引领、拓展区域发展新空间的核心部分，但是其功能定位是不同的，拓展区域发展新空间的角度也是有差异的。"一带一路"建设注重的是构建全方位的开放格局，京津冀协同发展的出发点是解决北京日益严重的城市病问题，而长江经济带发展更侧重于打造绿色发展的中国经济支撑带。随着粤港澳大湾区建设、长江三角洲区域一体化发展、黄河流域生态保护和高质量发展等区域重大战略的提出和持续推进，轴带引领的内涵也在不断深化和完善。

二、关于城市群支撑的研究

城市群是拓展区域经济发展空间的重要支撑（苗长虹，王海江，2005）。高等级城市群结构优化、功能升级和次高等级城市群扩容成长均有利于凸显城市群比较优势，有利于拓展中国区域发展新空间。学术界对城市群支撑的研究主要集中于京津冀、长三角、珠三角三大城市群的优化发展，成渝、中原、长株潭、关中平原、东北地区[①]、山东半岛、海峡西岸、武汉八大城市群的形成和壮大研究。

（一）关于三大重点城市群优化发展的研究

第一，关于通过协同发展打造京津冀世界级城市群的研究。京津冀城市群是中国乃至世界的研发创新、高端服务集聚区，是带动中国北方全方位开放的门户地区，是中国未来最具活力的核心增长极和新型城镇化示范区（文魁，祝尔娟，2014）。与此同时，该区域面临着北京人口增长过快、大城市病问题凸显，资源环境承载超限、自然生态系统退化，资源配置行政色彩严重、市场机制作用发挥不充分，战略定位缺乏统筹、功能布局不够合理，区域发展相差悬殊、公共服务水平落差极大等问题（陆大道，2015）。要通过有序疏解北京非首都功能，优化空间格局，形成"一核双城三轴四区多节点"空间结构（杨开忠，2015）；通过科学定位、错位发展、立足各自特色，实现京津冀城市群功能提升与空间优化（陆大道，2015）。方创

---

① 具体包括哈（尔滨）大（庆）齐（齐哈尔）、辽中南、吉林中部城市群。

琳（2017）从区域治理角度提出，京津冀城市群优化提升的关键在于实现规划、交通、产业、科技、生态环境等多层面的协同发展。

第二，关于长三角城市群一体化发展的研究。长江三角洲区域一体化旨在着力落实新发展理念，构建现代化经济体系，推进更高起点的深化改革和更高层次的对外开放，进一步完善中国改革开放的空间布局（程必定，2010）。长三角城市群在经济高速增长过程中，日益暴露出过分依赖投资驱动和出口拉动、产业和空间结构不合理、发展动力趋弱、功能分工重合、自主创新乏力、生态环境问题突出、内部发展不平衡、行政壁垒尚存、绿色经济体系较弱等一系列结构性矛盾（陈雯，孙伟，刘崇刚等，2021；曹卫东，曾刚，朱晟君等，2022）。针对这些问题，学者们提出了各自的见解。第一类是从城市功能提升的角度提出政策建议。强化上海高端国际化功能、城市群深度融合功能、空间拓展功能三方面系统提升城市功能，是长三角城市群科学发展的新路。第二类是从区域一体化角度提出长三角城市群高质量发展路径。长江三角洲区域一体化要通过融入全球价值链、产业链和创新链（吴福象，2019；曹卫东，曾刚，朱晟君等，2022）、搭建政府协商机制（刘志彪，陈柳，2019）、落实产业合作（范剑勇，2004）、区域协同治理（申剑敏，陈周旺，2016）、资源利益共享（陈建军，黄洁，2018；王继源，2021）等方式破解区域协同发展难题，巩固和完善一体化发展机制，强化区域协同发展的内生动力，实现城市群全方位一体化发展。

第三，关于珠三角和粤港澳大湾区建设的研究。在粤港澳大湾区提出之前，学术界主要研究珠三角，之后就转向了粤港澳大湾区的研究。2015年，国家发展和改革委员会、外交部、商务部经国务院授权发布的《推动共建丝绸之路经济带和21世纪海上丝绸之路的愿景与行动》提出:"充分发挥深圳前海、广州南沙、珠海横琴、福建平潭等开放合作区作用,深化与港澳台合作,打造粤港澳大湾区。"2017年3月,李克强总理在政府工作报告中提出,"研究制定粤港澳大湾区城市群发展规划"。此后,国内一些学者通过与国外先进湾区的比较来研究粤港澳大湾区城市群结构优化和功能提升(国世平,2017),分析其面临的困境。未来,珠三角和粤港澳大湾区城市群的深化发展应注重以下四个方面:第一,通过产业升级构建先进制造业体系,将实体经济与电子商务相结合,发展现代服务业(王鹏,魏超巍,2016)。第二,通过"21世纪海上丝绸之路"建设,将粤港澳大湾区城市群建设成为中国融入全球化的桥梁,国际经济、社会、文化交往的枢纽(周春山,金万富,史晨怡,2015)。第三,注重城市文化塑造,将城市历史、文化底蕴、市民风范、生态环境充分显现,形成鲜明的文化个性,提高文化竞争力(李国兵,2019)。第四,营造宜居宜业的城市环境,建立健全市民社会体系,完善协同创新机制(陈昭,梁淑贞,2021)。

(二)关于培育壮大八大城市群的研究

第一,关于成渝城市群的研究。成渝城市群是中国西部地区重要的经济中心、全国重要的现代产业基地、深化内陆开放试验区、统筹城乡发展示范区和长江上游生态安全保障区。对成渝城市群的研究主要集中于城市群的发展基础、战略地位、发展潜力、发展方向四个方面。其中,彭颖和陆玉麒(2010)对成渝城市群的产业结构进行了深入研究,指出其产业结构向有利于就业的方向发展,但也面临着内部经济差异不断扩大、极化效应仍居主导的问题,其根源在于成渝城市群内部大多数城市个体实力较弱。未来需要加大力度扶持城市个体发展成长（王亮，张芳芳，2022）。许旭、金凤君和刘鹤（2010）加入战略引导因素，提出成渝城市群未来应继续培育国家基础性战略性产业，重点开发经济发达和次发达地区。发展战略方面，成渝城市群要依托地理区位突出优势，积极落实国家"一带一路"倡议和长江经济带发展战略，在空间规划、产城融合、基础设施、统筹城乡发展等方面加快顶层设计与战略布局（姚作林，涂建军，牛慧敏等，2017）。在当前成都和重庆中心城市城镇化缓慢发展的态势下，成渝城市群县域空间城镇化的贡献力度逐渐增强，空间一体化发展成为成渝城市群继续发展壮大的重要因素（程前昌，2015）。也有学者认为，重庆、成都与长三角、粤港澳的中心城市相比，发展依然不充分，带动力不够强劲（叶文辉，伍运春，2019）。随着成渝地区双城经济圈和成都都市圈、重庆都市圈建设的深入，依托成渝地区双城经济圈发展成渝城市群建设成为题中之义，也是城市群内部优化提升的重要空间（周跃辉，2020）。

第二，关于中原城市群的研究。近年来，学术界对中原城市群的研究主要集中在战略设计和具体推进两个层面。一方面，从战略角度提出协调发展与共享发展应是建设中原城市群的重要方向。针对现有的制度缺失问题，中原城市群应深化改革，建立保障人口自由迁徙制度、合理的利益分配制度、有限的公共服务共享制度等（喻新安，2010；郭荣朝，宋双华，2019）。另一方面，在推进中原城市群建设方面，柯善咨和夏金坤（2010）基于要素集聚与回流效应的分析，建议在中原城市群建设的同时促进其内部其他地区和市县协调发展，形成以互补结构取代竞争结构的发展模式；统筹安排各地区公共投入，积极完善人才引进机制。魏石梅、潘竟虎和张永年等（2019）基于DMSP-OLS夜间灯光数据分析了中原城市群的空间演变，提出了城市群空间拓展的方向；郭荣朝、宋双华和苗长虹（2011）则从结构优化和功能提升角度，提出了中原城市群"廊道组团网络化"的空间拓展模式。

第三，关于长株潭城市群的研究。长株潭城市群是中国区域一体化发展、两型社会建设、创新驱动发展的重要试验区，在空间一体化、产业一体化、生态建设一体化等方面已取得了阶段性成果。在空间结构方面，目前长株潭城市群呈"多中心-组团式"空间结构，学者们从不同的视角提出未来城市群空间结构的优化调整方案，如"点-轴-圈（面）"有机结合的多层次城镇群体空间结构（周国华，彭佳捷，2012）。在产业优化方面，针对长株潭城市群产业结构同质性普遍、比较优势不突出、工业发展方式粗放、服务业发展滞后等问题，许多学者提出了建立以两型产业为核心的新兴产业体系（孙红玲，2009），推动产业链延伸增长和集群互补等（王鹏翔，2012）。在生态建设方面，长株潭城市群面临着生态赤字严重、生态系统安全性较低的问题，因此，长株潭城市群应注重优化生产、生活、生态空间结构，尤其是合理规划和利用城市建设用地，建设生态型城市群（秦立春，傅晓华，2013；吕贤军，李铌，李志学，2013）。

第四，关于关中平原城市群的研究。提升关中平原城市群在西部大开发乃至全国发展中的重要战略地位，在经济扩容增长、加快新型工业化步伐、区域开放合作等方面下功夫。樊瑛华和李振平（2009）提出，关中平原城市群应以振兴现代制造业为主要任务，支撑关中地区的持续发展。而李锐（2014）认为，关中平原城市群经济发展的基础是农业和农村经济，支撑点是工业，十分重要的问题是统筹城乡发展。加快推进关中平原城市群建设，要科学规划引导，促进城镇体系布局优化（任保平，2007）；加强产业分工协调，规划建设产业密集带（薛东前，段志勇，贺伟光，2013）；利用资源优势，推进特色城镇化，加快城乡统筹，推进新型城镇化进程（王发曾，程丽丽，2010）。

第五，关于东北地区城市群的研究。目前，中国东北地区有辽中南、吉林中部、哈（尔滨）大（庆）齐（齐哈尔）三个城市群，相关研究主要包括城市群格局、极化发展、功能测度三个方面。按照城市群形成发展过程和特征，辽中南已经发育成为成熟的城市群，而吉林中部和哈（尔滨）大（庆）齐（齐哈尔）尚处于城市群发育的中间阶段（杨青山，张郁，李雅军，2012）。通过区位商、城市流、外向功能量测度、DEA 模型、齐普夫规模分布等方法，东北地区城市群依然存在首位城市垄断性不强、轴线特征不明显、县级市规模偏小等特征（徐卓顺，2014；覃成林，2014）。未来要通过组建跨区域经济协作机构、深化城市职能分工、推进产业集聚等，促进东北地区城市群发展壮大（陈政高，2015）。

第六，关于山东半岛城市群的研究。山东半岛城市群与日本、韩国隔海相望，既是环渤海地区的重要组成部分，也是落实"一带一路"倡议的重要枢纽，在新时期中国区域发展战略格局中地位突出。推动山东半岛城市群建设主要着眼于如下几个方面：一是推进交通、水利、能源、信息等基础设施建设一体化，加强基础设施的对接和融合，合力构建山东半岛城市群互联互通的区域基础设施网络（王安，李媛媛，2016）；二是通过打破行政区划限制（李玉江，陈培安，吴玉麟等，2009），实现产业链重组，打造山东半岛城市群一体化优势产业链；三是优化城市群协同治理，通过政府诱导性合作和自发性合作，建立相应的决策机构、管理机构和执行机构，利用项目合作推动治理合作，推动城市群治理机制的完善（王佃利，史越，2013）。

第七，关于海峡西岸城市群的研究。海峡西岸城市群是以福州、厦门、泉州为中心城市，依托闽江口、厦门湾、泉州湾建设形成的城市群。海峡西岸城市群拥有众多优良深水港湾，港口优势明显，城市群建设应该"港依城建、城以港兴"（尹晓波，侯祖兵，2006）。在城市群建设中，应优先发展福州、厦门、泉州三个中心城市，以期获得更大的发展空间和经济整合效应，缓解城市空间，实现城镇化的规模效应。海峡西岸城市群发展与和台湾地区的经贸往来关系非常密切，应与台湾地区建立更深层次的合作联系机制，加快对台湾地区全面开放步伐，把握台湾地区产业转移和两岸交流趋势，积极承接台湾地区产业转移（马海涛，2017）。此外，促进海峡西岸城市群发展，要着力完善跨省份合作机制、促进产业融合发展和城镇化发展，推动海峡西岸城市群借力"21世纪海上丝绸之路"实现跨越式发展（李变花，2014）。

第八，关于武汉城市群的研究。武汉城市群承担着中部崛起的重要使命，学术界关于武汉城市群的研究主要集中于加强城市间联系、建立协调机制、优化空间组织等方面。第一，武汉城市群应加强城市间的互联互通（万庆，曾菊新，2013）。一方面，应加强一体化交通网络和市场网络建设，畅通城市间的联系通道；另一方面，应积极探索公平合理的利益分配机制，实现城市的有效互动。第二，给予武汉更大的自主权限，积极探索和优化区域合作利益分配机制与财政支持政策（张绍焱，张皓，2005）。第三，武汉城市群应该推动点轴圈联动，形成以武汉为龙头的多节点城市结构体系，提升城市群经济规模，在近中期优先培育除武汉外的副中心城市，以尽快形成合理的城市群空间结构（刘爱君，2019）。

三、关于打造中心城市的研究

中心城市是指在一些省份、区域内和全国经济活动中处于重要位置、具有综合性城市功能、起着枢纽作用的大城市和特大城市。拓展区域发展新空间，需要在城市群和都市圈外打造若干区域性中心城市。邬晓霞和安树伟（2022）通过测算中心性指数，筛选出全国 28 个区域性中心城市，并进一步划分为萌芽期、培育期、成长期、成熟期四种类型。关于培育和壮大中心城市的研究主要涉及两个方面：一是加快培育发展一批新的中心城市。根据资源禀赋、区位条件等因素，选择一批边境口岸地区、资源型地区、老少边穷地区、旅游文化资源丰富地区的节点城市，培育形成地区经济发展新的增长节点（安树伟，2015）。二是依托中心城市及其周边地区，加强城镇之间的要素流动和功能联系，促进产业协作、功能互补，形成支撑和带动区域经济发展的重点经济区（冯奎，2015）。

四、关于挖掘潜在区域发展新空间的研究

学术界关于潜在区域发展新空间的研究成果比较多。2004 年以来，环北部湾经济圈进入快速发展阶段，一体化发展态势不断增强（谢天成，覃平，谢正观，2008；王慧英，2009）；晋冀鲁豫交界地区、汉江生态经济带、呼（和浩特）包（头）鄂（尔多斯）地区的区域地位也得到逐步提升（年猛，孙久文，2012；徐境，石利高，

2010)。学者们对西藏"一江两河"①（唐伟，钟祥浩，周伟，2011）、云南沿边地区（刘保强，熊理然，蒋梅英等，2017）、新疆及其沿边地区（马东亮，2016）、吉林沿边地区（陈阳，2014）、黄河上中游地区（魏凌峰，杜旭东，2009）等沿边区域城镇化、资源承载、空间格局进行了大量研究。此外，国家级新区是新兴产业和高技术产业的主要承载地和地区经济增长极，在加快新旧动能顺畅转换、打造实体经济发展高地、展现产业对外合作新格局等方面的作用举足轻重（范恒山，2017；罗文，2019）。关于城市新区的研究以国家级新区为主，既有从全国层面针对多个新区的区位选择、作用机制、存在问题、竞争力、经济社会发展成效等方面的研究（彭建，魏海，李贵才等，2015；吴昊天，杨郑鑫，2015；张晓宁，金桢栋，2018；周国富，陈鑫鹏，2022），也有某一新区空间布局、开发建设、经济效益等方面的研究（任毅，东童童，邓世成，2018；肖菲，殷洁，罗小龙等，2019）。

五、关于推进陆海统筹的研究

挖掘海洋新空间、推进陆海统筹是现阶段拓展区域发展新空间的重要方面。2015年国务院印发的《全国海洋主体功能区规划》将中国海洋空间界定为中国内水和领海、专属经济区和大陆架及其他管辖海域（不包括港澳台地区），并明确内水和领海是海洋开发活动的核心区域，也是坚持陆海统筹、实现人口资源环境协调发展的关键区域。学术界围绕拓展海洋发展新空间做了如下探索：一方面，

---

① 指雅鲁藏布江及其主要支流拉萨河和年楚河流域地区。现在已经拓展为"一江三河"地区，指雅鲁藏布江及其主要支流拉萨河、年楚河、尼洋河地区。

充分借鉴发达国家海经济洋发展经验，针对参与国际海洋规则制定（刘佳，李双建，2011）、发展海洋新兴产业、推动海洋资源可持续开发（张兰婷，倪国江，韩立民等，2018）、完善海洋开发机制（白天依，2019），提出拓展中国海洋发展空间的重点举措。另一方面，从中国国情出发提出拓展海洋发展空间的总体思路。如坚持陆海统筹的战略思维（李靖宇，朱坚真，2017），在进一步优化陆域国土开发的基础上，以提升海洋在国家发展安全全局中的战略地位、促进陆海国土战略地位的平等为前提，以倚陆向海加快海洋开发进程，充分发挥海洋在资源环境保障、经济社会发展和维护国家安全的作用为导向（曹忠祥，高国力等，2015），以协调陆海关系，加强陆海资源开发、产业布局、交通通道建设、生态环境保护等领域的统筹协调，促进陆海一体化发展为路径（国家海洋局海洋发展战略研究所课题组，2018），增强国家对海洋的管控利用能力，推进海洋强国建设，着力构建大陆文明和海洋文明相容并济的可持续发展格局（曹忠祥，高国力等，2015）。

第五节　关于拓展区域发展新空间政策的研究

一、关于完善区域发展总体战略政策框架的研究

2005年，中共十六届五中全会明确提出了区域发展总体战略。学术界对于完善区域发展总体战略基本形成如下共识：随着三个支撑带等的提出，将区域发展总体战略固化为东部、中部、西部、东北地区四大区域战略已不适应形势发展的需要，为充分体现区域发展总体战略的统领性、整体性、包容性和动态性，可将四大区域发

展、支持特殊类型地区发展等均作为区域发展总体战略的重要组成部分（安树伟，2015；宋晓梧，2015）。根据国家发展战略需要，以四大区域为基础，统筹四大区域和经济带、支撑区发展，继续深化"4+X"区域发展总体战略，推动形成立体化国家区域发展战略体系和政策框架。一方面，统筹引领四大区域发展战略规划。东部地区应在高质量发展中发挥引领、示范和带动作用，努力建成高质量发展的先行区、科技创新引领区和现代化建设示范区；中部地区应以制造业高质量发展和农业现代化为突破口，形成中部崛起新态势；西部地区应充分利用沿边和后发优势，推动形成新时代西部大开发新格局；东北地区则要把经济转型和体制改革相结合，实现东北经济全方位振兴。另一方面，不断拓展"X"战略内涵。在京津冀协同发展、长江经济带发展等国家区域重大战略基础上，建立完善区域发展战略体系，以及纵横向经济轴带和不同类型特色区域合理分工的空间体系，推动中国经济不断向高质量协调发展迈进（叶振宇，2020；魏后凯，年猛，李功，2020）。

二、关于拓展区域发展新空间体制机制的研究

拓展区域发展新空间，需要加快完善体制机制，不断丰富发展区域发展总体战略，适应经济发展新常态（孙久文，2015）。在促进区域合作方面，积极构建推进区域合作的组织保障、规划衔接、利益协调、激励约束、资金分担、信息共享、政策协调和争议解决等机制，完善发达地区对潜力地区对口支援的制度基础。在法律保障方面，积极构建促进区域协调发展的法律法规体系，研究制定促进区域协调发展的法律法规，制定与实施具有发展潜力的区域发展战略，并保证区域政策配套完善的规范化和制度化（侯永志，张永生，

刘培林等，2015；杨荫凯，2015）。

总体而言，拓展区域发展新空间，需要对20年来实施的区域政策进行全面梳理，深入了解地区覆盖情况、支持强度、实施效果等方面，总结经验、摸清问题（郑新立，2013）；根据资源禀赋、发展现状、区域特点、功能定位、增长潜力等，挖掘新的潜在空间，并掌握下一步区域政策指导的地区架构、重点领域和基本内容（宋晓梧，2015）。关于拓展区域发展新空间的具体对策，学术界有大量研究成果，在此不一一赘述。

第六节 总体评述

一、基本结论

根据前文关于拓展区域发展新空间的综述，可以得出如下四点结论。

一是区域发展新空间的内涵在不断深化。通过对文献的梳理可知，区域发展新空间是指对全国经济发展具有重要意义，资源环境保障能力强、经济规模较大、经济增速高于全国平均水平、能够集聚更多人口和产业，经过一定时间的培育和发展，可以有效地推进国家工业化和城镇化的关键区域、基本实现社会主义现代化的重点保障区域。这些新空间承担着实现国家区域发展战略目标、培育不同等级区域经济增长极和国家体制机制创新试验的功能，具备经济结构快速变动、经济贡献率不断增强、要素集聚能力不断增强的特征。

二是区域发展新空间的空间格局，包括总体格局、重点经济区、重点城市群三个层次。在总体格局方面，随着京津冀协同发展、长江经济带发展等国家区域重大战略的出台，中国的区域经济格局呈现出以东部、中部、西部、东北四大区域为基础，城市群（都市圈）为支撑，轴带引领的"4+X"区域空间总体格局。在重点经济区及其划分方面，不同学者对经济区的划分差异还比较大。在重点城市群组织形式方面，尽管学术界对城市群识别标准、组织形式的研究结论存在差异，但城市群（都市圈）作为拓展区域发展新空间的主体形态和重要支撑，在学术界基本达成共识。

三是拓展区域发展新空间的途径包括实施轴带引领、打造中心城市、挖掘潜在发展空间、推进陆海统筹四个方面。学术界主要就这四个方面进行了系统的分析，但研究重点不尽相同。京津冀协同发展、长江经济带发展等国家区域重大战略，从不同的角度对轴带引领的内涵进行了深化和完善。打造一批中心城市，重在培育和激发城市发展新动力，更好地发挥中心城市的集聚优势。挖掘潜在发展空间，重在促进实体经济发展、积极承接产业转移和提升经济内生发展动力等方面。坚持陆海统筹，建设现代海洋产业体系，打造可持续海洋生态环境，深度参与全球海洋治理，积极拓展海洋发展新空间正在成为研究热点。

四是拓展优化区域发展新空间的对策是多途径的。完善区域发展总体战略政策框架、增强区域政策实施的精准性、构建陆海统筹开放新格局，是目前拓展区域发展新空间政策的主要研究领域。

通过梳理学术界对区域发展新空间的研究成果可知，拓展区域发展新空间与国家的经济发展形势和所面临的发展环境息息相关，已成为区域经济研究领域中的新热点。许多学者已对拓展区域发展新空间进行了深入研究并取得了初步成果。但是，中国拓展区域发展新空间研究整体上属于零散的理论和实证研究，没有形成较为系统的研究体系。区域发展新空间的内涵尚未明确界定，拓展新空间的整体空间结构体系还未建立，如何实现轴带引领、不同城市群如何支撑区域经济发展、功能定位有何不同，这些研究基本属于初步探索阶段。在拓展区域发展新空间的对策方面，目前还侧重于战略研究，关于如何建立资金、技术、劳动力、土地等要素保障体系的研究还不够深入，需要在未来进行深入探讨。

二、研究展望

1990年代后期以来，经过实施西部大开发、振兴东北地区等老工业基地、促进中部地区崛起、鼓励东部地区率先发展等区域发展总体战略，中国区域经济由集聚到扩散，在区域空间上逐步迈向均衡。在区域协调发展战略背景下，为防止出现新的区域分化态势，就必须寻找新的区域经济增长点。中国地域辽阔，地区之间资源禀赋差异较大，决定了可以在准确把握国家战略方向的前提下，构建差别化、有针对性的区域政策体系。拓展区域发展新空间，需要出台更聚焦的区域政策，提升区域政策作用的精准度。未来，需要在以下几方面深入开展研究。

一是加强对区域增长驱动因素及其机理的系统研究，探索区域经济增长传导机制。中国是一个大国经济体，各类型区域人口和经济规模都较大，经济发展阶段存在明显的异质性。现阶段，学术界对于这方面的研究主要着眼于某一个区域经济发展与细分产业的互动关系，如制造业、金融业对区域经济发展的影响；也有学者着眼于制度变迁、人力资本对某一区域经济发展作用的机理和实证研究。这种从单一视角对影响区域经济增长因素的分析在研究方法上简便易行，但是缺乏对区域经济整体性、系统性的研究。区域经济增长的驱动因素及其机理、区域增长传导机制的理论研究已经滞后于中国区域经济发展的实践。因此，应着眼于探索中国新时代背景下区域经济增长的动力机制，研究区域与区域之间的经济传导机制与过程，为中国经济持续平稳增长奠定理论基础。

二是加强对拓展区域发展新空间科学基础的研究。经过改革开放 40 多年的中高速发展，中国区域经济的空间格局发生了重大变化，经济社会发展面临的形势也已发生重大变化。2022 年中国城镇化率已经达到 65.22%，未来几十年，中国城镇化水平与质量将迈上新台阶，乡村振兴战略也在稳步推进，中国经济发展空间将面临规模更大、强度更高经济活动的严峻挑战。而现有关于区域发展新空间的研究还处于起步阶段，还存在内涵界定不清晰、功能不明确等问题，学术界并未达成普遍共识，对于区域发展新空间的识别与筛选也尚未形成较系统的体系。为深化拓展区域发展新空间科学基础的研究，应从发展环境、内涵与功能、识别与筛选三个方面进一步深化。一是要从国际、国家、区域等不同层面深入分析拓展中国区域发展新空间、培育区域经济新增长点的历史脉络，增强研究的科学性和连续性。二是要科学阐述区域发展新空间的功能，为精准分析新空间提供理论基础。要从推动经济持续平稳增长、促进区域协调发展、中国内部区域之间存在经济增长阶段异质性等方面，分析拓展区域发展新空间的必要性和可行性。三是要加强区域发展新空间的识别和筛选方法研究，以提高研究的科学性和准确性。

三是加强新时代中国区域经济空间新格局研究。中国特色社会主义现代化建设进入了新时代，要深入总结和提炼中国区域经济空间的发展逻辑和演变特征，对未来区域经济空间格局的整体塑造进行科学预测。从中国国土空间开发视角，1980 年代学术界先后提出了"T"形、"π"形、"H"形、"开"形、"弗"形、反"E"形等国土空间开发战略。这些空间开发战略均以沿海地区为龙头、以大型交通干线和流域为支撑，实际上是在区域非均衡协调发展战略指导下形成的区域发展空间格局。1990 年代后期，中国逐步形成了西部大开发、振兴东北地区等老工业基地、促进中部地区崛起、鼓励东部地区率先发展的区域发展总体战略，并在《全国国土空间规划纲要（2021—035 年）》中提出，到 2035 年全面形成主体功能明显、优势互补、高质量发展的国土空间开发保护新格局。但是，对于城市群如何错位发展、城市群内部职能如何分工、城市群之间如何功能互补及其相互联系还不是很明确。现在的研究往往局限于东部、中部、西部、东北地区四大区域的研究和几个重要城市群的研究，未能重视沿边地区的发展，也很少涉及区域发展新空间的整体格局塑造研究。因此，未来研究需要对区域经济格局的整体塑造进行系统性的研究，尤其是要着重研究中国区域空间格局演变的内在逻辑，结合对国外区域空间结构历程分析，提出未来中国区域发展空间格局，重点提出推进中国区域空间战略格局形成的总体思路、发展方向、发展重点、时序安排、制度框架和政策建议等。

四是促进第一代区域发展空间的高质量发展。当前，京津冀、长三角、珠三角依然是中国区域经济增长的主要增长极，但与世界级城市群网络状的空间结构相比仍有较大差距。因此，未来对这三大城市群的研究不应再是孤立地分析各个城市群内部的空间结构、产业结构、城镇化水平、土地利用模式等方面，而应将城市群整体结构优化、内涵式增长、高质量发展作为主要研究方向。特别是要从全国深化改革的先行区、扩大开放的重要国际门户、全球重要的现代服务业和先进制造业中心等功能定位角度，提出建设具有较强国际竞争力的世界级城市群的总体战略思路和对策。

五是促进区域发展新空间的结构优化与产业升级。成渝、长株潭、武汉、中原、山东半岛、海峡西岸、辽中南、关中平原城市群是中国区域发展新空间，对比东部沿海三大城市群的发展历程，这些地区在今后 15 年左右继续保持快速增长具有较大可能性。因此，未来对这些城市群的研究应以提升自身实力、壮大经济规模、提升城市功能为主，为全国实现经济持续平稳增长做出贡献。重点是从中国经济转型升级和持续平稳增长的新引擎、内部地区对外开放的门户窗口、参与经济全球化的主体区域、具备全球影响力的先进制造业基地、科技创新转化和试验基地等功能定位角度，加快推动结构优化和产业升级。

六是加强对潜在区域发展新空间的研究。潜在区域发展新空间涉及范围较广，现有的研究缺乏对这些地区的系统研究，没有从资源禀赋、空间结构、发展规模、产业结构、发展密度、基础设施建设、信息化水平、经济外向度等方面综合考量，对其所承担的区域经济支撑作用关注也不够。从拓展区域发展新空间、促进全国经济持续平稳增长的角度，要做好以下几点：一是要进一步加强对潜在区域发展新空间培育路径的研究；二是要重点研究解决潜在区域发展新空间存在的突出问题，既要妥善处理区域间利益分配不均所导致的利益冲突问题，也要有效解决新空间内部核心城市辐射带动能力不强、区域空间体系分布失衡的问题，同时要从根本上研究解决阻碍其发展的制度性问题；三是要加强研究的前瞻性和应用性，提出促进潜在区域发展新空间的体制机制创新的对策建议，尤其是具有针对性的体制机制创新。

七是要将海洋发展新空间作为拓展区域发展新空间的重要方面。《中华人民共和国国民经济和社会发展第十四个五年规划和2035年远景目标纲要》提出，积极拓展海洋经济发展空间，坚持陆海统筹、人海和谐、合作共赢，协同推进海洋生态保护、海洋经济发展和海洋权益维护，加快建设海洋强国。客观而言，现有关于拓展区域发展新空间方面的研究很少有涉及海洋空间的内容，依然将研究重点着眼于陆地空间。随着陆海统筹成为国家重要战略方向，陆海统筹将成为新的研究热点，将海洋发展空间纳入区域发展新空间研究将越来越重要，也是拓展区域发展新空间研究的题中之义。

上述七个方面均是未来拓展区域发展新空间研究的重要方向。随着中国特色社会主义进入新时代，中国经济已从"高速增长阶段转向高质量发展阶段"，我国社会主要矛盾已从"人民日益增长的物质文化需要同落后的社会生产之间的矛盾"，转化为"人民日益增长的美好生活需要和不平衡不充分的发展之间的矛盾"。到2035年中国将基本实现社会主义现代化，拓展区域发展新空间的研究需要以经济高质量发展和中国式现代化为背景进行。鉴于中国区域经济发展所呈现的新态势与新特征，需要进一步借鉴和总结国外拓展区域发展新空间的经验，探究拓展区域发展新空间的动力源泉，探索区际经济增长传导机制与拓展区域发展新空间的内在联系。此外，探讨资源环境约束和各类风险因素对拓展区域发展新空间的影响，科学提出拓展区域发展新空间的体制机制创新和政策保障措施，也是需要着力解决的重要问题。

参考文献

安树伟."一带一路"对我国区域经济发展的影响及格局重塑[J].经济问题，2015（4）：1-4.

安树伟.培育中国经济新战略区域[N].中国社会科学报，2015-10-14（004）.

安树伟，肖金成.区域发展新空间的逻辑演进[J].改革，2016（8）：45-53.

安树伟，郁鹏，母爱英.基于污染物排放的京津冀大气污染治理研究[J].城市与环境研究，2016（2）：17-30.

安树伟，张晋晋等.都市圈中小城市功能提升[M].北京：科学出版社，2020：19-29.

白天依.实施海洋强国战略必须加强海洋开发能力建设[J].中州学刊，2019（4）：85-90.

曹卫东，曾刚，朱晟君等.长三角区域一体化高质量发展：问题与出路[J].自然资源学报，2022，37（6）：1385-1402.

曹忠祥，高国力等.我国陆海统筹发展研究[M].北京：经济科学出版社，2015：45-70.

陈建军，黄洁.长三角一体化发展示范区：国际经验、发展模式与实现路径[J].学术月刊，2019，51（10）：46-53.

陈雯，孙伟，刘崇刚等.长三角区域一体化与高质量发展[J].经济地理，2021，41（10）：127-134.

陈阳.吉林延边地区生态经济发展研究[D].长春：吉林大学，2014.

陈耀."十三五"时期我国区域发展政策的几点思考[J].区域经济评论，2015（1）：25-28.

陈昭，梁淑贞.粤港澳大湾区科技创新协同机制研究[J].科技管理研究，2021，41（19）：86-96.

陈政高.拓展区域发展空间[N].人民日报，2015-11-19（007）.

程必定.上海世博会后长三角城市群的功能提升[J].城市发展研究,2010,17
　　(4):12–19.
程前昌.成渝城市群的生长发育与空间演化[D].上海:华东师范大学,2015.
丛屹,王焱.协同发展、合作治理、困境摆脱与京津冀体制机制创新[J].改革,
　　2014 (6):75–81.
邓仲良,张可云."十四五"时期中国区域发展格局变化趋势及政策展望[J].
　　中共中央党校(国家行政学院)学报,2021,25(2):66–76.
段娟.近五年来我国战略性区域规划研究综述与展望[J].区域经济评论,2014
　　(6):13–22.
樊杰,王亚飞,梁博.中国区域发展格局演变过程与调控[J].地理学报,2019,
　　74 (12):2437–2454.
樊瑛华,李振平.陕西关中经济区的战略地位与发展理念[J].西北大学学报(哲
　　学社会科学版),2009,39 (3):69–72.
范恒山.我国促进区域协调发展的理论与实践[J].经济社会体制比较,2011
　　(6):1–9.
范恒山.国家区域发展战略的实践与走向[J].区域经济评论,2017 (1):5–10.
范剑勇.长三角一体化、地区专业化与制造业空间转移[J].管理世界,2004
　　(11):77–84+96.
方创琳.中国城市群形成发育的新格局及新趋向[J].地理科学,2011,31 (9):
　　1025–1034.
方创琳.京津冀城市群协同发展的理论基础与规律性分析[J].地理科学进展,
　　2017,36 (1):15–24.
冯奎.中国新城新区转型发展趋势研究[J].经济纵横,2015 (4):1–10.
顾朝林.城市经济区理论与应用[M].长春:吉林科学技术出版社,1991:23–
　　33.
郭荣朝,宋双华.城市群结构功能优化升级研究:以中原城市群为例[M].北京:
　　经济管理出版社,2019:75–100.
郭荣朝,宋双华,苗长虹.城市群结构优化与功能升级——以中原城市群为例
　　[J].地理科学,2011,31 (3):322–328.

郭文尧，刘维刚.现代化都市圈建设的问题、国际借鉴及发展路径[J].经济问题，2021（8）：104–109.

国家海洋局海洋发展战略研究所课题组.中国海洋发展报告[M].北京：海洋出版社，2018：36–54.

国世平.粤港澳大湾区规划和全球定位[M].广州：广东人民出版社，2017：65–78.

国务院发展研究中心.地区协调发展的战略和政策[R].2005.

郝寿义，曹清峰.国家级新区在区域协同发展中的作用——再论国家级新区[J].南开学报（哲学社会科学版），2018（2）：1–7.

侯永志，张永生，刘培林等.支撑未来中国经济增长的新战略性区域研究[M].北京：中国发展出版社，2015：45–60.

胡序威.论中国经济区的类型与组织[J].地理学报，1993（3）：193–203.

胡再勇，付韶军，张璐超."一带一路"沿线国家基础设施的国际贸易效应研究[J].数量经济技术经济研究，2019，36（2）：24–44.

黄金川，林浩曦，漆潇潇.空间管治视角下京津冀协同发展类型区划[J].地理科学进展，2017，36（1）：46–57.

黄庆华，时培豪，胡江峰.产业集聚与经济高质量发展：长江经济带 107 个地级市例证[J].改革，2020（1）：87–99.

黄艳，安树伟.我国都市圈的空间格局和发展方向[J].开放导报，2021（4）：15–23.

黄征学.未来我国城市群经济区发展研究[J].宏观经济管理，2012（6）：33–35+47.

姜长云.培育发展现代化都市圈的若干理论和政策问题[J].区域经济评论，2020（1）：111–116.

柯善咨，夏金坤.中原城市群的集聚效应和回流作用[J].中国软科学，2010（10）：93–103.

李变花.海峡西岸经济区演进轨迹：20 个城市证据[J].改革，2014（7）：100–108.

李丹，崔日明."一带一路"战略与全球经贸格局重构[J].经济学家，2015（8）：

62–70.

李国兵.珠三角城市旅游收入影响因素分析——基于旅游收入的定义[J].地域研究与开发,2019,38(5):91–96.

李国平,王志宝.中国区域空间结构演化态势研究[J].北京大学学报(哲学社会科学版),2013,50(3):148–157.

李靖宇,朱坚真.中国陆海统筹战略取向[M].北京:经济科学出版社,2017:25–40.

李锐.关中城市群空间分形结构特征研究[J].特区经济,2014(1):180–181.

李玉江,陈培安,吴玉麟等.城市群形成动力机制及综合竞争力提升研究——以山东半岛城市群为例[M].北京:科学出版社,2009:25–40.

刘爱君.城市群协同创新体系研究[M].武汉:武汉大学出版社,2019:35–45.

刘保强,熊理然,蒋梅英等.云南沿边地区县域经济的空间格局演化分析[J].地域研究与开发,2017,36(3):29–35.

刘大海,李峥,邢文秀等.海洋空间新布局理论的发展及其理论框架[J].海洋经济,2015,5(1):3–8.

刘慧,叶尔肯·吾扎提,王成龙."一带一路"战略对中国国土开发空间格局的影响[J].地理科学进展,2015,34(5):545–553.

刘佳,李双建.从海权战略向海洋战略的转变——20世纪50—90年代美国海洋战略评析[J].太平洋学报,2011,19(10):79–85.

刘建朝,李丰琴.京津冀产业协同政策工具挖掘与量化评价[J].统计与决策,2021,37(20):76–80.

刘峻源.沿海港口城市空间结构演进及优化研究——以天津为例[D].天津:天津大学,2017.

刘耀彬,易容,李汝资.长江经济带区域协调发展的新特征与新路径[J].学习与实践,2022(5):23–31+2.

刘勇.2014年我国区域经济发展与"十三五"时期区域发展总体思路[J].经济研究参考,2015(22):45–49.

刘再兴.综合经济区划的若干问题[J].经济理论与经济管理,1985(6):45–49.

刘志彪,陈柳.长三角区域一体化发展的示范价值与动力机制[J].改革,2018

（12）：65–71.

刘遵乐.中国新疆核心区对外贸易发展新趋势及相关建议——基于"一带一路"背景下的探讨[J].欧亚经济，2019（6）：106–115+124+126.

卢亚丽，徐帅帅，沈镭.基于胡焕庸线波动的长江经济带水资源环境承载力动态演变特征[J].自然资源学报，2021，36（11）：2811–2824.

陆大道.京津冀城市群功能定位及协同发展[J].地理科学进展，2015，34（3）：265–270.

罗文.突出主业 引领创新 推动国家级新区制造业高质量发展走在全国前头[J].宏观经济管理，2019（8）：5–10.

吕江."一带一路"能源合作（2013—2018）的制度建构：实践创新、现实挑战与中国选择[J].中国人口·资源与环境，2019，29（6）：10–19.

吕贤军，李铌，李志学.城市群地区城乡生态空间保护与利用研究——以长株潭生态绿心地区为例[J].城市发展研究，2013，20（12）：82–87.

马东亮."一带一路"国家愿景与新疆沿边民族地区发展的新机遇：国家安全与地区发展的协调共进[J].兰州学刊，2016（9）：137–142.

马海涛.基于地理空间特征探寻中国城市群的发展之路——以海峡西岸城市群为例[J].发展研究，2017（5）：29–34.

马燕坤，肖金成.都市区、都市圈与城市群的概念界定及其比较分析[J].经济与管理，2020，34（1）：18–26.

苗长虹，王海江.中国城市群发展态势分析[J].城市发展研究，2005（4）：11–14.

年猛，孙久文.中国区域经济空间结构变化研究[J].经济理论与经济管理，2012（2）：89–96.

宁越敏.中国都市区和大城市群的界定——兼论大城市群在区域经济发展中的作用[J].地理科学，2011，31（3）：257–263.

彭建，魏海，李贵才等.基于城市群的国家级新区区位选择[J].地理研究，2015，34（1）：3–14.

彭颖，陆玉麒.成渝经济区经济发展差异的时空演变分析[J].经济地理，2010，30（6）：912–917+943.

齐爽.加快构建现代化都市圈一体化发展机制的策略重点[J].区域经济评论，2022（3）：127–134.

覃成林.利用区域接力促进经济持续健康发展[N].中国社会科学报，2014–5–21（B03）.

覃成林，韩美洁.中国区域经济多极网络空间发展格局分析[J].区域经济评论，2022（2）：16–22.

秦立春，傅晓华.基于生态位理论的长株潭城市群竞合协调发展研究[J].经济地理，2013，33（11）：58–62.

任保平.以西安为中心的关中城市群的结构优化及其方略[J].人文地理，2007（5）：38–42.

任毅，东童童，邓世成.产业结构趋同的动态演变、合意性与趋势预测——基于浦东新区与滨海新区的比较分析[J].财经科学，2018（12）：116–129.

申剑敏，陈周旺.跨域治理与地方政府协作——基于长三角区域社会信用体系建设的实证分析[J].南京社会科学，2016（4）：64–71.

史育龙，贾若祥，党丽娟.从增长新空间看全国区域经济格局变化[R].国宏高端智库，2016–06–16.

宋晓梧.中国区域发展战略：回顾与展望[A].中国经济体制改革研究会.中国经济体制改革研究会会议论文集[C].第十三届中国改革论坛，2015：16–24.

孙兵.京津冀协同发展区域管理创新研究[J].管理世界，2016（7）：172–173.

孙红玲.中国"两型社会"建设及"两型产业"发展研究——基于长株潭城市群的实证分析［J］.中国工业经济，2009，20（11）：25–34.

孙久文.新常态下的"十三五"时期区域发展面临的机遇与挑战[J].区域经济评论，2015（1）：23–25.

孙军，邹琳华.以中心城市和城市群建设引领长江经济带崛起[J].江苏大学学报（社会科学版），2022，24（2）：91–102.

唐伟，钟祥浩，周伟.西藏高原城镇化动力机制的演变与优化——以"一江两河"地区为例[J].山地学报，2011，29（3）：378–384.

田学斌，柳源，张昕玥.基于利益增值与成本分担的京津冀产业协同：进展、问题与对策[J].区域经济评论，2022（3）：135–143.

万庆,曾菊新.基于空间相互作用视角的城市群产业结构优化——以武汉城市群为例[J].经济地理,2013,33(7):102–108.

汪光焘,李芬,刘翔等.新发展阶段的城镇化新格局研究——现代化都市圈概念与识别界定标准[J].城市规划学刊,2021(2):15–24.

王安,李媛媛.山东半岛城市群发展研究[J].宏观经济管理,2016(9):76–79.

王佃利,史越.跨域治理理论在中国区域管理中的应用——以山东半岛城市群发展为例[J].东岳论丛,2013,34(10):113–116.

王发曾,程丽丽.山东半岛、中原、关中城市群地区的城镇化状态与动力机制[J].经济地理,2010,30(6):918–925.

王慧英.我国环北部湾区域经济一体化发展态势、挑战与对策思考[J].经济地理,2009,29(9):1454–1458.

王继源.纵深推进长三角区域一体化[J].宏观经济管理,2021(2):40–45.

王佳宁,罗重谱.新时代中国区域协调发展战略论纲[J].改革,2017(12):52–67.

王亮,张芳芳.一体化是否加剧了城市群内部发展不平衡?——基于京津冀与成渝城市群的比较研究[J].城市发展研究,2022,29(2):41–47+2.

王鹏,魏超巍.城市群生产性服务业的空间集聚特征——以珠三角城市群为例[J].城市问题,2016(8):14–22+57.

王鹏翔."两型"约束条件下的区域产业选择与推动模式研究[J].理论月刊,2012,20(2):128–130.

魏后凯,年猛,李玏."十四五"时期中国区域发展战略与政策[J].中国工业经济,2020(5):5–22.

魏凌峰,杜旭东.黄河上游城市群结构优化研究[J].干旱区资源与环境,2009(12):11–14.

魏石梅,潘竟虎,张永年等.基于DMSP–OLS夜间灯光数据的中原城市群空间演变分析[J].人文地理,2019(6):71–81.

文魁,祝尔娟.京津冀蓝皮书(2014):城市群空间优化与质量提升[M].北京:社会科学文献出版社,2014:45–55.

吴福象.长三角区域一体化发展中的协同与共享[J].人民论坛•学术前沿,2019

（4）：34–40.

吴昊天，杨郑鑫.从国家级新区战略看国家战略空间演进[J].城市发展研究，2015（3）：1–10.

肖菲，殷洁，罗小龙等.国家级新区空间生产研究——以南京江北新区为例[J].现代城市研究，2019（1）：42–47.

肖金成.关于新发展阶段都市圈理论与规划的思考[J].人民论坛·学术前沿，2021（4）：4–9+75.

谢天成，覃平，谢正观.环北部湾经济圈城镇体系结构及其分形模型研究[J].中国科学院研究生院学报，2008（2）：185–191.

徐境，石利高.呼包鄂区域一体化发展的空间动力机制及模式框架研究[J].干旱区资源与环境，2010（7）：52–57.

徐卓顺.东北三省城市群的发展现状及特征[J].城市问题，2014（11）：44–49.

许旭，金凤君，刘鹤.成渝经济区县域经济实力的时空差异分析[J].经济地理，2010（3）：388–392

薛东前，段志勇，贺伟光.关中城市群工业分工协调及密集带规划研究[J].干旱区地理，2013（6）：1125–1135.

杨开忠.京津冀大战略与首都未来构想——调整疏解北京城市功能的几个基本问题[J].人民论坛·学术前沿，2015（1）：72–83.

杨青山，张郁，李雅军.基于DEA的东北地区城市群环境效率评价[J].经济地理，2012（9）：51–55+60.

杨树珍.中国经济区划研究[M].北京：中国展望出版社，1990：1–35.

杨吾扬，梁进社.中国的十大经济区探讨[J].经济地理，1992（3）：14–20.

杨荫凯.我国区域发展战略演进与下一步选择[J].改革，2015（5）：88–93.

姚作林，涂建军，牛慧敏等.成渝经济区城市群空间结构要素特征分析[J].经济地理，2017（1）：82–89.

叶文辉，伍运春.成渝城市群空间集聚效应、溢出效应和协同发展研究[J].财经问题研究，2019（9）：88–94.

叶振宇.2020：区域政策顺应国家战略进一步调整完善[N].中国经济时报，2020–02–23（004）.

殷杰，郑向敏，李实.合作态势与权力角色："一带一路"沿线国家旅游合作网络解构[J].经济地理，2019（7）：216–224.

尹晓波，侯祖兵.海峡西岸经济区城市群的定位及发展路径[J].经济地理，2006（3）：473–477.

喻新安.建设中原经济区若干问题研究[J].中州学刊，2010（5）：72–79.

喻新安.充分发挥经济区在区域经济一体化中的引领作用[J].区域经济评论，2015（6）：10–12.

袁新涛."一带一路"建设的国家战略分析[J].理论月刊，2014（11）：5–9.

曾浩，余瑞祥，左桠菲等.长江经济带市域经济格局演变及其影响因素[J].经济地理，2015（5）：25–31.张长.北京市拓展区域发展新空间研究[D].北京：首都经济贸易大学，2018.

张兰婷，倪国江，韩立民等.国外海洋开发利用的体制机制经验及对中国的启示[J].世界农业，2018（8）：68–73.

张倩，胡百锋，刘纪远等.基于交通、人口和经济的中国城市群识别[J].地理学报，2011（6）：761–770.

张绍焱，张皓.关于建设武汉城市经济带的几点思考[J].湖北社会科学，2005（7）：63–64.

张晓宁，金桢栋.产业优化、效率变革与国家级新区发展的新动能培育[J].改革，2018（2）：109–121.

张学良，林永然.都市圈建设：新时代区域协调发展的战略选择[J].改革，2019（2）：46–55.

张正昱，金贵，郭柏枢等.基于多准则决策的长江经济带国土空间脆弱性与恢复力研究[J].自然资源学报，2020（1）：95–105.

章予舒，裴厦，谢高地等.中国新经济功能区现状与形成机制[J].资源科学，2012（9）：1647–1655.

郑新立.努力打造中国经济升级版[J].经济研究参考，2013（8）：64–67.

郑志来.东西部省份"一带一路"发展战略与协同路径研究[J].当代经济探索，2015（7）：44–48.

周春山，金万富，史晨怡.新时期珠江三角洲城市群发展战略的思考[J].地理科学进展，2015（3）：302–312.

周国富,陈鑫鹏.国家级新区建设对区域经济发展的影响[J].经济经纬,2022, 39（3）：3–14.

周国华,彭佳捷.空间冲突的演变特征及影响效应——以长株潭城市群为例[J].地理科学进展，2012,31（6）：717–723.

周夏飞,曹国志,於方等.长江经济带突发水污染风险分区研究[J].环境科学学报，2020（1）：334–342.

周跃辉.积极推动成渝地区双城经济圈建设[N].成都日报,2020–1–15（007）.

朱坚真,闫玉科.海洋经济学研究取向及其下一步[J].改革,2010（11）：152–155.

邹琳,曾刚,曹忠贤等.长江经济带的经济联系网络空间特征分析[J].经济地理，2015（6）：1–7.

第三章 区域增长接力的传导机制与检验

2007—2022 年,受世界经济持续低迷、中国产业结构转型升级以及新冠疫情的影响,中国经济从 14.2%的高速增长下降到 3.0%的中低速增长,推动区域经济持续平稳增长已成为当前中国经济工作的重要内容。未来中国经济能否实现稳步增长,已成为全国乃至世界日益关注的焦点。2022 年中央经济工作会议强调,把实施扩大内需战略同深化供给侧结构性改革有机结合起来,突出做好稳增长、稳就业、稳物价工作,有效防范化解重大风险,推动经济运行整体好转,实现质的有效提升和量的合理增长。学术界对于中国经济增长的持续性的研究,总体上存在两种不同的观点:一部分学者基于对中国经济增长方式和特点的分析,对经济能否实现稳定增长持谨慎或悲观的态度(Young,2003;汤向俊,任保平,2010);另一部分学者则持乐观态度,认为中国可以突破某些特定条件的不足,继续实现经济稳步增长(段文斌,张曦,2009;Wu,2011)。上述研究对推动中国经济持续平稳增长进行了有价值的探讨,但是大多数研究把中国作为一个均质经济体来考察经济总体增长,却忽略了一个重要事实,即改革开放以来,中国经济的稳步增长与中国经济活跃的多元化区域经济紧密相关(安树伟,常瑞祥,2016)。因此,从区域经济角度分析中国经济持续稳定增长及其传导机制有积极的意义。

第一节 文献综述

中国拥有区域接力发展的巨大空间，并可能经历一个由区域增长接力推动经济长期持续平稳增长的过程。区域增长接力是引起全国区域经济格局重大变革的因素，但关于区域增长接力的概念，学术界还没有一致且全面的阐述。覃成林、贾善铭和杨霞等（2016）认为，区域增长接力是经济体内不同区域的经济快速增长阶段梯次发生且彼此衔接，从而使该经济体得以保持经济持续增长的现象。谢浩和张明之（2014）认为区域增长接力是经济后发地区立足比较优势，发挥后发优势，实现对先发地区经济增长的接力，是中国经济实现持续性增长的内在动力机制。上述研究对区域增长接力进行了初步的解释，但是缺乏更清晰和全面的界定。特别是关于区域增长接力的相关概念很多，如区域经济传递（安树伟，常瑞祥，2016；程必定，1995）、区域梯度转移（吕冰洋，余丹林，2009；陈惠雄，2006）等，上述研究均指出区域增长接力与整体区域经济增长之间有着密切的正向联系，但这些概念与区域接长接力的区别是什么？区域增长接力如何支撑全国经济持续平稳发展？目前为止，现有的研究还无法回答这些问题。理清区域增长接力的内涵和特性，是分析区域增长接力机制、激发区域经济增长新动能的基础。为全面分析区域增长接力的特点和传导机制，本节将从区域经济增长阶段异质性、区域增长接力推动整体经济持续增长可能性、区域增长接力影响经济增长机制三方面进行文献梳理。

一、关于区域经济增长阶段异质性的研究

关于区域经济增长阶段的异质性，首先涉及 W.W.罗斯托（2001）提出的经济增长阶段理论，他把经济增长划分为传统社会、起飞前提条件、起飞、走向成熟、大众高消费五个阶段。Maurice 和 Stephane（2004）从区域增长和产业发展的视角，提出区域经济增长可以分为前工业化、产业标准化、产业技术化和服务业高端化四个阶段。Herreriasm 和 Ordonezn（2012）基于中国各省份在经济规模、人口规模及技术学习能力等方面的差异，判断当前中国各省份处于不同的经济增长阶段。李月和邓露（2011）基于日本与中国台湾地区的经验分析，提出了有效经济增长的概念，并认为有效经济增长大体分为中低速稳定增长、高速波动增长、停滞或小幅下降三个阶段。李建伟（2018）研究指出，中国经济增长存在阶段性发展特征，大致经历了产业结构优化调整、新型轻工业化、新型重工业化、从工业化后期向后工业化时期转化四个阶段。上述研究表明，区域经济增长阶段具有显著的异质性，这为区域间增长接力提供了基础理论支撑。

二、关于区域增长接力推动整体经济持续增长可能性的研究

关于区域增长接力能否推动整体经济持续增长，学术界有两种不同的观点：一部分学者认为后发地区的增长接力可能成为未来推动中国经济持续增长的新动能。覃成林、张伟丽、贾善铭等（2017）基于新古典经济增长模型构建了区域增长接力理论模型，并通过历年各省份增长数据的经验分析得出，区域增长接力是中国能够保持

长达 30 多年持续快速增长的一个重要原因。刘伟和蔡志洲（2009）通过对中国各省（自治区、直辖市）经济增长数据的分析得出，地区差异是中国提高反周期能力和保持持续高速增长的重要资源，拉动中国经济增长最主要的地区已从沿海相对发达地区逐渐转为中等发达地区。另一部分学者则认为发达地区可能仍是未来区域发展的主要空间。杨小凯（2006）指出，后发国家和地区存在"后发劣势"，在没有好的制度的条件下，后发地区虽然可以在短期内取得非常好的发展，但是会给长期的发展留下许多隐患，甚至长期发展可能失败。谢浩和张明之（2014）对泛长三角经济区接力式增长进行了研究，认为区域经济实现持续增长关键在于先发地区积极实现产业结构优化和培育新型增长极，从而带动后发区域发挥优势，推动区域经济联动发展。

三、关于区域增长接力影响经济增长机制的研究

关于区域增长接力影响经济增长机制的研究，目前学术界还处于空白。部分研究从区域增长差异、区域增长传递和梯度转移等视角分析区域经济增长路径，这些研究为观察和理解区域经济增长接力提供了经验借鉴。张德荣（2013）以中等收入陷阱为切入点，基于 GMM 实证分析和跨国比较，指出改革和原创性技术进步是中国未来经济增长的主要动力。欧阳金琼、马林静和王雅鹏（2015）基于 1993—2012 年省级面板数据，认为中国 31 个省（自治区、直辖市）增长存在显著差异，并通过对快速增长地区与慢速增长地区的实证对比分析发现，政府政策与市场化进程两大因素对经济增长省际差异的影响很显著。安树伟和常瑞祥（2016）通过对近 40 年中国经济增长的研究，指出省际经济增长阶段具有传递性，大致可以分为均衡带动、东部地区持续带动、以东部地区带动为主向以中西部

地区带动为主转变、以中西部地区省份带动为主四个阶段。其中，政府作用、需求条件、生产要素、经济集聚与扩散是省际经济增长传递的四个关键要素。程必定（1998）较为全面地阐述了区际经济传递，认为区际经济传递是区域外部性内部化、内部性外部化的基本形式，具有梯度指向规律和距离递减规律。其影响区际经济传递的必要因素包括绝对位势差、相对位势、区域生产的商品化因素、区域技术进步因素、区域经济主体自主利益因素等。上述研究成果从不同侧面反映了中国经济增长具有区域阶段的异质性和梯次衔接性。从区域增长接力角度看，中国区域经济增长的这些性质正是经济体内部各区域之间实现组合增长的基础，这为分析区域增长接力提供了有价值的参考。

综上所述，现有研究虽然已关注到区域增长接力对中国经济持续平稳增长的作用，但是在能否推动和如何推动中国经济持续平稳增长问题上存在争议。在研究方法上，采用的多是新古典经济增长模型和基于单一指标的经济统计方法，以均质空间为逻辑前提，忽视了空间区位、空间结构和地理范围等空间因素，无法从整体空间的角度全方位分析区域增长接力的时空变化。鉴于此，本章首先分析区域增长接力的内涵与特征，并在此基础上构建区域增长接力机制框架，从理论和实证两个方面对区域增长接力机制进行深入阐述。在理论分析上，基于新经济地理学的 LS 模型，构建区域增长接力模型，探讨区域增长接力的可能性和传导机制；在实证检验上，采用空间统计标准差椭圆方法[1]，以中国 285 个地级及以上城市为足迹空

---

[1] 空间统计标准差椭圆方法的突出优势是，能够排除空间分割与空间尺度对聚集的影响，从全局、空间的角度准确描述经济增长时空演变的趋势与过程，进而有效识别城市经济规模变化对经济空间差异的影响，并实现空间上的可视化。

间，结合人均地区生产总值和地区生产总值增长率，从连续空间上大规模聚集角度分析中国区域增长接力变化的趋势和方向，在此基础上进一步分析推动区域增长接力的传导因素。

第二节　区域增长接力的内涵与特征

区域增长接力是指在足够大的空间范围内，经济体内部不同区域的经济快速增长阶段梯次发生且彼此衔接，通过多区域经济体动态组合增长，最终推动区域经济持续平稳增长，延长整体区域增长的生命周期的过程。与传统意义上的区域梯度转移、区际传递相比，区域增长接力不仅体现在区域间经济的转移或承接，更侧重于经济增长异质性的视角，强调能够通过新的区域增长组合承接起带动整体经济持续平稳增长的接力棒，延长整体经济增长周期，支撑未来经济持续平稳增长。区域增长接力具有阶段异质性、梯次衔接性、整体性、内生增长性四个特征，下面分别进行阐述。

一、阶段异质性

阶段异质性是推动区域间组合式增长的基础。在经济发展周期中，区域一般要经历起步缓慢增长、快速增长、增速减缓和结构调整三个阶段（见图 3-1）。由于各区域所拥有的资源禀赋、技术水平、人力等因素不同，区域间经济增长阶段存在差异，这为区域间组合式增长提供了可能。具体而言，一个国家不同区域可以分为先发地区、次先发地区、后发地区等类型，当先发地区经济增长放缓时，可以利用次先发地区快速经济增长带动整体区域经济持续平稳增长；当次先发地区进入经济增速减缓和结构调整阶段时，可以通过先发地区的转型实现新一轮增长或后发地区的快速增长等接力方式实现整体区域经济持续平稳增长。由于区域间存在上述经济增长阶段的异质性，通过不同区域增长阶段的组合形成区域增长接力，最终有可能延长整体经济增长周期，实现区域经济持续平稳增长。与区域梯度转移、区际传递强调区域之间能级的单向流动不同，区域增长接力更强调多元区域条件下的不同区域经济增长阶段的组合性增长。

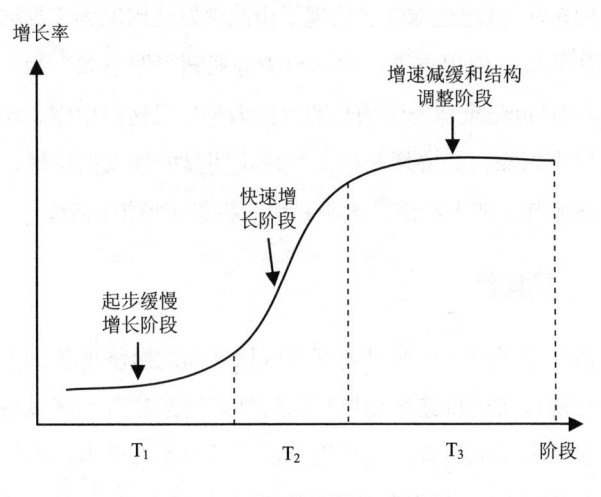

图 3-1 区域增长三阶段示意图

二、梯次衔接性

梯次衔接性即在区域经济增长阶段异质性前提下，不同区域的经济快速增长阶段前后衔接，使该经济体的整体经济快速增长阶段得以持续的特点，它是保障区域经济增长接力的基础。梯次衔接性强调在不同区域间经济发展阶段异质性前提下，实现区域间增长阶段有序衔接。对于规模较小的单一区域经济体而言，受区域经济增长周期的影响，当经济增长由快速增长阶段进入增速减缓阶段时，该经济体的经济增长便无法持续。而在大国经济体中，由于其内部多区域经济体的存在，在满足区域经济增长阶段梯次衔接的条件下，当一部分区域完成经济快速增长阶段而进入增速减缓和结构调整阶段时，另一部分区域将有可能进入经济快速增长阶段，从而接替前面的区域，成为带动新一轮区域经济增长的主要区域。以全球经济增长为例，20世纪全球经济实现了由欧美发达国家为主导向日本和韩国、新加坡、中国香港、中国台湾等亚洲"四小龙"为主导的接力增长，21世纪全球经济增长的"接力棒"又转向中国、印度、越南等发展中国家，经济增长接力呈现出明显的梯次衔接性，从而为全球经济尤其是亚太经济持续平稳增长提供了前提保障。

三、整体性

整体性是指经济体通过内部各区域之间的经济增长接力从而使得整个经济体实现持续平稳增长的特性。这意味着，区域增长接力是内部多种力量的组合，这种组合所形成的动态合力，能够使得大国经济体实现比单个或者某类区域的快速增长阶段更长时间的增长。反之，如果单一区域进入快速增长阶段，由于只是单一区域且自身经济发展规模较小，则无法实现区域增长接力。区域增长接力的整体性要求经济体地域辽阔且本身具备较大体量或较大规模，从而能够保障经济体内部区域类型和层次的多样性。中国国土辽阔，孕育出了丰富多样的区域类型。从经济区域发展特征和区域战略看，目前形成了东部、中部、西部和东北四大区域格局，以及京津冀协同发展、长江经济带发展、粤港澳大湾区建设、长江三角洲区域一体化发展、黄河流域生态保护和高质量发展等区域重大战略；从省（自治区、直辖市）内部不同层次看，除台湾、香港和澳门外，全国有 31 个省（自治区、直辖市），其中一些省份内部同样层次丰富，如广东内部又分为珠三角、粤东、粤西和粤北，江苏内部又分为苏南、苏中和苏北，其发展阶段和发展特征差异明显。上述各种类型区域的人口和经济规模较大，蕴藏着巨大的经济发展潜力，为经济体依靠区域增长接力进而实现比单一区域的快速增长阶段持续更长时间的经济持续平稳增长提供了可能。当然，受整体经济资源的局限性和内外部因素变化的不确定性的影响，区域增长接力的整体性虽然意味着整体区域经济增长周期的延长，但并不能保障经济体能够实现无限接力。因此，与区域梯度转移、区际传递不同，区域增长接力不仅强调单个区域之间"转移"和"传递"的过程，更强调带动整个区域经济持续平稳增长。

四、内生增长性

内生增长性是实现区域增长接力的内生动力。技术在不同梯度区域之间的有序转移不仅延长了该技术在一个国家的"生命"时间，同时也延长了该国经济增长的周期。在一定时期内，只有当接力区域摆脱了上一轮经济增长周期的原始"路径依赖"，进入新的"内生式"增长时，才能真正与其他区域形成经济增长周期的梯次衔接，实现区域增长接力。如果在产业转移或产业传递的情况下，承接区域的产业虽然获得了产业集聚力，但是由于缺乏内生增长动力，产业集聚无法持续，新一轮经济增长周期也无法产生，区域增长接力便无法实现。以中国东北地区为例，东北是中国最早解放的地区，作为全国重要的老工业基地在中华人民共和国成立前后以及计划经济体制时期有过快速增长的发展历程，是拉动中国区域增长接力的主要区域。然而改革开放后，东北地区经济增长速度逐渐下降，虽然 21 世纪初以来国家提出振兴东北地区等老工业基地战略，大量资源向东北地区倾斜，但由于东北地区内生增长动力没有形成，在改革开放后中国区域增长接力的历程中一直没有能接过区域增长的"接力棒"。

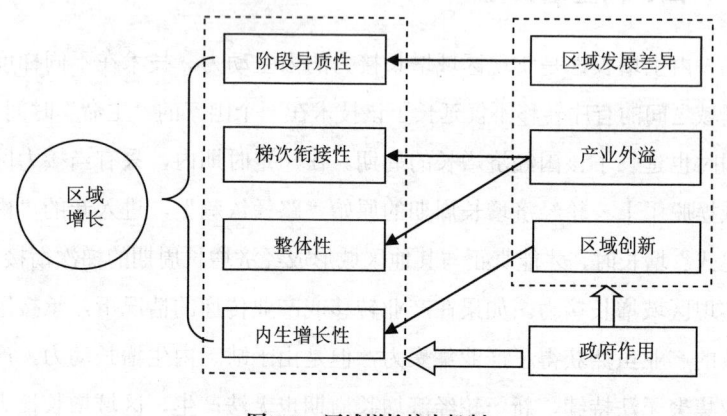

第三节 区域增长接力机制

区域增长接力是一个动态的过程，主要通过区域发展差异、产业外溢、区域创新、政府作用四条路径推动接力区域进入快速增长阶段，并通过区域间增长新组合推动经济整体效率提升，实现区域经济持续平稳增长（见图 3–2）。

图 3–2 区域增长接力机制

一、区域发展差异

区域发展差异是区域经济发展阶段异质性的直接体现,也是实现区域经济增长接力的基本前提。它不仅表明大国经济体在特定经济增长周期内,一部分区域经济正处于或经历了快速增长阶段,区域经济发展水平相对较高,另一部分区域经济由于处于起步阶段或缓慢发展阶段,区域经济发展水平相对较低的差异状态,也意味着正是由于这种区域经济发展水平之间的差异,大国经济体可以通过不同地区先后进入快速增长阶段的接力,实现区域经济持续稳定的增长。具体而言,区域发展差异直接体现在区域经济总量和规模扩张水平的差异。

从中国区域经济总量和规模扩张水平来看,2000—2021 年,推动中国经济增长的主要区域已从沿海相对发达区域逐渐转变为中等发达区域,经济增长存在较为明显的演化特征(见表 3-1)。2000—2021 年,中国区域经济增长有两个显著特点:一是各地区经济发展水平存在明显差距。2021 年居全国首位的广东 GDP 是第 15 位江西的 4.2 倍,是第 30 位青海的 37.2 倍。二是经过 20 多年的经济发展,原来相对欠发达且处于中等增长水平的地区增速加快,其"追赶"趋势明显,正逐步接力东部沿海地区成为中国经济增长的重要动力。例如,中部地区的湖北、湖南、安徽,西南地区的四川、重庆、贵州,西北地区的陕西、内蒙古等省(自治区、直辖市)排名明显靠前。特别是,2000—2021 年重庆由第 23 位上升到第 16 位,提升了 7 个位次;湖南由第 12 位上升到第 9 位,顺利进入全国前十位。与此同时,东北地区辽宁、黑龙江、吉林整体下滑较大。其中,2000—2021 年,辽宁由全国排名第 7 位下降到第 17 位。东部地区上海由第

8 位下降到第 10 位。可以看出，原来经济增长速度较慢的中部和西南地区经济增长提速，开始逐步实现区域经济增长接力，而原来东北地区和部分东部沿海地区在经历经济高速增长之后，经济增速正处于缓慢下降和调整时期。如何通过加快产业结构调整，使先发展地区顺利进入下一轮区域增长周期是这些地区面临的重要问题。

表 3-1 2000—2021 年中国区域经济增长水平对比

地 区	2000 年 地区生产总值（亿元）	排名	2021 年 地区生产总值（亿元）	排名	2021 年是 2000 年的倍数[1]
广 东	9662.2	1	124369.7	1	12.9
江 苏	8582.7	2	116364.2	2	13.6
山 东	8542.4	3	83095.9	3	9.7
浙 江	6036.3	4	73515.8	4	12.2
河 南	5137.7	5	58887.4	5	11.5
四 川	4010.3	10	53850.8	6	13.4
湖 北	4276.3	9	50012.9	7	11.7
福 建	3920.1	11	48810.4	8	12.5
湖 南	3691.9	12	46063.1	9	12.5
上 海	4551.2	8	43214.9	10	9.5
安 徽	3038.1	14	42959.2	11	14.1
河 北	5089.0	6	40391.3	12	7.9
北 京	2478.8	15	40269.6	13	16.2
陕 西	1660.9	20	29801.0	14	17.9
江 西	2003.1	17	29619.7	15	14.8
重 庆	1589.3	23	27894.0	16	17.6
辽 宁	4669.1	7	27584.1	17	5.9
云 南	1955.1	18	27146.8	18	13.9

续表

地区	2000年 地区生产总值（亿元）	排名	2021年 地区生产总值（亿元）	排名	2021年是2000年的倍数[1]
广　西	2050.1	16	24740.9	19	12.1
山　西	1643.8	21	22590.2	20	13.7
内蒙古	1401.0	24	20514.2	21	14.6
贵　州	993.5	26	19586.4	22	19.7
新　疆	1364.4	25	15983.6	23	11.7
天　津	1639.4	22	15695.0	24	9.6
黑龙江	3253.0	13	14879.2	25	4.6
吉　林	1821.2	19	13235.5	26	7.3
甘　肃	983.4	27	10243.3	27	10.4
海　南	518.5	28	6475.2	28	12.5
宁　夏	265.6	29	4522.3	29	17.0
青　海	263.6	30	3346.6	30	12.7
西　藏	117.5	31	2080.2	31	17.7
全　国	97209.37	—	1143669.7	—	12.5

[1]以名义价格测算。

资料来源：根据《中国统计年鉴2001》和《中国统计年鉴2022》整理。

二、产业外溢

产业外溢是区域间实现区域增长阶段梯次衔接性和整体性增长的主要路径，也是实现区域经济增长接力的重要推力。在小国经济体中，由于资源禀赋及产业结构的同质性，产业外溢将实现国与国之间比较优势的动态调整，进而改变整体经济空间分布格局。而在大国经济体中,由于资源禀赋、区位、发展阶段等的不同,区域间经济发展存在差异,因此,大国经济体的产业外溢更多发生在国内各区域之间(蔡昉,王德文,曲玥,2009)。当先发地区产业集聚到一定程度后,随着区域拥挤度不断上升,部分产业开始向周边地区外溢,周边地区将通过承接产业和知识溢出等路径获得进入快速经济增长阶段的可能,从而在一定程度上形成区域增长阶段的梯次衔接,延续了区域经济整体增长周期。

产业外溢贯穿了中国改革开放40多年的高速增长进程。根据覃成林和熊雪如(2013)对区域产业外溢的测度,2004年之前,劳动密集型产业主要向北部沿海、南部沿海集聚。其原因,一方面是这些地区承接了来自经济发达的京津和东部沿海区域的产业外溢,另一方面则是吸引了西南、西北、中部、东北等相对欠发达区域的产业向沿海集聚。2005年以后南部沿海地区产业开始外溢,而中部和西南、西北地区正积极由产业外溢转为产业集聚。可以看出,以制造业为主的大国经济体内部产业外溢,使得2004年以来中西部地区制造业占全国的比重明显上升(安树伟,张晋晋,2016)。

三、区域创新

区域创新是区域经济实现内生增长的力量源泉,也是实现产业集聚、推动区域经济增长接力的根本动力。虽然经济体的经济增长主要是由处于快速增长阶段的区域拉动,但是并不是所有的区域都能进入快速经济增长阶段。对于追赶型经济体而言,其进入快速经济增长阶段的潜力取决于经济体的吸收和自我创新能力。追赶假说认为,生产率水平的落后为快速发展带来了潜力(Abramovitz,1986)。即一个地区与先发地区的差距越适度,其承接先发地区产业外溢的空间越大，后发优势越明显，从而所获得的潜在产业外溢收益也越大。但是经济追赶不会自动实现，可能因为吸收或再创新能力不足而导致地区无法突破原始路径依赖或"低水平"均衡陷阱。对于后发地区而言，受历史、自然禀赋差异以及区域原始产业基础、知识吸收能力、人力资本投资等影响，如果该区域的知识吸收和产业承接能力较弱，则长期以来稳定的原始产业结构将使得后发地区难以摆脱"资源诅咒"陷阱或"荷兰病"式的经济增长怪圈（邹璇，2009），进而陷入低水平均衡陷阱。对于先发地区而言，当先发地区经济发展达到较高水平进入起步缓慢增长阶段时，原始产业的扩散为新产业的形成和发展提供了资本、劳动力等要素资源。当新产业的自我积累和创新水平达到一定程度的时候，新产业的发展将带动先发地区进入新一轮经济增长周期。这种自我积累和再创新能力取决于先发地区的人力资本投资、国内外技术扩散、贸易开放度等因素。

四、政府作用

政府虽不是区域经济增长接力的直接推动者，但可以通过财政政策、产业引导和扶持政策、研发创新鼓励政策等，间接推动区域创新、产业外溢和区域间差异化发展，进而影响区域经济增长过程。回顾中国改革开放 40 多年的空间演化历程，政府行为均产生了重大影响。1978—1985 年的改革开放初期，各省（自治区、直辖市）经济发展相对均衡。1986—2000 年，在梯度理论指导下全国被分为东部、中部和西部三大地带。为加快东部沿海地区发展，国家大力支持东部基础设施建设和产业创新发展，特别是深圳等经济特区，作为政策洼地和改革开放门户,"三来一补"①产业迅速发展。2000年前后,中国进入区域非均衡协调发展战略阶段,随着西部大开发战略的实施,《西部大开发"十一五"规划》和《西部大开发"十二五"规划》均提出加快产业转移和结构调整的步伐,形成东中西部地区合理的产业分工格局和区域协调互动机制。2002年,国家提出振兴东北地区等老工业基地战略。2003年,《中共中央 国务院关于实施东北地区等老工业基地振兴战略的若干意见》提出,要打破地区和市场分割,吸引区域外部生产要素进入东北地区,鼓励企业参与东北地区调整改造。2005年10月,《中共中央关于制定国民经济和社会发展第十一个五年规划的建议》明确将促进中部地区崛起纳入国家区域发展总体战略。2016年,中共中央、国务院印发的《促进中部地区崛起规划(2016—2025年)》提出,进一步加强中部地区产业创新水平,推动中部地区综合实力和竞争力再上新台阶,开创全面崛起新局面。随着中国城市群快速发展和跨区域协作日益密切,中国已形成京津冀协同发展、长江三角洲区域一体化发展、长江经济带发展、粤港澳大湾区建设、黄河流域生态保护和高质量发展等跨区域重大发展战略,国家层面高度重视并对区域重大战略的跨区域合作、创新和新兴产业发展等提出了明确要求。由此可见,在中国区域经济增长接力过程中,政府是主要参与者和引导者,并在区域经济增长接力中发挥了主导作用。

---

① 指来料加工、来件加工、来样加工和补偿贸易。

第四节 区域增长接力模型
——基于扩展的 LS 模型解释

Baldwin、Martin 和 Ottaviano（2001）在内生增长理论和新经济地理理论的基础上，构建了 LS 模型（Local Spillovers Model）。该模型考虑了区域内部和区际距离衰减因素，构建了区域经济增长与空间差距间的非线性关系，在一定程度上弥补了新经济地理理论中政策分析的不足。本节在 LS 模型的基础上，加入时间因素，并将研究由两区域扩展到多区域，构建区域增长接力模型。

一、一般 LS 模型及其基本假设

一般 LS 模型的基本假设是，假设一个经济体由两个区域（先发地区和后发地区）、两个部门（制造业部门 M 和农业部门 A）、两种要素（资本和劳动力）组成。制造业部门满足 D-S 框架下垄断竞争、规模收益递增，存在冰山交易成本 τ；农业部门满足瓦尔拉一般均衡条件，以完全竞争和规模收益不变为特征，不存在冰山交易成本。劳动力和资本所有者在区域间不能流动，公共资本可以流动。消费者与生产者行为假设都受 D-S 框架的约束。工业商品交易成本在区域内和区域间均存在冰山交易成本 τ。假设有 $\tau_I > \tau_D \geqslant \tau_D^*$，其中，$\tau_D$ 为先发地区内冰山交易成本，τ_D^* 为后发地区内冰山交易成本，τ_I 为区际交易成本。存在资本创新部门和拥挤效应，先发地区和后发地区资本创新部门均包括私人资本和公共资本两种，其中，私人资本无法流动，公共资本可以流动。因此，其他区域可以分享公共资本

溢出带来的收益,且先发地区发展到一定程度时存在拥挤效应。

在一般 LS 模型中,长期均衡情况下市场完全出清。$s_k = s_n$,且托宾 q 值为 1,先发地区经济增长率为

$$g = bL^w\left[s_n + \lambda(1-s_n) - \gamma\left(s_n - 1/2^2\right)\right] - (1-b)\rho - \delta, 1/2 < s_n < 1,$$
$$1 - \lambda < 2\gamma \quad (3-1)$$

式(3-1)中,g 为先发地区的长期地区经济增长率;$b = \mu/\sigma$,μ 为工业产品的支出份额,σ 为工业产品的替代弹性;L^w 为全国劳动者收入;s_n 为空间集聚度;λ 为知识资本在空间传播的自由度;γ 为拥挤效应;ρ 为资本所有者对未来收益的折现率;δ 表示资本折旧率。

二、区域经济增长阶段形态变化

根据区域经济增长的影响因素及开放性,假设在一定的技术条件和制度条件下,任意一类区域的经济增长周期至少有三个基本过程,即从起步缓慢增长、快速增长至达到增长顶峰、增速减缓并伴随产业结构调整。考虑到不同区域不同周期间的时间差异性,同时为简化研究,我们将时间限定在 T_1 和 T_2 两个周期范围内。第一个周期为 $[0,\ t_1]$,第二个周期为 $[t_1,\ t_2]$。其中,t 表示时间,$s_n = f(t) = \varphi t$,$t \geqslant 0$。同时,在(3-1)式中引入以下两类效应:

第一类是产业外溢效应。先发地区受土地、劳动力等生产要素成本提高的影响,传统制造业发展空间日趋缩小,部分产业向周边地区转移,从而降低了本地区拥挤成本,并为新兴产业发展提供了更广阔的空间。产业外溢主要是指产业转移,以及由产业转移引起的区域间经济关联、产业分工等因素的变动。这些因素将为后发地

区带来优势资源的转移，最终引起区域经济增长格局的变化，推动本区域进入新一轮经济增长周期。本章将产业外溢对区域经济增长的影响记为 Tr，$Tr \leqslant 0$。

第二类是新产业内部集聚效应。即地区内部产业结构调整带动了产业结构升级，形成了新的集聚力。影响集聚的因素主要来自政府政策、科技创新、市场需求增加等。一旦新的集聚力量形成，先发地区和后发地区便具备了持续增长的内生动力，进入新一轮经济增长周期。否则，先发地区可能面临产业空心化，或后发地区可能因面临无法突破原始路径依赖等问题，在一定时间内无法带动整体经济增长。新产业内部集聚效应因素与经济增长成正比，记为 Q，$Q>0$。即在先发地区经济进入 T_2 周期时，先发地区产业结构调整带动了产业结构升级，形成了新的集聚力。当 $Q>|Tr|>0$ 时，产业结构调整所引发的集聚力超过了产业外溢力，从而使先发地区经济进一步集聚；反之，当 $0<Q \leqslant |Tr|$ 时，产业结构调整所引发的集聚力未超过产业外溢力，从而使先发地区经济集聚弱化。

因此，在假定涉及整体经济因素 b、ρ、δ、L^w 参数不变的情况下，在 T_1 周期内，经济增长表达式为 $g = bL^w \left[s_n + \lambda(1-s_n) - \gamma(s_n - 1/2)^2 \right] - (1-b)\rho - \delta$。这意味着，经济增长初期，由于拥挤效应小于或等于本地市场或规模经济，经济增长率随着空间集聚度的上升而提高，而后随着拥挤效应大于本地市场或规模经济，先发地区经济增长率开始下降。当区域经济进入 T_2 周期时，先发地区内部一些失去比较优势的劳动密集型产业自发转移到后发地区，同时先发地区内部进行产业结构调整，发展高新技术产业或新兴产业，以期实现产业转型升级，向经济集约化转变。

产业转移和产业结构调整带动了知识资本的区际传播，进而有利于知识资本在空间传播自由度 λ 的提升，同时产业转型升级和经济集约化转变提高了土地、基础设施等的利用效率，从而降低了先发地区拥挤效应 γ。因此，$\lambda' > \lambda$，$\gamma' < \gamma$，其中，λ' 和 γ' 分别为先发地区经济进入 T_2 周期时知识资本在空间传播的自由度和先发地区拥挤度。

基于上述分析，当先发地区经济增长进入 T_2 周期时，在市场完全出清的情况下，先发地区经济总支出为

$$g' = bL^w\left[s'_n + \lambda'(1-s'_n) - \gamma'(s'_n - 1/2)^2\right] - (1-b)\rho - \delta, 1/2 < s'_n < 1$$

（3–2）

式（3–2）中，$1-\lambda' < \gamma' < 1$，s'_n 为 T_2 周期时的空间集聚度。通过对式（3–2）求导，可得出最大化经济增长率为

$$g'_{max} = \left[bL^w\lambda' - \rho(1-b) - \delta - 1/4\right]' + bL^w(1-\lambda'+\gamma')^2 \big/ 4\gamma' \quad (3–3)$$

由于 $1-\lambda' < \gamma' < 1$，$1-\lambda < \gamma < 1$[1]，$\lambda' > \lambda$，$\gamma' < \gamma$，因此有 $g'_{max} > g_{max}$[2]。

---

[1] 由式（3–1）可知，当 $s_n = 1/2 + (1-\lambda)/2\gamma$ 时，拥挤效应等于本地市场或规模经济，产业转出区域经济增长率达到最高。因为 $s_n > \dfrac{1}{2}$，所以有 $1-\lambda < \gamma < 1$。同理可得 $1-\lambda' < \gamma' < 1$。

[2] 在 b、ρ、δ、L^w 参数不变的情况下，令

$$f(x) = [bL^w x - \rho(1-b) - \delta - 1/4] + \frac{bL^w(1+\gamma-x)^2}{4\gamma} = \frac{bL^w}{4\gamma}[4\gamma x + (1+\gamma-x)^2] - \rho(1-b) - \delta - 1/4$$

$$= \frac{bL^w}{4\gamma}[x^2 + 2x(\gamma-1) + (1+\gamma)^2] - \rho(1-b) - \delta - 1/4$$

由上式可知，x 在 $(1-\gamma, +\infty)$ 区间时，$f(x)$ 为增函数。由于 $\lambda > 1-\gamma$，$\lambda' > \lambda$，因此，$f(\lambda) < f(\lambda')$。又因为 $0 < \gamma < 1$，γ 与 $f(x)$ 成反比，$\lambda' > \lambda$，所以有 $g'_{max} > g_{max}$。

由于 $s_n = f(t)$，$s'_n = f(s_n, Tr, Q) = s_n + (Q + Tr)$，并结合式（3–1）和式（3–2），可得出经济增长在不同时期的分段函数：

$$g(t) = \begin{cases} bL^w[\varphi t + \lambda(1-\varphi t) - \gamma(\varphi t - 1/2)^2] - (1-b)\rho - \delta & t \in [0, t_1] \\ bL^w[\varphi t - (Tr + Q) + \lambda'(1 + Tr + Q - \varphi t) \\ \quad - \gamma'(\varphi t - Tr - Q - 1/2)^2] - (1-b)\rho - \delta & t \in (t_1, t_2) \end{cases} \quad (3\text{–}4)$$

基于上述表达式，对公式中系数赋值（$\varphi = 1, \lambda = 0.8, \gamma = 0.5, \gamma' = 0.4, \lambda' = 0.9$），最终模拟出产业集聚效应与分散效应不同组合下的经济增长图形（见图3–3）：

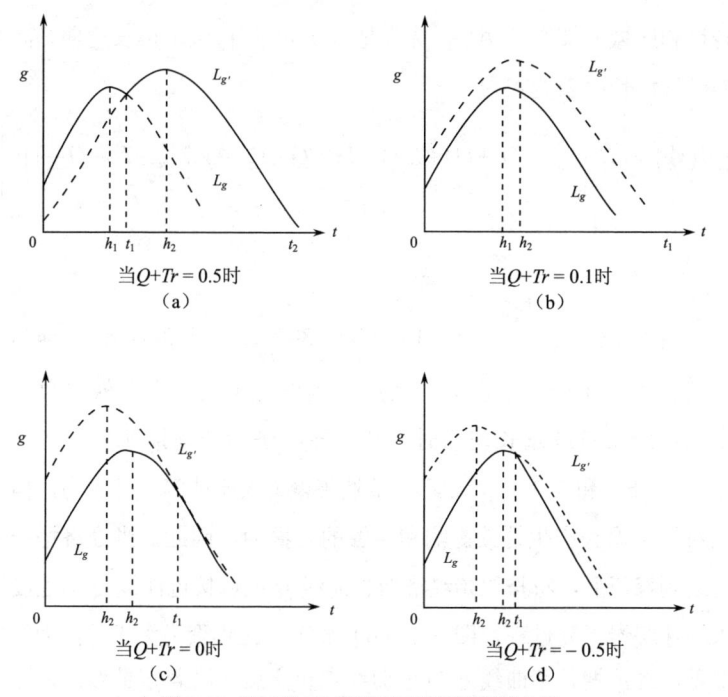

图3–3　扩展的LS模型下区域经济增长曲线

注：h_1、h_2 分别为 L_g、$L_{g'}$ 取得最大经济增长率时所对应的 t 值；t_1 为 L_g、$L_{g'}$ 相交时的 t 值。

从图 3–3 中发现，当 $Tr+Q>0.2$ 时［见图 3–3（a）］，即当产业集聚力大于产业外溢力，且这种差值超过一定门槛时，区域经济增长存在两轮增长周期。在 T_1 周期内，在经济发展初始时拥挤效应小于或等于本地市场或规模经济，不存在产业外溢，此时经济增长速度较快。区域经济集聚达到一定程度后拥挤效应产生，并随着产业集聚度的上升而不断增强，企业利润率开始下降，经济增长速度在达到峰值后随即进入缓慢增长阶段。这一时期的经济增长率表达式为 $g=b\left[s_n+\lambda(1-s_n)-\gamma(s_n+1/2)^2\right]L^w-(1-b)\rho-\delta$。随着产业向外转移和区域内部产业调整，先发地区进入了 T_2 经济增长周期，此时的经济增长率表达式为

$$g'(s_n') = bL^w\left[s_n'-(Tr+Q)+\lambda'(1+Tr+Q-s_n')-\gamma'\left(s_n'-Tr-Q\frac{1}{2}\right)^2\right] \\ -(1-b)\rho-\delta$$

（3–5）

当 $Tr+Q \leqslant 0.2$ 时［见图 3–3（b）、3–3（c）、3–3（d）］，即当产业集聚力小于产业外溢力，或产业集聚力虽大于产业外溢力，但未超过经济持续增长门槛时，新一轮经济增长周期便无法产生。图 3–3（b）和 3–3（c）显示，虽然集聚力大于或等于外溢力，但无法对经济增长产生持续影响和足够的支撑力，因此，当经济增长速度达到峰值后，将按原始经济增长曲线 g 或以接近曲线 g 的速度进入增速缓慢下降过程。图 3–3（d）显示，在集聚力大于外溢力的情况下，经济增长率曲线 g 与 g' 曲线点相交后，沿着 g' 曲线进入更快速的下降过程。

三、区域增长接力模型

为进一步分析区域经济增长接力,将研究由两区域扩展至多区域。不同的区域由于存在时序差异而分为先发区域、次先发区域和后发区域,将这三类区域分别记为区域 1、区域 2 和区域 3。同时,为简化讨论,将研究仍限定在两轮经济增长周期范围内。假定:(1)每一个区域如图 3–3(a)所示,均存在两轮区域经济增长周期。(2)每一个区域的经济增长周期内部至少经历三个阶段,即起步缓慢增长阶段、快速增长阶段、增速减缓和结构调整阶段。设定在第一轮经济增长周期 T_1 内,当 $t \in [0, \alpha h_1]$(其中,$\alpha < 1$,且 $h_1 < h_2$)时,经济增长处于起步缓慢增长阶段,经济增长速率为 g_I;当 $t \in (\alpha h_1, h_1]$ 时,经济增长处于快速增长阶段,经济增长速率为 g_{II};当 $t \in (h_1, t_1]$ 时,经济增长处于增速减缓和结构调整阶段,经济增长速率为 g_{III}($g_{III} > g_I$)。在第二轮经济增长周期 T_2 内,当 $t \in (t_1, \partial t_1]$(其中,$1 < \partial < h_2/t_1$)时,经济增长处于新一轮起步阶段,经济增长速率为 g'_I,$g'_I > g_I$;当 $t \in (\partial t_1, h_2]$ 时,经济增长处于快速增长阶段,经济增长速率为 g'_{II},$g'_{II} > g_{II}$;当 $t \in (h_2, t_2]$ 时,经济增长处于增速减缓阶段,经济增长速率为 g'_{III}。(3)区域 1 作为先发区域首先进入快速增长阶段,区域 2 和区域 3 按区域经济发展阶段依次进入不同增长阶段。

假定根据上述假设条件,区域 1、区域 2 和区域 3 之间存在如表 3–2 所示的接力型增长阶段组合情形。

表 3–2　区域增长阶段异质性条件下区域组合增长增速

组合增长阶段	区域1	区域2	区域3	时间区间
第一轮	g_{II}	g_I	g_I	$[0, h_1]$
第二轮	g_{III}	g_{II}	g_I	$(h_1, t_1]$
第三轮	g'_I	g_{III}	g_{II}	$(t_1, \partial t_1]$
第四轮	g'_{II}	g'_I	g_{III}	$(\partial t_1, h_2]$
第五轮	g'_{III}	g'_{II}	g'_I	$(h_2, t_2]$

区域经济增长阶段可能还会存在第六轮、第七轮等，也可能在任何阶段进入经济下降而无法再次增长的状态。此处为简化问题，我们假设到五轮经济增长。经济体在不同经济增长阶段的增长函数如下：

$$G(t) = \begin{cases} (g_{II} + g_I + g_I)/3 & t \in [0, h_1] \\ (g_{III} + g_{II} + g_I)/3 & t \in (h_1, t_1] \\ (g'_I + g_{III} + g_{II})/3 & t \in (t_1, \partial t_1] \\ (g'_{II} + g'_I + g_{III})/3 & t \in (\partial t_1, h_2] \\ (g'_{III} + g'_{II} + g'_I)/3 & t \in (h_2, t_2] \end{cases} \quad (3-6)$$

结合表 3–2 和式（3–6）可以发现，在第一轮组合中，经济体的增长率是区域1快速增长阶段和区域2、区域3缓慢增长阶段的组合。在这一阶段中，区域 1 为主要产业集聚区，带动大国经济体增长。在第二轮组合中，经济体的增长率是区域 1 增速减缓和结构调整阶段、区域 2 快速增长阶段和区域 3 缓慢增长阶段的组合，由于 $g_{III} > g_I$，因此，$(g_{II} + g_I + g_I)/3 < (g_{III} + g_{II} + g_I)/3$。可以看出，在这一阶段中，区域经济增长实现了接力，区域 2 成为主要产业集聚区，而区域 1 为主要产业扩散区，区域 2 的快速增长成为推动整体

区域经济增长的新动能。在第三轮组合中，经济体的增长率是区域1新一轮缓慢增长阶段、区域2增速减缓和结构调整阶段和区域3快速增长阶段的组合，由于$g'_I > g_I$，因此，$(g'_I + g_{III} + g_{II})/3 > (g_{III} + g_{II} + g_I)/3$。可以看出，在这一阶段中，区域经济增长实现了接力，其中，区域3成为主要产业集聚区，而区域2为主要产业扩散区，区域3的增长成为接替区域2推动整体区域经济持续增长的主要区域。在第四轮组合中，经济体的增长率是区域1快速增长阶段、区域2新一轮缓慢增长阶段和区域3增速减缓和结构调整阶段的组合，由于$g'_{II} > g_{II}$，因此，$(g'_I + g_{III} + g_{II})/3 < (g'_{II} + g'_I + g_{III})/3$。在这一阶段中，区域经济增长实现了接力，其中，区域1成为主要产业集聚区，而区域3为主要产业扩散区，区域1接替区域3成为推动整体区域经济持续增长的主要区域。在第五轮组合中，如果$g'_{III} < g_{III}$，那么经济体整体增速将下降。区域经济集聚度在空间上的变动是推动区域经济增长接力的直接体现。

综上所述，大国经济体的快速增长阶段时长将因区域增长接力而由单个经济体的$[h_1, t_1]$延长为多个经济体的$[h_1, h_2]$，从而使经济体实现在更长时间内保持持续平稳增长的可能。

第五节　中国区域增长接力的实证检验

一、研究方法及数据来源

已有对区域增长接力的研究主要基于传统统计学方法根据主要经济指标随时间的变化去判断区域增长接力的现象是否存在，且以均质空间为逻辑前提，忽视了空间区位、空间结构和地理范围等空间因素，无法更准确分析区域经济发展的时空变化。标准差椭圆（Standard Deviational Ellipse，SDE）利用空间统计方法来揭示地理要素的空间分布特征（赵作权，2009；Tellier，1995），基于研究对象的空间结构和空间区位，通过标准差椭圆的中心、长短轴、方位角、短长轴标准差比值等椭圆参数在时空上的变化，从多重角度全面揭示区域发展新空间的时空演变特征（Wong，1999；Gong，2002）。具体而言，椭圆空间分布范围表示要素在地理空间分布的主要集聚区域，椭圆中心表示要素在二维空间上分布的相对位置，长轴表示要素在主趋势方向上的离散程度，方位角反映要素在地理空间分布的主趋势方向。

由于2002年之前中国地级市行政区划变动较大，考虑到研究对象的一致性和数据的可获得，本章主要收集2003—2020年全国285个地级及以上城市数据。需要说明的是，2019年莱芜撤市并入济南，故2019年以来样本变为284个地级及以上城市。经济数据主要来自于《中国统计年鉴》和《中国城市统计年鉴》，城市区位的经纬度数据来自Google Earth。关于空间分布的图形及计算基于ArcGIS10.2软件展开，空间参考为Albers投影坐标系统（中央经线为105°E、标准纬线分别为25°N、47°N）。

二、基于285个地级及以上城市的区域增长接力主要特征

2003—2020年，中国经济空间分布格局如图3-4所示。以人均GDP绝对值作为中国经济增长的要素空间，其空间分布经济中心位于河南周口与安徽阜阳交界处，椭圆分布范围明显向中国东南部地区集聚。从椭圆变化趋势来看，第一，人均GDP绝对值椭圆空间分

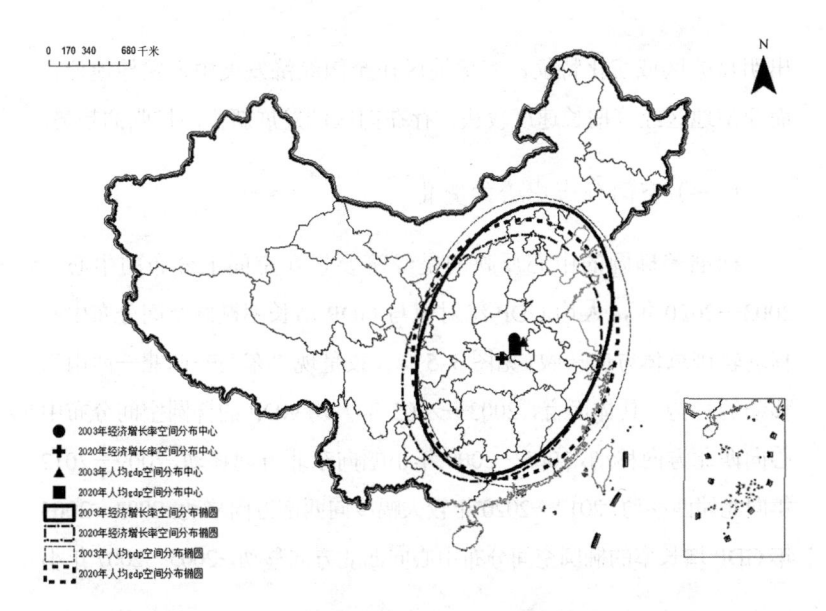

图 3-4　2003—2020 年全国地级及以上城市人均 GDP 和 GDP 增长率的椭圆空间分布

布和 GDP 增长率①椭圆空间分布变化都存在向西南移动趋势，其中经济增长率椭圆空间分布变化的移动趋势十分显著。第二，人均 GDP 绝对值和 GDP 增长率的椭圆空间分布都存在集聚趋势，其中人均 GDP 绝对值椭圆空间分布向椭圆内部集聚，而 GDP 增长率椭圆空间分布明显向西南方向集聚。第三，两者的椭圆均呈现"北（略偏东）-南（略偏西）"的空间分布格局。由此可见，中国经济空间格局表现

---

① 一般来讲，标准差椭圆用来描述经济要素在空间上分布的状态，多采用经济指标绝对值来分析。本章把 GDP 增长值当作一种经济要素，由于 GDP 增长率不能直接相加，因此 GDP 增长率椭圆并不能反映区域经济增长的带动情况，但可以通过 GDP 增长率椭圆在空间的动态变化来分析各地区经济增长的变动情况，从而实现本章分析区域增长接力的目的。

出明显的区域演化特征,东部地区在全国经济发展中占主导地位,而西南地区经济增长速度较快,存在向区域发展新空间扩张的趋势。

(一)空间分布中心的变化

标准差椭圆的中心反映的是经济要素在空间上分布的中心。2003—2020年,人均GDP绝对值与GDP增长率椭圆空间分布中心移动轨迹总体方向一致(见图3-5),大致呈现"东南—西北—西南"移动的趋势。具体而言,2003—2005年人均GDP的椭圆空间分布中心向西北方向移动,2005—2009年小幅向东北方向移动,2009—2012年向北偏西移动,2012—2020年较大幅度向西南方向移动。2003—2005年GDP增长率的椭圆空间分布中心向西北方向移动,2005—2007年小

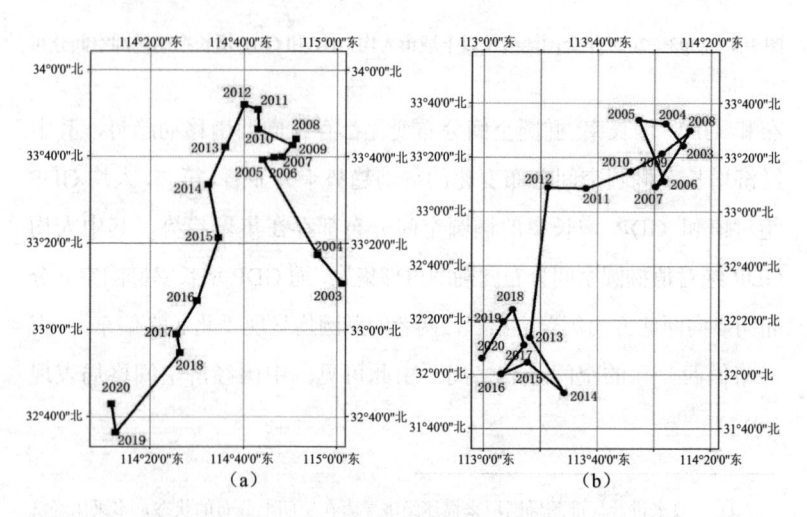

图3-5 2003—2020年全国地级及以上城市人均GDP(a)和GDP增长率(b)中心空间位移

幅向东南方向移动，2007—2008年向东北方向偏移，2008—2020年较大幅度向西南方向移动。

（二）空间分布范围的变化

标准差椭圆的长轴反映经济要素空间分布的范围，椭圆内部区域是带动整体区域经济发展的主体区域。2005—2013年，人均GDP的空间分布范围始终小于GDP增长率的椭圆空间分布范围，但两者间的差距不断缩小；2014—2017年，人均GDP的空间分布范围开始大于GDP增长率的椭圆空间分布范围；2018—2020年，人均GDP和GDP增长率的椭圆空间分布范围较为接近（见图3-6）。从变化趋势来看，2009年以来人均GDP和GDP增长率的空间分布范围变化趋势呈同向变动特征。具体而言，2003—2020年人均GDP的椭圆空间分布范围呈现波动中缓慢下降趋势；GDP增长率的椭圆空间分布范围总体上呈现先扩大后缩小的趋势，其中，2003—2008年椭圆空间分布范围呈现缓慢上升趋势，2009—2020年则呈现在波动中较大幅度下降趋势，2014年之后低于人均GDP椭圆空间分布范围。结合其椭圆空间分布中心的移动趋势表明，虽然经济总体呈现不断集聚态势，这一时期西北地区和西南地区为全国经济持续平稳增长提供了有力支撑。

（三）空间分布方向的变化

从人均GDP的椭圆空间分布看，2003—2005年方位角呈下降趋势，椭圆表现为逆时针旋转，椭圆内部西北或东南区域的经济增长水平相对较快。2005—2020年，方位角总体呈扩大趋势，椭圆表现为顺时针旋转，椭圆内部东北或西南区域的经济增长水平相对较快。从GDP增长率的椭圆空间分布看，2003—2013年，方位角总体呈扩

158　区域发展新空间

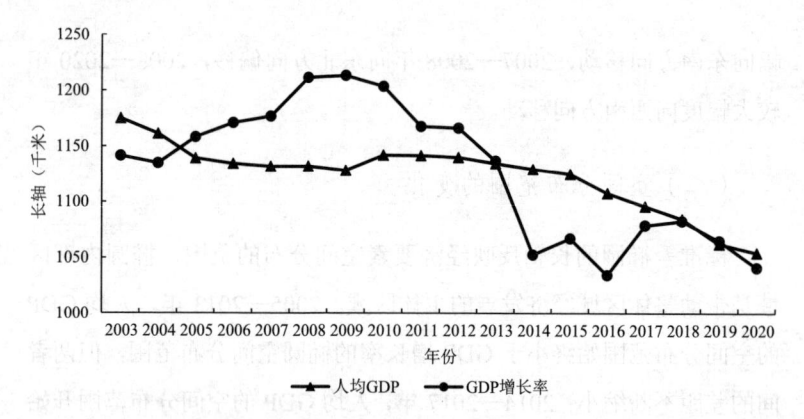

图 3-6　2003—2020 年全国地级及以上城市人均 GDP 和 GDP 增长率椭圆空间分布范围变化

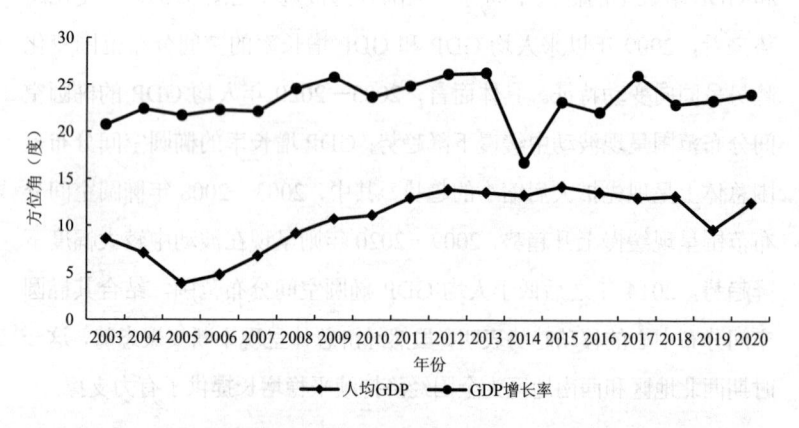

图 3-7　2003—2020 年全国地级及以上城市人均 GDP 和 GDP 增长率椭圆空间分布方位角变化

大趋势，椭圆表现为小幅度顺时针旋转，椭圆内部东北或西南区域的经济增长速度较快。2014 年，方位角总体呈下降趋势，椭圆表现为逆时针旋转，椭圆内部的西北或东南的区域经济增长水平相对较快。2015—2020 年，方位角总体表现为在波动中上升，椭圆表现为小幅度顺时针旋转，椭圆内部东北或西南区域的经济增长速度较快。总的来说，人均 GDP 绝对值与 GDP 增长率椭圆空间分布方向变化基本一致（见图 3-7）。

（四）空间分布形状的变化

总体上，2003—2020 年，人均 GDP 和 GDP 增长率的椭圆空间分布形状总体呈现圆化趋势，其中 GDP 增长率椭圆空间分布形状圆化较为显著（见图 3-8）。具体而言，2003—2005 年人均 GDP 椭圆空间分布形状呈圆化趋势，在短轴（东偏南）方向上的增长明显；2006—2015 年呈扁化趋势，表明其椭圆在长轴（北偏东）方向上的增长明显；2016—2020 年呈圆化趋势，其椭圆在短轴（东偏南）方向上的增长明显。从 GDP 增长率的椭圆空间分布形状上看，2003—2009 年，GDP 增长率椭圆空间分布形状呈扁化趋势，其椭圆在长轴（南偏西）方向上的增长明显；2010—2020 年，呈圆化趋势，其椭圆在短轴（东偏南）方向上的增长明显。

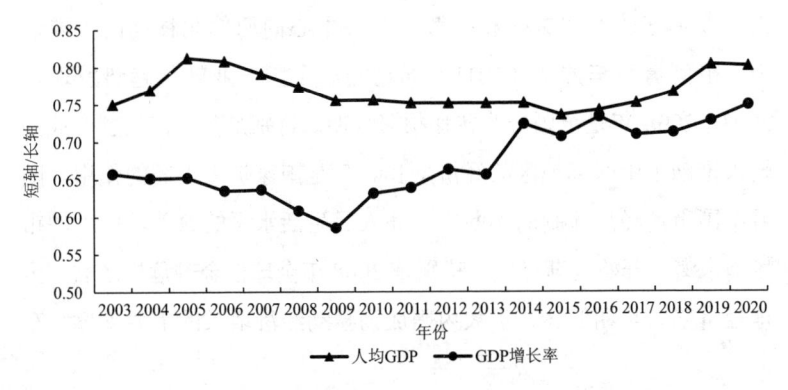

图 3-8　2003—2020 年全国地级及以上城市人均 GDP 和 GDP 增长率椭圆空间形状变化

三、基于285个地级及以上城市的区域增长接力的阶段性

从椭圆空间变化中可以发现，中国经济呈现出较为明显的"由东向西、由北向南"区域增长接力现象。具体可分为三个阶段：

（一）"由东向西"增长接力阶段（2003—2009年）

2003—2009年，中国经济处于快速增长阶段，增速在9.1%—14.2%之间。经济中心呈现由东南沿海向中西部偏北区域偏移，中西部偏北区域由经济起步阶段进入经济快速增长阶段，而东南沿海地区的增速开始趋缓。[①]这一阶段区域增长接力与产业转移以及政府政策支持、国内外市场环境变化紧密相关。一是国家区域协调发展战略的实施。1999年国家开始实施西部大开发战略，随后又实施了振兴东北地区等老工业基地战略和促进中部地区崛起战略，大批重点项目向东北和中西部地区投资布局，这为中西部区域经济增长提供了有力支撑。二是东部地区产业向中西部地区的转移。以产业转移为主要形式的空间集聚和扩散是经济中心向西偏北移动的主要动力。范剑勇和李方文（2011）通过测度全国产业转移趋势发现，2003—2008年是全国产业转移频繁时期，特别是劳动密集型产业的转入推动了中西部地区的经济增长。三是国家扩大内需的作用。随着中国市场经济体制的不断完善和人民生活水平的改善，巨大的市场需求潜力开始逐渐释放。特别是2008年全球性金融危机之后，全球经济陷入长期低迷，扩大内需成为拉动经济增长的重要支撑。东

---

① 其中，2008年前后，受金融危机的影响，经济增长接力区域曾一度转到东南地区，但很快又回到西北地区。

部沿海地区大量外向型企业开始出口转内销,带动资金、技术、人才流入内地市场,在一定程度上促进了中西部地区经济的增长。

(二)转折阶段(2010—2012年)

2010—2012 年是中国经济中心由中西部偏北区域向偏南区域偏移的转折阶段。这一时期,全国经济中心虽仍向中西部偏北区域偏移,但西南地区经济集聚动力开始增强,为第三阶段的区域增长接力提供了基础。2010 年以来,国务院出台了《关于中西部地区承接产业转移的指导意见》,工业和信息化部先后发布了《产业转移指导目录(2012 年本)》和《产业发展与转移指导目录(2018 年本)》,并在湖北荆州、安徽皖江城市带、广西桂东、重庆沿江、湖南湘南、江西赣南、黄河金三角、蒙东等地区设立了国家级承接产业转移示范区。四川、湖南、河南、山西、贵州等地也出台了积极承接产业转移的指导文件。中部和西南部地区由于区位和经济基础好,在产业转移过程中成效显著:其中,2012 年重庆实际利用内资达到 5914.64 亿元,比上年增长 20.2%,其中有 2/3 资金来自东部地区;四川实际利用国内省外直接投资达到 7795.3 亿元,比上年增长 10.0%,成都富士康电子科技集团、仁宝电脑(成都)有限公司、纬创资通(成都)有限公司等企业相继落户,电子信息产业和汽车产业快速发展,改变了四川过去以"大化肥"为主的传统产业格局。

(三)"由北向南"增长接力阶段(2013年至今)

2013 年以来,中国经济中心呈现向西南地区移动的态势。这一时期西南地区经济集聚力超过来自东部地区的产业溢出,且这种集聚力达到一定程度,中国经济中心开始明显向中西部偏南地区移动,中部和西南部地区成为带动区域经济增长接力的新空间。中部和西南部地区成为增长接力区域的主要原因除了来自周围区域的产业外溢之外，还在于区域创新。一是主导产业创新动力提升。中部和西南部地区在承接产业转移的过程中，从简单地承接传统劳动密集型产业转向注重配套产业链和研发关键环节发展，产业核心竞争力不断提升，进而激发了区域经济增长的"向心力"，促进了经济集聚。以重庆为例，近几年来重庆吸引了惠普（重庆）有限公司、华硕电脑（重庆）有限公司、OPPO（重庆）智能科技有限公司等技术含量高的电子信息企业，从而一跃成为国内仅次于广东的第二大手机制造基地。相比之下，西北地区虽然也承接了东部地区的产业转移，但却没能形成自身核心竞争力，产业集聚力始终没有达到一定的门槛。二是新技术新业态的发展进一步提升了区域内部增长动力。中部和西南地区正是由于抓住了互联网、大数据、数字产业等新兴产业发展的历史机遇，实现了经济快速增长。以贵州为例，由于适时抓住了大数据发展的机会，贵州获批建设全国一体化算力网络国家（贵州）枢纽节点，吸引了苹果 iCloud 中国（贵安）数据中心、贵州高通科技有限公司、贵州微软技术研究中心、华为云全球总部等国内外互联网领军企业的进驻，贵安新区成为全球集聚超大型数据中心最多的地区之一，2021 年数字经济所占比重达到 34%，增速连续六年位居全国第一。[①]三是东部地区进入产业结构调整时期。经过改革开放以来的快速发展，东部地区经历了快速城镇化和工业化阶段，劳动力、土地等生产成本增加，生态环境保护压力加大，部分传统劳动密集型产业因技术水平不高、生产效率低下，不再适应现

---

① 李炳军："政府工作报告"，《贵州日报》，2022 年 2 月 7 日。

代产业体系而被逐步淘汰。随着西南部地区经济集聚力的加强，东部省份第二产业的竞争优势已明显向中西部地区转移，北京、上海、广东产业的服务化趋势明显（安树伟，肖金成，2016）。

第六节 研究结论与政策含义

一、研究结论

本章分析了区域增长接力的内涵与特点，构建了区域增长接力机制框架。基于新经济地理学的 LS 模型，构建了区域增长接力模型，并采用空间统计标准差椭圆方法，以 2003—2020 年中国 285 个地级及以上城市为足迹空间，从连续空间上大规模聚集角度计算和分析了中国区域增长接力的变化趋势，得到以下结论：

第一，区域增长接力是指在足够大的空间范围内，经济体内部处于不同发展阶段区域的经济快速增长阶段梯次发生且彼此衔接，通过多区域经济体动态组合增长，最终实现区域经济持续平稳增长，延长整体区域增长的生命周期的过程。区域增长接力具有阶段异质性、梯次衔接性、整体性、内生增长性四个特征。本质上看，区域经济增长接力的过程是后发地区通过"追赶"和"自我创新"，先发地区通过经济转型升级，最终推动整体经济持续平稳增长的过程。

第二，区域增长接力主要通过区域发展差异、产业外溢、区域创新、政府作用四条路径推动接力区域进入快速增长阶段，并通过区域间增长新组合推动经济整体效率提升，实现区域经济持续平稳增长。其中，区域发展差异是基本前提，产业外溢是重要推力，区域创新是根本动力，政府作用间接推动区域创新、产业外溢和区域间差异化发展，进而影响区域经济增长全过程。

第三，基于扩展的 LS 模型研究发现：首先，区域经济增长具有显著周期性和阶段性。一般情况下，对于单一经济体而言，经济增长周期大致将经历经济起步缓慢增长、快速增长、增速减缓和结构调整三个阶段。由于每一经济体发展阶段存在差异，大国经济体通过区域间经济增长接力实现持续平稳增长成为可能。其次，在一定的时期内，单一经济体存在新一轮经济增长的可能，且这种可能的实现存在一定的门槛。从基于扩展的 LS 模型可知，区域经济并不必然能实现持续增长，但却存在持续增长的可能。这种可能性产生的条件不仅取决于区域自由度和区域拥挤度的大小，还受区域知识资本积累与创新、产业外溢、政府作用等多种因素影响。由于这些因素的影响，经济实现持续增长具有一定的门槛。当产业集聚力大于产业外溢力，且这种差距达到或超过一定门槛时，单一经济体的经济增长可以进入新一轮增长周期。当产业集聚力小于产业外溢力，或产业集聚力虽大于产业外溢力，但未超过经济持续增长门槛时，新一轮经济增长周期无法产生。

第四，中国经济呈现出较为明显的"由东向西、由北向南"区域增长接力态势，且这种接力与区域发展差异、产业外溢、政府作用、区域创新等因素紧密相关，直接体现为产业在东部与中西部之间的转移，进而验证了基于扩展的 LS 模型所得出的基本结论。具体而言，中国经济增长接力可分为三个阶段，即 2003—2009 年"由东向西"增长接力阶段、2010—2012 年转折阶段、2013 年至今"由北向南"增长接力阶段。

二、政策含义

基于区域间增长接力的规律和趋势，采取有效政策措施加快增长接力区域的培育与发展，是未来推动中国经济持续平稳增长的现实需要。

（一）积极培育新的增长空间

一是要进一步加大统一市场建设，推动各区域间要素高效流动，消除区域壁垒。新发展空间的形成和发展有赖于要素和经济活动的集聚，而这种集聚在新形势下将更多依靠要素在更大空间范围内的资源优化配置。要实现这一目标，至少需要有两个重要的前提：一是区域范围足够大，二是要素流动足够灵活（侯永志，张永生，刘培林等，2015）。因此，新发展空间的培育需要更多地推动区域间协调发展和市场统一，进一步打破区域行政壁垒，降低要素供给在跨区域流动中的成本，促进市场优化整合、公平竞争，避免全国各地"各自为政"地培育增长接力区域。二是加强潜在增长接力区域的基础设施建设。潜在增长接力区域由于属于经济增长的起步期，在进入快速增长期之前，其基础设施建设往往与日益增长的经济不相匹配，在一定程度上约束了区域经济进入快速增长通道的步伐。要加大对潜在增长接力区域基础设施短板的建设，优化营商环境，强化区域内外联通，为其未来更快、更好地进入经济快速增长阶段提供保障。

（二）有效识别区域发展新空间

区域发展新空间是推动中国经济持续平稳增长的关键，要加强对区域发展新空间特点的分析和有效识别。一是进一步构建区域发展新空间的识别标准和筛选空间尺度，进一步明确具备新增长特质的重点区域。本章对中国区域增长接力的空间演化进程做了较深入的分析，而就特定的区域（比如省级或市级区域发展新空间）以及特定省份内部而言，同时也存在发展新空间的识别，这些新空间有待进一步去研究。二是在明确区域发展新空间的前提下，加强对这些区域开展重点跟踪研究，了解其经济发展需求和产业发展方向，识别区域发展新空间中的产业增长点，从而有重点、有步骤地拓展区域发展新空间，最大限度地释放新空间发展潜力。

（三）挖掘老空间的增长潜力

一是要准确把握老空间实现经济转型的方向。在老空间进入新一轮经济增长周期之前，如何把握产业未来发展方向至关重要。要在遵循产业发展规律和现有产业资源优势的基础上，明确符合本地实际的产业发展方向，激发老空间发展的动能，推动产业结构调整。二是要科学推动产业转型升级。特别是要处理好新兴产业与传统产业、实体经济与虚拟经济之间的关系，坚持创新开放，将创新驱动和对外开放贯穿于老空间转型发展的始终，从根本上防止产业空心化，构建高质量发展的现代经济体系。三是抢抓"一带一路"建设的重大机遇，鼓励其在产业、管理、文化、制度等方面先行先试，推动老空间及早进入新一轮经济增长周期。

（四）科学发挥政府作用

一是进一步优化中央和地方的事权关系，提高政府引导效率。中央和地方事权关系不清，容易导致地方为得到中央政策支持而实施地域之间的封锁，进而造成资源浪费。中央与地方政府之间需要明确事权范围，其中，中央政府或上级政府要进一步下放决策权限，坚持"管少管好"原则。一方面要从全局角度制定区域发展战略和区域政策；另一方面要重点负责省级及省级以上跨区域行政协调调解事项，强化自身在相关具体政策中的执行能力，担负起推动区域增长接力的重大责任。地方政府在坚决执行中央政府决策的过程中，要进一步深化行政管理体制改革，提高政府办事效率。二是在尊重区域经济差异化的前提下，制定差异化的政策措施。由于区域经济增长是动态变化的过程，不同区域由于发展基础、发展阶段、发展特点不同，需要政府在引导区域增长接力的过程中根据实际采取更有针对性的政策措施，避免"一刀切"。

参考文献

安树伟,常瑞祥.中国省际经济增长的传递及其机制分析[J].中国软科学,2016（11）：74–83.

安树伟,肖金成.区域发展新空间的逻辑演进[J].改革，2016（8）：45–53.

安树伟,张晋晋.2000年以来我国制造业空间格局演变研究[J].经济问题,2016（9）：1–6.

蔡昉，王德文，曲玥.中国产业升级的大国雁阵模型分析[J].经济研究，2009（9）：4–12.

陈惠雄.中国区域发展梯度约束与和谐社会战略构局[J].中国工业经济，2006（9）：5–13.

程必定.区域的外部性内部化和内部性外部化[J].经济研究，1995（7）：61–66.

程必定.区域经济空间秩序[M].合肥：安徽人民出版社，1998：33.

段文斌,张曦.经济转型与增长的持续性:来自中国的经验[J].社会科学研究,2009(1):36-42.

范剑勇,李方文.中国制造业空间集聚的影响:一个综述[J].南方经济,2011(6):53-66+6.

侯永志,张永生,刘培林等.支撑未来中国经济增长的新战略性区域研究[M].北京:中国发展出版社,2015:130.

李炳军.政府工作报告[N].贵州日报,2022-2-7(001).

李建伟.中国经济增长四十年回顾与展望[J].管理世界,2018(10):11-23.

李月,邓露.有效经济增长与中国经济发展阶段再判断——从日本与我国台湾地区的经验谈起[J].南开经济研究,2011(2):100-117.

刘伟,蔡志洲.我国地区发展差异与经济高速增长持续驮轿——地区发展差异是提高反周期能力和保持持续增长的重要资源[J].经济学动态,2009(4):4-10.

W.W.罗斯托.经济增长的阶段[M].郭熙保,王松茂译.北京:中国社会科学出版社,2001:4-13.

吕冰洋,余丹林.中国梯度发展模式下经济效率的增进——基于空间视角的分析[J].中国社会科学,2009(6):60-72.

欧阳金琼,马林静,王雅鹏.中国经济增速的省际差异与动态演变——基于31省市面板数据与Oaxaca-Blinder分解技术[J].经济地理,2015(9):8-15.

覃成林,贾善铭,杨霞等.多极网络空间发展格局[M].北京:中国社会科学出版社,2016:10.

覃成林,熊雪如.我国制造业产业转移动态演变及特征分析——基于相对净流量指标的测度[J].产业经济研究,2013(1):12-21.

覃成林,张伟丽,贾善铭等.基于区域接力增长模型的中国经济增长持续性分析[J].经济经纬,2017(4):1-7.

汤向俊,任保平.劳动力有限供给、人口转变与中国经济增长可持续性[J].南开经济研究,2010(5):84-94.

谢浩,张明之.区域经济增长的空间跨越及区间收敛——泛长三角经济区接力式增长模式探究[J].江汉论坛，2014（11）：47–51.

杨小凯.后发劣势[J].中国商业评论，2006（1）：113–115.

张德荣."中等收入陷阱"发生机理与中国经济增长的阶段性动力[J].经济研究，2013（9）：17–29.

赵作权.地理空间分布整体统计研究进展[J].地理科学进展，2009（1）：1–8.

邹璇.要素流动、产业转移与经济增长[D].天津：南开大学，2009.

Abramovitz M. Catching Up, Forgoing Ahead, and Falling Behind[J]. The Journal of Economic History, 1986, 46(2): 385–406.

Baldwin R E, Martin P, Ottaviano G I P. Global Income Divergence, Trade and Industrialization: The Geography of Growth Take-offs[J]. Journal of Economic Growth, 2001, 6(1): 5–37.

Gong J. Clarifying the Standard Deviational Ellipse[J]. Geographical Analysis, 2002, 34(2): 155–167.

Herreriasm J, Ordonezn J. New Evidence on the Role of Regional Clusters and Convergence in China(1952–2008)[J]. China Economic Review, 2012, 23(4): 1120–1133.

Maurice C, Stephane C. Stages of Regional Development and Spatial Concentration[J]. Région et Dévelopment, 2004, 19 (19): 185–221 .

Tellier L N. Projecting the Evolution of the North American Urban System and Laying the Foundations of a Topodynamic Theory of Spatial Polarization[J]. Environment and Planning A, 1995, 27(7): 1109–1131.

Wong D W S. Several Fundamentals in Implementing Spatial Statistics in GIS: Using Centro–graphic Measures as Examples[J]. Geographic Information Sciences, 1999, 5(2): 163–173.

Wu Y. Total Factor Productivity Growth in China: A Review[J]. Journal of Chinese Economic and Business Studies, 2011, 9(2): 111–126.

Young A. Gold into Base Metals: Productivity Growth in the People's Republic of China during the Reform Period[J]. Journal of Political Economy, 2003, 111(6): 1220–1261.

第四章　拓展中国区域发展新空间的科学基础

"十一五"以来，中国区域协调发展战略实施效果逐步显现，区域经济发展进入重要的转折期。根据城镇化和工业化的一般规律以及发达国家的经验，未来东部地区大部分省份的城镇化和工业化速度将趋缓，城镇化和工业化带动经济快速发展的动力将会减弱，与此同时，资源与环境对经济社会发展的压力将持续加大。在这样的背景下，拓展区域发展新空间必然成为关系到全国经济社会可持续发展、建成社会主义现代化强国的重大战略问题。准确把握区域发展新空间的本质特征，了解中国省际经济传递的基本事实、阶段与特征，分析省际经济传递机制，科学识别不同类型的发展新空间，将为拓展区域发展新空间奠定科学的基础。

第一节　区域发展新空间的特征

区域发展新空间的概念有狭义和广义之分，且具有不同的特征。

一、广义区域发展新空间的特征

概括来讲，广义区域发展新空间有如下五个特征（安树伟，肖金成，2016）：

一是战略性。区域发展新空间对国民经济发展具有重要的全局意义，经济总量较大，经济增速较快，对全国经济增速有较大的贡献，有条件集聚更多的人口和产业，可以有效地推进国家的工业化和城镇化进程，对实现中国式现代化具有重要支撑作用，是落实国家发展战略的重点区域。二是带动性。区域发展新空间是支撑全国经济发展的增长极，在一定地域范围内吸引人口、资本、技术等生产要素集聚，同时对周边地区的发展具有很强的辐射带动作用，是某一区域内经济增长的引擎。三是梯次性。区域发展新空间既包括可以通过空间结构优化和产业升级更好地参与国际竞争，以提升全国主要产品竞争力的高度发达地区，即第一代区域发展空间，又包括未来 15 年左右支撑全国经济持续平稳增长的关键区域、基本实现社会主义现代化的重点保障区域，还包括未来更长时间内能够支撑全国经济持续平稳增长、建成社会主义现代化强国的潜在发展新空间和海洋新空间。不同类型的新空间，无论是自身经济发展水平和发展阶段，还是支撑中国经济发展的时间段，都是梯次推进的。四是层次性。区域发展新空间既有全国层次的新空间，又有区域层次和城市群层次的新空间，还有省域层次及地级市层次的新空间。不同层次的新空间战略重点有所不同：全国层次的新空间着重于寻找支撑全国经济持续平稳增长的新增长极，区域层次的新空间着重于统筹实施区域协调发展战略和区域重大战略等所带来的新空间，城市群层次的新空间着重于城市群的成长与新动能所带来的新空间，省域层次及地级市层次的新空间着重于新增长极的选择。五是多维性。区域发展新空间既可以是内涵式的新空间，即通过科技创新、结构优化、功能提升等带来的经济效率提高和经济增长速度加快；也可以是外延式的新空间，即在地理空间上的扩展，主要指土地利用的扩张，例如城市范围的扩大、海洋空间的拓展等；还有可能是内涵与外延并重的区域发展新空间。

二、狭义区域发展新空间特征

与第一代、第三代区域发展空间相比，狭义区域发展新空间（即第二代区域发展空间）具有如下特点：

第一，承上启下性。狭义区域发展新空间是近期内支撑中国经济增长的重要区域、基本实现社会主义现代化的关键保障区域，也是中国新一轮经济调整和经济总量扩张的主要区域，即需要更好地发挥承上启下的作用，不仅要把第一代区域发展空间的经济支撑作用接替过来，还需要带动潜在区域发展新空间的尽快成长。第二，空间集聚性。从空间形态看，狭义区域发展新空间是发育较为成熟的城市群和都市圈，其发育程度和发展水平尚低于东部沿海三大城市群，但近年来发展迅速，城市群空间结构表现出较强的轴线发展特征。加之狭义区域发展新空间经济发展和城镇化水平较高、产业基础良好，使得该区域的产业承载能力高，人口集聚功能优，对周边地区的辐射带动作用强。第三，增长动力强劲。从经济发展状况看，狭义区域发展新空间具有较快的增长速度和较充足的发展动力。第一代区域发展空间在经历了一段时期快速增长后，当前经济发展速度趋于缓慢，但创新能力强；潜在区域发展新空间经济增长速度快，但发展动力相对不足，经济规模也不大。狭义区域发展新空间兼具第一代区域发展空间、潜在区域发展新空间的优势，不仅保持了较快的经济增长速度，而且有较高的创新能力，新型城镇化和工业化的快速推进等因素形成的经济发展动力充足。第四，环境容量大。狭义区域发展新空间是当前国家工业化和城镇化的重点承载区域、国家基本实现现代化的重点保障区域。一方面，尚未经过大规模、高强度的经济开发，生态环境的破坏和污染程度较低；另一方面，拥有较为充足的水资源、土地资源等经济社会发展所必需的要素资源，发展条件优越，具有足够的资源环境承载力以支撑其经济社会持续较快发展。

第二节 中国省际经济增长传递的基本事实与机制

一、省际经济增长传递的基本事实

区域经济传递是指两个或两个以上区域间经济发展中的某些因素相互影响、波及而使区域经济结构发生变化的过程，本质上是在比较利益机制作用下的区域之间的互补，在区域互补中形成区域外部性的内部化和区域内部性的外部化（程必定，1995）。经济增长率变化是经济增长区际传递的最直接表现。本章通过分析 1978—2021

年全国30个省（自治区、直辖市）①经济增长率（按当年价格计算）的变化研究经济增长的省际传递。分别计算1978—1985年、1986—1990年、1991—1995年、1996—2000年、2001—2005年、2006—2010年、2011—2015年、2016—2021年各省（自治区、直辖市）的年均经济增长率，并根据不同时期增长率的位次将中国30个省（自治区、直辖市）划分为三个层次：第一个层次为排名前10位的省份，第二个层次为排名中间的10个省份，第三个层次为排名后10位的省份。图4-1显示了不同时期不同层次省份的空间分布。把经济增长率排名前10位的省份作为带动全国经济增长的区域。②

不同时期带动中国经济增长的区域发生了较为明显的变化，经济增长存在省际传递现象，总体呈现出三个基本特征：一是梯次性。东部沿海地区各省（直辖市）经济发展基础好、市场化程度高、靠近国际市场，在国家区域非均衡发展战略影响下最先成为中国经济增长的引擎。之后，随着西部大开发、促进中部地区崛起等战略与扩大内需政策的实施，较为落后的中西部地区省份开始发挥其资源要素优势，逐渐成为带动中国经济增长的新区域。二是阶段性。1978—2000年，带动中国经济增长的省（自治区、直辖市）主要集中在东部地区，2001—

---

① 由于在自然地理、地缘政治、民族宗教等方面的特殊性，西藏自治区经济发展基本上是中央政府援助主导式的发展，故本章分析对象不包括西藏。本章的分析也不包括香港、澳门和台湾地区。

② 按照常理，应该选择地区生产总值增长率高于全国平均水平的省（自治区、直辖市），但历年《中国统计年鉴》提供的各省（自治区、直辖市）的地区生产总值增长率，高于全国平均水平的太多，如2011年有23个省（自治区、直辖市）增长率高于全国平均水平，这有悖常理。

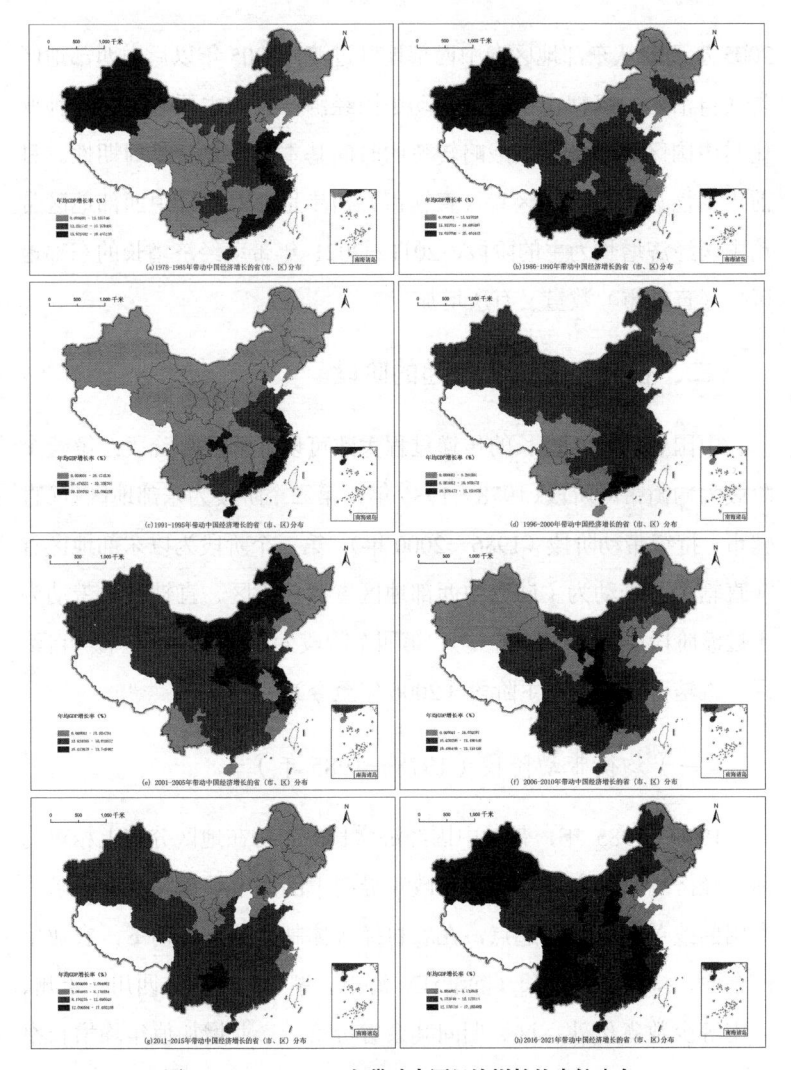

图 4-1　1978—2021 年带动中国经济增长的省份分布

注：图中年均 GDP 增长率区间端点值的选取以把全国 30 个省（自治区、直辖市）分为三个层次为目的。

资料来源：根据各省（自治区、直辖市）相关年份统计年鉴和 2022 年各省（自治区、直辖市）国民经济和社会发展统计公报整理。

2005年逐渐从东部地区向中西部地区过渡，2005年以后中西部地区省（自治区、直辖市）成为带动中国经济增长的主要区域，这种变化与中国区域经济发展战略转变的时间基本吻合。三是周期性。目前周期性只在东部地区省（直辖市）初步呈现，在以中西部地区带动中国经济增长为主的阶段，2011—2021年带动经济增长的东部地区省（直辖市）数量又有所增加。

二、省际经济增长传递的阶段

中国省际经济增长的传递过程大致可以分为四个阶段：第一个阶段为均衡带动阶段（1978—1985年），第二个阶段为东部地区省（直辖市）持续带动阶段（1986—2000年），第三个阶段为以东部地区省（直辖市）带动为主向以中西部地区省（自治区、直辖市）带动为主过渡阶段（2001—2005年），第四个阶段为以中西部地区省（自治区、直辖市）带动为主阶段（2006年至今）。

（一）均衡带动阶段（1978—1985年）

1978—1985年，带动中国经济增长的省份在地区分布上相对均衡，经济增长的主要动力来自政策导向下的改革开放和能源需求。中国的改革以农村为起点，在农村经济体制改革的推动下，农业生产全面、持续高速增长（除浙江、海南、湖北、安徽、四川、贵州、云南等少数省份外，这一期间其余省份第一产业增加值年均增长率均高于第二产业）。对外开放以沿海地区为重点区域：1979年对广东、福建两省实行对外开放的特殊政策和灵活措施，随之建立了深圳、珠海、汕头、厦门四个经济特区；1984年进一步开放了大连、秦皇岛、天津、烟台、青岛、连云港等14个沿海港口城市；1985年以后把长江三角洲、珠江三角洲、厦（门）漳（州）泉（州）三角地区以及辽东半岛、胶东半岛列为经济开放地区。

由于改革开放前国家实行优先发展重工业的战略，造成基础工业发展慢于加工工业发展，原材料、能源供应以及交通运输紧张。这一期间政府采取措施加快基础工业发展，加大了对能源建设的投资力度（董辅礽，1999），因此，以内蒙古、河南、安徽、新疆为代表的资源省（自治区）经济增速较快。这一时期带动中国经济增长的省份大致可以分为三类：一是农业发展较快的省份，如安徽和河南；二是较早设立经济特区、对外开放初见成效的广东和福建；三是得到国家重点建设的中西部地区能源基地，如内蒙古。

（二）东部省份持续带动阶段（1986—2000年）

1986—2000年，中国经济增长主要由东部地区省份带动，1986—1990年、1991—1995年、1996—2000年经济增速较高的东部地区省（直辖市）分别为6个、8个和6个。这些省（直辖市）之所以能够保持持续增长，主要有以下几方面原因。

第一，国家区域经济发展战略转变。1980年代初国家区域经济发展战略由改革开放前的区域均衡发展战略转变为区域非均衡发展战略。"七五"时期，国家首次提出将中国划分为东部、中部、西部三大地带，对东部沿海地区实行资金和政策倾斜，中西部地区作为能源、原材料工业基地支持东部经济发展。1986—1990年，东部地区11个省（直辖市）[①]的固定资产投资占全国比重达56.5%（栾贵勤等，2011）；1990—1999年，东部地区人均全社会固定资产投资总额

[①] 包括辽宁省。

年均增长率为23.1%，中部地区年均增长率为20.7%，西部地区年均增长率为21.9%。1999年，中部、西部地区人均全社会固定资产投资分别相当于东部地区的42%和45%（郭金龙，王宏伟，2003）。

第二，经济发展基础好。东部地区不仅自然地理条件好、人口密度大，而且区域优势明显，地处太平洋西岸，沿海大小港口星罗棋布，铁路、公路纵横交错，毗邻港澳台地区及日本、韩国等，具有对外贸易和国内外合作交流的地缘优势。中华人民共和国成立之时，东南沿海地区集中了中国70%的工业（刘国光，2006；栾贵勤等，2011）；"四五"后期和"五五"前期，国家在北京、天津、上海、山东、江苏等省（直辖市）投资建立了众多的工业基地，并对沿海港口及铁路进行了配套建设（栾贵勤等，2011）。

第三，市场化程度高。1984年以后，中国改革重点从农村转向了城市，主要以"增量改革"的方式在国有部门以外的经济领域推进。到1990年代中期，从辽东半岛到广西沿海一线已经涌现了一些成片的市场开始形成、经济具有很强活力的地区，多种所有制经济共同发展的格局首先在东南沿海地区形成（吴敬琏，2015），东部地区的市场化程度远远高于中西部地区（见表4-1）。正因为如此，东部地区的乡镇企业有了蓬勃发展，成为中国经济的重要组成部分和高速增长的重要支撑力量，先后出现了典型的珠江模式、温州模式和苏南模式。

第四，对外开放程度高。1980年以来，经济特区、沿海开放城市、经济开放地区从南向北延伸形成了对外开放地带。这些开放地区既是中国对外开放的前沿地带，也是现代市场经济制度的试验基地，得到了国家在外资引入、税收减免、土地使用、扩大自主权、

表 4–1　1997—2000 年中国不同地区市场化指数与非国有经济发展指数

地区	市场化指数				非国有经济发展指数			
	1997 年	1998 年	1999 年	2000 年	1997 年	1998 年	1999 年	2000 年
东部	6.58	6.76	6.75	6.73	7.04	7.22	6.80	7.39
中部	5.45	5.83	5.43	4.87	6.05	6.46	4.74	4.71
西部	3.52	3.86	3.77	4.04	2.92	3.42	2.70	3.37
东北	4.62	4.92	4.69	5.00	4.32	4.78	3.62	4.63

资料来源：根据以下文献整理：樊纲、王小鲁：《中国市场化指数——各地区市场化相对进程报告（2000 年）》，北京：经济科学出版社 2001 年版，第 75—134 页。

放宽项目审批权限等方面的大量优惠政策，吸引了众多的投资者（尤其是外商）以及国外先进技术和管理方式，大力发展出口贸易，在积极参与国际分工的基础上，逐步形成了以出口为导向的劳动密集型与资本密集型相结合的工业结构。

（三）向中西部省份过渡阶段（2001—2005 年）

2001—2005 年，带动中国经济增长的省（自治区、直辖市）开始由东部地区向中西部地区过渡，发生这种变化的原因可归纳为以下几点。

一是国家区域经济协调发展战略的实施。随着东西部区域经济发展差距的扩大，"八五"时期国家提出了区域经济协调发展的思路，"九五"时期提出逐步缩小地区发展差距，"十五"时期明确提出实施西部大开发、振兴东北地区等老工业基地、促进中部地区崛起战略，重点项目投资布局偏向中西部地区。1990 年代中期开始，东部地区国家预算内投资所占比重不断下降，1996—2000 年，沿海与内地投资之比由 0.93∶1（内地=1，下文同）下降到 0.66∶1（栾贵勤等，2011）。为了促进中西部地区中小企业发展，1993—2000年国家在信贷计划中单独安排专项贷款支持乡镇企业发展，在鼓励外商向中西部地区投资方面制定了新的优惠政策。

二是扩大内需政策的实施。1997年东南亚金融危机对中国出口和利用外资产生了较大影响，以外向型经济为主的东部地区受到的冲击尤为严重。为了弥补出口下降对经济增长带来的损失，政府开始寻求实施扩大内需的经济政策，而国内市场最具潜力的区域则是中西部地区。1998—2000年，扩大内需的方针取代了抑制需求膨胀的方针，扩张性政策取代了紧缩性政策。在扩张性政策背景下，国家投资的大型基础设施和资源开发项目对中西部地区实行了倾斜，1998年原国家发展计划委员会下达了117项国家重点建设项目，工业项目有63项，其中60.3%布局在中西部地区（栾贵勤等，2011）。

三是市场经济体制的建立与全方位对外开放格局的形成。"十五"时期，伴随着中国加入世界贸易组织，改革开放进一步深入，社会主义市场经济体制不断完善，市场在资源配置中开始发挥基础作用。这一时期国家在巩固东部地区对外开放成果的基础上，逐步加快了中西部地区对外开放的步伐，相继开放了一批边境城市、长江沿岸城市和内陆省会城市，形成了沿海、沿边、沿江和内部省会城市相结合的多层次、多渠道、全方位的对外开放格局。市场经济体制的建立与全方位对外开放格局的形成，一方面提高了中西部地区的市场化程度，促使各类生产要素自由流动，另一方面使东部地区独享的外资优惠政策部分地扩大到中西部地区，在一定程度上增强了中西部地区对外资的吸引力。

四是东部地区产业逐步向中西部地区转移。1990年代中后期，以信息技术为代表的科技革命突飞猛进，世界范围的经济结构调整和产业升级步伐明显加快。为了广泛参与国际分工，东部地区不得不加快产业结构调整升级，而中西部地区因接近能源与原材料供给地，在劳动力、水、能源、土地等方面具有一定优势，且部分地区经过长期发展已具备经济迅速扩张的能力。因此，这一阶段在国家政策引导和市场机制共同作用下，纺织、化工、冶金、电力等资源加工型和劳动密集型传统行业开始向中西部地区转移。

（四）中西部省份带动阶段（2006年至今）

经过 2001—2005 年的过渡时期，2006—2015 年、2016—2021 年带动中国经济增长的省（自治区、直辖市）转变为以中西部地区省（自治区、直辖市）为主。该时期，国家实施了区域协调发展战略和区域重大战略，继续立足扩大国内需求、优化产业结构推动经济发展。此外，国家通过设立国家级新区、承接产业转移示范区等措施，促进区域间生产要素合理流动和产业有序转移，逐步在中西部地区培育新的经济增长极。2010 年以来，国家先后在中西部地区设立了 8 个国家级新区（全国共 19 个）和 8 个国家级承接产业转移示范区。[①]

---

① 中西部8个国家级新区分别是重庆两江新区、甘肃兰州新区、陕西西咸新区、贵州贵安新区、四川天府新区、湖南湘江新区、云南滇中新区、江西赣江新区；8个国家级承接产业转移示范区分别是晋陕豫黄河金三角承接产业转移示范区、皖江城市带承接产业转移示范区、湖南湘南承接产业转移示范区、湖北荆州承接产业转移示范区、江西赣南承接产业转移示范区、重庆沿江承接产业转移示范区、广西桂东承接产业转移示范区、内蒙古蒙东承接产业转移示范区。

三、中国省际经济增长传递的机制

通过省际经济增长传递阶段分析发现，省际经济增长传递是一个动态过程，随着关键要素的变化，传递方向也会发生变化。在政府相关政策引导和推动下，不同时期东部地区和中西部地区的生产要素、市场需求发生了变化，导致不同地区在经济集聚效应作用下经济增长速度有所差别，从而实现了经济增长从东部地区省（直辖市）到中西部地区省（自治区、直辖市）的传递。政府作用、需求条件、生产要素、经济集聚与扩散是影响省际经济增长传递的四个关键要素，它们既各自影响省际经济增长传递的过程，又相互作用，共同决定经济增长传递的结果（见图4-2）。

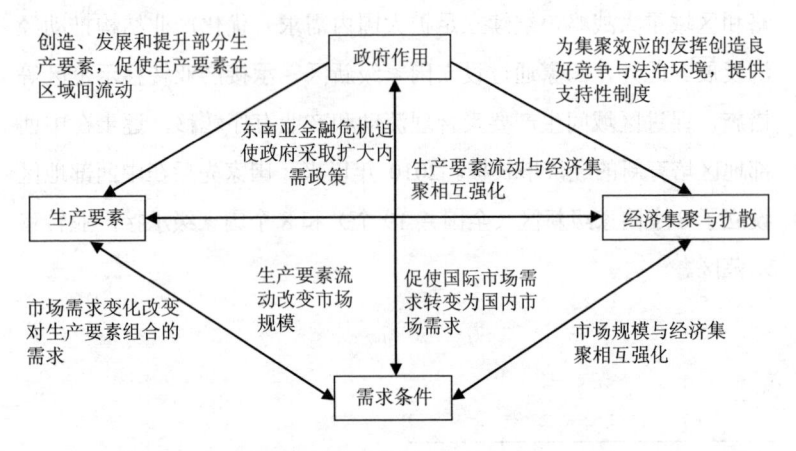

图4-2 影响省际经济增长传递的关键要素及其相互作用

（一）政府作用

政府虽然不能直接参与省际经济增长传递，但是可以通过制定和实施各项政策影响经济传递。中央政府在省际经济增长传递过程中主要发挥引导和推进作用。1978—1985年,在中央政府改革开放和能源保障政策的导向下,带动全国经济增长的省(自治区、直辖市)分布相对均衡。1986—2000年,随着区域非均衡发展战略的实施,国土空间被划分为东部、中部、西部三大地带,国家基本建设投资和固定资产投资均向东部沿海地区倾斜。2001—2005年,国家明确提出实施西部大开发、振兴东北地区等老工业基地、促进中部地区崛起战略,同时期还出台了一系列扩大内需的宏观经济政策,国家投资开始向中西部地区倾斜。2006年以来,中央政府通过设立国家级新区、承接产业转移示范区等政策措施,引导东部地区生产要素和产业向中西部地区转移。

中国多层次、多地区"M"型层级体制下的行政分权和财政分权,以及地方官员间围绕GDP增长进行的"晋升锦标赛"模式,使得地方政府尤其是基层政府拥有建立非国有企业的动力和权力(张军,周黎安,2008)。地方政府的主要职责是发展地区经济,在扩大税基的内在欲望和地区间竞争的外在压力下,地方政府对以市场为基础的非国有经济发展给予了积极的支持。在省际经济增长传递的东部省(直辖市)持续带动阶段,东部地区乡镇企业的蓬勃发展正是地方政府发挥建立非国有企业和支持非国有企业发展作用的结果。

(二)需求条件

市场需求是实现经济增长的必要条件,东部地区毗邻世界市场、中西部地区巨大的国内市场潜力都是其经济快速增长的重要保障。在东部省(直辖市)持续带动阶段,较好的国际市场为中国扩大出口提供了机遇和条件。东部地区充分利用其区位优势和国家对外开放的优惠政策,依靠国际市场发展外向型经济,建立了以出口导向战略为核心的对外开放模式,不仅加速了中国产品进军国际市场的步伐,而且吸引了大量国外投资,引进了先进的生产技术和管理经验。但 1997 年东南亚金融危机后,以发展外向型经济为主的东部沿海地区经济发展受到外需萎缩的严重影响,中国政府开始寻求实施扩大内需的宏观经济政策。扩大内需战略的实施,使中国从依靠国际市场需求为主顺利地转变为依靠国内市场需求为主,从而促进了省际经济增长从东部地区省(直辖市)向中西部地区省(自治区、直辖市)的传递。

(三)生产要素

生产要素可分为初级生产要素和高级生产要素、一般性生产要素和专业性生产要素(迈克尔·波特,2012)。生产要素投入是地区经济增长的前提条件。不同地区生产要素禀赋不同,但是可以通过部分生产要素的创造、发展(尤其是高级生产要素和专业性生产要素)以及区域间的要素流动改变生产要素的地区分布。因此,生产要素禀赋、生产要素跨区域流动以及生产要素的创造发展都会对省际经济增长传递产生影响。

在省际经济增长传递的不同阶段,当时生产要素禀赋的比较优势都得到了发挥。如在东部省(直辖市)持续带动阶段,东部地区的自然地理条件、区位优势、交通基础设施等要素条件是其带动中国经济发展的必要基础;在向中西部省(自治区、直辖市)过渡阶段,中西部地区劳动力成本低、矿产资源藏量大、土地广阔的要素优势,是中西部省(自治区、直辖市)发展劳动密集型产业和资源开发、加工业的必要条件。一个国家或地区的生产要素禀赋状况并不是一成不变的：在东部省（直辖市）持续带动阶段，东部地区由于改革开放等优惠政策吸引了中西部地区的劳动力以及外国的资本、技术向东部地区流动。1980年代后期中国出现的"民工潮"即是这种现象的典型表现。截至2000年，跨省流动劳动力（外出半年以上）中90%来自中西部地区（其中，中部占56%，西部占34%），82%流向东部地区，广东、浙江、上海、北京、福建、江苏的劳动力流入占跨省（自治区、直辖市）流动劳动力的75%，四川、安徽、湖南、河南、江西、广西、重庆的劳动力流出占跨省流动劳动力的77%（王小鲁，樊纲，2004）。2000—2010年，跨省流动人口占总流动人口的比例由41.47%下降为38.78%，省内流动人口所占比例由58.53%上升为61.22%，主要是因为东部劳动密集型产业大量转移到中西部中心城市，导致劳动力回流（余运江，2015）。

1990年代，地区间资本流动整体向东部地区倾斜（巴曙松，刘孝红，牛播坤，2006），而净财政转移支付始终是由东部向中西部转移。由于中部地区国有企业集中，银行资金转移主要是流向中部，但2000年出现向东部转移的趋势；通过资本市场与民间渠道流动的资本在利润引导下主要流向东部地区；外资的85%以上集中在东部地区，直到2000年这种趋势仍然没有改变。由于市场导向的资本（通过资本市场和民间渠道流动的资本、外资）流动超过了政府导向的资本（包括财政资金，某种意义上也包括银行信贷资金）流动，资本整体向东部地区流动。在向中西部省（自治区、直辖市）过渡和中西部省（自治区、直辖市）带动阶段，中西部省（自治区、直辖市）形成了要素培育的发展模式，生产要素在这两个阶段发挥了重要的作用。通过加快中西部地区的改革开放步伐，加大对中西部地区基础设施的投资和建设，加强东部沿海地区与中西部地区的经济联合和技术合作,以及对劳动力进行职业技能培训、人力资源开发和人力资本积累,在初级生产要素和一般性生产要素基础上,创造和积累了中西部地区原本不具有的高级生产要素和专业性生产要素,从而为资源加工型和劳动密集型产业向中西部地区转移提供了条件。

(四)经济集聚与扩散

经济集聚与经济增长相互强化,经济集聚形成知识溢出效应、劳动力市场的蓄水池效应、产业关联效应,使得经济活动更有效率(世界银行,2009)。经济集聚是某些地区能够带动中国经济增长的根本动力和必要前提。1986—2000年,随着国家区域经济发展战略的转变,加之东部地区有着较好的发展基础、较高的市场化水平和对外开放程度,东部地区经济发展开始启动,进而吸引了各类生产要素和经济活动向东部地区省(直辖市)聚集,市场潜能随之不断扩大。随着市场潜能扩大,城市集聚产生的本地市场效应和生活成本效应,进一步促使企业和劳动力不断迁入,大量资本也不断流入(藤田昌久,雅克-弗朗斯瓦·蒂斯,2016)。虽然地理位置和优惠的要素价格刺激了东部地区早期的经济增长,但最能解释1990年代中国东部地区经济迅速增长的,则是中间商品或差别产品生产领域出现的规模经济和产业内及产业间的集聚效应(世界银行,2009)。

经济集聚并不是无限的、任意的,经济集聚在提高劳动生产率的同时会产生拥挤效应:一方面会使各种要素的成本上升,提高经济活动成本;另一方面会因过度开发、污染等原因超过资源、环境承载限度。经济扩散在宏观上表现为产业的跨地区转移,在微观上表现为个体厂商跨地区投资。基于工业总产值计算的主要制造业省份基尼系数显示，2003年中国产业集聚程度达到最高值，2004年开始下降（贺灿飞，潘峰华，2011）。从东部省（直辖市）持续带动阶段经历向中西部省（自治区、直辖市）过渡阶段到中西部省（自治区、直辖市）带动阶段，则体现了经济扩散的过程。

（五）要素间的相互作用

影响省际经济增长传递的政府作用、需求条件、生产要素、经济集聚与扩散等四个要素之间存在相互作用，其中任意一个要素条件发生变化，都会引起其他要素发生相应的改变。

政府作用不仅可以创造、集聚和提升部分生产要素，还会促使生产要素在区域间流动。如中国东部地区拥有毗邻世界市场、天然港口等天然生产要素，而改革开放政策的实施又为其创造了现代化交通和通信等基础设施、高等教育人力等高级生产要素，并吸引了国内外资本、劳动力、技术、人力资源等生产要素流入。政府通过市场化改革，逐步建立和完善了社会主义市场经济体制，建立健全了要素市场，为生产要素的自由流动、企业的公平竞争营造了良好环境，为经济集聚效应的发挥创造了良好的竞争与法治环境，提供了必要的支持性制度；通过扩大内需政策的实施，抵消了东南亚金融危机对中国出口所造成的不利影响，为中西部地区经济增长开拓了国内市场。

市场需求条件变化引起的产业结构调整升级与地区间产业转移，改变了对生产要素组合的需求，不仅会刺激生产要素的创造，而且会引起生产要素的流动。市场需求条件变化也会引导政府政策做出相应调整：在国际市场潜力较大时，国家给予了东部地区大量优惠政策，鼓励其发展出口贸易，形成了以出口为导向的经济结构；

在国际市场受金融危机影响后，政府转而实施扩大内需的经济政策。

经济集聚、市场规模与生产要素流动之间存在相互强化的作用。经济活动集聚依赖于市场接近效应和生活成本效应产生的循环累积因果机制，即在同等条件下，企业偏好在经济活动聚集、市场规模较大的区域选址（市场接近效应）。企业聚集的区域生活成本低，必然会产生吸引产业人口集中的力量（生活成本效应）；企业和产业人口向市场规模较大区域的集中会进一步扩大该区域的市场规模，促使该区域经济活动更加集聚（安虎森等，2009）。

第三节　区域发展新空间与潜在区域发展新空间的初步识别

识别新空间是拓展区域发展新空间的重要内容，也是发挥新空间功能过程中需要解决的关键科学问题。区域发展新空间和潜在区域发展新空间的识别依据主要是其基本内涵，识别过程包括四个步骤：首先，以 2017 年全国 287 个地级及以上城市为研究对象，从经济增长速度和经济增长动力两个维度，识别出以地级市为基本单元的新空间（空间节点）；其次，用市辖区工业用地比重和人均供水能力两个指标衡量上述新空间的资源环境承载力；再次，通过修正后的引力模型分析以地级市为基本单元的新空间与其周边地区的经济联系（空间联系），确定其空间影响范围；最后，按照统筹东中西和协调南北方、陆海统筹、空间连续性、政策延续性、战略支撑作用明显等原则，最终识别出以都市圈或城市群为基本单元的新空间。

一、数据来源

研究数据主要来源于《中国城市统计年鉴》(2013—2018)，2017年固定资产投资（不含农户）、第二产业和第三产业增加值占地区生产总值的比重来源于各地级市 2017 年国民经济和社会发展统计公报。地级市单位矢量化边界来自国家基础地理信息中心 1∶100 万地级市行政区划数据库。

二、分析方法

（一）熵值法

熵值法通过信息熵原理确定权重，能够反映出指标信息熵值的效用价值，避免信息重复（欧向军，甄峰，秦永东等，2008），故选取熵值法对各城市经济增长动力分析中的指标进行赋权。熵值法确定权重的步骤为：

（1）原始数据标准化

$$\text{正向指标 } x'_{ij} = \frac{x_{ij} - \min\{x_{ij},\ldots,x_{1j}\}}{\max\{x_{1j},\ldots,x_{nj}\} - \min\{x_{1j},\ldots,x_{nj}\}} \quad (4\text{-}1)$$

$$\text{负向指标 } x'_{ij} = \frac{\max\{x_{ij},\ldots,x_{1j}\} - x_{ij}}{\max\{x_{1j},\ldots,x_{nj}\} - \min\{x_{1j},\ldots,x_{nj}\}} \quad (4\text{-}2)$$

式（4-1）和式（4-2）中，x_{ij} 为第 i 个城市、j 项指标的原始数值，x'_{ij} 为标准化后的指标值（$i=1,2,\ldots,n;\ j=1,2,\ldots,m$）。

（2）计算第 j 项指标下第 i 个城市占该指标的比重

$$p_{ij} = \frac{x'_{ij}}{\sum_{i=1}^{n} x'_{ij}} \quad (4\text{--}3)$$

（3）计算第 j 项指标的熵值

$$e_j = -k \sum_{i=1}^{n} p_{ij} \ln(p_{ij}), \quad k = 1/\ln(n), \quad e_j \geq 0 \quad (4\text{--}4)$$

（4）计算第 j 项指标的信息熵冗余度

$$d_j = 1 - e_j \quad (4\text{--}5)$$

（5）计算各项指标的权重

$$w_j = \frac{d_j}{\sum_{i=1}^{m} d_j} \quad (4\text{--}6)$$

（6）计算各城市的经济增长动力得分

$$F_i = \sum_{j=1}^{m} w_j x'_{ij} \quad (4\text{--}7)$$

（二）引力模型

经济引力论认为城市间经济联系存在着类似万有引力的规律，在一定区域范围内的城市间存在相互影响、相互作用的关系。城市间经济联系的典型计算公式是（陈彦光，刘继生，2002）：

$$R_{ij} = \frac{\sqrt{P_i V_i} \sqrt{P_j V_j}}{D_{ij}^2} \quad (4\text{--}8)$$

式（4–8）中，R_{ij} 为城市 i 和城市 j 之间的经济联系，P_i 和 P_j 为两城市的人口指标——市辖区非农业人口数，V_i 和 V_j 为两城市的经济指标，通常为市辖区的 GDP 或工业总产值，D_{ij} 为两城市距离。本章参照王欣、吴殿廷和王红强（2006），侯赟慧、刘志彪和岳中刚（2009）

的研究，使用修正后的引力模型

$$R_{ij} = k_{ij} \frac{\sqrt{P_i GDP_i} \sqrt{P_j GDP_j}}{D_{ij}^2} \quad (4-9)$$

式（4-9）中，R_{ij} 为城市 i 和城市 j 的经济联系，$k_{ij} = \frac{GDP_i}{GDP_i + GDP_j}$ 为修正系数，由于城市间的经济联系具有单向性，两个城市对其之间的引力贡献不可能完全相同。P_i 和 P_j 为两城市市辖区非农业人口数，本章选择客流量最大的公路营运里程作为城市间的距离。

三、新空间识别

（一）经济增长速度快的区域识别

新空间首先应该是经济增长速度较快的区域。为了避免由偶然因素引起的经济增长异常变动的影响，同时又能反映现阶段经济增长速度，分别计算了 2014—2017 年、2012—2017 年两个时间段内全国 287 个地级及以上城市的年均经济增长率，以及 2017 年 287 个城市的经济增长率。2014—2017 年、2012—2017 年年均经济增长率和 2017 年经济增长率均高于全国平均水平的城市共 127 个；2014—2017 年、2012—2017 年年均经济增长率高于全国平均水平，但 2017 年经济增长率低于全国平均水平的城市，包括商洛、益阳、泸州、开封、湘潭、衡水、邵阳、温州、眉山、抚州、镇江、宜昌，共 12 个城市；2014—2017 年年均经济增长率、2017 年经济增长率高于全国平均水平，但 2012—2017 年年均经济增长率低于全国平均水平的城市，包括莱芜、忻州、晋中、马鞍山、无锡、洛阳、苏州、秦皇岛、安阳、淮南，共 10 个城市；2012—2017 年年均经济增长率、2017 年经济增长率高于全国平均水平，但 2014—2017 年年均经济增长率低于全国平均水平的城市，包括淮北、潍坊、河池、长春，共 4 个城市。上述四种类型的城市共 153 个，被识别为经济增长速度快的区域（见图 4-3），图中显示的是 153 个城市 2012—2017 年的年均经济增长率按照自然间断点分级法划分的结果。

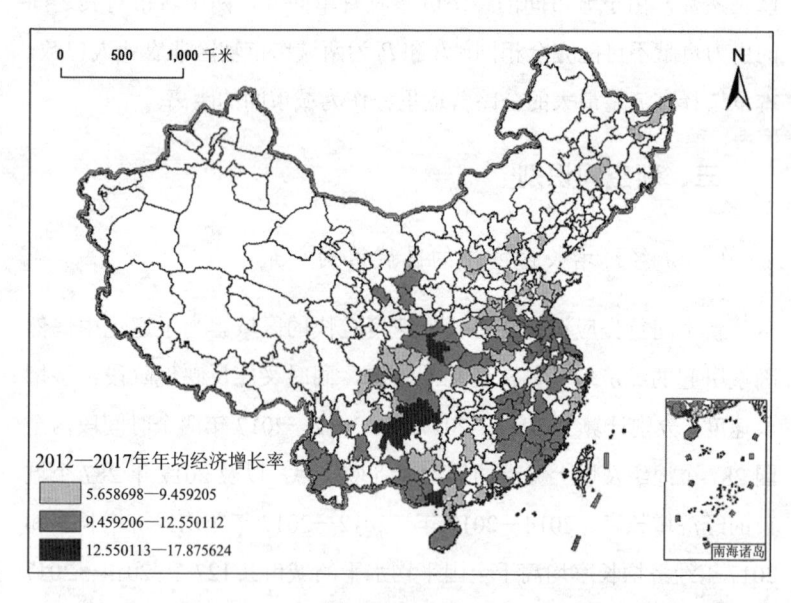

图 4-3　2012—2017 年年均经济增长率高于全国平均水平的地级及以上城市

资料来源：根据 2013—2018 年《中国城市统计年鉴》整理。

总体上，经济增长速度快的城市集中分布在长三角、珠三角、山东半岛、海峡西岸、武汉、长株潭、关中平原、成渝、中原等城市群（都市圈）地区，广西、云南、贵州、宁夏等省份增长速度快的城市也较多，京津冀、东北地区以及山西、甘肃等地区也有少量增速快的城市。

(二)经济增长动力充足的区域识别

经济增长动力充足是新空间的另一个重要特性。传统经济增长理论认为,要素投入是经济增长的主要动力,劳动力、资本、土地等要素主要通过提高整体投入效率推动经济增长(Harrod,1939)。随着经济增长理论的发展,Solow(1957)最先指出,技术进步是经济增长的决定性要素。随后,一些学者尝试将技术进步内生化于经济增长模型,明确技术进步是经济增长的决定因素,逐步形成了新经济增长理论(Romer,1990)。国内学者针对中国经济增长的研究发现:产业结构变迁能够带来"结构红利",进而有效促进经济增长(干春晖,郑若谷,余典范,2011);除了要素投入,资源配置效率的提升也是中国经济增长的核心动力(丁志国,赵宣凯,苏治,2012);对外贸易和金融改革均对中国经济增长有显著促进作用(何其春,孙萌,2012);创新驱动效应在中国东部沿海地区经济发展中作用十分明显,但创新对经济发展的驱动作用具有明显的门槛效应(陶长琪,彭永樟,2018)。另外,从需求层面看,投资、消费、出口无疑是短期经济增长的主要动力。每个城市经济增长动力的大小存在差异,且在不同发展阶段面临的经济增长约束因素不同,推动其增长的主导因素也有所不同。为了测度各个城市的经济增长动力,从而识别动力充足的区域,参照孙丹、欧向军和朱斌城等(2018)关于中国主要城市群经济增长动力的研究,本书从产业升级、需求拉动、创新驱动、城市引导四个方面构建了城市经济增长动力的综合评价指标体系。

根据综合评价指标体系,基于 2017 年全国 287 个地级及以上城市的相关数据，通过熵值法计算得到了各指标的权重（见表 4-2）。从各指标权重大小看，需求拉动中的人均净出口总额权重最大，其次是创新驱动各项指标权重较大，表明出口和创新驱动对城市经济增长产生的影响较大。产业升级相关指标权重小与所选取的指标有很大关系，受数据可获得性的限制，本章仅从三次产业层次选取了一些指标。因此，产业升级对城市经济增长的影响仅反映了三次产业结构变动的影响，未能体现三次产业内部更深层次产业升级的影响。在指标体系权重确定的基础上，计算了 2017 年全国 287 个地级及以上城市的经济增长动力综合得分和各动力系统得分，综合得分

表 4-2　城市经济增长动力的综合评价指标体系及权重

动力系统	指标	单位	权重
产业升级	第二产业增加值占 GDP 的比重	%	0.011
	第三产业增加值占 GDP 的比重	%	0.021
	第二产业结构变动系数	—	0.004
	第三产业结构变动系数	—	0.003
需求拉动	社会消费品零售总额增长率	%	0.004
	固定资产投资增长率	%	0.007
	人均净出口额	美元/人	0.287
创新驱动	科学研究、技术服务和地质勘察业从业人员数	人	0.232
	万人拥有的专利申请授权量	件	0.165
	科学技术支出占地方公共财政支出的比重	%	0.072
城市引导	市辖区人均 GDP	元/人	0.038
	市辖区人口占全市人口比重	%	0.060
	市辖区建成区面积	平方千米	0.096

平均值为 0.093。全国 287 个城市中 81 个城市的经济增长动力综合得分高于平均水平，这些高于平均水平的城市被识别为经济增长动力充足的区域，图 4-4 为按照自然间断点分级法将 81 个城市的综合得分划分为四类城市的结果。

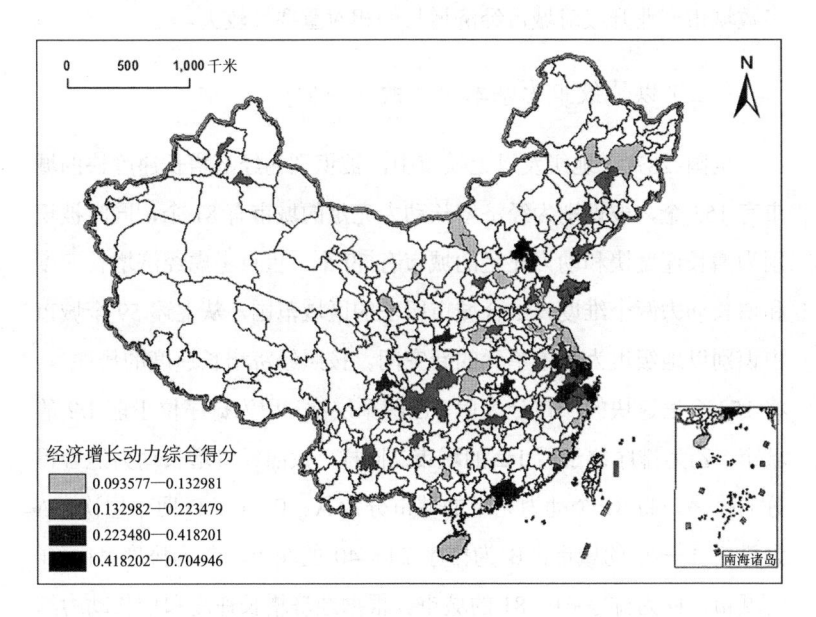

图 4-4　2017 年经济增长动力综合得分高于全国平均水平的地级及以上城市

资料来源：根据 2013—2018 年《中国城市统计年鉴》、各地级市 2017 年国民经济和社会发展统计公报整理。

经济增长动力充足的城市在空间分布上呈现出两个特征：第一，在沿海地区集中连片分布，而在中西部地区和东北地区则呈点状分布，且多数为各省份的省会（自治区首府）；第二，沿海地区城市的综合得分整体上高于中西部和东北地区。从各动力系统得分看，东部沿海地区大多数城市经济增长的动力以创新驱动为主,部分城市通过创新和需求两方面因素共同驱动,少数城市以需求拉动为主,且需求拉动中人均净出口额得分的比重在 90%以上;中部地区城市经济增长的创新驱动作用相对较大,城市引导作用明显;西部地区多数城市产业升级对城市经济增长的相对重要性较大。

(三)以地级市为基本单元的新空间

全国 287 个地级及以上城市中,被识别为经济增长速度快的城市有 153 个,被识别为经济增长动力充足的城市有 81 个,同时被识别为增长速度快和动力充足的城市有 59 个。重点考虑经济增长速度和增长动力两个维度,结合城市所在的区域范围,从上述 59 个城市中识别以地级市为基本单元的新空间。按照经济增长速度的排序[①],将 153 个增速快的城市分为甲、乙两个层次,甲为排序位于前 1/2 的城市,乙为排序位于后 1/2 的城市。同样,按照经济增长动力综合得分的排序,将 81 个动力充足的城市分为 A、B、C、D 四个层次,A 为排序 1—20 的城市,B 为排序 21—40 的城市,C 为排序 41—60 的城市,D 为排序 61—81 的城市。根据经济增长速度和增长动力综合得分划分的层次,建立新空间的识别标准。具体地,第一代区域发展空间指经济增长动力综合得分排名最靠前但增速排序位于后 1/2 的"A 乙"型城市,或者是东部地区的"A 甲"型城市;区域发展新空间包括非东部地区的"A 甲"型城市、"B 甲"型城市、东部地

[①] 指 153 个经济增长速度快的城市按照 2012—2017 年年均经济增长率和 2017 年经济增长率的排序,当某城市的两种排序不属于同一类别时,以 2012—2017 年年均经济增长率的排序为准。

区的"B乙"型和"C甲"型城市；潜在区域发展新空间指非东部地区的"C甲"型和"D甲"型城市（见图4-5）。

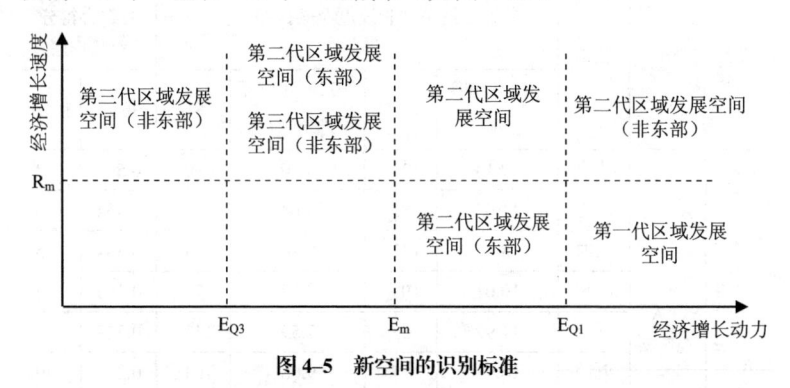

第三代区域发展空间（非东部）	第二代区域发展空间（东部） 第三代区域发展空间（非东部）	第二代区域发展空间	第二代区域发展空间（非东部）
		第二代区域发展空间（东部）	第一代区域发展空间

纵轴：经济增长速度，标记 R_m
横轴：经济增长动力，标记 E_{Q3}、E_m、E_{Q1}

图 4-5 新空间的识别标准

注：R_m 表示 153 个增速快的城市的中位数；E_{Q1}、E_m、E_{Q3} 分别表示 81 个经济增长动力充足的城市的第一四分位数、中位数和第三四分位数的相对发展动能量。

根据构建的新空间识别标准，最终从 59 个经济增长速度快且动力充足的城市中识别出 41 个以地级市为基本单元的新空间，其中，第一代区域发展空间有 14 个，区域发展新空间有 21 个，潜在区域发展新空间有 6 个（见表 4-3）。

（四）资源环境承载力分析

除了具备充足的经济增长动力和快速的增长速度外，新空间还必须有足够的资源环境承载力支撑其经济持续稳定发展。土地和水是城市经济社会发展最基本的两类资源（侯永志，张永生，刘培林等，2015），鉴于数据可得性，采用工业用地比重和人均供水能力来衡量以地级市为基本单元的新空间的资源环境承载力。工业用地比重指市辖区工业用地面积占市辖区城市建设用地面积的比重，现有工业

表 4–3 以地级市为基本单元的新空间

新空间类型		城市	经济增长速度及其排序				经济增长动力综合得分及其排序	
			2017年增速（%）	排序	2012—2017年年均增速(%)	排序	得分	排序
第一代区域发展空间	"A乙"型	北京	9.14	123	9.40	90	0.545	2
		东莞	11.05	88	8.64	119	0.454	3
		上海	8.71	131	8.70	114	0.384	5
		广州	10.01	109	9.67	79	0.383	6
		苏州	11.92	63	7.59	141	0.347	8
		厦门	14.98	17	9.08	104	0.230	9
		佛山	8.91	126	7.28	145	0.272	14
		宁波	13.36	39	8.39	126	0.233	18
		无锡	14.13	29	6.79	148	0.223	19
	东部"A甲"型	深圳	15.11	16	11.62	20	0.705	1
		惠州	12.26	58	10.10	55	0.418	4
		珠海	20.16	5	12.21	13	0.369	7
		杭州	10.98	89	9.98	61	0.284	11
		南京	11.54	70	10.22	52	0.278	13
区域发展新空间	非东部"A甲"型	武汉	12.57	55	10.87	37	0.243	15
		成都	14.13	30	11.28	27	0.239	16
		西安	19.41	6	11.34	23	0.237	17
		重庆	9.49	118	11.23	30	0.217	18
	"B甲"型	常州	14.69	20	10.78	39	0.204	21
		合肥	11.61	68	10.96	36	0.180	23
		郑州	13.31	42	10.62	42	0.169	25
		长沙	9.12	124	9.79	73	0.160	29
		昆明	12.97	48	10.04	58	0.143	38

续表

新空间类型		城市	经济增长速度及其排序				经济增长动力综合得分及其排序	
			2017年增速（%）	排序	2012—2017年年均增速(%)	排序	得分	排序
区域发展新空间	东部"B乙"型	湖州	8.39	135	8.27	131	0.139	40
		威海	8.34	136	8.28	130	0.149	35
		青岛	10.25	102	8.61	120	0.151	33
		镇江	4.60	151	8.80	113	0.152	32
		嘉兴	13.42	38	8.67	115	0.160	30
		济南	10.19	104	8.44	124	0.165	26
	东部"C甲"型	扬州	13.83	32	11.54	21	0.137	44
		汕头	12.97	47	10.53	44	0.133	47
		福州	14.62	21	10.99	34	0.133	48
		南通	14.28	27	11.15	33	0.131	49
		海口	10.56	96	11.17	32	0.125	52
		三亚	11.41	74	9.87	69	0.115	60
潜在区域发展新空间	非东部"C甲"型	贵阳	12.04	62	15.78	4	0.136	45
		兰州	11.45	73	10.04	57	0.125	53
		鄂州	13.55	36	10.08	56	0.123	54
	非东部"D甲"型	银川	11.47	71	9.88	68	0.114	62
		南宁	11.22	81	10.47	46	0.105	67
		襄阳	10.03	108	10.19	53	0.100	73
全国平均水平			8.42	—	7.71	—	0.093	—

资料来源：2013—2018年《中国城市统计年鉴》、2017年各市国民经济和社会发展统计公报。

用地比重越高，表明未来发展的土地约束越大。人均供水能力指城市供水综合生产能力与用水人口的比重，供水能力大则意味着水资源约束小。2020年，41个以地级市为基本单元的新空间中，24个城市的市辖区工业用地比重高于全国平均水平，17个城市的人均供水能力低于全国平均水平（见表4-4）。总体上，第一代区域发展空间市辖区工业用地比重偏高，表明其未来发展的土地资源约束较大，迫切需要提高工业用地使用效率，区域发展新空间和潜在区域发展新空间土地资源约束相对较小。从人均供水能力看，潜在区域发展新空间人均供水能力整体低于全国平均水平，水资源硬约束问题突出，第一代区域发展空间的供水能力最大，水资源约束最小。不同城市之间的资源环境承载力相差较大，东莞的市辖区工业用地比重最高，为35.55%，海口最低，仅为5.87%，两者相差约30个百分点；人均供水能力最高的襄阳（1.23立方米/日·人）是最低的郑州（0.29立方米/日·人）的4.24倍。

工业用地比重和人均供水能力一定程度上反映了新空间经济社会发展的资源环境约束，但是考虑到中国工业用地效率还有很大的提升空间，人均供水能力也可以通过跨区域调配得以提高（侯永志，张永生，刘培林等，2015）。因此，本章只是对已识别出新空间的承载力做了评价，并未将资源环境承载力作为新空间识别的标准。当然，新空间在发展过程中应高度重视自身的承载力。

（五）以城市群（都市圈）为基本单元的新空间

城市群和都市圈是城市空间结构变化的两个阶段的表现形态，都市圈是城市群的初级阶段，城市群的大量出现是21世纪中国区域经济发展的重要特点。2006年，《中华人民共和国国民经济和社会发

表 4-4　2020 年以地级市为基本单元的新空间的资源环境承载力

发展空间	城市	市辖区工业用地比重（%）	人均供水能力（立方米/日·人）	发展空间	城市	市辖区工业用地比重（%）	人均供水能力（立方米/日·人）
区域发展空间	北京	17.88[1]	0.95	区域发展新空间	武汉	25.21	0.66
	东莞	35.55	0.65		成都	15.53	0.74
	上海	27.65	0.50		西安	15.66	0.45
	广州	26.92	0.61		重庆	20.59	0.47
	苏州	25.94	1.02		常州	32.47	1.08
	厦门	23.20	0.55		合肥	18.49	0.51
	佛山	19.06	1.60		郑州	8.16	0.29
	宁波	32.10	0.79		长沙	6.98	0.61
	无锡	23.68	0.99		昆明	12.28	0.50
	深圳	28.66	0.53		湖州	25.14	0.79
	惠州	24.36	0.68		威海	27.96	0.52
	珠海	25.02	0.74		青岛	29.39	0.42
	杭州	19.46	0.56		镇江	31.26	0.90
	南京	15.02	0.93		嘉兴	21.48	0.79
	平均	24.61	0.79		济南	18.91	0.39
潜在区域发展新空间	贵阳	17.41	0.56		扬州	21.32	0.98
	兰州	24.29	0.69		汕头	21.18	0.50
	鄂州	10.73	1.01		福州	9.59	0.62
	银川	9.85	0.56		南通	25.59	1.02
	南宁	6.00	0.45		海口	5.87	0.41
	襄阳	29.96	1.23		三亚	6.76	0.97
	平均	16.37	0.75		平均	19.04	0.65
全国平均水平		19.43	0.60	—	—	—	—

[1] 北京市市辖区工业用地比重为 2019 年数据。

资料来源：《中国城市建设统计年鉴 2020》。

展第十一个五年规划纲要》明确提出,"要把城市群作为推进城镇化的主体形态";2014 年,《国家新型城镇化规划(2014—2020 年)》进一步提出,"以城市群为主体形态,推动大中小城市和小城镇协调发展";近年来,包括长三角、粤港澳大湾区在内的各类城市群规划相继出台。随着中国经济的快速发展,人口和产业大规模向城市地区集聚,在市场机制的作用下客观形成了若干城市群。另外,在区域发展战略引导下,中西部地区和东北地区也培育了若干城市群。城市群已经成为支撑中国经济持续平稳增长、建设社会主义现代化强国、促进区域协调发展、参与国际竞争合作的重要平台。因此,拓展区域发展新空间也不能以城市为基本单元,而应该以城市为基础进一步识别出以城市群为基本单元的新空间。考虑到部分城市群规划面积过大,城市间联系程度低,缺乏实质性合作,事实上处于都市圈形成阶段,故少数新空间以都市圈为基本单元。

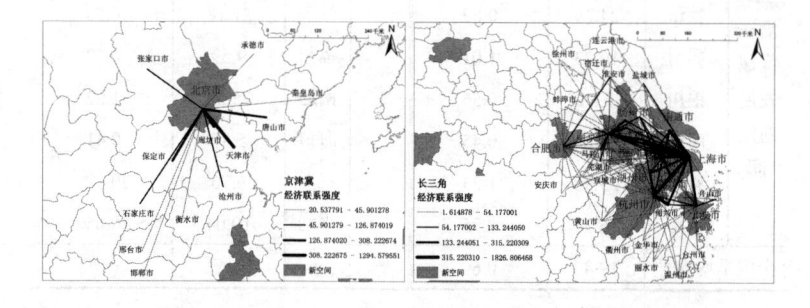

利用修正后的引力模型,计算 2017 年以地级市为基本单元的新空间与其周边城市的经济联系强度(见图 4-6),以此确定新空间的区域影响范围,结合以地级市为基本单元的新空间的类别和国家区域发展战略,进而最终识别以城市群为基本单元的新空间及其类型。

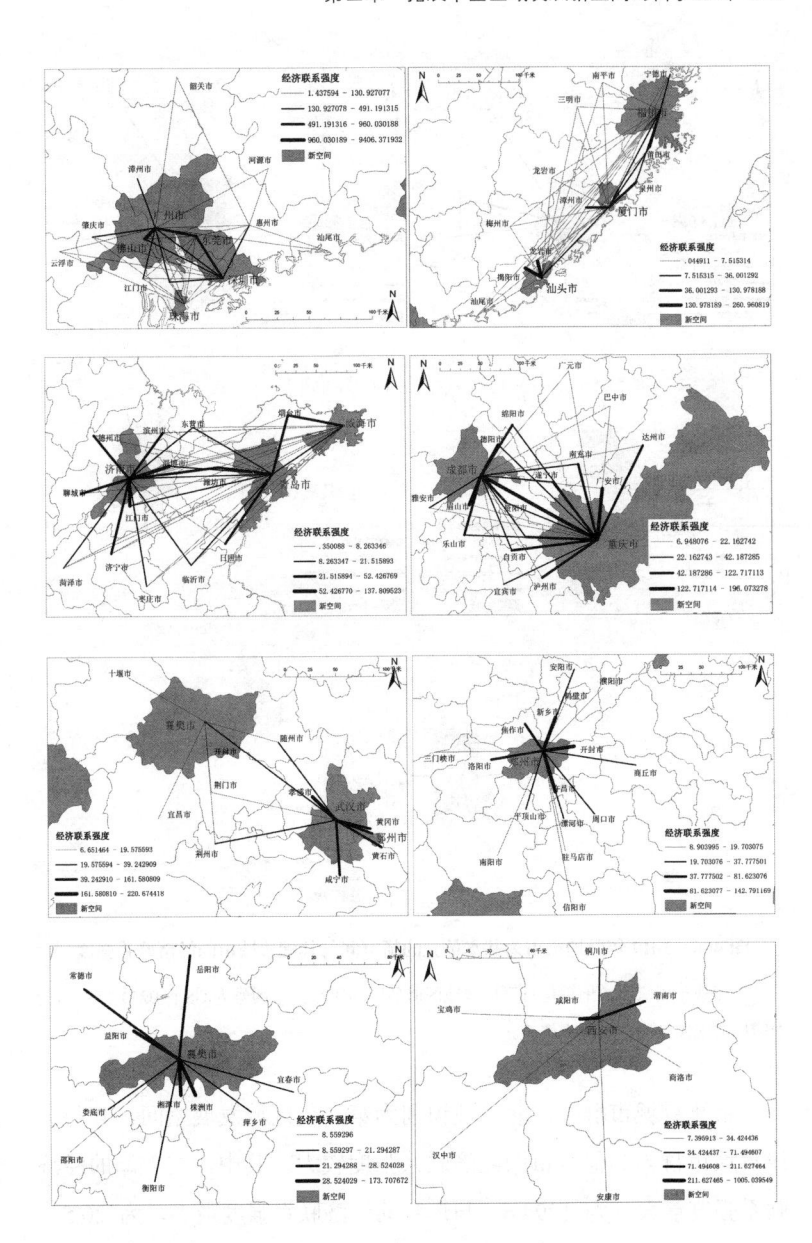

第四章 拓展中国区域发展新空间的科学基础 203

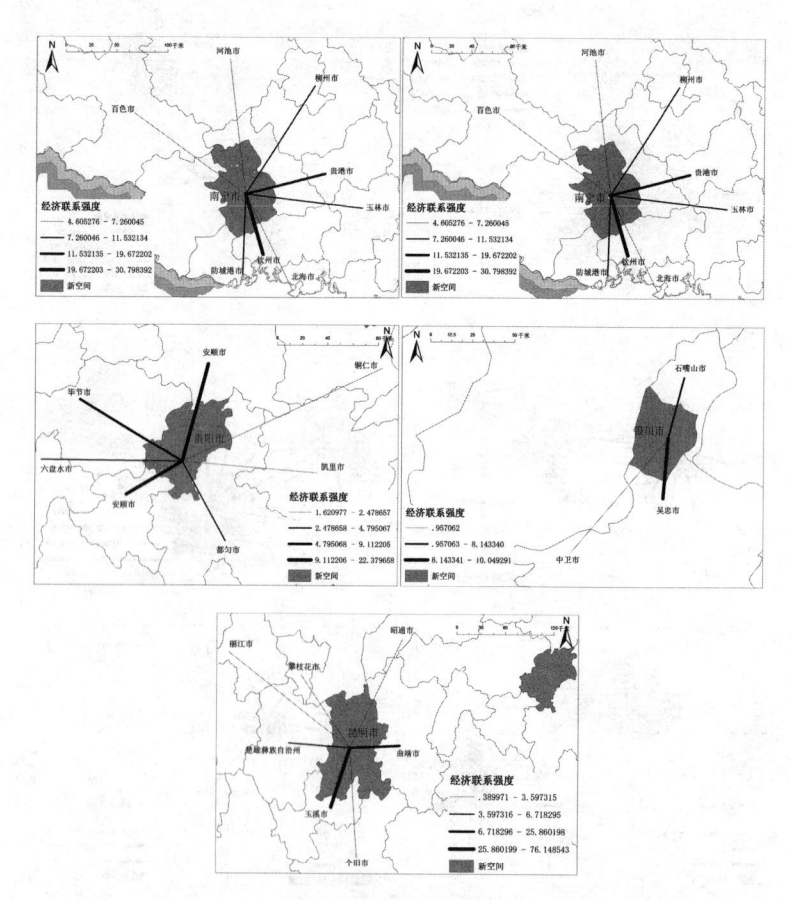

图 4-6　2017 年以地级市为基本单元的新空间与其周边城市的经济联系强度

该图基于国家测绘地理信息局标准地图服务网站下载的审图号为 GS（2023）2767 号的中国标准地图绘制，底图无修改。

京津冀城市群中，北京被识别为第一代区域发展空间，其与京津冀城市群内其他城市的经济联系强度较大。其中，与天津的经济联系强度最大，为 1294.6；与邢台的经济联系强度最小，为 20.5。城市群内的天津和石家市虽然经济增长速度慢，但增长动力充足，

2017年这两个城市经济增长动力综合得分在全国287个城市中排名分别为第12位和第70位。京津冀城市群是中国最早形成的三大城市群之一，发育较为成熟、开发程度高，2014年提出的京津冀协同发展是国家最早的区域重大战略。综合考虑，将京津冀城市群整体识别为第一代区域发展空间。

长江三角洲城市群中，上海、南京、杭州、宁波、无锡、苏州被识别为第一代区域发展空间，湖州、合肥、常州、扬州、南通、镇江、嘉兴被识别为区域发展新空间，绍兴、舟山、金华经济增长速度低于全国平均水平，但经济增长动力高于平均水平。因上海、南京、杭州等主要城市均被识别为第一代区域发展空间，且与城市群内其他城市的经济联系强度大，故将长三角城市群整体识别为第一代区域发展空间。

珠江三角洲城市群中，广州、深圳、珠海、佛山、惠州、东莞被识别为第一代区域发展空间。中山经济增长速度虽低于全国平均水平，但2017年经济增长动力综合得分在全国287个城市中排名第10位。因广州、深圳、珠海等主要城市均被识别为第一代区域发展空间，且与城市群内其他城市的经济联系强度大，故将珠三角城市群整体识别为第一代区域发展空间。

海峡西岸城市群中，厦门被识别为第一代区域发展空间，福州和汕头被识别为区域发展新空间，新空间与周边城市经济联系强度较大，将海峡西岸城市群整体识别为区域发展新空间。

山东半岛城市群的济南、青岛、威海被识别为区域发展新空间，成渝城市群的成都和重庆被识别为区域发展新空间，且被识别为新空间的城市与城市群内其他城市经济联系强度均较大。例如，济南与淄博、泰安、德州的联系强度分别为113.5、137.8和52.4，青岛与潍坊的联系强度为 51.9；重庆与南充、广安的联系强度分别为 122.7 和 150.3；成都与德阳、眉山、资阳的联系强度分别为 192.4、196.1 和 81.5。因此，将山东半岛城市群、成渝城市群整体识别为区域发展新空间。

武汉、郑州、长沙、西安被识别为区域发展新空间，这些城市与其周边城市经济联系强度较大，武汉与黄石、鄂州、孝感、黄冈的经济联系强度均大于 100，郑州与开封、新乡、许昌的联系强度均大于 100，长沙与株洲、湘潭的联系强度均大于 100，西安与咸阳的联系强度高达 1005.0，与渭南的联系强度大于 100。因此，把分别以武汉、郑州、长沙、西安为核心的武汉城市群、中原城市群、长株潭城市群、关中平原城市群整体识别为区域发展新空间。

虽然昆明被识别为区域发展新空间，但昆明与周边城市经济联系强度不大，与玉溪的联系强度最大，为 76.1，其次为曲靖 25.9，与其他城市的联系强度均低于 10，以昆明为核心的滇中城市群发育尚未成熟。因此，将以昆明为核心的滇中地区整体识别为潜在区域发展新空间。

贵阳被识别为潜在区域发展新空间，贵阳与周边城市经济联系强度小，与安顺的经济联系强度最大，也只有 22.4，其次为遵义，联系强度为 19.5，与其他城市的联系强度均低于 10，说明以贵阳为核心的黔中城市群发育尚未成熟。因此，将由贵阳、遵义、安顺、六盘水组成的黔西北地区识别为潜在区域发展新空间。

兰州、银川、南宁被识别为潜在区域发展新空间，这些城市的区域影响范围小，与周边城市的经济联系强度小。其中，兰州与白银的经济联系强度最大，为 14.7，与其他城市的联系强度均低于 10。银川与其周边的吴忠、石嘴山、中卫的联系强度分别为 10.0、8.1 和

1.0。南宁与钦州的经济联系强度最大，为 30.8，与贵港、柳州、防城港、玉林的联系强度分别为 19.7、11.5、11.4 和 10.9，与其他城市的联系强度均低于 10。由此可见，分别以兰州、银川、南宁为核心的兰（州）西（宁）地区、宁夏沿黄地区、北部湾地区核心城市发育程度较低，够不上真正意义上的城市群。考虑到甘肃国土面积偏大且经济发展水平低[①]，兰州又受到城市发展空间的限制辐射带动作用有限，因此近期内先把兰州及其周边地区识别为潜在区域发展新空间，把兰州都市圈内其他地区（白银市、临夏回族自治州、定西市、武威市、海东市）作为潜在区域发展新空间的后备区域。宁夏国土面积偏小，进而导致整体经济规模较小，加之银川对周边地区的辐射带动作用偏弱，近期内先把银川及其周边地区识别为潜在区域发展新空间，把银川都市圈内其他地区（石嘴山市、吴忠市、乌海市、阿拉善盟）作为潜在区域发展新空间的后备区域。以南宁为核心的南宁都市圈与处于广西、广东交界地带的西江中游地区部分区域出现重合，且南宁都市圈内的河池、百色位于西江上游，应主要发挥生态涵养功能，不宜进行大规模经济开发。因此，将南宁、崇左、防城港、贵港、钦州、北海、玉林、湛江、茂名、阳江统一为北部湾-西江中游地区，整体识别为潜在区域发展新空间。

除此之外，考虑到东北地区等老工业基地振兴是中国区域协调发展战略的重要组成部分，且辽宁的沈阳、大连虽然经济增长速度低于全国平均水平，但增长动力仍较为充足。2017 年沈阳、大连经济增长动力综合得分在全国 287 个城市中排名分别为第 31 位和第 34

---

① 2022 年甘肃省人均地区生产总值为 44986 元，居全国最低水平，仅相当于全国平均水平的 52.5%。

位。因此，将以沈阳和大连为核心、发育较成熟的辽中南城市群整体识别为区域发展新空间。黑龙江的哈尔滨、吉林的长春经济增长动力相对充足，2017年经济增长动力综合得分在全国287个城市中排名分别为第51位和第43位，但鉴于其经济增长速度缓慢，且哈尔滨都市圈、长春都市圈发育程度较低，近期内将分别以哈尔滨和长春为核心的哈尔滨都市圈和长春都市圈作为区域发展新空间的后备区域。山西和内蒙古是典型的资源型区域，经济增长波动幅度较大，资源型经济特征明显，目前经济增长动力尚为充足，但增长速度放缓，亟须培育新的发展能力。2017年太原、包头、呼和浩特经济增长动力综合得分在全国287个城市中排名分别为第28位、第55位和第66位。综合考虑，将太原都市圈、以呼和浩特和包头为核心的晋陕蒙交界地区识别为潜在区域发展新空间。为了促进省际交界区域进一步发展，将湘粤桂交界地区、淮海经济区、汉江中上游地区识别为潜在区域发展新空间。柳州是广西北部的重要工业城市，且与桂林相邻，在湘粤桂交界区域发展中具有重要地位，考虑到省际交界区域的完整性，把柳州一并纳入湘粤桂交界区域。基于维护国家安全、巩固民族团结和边疆安全等因素，新疆及其沿边地区、西藏"一江三河"地区也是新空间识别中需要重点考虑的区域，但乌鲁木齐与新疆沿边的两个州没有形成集中连片区域，西藏"一江三河"地区海拔太高，发展条件受到很大限制。因此，近期内只把乌鲁木齐及其周边地区识别为潜在区域发展新空间，把新疆沿边地区（克孜勒苏柯尔克孜自治州、博尔塔拉蒙古自治州）和西藏"一江三河"地区作为潜在区域发展新空间的后备区域。

综上所述，最终识别出的第一代区域发展空间包括京津冀、长三角、珠三角三大城市群。区域发展新空间包括海峡西岸城市群、

表 4-5　中国三种类型区域发展新空间的范围

区域发展空间		范围
第一代区域发展空间	京津冀城市群	北京、天津、石家庄、唐山、秦皇岛、邯郸、邢台、保定、张家口、承德、沧州、廊坊、衡水
	长三角城市群	上海、南京、无锡、常州、苏州、南通、扬州、镇江、泰州、盐城、杭州、宁波、温州、嘉兴、湖州、金华、绍兴、舟山、台州、合肥、芜湖、马鞍山、铜陵、安庆、滁州、池州、宣城
	珠三角城市群	广州、深圳、珠海、佛山、东莞、中山、江门、肇庆、惠州
区域发展新空间	海峡西岸城市群	福州、厦门、莆田、泉州、漳州、宁德
	成渝城市群	重庆、成都、自贡、泸州、德阳、绵阳、遂宁、内江、乐山、眉山、广安、资阳
	山东半岛城市群	济南、青岛、淄博、东营、烟台、潍坊、威海、德州、滨州
	长株潭城市群	长沙、株洲、湘潭、岳阳、益阳、娄底
	武汉城市群	武汉、黄石、鄂州、孝感、黄冈、咸宁、天门、潜江、仙桃
	中原城市群	郑州、开封、洛阳、平顶山、新乡、焦作、许昌、漯河、济源
	关中平原城市群	西安、铜川、宝鸡、咸阳、渭南
	辽中南城市群	沈阳、大连、鞍山、抚顺、本溪、营口、辽阳、盘锦
潜在区域发展新空间	滇中地区	昆明、曲靖、昭通、玉溪、普洱、保山
	黔西北地区	贵阳、遵义、安顺、六盘水
	太原都市圈	太原、晋中
	晋陕蒙交界地区	呼和浩特、包头、鄂尔多斯、巴彦淖尔、乌兰察布、大同、朔州、榆林

续表

区域发展空间		范围
潜在区域发展新空间	湘粤桂交界地区	韶关、清远、河源、桂林、柳州、怀化、邵阳、永州、郴州
	淮海经济区	连云港、徐州、淮安、宿迁、枣庄、济宁、菏泽、商丘、淮北
	汉江中上游地区	陇南、巴中、汉中、安康、十堰、随州、襄阳
	北部湾-西江中游地区	南宁、钦州、贵港、玉林、崇左、北海、防城港、湛江、茂名、阳江
	兰州及其周边地区	兰州
	银川及其周边地区	银川
	乌鲁木齐及其周边地区	乌鲁木齐
区域发展新空间的后备区域	哈尔滨都市圈	哈尔滨、松原、绥化
	长春都市圈	长春、辽源、四平、吉林、铁岭
潜在区域发展新空间的后备区域	兰州都市圈内除兰州外地区	白银、临夏回族自治州、定西、武威、海东
	银川都市圈内除银川外地区	石嘴山、吴忠、乌海、阿拉善盟
	新疆沿边地区	克孜勒苏柯尔克孜自治州、博尔塔拉蒙古自治州
	西藏"一江三河"地区	拉萨、日喀则、山南、林芝

成渝城市群、山东半岛城市群、长株潭城市群、武汉城市群、中原城市群、关中平原城市群、辽中南城市群；区域发展新空间的后备区域包括哈尔滨都市圈、长春都市圈。潜在区域发展新空间包括湘粤桂交界地区、北部湾-西江中游地区、汉江中上游地区、晋陕蒙交界地区、淮海经济区、黔西北地区、滇中地区、太原都市圈、兰州

及其周边地区、银川及其周边地区、乌鲁木齐及其周边地区；潜在区域发展新空间的后备区域包括兰州都市圈内除兰州外的其他地区、银川都市圈内除银川外的其他地区、新疆沿边地区、西藏"一江三河"地区（见表4-5）。

第四节 形成区域发展空间梯次推进的发展格局

把区域发展新空间和潜在区域发展新空间置于中国经济不同发展阶段区域领跑者的更替之中，一方面着力促进新空间尽快成长，另一方面及早培育潜在发展新空间，同时赋予第一代发展空间新的功能，从而形成"第一代区域发展空间—区域发展新空间—潜在区域发展新空间"梯次推进的格局和接力机制，把支撑全国经济持续平稳增长的"接力棒"有序地传递下去，以共同支撑未来中国经济的持续平稳增长（覃成林，2014；安树伟，2015）。第一代发展空间未来发展以高质量发展为主；区域发展新空间的发展水平尚低于第一代发展空间，但近年来发展迅速，是基本实现社会主义现代化、推动区域协调发展、承接第一代发展空间产业转移、引领未来中国经济增长的重要空间载体，未来发展以空间结构优化和产业功能提升为主；潜在区域发展新空间未来以培育发展能力为主。因本章研究不涉及海洋发展空间，因此本节也没有提出海洋空间发展方向。

一、推动第一代区域发展空间的高质量发展

第一代发展空间包括发育相对成熟、处于第一梯队的京津冀、长三角、珠三角三大城市群,这三大城市群曾支撑了中国 40 多年的经济高速增长。2020 年,三大城市群以 5.24%的国土面积集聚了全国 25.57%的人口,创造了全国 38.13%的地区生产总值。然而,与世界级城市群相比,三大城市群的发育仍然不够充分。未来的发展要以内涵式增长为主,打造全球重要的现代服务业和先进制造业中心,推进城市群的结构优化,建设世界级城市群,形成质量效益明显提高、稳定性和可持续性明显增强的高质量发展新局面。沿海三大城市群要继续扩大对外开放,注重增强与国内其他地区之间的联系,吸引更多的资源,拓展更大规模的市场,实现优势互补;不断提高产业层次、提升产业效能,构建高端产业体系,广泛参与国际竞争,有效减缓传统产业竞争优势减弱、资源环境约束增强、劳动力成本上升等经济发展压力;不断提升自身治理能力和治理水平,拓宽城市群协同治理领域,提高城市群治理效率;按照绿色低碳循环的发展理念集约利用资源,降低污染物排放,为人民提供良好的宜居环境,不断满足人民日益增长的美好生活需要;注重公平,不断缩小城乡收入差距,缩小城市群内各城市之间的生活水平差距,真正实现民生共享。

二、促进区域发展新空间的结构优化与功能提升

现阶段的区域发展新空间,未来发展要以自身做大做强为主,加快打造有全球影响力的先进制造业基地和现代服务业基地,推进城市群功能提升,在实现经济快速增长的过程中兼顾结构优化。一

方面，优化城市群空间结构。建立产业引领城市发展的机制，建设具有更大辐射带动功能和持续发展活力的现代城市产业体系；从产城融合、发展特色产业两方面加快中小城市发展，拓展城市群发展新空间；调整城市群网络各节点城市产业结构，在城市群内部构建现代产业链体系，通过产业链来组织各城市之间的功能和空间关系；基于区域一体化发展的角度，完善顶层设计、推动要素市场的一体化和基础设施一体化，推动城市群向更高级形态演进。另一方面，推动城市群产业升级。采用集群式转移模式把发达地区逐渐失去产业竞争优势的产业集群整体性引入，重塑区域产业链优势；发挥核心企业的关联作用与示范作用，带动配套企业、研发机构、服务机构向集群集中；形成以省会城市为中心、其他不同等级的城市为节点的一体化城市群经济格局，通过实现城市之间合理的产业发展定位和专业化分工，整合成为城市群"圈层"经济结构来参与国内外市场竞争；建立产业退出机制，清理僵尸企业，淘汰落后产能，为可能实现升级的新产业领域集聚更多资源；通过区域协调发展，形成分工合理、良性竞争的区域间产业体系与错位发展的空间结构。

三、提升潜在区域发展新空间的发展能力

潜在区域发展新空间是中国战略性资源富集区、对外开放的新门户以及维护国家安全、巩固民族团结、实现边疆稳定的重要区域。未来要加快转变经济发展方式，坚持绿色经济发展理念，实施创新驱动发展战略，加快构建现代产业新体系，促进新旧动能转换；推动资金、人才等要素资源以及创新要素进一步向潜在发展新空间集聚，增强区域内核心城市的集聚和辐射功能，建立区域内城市间的经济协作机制，深化协调联动机制，逐步推进一体化进程；培育省

际交界地区的中心城市，探索合作共建产业园区，带动交界地区合作发展；继续加强交通通信基础设施建设，在中部地区建设全国性的交通枢纽，将西部地区的公路、铁路延伸至偏远地区、老少边穷地区，加大信息建设投入；加强与东部地区互动合作，通过"一带一路"平台打开面向西北的中亚、西亚乃至欧洲的开放大门，依托国际大通道积极打造国际经济合作走廊，扩大区域市场规模。

参考文献

安虎森等.新经济地理学原理（第二版）[M].北京：经济科学出版社，2009：5–6.

安树伟，常瑞祥.中国省际经济增长的传递及其机制分析[J].中国软科学，2016（11）：74–83.

安树伟，肖金成.区域发展新空间的逻辑演进[J].改革，2016（8）：45–53.

巴曙松，刘孝红，牛播坤.金融转型期中国区域资本配置差异及其形成[J].国际贸易，2006（11）：49–54.

陈彦光，刘继生.基于引力模型的城市空间互相关和功率谱分析[J].地理研究，2002，21（6）：742–752.

程必定.区域的外部性内部化和内部性外部化[J].经济研究，1995（7）：61–66.

丁志国，赵宣凯，苏治.中国经济增长的核心动力——基于资源配置效率的产业升级方向与路径选择[J].中国工业经济，2012（9）：18–30.

董辅礽.中华人民共和国经济史（下卷）[M].北京：经济科学出版社，1999.169.

樊纲，王小鲁.中国市场化指数——各地区市场化相对进程报告（2000年）[M].北京：经济科学出版社，2001：75–134.

干春晖，郑若谷，余典范.中国产业结构变迁对经济增长和波动的影响[J].经济研究，2011（5）：4–16+31.

郭金龙，王宏伟.中国区域间资本流动与区域经济差距研究[J].管理世界，2003（7）：45-58.

何其春，孙萌.对外贸易、金融改革和经济增长：来自中国的证据[J].经济学（季刊），2012（3）：833-852.

贺灿飞，潘峰华.中国制造业地理集聚的成因与趋势[J].南方经济，2011（6）：38-52.

侯赟慧，刘志彪，岳中刚.长三角区域经济一体化进程的社会网络分析[J].中国软科学，2009（12）：90-101.

侯永志，张永生，刘培林等.支撑未来中国经济增长的新战略性区域研究[M].北京：中国发展出版社，2015：116-118.

刘国光.中国十个五年计划研究报告[M].北京：人民出版社，2006：63.

栾贵勤等.中国区域经济发展大事典[M].长春：吉林人民出版社，2011：67.

迈克尔·波特.国家竞争优势[M].李明轩，邱如美译.北京：中信出版社，2012：232-233.

欧向军，甄峰，秦永东等.区域城市化水平综合测度及其理想动力分析——以江苏省为例[J].地理研究，2008，27（5）：993-1002.

覃成林.利用区域接力促进经济持续健康发展[N].中国社会科学报，2014-5-21（B03）.

孙丹，欧向军，朱斌城等.中国主要城市群经济增长动力分析及其问题区域识别[J].地理与地理信息科学，2018，34（1）：71-77.

世界银行.2009年世界发展报告：重塑世界经济地理[M].胡光宇等译.北京：清华大学出版社，2009：21-23.

陶长琪，彭永樟.从要素驱动到创新驱动：制度质量视角下的经济增长动力转换与路径选择[J].数量经济技术经济研究，2018（7）：3-21.

〔日〕藤田昌久，〔比〕雅克-弗朗斯瓦·蒂斯.集聚经济学：城市、产业区位与全球化（第二版）[M].石敏俊等译.上海：格致出版社，上海三联书店，上海人民出版社，2016：223.

王小鲁，樊纲.中国地区差距的变动趋势和影响因素[J].经济研究，2004（1）：33-44.

王欣，吴殿廷，王红强.城市间经济联系的定量计算[J].城市发展研究，2006（3）：55–59.

吴敬琏.当代中国经济改革教程[M].上海：上海远东出版社，2015：98.

余运江.城市集聚、外部性与劳动力流动研究——基于新经济地理学的视角[D].上海：华东师范大学，2015.

张军，周黎安.为增长而竞争：中国增长的政治经济学[M].上海：格致出版社，上海人民出版社，2008：127–128.

Harrod R F. An Essay in Dynamic Theory[J]. Economic Journal, 1939, 49(193): 14–33.

Romer P M. Endogenous Technological Change[J]. Journal of Political Economy, 1990, 98(5): 71–102.

Solow R M. Technical Change and the Aggregate Production Function[J]. The Review of Economics and Statistics，1957，39（3）：312–320.

第五章　中国区域发展新特征与空间战略

中国经济正处于转变发展方式、优化经济结构、转换增长动力关键期。区域经济也由传统的投资、消费、出口拉动转向劳动力、资本、技术进步推动，区域发展动力、格局、结构都在发生深刻变化。区域发展不协调、不平衡、不充分的矛盾更加突出，东中西差距与南北方分化的问题并存。以承东启西、连南贯北的经济支撑带为引领，以若干有竞争力的城市群为重点，以区域性中心城市为支撑，充分发挥市场在资源配置中的决定性作用，更好发挥政府作用，不断优化区域发展空间结构，构建区域空间发展新格局。

第一节　中国区域发展空间战略的演变

中国是世界上地域辽阔、人口最多的发展中国家之一，经济布局历来不平衡。中华人民共和国成立以来，随着国际环境和国内发展条件的变化，区域空间战略经历了多次重大调整，大致经历了从计划经济时代的均衡发展到转轨时期的非均衡发展、再到与市场经济相适应的协调发展的演变过程，对区域空间格局产生了重要影响。

一、改革开放前的均衡发展战略

1949年，中华人民共和国成立时农业比重大，工业生产能力严重不足，工业在国民经济中的比重只占10%左右，并且70%以上的工业和交通运输设施集中在占国土面积不到12%的东部沿海地带（陈栋生，魏后凯，陈耀等，1996）。为了迅速改变旧中国遗留下来的偏集沿海的产业布局，并考虑到国际国内政治环境的需要，国家利用高度集中的计划经济体制，集中全国资源推行了由沿海向内地、以内地为重点的区域均衡发展战略。1952—1978年，内地工业产值占全国的比重由32%提高到40%左右，一大批国家重点项目在中西部地区投资建设，为中西部地区奠定了工业化和城镇化的基础（袁朱，2011）。虽然经过多年的开发建设，中国生产力布局发生了深刻变化，但由于中西部地区的投资回报率低于东部，致使中国基础较好的沿海地区发展因缺少投入而徘徊不前，国家总体竞争力提升较慢（杜鹰，2008）。

从国民经济三年恢复时期到"二五"计划后的经济调整时期，国家有计划地配置、调整区域经济布局，把全国划分为沿海和内地，既将战略重点置于东北和内地，又充分利用沿海已有工业基础的扩散效应，初步取得了较高速度、较高效益和地区差距缩小的发展效果。1952—1965年，东中西部人均地区生产总值之比从1.66∶1.40∶1下降到1.40∶1.13∶1（王培青，延军平，2007），区域发展差距迅速缩小。

《中华人民共和国发展国民经济的第一个五年计划》明确提出，在全国各地区适当分布生产力，使工业接近原料、燃料产区和消费地区，并适合于巩固国防的条件，来逐步改变这种（生产力布局）

不合理的状态，提高落后地区的经济水平。当时，基本建设投资向内地倾斜，中西部地区占总额的 46.8%，沿海占 36.9%；工业项目主要建设于东北、中部和西部地区。例如，苏联援建的 156 个重点项目中，内地 118 项，沿海 32 项。国内建设项目中，内地 472 个，沿海 222 个。1952—1957 年，内地的投资占全国比重由 39.3%上升为 49.7%，而沿海地区则由 43.4%下降为 41.6%，①中西部地区的经济发展得到了促进；全国工业产值年均增长 15.5%（其中，内地平均增长 17.8%、沿海 14.4%）；内地工业产值占全国的比重由 29.2%上升到 32.1%（惠中，1999），形成了武汉、包头、兰州、西安、太原、郑州、洛阳、哈尔滨、齐齐哈尔、长春、吉林和成都等工业基地和工业城市。

1956 年，毛泽东同志在《论十大关系》中阐述了正确处理沿海与内地建设的关系，提出利用和发展沿海工业、以支持内地工业发展的战略构想，强调要兼顾内地与沿海发展。据此，国家"二五"计划纠正了曾一度出现的忽视沿海建设的倾向，加大了华东地区的投资规模，但受到 1958 年"大跃进"的影响，加之国家要求各大协作区和各省（自治区、直辖市）都要建立起各自独立完整的工业体系，沿海地区投资比重逐年下降的趋势并没有明显改变，而中西部地区的投资比重仍高于"一五"时期。

基于国际环境恶化和备战的考虑，1960 年代中期，国家从国防角度将全国划分为一二三线地区，集中力量进行大规模"三线建设"（陈栋生，魏后凯，陈耀等，1996）。其战略重点包括中西部一些省（自治区）的三线大后方，开展大规模的工业、交通、国防基

---

① 因扣除全国统一购买的车辆等费用，两项相加不等于 100%。

础设施建设，并强调在各地区建立相对独立的工业体系。"三五"时期与"四五"前期，中国的生产力布局经历了战略性、跳跃式西移。"三五"时期，三线地区投资占全国的比重为52.7%（周耀，张国镛，2007），达到历史最高峰。开发重点地区为四川、贵州、云南、陕西、甘肃、山西南部、湖北西部、湖南西部等，建立了门类比较齐全的现代工业体系。"四五"时期，国家区域经济布局和发展仍以备战为中心，全国被划分为西南区、西北区、中原区、华南区、华北区、东北区、华东区、闽赣区、山东区、新疆区十个经济协作区（刘国光，2006），内地被抓紧建设成部门比较齐全、工农业协调发展的强大战略后方。历时10年的"三线建设"，国家投资近2000亿元，形成工业固定资产1400亿元，建成了攀枝花、绵阳、酒泉等数十个新兴工业城市和科研基地，对带动内地经济发展和社会进步具有一定积极意义。但当时国际风云变幻，加之国内政治、经济等各方面都处于非常状态，以国防安全为出发点，生产布局采取分散方针，企业选址按"山、散、洞"要求，缺乏规划，仓促上马，而且远离大城市，因此难以形成规模经济效益，未能完全达到预期效果。

"四五"后期，由于国际环境发生了较大变化，中国的油田开发以及引进的一批石油化工大型项目主要分布在东部，使沿海地区投资有所回升，"三线"地区投资强度减缓。"五五"时期，国家投资沿海的比重上升到42.2%。

二、改革开放初期的非均衡发展战略

为了迅速发展经济和促进对外开放，1970年代末至1990年代初期，中国单一计划经济体制逐渐向市场经济体制过渡，过去的均衡发展战略被非均衡发展战略所取代，强调发挥沿海地区的比较优势，以沿海率先开放来带动内地发展的新思路，以尽快缩小中国与发达国家的差距。对于区域空间开发格局的表述由"六五"时期"沿海和内地"和"少数民族地区"，演变为"七五"时期的"东中西三大地带"和"老少边穷地区"（袁朱，2011）。这种区域经济的非均衡发展，必然在区域空间形成不同的地域结构（安虎森，2004）。

"六五"期间，国家开发重点由过去的中西部地区转向沿海地区，积极利用沿海既有基础充分发挥其特长，带动内陆经济进一步发展。1979年中央决定创办深圳、珠海、汕头、厦门4个经济特区；1984年进一步对外开放大连、秦皇岛等14个沿海港口城市；1985年决定设立长江三角洲、珠江三角洲、闽南厦（门）漳（州）泉（州）三角地区3个沿海经济开放区（萧冬连，2019）。首次提出了在开放城市内划出一定的区域兴办经济技术开发区，给予相当于经济特区的优惠措施（肖金成，安树伟，2018）。1988年，中央再次决定将山东半岛、辽东半岛及环渤海地区的一些市（县）和沿海城市所辖县也划入沿海经济开放区范围，进一步扩大了沿海开放区的地域空间，并批准设立了海南省和海南经济特区。1986—1994年，国家又陆续批准设立了18个国家级经济技术开发区。1992年，国务院批准部分沿（长）江、沿边市（县）、内陆省会（自治区首府）实行沿海开放城市的政策，还做出了开发开放上海浦东的重大决策。随着中国对外开放的不断深入，由沿海到沿边、沿路（陇海-兰新新亚欧大陆桥）、沿江（长江）的经济技术开发区也迅猛发展。

改革开放之初，受经济社会发展水平的限制和区域开放政策的引导，中国区域开发基本上是按照点轴开发模式逐步展开的，重点开发沿海地区和长江沿岸地区，由此形成了一纵一横的"T"形空间开发格局，取得了显著成效。珠三角、长三角、环渤海地区成为增强国家总体竞争力和参与国际竞争中最为重要的地区（袁朱，2011）。沿海地区由点到线、由线到面、由南至北逐步形成了一条经济带。同时，国家实施大进大出、两头在外的外向型发展战略，鼓励沿海地区积极参与国际交流和竞争，发展外向型经济，逐步形成了贸-工-农型生产结构，较为充分地发挥了沿海地区尤其是东南沿海地区的增长潜力，有力地促进了全国经济高速增长和对外资的有效利用。

改革开放以来，国家基本建设投资向沿海地区倾斜，东部地区投资比重逐年上升，中西部地区则逐年下降。"六五"期间，国家重点投资项目有一大批集中在沿海地区，沿海占中国投资的比重达到了47.7%，超过了中西部地区的46.5%。[①]《中华人民共和国国民经济和社会发展第七个五年计划（1986—1990）》重点仍是加速发展东部沿海地区，同时把能源、原材料产业的重大建设项目更多地转移到中部地区，并为开发西部地区做准备。在此期间，东部沿海地区投资比重进一步上升到51.7%，而中西部地区则下降到40.2%。"八五"期间，国家的重点建设项目投资重点为基础产业和基础设施建设，在继续考虑沿海发展需要的同时，也安排了一批项目在中西部地区。但从结果上看，东部基本建设的国家投资仍占全国的54.2%，而中西部则只有38.2%（宋学峰，江浩，2007）。

在优先支持区位和经济条件较好的沿海地区发展的同时，国家对贫困地区和少数民族地区也给予了一定帮助。1979年以来，一直

---

① 有不分地区项目。

在人力、财力、物力和技术等方面向少数民族地区倾斜。[①]1980年代初，中国就开始酝酿并着手解决贫困地区发展问题。1982年，中国政府与世界银行合作，率先在甘肃、宁夏的"三西"地区[②]进行扶贫试点工作。1984年，中央提出要帮助贫困地区民众首先摆脱贫困，并集中力量重点解决18片连片贫困地区发展问题（袁朱，2011）。1986年国务院成立了贫困地区经济开发领导小组，1988年7月国务院决定将贫困地区经济开发领导小组与"三西"地区农业建设领导小组合并为国务院贫困地区经济开发领导小组，1993年更名为国务院扶贫开发领导小组。1994年，国务院发布了《国家八七扶贫攻坚计划》，提出到2000年用七年时间基本解决8000万贫困人口的温饱问题，并逐步加强贫困地区的基础设施建设，着力改变教育文化卫生的落后状况。

三、1990年代中期至中共十九大前区域发展总体战略

针对地区差距拉大带来的问题，1991年《中华人民共和国国民经济和社会发展十年规划和第八个五年计划纲要》提出了统筹规划、合理分工、优势互补、协调发展、利益兼顾、共同富裕区域经济发展新的指导原则。1995年9月，《中共中央关于制定国民经济和社会发展"九五"计划和2010年远景目标的建议》把"坚持区域经济协调发展，逐步缩小地区发展差距"作为此后15年国民经济和社会发

---

① 例如，国家确立了部分经济发达省（直辖市）对口支援少数民族地区，对少数民族自治区和视同民族自治区待遇的省份实行财政补贴，中央财政拨出各种专项补助款，对边远山区、边远牧区的民族贸易企业给予优惠政策等（袁朱，2011）。

② 以定西为代表的甘肃中部干旱地区、河西地区和宁夏西海固地区，合称"三西"地区。

展必须贯彻的重要方针之一，标志着实行多年的效率优先的非均衡发展战略调整为相对协调的区域发展战略（袁朱，2011）。

1999年，国家提出了西部大开发战略，国家区域战略的重点转移到西部地区。2002年的中共十六大报告提出，"积极推进西部大开发，促进区域经济协调发展"，以期通过西部大开发，让欠发达地区跟上全国发展步伐，缩小区域经济发展差距。为缓解东部地区空间集聚和发展速度过快带来的负面影响，采取了财政补贴、转移支付等方式援助西部地区的发展，并且加大了对西部地区重大基础设施和重大项目的投资，改善西部地区发展的基础条件（肖金成，安树伟，2018）。

2002年，针对东北地区老工业基地衰退、资源型城市资源衰竭和国有企业困难的情况，提出实施振兴东北地区等老工业基地战略；2004年，针对中部地区经济增长缓慢的情况，提出了促进中部地区崛起战略（安树伟，2018）；2008年，针对东部沿海地区受到全球金融危机的影响，提出了东部率先转型发展战略。形成了区域发展的"四大板块"，即深入推进西部大开发，全面振兴东北地区等老工业基地，大力促进中部地区崛起，积极支持东部地区率先发展。

2012年，中共十八大报告明确提出："继续实施区域发展总体战略，充分发挥各地区比较优势，优先推进西部大开发，全面振兴东北地区等老工业基地，大力促进中部地区崛起，积极支持东部地区率先发展。采取对口支援等多种形式，加大对革命老区、民族地区、边疆地区、贫困地区扶持力度。科学规划城市群规模和布局，……有序推进农业转移人口市民化，努力实现城镇基本公共服务常住人口全覆盖。"

四、中共十九大后的区域协调发展战略

2017年10月,习近平总书记在中共十九大报告中把支持特殊类型地区发展战略、区域发展总体战略、新型城镇化战略、区域重大战略、陆海统筹等都纳入了区域协调发展战略,并将之并列为要坚定实施的七大战略之一(习近平,2017)。2019年,又把主体功能区战略也纳入区域协调发展之中(习近平,2019),这就是广义的区域协调发展战略。现在一般意义上的区域协调发展战略,包括改革开放以来在鼓励东部地区率先发展战略、西部大开发战略、振兴东北地区等老工业基地战略和促进中部地区崛起战略基础上逐步形成的区域发展总体战略,以及支持革命老区、民族地区、贫困地区、生态退化地区、资源型地区、老工业基地、边境地区等特殊类型地区加快发展(何立峰,2021),这就是狭义的区域协调发展战略。其中,以东部、中部、西部、东北四大区域为地域单元的区域发展总体战略是国土全覆盖的,是从国家战略层面对全国区域发展的统筹安排和总体部署,是国家实施区域协调发展战略的核心组成部分。

中共十九大以后,国家先后将京津冀协同发展、长江经济带发展、粤港澳大湾区建设、长江三角洲区域一体化发展、黄河流域生态保护和高质量发展等上升为国家区域重大战略。区域重大战略是依据所涉区域自然环境、现实基础、突出矛盾、基本需求等因素"量身定做"的,所体现的战略定位、发展目标、任务举措和政策安排等并不相同。区域重大战略的实施有利于促进资源要素在更大范围内流动与配置,既能减少区域间的掣肘,提高区域经济整体运行的协同性和效率性,也有利于促进区域内各地区实现优势互补、增强其发展的平衡性和协调性。这些区域重大战略具有跨省域、跨流域、

与其他战略叠加性的特征，也是一种分类指导的区域发展战略，体现了中央政府拓展区域发展新空间，形成以沿海沿江沿线经济带为主的纵向横向经济轴带的意图。

此外，国家还提出推动成渝地区双城经济圈和海南自由贸易港建设。推动成渝地区双城经济圈建设，强化重庆和成都的中心城市带动作用，将其建设成为具有全国影响力的重要经济中心、科技创新中心、改革开放新高地、高品质生活宜居地。海南全面深化改革开放积极实施，逐步形成了"1+N"政策体系，高标准高质量建设自由贸易试验区。

中共二十大报告提出，深入实施区域协调发展战略、区域重大战略、主体功能区战略、新型城镇化战略，优化重大生产力布局，构建优势互补、高质量发展的区域经济布局和国土空间体系。这对于解决发展不平衡不充分问题、着力推动高质量发展、加快构建新发展格局，具有重要的意义。

第二节　新时代中国区域发展的新特征

当前中国区域发展进入新阶段，区域重大战略陆续推出，区域格局发生深刻调整，区域分化更加明显，中心城市和城市群成为承载经济活动的主要形态，区域一体化、区域合作力度不断加大。

一、区域分化呈现出南北分化态势

在区域分化过程中，中国经济中心进一步南移。2006—2021年，北方地区生产总值年均增长9.6%，低于南方2.5个百分点；北方地区生产总值占全国比重从 42.6%下降至 35.2%。从具体省份来看，2006—2012 年，宁夏、内蒙古、天津三个北方自治区（直辖市）以 21.6%、21.5%、20.4%的年均增速位列全国前三位，全国增速排名前十省（自治区、直辖市）中北方更是占据一半。而 2013—2021 年，全国增速排名前十省（自治区、直辖市）中北方只剩下北京，增长排名最为靠后的九个省（自治区、直辖市）全部来自北方，尤其是辽宁、河北、山西、内蒙古、黑龙江、吉林北方六省（自治区）经济增速明显放缓。

投资增速差异是南北分化的一个重要表现。从全社会固定资产投资来看，尽管南北方固定资产投资均呈现明显下行趋势，但北方下滑幅度更大。2006—2017 年，北方固定资产投资名义增速从 27.2%下滑至-0.5%；而南方则从 21.5%下滑至 10.5%，仍保持两位数增长。这一时期，北方投资增速从领先南方 5.7 个百分点，转变为落后南方 11.0 个百分点。

目前的区域分化还与产业结构具有较密切的关联性。北方资源型省份与西南、东部沿海省份，以及安徽、江西、湖南等省份增速差距扩大，东南沿海地区经济活力领先全国。以辽宁和山西为代表的资源、"去产能"大省下滑严重，而南方以服务业为主的第三产业发展势头良好，产业转型升级迅速，以广东、江苏等为代表的东南沿海的经济强省经济韧性强，以重庆、贵州、西藏为代表的部分西南省份经济增速较高，但目前因总量偏低对全国经济拉动效果有限。在区域分化过程中，中国经济中心进一步南移。目前来看，因产业结构变动而造成的南北增速分化主要表现在第三产业。2011—2021 年,北方第三产业增加值平均增速（按当年价格计算）从 20.12%下滑至 8.30%，降低了 11.82 个百分点；同期，南方第三产业增加值平均增速从 20.17%下滑至 12.37%，降低了 7.80 个百分点。十年间，北方第三产业增速从落后南方 0.05 个百分点扩大至落后 4.07 个百分点。

二、区域政策尺度日益多元化

随着中共十八大以来京津冀协同发展、长江经济带发展、粤港澳大湾区建设、长江三角洲区域一体化发展、黄河流域生态保护与高质量发展等区域重大战略的提出，中国区域政策的空间尺度变得更加多元。在此之前出台的区域战略在空间上多以省（自治区、直辖市）尺度为主。不同空间尺度的区域政策，意味着需要不同的政策工具作为重点。

一是区域治理正在跨越国界。随着中国对外贸易和参与全球治理的范围日益扩大，周边国家，甚至不相邻的重要贸易伙伴可能会对中国特定产业、特定地区产生重要关联影响，这对过去的区域管理思路和手段带来了挑战，更加要求按照国际通行的市场规则，通过优化对外开放布局，推进国际产能和装备制造合作，推进中国自由贸易试验区的各项改革，加快投资贸易便利化，参与到区域治理中去。

二是国际次区域合作变得越来越密集。2015 年 3 月，国家发展和改革委员会、外交部、商务部联合发布的《推动共建丝绸之路经济带和 21 世纪海上丝绸之路的愿景与行动》，提出了共同打造新亚欧大陆桥、中蒙俄、中国-中亚-西亚、中国-中南半岛、中巴、孟中印缅等国际经济合作走廊。而在此之前，中国政府已经在推进澜沧江-湄公河国际次区域合作、长吉图开发开放先导区建设。随着中国与周边国家基础设施互联互通及六大经济走廊建设的推进，这些国际次区域在未来中国无论是对外开放合作格局，还是对内的经济发展格局中都将扮演更加重要的角色，这也要求中央政府在区域政策上给予重视。

三是特大城市的区域化所带来的大都市区治理越来越突出。当前在中国推进新型城镇化中，特大城市和超大城市比中小城市表现出更快的增长速度（安树伟，闫程莉，王宇光，2017），目前一些特大城市出现了较为突出的城市病，随着向周边区域不断拓展，在空间形态上呈现出区域化态势。长期处于农业社会和工业化中期的中国在大都市区的治理方面并没有足够经验，这需要不同层级政府的合作及高层级政府的介入，也需要在交通组织、土地开发、生态保护、产业布局等多个方面做出更好的安排。

四是城市新区及城市功能区的政策也在被广泛使用。近年来国家级新区、产城融合示范区、航空港经济综合试验区、开发开放试验区等较小尺度的区域规划和政策文件频繁推出。由于这些政策工具的空间尺度较小，传导机制和全国尺度、跨区域尺度的政策工具有区别，并且功能不同的地区发生作用的内在机理也各不相同，因此需要加强对这些区域工具规律性的认识和把握，更好地使较小空间尺度政策工具与宏观政策工具融合起来。

三、部分区域收缩问题突出

区域收缩和区域衰退都是描述区域逆增长过程的相似概念，两者侧重点不同。一般情况下，城市发展水平的降低往往伴随着城市规模的缩小，因此"衰退"约等于"收缩"（见图5-1）。

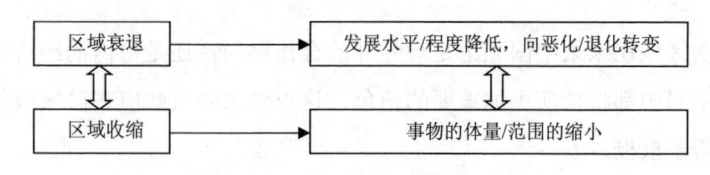

```
区域衰退 ⇄ 发展水平/程度降低，向恶化/退化转变
   ⇅                    ⇅
区域收缩 ⇄ 事物的体量/范围的缩小
```

图 5-1　区域衰退和区域收缩

2010—2020年，扣除行政区划调整因素，全国623个县级及以上城市[①]中，以建成区人口[②]来计算，以建成区人口减少为基准，共有116个城市出现收缩，占城市总数的18.6%。其中，人口减少10%以上的城市有49个，占收缩城市的42.2%；人口减少5%—10%的城市有31个，占26.7%；人口减少1%—5%的城市有25个，占21.6%；人口减少低于1%的城市有11个，占9.5%。收缩城市主要为东北地区的资源枯竭型煤炭、森工城市，占41.4%，其中辽宁有18个、吉林有16个、黑龙江有14个（见表5-1）。

表 5-1　2010—2020年全国县级及以上城市的人口减少幅度

城市类型	减少幅度	数量(个)	城市
地级市	10%以上	11	伊春、鄂州、鄂尔多斯、抚顺、四平、白银、中卫、淮北、鸡西、辽源、鹤岗
	5%—10%	8	佳木斯、鞍山、本溪、通辽、平顶山、黄石、锦州、白城

---

① 《中国城市建设统计年鉴2020》缺失新疆的图木舒克、五家渠数据，南通的海门、长治的潞城、烟台的蓬莱与济南的莱芜均撤县（市）设区，也没有考虑新设立的县级市。

② 采用相关年份《中国城市建设统计年鉴》的城区人口和城区暂住人口数据，城区总人口=城区人口+城区暂住人口。

续表

城市类型	减少幅度	数量(个)	城市
地级市	1%—5%	10	铁岭、营口、安顺、雅安、辽阳、齐齐哈尔、朝阳、双鸭山、吉林、哈密
	1%以下	6	佛山、洛阳、滨州、大同、阜新、商丘
县级市	10%以上	38	洪湖、根河、井冈山、玉门、东方、舒兰、大安、公主岭、万宁、罗定、汾阳、肇东、永济、汨罗、都江堰、海城、桦甸、耒阳、三河、五指山、图们、塔城、敦化、集安、开原、龙井、绥芬河、瑞安、义乌、磐石、合山、广汉、北票、铁力、琼海、新民、灯塔、丹江口
	5%—10%	23	洮南、兴宁、额尔古纳、霍林郭勒、东兴、奎屯、大石桥、韶山、海阳、当阳、和龙、兰溪、敦煌、津市、北安、冷水江、汉川、北镇、虎林、台山、常宁、德令哈、凌海
	1%—5%	15	乐昌、双辽、巢湖、江山、义马、张家港、任丘、同江、沅江、信宜、瓦房店、牙克石、连州、合作、大冶
	1%以下	5	博乐、莱阳、高密、宁安、五大连池

资料来源：根据2010年和2020年《中国城市建设统计年鉴》整理。

四、区域增长动力从竞争到合作的转化

过去，经济增长的动力主要依靠扩大要素投入来获得。在经济新常态下，继续追加要素投入的空间不大，因此将更多地依赖生产率的提高。而在要素总投入不变的条件下，由于专业化分工、市场一体化和集聚效应的存在，要素在区域间重新优化配置可以带来生产率的提高（安虎森，2004；陈秀山，张可云，2003）。现在各地区

将从过去专注于自身"一亩三分地"、依靠单独区域为主体的区域竞争来推动经济增长，逐步转向开展区域合作、促进市场一体化、减少负外部性的联动发展，区域政策的着力重点也从"个别"更多转向"整体"、从"区域内"更多转向"区域间"、从"差异化"更多转向"一体化"。一是通过减少贸易壁垒，降低产业合作的交易成本和流通成本。二是构建统一市场，进一步促进专业化分工，提高生产效率。三是与过去只强调产业转移相比，更加注重引导和利用先发地区的知识外溢，带动后发地区增强发展能力。四是联动发展可促进解决生态环境等负外部性问题。五是扩大开放，通过扩大中国在全球配置资源的范围，消化和转移过剩产能；通过基础设施互联互通等改善中国地缘区位，提升竞争优势；通过设立中国自由贸易试验区等制度创新，促进技术和服务贸易发展。

近年来，中国通过开展各种类型的区域合作，进一步挖掘释放区域比较优势，维持发展动力，尤其是省际交界地区的合作越来越受到重视。2010年以来，我国省际交界区域合作与发展呈现出一系列新态势和新特点。省际交界区域与省域中心地区经济的绝对差距继续扩大而相对差距开始缩小，不同类型省际交界区域发展呈趋同趋势，第二产业增长乏力导致产业结构"虚高度化"，欠发达省际交界区域人口减少的趋势明显，行政壁垒由显性壁垒向隐形壁垒转变。同时，脱贫攻坚为省际交界区域发展奠定了良好基础，中西部省际交界区域发展速度较快，省际次区域合作和中心城市的作用更加凸显，都市圈和城市群发展使得省际交界区域合作与发展的机遇与挑战并存（安树伟，黄艳，王慧英，2022）。2018年11月，《中共中央 国务院关于建立更加有效的区域协调发展新机制的意见》提出，要支持晋陕豫黄河金三角、粤桂、湘赣、川渝等省际交界地区合作发展，探索建立统一规划、统一管理、合作共建、利益共享的合作新机制。加强省际交界地区城市间交流合作，建立健全跨省城市政府间联席会议制度，完善省际会商机制。促进省际交界区域合作与协同发展，要在融入国家重大战略中寻求新突破口，促进省际交界区域由"合作不经济"向"合作经济"转变、由区域管理向区域治理转变，充分发挥次区域合作和区域性中心城市的增长极作用，实现省际交界区域脱贫攻坚与乡村振兴的有效衔接（安树伟，黄艳，王慧英，2022）。

第三节 中国区域空间发展面临的新形势

当前，世界经济格局的调整、中国社会主要矛盾转化、中国经济转入中速平稳增长期、高质量发展、中国式现代化等对中国区域空间发展的调整与优化提出了战略性要求。特别是，中国整体处于工业化中期向后期过渡阶段，经济结构、区域结构、城乡结构正发生较大的变化，迫切需要在工业化、城镇化快速推进的过程中，优化区域空间开发结构，构建优势互补、高质量发展的区域空间发展新格局。

一、世界经济格局调整对中国空间发展提出了新要求

世界经济发展经验表明，每一次世界经济格局的调整，都会改变经济要素流动的方向和经济存量的历史格局，都会带来全球城市体系"金字塔尖"的转移，重构新兴国家的国土空间开发格局（陆大道，2003）。伦敦、纽约和东京等世界城市，以及美国东北部、北美五大湖等世界级城市群的崛起，无一不是世界经济增长中心转移

的结果（肖金成，袁朱等，2009）。近年来，中国对世界经济增长的贡献和在世界经济中的份额明显提高，2021年中国GDP达17.7万亿美元，占世界比重达到18.5%，2013—2021年，中国对世界经济增长的平均贡献率达到38.6%，[①]正成为世界经济增长的重要引擎和世界经济格局调整的受益者。因此，面对世界经济格局的加快调整，中国须进一步优化国土空间结构，加快建设具有国际竞争力的城市和城市群；加强国内的产业布局和地区分工，推动各地区与城市尽快融入世界经济体系。与此同时，国际区域合作大为加强。中国从长远发展战略出发，近年来也加强了与周边地区的合作，推动了中国陆路对外交通和能源进入口通道的建设，要求积极构建面向两个市场、利用两种资源的国土空间开发结构。

二、中国经济转入中速平稳增长期对区域发展提出了新要求

2013年国务院发展研究中心"中长期增长"课题组预测，未来十年中国经济增长速度将比过去十年明显放缓。中国经济将由过去年均10%左右的高速增长阶段转入6%—8%的中速增长阶段，具体而言，未来将维持三年左右8%上下的增长速度，然后过渡到6%—7%的增长速度（刘世锦，2013）。2010年以来的中国经济增长表明，这一预测基本是准确的（见图5–2）。2019年国务院发展研究中心"中长期增长"课题组预测，中国经济开始转入中速平稳增长期，未来十年中国经济增长速度有很大可能稳定在5%—6%，也可能是5%左

[①] 张钦："国家统计局：2021年我国GDP达17.7万亿美元,占世界比重达18.5%"。https://baijiahao.baidu.com/s?id=1745906275364550023&wfr=spider&for=pc, 2022-10-18.

右（刘世锦，2019）。2021 年中国国内生产总值达到 114.37 万亿元，经济规模已经很大，即使保持这样的增长速度，每年经济的新增量依然位居全球前列，保持这样的增长速度需要打造中国经济支撑带、拓展区域发展新空间作保障。

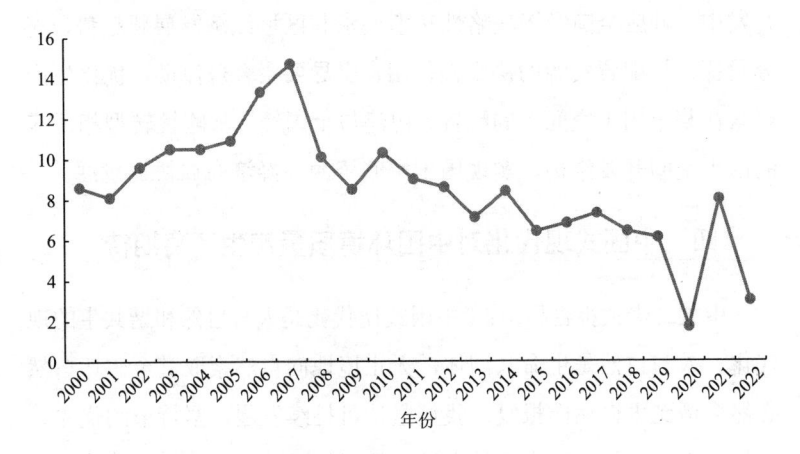

图 5-2　2000—2022 年中国国内生产总值增速（％）

资料来源：《中国统计年鉴 2022》。

三、高质量发展对优化区域空间提出了新挑战

2017 年 10 月，习近平总书记在中共十九大报告中提出，"我国经济已由高速增长阶段转向高质量发展阶段"。这是当前和今后一个时期持续推动经济发展的基本立足点。高质量发展就是能够很好满足人民日益增长的美好生活需要，全面体现创新成为第一动能、协调成为内生特点、绿色成为普遍形态、开放成为必由之路、共享成为根本目的的发展，是与经济建设、政治建设、文化建设、社会建设、生态文明建设五位一体总体布局要求相一致，是更高质量、更

有效率、更加公平、更可持续的发展。与此同时，中国区域经济结构处于大变动时期，经济重心正在不断地由北向南、由东向西转移；区域之间分工正在从部门之间分工、部门内分工走向价值链分工，向中西部地区的产业转移在逐步加快。高质量发展要求在国土空间开发中，顺应全国经济战略性转型要求和区域经济发展新趋势，充分发挥市场配置资源的决定性作用，引导要素合理流动，优化生产要素在整个国土空间上的配置，构建与全国经济战略性转型相适应的国土空间开发结构，实现国土空间资源与经济布局协调发展。

四、中国式现代化对中国环境质量产生了高期待

中共二十大报告指出："中国式现代化是人与自然和谐共生的现代化。人与自然是生命共同体，无止境地向自然索取甚至破坏自然必然会遭到大自然的报复。我们坚持可持续发展，坚持节约优先、保护优先、自然恢复为主的方针，像保护眼睛一样保护自然和生态环境，坚定不移走生产发展、生活富裕、生态良好的文明发展道路，实现中华民族永续发展。"改革开放 40 多年来，中国经济活动对自然资源的需求和生态环境的压力不断增加，自然环境质量下降。随着中国经济社会的快速发展和人们生活水平的提高，人们对生产、生活环境提出了更高的要求，对洁净的空气、清洁的淡水和绿色食品等生态条件和良好环境的需求越来越迫切，对生态环境需求的满足也成为人的福利水平的重要标志。近年来国家显著加强了区域政策和区域规划参与生态治理的力度，2018 年国务院批复的区域性生态经济发展规划就有《汉江生态经济带发展规划》《淮河生态经济带发展规划》《洞庭湖水环境综合治理规划》，2020 年 10 月，中共中央、国务院印发的《黄河流域生态保护和高质量发展规划纲要》，也体现

了将污染防治和区域发展紧密结合的任务要求和发展趋势。因此，为适应中国国民意识和价值观的转变，满足中国广大民众的生态环境需求，要求我们在国土空间开发时大力提升中国国土环境质量，促进人与自然的和谐发展。

五、区域空间利用过程中长期积累的诸多矛盾迫切需要化解

中国区域空间利用中存在诸多问题、矛盾、挑战和不足。一是空间无序开发与地区间低端同质化竞争现象普遍，参与全球和区域竞争能力不足。空间开发缺乏总体统筹，地区间产业结构雷同。城镇建设规模扩张过快，空间利用效率较为低下。基础设施重复建设、过度超前和建设滞后等现象并存。制造业缺少核心竞争力。二是人口和产业过度集聚导致资源调配距离日益加大，国土空间组织运行效率和稳定性下降。人口、产业和经济不断向东部沿海地区集聚，而能源资源富集区主要集中在中西部地区，导致大宗物资长距离运输需求不断加大，供给保障受各种因素影响较大。三是区域空间利用供需矛盾突出。陆域空间多为山地和高原，适于区域空间利用的平地面积较少。城乡居民对人居环境的要求不断提高，与空间有限供给之间的矛盾日渐突出。四是区域和城乡发展差距加大，老少边贫地区发展滞后问题突出。2021年全国还有约6亿人口的月人均收入在1500元左右，占总人口的40%。[①]农村地区生产生活条件和基本公共服务水平与城市差距加大，城乡社会矛盾加剧。区域发展不平衡、不协调问题突出，边境地区开发开放程度有待提高。五是近

---

① 《中国统计年鉴2022》。

海资源开发过度与远洋资源利用不足问题并存,海洋区域空间保护任务艰巨。绝大部分海洋开发利用活动发生在近岸海域,近海环境污染及生态系统功能退化形势严峻。专属经济区和大陆架区域的油气等矿产资源开发几近空白,海洋维权任务日益艰巨。

第四节 中国区域空间发展总体战略

经济发展不能脱离中国自然地理条件和资源环境条件,也不能脱离经济社会发展历史形成的客观基础。新时期,构建"统筹东中西、协调南北方"的区域空间发展新格局,应重点打造承东启西、连南贯北的经济带,规划建设联系紧密、带动力强、影响力大的城市群,选择宜居宜业、具有战略意义的区域发展新空间培育新的经济增长极,构建经济联系相对紧密、受到城市群辐射带动的规模较大的经济区,建设有较大规模、经济实力较强、有一定辐射带动能力的区域性中心城市,构建优势互补、高质量发展的区域经济布局和国土空间体系,实现东中西互动、城乡融合、经济社会与自然和谐发展。

一、区域协调发展

区域协调发展是中共二十大报告中提出的区域发展战略之一,促进区域协调发展,就是要提升欠发达地区综合竞争力,缩小区域发展差距,推动形成主体功能定位清晰、优势互补、良性互动、公共服务和人民生活水平差距趋向缩小的区域协调发展新格局。优化城镇布局和形态,统筹城乡国土空间开发,同步推进新型工业化、城镇化和农业现代化，积极推进城乡基本公共服务均等化，推动形成以工促农、工农互动和以城带乡、城乡互动的一体化发展格局。完善区域协调机制，正确处理行政区和经济区的关系，充分发挥地区优势，促进生产要素合理流动，引导区域良性竞争，加强区域合作，缩小差距，形成人与自然和谐发展的局面，保持地区间人口、经济、资源、环境的协调发展。

（一）有效发挥各地区比较优势

充分发挥政府政策指导和规划引导作用，切实强化市场机制促进资源优化配置和发挥地区比较优势的决定性作用。提升区域特色优势，明确地区功能定位，推进区域合理分工，统筹各地区的资源和要素关系，有序推进区域资源整合与产业重组，引导产业有序转移，促进生产要素及人口跨区域合理流动，健全合作机制，巩固区域合作成果，创新合作模式，进一步加强泛区域空间合作，促进区域互动发展和泛区域一体化进程。加大基础设施投资建设力度，实现跨区域交通、通信、能源设施建设一体化，建成区域协调联动的交通、商贸、物流、通信、旅游、金融等服务体系，积极支撑多中心网络型国土空间开发格局的形成，依托各区产业联动和功能互补，促进国土连片（带）开发和共同发展（覃成林，贾善铭，杨霞等，2016）。

（二）区域差距保持在合理的范围内

遵循内聚外迁的思路，积极引导中西部地区资源环境承载力较低地区的人口向东部沿海地区、城市群和都市圈地区转移，促进人口规模与经济规模基本匹配。加大对中西部条件较好地区的支持力度，引导中西部地区投资增长，加快培育新的增长极，带动中西部地区发展，有效遏制经济差距扩大趋势。实施差别化的区域空间战略。推进西部大开发形成新格局，进一步贯彻新发展理念，推动高质量发展；以共建"一带一路"为引领，加大西部开发力度；加大美丽西部建设力度，筑牢国家生态安全屏障；坚持以人民为中心，把增强人民群众获得感、幸福感、安全感放到突出位置；促进西部地区经济发展与人口、资源、环境相协调，实现高质量发展（中共中央，国务院，2020）。推动东北振兴取得新突破，加快产业结构调整与升级步伐，完善现代产业体系，推进形成以城市群和都市圈为基础的一批新型工业化和开发开放的经济增长带。开创中部地区崛起新局面，进一步提升区位和产业优势，促进人口和产业集聚，发展现代产业体系，加快构建一批有实力的经济带、经济区及城市群等创新增长极。鼓励东部地区加快推进现代化，深化改革，率先转变经济发展方式，促进技术升级与产业转移，发展高端制造业和服务业，推进沿海轴线多重布点、连片开发。

（三）努力实现基本公共服务均等化

深化完善区域基本公共服务均等化的体制机制，促进公共服务资源在区域之间均衡配置，缩小基本公共服务水平差距。促进健全国家援助机制和区域补偿机制，加大对欠发达地区、资源型地区和生态退化地区的综合扶持和补偿力度。重点加强对民族地区、边境地区、粮食主产区等类型地区的政策援助和利益补偿，继续加大对该类地区基本公共服务的建设投入力度，逐步缩小区域间居民生活水平差距，实现各地区居民享受基本等值化的生活质量，确保国土空间开发及其成果惠及全体民众。

（四）推进人与自然和谐共处

深化认识区域环境的不可分割性和共享性，坚持资源节约、环境友好原则，促进国土绿色开发。重点做到开发有度、开发有序、开发可持续，切实提高生态结构和文化资源的价值尺度，实现人的全面发展与资源开发、环境保护有机协调。积极应对全球气候变化，加强资源节约和管理，大力发展循环经济，加大环境保护力度，促进生态保护和修复，加强防灾减灾，不断改善区域生态环境质量，增强区域可持续发展能力，全面推进形成绿色繁荣型的国土空间开发格局。

二、城乡融合发展

立足城镇发展，着眼农村建设，优化城乡区域空间格局，完善城乡统筹的各项体制机制，促进城乡良性互动，逐步缩小城乡发展差距，促进城乡居民共同富裕。

（一）推进城乡统筹发展

全面统筹城乡规划、基础设施、公共服务、产业发展、生态环境和治理体制一体化，强化产业联动和国土一体化开发，积极引导工业向园区集中、人口向城镇集中，完善城乡一体化发展的体制机制和政策体系，构建新型工农关系和城乡关系，积极鼓励城镇优势公共资源向农村延伸，建立城乡一体化的基本公共服务制度，提高农村居民基本生活保障水平，推进实现城乡二元分割向一体化发展的全面转型。

（二）优化城乡空间格局

开展城镇土地综合整治，调整用地结构，合理确定城市开发边界和开发强度，协调好老城区与新城区、生态区与各类发展功能区的空间关系，推进城市空间分区管制。完善城市功能，开展城市更新，促进精明增长，加强基础设施建设，增强公共服务能力，强化民生建设，提升环境质量，推进创新发展，提高城镇国土综合承载力。积极防治"城市病"，加强城市灾害处理能力建设。推进重点都市圈和城市群地区空间一体化进程，强化城市之间功能互补、产业链式分工及生态空间共建共享，形成高效、集约、联动的城镇化开发格局。

（三）促进农村地区土地有效开发

严格保护耕地，优化耕地结构，加大农业基础设施建设力度，确保农业生产稳定和粮食安全。加强农村土地综合整治，进一步加强新农村建设。促进农业资源利用与生态环境保护协调发展，加大农村防灾减灾能力建设。

三、轴带引领发展

经济支撑带一般指各类生产要素沿大江大河或陆路交通干线布局，串联有若干联系紧密的大中心城市或都市区、城市群，形成一体化发展且具有高度开放性的经济轴带（汪阳红，张燕，2017）。这个轴带的宽度因轴线的等级、长度和对区域的作用不同而有差别（陆大道，1995）。从中国区域经济发展现状和外部环境看，新常态下经济下行压力加大、经济转型升级任务迫切，区域经济传统优势衰弱、新优势正在积极培育，区域经济发展客观上需要新的战略思维。经济支撑带的提出，既是区域经济理论的进一步深化，也充分反映了中国区域经济发展的内在要求和基本态势。

（一）经济支撑带的内涵与特征

经济支撑带的内涵可以从以下几方面理解：一是在理论上继承和丰富了经济带理论，经济支撑带本质上是经济带，具有区域协调发展、梯度协同合作、比较优势、区域经济一体化等功能；二是跨越了东部、中部、西部、东北地区四大区域的制约，更加注重地域之间的联系，从而形成了新的区域战略组合，能将东西南北中不同方位、不同等级区域串联在一起，逐步形成区域网络化发展格局；三是经济支撑带立足发展特色，在创新发展、协调发展、转型发展、开放发展等方面取得突破（汪阳红，张燕，2017）。因此，经济带就是沿主要交通干线集聚大量城市、城镇和产业，形成的产业密集、城市和城镇比较密集的经济支撑带。

经济支撑带具有以下五个特征：一是依托有条件的大江大河和陆路交通干线，人口和经济活动沿线集聚，城镇数量众多，与沿线周边其他区域具有明显的发展梯度差，在地理空间上呈高密度性的轴带状。二是内部紧密联系，交通等设施互联畅通、功能错位互补、产业有机分工协作、生态环境共保，发达与欠发达地区协同协调发展，经济整体联动性强。三是创新支撑能力强，是一条创新发展的支撑带。四是全方位开放性，能够顺应全球化和区域一体化的趋势，具有参与全球化和区域一体化的协同优势。五是强有力的带动性，是支撑国家或地区经济增长的新动力区域，能在新型工业化、信息化、城镇化、农业现代化等领域起到示范、引领和带动发展的作用

(汪阳红，张燕，2017)，在建设社会主义现代化强国中发挥重要作用。

中国已形成若干条纵横全国的经济带，如沿海经济带、长江经济带、陇海-兰新经济带、京广-京哈经济带和包昆经济带，这些经济带已成为承东启西、连南贯北的经济主骨架，在其上集聚了大量的城市和产业。新时期，在充分发挥上述经济带辐射带动作用之外，还要立足国土空间开发的整体需求，积极培育渤（海湾）（内）蒙（古）新（疆）经济带、珠江-西江经济带和沿边经济带，推动形成"三纵四横一沿边"国土空间开发框架（见图5-3），作为"统筹东中西、协调南北方"的新支撑（安树伟，郁鹏，2015；肖金成，欧阳慧等，2015）。实施轴带引领战略，有利于"统筹东中西、协调南北方"，

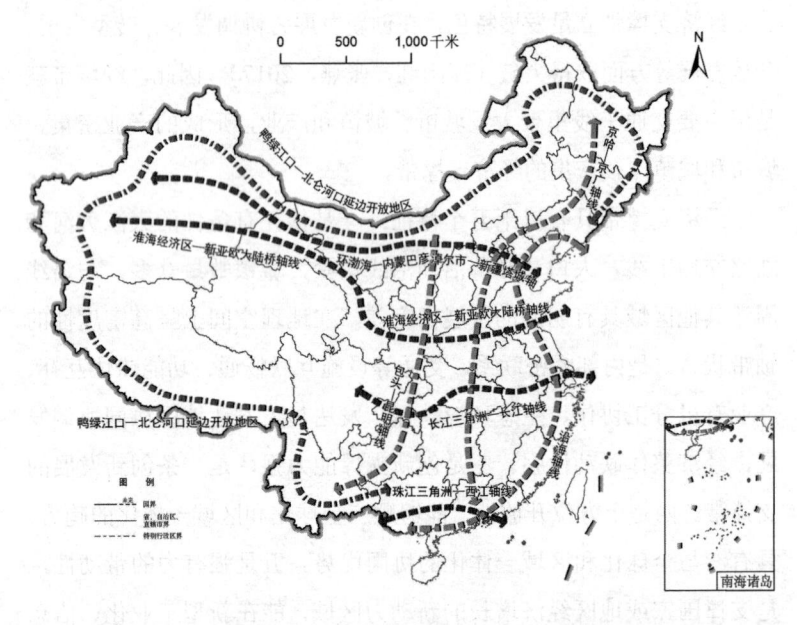

图5-3 中国"三纵四横一沿边"空间格局

通过建设网络化的运输通道，构建连接东中西、贯通南北方的多中心、网络化的区域开发框架，推进形成功能清晰、分工合理、各具特色、协调联动的区域发展格局，有利于在更大范围、更高层次、更广空间促进要素流动与合理配置，有利于促进生产要素分布与国家重大生产力布局相协调，从而为国民经济持续平稳增长、基本实现现代化提供持久动力（黄征学，2016；肖金成，黄征学，2017）。

（二）中国成形的经济带

中国已经成形的是"两横三纵"经济带，但总体上并不平衡，沿海、京广-京哈、陇海-兰新和长江四条经济带的经济实力相对较强，包昆经济带的经济实力相对较弱。在经济带内部，发展不平衡的问题也比较突出。

1. 沿海经济带

沿海经济带沿着东部海岸线从北向南分布了大连、天津、青岛、上海、厦门、深圳、广州等40多座大中城市，连接了辽中南、京津冀、山东半岛、长三角、海峡西岸、珠三角六大城市群（顾朝林，1992）。沿海经济带经济基础雄厚，产业结构比较合理，基础设施完备，国际化程度高，已形成了整体竞争优势，是中国今后参与国际竞争的先导区域、基本实现现代化的示范区域，但南北之间开放程度与发展水平仍存在一定差异，东南沿海与北部沿海经济发展差距仍很明显，特别是辽宁沿海的辽西地区、江苏沿海、广东的西南部沿海、广西沿海地区的经济发展水平相对落后。未来，加快环渤海地区改革开放步伐、补齐粤西地区及广西北部湾地区的短板、提升发展水平，是协调沿海经济带南北方发展的重要任务。

2. 京广-京哈经济带

京广-京哈经济带沿京哈铁路、京广铁路从北向南分布了哈尔滨、长春、沈阳、北京、石家庄、郑州、武汉、广州等40多座大中城市，几乎覆盖了中国东北和中部地区。发达的陆路通道为沿线经济发展提供了便利条件，串联了辽中南、京津冀、中原、武汉、长株潭和珠三角等城市群。原材料工业、装备制造业、农副产品加工业比较发达，农业生产条件良好，是中国重要的粮食生产基地。随着东北等老工业基地振兴及新兴工业基地的崛起，该经济带的发展潜力将进一步发挥。未来应把京哈线、京广线、京九线、同蒲-太焦-焦柳线沿线地区作为一个整体，共同打造京广-京哈经济带，同时加快推进东北地区等老工业基地振兴、中部地区及新兴工业基地崛起，进一步发挥该经济带的发展潜力。

3. 长江经济带

长江经济带分布了重庆、武汉、南京、上海等30多座大中城市，将长江三角洲与武汉、成渝等城市群连接起来，形成一条以长江为纽带的人口与产业发展轴线。长江经济带产业基础雄厚，分布了一大批中国重要的基础产业和战略性产业基地，具有巨大的发展潜力和优越的发展条件，是强化中国东中西部经济联系的最重要通道（顾朝林，1992）。但受区位和政策因素的影响，长江经济带发展不平衡，经济带中下游经济发展水平最高，而上游经济发展水平较低。应充分发挥长江黄金水道的航运功能，在合理规划布局沿江港口的基础上，不断改善上中游沿江地区的投资环境和生态环境，提升上中游沿江地区集聚人口和其他经济要素的能力。特别是长江上游的成渝双城地区，资源禀赋合理、人口密集、产业基础比较雄厚，是中国西部地区生态环境最好的地区，其加快发展对西南地区、西部地区乃至南亚、东南亚次区域合作具有非常重要的意义。

4. 陇海-兰新经济带

陇海-兰新经济带沿陇海-兰新-兰新西铁路，从西向东分布了霍尔果斯、乌鲁木齐、西宁、兰州、西安、洛阳、郑州、连云港等30多座城市，贯穿中国东中西部10个省（自治区），共与十多条南北向铁路交会，将淮海经济区、中原城市群、关中平原城市群、兰州及其周边地区及乌鲁木齐及其周边地区连接起来。这是另一条连接东中西的重要横向经济轴线，能源、电力、石化、有色金属、装备制造、轻纺、电子、航空航天等工业较为发达。虽然该经济带开发历史悠久，但经济发展水平仍比较低，中西部地区的沿线城市辐射能力有限，城市间横向联系和分工协作还不密切。陇海-兰新经济带的规划建设不仅可以统筹中国的东中西部，而且通过"丝绸之路经济带"将太平洋与大西洋连接起来，其连接亚欧纽带的作用更加凸显，将使古丝绸之路焕发活力。下一步，应以东中西联动发展为切入点，强化各城市的合作，加快人口和产业在经济带上的聚集。

5. 包（头）昆（明）经济带

包（头）昆（明）经济带沿包（头）西（安）铁路、宝成铁路、成渝铁路、成昆铁路、内昆铁路，分布了包头、鄂尔多斯、榆林、西安、成都、重庆、昆明等十几座城市，将晋陕蒙交界地区、关中平原城市群、成渝城市群、滇中地区连接在一起，辐射带动了西部地区的发展。通过加强能矿资源开发，沿线煤炭、天然气、石油、原材料工业对全国经济发展的支撑作用将进一步加强，对于保障国家经济安全具有极其重要的战略意义。受多方面因素制约，该经济带虽资源丰富，但城市和产业不太密集，整体实力还比较弱，应以交通条件改善为着力点，积极培育经济带上新的增长点，如鄂尔多斯、榆林、泸州、内江、遵义、六盘水、曲靖等，使这条纵贯西部南北的经济带壮大起来。

（三）中国需要培育的经济带

除上述基本成形的"两横三纵"经济带外，还有几条虽尚未成形，但在国家总体空间开发格局中极为重要的经济带，应给予高度重视和特殊扶持。

1. 渤（海湾）（内）蒙（古）新（疆）经济带

渤（海湾）（内）蒙（古）新（疆）经济带东自环渤海五省二（直辖）市，沿京包铁路经呼和浩特、包头、巴彦淖尔至新疆的哈密，接新疆克拉玛依、塔城，从塔城出境可至哈萨克斯坦首都阿斯塔纳，是一条新的横贯东西的发展轴线。巴彦淖尔至哈密的铁路、克拉玛依至塔城的铁路已建成通车，哈密至克拉玛依的铁路已纳入规划。塔城至哈萨克斯坦的铁路枢纽仅有300千米的距离，经过哈萨克斯坦的铁路网，即可到达欧洲，是又一条连接亚欧的新经济带。通过这条经济带，既可扩大京津冀和环渤海的腹地，充分发挥环渤海地区对西部地区的带动作用，又可进一步增强向西开放能力，打造新的对外联系通道。

2. 珠江-西江经济带

珠江-西江经济带东自珠三角和海南、香港、澳门，向西经广西、贵州，至云南的瑞丽与孟中印缅经济走廊相连，覆盖七省（自治区、特别行政区），既有经济最发达的粤港澳地区，又有经济发展滞后的滇黔桂三省（自治区）。打造珠江-西江经济带将使珠三角与滇黔桂的合作跃上新台阶，也将促使中国与东南亚、南亚的国际次区域合作迈上新台阶。

3. 沿边经济带

沿边经济带北起辽宁丹东，南至广西东兴，是一条环形经济带，全长2.2万千米，沿线分布了140个陆地边境县和新疆生产建设兵团的58个边境团场（约2300万人）、40多个地级行政单位（约7000万人），是以对外口岸为依托的"大分散、小聚集"发展轴线，战略地位十分突出（安树伟，郁鹏，2015）。在这条经济带上，分布有丹东、绥芬河、满洲里、二连浩特、塔城、喀什、日喀则、西双版纳、河口、东兴等边境城市。这些城市规模不大，但战略地位非常重要。一些城市水资源及其他经济发展条件也很好，有条件发展成为大中城市。部分口岸、县城和小城镇，如黑龙江乌苏镇、内蒙古满洲里、新疆霍尔果斯、云南瑞丽、广西龙州等，有条件发展成为规模较大的城市，甚至发展成为大城市。但由于自然条件的限制和国际关系的不确定性，近期内沿边经济带很难成长为一个具有全局意义的经济支撑带。

除上述国家层次经济轴带外，沪（上海）昆（明）经济带、青（岛）济（南）邯（郸）经济带、大（同）太（原）运（城）经济带、汉江生态经济带、呼（和浩特）包（头）银（川）经济带等区域性经济带可作为国家二级开发轴带（黄征学，2016；肖金成，黄征学，2017）。

四、群区耦合发展

2010年以来，国家出台了一系列规划、建议等，加快城市群发展（见表5–2），城市群日益成为区域人口集聚、经济增长和城镇化的重要载体（肖金成，黄征学，2017）。未来将发展壮大城市群和都市圈，分类引导大中小城市发展方向和建设重点，形成疏密有致、分工协作、功能完善的城镇化空间格局。

表 5–2　2010 年以来国家有关文件关于城市群发展的表述

文件/规划	年份	关于城市群的表述
《全国主体功能区规划》	2010	推进环渤海、长江三角洲、珠江三角洲地区的优化开发，形成三个特大城市群；推进哈长、江淮、海峡西岸、中原、长江中游、北部湾、成渝、关中-天水等地区的重点开发，形成若干新的城市群。
《中华人民共和国国民经济和社会发展第十二个五年规划纲要》	2011	以大城市为依托，以中小城市为重点，逐步形成辐射作用大的城市群，构建以欧亚大陆桥通道、沿长江通道为两条横轴，以沿海、京广-京哈、包昆通道为三条纵轴，以轴线上若干城市群为依托、其他城市化地区和城市为重要组成部分的城市化战略格局，在东部地区逐步打造更具国际竞争力的城市群，在中西部有条件的地区培育壮大若干城市群。
《国家新型城镇化规划（2014—2020 年）》	2014	优化提升东部地区京津冀、长江三角洲和珠江三角洲等城市群，加快培育成渝、中原、长江中游、哈长等城市群，推动国土空间均衡开发，引领区域经济发展。
《中华人民共和国国民经济和社会发展第十三个五年规划纲要》	2016	优化提升东部地区城市群，建设京津冀、长三角、珠三角世界级城市群，提升山东半岛、海峡西岸城市群开放竞争水平；支持港澳在泛珠三角区域合作中发挥重要作用，推动粤港澳大湾区和跨省（自治区）重大合作平台建设；培育中西部地区城市群，发展壮大东北地区、中原、长江中游、成渝、关中平原城市群。
《全国国土规划纲要（2016—2030 年）》	2017	以开发轴带和开发集聚区为依托，以城市群为主体形态，促进大中小城市和小城镇合理分工、功能互补、协同发展。

续表

文件/规划	年份	关于城市群的表述
《决胜全面建成小康社会 夺取新时代中国特色社会主义伟大胜利——在中国共产党第十九次全国代表大会上的报告》	2017	以城市群为主体构建大中小城市和小城镇协调发展的城镇格局,加快农业转移人口市民化。
《中共中央 国务院关于建立更加有效的区域协调发展新机制的意见》	2018	以京津冀城市群、长三角城市群、粤港澳大湾区、成渝城市群、长江中游城市群、中原城市群、关中平原城市群等城市群推动国家区域重大战略融合发展,建立以中心城市引领城市群发展、城市群带动区域发展新模式,推动区域板块之间融合互动发展。
《中华人民共和国国民经济和社会发展第十四个五年规划和2035年远景目标纲要》	2021	发展壮大城市群和都市圈,分类引导大中小城市发展方向和建设重点,形成疏密有致、分工协作、功能完善的城镇化空间格局。
《全国国土空间规划纲要(2021—2035年)》	2022	推进城市群、都市圈一体化布局。以城市群、都市圈为空间规划单元,统筹划定大中小城市和小城镇的城镇开发边界,优化城镇发展方向,形成区域一体、城乡融合的空间格局。
《高举中国特色社会主义伟大旗帜 为全面建设社会主义现代化国家而团结奋斗——在中国共产党第二十次全国代表大会上的报告》	2022	以城市群、都市圈为依托构建大中小城市协调发展格局,推进以县城为重要载体的城镇化建设。

资料来源:根据相关规划/文件整理。

(一)科学认识城市群

当前在理论和实践中对城市群的认识都存在许多偏差,应尊重城镇化规律,深化对城市群的认识。一是城市群是人口活动空间聚集的高级形态,以在特定区域有效地承载一定规模的人口为根本目标,其形成和发育先天就依赖于具有一定优势的自然条件。在中国广袤的西部地区,由于地理环境的先天不足,诸多区域如青藏高原及新疆大部分地区不适宜发展城市群,如果人为地强行推进城市群建设,势必事与愿违。二是城市群的形成是人类社会发展的自然历史过程,遵循从低级向高级演化的循序渐进规律。要充分尊重城市群形成和演进的基本规律,需要明确个人、企业、社会组织和政府在推进城市群有序、健康、协调发展中的角色和职责,不宜人为地大规模推进城市群规划建设。三是对处于萌芽期、发育期、成长期、成熟期等不同发展阶段的城市群应区别引导,因地制宜实施差异化的城市群发展战略(张燕,2014)。

自《中华人民共和国国民经济和社会发展第十一个五年规划纲要》提出要把城市群作为推进城镇化的主体形态以来,城市群发展越来越受到重视。现阶段发展较为成熟的城市群有京津冀、长三角、珠三角、辽中南、山东半岛、海峡西岸、中原、武汉、川渝、关中平原、长株潭等城市群。随着城市群的发展,集聚的物质要素和人口的不匹配现象已经逐步改善。总体来看,中国城市群的集聚和带动效应持续增强,支撑和服务区域乃至全国发展的功能更加优化,但人口与经济活动的非协同集聚的问题依然存在。因此,从促进区域协调发展的角度出发,一方面应促进产业向城市群之外的地区转移,另一方面应促进城市群内各城市吸纳更多的人口,以使物质要素与人口相匹配。与产业转移相比，人口转移的成本更低，所以应加强城市群对人口的吸纳能力。除上述发育比较成熟的城市群之外，以合肥为核心的江淮地区、以哈尔滨和长春为核心的东北哈（尔滨）长（春）地区、以南宁为中心的北部湾地区、以乌鲁木齐为中心的天山北坡地区等都有希望发展成为新的规模较大的城市群（肖金成，袁朱等，2009）。

（二）城市群与经济区的耦合过程

城市群是经济区内发展水平最高的地区，也是经济区的增长中心和辐射源。城市群的发展具有一定的动态性，即城市群的结构、功能、各城市之间的联系始终保持调整、完善和深化的状态，这使得城市群功能不断整合，汇聚所有城市的经济势能形成一定的辐射力，在区域合作不断加强的基础上就形成了经济区。城市群与经济区的耦合可以通过空间结构优化和功能整合来实现，城市群与经济区的耦合过程就是区域间要素集聚与扩散的过程，二者发展差距的缩小就是人口由非城市群地区向城市群地区聚集、产业由城市群地区向非城市群地区扩散的过程（肖金成，李博雅，2020）（见图5-4）。

城市群空间结构的演化是支撑地区经济规模扩大和持续平稳增长的重要方面。城市群的空间结构由单中心向多中心转变，为了通过分散经济活动而降低集聚不经济，各地区的专业化水平不断提高，逐渐形成了分工明确的合作格局，每一个城市的对外服务功能进一步强化，在集聚和扩散效应的共同作用下继续形成新的集聚中心，使得区域空间不断向外扩展（见图5-5）。随着城市群不断发育成熟，城市群核心城市和外围城市的功能分异日益明显，核心城市主要发挥生产性服务功能，外围城市主要发挥生产制造功能，产业将按照

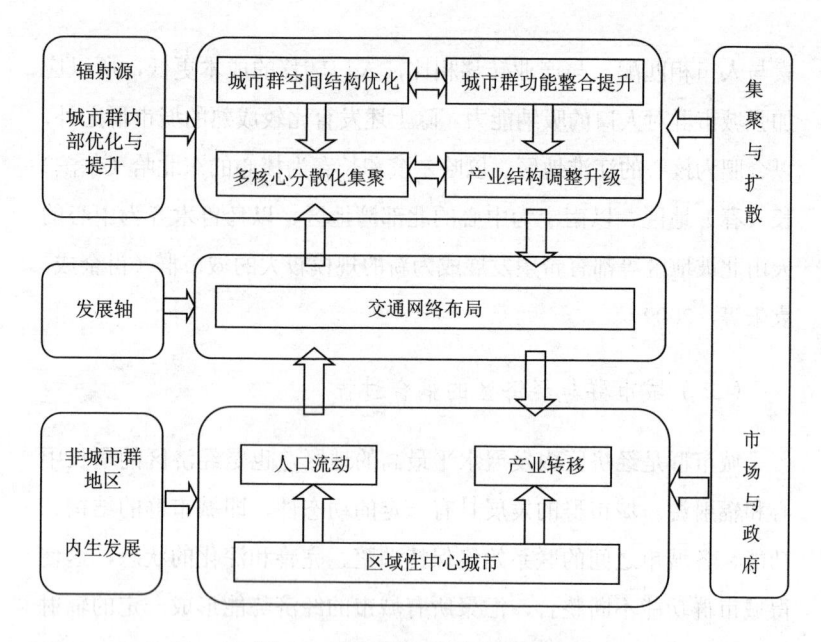

图 5-4 城市群与经济区的耦合机理

资料来源：肖金成、李博雅："城市群对经济区的辐射带动作用"，《开发研究》2020年第 1 期，第 38—46 页。

城市群核心城市—城市群副中心城市—城市群外围地区—非城市群地区逐级转移。与此同时，非城市群地区的人口在高就业、高工资等的吸引下仍持续向城市群内部集聚。在这一过程中，城市群外围和非城市群地区的一些发展潜力较好的城市有可能发展成为次一级的经济中心，区域空间结构就在这样交替过程中不断扩展并得以优化，城市群与经济区的耦合过程得以实现（肖金成，李博雅，2020）。

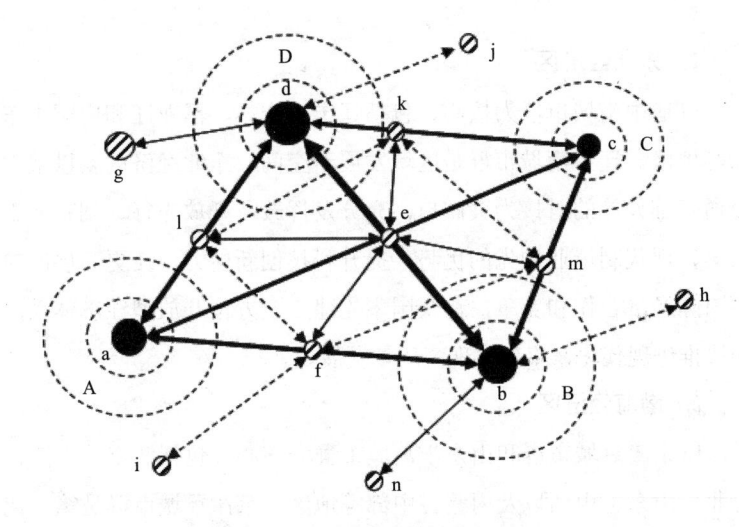

图 5–5　城市群带动经济区的作用机理

资料来源：安树伟、张晋晋："都市圈带动黄河流域高质量发展研究"，《人文杂志》2021 年第 4 期，第 22—31 页。

（三）以城市群为核心，构建跨省份的八大经济区

要顺应城市群和经济区相互耦合的趋势，发挥城市群对周边区域的辐射力和带动力，构建跨省（自治区、直辖市）经济区，才能将城市群这种形态与更大范围的地区耦合起来，以城市群为核心推动形成主要经济区。这种空间组织模式，不仅顺应了中国经济社会发展在空间上先集聚成点、后扩散于带、再辐射为面的客观趋势，也有利于改变中国人口与产业不匹配，大城市过大、小城市过多、中等城市发育不良的区域空间结构不合理状况，形成优势互补、高质量发展的区域经济布局和国土空间体系。具体而言，可以构建如下八大经济区（肖金成，黄征学，2017）。

1. 东北经济区

以辽中南城市群为核心,包括辽宁、吉林、黑龙江和内蒙古东部等地区。辽中南城市群是区域发展新空间,东北经济区要以重大交通基础设施的对接为突破口,充分发挥改革开放先行、创新要素聚集、现代制造业领先的优势,提升科技创新能力,在更高层次参与国际经济合作和竞争,在全国率先建立全方位开放型经济体系,加快推进现代化,率先实现高质量发展。

2. 渤海经济区

以京津冀城市群和山东半岛城市群为核心,包括北京、天津、河北、山东、山西以及内蒙古中部等地区。京津冀城市群是第一代区域发展空间,山东半岛城市群是区域发展新空间。之所以称为渤海经济区,是因为其不包括辽宁,而把山西、内蒙古纳入其中,辽宁与东北其他地区的经济联系远远大于京津冀。环渤海是一个地理概念,而渤海经济区是一个经济区的概念。该经济区突破了传统的四大区域界限,包含东部地区的北京、天津、河北、山东,中部地区的山西,西部地区的内蒙古部分地区,有助于促进东中西协调发展。未来要进一步完善区域合作机制,加强跨区域基础设施的互联互通,加强生态环境的联防联控,增强京津冀、山东半岛城市群、山西内蒙古能源基地等的支撑功能,建设成为北方地区对外开放的门户、辐射带动"三北"地区的枢纽。

3. 泛长三角经济区

以长三角城市群为核心,包括上海、江苏、浙江、安徽、江西东北部等地区。长三角城市群是中国第一代区域发展空间,泛长三角经济区整体发展水平较高,但苏北、浙西、皖北、皖西、赣东北地区经济实力相对较弱,要通过加强合作、强化对接、做大中心城市等举措，实现经济区一体化高质量发展。

4. 泛珠三角经济区

以珠三角城市群为核心，包括香港、澳门、广东、海南、广西。珠三角城市群是第一代区域发展空间，泛长三角经济区要抓住粤港澳大湾区建设的机遇，加快粤港澳一体化，并与广西、海南融合发展，共同提升区域整体竞争力。

5. 海峡经济区

以海峡西岸城市群为核心，以福建和台湾为主体，包括浙南、粤北和赣东南部分区域。海峡西岸城市群是区域发展新空间，福建应加强与台湾地区在经济、文化、社会等领域的交流与合作，进一步整合两岸经济，实现海峡两岸互利共赢，促进祖国和平统一。

6. 中部经济区

以武汉、长株潭、中原城市群为核心，包括湖北、湖南、河南三省和赣西地区。武汉、长株潭、中原城市群均是区域发展新空间，要发挥上述三个城市群的辐射带动作用，在促进三省合作的基础上，做大做强宜昌、襄阳、岳阳、衡阳、怀化、南阳、信阳、驻马店等区域性中心城市，辐射带动中部区域经济发展。

7. 西南经济区

以成渝城市群为核心，包括重庆、四川、云南、贵州、西藏等。成渝城市群是区域发展新空间，要发挥长江黄金水道的作用，吸引要素沿长江布局，加快港口城市发展；同时，要高度重视生态保护工作，切实采取措施治理西南地区土壤石漠化，维护长江上游地区生态安全。

8. 西北经济区

以关中平原城市群和培育的天山北坡城市群为核心，包括陕西、甘肃、青海、宁夏、新疆、内蒙古西部等地区。关中平原城市群是区域发展新空间，培育的天山北坡城市群核心城市乌鲁木齐及其周边地区是潜在区域发展新空间。该经济区水资源短缺，除关中地区外城市分布稀疏。今后应重点打造区域性中心城市，在有可靠水资源的地方集聚产业和人口，对生态极度脆弱的地区应加强保护，对那些不适合人类生存的地区应采取措施将居民转移出去（肖金成，欧阳慧等，2015；肖金成，黄征学，2017）。

将全国划分为八大经济区具有重要意义，这八大经济区既是规划区，也是政策区，还是合作区。第一，将其作为全国性空间规划的基本单元。中国幅员广阔，客观上存在差异巨大的经济区域，按照经济区进行规划简单易行，八大经济区的空间规划加起来就是全国的陆地空间规划。所以，经济区实际是规划区。第二，按照经济区制定区域发展战略和政策。区域发展需要战略指导与政策支持，把经济区作为区域政策的着力点，有助于发挥中央政府推动经济区发展的催化和引领作用。所以，规划区实际是政策区。第三，在经济区的范围内强化联系与合作。每个经济区内均有经济相对发达的城市群，与周边地区存在地缘关系，经济联系也比较密切，功能互补性较强，可以发挥城市群的辐射带动作用，也可以发挥整个经济区对城市群的支撑作用。通过建立比较紧密的区域合作机制，就能够冲破行政区的藩篱加强区域合作，继而开展国际次区域合作，使边境地区经济得到快速发展。所以，规划区实际是合作区。

（四）重点支持城市群之外区域性中心城市的发展

在推动编制全国城镇体系规划的过程中，社会各界常讨论国家中心城市、区域性中心城市，很多人认为国家中心城市承载和发挥着国家发展战略中心的功能和作用，区域性中心城市则承载和发挥着区域性中心的功能和作用。不可否认，有些国际化大都市具有全国影响甚至对全世界有重要影响，但也只能辐射带动一定规模区域的发展。目前，已经确定的国家中心城市有北京、天津、上海、广州、重庆、成都、武汉、郑州、西安，共九个城市。区域性中心城市是一个区域的中心，支撑和带动一个区域的发展。随着中国区域一体化的深化推进、经济社会交往的频繁和一体化程度的提高，一些省际交界地区也日益培育成长起来一批区域性中心城市。

在城市群形成发展过程中，城市群内的城市包括大都市都日益蜕变为功能性城市。因此，区域性中心城市是指城市群之外具有一定规模的能够辐射带动一定范围区域的城市，随着规模的扩大，其辐射带动的半径也更大，有利于推动区域要素集中配置，支撑和带动区域经济发展。[1]区域性中心城市的形成具有客观性，是城镇化过程中人口经济社会活动向一个地区集中演化而导致；也具有主观性，即对那些具备发展成为区域性中心城市的城市，可以通过政策支持培育新的经济增长极，加快产业集聚和人口集中，从而带动周边区域的发展。随着中国新型工业化、信息化、城镇化、农业现代化的深入推进，可以预见未来在中国将陆续成长起来一批新兴的区域性中心城市。

中国发育成熟的城市群仅占全国土地面积的一部分，尚有相当部分的国土在城市群之外。这些区域的城市数量少、规模小，没有

---

[1] 所谓区域性中心城市是指有较大面积的腹地，一般在 1 万平方千米左右，人口 500 万左右，中心城区的人口 100 万左右，其辐射半径 50—100 千米。

中心城市的辐射和带动，经济很难发展起来，居民也很难富裕起来。为带动区域发展，必须因地制宜推进据点式开发，加快建设区域性中心城市，使之能辐射带动更大的区域范围，形成梯次性城市结构。应把城市群之外的地级市的中心城区发展成为区域性中心城市，一些城市数量少的地区，应将区位条件好、腹地比较大的县城培育为区域性中心城市。处于不同发展阶段的区域性中心城市，发展基础和条件不同，未来发展方向也有所不同，成熟期的区域性中心城市是向都市圈方向发展，成长期中心城市是提升人口集聚水平，培育期中心城市是增强资源环境承载力和提升产业发展功能，萌芽期中心城市是筑牢发展基础，为发挥区域性中心城市功能创造条件（邬晓霞，安树伟，2022）。

建设区域性中心城市，必须完善其功能，增强其产业发展、吸纳就业、公共服务和人口集聚功能，要以公共服务功能为重点，统筹区域性中心城市各项功能（安树伟，张晋晋等，2020）。首先，根据中心城市政府有效履行经济社会管理职能的需要，将相应的许可权赋予中心城市行使。支持区域性中心城市加快户籍制度改革，鼓励符合条件、有意愿的农民工举家到城市落户。其次，完善区域性中心城市功能。加快区域性中心城市对外交通建设，构建高效合理的交通网络体系，不断拓展区域性中心城市的腹地。重点从产业结构、区域功能、空间布局和环境风貌等方面入手，通过产业重组、环境重整、形象重塑，提高区域性中心城市的发展水平。再次，以中心城市为核心，构建合理的城镇体系。将周边的县城和城镇纳入城镇体系，统一规划、建设和治理，使区域城市结构更加合理（肖金成，欧阳慧等，2015）。

特别要重视省际交界地区区域性中心城市建设。省际交界地区多为贫困山区，设施条件差、发展水平低（朱传耿，仇方道，孟召宜等，2012），应以集中连片特困地区扶贫开发为契机，加快省际交界地区合作，加强湘粤桂、淮海经济区、晋陕蒙、晋冀鲁豫、湘鄂渝黔、陕甘宁、鄂豫陕、鄂豫皖、湘鄂赣、晋陕豫、川滇黔、川陕甘、闽浙赣、滇黔桂等省际交界地区合作，以改善交通条件为切入点，因地制宜发展特色产业，特别是劳动密集型产业，增强对本地劳动力的吸纳能力，把湘粤桂、淮海经济区、晋陕蒙等部分省际交界区域培育为潜在区域发展新空间。促进省际交界地区中心城市的发展，将发展条件较好的中心城市周边符合条件的县城、县级市通过撤县（市）设区的方式纳入中心城市组团，增强中心城市功能和带动能力，培育一批有一定产业基础、支撑能力较强的中小城市，形成分工合作、协调发展的城镇体系。加强和完善省际交界地区城乡居民基本公共服务，以促进教育、培训等为切入点，提升省际交界地区人力资本存量，提高内生发展能力，改善医疗、卫生等公共服务条件，改善城乡居民生活水平（肖金成，黄征学，2017）。

第五节　中国区域空间发展总体战略实施对策

遵循客观经济规律，加强顶层设计，加强区域政策有效供给，着力引导各类要素跨区域自由有序流动，完善区域动力系统，强化对其他地区在粮食、能源和生态保障等方面的功能，加快构建主体功能明显、优势互补、高质量发展的区域经济空间格局。

一、按照区域协调发展要求细化实化区域政策

中共十九大报告明确提出实施区域协调发展战略。2019年8月，习近平总书记在中央财经委员会第五次会议上强调："新形势下促进区域协调发展，总的思路是：按照客观经济规律调整完善区域政策体系，发挥各地区比较优势，促进各类要素合理流动和高效集聚，增强创新发展动力，加快构建高质量发展的动力系统，增强中心城市和城市群等经济发展优势区域的经济和人口承载能力，增强其他地区在保障粮食安全、生态安全、边疆安全等方面的功能，形成优势互补、高质量发展的区域经济布局。"[①] 2021年3月，《中华人民共和国国民经济和社会发展第十四个五年规划和2035年远景目标纲要》提出，"深入实施区域协调发展战略。深入推进西部大开发、东北全面振兴、中部地区崛起、东部率先发展，支持特殊类型地区加快发展，在发展中促进相对平衡"。2022年10月，中共二十大报告提出，"促进区域协调发展。深入实施区域协调发展战略、区域重大战略、主体功能区战略、新型城镇化战略，优化重大生产力布局，构建优势互补、高质量发展的区域经济布局和国土空间体系"。这些都为进一步优化中国区域空间格局及其政策体系提供了重要依据。

按照实施协调发展战略的总体部署和要求，研究确立以推进西部大开发形成新格局、推动东北振兴取得新突破、开创中部地区崛起新局面、鼓励东部地区加快推进现代化区域协调发展战略为基础，以京津冀协同发展、长江三角洲区域一体化发展和粤港澳大湾区建

---

① 习近平："推动形成优势互补高质量发展的区域经济布局"，《求是》2019年第24期，第4—9页。

设等战略为引领，以长江经济带发展、黄河流域生态保护和高质量发展为依托，以新型城镇化重点轴带为主框架，以革命老区、民族地区、边境地区、欠发达地区、资源型地区、老工业城市、生态退化地区等特殊类型地区发展战略为重要补充，把建设海洋强国作为拓展区域发展新空间的重大战略举措，形成各类区域各具优势与侧重、互为支撑与补充、有机融合与交流的局面，促进东中西协同、南北方互动和陆海统筹发展，推动构建新时期区域经济协调发展新蓝图，按照新蓝图细化实化各项区域政策。

二、着力促进经济要素跨区域自由有序流动

行政区之间和行业企业间市场壁垒、生产许可垄断、价格垄断、销售渠道垄断等诸多问题，不利于市场公平竞争的行为或现象，会在不同程度上损失全国资源要素配置的效率和行业企业发展的公平性，不利于促进区域协调发展，也影响高质量发展的区域经济新格局形成。为此，应认真落实《中共中央 国务院关于构建更加完善的要素市场化配置体制机制的意见》，使生产要素市场向规范化、法治化方向发展。进一步打破地方和部门保护主义，加快推进全国统一大市场建设，打破地区分割和利益藩篱，清理和废除妨碍全国统一市场和公平竞争的各种规定和做法，要破除资源流动障碍，使市场在资源配置中发挥决定性作用，促进劳动、资本、土地、知识、技术、管理、数据等生产要素有序自由流动，全面提高资源配置效率。

一是着力打破行政区、行业企业间市场垄断阻隔。国家相关部门加强行业市场调查与监管，加快推动市场一体化进程，切实打破行业企业垄断对资源配置的阻隔。二是推动区域间、城市间深度合作。从不同地区和不同城市新旧动能同步转换、差异引导的角度，

积极创新搭建合作平台，通过创新链引导要素链、产业链实现跨区域、跨城市整合配置，推动东部与中西部、东北地区等跨区域间，不同省份之间，不同规模和等级的城市之间实现新旧动能有序更替和同步转换，尽可能减少区域分化的负面冲击和影响。三是从构建行业企业发展新生态的角度，积极运用新技术、新模式，推动不同行业、不同部门、产业链不同环节的企业之间围绕价值链共同提升的方向，加强资源就地深度挖掘和要素异地高效重组，让行业、企业在分化中整体走向新的成长生命周期。四是要建立跨区域合作的公共治理机制，在招商引资、外贸出口、人才流动等方面建立统一政策，全力推进制度建设一体化（安树伟，闫程莉，2016）。

三、在中西部和边境地区有选择地培育增长极

随着国际国内经济环境的变化，特别是国家经济实力的增强和发展水平的提高，沿海地区要素成本的攀升，全国综合交通运输网络体系的形成，以及区域协调发展战略的实施，要构建优势互补、高质量发展的区域经济布局和国土空间体系，就必须改变过去国土空间开发过于集聚在东部地区的做法，合理引导人口和产业向中西部地区集聚，通过在中西部地区培育增长极，促进国土空间开发向纵深推进。深圳特区、上海浦东新区、天津滨海新区、重庆两江新区均是培育增长极非常成功的范例。这些成功范例的启示是，经济增长极的范围不能过大，一定时期内也不能过多，过大过多将使增长极效应大打折扣。新时期，在西部边境地区选择一些城市和城镇作为增长极进行重点培育；在中西部地区，应选择区域内水资源和能矿资源丰富、靠近交通要道、空间比较广阔的中小城市将其作为增长极进行重点培育，通过资金支持、政策支持和人才支持，打造

承接国际和国内产业转移的平台,在较短时间内发展起来,发展质量大幅度提高,城市规模迅速扩大,就能够辐射带动周边广大的地区,使周边区域得到发展(肖金成,欧阳慧,2012)。

中国陆地边界分布有东兴、凭祥、河口、瑞丽、伊宁、博乐、塔城、二连浩特、满洲里、黑河、绥芬河、珲春、丹东,共13个沿边开放城市和72个边境口岸。加快边境地区的发展,不仅是富民固边的要求,也是进一步提升边境地区开发开放的要求,是促进区域协调发展和国家安全的重大战略举措。改革开放以来,通过设立边境经济合作区、综合保税区和跨境经济合作区等形式,促进了边境地区的发展。但由于多方面的原因,边境地区经济发展水平整体较为落后,应采取培育增长极模式促进其加快发展。广西东兴、云南瑞丽、内蒙古满洲里三市已被批准为沿边重点开发开放试验区,在新疆的喀什、霍尔果斯也分别设立了经济开发区,实行特殊的政策加快其发展。丹东、珲春、绥芬河、黑河、满洲里、塔城、伊宁、阿克苏、喀什、瑞丽、东兴等城市是沿边经济带上的重要节点,发展基础相对较好,建议有重点地选择若干城市,加快基础设施建设,壮大经济实力,扩大城市规模,带动边境地区经济发展。对边境口岸和靠近口岸的新疆霍尔果斯、广西龙州、黑龙江靠近黑瞎子岛的乌苏镇、云南省西双版纳州的磨憨和打洛等给予重点支持,将其作为经济增长极进行培育,利用国际国内两大资源,开拓国际国内两大市场,使其逐步发展成为边境地区规模较大的城市(肖金成,欧阳慧等,2015)。

四、强化粮食、能源和生态安全保障，刚性控制农田保护区、资源储备区、生态功能区

中国人口众多、关键性资源短缺，着眼未来，为确保国家安全和经济社会可持续发展，必须明确事关中国粮食、能源和生态安全的保护空间，对全国范围内的基本农田保护区、战略性资源能源储备区及重点生态保护区实行刚性控制。《全国国土空间规划纲要（2021—2035年）》指出，在耕地保护和拓展农产品生产空间方面，要稳定优质耕地布局，稳妥有序恢复耕地保护责任缺口，严格耕地占补平衡，统筹耕地保护与生态建设，加强永久基本农田保护和建设，提升耕地综合生产能力，发掘农产品主产区多样化的食物生产空间。在筑牢生态安全屏障方面，要建立以国家公园为主体的生态保护地体系，建设生物多样性保护网络，增强水资源刚性约束和战略储备，实施山水林田湖草沙一体化保护修复。在能源布局方面，支持建设传统能源与新能源互补的大型能源基地，加强晋陕蒙新等地区传统能源与新能源综合开发利用，重点保障煤炭、石油、天然气、铁、铬、钾盐、锂、稀土、铀、晶质石墨、锑等战略性矿产资源开发空间，优化能源资源基地、国家规划矿区布局，打造国内资源安全保障的核心区域；支持推进以沙漠、戈壁、荒漠地区为重点的大型风光电基地建设；支持建设雅鲁藏布江下游、金沙江、雅砻江、澜沧江等流域大型清洁能源基地；围绕鄂尔多斯、准噶尔、塔里木、渤海湾、松辽等盆地和重要海域，打造石油生产供给保障基地。

显然，农产品主产区、生态功能区和能源等资源基地是推动中国区域经济发展的重要保障区域。其中，农产品主产区建设不仅保

障中国粮食安全，更有利于推动农产品加工等相关产业发展；生态功能区提供丰富的生态产品供给，特别是在生态文明建设的背景下，挖掘和提升生态产品价值也是支撑区域经济发展的重要力量；能源、矿产资源等基地的建设，为人们生产、生活提供可靠的能源、资源保障，同时资源利用的产业化本身也是区域经济增长的重要支撑。

（一）严格控制永久基本农田并加以严格保护

严守耕地保护红线，坚持耕地质量数量生态并重，划定永久基本农田并加以严格保护。根据《全国国土空间规划纲要（2021—2035年）》，到2035年全国耕地保有量分别不低于1.24亿公顷，永久基本农田保护面积不低于1.03亿公顷，数量不减少，质量有提高。要稳定永久基本农田数量和质量。严格按照《全国国土空间规划纲要（2021—2035年）》确定的保护目标，以耕地和永久基本农田保护红线为基础，加强数量、质量、生态"三位一体"保护，严格实施耕地用途管制，确保18亿亩耕地实至名归。第一，依据永久基本农田划定的有关规定和标准，参照农用地分等定级成果，划定永久基本农田，并落实到地块和农户。第二，严格落实永久基本农田保护制度，其他各类建设严禁占用永久基本农田；根据规划确需占用的，应按照"先补后占"原则，补划数量、质量相当的永久基本农田，并将永久基本农田的变化情况纳入年度变更调查，进行"五级"备案。第三，确定一些集中连片、优质高产的永久基本农田作为重点保护区，实行重点监管、重点建设；通过卫星遥感动态监测等手段定期对重点城市或区域永久基本农田的动态变化情况进行监测，发现问题及时纠正（欧阳慧，2012）。

（二）建立战略性资源储备区

中国人口众多，人均资源占有率很低，资源相对短缺，对外依存度日益增大。随着经济的快速发展，粮食、石油、稀有金属等战略性资源短缺对中国经济安全与经济发展构成的威胁越来越大，资源安全已成为未来影响国家安全的重要内容。除了挖掘国内资源潜力提高资源利用效率外，有必要建立战略性资源能源储备体系，划定战略性资源能源储备区。①战略性资源指尖端科技和国家安全所必需的，国内供应无法充分满足需求并且国外供应有限，有可能达到急缺危险点的矿产。它一般包括涉及国计民生的、稀缺的重要矿产资源，主要是指稀缺矿种、关键矿种、重要矿种的稀缺品种三方面的战略资源储备。既包括石油、铀矿等关键矿种，也包括镍矿、锰矿等稀缺矿种，还包括主焦煤等煤炭稀缺品种，以及稀土等国内蕴藏丰富但国际紧缺的重要矿种。对战略性资源储备区的建设要统筹规划，切实从可持续发展角度考虑资源储备以及资源开发时机，建立一批矿产资源战略储备基地，对优势矿产"留而不开"（肖金成，欧阳慧，2012；欧阳慧，2012）。

（三）建立生态安全保护区

大自然是人类赖以生存发展的基本条件。尊重自然、顺应自然、

---

① 在美国、日本、西欧，战略性资源储备是严格按照法律进行的。这些法律包括建立矿产资源战略基地储备的内容，储备的对象是蕴有或可能蕴有重要战略矿产的地区，实际上储备的是探明储量或未探明的资源量。例如，美国在阿拉斯加北坡划出了大片含油土地作为国家石油储备地，只探不采。这是美国为维护自身的长期战略利益，先利用其他国家的资源而把自身资源储备起来的做法。

保护自然，是全面建设社会主义现代化国家的内在要求，生态安全是中国实现可持续发展的基本保障。对全国或较大区域范围内生态安全有较大影响力的区域，主要包括天然林保护区、草原区、水源保护区、自然灾害频发地区、石漠化和荒漠化地区、水资源严重短缺地区、水土流失严重地区等。这些区域生态环境脆弱，是难以支撑大规模人口和经济集聚的区域。生态保护区的主体功能定位是，保护自然生态系统及生物多样性，重视自然环境的支撑能力和生态系统承受能力建设，为全国可持续发展提供生态保障。对于生态保护区提高人民生活水平的问题，必须由政府出面扶持，加大财政转移支付力度，建立区域间生态补偿机制，健全公共服务体系，并逐步减少人口数量（肖金成，欧阳慧，2012）。此外，要以生态经济为主题，加强流域经济合作。长江经济带要共抓大保护、不搞大开发，要探索协同推进生态优先和绿色发展新路子，黄河流域要坚定走绿色、可持续的高质量发展之路。开展淮河、松花江、辽河、汉江、湘江、赣江、嘉陵江、岷江、赤水河、东江、伊犁河、额尔齐斯河等流域合作与发展规划编制，增强上下游、左右岸生态保护与产业合作，建立流域上下游生态补偿机制。加强三江源、三峡库区、鄱阳湖区、洞庭湖区、祁连山区、秦岭等重点生态功能区生态环境保护（肖金成，欧阳慧等，2015；肖金成，黄征学，2017）。

五、稳步推进建立改革创新平台和重大工程建设

发挥改革创新平台对区域经济发展的支撑作用。进一步加强对东部、中部、西部、东北地区发展的统筹协调，科学统筹国家级新区、中国自由贸易试验区、综合配套改革试验区、开放发展试验区、自主创新示范区等各类改革创新平台的布局，适当向中西部和东北

地区倾斜，赋予其更多先行先试政策，鼓励大胆探索，充分发挥其作用，培育区域发展新增长极。此外，加强南北方、东中西部及东北不同区域之间的重大改革创新平台联动发展，既要促进改革创新经验交流和推广，也可围绕重大改革创新举措引导不同区域之间合作推进平台建设。

强化重大工程项目建成后对区域要素流动的引导作用。从统筹区域协调发展角度有序推动跨区域重大工程建设。以规划为引导，集中财力加大投资，尽快启动一批跨区域交通、水利、生态环保、社会民生等领域重大工程项目，为促进区域协调发展奠定更加坚实的基础。例如，针对西南地区的交通瓶颈制约，强化高速铁路、高速公路等道路交通设施建设，要与重点经济带相衔接；针对西北地区资源型缺水制约，在河套平原区、汾渭平原区、黄土高原土地沙化区、内蒙古高原湖泊萎缩退化区等重点区域实施山水林田湖草生态保护修复工程；以减少入河入库泥沙为重点，积极推进黄土高原塬面保护、小流域综合治理、淤地坝建设、坡耕地综合整治等水土保持重点工程（中共中央，国务院，2020）。面对华北、西北地区缺水的实际推进"南水北调"东、中线后续工程建设，研究论证跨流域重大调水工程，形成长江流域向北方战略性输水通道，促进水资源空间均衡。此外，应着眼推动科技创新能力提升和新型产业培育壮大，进一步优化完善重大科技基础设施、5G等新一代信息基础设施在全国的布局建设。

六、强化国土空间规划引导与约束作用

建立健全更加高效的区域协调发展体制机制，稳步推进构建彰显优势、协调联动的城乡区域现代化经济体系，加快补齐区域经济

发展的短板，立足新时代新特点新趋势，瞄准支撑现代化经济体系建设目标，在落实现有区域重大战略基础上，适时推进研究新的区域重大战略。对一些区域加强科学规划引导，要着眼于2035年和21世纪中叶国家战略发展需要，积极谋划一批重大区域规划的前期研究论证工作，如省际交界区域合作发展规划、沿边开发开放经济带规划、南北走向的骨干铁路（高速公路）经济带规划、沿海经济带率先实现现代化规划、重点区域治理及其现代化建设规划等。

加快推进国家区域治理能力现代化建设。提升区域治理能力是全面构建完善国家治理体系的重要组成部分，是推动国家治理能力现代化的重要任务。由于中国区域差异大，全国资源要素优化配置难度大，特别是未来中国区域经济空间格局的组织形态将发生更为深刻、更加复杂的变化，这些对区域治理能力和区域治理体系建设都会提出更高的要求。因此，应在2035年基本实现社会主义现代化、到21世纪中叶建成社会主义现代化强国的战略目标下，以区域协调发展战略为统领，加快形成区域协调发展新机制，加强区域协调发展的制度建设，持续完善区域政策体系，加快推动区域治理的法治化进程，加快构建国家、省、市、县等不同层级的区域治理体系。未来中国区域治理的一项重要内容就是从根本上转变政府职能，把过去大量由政府承担的微观管理和服务的职能转移出去，交给企业、居民和社会组织来承担，逐步实现政府与企业、居民、社会组织之间积极有效的合作，积极应对和处理区域公共问题，实现区域利益的最大化。建立健全区域治理的法律法规体系，把治标与治本有机结合起来，找准问题产生的根本原因，综合运用经济、行政、法律手段从源头上根本解决问题。

参考文献

安虎森.区域经济学通论[M].北京：经济科学出版社，2004：490，496-500.
安树伟.改革开放 40 年以来我国区域经济发展演变与格局重塑[J].人文杂志，2018（6）：1-10.
安树伟，黄艳，王慧英.中国省际交界区域合作与发展的新态势和新特点[J].区域经济评论，2022（1）：82-91.
安树伟，闫程莉.京津冀与世界级城市群的差距及发展策略[J].河北学刊，2016，36（6）：143-149.
安树伟，闫程莉，王宇光.遵循城市发展规律，促进京津冀协同发展[J].财经智库，2017（3）：37-47+139-140
安树伟，郁鹏.未来中国区域经济发展空间战略新棋局[J].区域经济评论，2015（1）：13-17.
安树伟，张晋晋.都市圈带动黄河流域高质量发展研究[J].人文杂志，2021（4）：22-31.
安树伟，张晋晋等.都市圈中小城市功能提升[M].北京：科学出版社，2020：108-109.
陈栋生，魏后凯，陈耀等.西部经济崛起之路[M].上海：上海远东出版社，1996：3，8.
陈秀山，张可云.区域经济理论[M].北京：商务印书馆，2003：268-321.
杜鹰.全面开创区域协调发展新局面[J].求是，2008（4）：20-22.
顾朝林.中国城镇体系——历史·现状·展望[M].北京：商务印书馆，1992：391-394.
国家发展和改革委员会，外交部，商务部.推动共建丝绸之路经济带和 21 世纪海上丝绸之路的愿景与行动[N].人民日报，2015-3-29（4）.
何立峰.《中华人民共和国国民经济和社会发展第十四个五年规划和 2035 年

远景目标纲要》辅导读本[M].北京：人民出版社，2021：99–103.

黄征学.统筹东中西、协调南北方的思路建议[J].宏观经济管理，2016（9）：27–29.

惠中.建国以来我国区域经济发展战略的演变及思考[J].毛泽东邓小平理论研究，1999（6）：37–44+77.

刘国光.中国十个五年计划研究报告[M].北京：人民出版社，2006：310.

刘世锦.中国经济增长十年展望（2013—2022）：寻求新的动力和平衡[M].北京：中信出版社，2013：44.

刘世锦.中国经济增长十年展望（2019—2028）：建设高标准市场经济[M].北京：中信出版集团，2019：341，3–4.

陆大道.区域发展及其空间结构[M].北京：科学出版社，1995：138.

陆大道.中国区域发展的新因素与新格局[J].地理研究，2003（3）：261–271.

欧阳慧.进一步优化国土空间开发格局的政策方向[J].宏观经济管理，2012（1）：35–37+43.

覃成林,贾善铭,杨霞等.多极网络空间发展格局：引领中国区域经济2020[M].北京：中国社会科学出版社，2016：14–16.

汪阳红,张燕.加快"哈大经济支撑带"建设研究[J].区域经济评论，2017（1）：60–67.

王培青,延军平.我国区域开发战略的演变与区域差异的相关分析[J].世界地理研究，2007（1）：65–70.

邬晓霞,安树伟.中西部区域性中心城市的识别与发展方向[J].改革，2022（10）：133–143.

习近平.决胜全面建成小康社会 夺取新时代中国特色社会主义伟大胜利——在中国共产党第十九次全国代表大会上的报告[N].人民日报，2017–10–28（001）.

习近平.推动形成优势互补高质量发展的区域经济布局[J].求是，2019（24）：4–9.

萧冬连.探路之役：1978—1992年的中国经济改革[M].北京：社会科学文献出版社，2019：93–94.

肖金成，安树伟.中国区域发展与改革 40 年[A].邹东涛.发展和改革蓝皮书：中国改革开放 40 周年（1978—2018）[C].北京：社会科学文献出版社，2018：45–78.

肖金成，黄征学.未来 20 年中国区域发展新战略[J].财经智库，2017，2（5）：41–67+142–143.

肖金成，李博雅.城市群对经济区的辐射带动作用[J].开发研究，2020（1）：38–46.

肖金成，欧阳慧.优化国土空间开发格局研究[J].经济学动态，2012（5）：18–23.

肖金成，欧阳慧等.优化国土空间开发格局研究[M].北京：中国计划出版社，2015：29–34，38–47.

肖金成，袁朱等.中国十大城市群[M].北京：经济科学出版社，2009：10–21.

袁朱.以主体功能区战略推进空间均衡[N].中国经济导报，2011–5–31（B05）.

周耀，张国铺.我国区域经济协调发展的历史考察及启示[J].西南农业大学学报（社会科学版），2007（5）：38–42.

中共中央，国务院.黄河流域生态保护和高质量发展规划纲要[Z].2020.

朱传耿，仇方道，孟召宜等.省际边界区域协调发展研究[M].北京：科学出版社，2012：3–5.

张燕.城市群的形成机理研究[J].城市与环境研究，2014，1（1）：92–105.

第六章 第一代区域发展空间的高质量发展

中国第一代区域发展空间包括京津冀、长三角、珠三角沿海三大城市群。2020年，这三大城市群的土地面积仅占全国的5.24%，但创造了全国38.13%的地区生产总值，聚集了全国25.57%的人口，成为引领经济转型升级、高质量发展的重要战略区域。沿海三大城市群不仅对中国经济社会发展具有重要的辐射带动作用，更是推动中国经济发展方式转变、实现高质量发展、建设社会主义现代化强国的关键区域。沿海三大城市群空间结构呈现出由极核状向网络状发展的态势，开发程度很高，其外延式拓展新空间潜力有限，但与成熟的世界级城市群相比，这三大城市群发育仍不够充分。在拓展区域发展新空间的背景下，未来需要走高质量发展之路，即以内涵式发展为主，着力建设世界级城市群。

第一节 文献综述

对于沿海三大城市群而言，拓展区域发展新空间实质上就是如何实现高质量发展的问题。下面主要从以下三方面梳理相关文献：

一是城市群分工协作与功能提升;二是城市群演化的动力机制及空间拓展;三是沿海三大城市群的发展重点。

一、关于城市群分工协作及功能提升的研究

城市群分工协作是城市群拓展发展新空间的重要内容。城市是区域的城市,城市只有与区域内其他城市形成功能互补的分工协作关系,才能突出和强化自身功能。城市群内的中心城市和其他城市间的功能分工应以不同层级、资源禀赋、技术水平为前提,要重视发挥中心城市的辐射带动作用,同时还要注重与外围城市的联动发展(薛凤旋,2000;谷人旭,殷为华,2001)。城市群功能提升的实质就是城市群功能的不断深化和升级,内部各要素之间相互作用促进城市群多元化发展,在内容上不断叠加,实现综合效益的倍增效应(陈萍萍,2006)。城市群功能提升需要改变大城市产业遍地开花的局面,合理布局公共服务设施,实现城乡基本公共服务均等化,同时改变传统的经济发展方式,以产业调控人口规模(胡晓,陆杰华,2015)。

二、关于城市群演化动力机制及空间拓展的研究

(一)城市群演化的动力机制

关于城市群演化的动力机制,学术界从不同主体、内外作用力、集聚扩散等方面进行研究。

在不同主体方面,叶玉瑶(2006)认为市场驱动力、自然生长力和政府调控力是城市群空间演化的主要动力源;顾朝林和张敏(2001)认为政府权力下沉、投资主体多样化、行政区划调整、乡

镇企业发展是城市群空间演化的主要动力；肖金成（2009）认为政府机制是推动力，市场机制是原动力，集聚和扩散效应通过政府和市场的共同作用产生，从而影响城市群的演化。

在内外作用力方面，薛东前、董锁成和姚士谋等（2001）认为，内聚力、辐射力、内部功能联系是城市群形成的支撑力量；童中贤（2011）将城市群整合的动力分为内部动力、外部动力和耦合动力；王利伟和冯长春（2016）将城市群时空扩展的动力机制分为市场力、行政力、外向力和内源力。

在集聚扩散方面，一般认为集聚扩散机制是城市群形成与发展的微观动力（刘传江，吕力，2005；乔彬，李国平，2006），产业聚集与扩散、城市功能聚集与扩散是城市群空间演化动力源（刘静玉，王发曾，2004），产业聚集和产业结构演变是城市群空间扩展的直接动力（薛东前，王传胜，2002）。此外，还有学者将城市群演进驱动要素分为传统驱动要素（如自然条件、区位条件、历史人文、交通运输等）和新型驱动要素（如全球化与地方化、信息化与网络化等）（王婧，方创琳，2011）。

（二）城市群发育及空间拓展

关于城市群发育及空间拓展，学术界主要从空间结构、时间维度两方面进行研究。

在空间结构方面，张京祥（2000）将城市群空间拓展阶段划分为多中心孤立膨胀、城市空间定向蔓延、城市间向心与离心扩展、城市连绵区内的复合式扩展四个阶段。比尔·斯科特将其划分为单中心主导、中心城市和郊区相互竞争（多中心）、复杂的竞争合作（网络化）三个阶段（刘友金，王玮，2009）。方创琳、王振波和马海涛

（2018）将城市群空间扩张划分为七个阶段，分别是分散独立式节点均衡发展阶段、单节点积聚的非均衡发展阶段、单体大都市区形成与继续拓展阶段、基于单节点的空间结构与职能结构整合发展阶段、多都市区一体化区域的形成阶段、都市区整合发展与结构重组阶段、城市群的稳定与持续发展阶段。其中，1—3 阶段是大都市区形成与发育过程，4—6 阶段为都市区聚合体发展过程，7 阶段是城市群发育的高级阶段。综合以上观点，城市群空间拓展具有明显的阶段性特点。

在时间维度方面，姚士谋和陈振光（2006）将城市群空间拓展划分为农业经济时代、前工业化时代、工业化时代和城市化时代四个阶段。

三、关于沿海三大城市群发展重点的研究

目前，学术界关于沿海三大城市群发展重点的研究主要集中于以下三个方面。

（一）沿海三大城市群一体化发展的研究

城市群一体化发展水平的测量（杜茂宝，张颖，苏蔚等，2018；曾刚，王丰龙，2018）和更高质量一体化发展的路径（黄征学，肖金成，李博雅，2018；韦伟，2019）是城市群一体化发展研究的两个主要方面。杜茂宝、张颖和苏蔚等（2018）研究发现京津冀区域商品市场一体化程度不断提高，而要素市场一体化程度波动较大且落后于商品市场一体化程度，经济发展活力、政府行为、对外开放程度、基础设施建设和城市吸纳水平是影响市场一体化的主要因素。曾刚和王丰龙（2018）认为长三角已经步入全域一体化发展新阶段，

一体化发展能力呈现中高周低的"W"形格局。黄征学、肖金成和李博雅（2018）认为长三角市场一体化发展程度偏低，未来需要通过建立健全机制、完善组织规范等方式提升长三角市场一体化水平。

（二）沿海三大城市群发展质量的研究

李磊和张贵祥（2017）认为京津冀城市群内各城市发展质量可分为良好、中等、一般三个层次，北京和天津的城市发展质量高于河北11个地级市。范金、张强和落成（2018）对长三角城市群整体和分地区的经济发展质量演化过程进行了测算和分析，发现长三角城市群发展的整体协调性是提升城市群发展质量的关键。

（三）沿海三大城市群发展过程的比较

学术界主要从城市群内部城市发展的平衡性（于炜，2014）、城市群内城市之间的经济联系强度（魏丽华，2018）、城市群产业协作效果（安树伟，闫程莉，2017）、城镇化动态特征（黄洁，夸涛，张国钦等，2014）、绿色发展效率（刘阳，秦曼，2019；刘曙光，尚英仕，2020）、综合发展水平（刘士林，张懿玮，2014）和区域协同发展战略（吕世斌，庞卫宏，2015）等角度，对沿海三大城市群进行了比较，普遍认为沿海三大城市群各有优势，但长三角和珠三角的整体发展水平优于京津冀。

综上所述，关于沿海三大城市群发展的研究主要集中在城市群各城市间的协同性与三大城市群发展的比较方面，且大多数文献是以某个城市群为研究对象，鲜有文献从高质量发展的角度将沿海三大城市群作为一个整体进行分析。沿海三大城市群经济实力较强，发育程度较高，在中国高质量发展格局中占有举足轻重的地位，对其高质量发展的内涵与战略重点的研究值得深入进行。

第二节 沿海三大城市群在中国区域经济格局中的地位

沿海三大城市群是中国开放程度最高、经济发展最活跃、创新能力最强的区域,明确未来沿海三大城市群在中国区域经济格局中的地位,对拓展区域发展新空间、引领全国高质量发展具有重要意义。

一、参与国际竞争的重要区域

沿海三大城市群作为中国改革开放的前沿地区,伴随着经济全球化进程,与世界经济联系已十分紧密,是引领中国国际经济合作与竞争的开放区域,培育带动区域发展的开放高地。

第一,沿海三大城市群具备优良的区位优势和雄厚的经济实力,是中国参与"一带一路"的重要支撑区域。落实"一带一路"倡议作为中国新一轮对外开放的战略重点,对于进一步拓展对外开放的广度和深度,培育参与和引领国际合作竞争新优势,促进中国与共建"一带一路"国家资源高效配置、要素有序自由流动、市场深度融合具有重要意义。而"一带一路"的持续发展需要若干沿路港口经济区作为支撑,沿海三大城市群地处中国东部沿海地区,具有优良的区位优势和雄厚的经济实力,是推动"一带一路"沿线地区发展港口经济和自由贸易园(港)区、形成面向全球的高标准自由贸易区的重要节点。2008—2019 年，沿海三大城市群市场化指数均显著高于全国平均水平（见图 6–1），这表明相比于全国其他地区，沿海三大城市群体制机制改革的动力更强，这对消除沿海三大城市群参与"一带一路"倡议当中的体制机制障碍和壁垒、扩大市场准入、推动重点领域对外开放具有重要意义，同时也可为全国其他地区参与落实"一带一路"倡议提供可借鉴的制度改革经验。

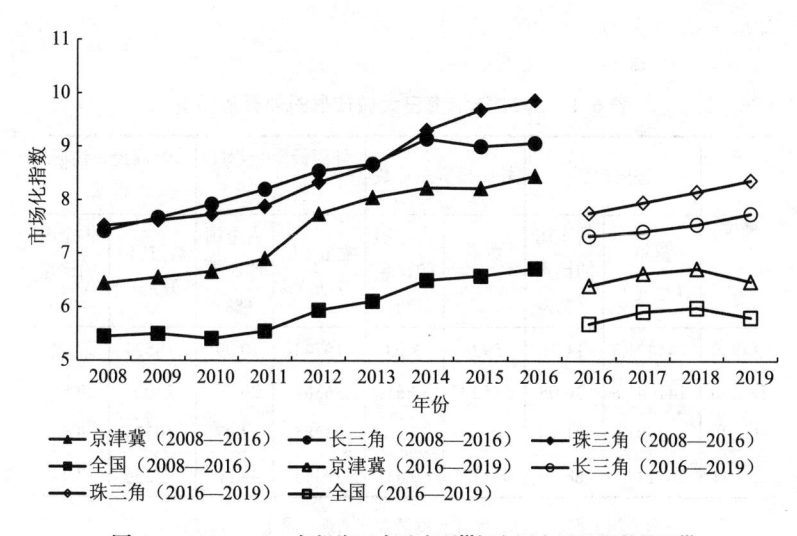

图 6–1　2008—2019 年沿海三大城市群[1]与全国市场化指数情况[2]

[1]京津冀为北京、天津、河北的平均值，长三角为上海、江苏、浙江、安徽的平均值，珠三角为广东数据；[2]2008—2016 年计算基期为 2008 年，2016 年以后计算基期为 2016 年，故 2008—2016 年与 2016—2019 年两个时间段数据不可直接比较，但变动趋势可以反映市场化整体进展。

资料来源：根据以下文献整理：王小鲁、胡李鹏、樊纲：《中国分省份市场化指数报告（2021）》，社会科学文献出版社 2021 年版，第 1—2 页、第 223—225 页。

第二，沿海三大城市群国际化水平高，是中国对外开放的主体区域。2021年，沿海三大城市群货物进出口总额达到268144.7亿元，占全国的68.59%；外商投资企业数达到461237户，占全国的69.51%；外商投资企业投资总额达到79413亿美元，占全国的44.22%；外商投资注册资本达到42256亿美元，占全国的37.74%（见表6-1）；表明沿海三大城市群对外经济联系密切，具备带动全国其他地区对外开放的综合实力。

表6-1 2021年沿海三大城市群对外开放情况

地区	进出口额 数量（亿元）	进出口额 占全国的比重（%）	外商投资企业数 数量（户）	外商投资企业数 占全国的比重（%）	外商投资企业投资总额 数量（亿美元）	外商投资企业投资总额 占全国的比重（%）	外商投资注册资本 数量（亿美元）	外商投资注册资本 占全国的比重（%）
京津冀	44421.3	11.36	59287	8.93	19743	10.99	8527	7.62
长三角	141041.8	36.08	216397	32.61	36385	20.26	23005	20.55
珠三角	82681.6	21.15	185553	27.96	23285	12.97	10724	9.58
合　计	268144.7	68.59	461237	69.51	79413	44.22	42256	37.74

注：长三角采用上海、江苏、浙江和安徽数据，珠三角采用广东数据。
资料来源：根据《中国统计年鉴2022》。

二、全国高质量发展的动力源

沿海三大城市群不仅高质量发展指数高，而且在五大发展理念方面均处于中国领先地位，是全国高质量发展的动力源。

第一，沿海三大城市群高质量发展综合指数高，是中国高质量发展的引领区。2001—2017年，沿海三大城市群高质量发展指数均显著高于全国平均水平，2017年，京津冀、长三角和珠三角城市群高质量发展指数分别是全国平均水平的1.11倍、1.10倍和1.08倍。分省份看，除河北和安徽外，沿海三大城市群各省（直辖市）高质量发展指数均高于全国平均水平，尤其2017年北京、上海、浙江、江苏和广东高质量发展指数分别达到了全国平均水平的1.36倍、1.16倍、1.16倍、1.08倍和1.08倍（见图6–2），表明沿海三大城市群具有成为全国高质量发展动力源的基础。

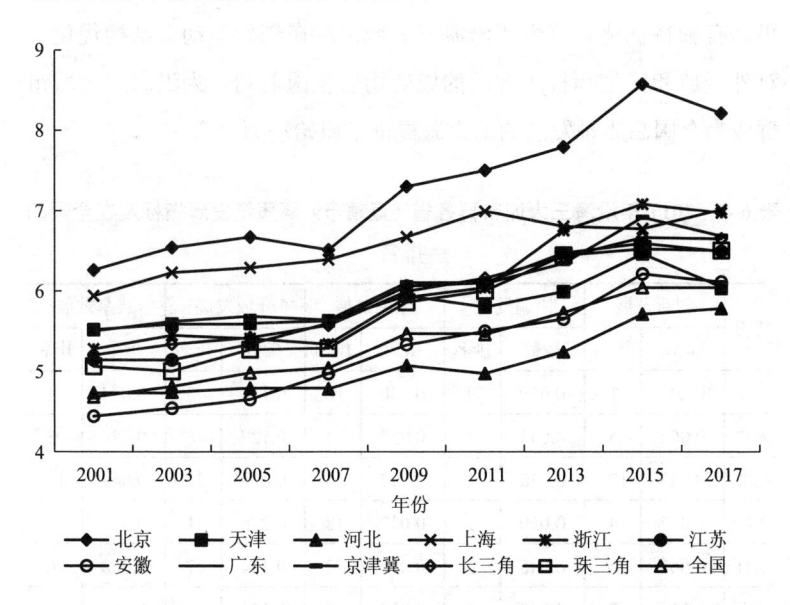

图 6–2 2001—2017年沿海三大城市群及各省（直辖市）高质量发展指数

注：京津冀数据为北京、天津、河北的平均值，长三角数据为上海、江苏、浙江、安徽的平均值，珠三角采用广东数据。

资料来源：聂长飞、简新华："中国高质量发展的测度及省际现状的分析比较"，《数量经济技术经济研究》2020年第2期，第26—47页。

第二，沿海三大城市群在体现五大发展理念方面均具有明显优势，在引领中国高质量发展中居主导地位。从创新、协调、绿色、开放、共享发展来看，除河北和安徽外，2017年沿海三大城市群各省（直辖市）均居全国前十位，在全国高质量发展中遥遥领先。从绿色发展来看，2017年除浙江、广东外，沿海三大城市群各省（直辖市）在全国排名均靠后，表明珠三角绿色发展状况较好；而京津冀、长三角城市群绿色发展水平有待提升，但相比于全国其他地区仍具有独特优势。这表明沿海三大城市群在创新驱动、结构优化、对外开放和民生福祉等方面的成效均居全国前列，为沿海三大城市群成为全国高质量发展的动力源提供了原始动力。

表6–2 2017年沿海三大城市群各省（直辖市）高质量发展指标及在全国的排名

省份	创新发展 指数	排名	协调发展 指数	排名	绿色发展 指数	排名	开放发展 指数	排名	共享发展 指数	排名
北京	0.201	1	0.059	1	0.040	16	0.148	5	0.074	1
天津	0.062	5	0.043	4	0.027	24	0.127	6	0.070	3
河北	0.043	17	0.030	16	0.027	24	0.019	27	0.049	17
上海	0.077	4	0.050	2	0.037	18	0.226	1	0.072	2
浙江	0.061	6	0.046	3	0.057	2	0.104	7	0.060	6
江苏	0.119	2	0.040	5	0.035	19	0.155	3	0.067	4
安徽	0.051	11	0.031	13	0.032	23	0.049	16	0.051	15
广东	0.096	3	0.037	6	0.056	3	0.168	2	0.061	5

资料来源：根据以下文献整理：吴志军、梁晴："中国经济高质量发展的测度、比较与战略路径"，《当代财经》2020年第4期，第17—26页。

三、全国重要的增长极

沿海三大城市群在中国区域经济空间战略新棋局中具有重要支撑作用，是中国发展规模较大、发展相对成熟的城市群，也是全国重要的增长极，可通过发挥其对全国经济社会发展的重要支撑和引领作用，带动中国竞争力的提升。

第一，沿海三大城市群具有明显的区位优势，是中国区域经济空间战略格局的重要组成部分。未来支撑中国经济持续平稳增长的区域经济总体框架是"三纵四横一沿边"。这一总体空间框架中，沿海轴线是优化发展的经济带，其中的京津冀、长三角和珠三角城市群，要充分发挥其对全国经济社会发展的重要支撑和引领作用，进一步促进珠三角带动西江流域、长三角带动长江流域、京津冀带动华北和西北地区的发展。

第二，沿海三大城市群经济发展水平高，是中国经济社会发展的重要支撑。2020年沿海三大城市群地区生产总值为387420.97亿元，占全国的38.13%。此外，沿海三大城市群人均地区生产总值和经济密度均显著高于全国平均水平。2020年沿海三大城市群人均地区生产总值、经济密度分别为107285.3元/人、7702.2万元/平方千米，分别是全国平均水平的1.49倍、7.28倍（见表6-3）。雄厚的经济实力为沿海三大城市群保持经济稳定增长提供了保障。

第三，沿海三大城市群产业结构不断优化，是产业结构优化升级的引领区。2020年，京津冀、长三角、珠三角城市群三次产业结构分别为4.9∶27.9∶67.2、4.1∶39.5∶56.4、1.8∶40.0∶58.2，第一产业比重均显著低于全国平均水平，第三产业比重均超过了第二产业，且高于全国平均水平（见图6-3）。根据黄群慧和李芳芳等（2017）

的标准，2020年沿海三大城市群均处于后工业化阶段，产业发展程度较高。沿海三大城市群优化的产业结构，为其成为中国产业高质量发展的引领区奠定了基础。

表6-3　2020年沿海三大城市群经济实力及在全国的地位

地 区	地区生产总值 数量（亿元）	地区生产总值 占全国的比重（%）	人均地区生产总值 数量（元/人）	人均地区生产总值 相当于全国的（%）	经济密度 数量（万元/平方千米）	经济密度 相当于全国的（%）
京津冀	85919.93	8.46	79505.2	110.50	3959.44	374.13
长三角	211977.11	20.86	121261.7	168.54	9176.50	867.08
珠三角	89523.93	8.81	114429.8	159.05	16277.08	1538.01
合　计	387420.97	38.13	107285.3	149.12	7702.21	727.78

资料来源：根据2021年相关省（直辖市）统计年鉴整理。

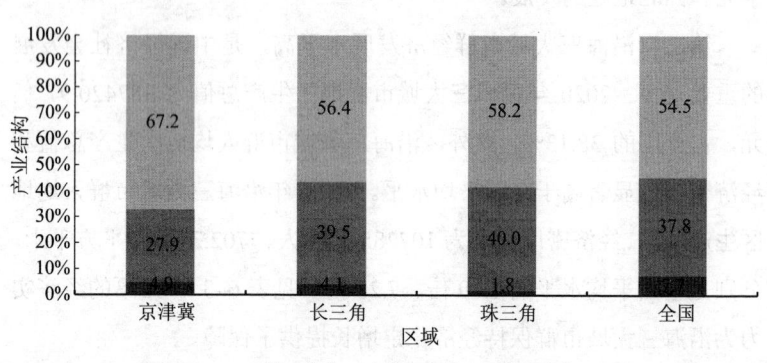

图6-3　2020年沿海三大城市群[1]及全国三次产业结构

[1] 长三角采用上海、江苏、浙江和安徽数据。

资料来源：根据《中国统计年鉴2021》《广东统计年鉴2021》整理。

第四,沿海三大城市群城镇化水平高,是带动提升城镇化质量的示范区。2020年,京津冀、长三角、珠三角三大城市群城镇化率分别为68.61%、76.23%、87.24%,均显著高于全国平均水平(63.89%),其中北京、天津、上海、广州、深圳等城市群中心城市城镇化率分别为87.55%、84.70%、89.30%、86.19%、99.54%。从世界各国和各地区城镇化率变动看,人口城镇化率超过90.0%的可能性很小。这表明沿海三大城市群核心城市城镇化水平已接近极限,进入了城镇化后期阶段,需要由注重提高城镇化水平转向注重提升城镇化质量。沿海三大城市群城镇化质量提升的引领示范,可为中国其他地区提升城镇化质量提供可供参考的样本,降低城镇化推进成本。

四、全国创新发展引领区

创新水平主要从创新投入、创新产出、创新绩效和创新环境四个方面进行评价(李国平,2019)。沿海三大城市群成为全国创新发展引领区,体现在创新投入的带动作用、创新产出的辐射作用、创新绩效的引领作用、创新环境的示范作用上。

第一,沿海三大城市群已成为中国加快科技研发投入、实现创新驱动发展的主要阵地。创新投入分为物质资本投入和人力资本投入两种,是影响区域创新水平的重要因素(孙瑜康,李国平,2017)。从研发资本投入来看,2020年沿海三大城市群研发经费内部支出为14290.54亿元,占全国的58.59%。相比于物质资本的投入,人力资本对创新的影响更加持久和显著,2020年三大城市群研发人员全时当量为309.96万人·年,占全国比重高达59.21%(见表6-4)。

表 6-4　2020 年沿海三大城市群创新投入及在全国的地位

地　区	研发经费内部支出 数量（亿元）	占全国的比重（%）	研发人员全时当量 数量（万人·年）	占全国的比重（%）
京津冀	3445.96	14.13	55.20	10.54
长三角	7364.70	30.19	167.54	32.01
珠三角	3479.88	14.27	87.22	16.66
合　计	14290.54	58.59	309.96	59.21

注：长三角采用上海、浙江、江苏、安徽数据，珠三角采用广东数据。
资料来源：根据《中国科技统计年鉴 2021》整理。

第二，沿海三大城市群创新产出水平遥遥领先，对全国其他地区具有明显的引领带动作用。创新产出是创新的直接体现，包括知识产出和技术产出。2020 年沿海三大城市群国内专利授权数为 219.05 万件，占全国的 62.22%；发表科技论文数为 66.97 万篇，占全国的 44.83%；出版科技著作数为 17570 种，占全国的 40.44%（见表 6-5）。

表 6-5　2020 年沿海三大城市群创新产出及在全国的地位

地　区	国内专利授权 数量（万件）	占全国的比重（%）	发表科技论文 数量（万篇）	占全国的比重（%）	出版科技著作 数量（种）	占全国的比重（%）
京津冀	33.05	9.39	19.60	13.12	6481	14.92
长三角	115.03	32.67	35.27	23.61	8659	19.93
珠三角	70.97	20.16	12.10	8.10	2430	5.59
合　计	219.05	62.22	66.97	44.83	17570	40.44

注：长三角采用上海、浙江、江苏、安徽数据，珠三角为广东数据。
资料来源：根据《中国科技统计年鉴 2021》整理。

第三,沿海三大城市群创新绩效在全国处于领先地位。创新绩效是指区域的创新效率和创新效果,代表着创新资源的利用效率。2020 年,沿海三大城市群高技术产品新产品销售收入为 48927.48 亿元,占全国的 71.38%;高技术产品出口贸易额为 18358.48 亿美元,占全国的 73.79%(见表 6–6)。

表 6–6 2020 年沿海三大城市群创新绩效及在全国的地位

地区	高技术产品新产品销售收入 数量(亿元)	占全国的比重(%)	高技术产品出口贸易额 数量(亿美元)	占全国的比重(%)
京津冀	4147.51	6.05	1408.44	5.66
长三角	21421.59	31.25	8160.79	32.80
珠三角	23358.38	34.08	8789.25	35.33
合 计	48927.48	71.38	18358.48	73.79

注:长三角采用上海、浙江、江苏、安徽数据,珠三角采用广东数据。
资料来源:根据《中国科技统计年鉴 2021》整理。

第四,沿海三大城市群创新环境具有明显优势。创新环境通常指能够促进创新主体不断创新的环境因素,包括基础设施等创新硬环境和社会习俗、政策环境等创新软环境两个方面,是区域创新的重要保障(祝合良,叶堂林等,2019)。以互联网宽带接入端口数量衡量创新硬环境,以地方财政科技支出和普通、职业高等学校高级职称教师数量衡量创新软环境,分析沿海三大城市群的创新环境及在全国的地位。2021 年,沿海三大城市群互联网宽带接入口数量为 37661.0 万个,占全国的 37.00%;地方财政科学技术支出为 3737.80 亿元,占全国的 57.82%;普通、职业高等学校高级职称教师数量为

294567人，占全国的36.82%（见表6-7）。

表6-7 2021年沿海三大城市群创新环境及在全国的地位

地 区	互联网宽带接入端口 数量（万个）	互联网宽带接入端口 占全国的比重（%）	地方财政科学技术支出 数量（亿元）	地方财政科学技术支出 占全国的比重（%）	普通、职业高等学校高级职称教师 数量（人）	普通、职业高等学校高级职称教师 占全国的比重（%）
京津冀	8395.8	8.25	666.06	10.30	101010	12.63
长三角	19931.5	19.58	2088.98	32.32	141581	17.70
珠三角	9333.7	9.17	982.76	15.20	51976	6.50
合 计	37661.0	37.00	3737.80	57.82	294567	36.82

注：长三角采用上海、浙江、江苏、安徽数据，珠三角采用广东省数据。
资料来源：根据《中国统计年鉴2022》整理。

第三节 沿海三大城市群发展的现状与特征

城市群发展是国家经济中心多极化发展的必然趋势，是实现国民经济良性循环和持续平稳增长的重要保障。京津冀、长三角和珠三角城市群是中国规模较大、发展相对成熟的三大城市群，这三大城市群不仅对中国经济社会发展具有重要的辐射带动作用，更是推动中国经济发展方式转变、实现高质量发展的关键。

一、城镇化水平较高，城市体系规模结构各有特色

2020年京津冀城镇化率为68.61%，按地级及以上城市测算的城

镇化率极差为36.41个百分点。①北京、天津城镇化率分别为87.55%、84.70%，已处于城镇化后期阶段；河北城镇化率为60.07%，处于城镇化中期阶段，低于京津冀总体水平；石家庄城镇化水平相对较高，为70.18%，其他10个地级市全部处于城镇化中期。2020年长三角城镇化率为76.23%，按地级及以上城市测算的城镇化率极差为33.78个百分点。②上海、南京城镇化率分别为89.30%、86.80%，已处于城镇化后期阶段，分别为长三角平均水平的1.17倍和1.14倍。总体而言，长三角城市群中有16个地级及以上处于城镇化后期阶段，其余均处于城镇化中期阶段。2020年珠三角城镇化率为87.24%，按地级及以上城市测算的城镇化率极差为48.52个百分点。③其中，深圳、佛山、东莞、珠海、中山、广州和惠州共7个地级及以上城市处于城镇化后期阶段，其他2个城市均处于城镇化中期阶段。

从城镇体系来看，2020年沿海三大城市群各有特色。长三角城镇体系比较完善，而京津冀特大城市和Ⅰ型大城市缺失（见表6-8）。

概括来看，2020年中国沿海三大城市群内部城镇化水平差距较大，按地级及以上城市测算，京津冀城市群内部城镇化率极差为36.41个百分点，长三角为33.78个百分点，珠三角达到了48.52个百分点。从城市规模等级结构看，京津冀城市群超大城市过大，小城市数量过多，特大城市、大城市和中等城市数量过少，发育不足（肖金成，申现杰，马燕坤等，2017）；珠三角城市群超大城市过大，小城市发育不足；长三角城市群小城市数量过多，发育不足。因此，沿海三

---

① 2020年京津冀北京城镇化率最高（87.55%）、沧州最低（51.14%）。
② 2020年长三角上海城镇化率最高（89.30%）、安庆最低（55.52%）。
③ 2020年珠三角深圳城镇化率最高（99.54%）、肇庆最低（51.02%）。

大城市群城镇体系规模都不尽合理，不利于城市群大中小城市协同发展，与世界级城市群相比还有一定距离。

表6–8 2020年沿海三大城市群城市[1]规模等级结构[2]

城市规模等级		京津冀	长三角	珠三角
超大城市		北京、天津（2）	上海（1）	广州、深圳（2）
特大城市		—	南京、杭州（2）	东莞（1）
大城市	Ⅰ型大城市	石家庄（1）	合肥、宁波、苏州（3）	—
	Ⅱ型大城市	邯郸、唐山、保定、秦皇岛（4）	无锡、常州、温州、南通、芜湖、绍兴、盐城、扬州、台州、义乌（10）	珠海、惠州、佛山、江门、中山（5）
中等城市		张家口、邢台、沧州、衡水、廊坊、承德（6）	泰州、湖州、镇江、金华、嘉兴、马鞍山、安庆、诸暨、舟山、铜陵、乐清、慈溪、昆山、宜兴、滁州（15）	肇庆（1）
小城市	Ⅰ型小城市	定州、任丘、迁安、涿州、滦州、武安、遵化、三河、辛集、黄骅（10）	余姚、常熟、东阳、张家港、江阴、丹阳、桐乡、宣城、巢湖、平湖、东台、如皋、临海、嵊州、温岭、池州、海安、泰兴、瑞安、太仓、靖江、龙港、启东、永康、溧阳、高邮、无为、海宁、兴化、兰溪、仪征、玉环（32）	开平、四会（2）
	Ⅱ型小城市	深州、霸州、河间、泊头、平泉、南宫、高碑店、晋州、安国、沙河、新乐（11）	天长、明光、句容、宁国、扬中、桐城、广德、建德、潜山（9）	台山、恩平、鹤山（3）

[1]包括直辖市、地级市、县级市；[2]括号内为城市数量。
资料来源：根据《中国城市建设统计年鉴2020》整理。

二、城市群核心城市地位有所差别

城市首位度和经济首位度[①]都是衡量一个城市在区域中辐射力、影响力、带动力的重要指标，代表着该城市在区域内的实力和地位。城市首位度可分为三个区间：首位度值＜2.0 为低度首位分布，介于 2.0 和 4.0 之间为中度首位分布，首位度值＞4.0 为高度首位分布（陈小清，2016）。当首位度值处于低度首位分布时，表示该地区城市结构正常，城市首位度越接近或等于 1，表明该地区呈典型的双核城市结构发展趋势；当首位度值处于中度首位分布时，首位城市的规模越大，表明中心城市的凝聚力和辐射力越强；当首位度值处于高度首位分布时，表明该区域资源、要素过度集中，缺少支点城市，首位城市以及区域的可持续发展将受到影响。此外，经济首位度越高，说明首位城市在该地区的经济实力越强、地位越高。

2011—2020 年，京津冀城市群的城市首位度总体呈现上升态势，由 1.51 上升至 1.58，为低度首位分布，呈现出以北京、天津为中心的双核城市结构；但京津冀城市群的经济首位度呈现先下降后上升的态势，北京作为首位城市的经济优势总体有所增强。长三角城市群的城市首位度呈现先上升后下降的趋势，由中度首位分布缓慢转变为低度首位分布；而经济首位度呈现小幅度波动，但一直处于低度首位分布，说明首位城市上海在长三角具备一定的凝聚力和辐射力。珠三角城市群的城市首位度和经济首位度均接近于 1，变化幅度很小；2011—2020 年珠三角的首位城市是广州。需要说明的是，2011

[①] 城市首位度采用首位城市与第二位城市的常住人口之比，经济首位度采用首位城市与第二位城市的地区生产总值之比。

年珠三角的经济首位城市是广州，2012—2020年则是深圳，广州、深圳经济实力不相上下。总体而言，珠三角为低度首位分布，城市群结构相对合理，呈现出以广州、深圳为中心的典型双核城市结构（见表6-9）。

表6-9 2011—2020年三大城市群城市首位度和经济首位度

年份	京津冀 城市首位度	京津冀 经济首位度	长三角 城市首位度	长三角 经济首位度	珠三角 城市首位度	珠三角 经济首位度
2011	1.51	1.45	2.24	1.87	1.22	1.02
2012	1.51	1.39	2.27	1.75	1.22	1.02
2013	1.51	1.37	2.31	1.76	1.22	1.01
2014	1.52	1.37	2.33	1.81	1.15	1.04
2015	1.52	1.41	2.31	1.86	1.13	1.06
2016	1.52	1.44	2.32	1.94	1.12	1.11
2017	1.56	1.51	2.31	1.94	1.10	1.17
2018	1.58	1.76	2.31	1.97	1.08	1.20
2019	1.58	2.51	1.95	1.97	1.07	1.14
2020	1.58	2.56	1.95	1.92	1.06	1.01

资料来源：根据相关年份《中国统计年鉴》《上海统计年鉴》《江苏统计年鉴》《浙江统计年鉴》《广东统计年鉴》整理计算。

三、城市群内部城市间经济联系强度不同

城市群所形成的经济区是以大中城市为核心，与其紧密相连的广大地区共同组成的经济上紧密联系、生产上互相协作、在社会地

域分工过程中形成的城市地域综合体。在此采用引力模型[①]对沿海三大城市群中各城市间的经济联系强度进行测度,并运用 Arcgis 将城市间的经济联系强度反映在图上(见图 6-4)。

2020 年京津冀城市群经济联系的空间分布基本呈现出以北京为中心的单核放射性分布,经济联系空间分布相对稀疏。其中,北京、天津、廊坊三地间的经济联系较强,位于北部的承德、秦皇岛与各城市的经济联系很弱。长三角城市群经济联系的空间分布基本呈现出以上海为中心的扇形空间结构,经济联系空间分布相对密集。其中,苏州与无锡、无锡与常州之间的经济联系很强,上海与苏州、

(a)京津冀

---

① 引力模型公式为 $R_{ij}=(\sqrt{P_iV_i}\sqrt{P_jV_j})/D_{ij}^2$,其中,$R_{ij}$ 表示城市 i 与城市 j 之间的经济联系强度;D_{ij} 表示城市 i 与城市 j 之间公路里程距离;P_i、P_j 表示两个城市的年末常住人口;V_i、V_j 表示两个城市的地区生产总值。

296 区域发展新空间

(b) 长三角

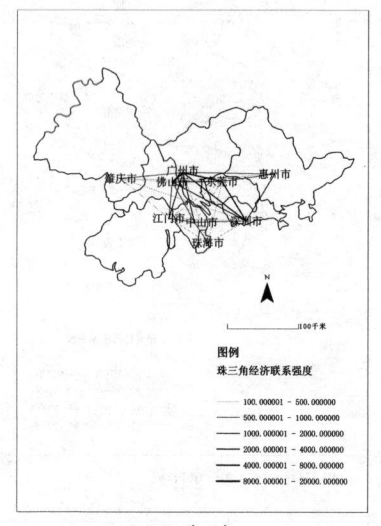

(c) 珠三角

图 6-4　2020 年沿海三大城市群城市间经济联系强度

注：图中仅显示引力大于 100 的数据，线条越粗表示两个城市间的引力越强。

资料来源：根据《中国城市统计年鉴 2021》以及高速公路里程数查询（2345 实用查询）整理。

无锡、嘉兴的经济联系较强，位于南部的舟山和台州与各城市的经济联系很弱。珠三角城市群经济联系的空间分布呈现出以广州、深圳为中心的放射性分布，其中广州对佛山的辐射影响显著，二者之间的经济联系非常密切。

四、城市群核心城市对外围地区带动作用差异较大

核心城市是城市群的增长极，在极化作用和扩散作用的共同作用下带动外围地区经济发展。以京津冀、长三角和珠三角城市群的地级及以上城市为研究对象，采用各城市的 GDP 和人均 GDP 生成标准差椭圆，反映三大城市群的经济空间格局。

2010—2020 年，京津冀城市群的经济中心位于廊坊，呈现出不断向西北方向移动的趋势，经济主体空间分布范围不断减少，GDP 的标准差椭圆空间范围由 57106.88 平方千米减少至 51607.12 平方千米，减少了 5499.76 平方千米，人均 GDP 的标准差椭圆空间范围由 77255.17 平方千米减少至 75940.51 平方千米，减少了 1314.66 平方千米，表明京津冀城市群核心区域的经济增长快于外围地区，经济要素仍然不断向核心区域集聚（见图 6-5）。

2010—2020 年，长三角城市群的经济重心位于无锡，呈现出不断向西北方向移动的趋势，经济主体空间分布范围不断增加，GDP 的标准差椭圆空间范围由 77518.10 平方千米增加至 81696.60 平方千米，增加了 4178.50 平方千米，人均 GDP 的标准差椭圆空间范围由 87426.48 平方千米增加至 88989.70 平方千米，增加了 1563.22 平方千米，表明长三角城市群西部的安徽和北部的江苏等地发展速度较快，长三角城市群的经济要素不断向外围地区溢出，处于以扩散作用为主的阶段（见图 6-6）。

298 区域发展新空间

（1）GDP　　　　　　　　　　　　　（2）人均GDP

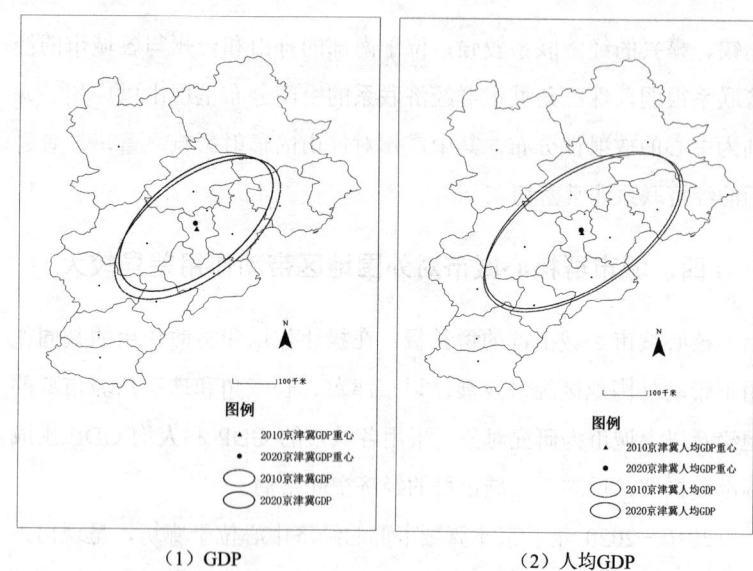

图6-5　2010—2020年京津冀城市群的经济空间分布格局

（1）GDP　　　　　　　　　　　　　（2）人均GDP

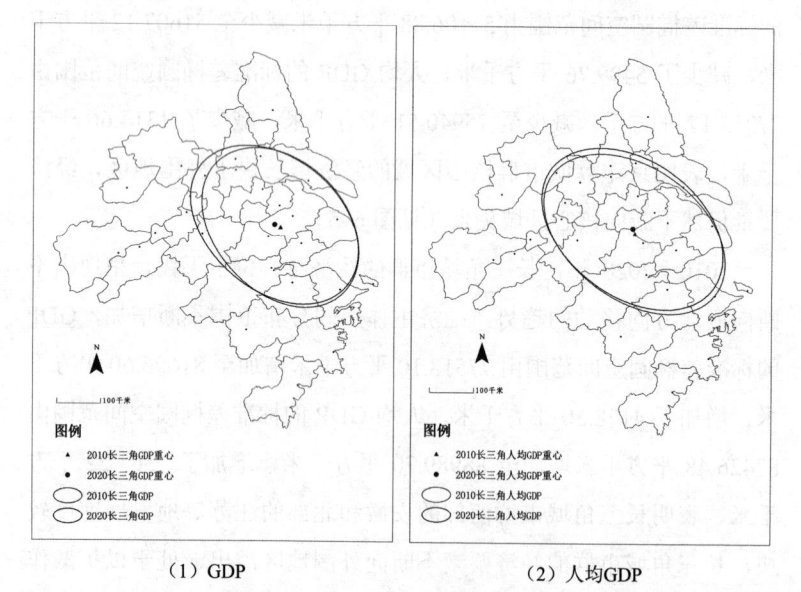

图6-6　2010—2020年长三角城市群的经济空间分布格局

2010—2020年，以GDP测算的珠三角城市群的经济重心位于广州，以人均GDP测算的经济重心位于广州与中山的交界处，总体都呈现出不断向东南方向移动的趋势，经济主体空间分布范围不断增加，GDP的标准差椭圆空间范围由7912.96平方千米增加至7995.14平方千米，增加了82.18平方千米，人均GDP的标准差椭圆空间范围由9962.29平方千米增加至10906.63平方千米，增加了944.34平方千米，这表明珠三角城市群的经济要素也呈现出向外围地区溢出的趋势，进入了以扩散作用为主的阶段（见图6-7）。

（1）GDP　　　　　　　　　　（2）人均GDP

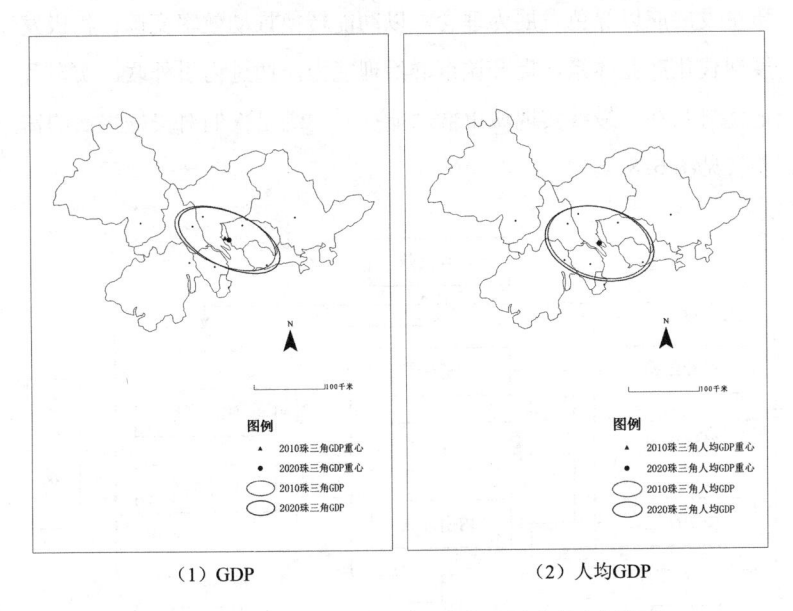

图6-7　2010—2020年珠三角城市群的经济空间分布格局

总体而言，长三角城市群核心城市经济要素向外围地区明显溢出，珠三角城市群核心城市经济要素也呈现出向外围地区溢出的趋势，而京津冀城市群内经济要素则仍然不断向核心城市集聚，表明上海、广州带动了外围地区的经济增长，而北京对外围地区带动作用并不明显（安树伟，李瑞鹏，2022）。

第四节 沿海三大城市群高质量发展的内涵

高质量发展的共性要求是经济、社会、生态等领域均实现更有效率、更加公平、更可持续、更高质量的发展。沿海三大城市群高质量发展应以绿色发展为理念，以动能转换推动效率变革，积极发展现代化产业体系，提升城市群治理能力，通过内引外联，实现各地优势互补，最终实现城市群功能提升，满足人们对美好生活的需要（见图6-8）。

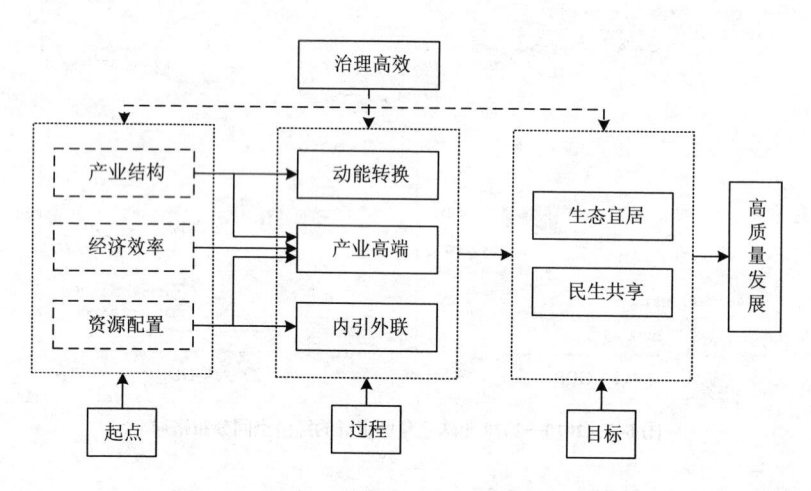

图6-8 沿海三大城市群高质量发展内涵的分析框架

一、动能转换

在向高质量发展转变过程中，动能转换既是高质量发展的关键，也是实现效率变革、质量变革的基础。1997—2015 年，沿海三大城市群各省（直辖市）全要素生产率（TFP）平均增速远低于 GDP 平均增速，且各省（直辖市）之间 TFP 贡献率相差较大，TFP 贡献率最高的北京是最低的广东的 2.16 倍，但北京 TFP 贡献率也仅为 32.73%，不足 1/3，表明沿海三大城市群经济增长动能仍以劳动力和资本等要素投入为主，创新驱动相对不足。此外，尽管沿海三大城市群各省（直辖市）经济在持续增长，但 GDP 平均增速除了天津和江苏在全国排名较靠前外，其他地区均排名靠后（见表 6–10），经济增速的迟缓体现出传统经济增长模式的不可持续性，也体现出拓展区域发展新空间的必要性。因此，沿海三大城市群需要以动能转换来推动效率变革，进而促进质量变革，由此形成质量效益明显提高、稳定性和可持续性明显增强的高质量发展新局面（迟福林，2018）。

表 6–10　1997—2015 年沿海三大城市群各省（直辖市）TFP 平均增速、TFP 贡献率、GDP 平均增速

指　标	北京	天津	河北	上海	江苏	浙江	安徽	广东
TFP 平均增速	0.034	0.028	0.016	0.034	0.034	0.025	0.027	0.018
TFP 贡献率（%）	32.73	22.72	15.90	31.88	30.05	23.85	24.99	15.18
GDP 平均增速（排名[1]）	0.103 (25)	0.135 (2)	0.104 (24)	0.102 (27)	0.118 (5)	0.109 (18)	0.110 (16)	0.112 (11)

[1] 排名不含西藏。

资料来源：张建华、张豪：《中国经济转型发展与动能转换》，华中科技大学出版社 2018 年版，第 148—149 页、第 154 页。

二、内引外联

城市群与国内各地区之间的相互联系、相互依赖，是沿海三大城市群带动中国经济发展的基础，城市群与其他国家或地区之间的联系则是提升沿海三大城市群经济实力和国际竞争力的有效路径。在对内联系方面，联系强度反映经济中心对周边地区的辐射能力，以及周边地区对经济中心辐射潜能的接受能力（迟福林，2018）；联系总量反映区域间经济往来的规模大小（王德忠，庄仁兴，1996）。运用引力模型对沿海三大城市群主要城市与中国各省会城市（首府城市、直辖市）之间的经济联系强度进行测算，衡量沿海三大城市群的对内联系水平。结果表明，沿海三大城市群辐射带动范围较小，且与国内各省会城市（首府城市、直辖市）之间的联系程度偏弱。沿海三大城市群与国内各省会城市（首府城市、直辖市）之间的联系主要集中在其周围的城市，与距离较远的位于中西部地区的省会城市（首府城市、直辖市）联系程度较低（见图6-9），经济往来规模较小。在对外联系方面，外贸依存度是衡量一个国家或地区对外开放的重要指标。2011—2021年，珠三角对外贸易依存度一直高于0.63，长三角高于0.47，而2016年京津冀对外贸易依存度仅为0.38，显著低于长三角和珠三角（见图6-10）。随着全球化竞争的加剧，沿海三大城市群高质量发展需要吸引更多的资源，建立更大规模的市场，并且与其他国家或地区实现优势互补（武文霞，2019）。这就要求沿海三大城市群不仅要增强与国内其他地区之间的联系，还要继续扩大对外开放。

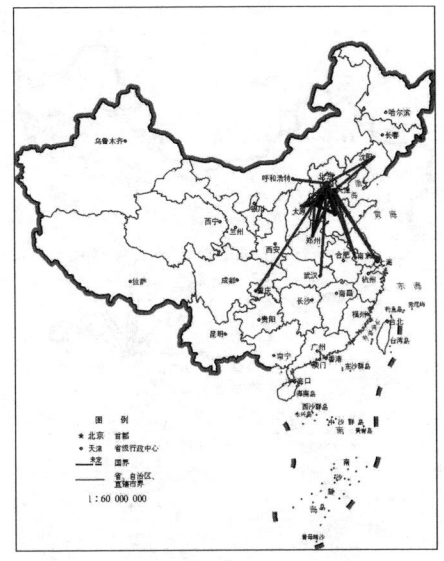

(a) 京津冀

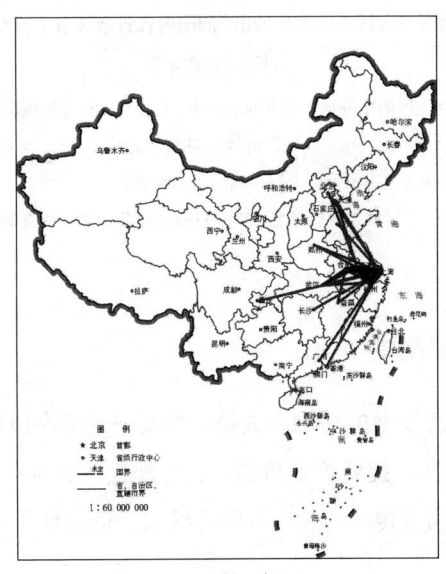

(b) 长三角

（c）珠三角

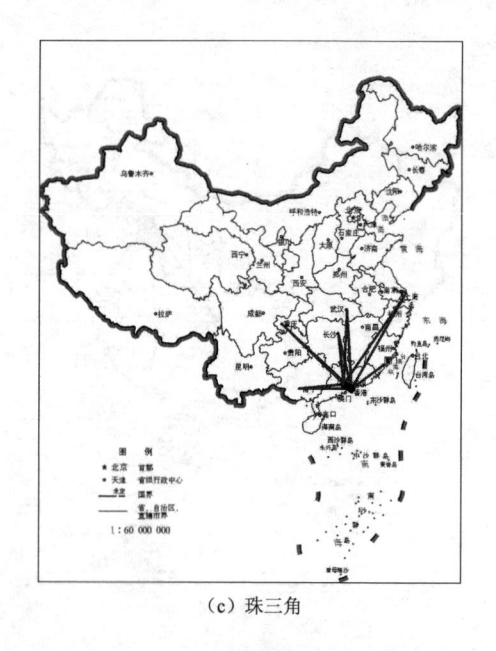

图 6-9　2020 年沿海三大城市群主要城市[1]同国内各省会城市（首府城市、直辖市）之间的经济联系[2]

[1]京津冀城市群选取的主要城市为北京、天津、石家庄；长三角城市群选取的主要城市为上海、杭州、南京、合肥；珠三角城市群选取的主要城市为广州、深圳。[2]图中仅显示引力大于 20 的数据，线条越粗表示两个城市间的引力越强。

资料来源：根据《中国城市统计年鉴 2021》以及高速公路里程数查询（2345 实用查询）整理。

三、产业高端

产业是经济发展的基础和关键，要实现经济高质量发展，就必须提高产业层次，提升产业效能，构建现代产业体系。目前，沿海三大城市群面临着传统产业竞争优势减弱、资源环境约束增强、劳

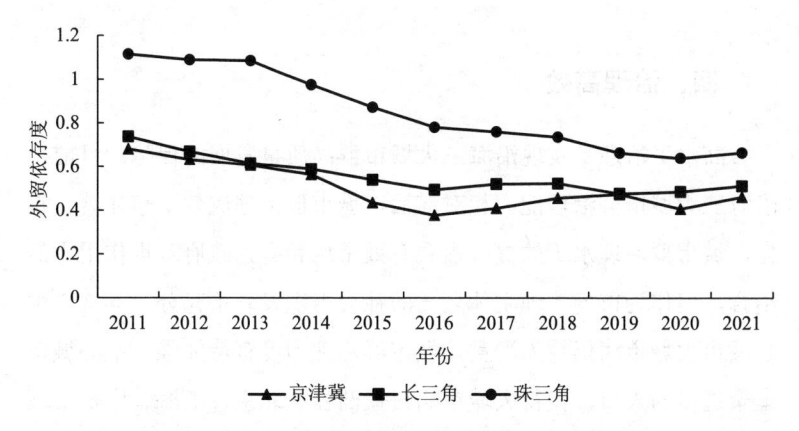

图 6–10 2011—2021 年沿海三大城市群的外贸依存度[1]

[1] 外贸依存度=进出口额/地区生产总值；长三角采用上海、浙江、江苏、安徽数据，珠三角采用广东数据。

资料来源：根据相关年份《中国统计年鉴》整理计算。

动力成本上升等压力，产业必须向高端化方向发展。2010—2021 年，京津冀、长三角和珠三角城市群第三产业与第二产业增加值的比值（IP）①分别由 1.16、0.86、0.99 上升为 2.12、1.37、1.38，表明沿海三大城市群的产业在由工业化向服务业化转变，但总体上高端产业所占比重低，高技术和服务经济发展相对滞后。在高质量发展阶段，沿海三大城市群应提高高端产业比重，加快产业高质量发展，提升主要产品竞争力，为沿海三大城市群广泛参与国际竞争奠定坚实的基础。

---

① IP 值（第三产业与第二产业增加值的比值）为产业结构高级化即服务化的衡量指标，若 IP 值上升，说明经济结构呈现出服务化倾向，产业结构处于升级阶段。

四、治理高效

高水平治理是实现沿海三大城市群高质量发展的保障。目前，沿海三大城市群治理能力相对滞后，城市群治理成效不够显著。首先，城市群治理水平的提升需要有效市场和有为政府双重作用力的结合，但作为市场治理主体之一的社会组织发育不充分。其次，中心城市大城市病仍较为严重，城市群治理力度有待加强。中心城市集聚过多的人口，使得大城市病日益凸显。北京、上海、广州市域面积分别占京津冀、长三角、珠三角城市群面积的7.60%、2.75%、13.53%，2020年北京、上海、广州常住人口分别占京津冀、长三角、珠三角城市群总人口的19.83%、14.23%、23.95%，中心城市人口密度较高，大城市病治理仍需加强。最后，重"硬件"轻"软件"的治理理念，未能兼顾到城市群发展的全面性。沿海三大城市群治理过程中，较为注重对产业、交通和生态等"硬件"的治理，而对人的素质提高、人文环境保护、法律、制度等"软件"方面的治理并未深入开展。进入高质量发展阶段，沿海三大城市群应不断提升自身治理能力和治理水平，拓宽城市群协同治理领域，提高城市群治理效率。

五、生态宜居

优良的生态环境不仅是人民对宜居生活的基本要求，也是沿海三大城市群高质量发展所必需的基础。沿海三大城市群生态环境状况整体呈改善趋势，但目前除珠三角城市群外，京津冀和长三角城市群生态环境污染仍较为严重，人民生活环境宜居性有待提高。2021

年，京津冀及周边地区[①]"2+26"城市优良天数比例范围为60.3%—79.2%，平均为67.2%，比2020年上升了4.7个百分点；长三角地区[②]41个城市优良天数比例范围为74.8%—99.7%，平均为86.7%，比2020年上升了1.6个百分点（生态环境部，2022）。2021年全国168个空气质量重点监测的城市中，环境空气质量相对较差的20个城市中京津冀就占5个（邢台、唐山、石家庄、邯郸、保定）；相对较好的20个城市，长三角有3个（舟山、台州、宁波），珠三角有5个（深圳、惠州、珠海、中山、肇庆），京津冀1个（张家口）。2021年，全国地级及以上城市国家地表水考核断面水环境质量状况排名前30位城市中，沿海三大城市群只有肇庆进入前30位，居第16位；排名后30位的城市中，京津冀就有4个（邢台、沧州、天津、廊坊）（生态环境部，2022）。高质量发展是满足人民日益增长的美好生活需要的发展，推进沿海三大城市群高质量发展，需要按照绿色低碳循环的发展理念集约利用资源，严格生态保护，为人民提供宜居环境。

六、民生共享

实现全体人民更加公平地共享发展成果，既是高质量发展的根本目的，也是充分调动绝大多数人积极性、主动性、创造性，形成

[①] 京津冀及周边地区包括北京市、天津市，河北省石家庄、唐山、邯郸、邢台、保定、沧州、廊坊和衡水，山西省太原、阳泉、长治和晋城，山东省济南、淄博、济宁、德州、聊城、滨州和菏泽，河南省郑州、开封、安阳、鹤壁、新乡、焦作和濮阳，简称"2+26"城市。

[②] 长三角地区包含上海市、江苏省、浙江省和安徽省。

推动高质量发展强大动力的必要条件（武文霞，2019）。沿海三大城市群居民收入水平较高，但城乡居民收入差距仍然较大。2014—2021年，沿海三大城市群的城镇与农村居民人均可支配收入的绝对差距均在不断扩大，且北京、上海、浙江、广东、江苏的绝对差距大于全国平均水平（见图6-11）；相对差距均在波动中呈现出减小趋势，但整体上减小幅度较小（见图6-12）。高质量发展不仅要注重经济效率，而且要注重公平。对于沿海三大城市群而言，不仅要不断缩小城乡收入差距，还要缩小城市群内各城市之间的生活水平差距，真正实现民生共享。

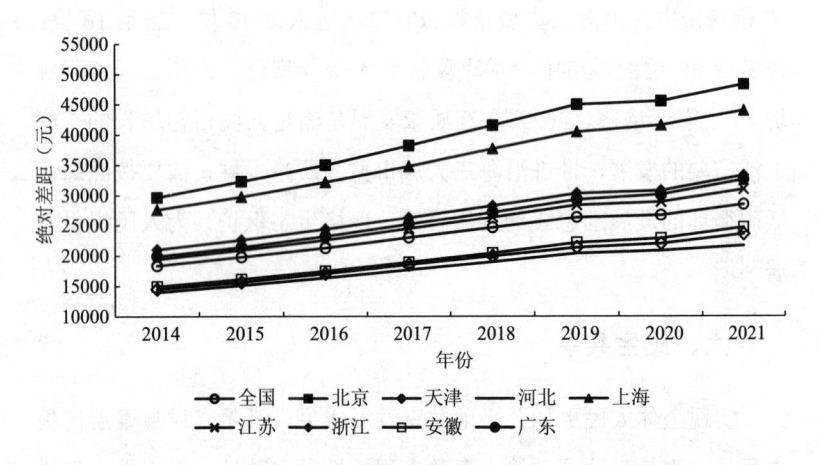

图6-11　2014—2021年沿海三大城市群相关省（直辖市）及全国城乡居民人均可支配收入绝对差距

资料来源：根据《中国统计年鉴2022》整理。

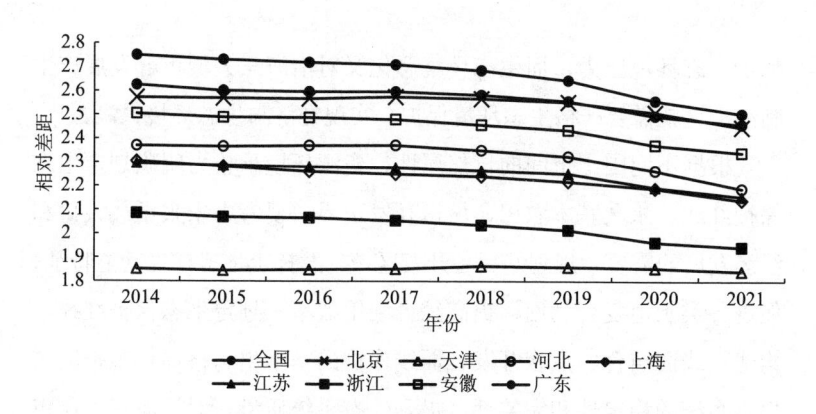

图 6-12　2014—2021 年沿海三大城市群相关省（直辖市）及全国城乡居民人均可支配收入相对差距（农村=1）

资料来源：根据《中国统计年鉴 2022》整理。

第五节　沿海三大城市群高质量发展的重点

沿海三大城市群是引领中国经济实现转型升级、均衡协调、高效绿色发展的重要战略支撑区域，要进一步严格生态环境保护，构建协同创新产业体系，完善社会治理体系，推进高质量基本公共服务均等化，优化城镇空间布局，将沿海三大城市群打造成为引领中国高质量发展的新高地、率先实现社会主义现代化的示范区和全国高质量发展的动力源。

一、严格生态环境保护

良好的生态环境是城市群可持续发展的基础，是推进城市群高质量发展的关键。沿海三大城市群人口规模不断增加和城市蔓延增加了生态环境压力,而生态环境恶化又对沿海三大城市群发展产生制约,这就需要严格生态环境保护,实现经济与生态环境共赢。

根据不同国土空间的自然属性、资源环境承载力明确划定生态保护红线、永久基本农田、城镇开发边界,要考虑未来承载人口和经济发展的需要,规划好后备开发区域。发挥土地多样性功能特征,促进各类土地复合利用,提高综合利用效率。划定生态保护红线,构建点线面结合、点状开发、面线保护的基本生态格局,维护区域生态系统的稳定性和完整性,提升生态系统质量。对沿海三大城市群生态环境进行科学评估,依据生态环境的敏感脆弱性、生态功能的重要性科学划定生态红线。将生态红线作为空间规划的基础,严守生态保护红线,严格用途管制,构建城市群生态安全格局,保护好可持续发展生命线。京津冀重点是加强环境保护和治理,健全综合治理机制,联防联控环境污染,改善生态环境;长三角应强化省际统筹,加强森林、湿地、河湖等重要生态系统保护,推进环境协同防治与监管;珠三角应加强周边山地、丘陵及森林生态系统保护,加强海岸线保护与管控,强化近岸海域生态系统保护与修复。

通过发挥行政、经济和法律手段的作用,确保各城市在总量控制、信息通报、排污权交易、行业标准等方面,在水污染、大气污染等多领域进行全方位合作(汪彬,杨露,2018)。健全环保信用评价、信息强制性披露、严惩重罚等制度。加强社会宣传教育,增强社会组织、企业和居民等治理主体参与环境治理的积极性,发挥多元主体合力作用,共同建设生态型城市群。

二、构建协同创新产业体系

深入实施创新驱动发展战略,构建区域创新共同体,集聚创新资源，以创新促进产业优化升级，着力建设智能高端实体经济发展高地，提升产业体系在全球价值链中的地位，形成高质量发展的强大动力。

（一）构建区域创新共同体

加大科技投入，推动科技资源共享平台的建设和优化升级，促进科研基础设施、大型科研仪器、科技文献、科学数据等科技资源的流动和共享，集中力量攻克一批关键技术，共同打造有利于提高自主创新能力的创新环境。打通原始创新向现实生产力转化的通道，促进科技成果跨区域转化（中共中央，国务院，2019）。京津冀着力改善协同创新环境，促进京津科技成果率先在河北实现转化；长三角充分发挥创新资源集聚优势，重点打造全国原始创新策源地和长三角科技创新共同体；珠三角应积极吸引和对接全球创新资源，构建开放型融合发展的区域协同创新共同体。

（二）大力发展高端产业

着力培育发展新产业、新业态、新模式，按照集群化发展方向，强化区域优势产业协作，推动传统产业升级改造，全面提升制造业发展水平，建设国家级战略性新兴产业基地，形成若干世界级制造业集群，培育具有国际竞争力的龙头企业，加快培育布局未来产业，推动制造业高质量发展。京津冀重点创新服务业内容、业态和经营模式，共同打造高水平服务创新平台和高端服务品牌，发展高端服务经济，提供高品质服务；长三角重点打造全国先进制造业集聚区，形成若干世界级制造业集群，打造高水平服务业集聚区；珠三角重点推动互联网、大数据、人工智能和实体经济深度融合，促进产业链上下游深度合作，建设具有国际竞争力的先进制造业基地。

（三）引导产业合理布局

强化分工合作，推动城市群内的城市之间形成产业协作关系，城市群内的核心城市重点发展总部经济、研发设计、培训、营销、批发零售、商标广告管理、品牌、售后服务等产业链环节，大城市郊区和其他大中城市重点发展高技术产业和先进制造业，周边其他城市和小城镇重点发展一般制造业和零部件生产（魏后凯，2007）。推动城市群中心区重化工业和工程机械、轻工食品、纺织服装等传统产业向具备承接能力的中心区以外城市升级转移（中共中央，国务院，2019）。京津冀重点提升北京的研发和技术创新能力，天津打造先进的制造业中心，河北则加快基础制造业的发展；长三角重点提升上海的经济、金融、贸易、航运和科技创新等服务功能，江苏打造具有全球影响力的科技产业创新中心和具有国际竞争力的先进制造业基地，浙江打造全国数字经济创新高地和对外开放重要枢纽，安徽打造新兴产业聚集地和绿色发展样板区；珠三角充分发挥广州、深圳创新研发能力强、运营总部密集的优势，以珠海、佛山为龙头建设先进装备制造产业带，以深圳、东莞为核心打造具有全球影响力的电子信息产业集群。

三、完善城市-区域治理体系

区域治理是政府、企业、居民、社会组织及其他利益相关者为实现最大化的区域公共利益，通过建立整合的政府或专门的机构，动员和运用社会各方面力量，建立正式和非正式的制度安排，充分尊重并鼓励公众参与，以合作、协商关系等方式解决区域问题的过程。沿海三大城市群正处于完善区域治理体系和提升城市精细化治理水平的重要时期。当前,中国经济发展已经由改革开放以来的调动行政单元积极性的发展阶段,过渡到突破行政区划协同发展的发展阶段,需要完善区域治理体系和体制机制创新,变各自发展为协同发展,按照共同目标,通过合理分工、优势互补,突破小尺度难以解决的发展难题,形成区域整体优势,实现共赢发展。同时,沿海三大城市群的超大城市也面临破解"大城市病"的迫切需要,加强城市精细化治理迫在眉睫。以京津冀为例,当前协同发展面临着众多亟须破解的财政税收制度问题:例如缺乏跨区域的公共基础设施建设投融资制度,导致"断头路"的存在;再如缺乏跨区域的财政支出制度,导致"环京津贫困带"和生态涵养区经济发展水平低下等。因此,完善区域治理体系和提升超大城市精细化治理水平,也是拓展发展新空间、提升整体发展效能、实现高质量发展的有效路径。

沿海三大城市群的城市-区域治理,要从根本上转变政府职能,把过去大量由政府承担的微观管理和服务职能转移出去,交给企业、居民和社会组织来承担,逐步实现政府与企业、居民、社会组织之间积极有效的合作,积极应对和处理区域公共问题,实现区域利益的最大化。加快由粗放式治理向精细化治理转变。尤其超大城市应建立健全城市精细化治理标准体系,通过精细化治理流程完整、工作机制完善、治理主体多元、技术手段完备,最终提升城市精细化治理水平。加快由单一主体治理向多元主体治理的共治方向转变,积极倡导多元参与的社会共治,通过政府、企业、公民以及社会组织参与,实现多元主体治理和多中心治理,以共治的新机制提升城市群整体的发展效能。建立健全区域治理的法律法规体系,把治标与治本有机结合起来,找准问题产生的根本原因,综合运用经济、行政、法律手段从源头上根本解决问题。

四、推进高质量公共服务基本均等化

随着居民生活水平的提高,居民对公共服务的需求不仅体现在对公共服务数量提升的要求,对公共服务的质量也提出了更高的要求。此外,推动高质量公共服务基本均等化,也是促进城市群内人口、资本、技术等要素合理流动和聚集,实现城市群高质量发展的重要手段。

加大公共服务的投入力度,合理布局公共服务资源,及时配套各项公共服务,实现公共服务、人口、产业的高度匹配,提升公共服务享用的便利化水平(中共中央,国务院,2019)。京津冀应深化区域合作,提升河北公共服务水平,促进高质量基本公共服务均等化(安树伟,2022);长三角应着力构建区域公共服务平台,促进居民异地享受公共服务并便捷结算;珠三角应加强与港澳公共服务和社会保障的衔接,为在广东工作和生活的内地及港澳居民提供及时、高效、便捷的社会服务。

加大教育投入力度,促进教育资源增量提质,探索优质教育资源联合办学模式,并扩大优质教育资源的覆盖面,提高优质教育资源供给水平,推动教育高质量发展。京津冀应推动京津优质教育资源向河北辐射,提高河北专业技术人才培养质量;长三角应按照统一的教育现代化指标体系,率先实现区域教育现代化;珠三角应加强与港澳高校合作共建优势学科和研究中心,支持粤港澳各类职业教育实训基地交流合作。

加大医疗卫生投入力度,促进医疗卫生资源增量提质,推动高端优质医疗卫生资源采取合作办院、设立分院、组建医疗联合体等形式，扩大优质医疗资源覆盖面，提高高端优质医疗卫生资源供给水平，推动医疗卫生高质量发展。依托高品质医疗资源，推进医养结合，大力发展健康产业、养老产业，建设一批国际知名的养生、养老健康医疗服务基地，持续提升人民健康水平。京津冀和长三角要依托北京、上海优质的医疗资源，设立一批功能型、专业型、连锁型的医疗服务基地，让更多的外地患者也能享受优质、高效、舒适的医疗服务；珠三角应与港澳加强医疗卫生人才联合培养和交流，鼓励港澳医务人员到珠三角开展学术交流和私人执业医务人员短期执业。

五、促进城市群核心城市与外围地区的良性互动

城市群中的不同城市逐步形成了功能有机整合、产业分工合理、经济联系紧密的相互依赖的城市群网络关系。通过发挥核心城市的引领带动作用、培育城市群中的次中心城市、促进核心城市与外围城市协调发展、加快核心城市功能拓展区和新城建设等方式，优化城镇体系结构，使城市群具有更丰富的多样性、更强大的创造力和更持久的发展潜力。

（一）发挥核心城市的辐射带动作用

沿海三大城市群核心城市的发展水平均较高，主要以交通枢纽功能、人流物流集散功能、专业化商贸服务功能、公司总部及国际组织管理功能，以及科技、教育、金融、信息、咨询等现代服务功能为主（汪阳红，2014）。随着交通、通信、企业空间组织的网络化发展，城市群内的城市之间联系更趋频繁，核心城市的影响力不断

加强。核心城市从要素集聚向扩散转变，以产业协作促使区域内城市联动发展，在城市群内逐渐形成分工合理、优势互补、错位发展的特色经济。京津冀要优化产业结构，加快向高端化、服务化、集聚化、低碳化、融合化的方向发展，努力形成创新引领、技术密集、价值高端的经济结构。强化北京的国际交往功能，全面提升京津冀国际交往的软硬件环境，推进服务标准、市场规则和相应的法律法规等制度规范，建立一体化的市场机制和制度保障，吸引国际组织总部落户京津冀（安树伟，2018）。长三角要发挥上海龙头带动作用，提升上海大都市综合经济实力、金融资源配置功能、贸易枢纽功能、航运高端服务功能和科技创新策源能力。珠三角要发挥广州国家中心城市和综合性门户城市的引领作用，全面增强国际商贸中心、综合交通枢纽功能，培育提升科技教育文化中心功能，着力建设国际大都市。

（二）培育城市群中的副中心城市

与核心城市相比，核心城市周边的大中城市在生态环境、生活成本等方面具有一定的优势，应通过培育经济增长极、聚集产业和人口，使之尽快成长为具有一定辐射带动能力的副中心城市，从而可以更好地促进人才、资本与产业的不断集聚。京津冀应加快天津、石家庄副中心城市的培育，形成"一主两副"的格局（安树伟，郁鹏等，2019）；长三角应加快南京、杭州、合肥副中心城市的培育；珠三角则要大力提升珠海的经济辐射力。

（三）建设核心城市功能拓展区和新城

城市规模发展到一定阶段，就会出现逆城市化、郊区化等现象，这就需要考虑核心城市功能拓展区与新城等反磁力基地的建设。20世纪日本三次实施"副中心"战略，成功建立了七个城市副中心，每个城市副中心都是地区公共活动的中心，也承担着东京作为国际城市的某些职能，在一定程度上实现了国际控制功能、扩散次级功能、建设国际城市的目标。因此，从世界级城市群发展经验看，沿海三大城市群核心城市大多呈现"单核心"向"多核心"发展的特点，一个循序渐进、产城融合、设施先行、服务配套，具有充足产业支撑与配套保障的副中心城市，可以有效缓解城区人口压力、疏散功能，形成城市群的多中心发展格局。通过建设城市副中心，既能保证城市的规模效益，也能缓解核心城市的大城市病。同样地，新城的设立有利于探索人口经济密集地区优化开发新模式，是调整优化城市群城市布局和空间结构、拓展区域发展新空间的又一路径。在新城建设前期，应坚持政府主导、规划先行、有序推进，集中成片开发，而在中后期建设中应充分发挥市场的决定性作用，遵循城市群发展规律，以防止新区建设遍地开花和碎片式发展。

第六节　沿海三大城市群高质量发展的对策

未来沿海三大城市群应继续扩大对外开放，加快科技成果转化，增强城市群对经济区的辐射带动能力，建设开放高效政府，提高城市-区域治理能力，为高质量发展提供保障。

一、继续扩大对外开放

开放发展是解决发展内外联动问题的，高水平的开放是高质量发展不可或缺的动力（彭智敏，汤鹏飞，吴晗晗，2018）。在经济全球化的大背景下，继续扩大对外开放，丰富开放内涵、提升开放层次，是提升区域竞争力、推动沿海三大城市群高质量发展的长期方向。需要坚持将"引进来"与"走出去"相结合，全面拓宽开放地域和范围，积极加入全球价值链体系。

（一）打造"引进来"新优势，提升开放型经济水平

高水平打造沿海三大城市群开放合作平台，需要坚持引资引智并举。一方面，实现引资方式的多样化。中国利用外资的传统方式是"三资"企业，未来沿海三大城市群应积极促进利用外资方式的多样化发展，鼓励外资以参股、并购、私募基金、国外贷款等方式参与企业的改组改造和兼并重组，为沿海三大城市群高质量发展提供资金支撑。另一方面，改善营商环境为高质量"引进来"提供保障。利用沿海三大城市群内现有的政策优势和区位优势，形成市场化、法治化、国际化营商环境，搭建对外开放合作平台，深化国际交流合作，积极吸收国外资源；同时，加大知识产权保护，进一步完善法律制度的顶层设计、加强执法力度（李丹，董琴，2019）。不仅保护城市群本土企业的知识产权，同时也应保护外资企业的知识产权，包括商标、专利、商业秘密和著作权等，以吸引外资企业入驻。

（二）探索"走出去"新路径，拓展开放发展新空间

明确"走出去"的战略重点，更加理性地"走出去"。明确沿海三大城市群海外投资重点并编制对外投资规划，加强对企业投资的引导与扶持，重点加强技术开发项目、优势产品项目、资源开发项

目等合作，以电子行业、机械行业等作为突破口（李丹，董琴，2019），提升对外开放层次。此外，京津冀要合理发挥北京全国国际交往中心的作用，长三角、珠三角要充分利用沿海的区位优势，积极拓展开放发展空间，努力实现科教文卫社会事业、现代服务业、农业、城乡建设等领域对外开放新突破（杨兰桥，2018），在更宽领域、更高层次参与全球的竞争与合作，促进沿海三大城市群各类资源在更大空间实现合理配置，提高对外开放的质量和发展的内外联动性。

（三）形成"引进来"和"走出去"的良性互动关系

通过"引进来"吸收国外资源的前向溢出、后向溢出和水平溢出效应，提高沿海三大城市群企业经济实力、创新水平，进而提高企业"走出去"的能力；通过"走出去"更好地承接、转化世界先进技术，逐渐形成对外开放新优势，有效提升沿海三大城市群综合实力，进而为高质量"引进来"奠定基础。

二、加快科技成果转化

从国际经验来看，实现经济由高速增长转向高质量发展，必须依靠全要素生产率的持续提高，从而形成经济持续平稳增长的动力源泉（迟福林，2018），而加快科技成果转化是提高全要素生产率的关键。

（一）完善科技成果转化的体制机制

科技成果产业化是一个综合性的系统工程，需要健全创新成果转化项目的政策，建立以企业为主体、市场为导向、政产学研相结合的技术创新体系，促进科技成果产业化、资本化。具体而言，推动建立符合科技创新规律和市场经济规律的科技成果转移转化体系，培育和引进一批国际化、专业化技术转移转化服务机构，促进技术转移和科技成果转化。发挥科技政策的导向作用，加强政策的持续性、集成性和系统性，细化和实化已经出台的各项相关政策，构建与经济高质量发展相匹配的创新政策体系，为沿海三大城市群科技成果转化创造良好的软环境。

（二）加快建设与科技成果转化相匹配的人才梯队

一是不断加大招才引智力度。完善招才引智政策体系，鼓励支持高校、科研院所、企业与国内外高端人才建立长期稳定的合作关系，在沿海三大城市群建立人才引进平台，大力引进城市群高质量发展急需紧缺的高层次创新人才及其团队。二是完善创新人才培养体系。将科技型企业家作为特殊人才纳入人才建设规划，以提高企业家创新意识和能力为目标，明确培养方式、资金投入、政策保障等问题，迅速培养一批视野广阔、创新意识和管理水平先进的科技型企业家群体。建立创新型企业家教育培训制度，加快创新型企业家成长进程。三是加快产业领域创新人才队伍建设。花大力气培养一批高水平企业经营管理人才队伍，锻造一支高水平的科技创新人才队伍。

（三）改善科研成果与市场需求相脱节的状况

科技成果的转化需要高校、科研院所与企业的有效合作，高等学校、科研院所的基础研究能力要同企业的应用研究能力相联系，把科技创新和产业创新结合起来，力争实现新技术、新产品、新产业间的无缝对接，整合多种创新资源，完善产学研多方沟通交流和利益分配机制，提高协同创新效率。同时，加强对企业在生产过程中遇到难题的研究，形成科学研究与产业发展互动协调的发展格局。

三、增强城市群对经济区的带动能力

城市群是经济区内发展水平最高的地区，也是经济区的增长中心和辐射源。实现城市群的高质量发展，必须要通过促进城市群与经济区的协调发展才能实现，即需要积极拓展城市群的辐射范围，依托沿海三大城市群形成范围更大的渤海经济区、泛长三角经济区、泛珠三角经济区，进而以这三大经济区为支撑打造高质量发展的沿海经济带。

（一）畅通要素流通渠道，推动经济区一体化发展

要素的自由流动是发挥城市群对经济区辐射带动作用的重要基础。畅通要素流通渠道既包括交通基础设施等，也包括市场一体化。一方面，良好的交通基础设施是发挥城市群辐射带动作用的前提条件，沿海三大城市群应制定交通一体化发展规划，以城际交通为重点，推动形成城际交通、高速公路、轨道交通等城市快速交通方式，促进各种运输方式之间的衔接与合作，提升运输服务水平，加强城市群交通设施网络化；另一方面，充分发挥市场在资源配置中的决定性作用，构建统一的区域市场，加快破除行政壁垒和制度障碍，打破区域间社会保障体系接续不畅引起的人口流动障碍，降低非市场因素造成的效率损失，促进生产要素自由流动。

（二）提高城市群经济实力，培育经济区内生动力

城市群对于驱动经济区整体的经济发展和经济区一体化发展扮

演着重要的角色。一方面，优化城市群产业结构，加快向集聚化、服务化、高端化、融合化、低碳化的方向发展，努力形成价值高端、创新引领、技术密集的经济结构。同时适当疏解中心城市部分功能，促进产业结构升级，延伸面向经济区腹地的产业和服务链。另一方面，提升城市群功能，通过完善其经济增长、辐射带动、协同创新和综合服务等功能，提升城市群综合实力，增强城市群对周边地区的辐射带动力，形成支撑经济区发展的动力源。

（三）增强城市群外围地区的发展能级，提升经济区整体竞争力

经济区内不仅包含经济发展水平较高的城市群地区，也包含大范围的经济欠发达地区。这些地区的基础设施往往不够完善，与城市群的经济发展水平落差较大，难以形成合理的产业对接，使城市群的经济势能无法有效扩散。所以，还需要增强城市群外围地区的发展能级，提升经济区整体竞争力。一方面，完善城市群周边地区基础设施配套，发挥交通基础设施对产业转移承接的先导作用，加快建设与产业转移承接平台密切关联的铁路和公路项目，打通"毛细血管"和"梗阻"路段，提升城市群外围地区的交通可达性；另一方面，强化人力资源支撑，通过政策引导、政府购买等方式，带动人力资源服务业及其他生产性服务业和人口向城市群周边地区扩展，为周边地区发展提供人力保障。

四、建设高效有为政府

城市群高质量发展需要坚持有效市场、有为政府的原则，在实现高质量发展过程中，政府要有所为，有所不为。

（一）"有所不为"，充分发挥市场作用

随着市场经济体制的建立和完善，政府的职能应当是为市场经济建立规则，而不是直接改变或影响市场选择的结果。沿海三大城市群高质量发展过程中要转变政府职能，发挥市场在资源配置中的决定性作用。为此，要科学界定政府作用边界，政府应遵循城市群发展的客观规律，减少对经济活动的直接干预，强化政府在政策引导、规划指导、依法监管和公共服务等方面的职能，为市场经济建立规则。此外，政府应真正做到法无授权不可为，把本属于市场的作用和功能从政府职能中剥离出来，有效调动市场主体在经济社会发展中的积极性和创造力。

（二）"有所为"，政府为高质量发展提供必要保障

为有效治理城市群内核心城市大城市病、更好地发挥城市群统一市场的规模集聚效应，也需要政府主动作为。政府可通过运用互联网、大数据等现代技术手段，建立完善的信息共享机制，促进形成政府与市场间的互动，实现政府与市场的有机结合，提高政府行政效能。同时，还应提高政府公共服务管理能力，加快向服务型政府转变。转变政府调控手段，以经济和法律手段为主，辅以行政手段，加强区域政策实施效果的监督与评估，充分发挥区域政策的作用，为沿海三大城市群高质量发展提供保障。

五、提高城市-区域治理能力

沿海三大城市群需要以全域治理的理念，以城市精细化治理为重点，以多元治理手段为保障，提高城市-区域治理能力。

(一)转变治理理念,形成城市-区域协同治理格局

一是克服行政辖区思维方式的惯性。无论决策者还是实施者,都要自觉从单一城市治理理念转向区域协同治理理念,弱化行政壁垒,从思想深处树立城市-区域协同治理理念。二是实现以物为本向以人为本转变。沿海三大城市群的发展不仅要体现在"物"上,也要体现在人文关怀上,聚焦如何满足人民美好生活需要,树立以人为本的治理理念,摒弃为管理而管理的思想,在城市-区域协同治理过程中不仅让公众成为城市治理主体,也要切实体现公众的需求。

(二)加强精细化治理,提升城市-区域治理效率

大数据时代的到来使得海量数据的收集和分析处理成为了可能,沿海三大城市群治理主体可通过充分运用大数据、互联网等科技手段,做出更加科学、精细的治理决策,实现城市-区域治理的信息化,提升城市-区域治理精细化水平。将网格化治理作为城市-区域精细化治理的基础,探索"大城区、小片区"的治理模式,赋予各片区相应的权利,下沉治理权限和资源。此外,健全精细治理长效机制,推进城市-区域环境治理更加精准全面,强化对街巷胡同、社区、城乡结合部的环境治理,实现城市-区域的善治,提升城市-区域治理效率。

(三)发挥不同治理手段优势,保障城市-区域治理成效

行政手段、法律手段与经济手段的有效配合,是保证城市-区域协同治理成效的基础。未来沿海三大城市群政府在使用行政命令、行政文件、行政会议等行政手段进行治理的同时,更要运用财政、

金融等经济手段对其他治理主体进行有效激励和约束，发挥法律手段连续、稳定的优势，实现不同治理手段之间的互补。同时，在实际治理过程中，对治理手段和工具的选择应尽可能体现效率性、可操作性、可行性，并且手段的使用要考虑到社会成本的承担以及治理成效的大小，以保证城市-区域治理的稳定性和持续性。

参考文献

安树伟. 打造以北京为核心世界级城市群的战略重点[N]. 北京日报，2018-8-24（010）.

安树伟. 京津冀协同发展战略的调整与政策完善[J]. 河北学刊，2022，42（2）：159-169.

安树伟，李瑞鹏. 城市群核心城市带动外围地区经济增长了吗？[J]. 中国软科学，2022（9）：85-96.

安树伟，闫程莉. 沿海三大城市群产业协作效果评价与比较[J]. 河北学刊，2017，37（5）：144-150.

安树伟，郁鹏. 未来中国区域经济发展空间战略新棋局[J]. 区域经济评论，2015（1）：13-17.

陈萍萍. 上海城市功能提升与城市更新[D]. 上海：华东师范大学，2006.

陈小清. 全国分省城市首位度的变化及其特点研究[J]. 现代经济信息，2016（7）：4.

迟福林. 动能变革：推动高质量发展的历史跨越[M]. 北京：中国工人出版社，2018：4，10-11.

杜茂宝，张颖，苏蔚等. 京津冀市场一体化进程及其影响因素的度量分析[J]. 资源开发与市场，2018，34（6）：813-818.

范金，张强，落成. 长三角城市群经济发展质量的演化趋势与对策建议[J]. 工业技术经济，2018，37（12）：70–77.

方创琳，王振波，马海涛. 中国城市群形成发育规律的理论认知与地理学贡献[J]. 地理学报，2018，73（4）：651–665.

顾朝林，张敏. 长江三角洲都市连绵区性状特征与形成机制研究[J]. 地球科学进展，2001（3）：332–338.

谷人旭，殷为华. 论长江三角洲都市经济圈的形成及其核心城市上海的功能定位[J]. 地域研究与开发，2001（1）：27–31.

胡晓，陆杰华. 城市功能定位与其人口规模调控的理论与实践思考[J]. 人口与计划生育，2015（8）：21–22.

黄洁，峇涛，张国钦等. 中国三大城市群城市化动态特征对比[J]. 中国人口•资源与环境，2014，24（7）：37–44.

黄群慧，李芳芳等. 工业化蓝皮书：中国工业化进程报告（1995—2015）[M]. 北京：社会科学文献出版社，2017：28.

黄征学，肖金成，李博雅. 长三角区域市场一体化发展的路径选择[J]. 改革，2018（12）：83–91.

李丹，董琴. "引进来""走出去"与我国对外开放新格局的构建[J]. 中国特色社会主义研究，2019（2）：41–46.

李国平. 2019 京津冀协同发展报告[M]. 北京：科学出版社，2019：192.

李磊，张贵祥. 京津冀城市群发展质量评价与空间分析[J]. 地域研究与开发，2017，36（5）：39–43+56.

刘传江，吕力. 长江三角洲地区产业结构趋同、制造业空间扩散与区域经济发展[J]. 管理世界，2005（4）：35–39.

刘士林，张懿玮. 中国三大城市群发展评价[J]. 同济大学学报（社会科学版），2014，25（4）：51–58.

刘静玉，王发曾. 城市群形成发展的动力机制研究[J]. 开发研究，2004（6）：66–69.

刘曙光，尚英仕. 中国东部沿海城市群绿色发展效率评价及障碍因子分析[J]. 城市问题，2020（1）：73–80.

刘阳，秦曼. 中国东部沿海四大城市群绿色效率的综合测度与比较[J]. 中国人口·资源与环境，2019，29（3）：11-20.

刘友金，王玮. 世界典型城市群发展经验及对我国的启示[J]. 湖南科技大学学报（社会科学版），2009，12（1）：84-88.

吕世斌，庞卫宏. 京津冀与长三角区域协同发展战略比较研究[J]. 商业经济研究，2015（6）：128-130.

聂长飞，简新华. 中国高质量发展的测度及省际现状的分析比较[J]. 数量经济技术经济研究，2020，37（2）：26-47.

彭智敏，汤鹏飞，吴晗晗. 长江经济带高质量发展指数报告[M]. 武汉：长江出版社，2018：9.

乔彬，李国平. 城市群形成的产业机理[J]. 经济管理，2006（22）：78-83.

生态环境部. 生态环境部通报2021年12月和1—12月全国地表水、环境空气质量状况[R]. 2022.

生态环境部. 2021中国生态环境状况公报[R]. 2022.

孙瑜康，李国平. 京津冀协同创新水平评价及提升对策研究[J]. 地理科学进展，2017，36（1）：78-86.

童中贤. 中部地区城市群空间范围界定[J]. 城市问题，2011（7）：20-25.

汪彬，杨露. 协调发展与世界级城市群建设——基于长三角城市群的研究[J]. 国家行政学院学报，2018（6）：47-51+187-188.

王婧，方创琳. 城市建设用地增长研究进展与展望[J]. 地理科学进展，2011，30（11）：1440-1448.

王利伟，冯长春. 转型期京津冀城市群空间扩展格局及其动力机制——基于夜间灯光数据方法[J]. 地理学报，2016，71（12）：2155-2169.

王德忠，庄仁兴. 区域经济联系定量分析初探——以上海与苏锡常地区经济联系为例[J]. 地理科学，1996（1）：51-57.

王小鲁，胡李鹏，樊纲. 中国分省份市场化指数报告（2021）[M]. 北京：社会科学文献出版社，2021：1-2，223-225.

汪阳红. 促进城市群城市间合理分工与发展[J]. 宏观经济管理，2014（3）：35-38.

韦伟. 长三角高质量一体化发展若干议题的理论思考[J]. 区域经济评论，

2019（6）：18–22.

魏后凯. 大都市区新型产业分工与冲突管理——基于产业链分工的视角[J]. 中国工业经济，2007（2）：28–34.

魏丽华. 我国三大城市群内部经济联系对比研究[J]. 经济纵横，2018（1）：45–54.

吴志军，梁晴. 中国经济高质量发展的测度、比较与战略路径[J]. 当代财经，2020（4）：17–26.

武文霞. 粤港澳大湾区城市群协同发展路径探讨[J]. 江淮论坛，2019（4）：29–34.

肖金成. 中国区域发展新格局及促进区域协调发展的若干建议[J]. 经济学动态，2009（12）：70–74.

肖金成，申现杰，马燕坤等. 京津冀世界级城市群发展研究[R]. 亚洲开发银行技术援助项目 TA-9042 分报告之一，2017.

薛凤旋. 都会经济区：香港与广东共同发展的基础[J]. 经济地理，2000（1）：37–42.

薛东前，董锁成，姚士谋等. 区域发展的本质初探[J]. 地理学与国土研究，2001（4）：76–80.

薛东前，王传胜. 城市群演化的空间过程及土地利用优化配置[J]. 地理科学进展，2002（2）：95–102.

杨兰桥. 推进我国城市群高质量发展研究[J]. 中州学刊，2018（7）：21–25.

姚士谋，陈振光. 对我国城市群区空间规划的新认识[J]. 现代城市，2006，1（1）：17–20.

叶玉瑶. 城市群空间演化动力机制初探——以珠江三角洲城市群为例[J]. 城市规划，2006（1）：61–66+87.

于炜. 我国三大城市群内部发展的平衡性差异[J]. 南通大学学报（社会科学版），2014，30（3）：19–24.

曾刚，王丰龙. 长三角区域城市一体化发展能力评价及其提升策略[J]. 改革，2018（12）：103–111.

张京祥. 城市与区域管治及其在中国的研究和应用[J]. 城市问题，2000（6）：

40–44.

张建华，张豪. 中国经济转型发展与动能转换[M]. 武汉：华中科技大学出版社，2018：148–149，154.

祝合良，叶堂林等. 京津冀蓝皮书（2019）：京津冀协同发展报告[M]. 北京：社会科学文献出版社，2019：325.

中共中央，国务院. 长江三角洲区域一体化发展规划纲要[Z]. 2019.

第七章 区域发展新空间的空间结构优化与产业升级

　　城市群是区域经济发展重要的空间支撑，不同层次的城市群是区域经济持续平稳增长的内在动力与支撑，如何在不同发展阶段获得可持续的增长源泉，将是拓展中国区域发展新空间的关键性问题。在过去改革开放的40多年，京津冀、长三角、珠三角三大城市群是东部沿海地区的主要增长极，发展相对成熟。东北地区、中原地区、长江中游、成渝地区、关中平原等未发育成熟的城市群，发展水平低于东部沿海地区三大城市群，是国家基本实现现代化的重点保障区域，也是中国新一轮区域经济调整和经济总量扩张的主要区域，是有效地推进国家新型工业化和新型城镇化的区域发展新空间。城市群也是集聚效应和扩散效应相互作用的结果，具有合理组织区域经济资源的功能，因而成为发达国家实现非均衡协调发展、打造区域增长极、提升国家竞争力的主要空间载体。中国已将城市群作为推进新型城镇化的主体形态，"十三五"时期以来，国家重点建设19个城市群，京津冀、长三角、珠三角三大城市群处于"第一梯队"，属于区域发展新空间的东北地区、中原地区、长江中游地区等的城市群处于"第二梯队",发展水平尚低于东部"第一梯队",但近年来发展迅速,是承接东部产业转移、推动区域协调发展、引领未来中国经济增长的重要空间。因此,加强对区域发展新空间城市群的产业发展与空间结构的研究,对于推动城市群发展、拓展中国区域发展新空间具有重要的理论和现实意义。

第一节 区域发展新空间的界定及其内涵

目前,中国出台了一些规划或者政策性文件界定了相关的城市群,不过,这些界定方法往往出于目的导向,即更侧重于在未来打造包括若干地域范围在内的城市群,而目前这些地区往往还并未真正形成事实上的城市群。因此,对重点城市群的范围需要进行较为严谨的界定。另外,中国区域经济发展不平衡不协调,不同区域拓展发展新空间所面对的基本情况与未来发展目标均有所不同,因此,需要从拓展区域发展新空间的角度对重点城市群的特定内涵进行讨论与界定。

一、技术路线

目前,城市群范围的界定方法很多,其中,以卫星灯光数据为基础进行界定是一种有效的途径,其优点在于可以根据经济活动的地域分布状况反映城市群内部较为连续、集聚分布的本质[1]。根据

---

[1] 第四章对区域发展空间进行了初步识别,本章从城市群角度用夜间灯光数据对区域发展新空间进一步识别,两种方法互为补充。

Florida、Gulden 和 Mellander（2008）的研究，卫星灯光界定方法的技术路线如图 7-1 所示。

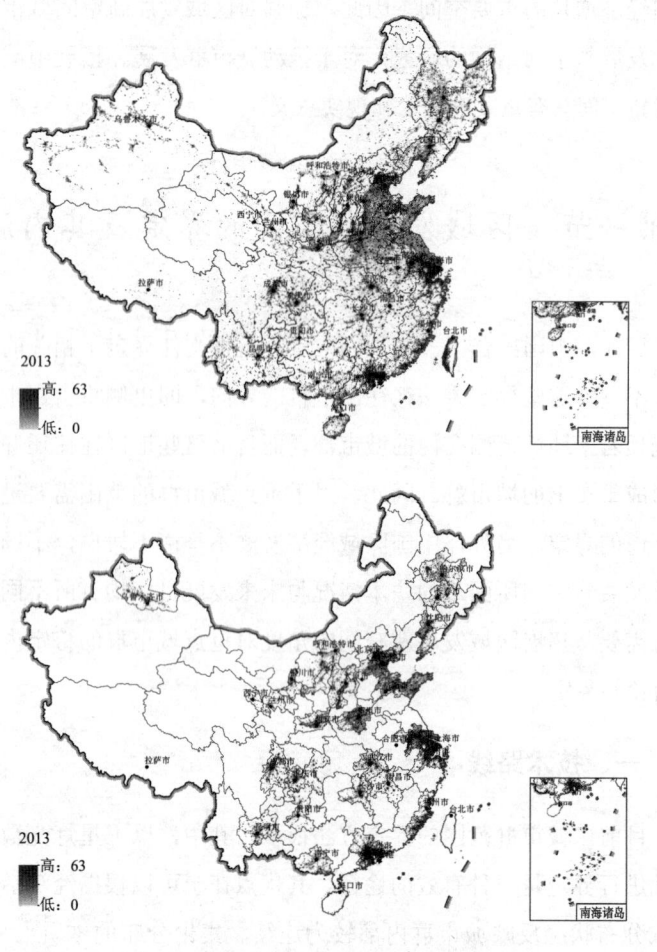

图 7-1 中国重点城市群范围界定的技术路线

第一步，选定中心城市。根据中国情况，将市辖区人口在 200 万人以上的城市界定为城市群的中心城市，并以此为中心展开空间分析，若最终以某个城市为中心城市的城市群界定范围在更高一级城市为中心城市的城市群界定范围内，则只界定更高一级城市为中心城市的城市群。第二步，城市群空间范围界定。以中心城市为核心向外拓展，代表经济活动强度的灯光空间分布连续不间断，直至断裂点，断裂点处则为城市群边界。此外，要保持行政区划完整性，根据中国情况本章保持地级行政区划的完整性。

二、范围界定

图 7-2 描绘了 1992—2013 年中国卫星灯光空间分布。根据以上卫星灯光界定城市群范围的方法，在 2013 年中国卫星灯光数据的基础上，结合中国地级行政区划，最终确定了除东部京津冀、长三角和珠三角以外的城市群范围。其中，根据城市群的经济发展状况（见表 7-1），选择了山东半岛、成渝、辽中南、中原、海峡西岸、武汉、长株潭、关中平原共八个城市群作为中国的区域发展新空间。[①]每个城市群的地级行政单位构成状况如表 7-2 所示。

---

① 本章以卫星灯光数据为基础识别的区域发展新空间，与第四章根据经济增长速度、经济增长动力以及区际联系等识别的区域发展新空间范围基本一致。所不同的是，第四章考虑到哈尔滨、长春经济增长动力相对充足但经济增长速度缓慢，且哈尔滨都市圈、长春都市圈发育程度较低，故将以哈尔滨为中心的哈尔滨都市圈、以长春为中心的长春都市圈作为区域发展新空间的后备区域；本章以卫星灯光数据识别的区域发展新空间不包括哈尔滨都市圈和长春都市圈。由此表明，目前哈尔滨都市圈和长春都市圈尚不能被识别为区域发展新空间是比较合理的。

334　区域发展新空间

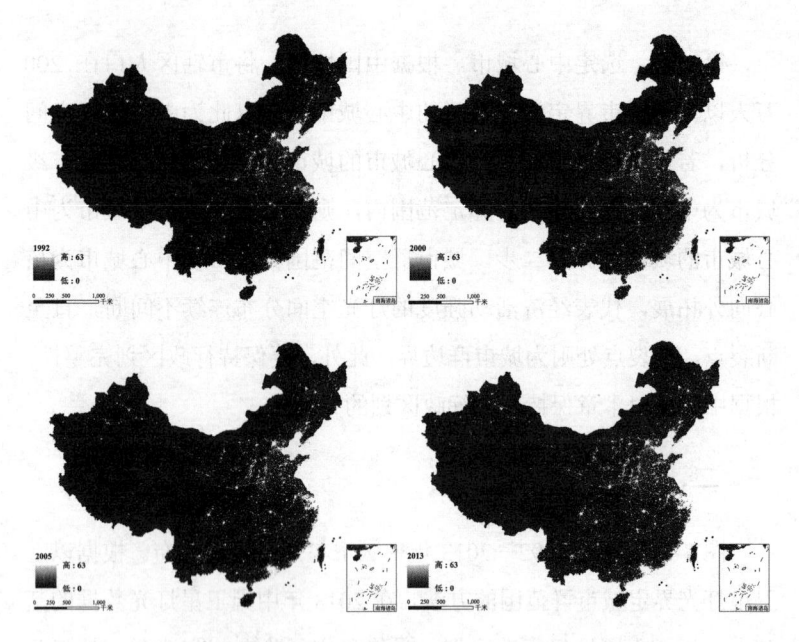

图 7-2　中国卫星灯光空间分布（1992—2013）

表 7-1　2013 年区域发展新空间城市群的主要经济指标

城市群	GDP（亿元）	人均 GDP（元）	人口（万人）	面积（平方千米）	经济密度（万元/平方千米）
山东半岛城市群	42706	89038	4796	89298	4782
成渝城市群	39042	44111	8851	182143	2143
辽中南城市群	23521	91110	2582	68467	3435
中原城市群	21650	48555	4459	59365	3647
海峡西岸城市群	21132	75570	2796	55852	3784
武汉城市群	18536	59623	3109	58028	3194
长株潭城市群	18081	63190	2861	63393	2852
关中平原城市群	11538	48754	2367	55464	2080

续表

城市群	GDP（亿元）	人均GDP（元）	人口（万人）	面积（平方千米）	经济密度（万元/平方千米）
呼包鄂榆城市群	13660	137373	994	175333	779
哈尔滨城市群	10007	55730	1796	109192	916
长春城市群	9157	60710	1508	62687	1461
环鄱阳湖城市群	8629	42534	2029	64668	1334
滇中城市群	7626	44624	1709	91609	832
晋中南城市群	7175	36667	1957	94616	758
黔中城市群	6588	36701	1795	74269	887
北部湾城市群	6550	39617	1653	61304	1068
天山北坡城市群	5310	86852	611	189821	280
兰西城市群	4258	39598	1075	63234	673
宁夏沿黄城市群	2698	52760	511	48541	556

资料来源：《中国区域经济统计年鉴2014》，数据均为2013年当年价。

表7–2 区域发展新空间重点城市群的范围

城市群	地级行政单位
成渝城市群	重庆、成都、自贡、泸州、德阳、绵阳、遂宁、内江、乐山、眉山、广安、资阳
长株潭城市群	长沙、株洲、湘潭、岳阳、益阳、娄底
武汉城市群[1]	武汉、黄石、鄂州、孝感、黄冈、咸宁、天门、潜江、仙桃
中原城市群	郑州、开封、洛阳、平顶山、新乡、焦作、许昌、漯河、济源
山东半岛城市群	济南、青岛、淄博、东营、烟台、潍坊、威海、德州、滨州
海峡西岸城市群	福州、厦门、莆田、泉州、漳州、宁德
辽中南城市群	沈阳、大连、鞍山、抚顺、本溪、营口、辽阳、盘锦
关中平原城市群	西安、铜川、宝鸡、咸阳、渭南

[1]天门、潜江、仙桃为省辖县级市。

三、区域发展新空间的内涵

区域发展新空间在总体经济发展水平上要落后于东部沿海的三大城市群，是中国未来新一轮区域经济调整和经济总量扩展的主要区域。因此，未来的发展在总体上将会体现出"提升"与"优化"两大趋势，即需要推进城市群的"功能提升"并促进"结构优化"。其中的基础在于产业以及城市群内部空间结构的优化。区域发展新空间在经济发展水平上作为东部沿海三大城市群之后的次级梯队，其功能提升的有效路径在于更好地承接第一代区域发展空间转移出来的产业，尽快成长为国家工业化和城镇化的主要承载区域。因此，区域发展新空间的功能提升与结构优化的重点之一是促进产业升级。实现产业升级需要形成城市群内部地区间的合理分工与协作。城市群是经济活动在地域空间上集聚的结果，具有合理组织区域经济资源的功能，因此，城市群空间结构优化也是促进功能提升的题中之义。而且，促进工业化与城镇化的协同是实现区域经济可持续发展的重要保障，因此，区域发展新空间的内涵就是产业升级与空间结构优化（见图7-3）。

充分发挥承上启下的作用是区域发展新空间的重要内容，如何更好地承担第一代区域发展空间转移出来的功能，尽快成长为国家工业化和城镇化的主要承载区域？其中，产业升级是关键所在。合理推进产业结构转型与升级，是区域发展新空间成为带动全国经济增长和转型升级强大引擎的有效支持，并有时序地梯次为中国区域经济增长注入新动力。中国区域经济发展不平衡不协调问题比较突出，中西部地区与东部地区之间存在较大差距，其中，如何提高中西部地区的产业发展水平一直是区域经济发展的重点之一，加快产

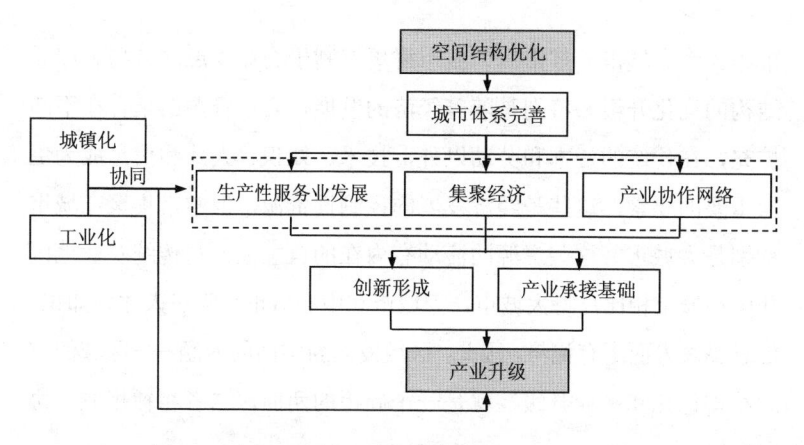

图7-3 重点城市群产业升级与空间结构优化的互动机制

业升级是现阶段中西部地区经济发展中一个紧迫问题，很多中西部地区在产业升级路径和模式的探索上却陷入了困境。有些地区强调以承接东部地区的产业转移为导向，有些地区则致力于大力发展高新技术产业，但事实上经常事与愿违，中西部地区往往产业基础较差、缺乏高效的生产协作网络，并不是所有地区都具备承接产业转移或发展高新产业的条件，产业转型与升级面临很多问题。由此，如何合理地进行产业升级的机会甄别与路径选择就是中西部地区转型发展的关键问题之一，也是拓展中国区域发展新空间面对的重要现实问题。

产业结构优化升级需要空间载体。产业升级需要有资源支撑，制造业的升级需要有第三产业的发展环境和相关的配套服务，需要资本、人才、知识和技术等高端资源的支持以及相应的文化环境的支持，而具备这些环境和资源是需要空间因素支持的（陈建军，陈菁菁，黄洁，2009）。而且，其中很多优质资源的空间支持与城市体系息息相关。集聚经济是推动产业结构优化升级的动力，与中小城市相比,大城市、都市圈、城市群更有利于企业发展的转型和产业结构的优化升级。特别是随着经济的发展,要素资源的集合在不断扩充,在传统的资本和劳动以外,技术、知识、人才和信息成为更加重要的要素,这些是经济发展的控制性资源,但常常集聚在城市特别是大城市。这些资源的流动有内在的自主性,与传统农业地区和中小城市相比,特大城市、大城市和中心城市在吸引人才、知识、信息集聚方面更有优势。因此,区域发展新空间的内涵——区域的空间结构优化和产业升级,就是一个硬币的两面,二者相辅相成、协同发展。

第二节 区域发展新空间的空间结构优化

一、区域发展新空间的基本特征

(一)具备良好的区位条件和重要的战略地位

山东半岛、海峡西岸、辽中南三大城市群地处沿海,其中山东半岛城市群是黄河中下游地区重要的出海口,辽中南城市群是东北地区重要的出海口,均具有广阔的经济腹地,是环渤海经济圈的重要组成部分,也是中国参与东北亚经济合作的重要支撑,海峡西岸城市群是海峡两岸文化交流和经济合作的前沿阵地和重要平台。武汉、中原、长株潭三大城市群地处中部地区,是中国经济由东向西梯次推进发展的中间地带,武汉都市圈处于国家"两横三纵"城镇化战略格局中长江发展轴与京哈-京广发展轴的交汇处,中原城市群处于陇海-兰新大陆桥发展轴与京哈-京广发展轴的交汇处,长株潭城市群也处于京哈-京广发展轴上，战略地位十分突出。成渝、关中平原两大城市群地处西部，是引领西部大开发和国家向西开放发展的重要力量，重庆、成都、西安是西部地区最大的三个城市。同时，武汉、长株潭、成渝三大城市群还是长江经济带的重要组成部分；中原、关中平原、成渝三大城市群是"一带一路"倡议的重要支撑和推动力量。总之，八个城市群均是各自所在区域的核心，在国家区域发展战略中占有重要地位。

（二）经济和城镇化水平较高，产业基础良好，主导产业各具特色

2020 年八个城市群人均 GDP 达到 8.1 万元，比全国平均水平高 14%，其中，山东半岛城市群经济发展水平最高，人均 GDP 达到 9.1 万元；平均城镇化率 62%，其中辽中南城市群城镇化率最高，达到 75%。八个城市群具有良好的产业基础和相对完整的产业体系，整体处于工业化中期到中后期阶段，重化工业占有较大比重，主导产业各具特色。山东半岛城市群的家电制造、电子信息、医药、化工等产业发展突出，具有良好的品牌优势。成渝城市群是西部产业基础最好的区域之一，电子信息、装备制造和金融等产业实力较为雄厚，具有较强的国际国内影响力。辽中南城市群是国家重要老工业基地，也是全国最大的重工业基地，随着东北地区等老工业基地振兴战略的实施，已形成装备制造、汽车、能源、医药、电子信息等为主体的工业体系，对外贸易、国际物流等服务业特色突出。中原城市群产业体系完备，装备制造、智能终端、有色金属、食品等产业集群优势明显，物流、旅游等产业具有一定国际影响力，科技创新能力持续增强。海峡西岸城市群依托沿海和靠近中国台湾的优势，现代

制造业、重化工业、高新技术产业、现代服务业优势明显。武汉城市群长期作为国家粮棉油主产区而形成了较坚实的农业基础，初步建成了门类较齐全，以钢铁、汽车、电子信息、装备制造、轻纺为主的现代工业体系，以现代物流、现代商贸、信息通信、旅游和文化产业为主的现代服务业已初具规模。长株潭城市群以工程机械、轨道交通、汽车及零部件、电力设备等为代表的先进制造业，以电子信息、生物医药和新材料等为代表的高新技术产业，以钢铁、有色、石化等为主体的基础工业，以传媒、动漫、出版等为代表的文化产业突出。关中平原城市群是全国重要的装备制造业基地、高新技术产业基地、国防科技工业基地，近年来战略性新兴产业和现代服务业快速崛起，产业结构正在迈向中高端。

（三）中心城市规模偏小，双（多）中心是主要形态

中心城市的规模和竞争力是城市群发展的重要标志。八个城市群的中心城市中重庆规模较大，主城区人口达到1000万人以上，武汉、沈阳、西安建成区人口在500万人左右，其他中心城市建成区人口均在200万—300万人。中心城市规模与其辐射带动作用有较大的关联，进而制约整个城市群的发展和竞争力提升。重庆、成都、武汉、郑州、西安均已进入国家中心城市行列，未来这些城市在推动城市群协同发展，建设富有活力和竞争力的城市群中将起到重要的作用。八个城市群中呈现单中心的只有中原、武汉、关中平原三个城市群，其他五个城市群均是双中心或多中心，山东半岛城市群的中心是济南和青岛，成渝城市群是重庆和成都，辽中南城市群是沈阳和大连，海峡西岸城市群是福州和厦门，长株潭城市群是长沙、株洲和湘潭。双（多）中心的空间形态对于推进城市群一体化发展

具有重要作用。

（四）城镇空间结构表现出较强的轴线集聚特征

以长株潭城市群为例，各级城镇和开发区沿主要交通线分布，初步形成"干"字形空间结构，沿京广和湘江纵向经济发展轴已经成为长株潭城市群的核心发展轴，沿 G319 和长（沙）常（德）-长（沙）浏（阳）高速公路，形成一条以高新技术产业和先进制造业为重点的高端制造产业带，沿 320 国道和浙赣-湘黔铁路，形成一条以钢铁、化工、能源为重点的横向重化工产业带。武汉城市群沿江（长江、汉江）及沿沪（上海）蓉（成都）高速公路城镇分布密集，城镇规模较大，形成东西密、南北疏的格局。中原城市群城镇和产业主要沿京广铁路和陇海铁路两大轴线集聚，初步形成了"十"字形空间结构。辽中南城市则主要沿着哈大线分布。

（五）一体化进程不断推进，但整体发育不足

八个城市群在区内一体化发展方面做了大量的探索，迈出了实质性步伐。长沙、株洲、湘潭三座城市依湘江蜿蜒呈"品"字形分布，市区中心两两相距约 30—50 千米，加之周围依附众多职能各异的大小城镇，空间上极具组合发展的先天优势，成为长株潭城市群一体化发展和建设的基础。1980 年代以来，湖南致力于长株潭城市群的一体化发展和建设，在区域协调发展方面已经做出了许多有益的尝试和探索。2022 年 2 月，国家发展和改革委员会批复了《长株潭都市圈发展规划》。郑州与开封两个城市之间空间距离 60 千米，随着两市相向发展，实际相距只剩 30 千米。以 2006 年郑开大道建成通车为标志，郑汴一体化真正迈开了步伐，开启了郑汴一体化发

展的新时代。十多年来，郑汴一体化发展取得了显著成效，为郑汴两市的发展增添了活力。2002年西安、咸阳开始推进一体化，目前在交通、产业布局、基础设施、行政管理等方面取得了较大突破。但是，受发展阶段的约束，城市群整体的一体化水平仍然发展不足。

从全国范围来看，与京津冀、长三角、珠三角三大城市群相比，八个重点城市群整体发展水平仍然相对滞后，存在着诸多共性问题。如，工业化和城镇化质量不高、中心城市竞争力弱、城市规模结构不完整、制造业技术含量低、服务业结构有待于进一步优化等。长株潭、辽中南和关中平原城市群总体实力相对偏弱。近年来，长株潭城市群的第三产业呈现快速增长的趋势，虽然第二产业的比重有所下降，但其制造业所占的比重仍然较大，且技术含量较高，制造业总产值中有一半以上来自于中高技术产业。山东半岛、海峡两岸、武汉、中原等城市群产业基础较好，制造业产值和所占比重近年来不断提高，但是其制造业的技术水平不高，主要以中等技术水平为主。近年来，成渝城市群表现出快速增长的势头，但是其现代制造业和高技术产业所占比重偏低，制造业内部结构升级缓慢，这将会对其进一步发展形成较大制约。

二、区域发展新空间的规模与空间特征

（一）研究方法

位序-规模法则（Rank-size Rule）揭示的是城市规模与位序之间存在的规律性关系。1949年，齐普夫（George Kingsley Zipf）将幂律分布运用于语言学、经济地理方面的研究，发现自然界以及人类社会均以"最省力原则"遵循着位序-规模法则。齐普夫对城市位序

与规模之间的关系进行了拟合,发现城市的规模分布符合位序-规模法则,后来被称为著名的齐普夫定律(Zipf's Law)。位序-规模法则最常见的表达式之一如式 7–1 所示:

$$POP_i = POP_0 \cdot R_i^{-q} \qquad (7\text{–}1)$$

为直观起见,通常对其进行自然对数变换,如式(7–2)所示:

$$\ln POP_i = C - q\ln R_i \qquad (7\text{–}2)$$

式(7–2)中,POP_i 为按规模从大到小排序后城市 i 的规模;R_i 为按规模从大到小排序后城市 i 的位序;POP_0 为首位城市规模的理论值,取自然对数后,C 为常数;参数 q 通常被称为齐普夫指数。$q<1$,说明规模分布相对分散,城市规模差异较小,高位城市规模不突出,呈多中心结构;$q>1$,说明规模分布比较集中,高位城市规模突出,中心城市辐射效应较强,呈单中心结构;$q=1$,服从齐普夫定律,说明城市规模分布相对均衡,中高低位序城市协调发展,城市体系处于均衡发展的状态。

本章采用 Meijers 和 Burger(2010)的研究思路,通过城市的位序-规模分布特征来反映城市群的空间结构,在此基础上利用 q 值的变化反映城市空间结构的演变与特征。若 q 增大,说明中心城市增长快于中小城市,呈发散态势;若 q 减小,说明中小城市增长快于中心城市,呈收敛态势;若 q 不变,说明城市规模等级体系相对稳定,呈平衡增长态势。

(二)区域发展新空间的空间结构特征

城市人口规模即为城市建成区的常住人口规模,但由于在实际统计中存在不同口径,往往会产生较大误差。《中国城市建设统计年鉴》对此指标的统计相对准确,本章采用 2002—2020 年《中国城市建设统计年鉴》中关于城市人口规模的数据,并对存在明显误差的数据进行校正,以图基本符合各城市的实际情况。

按照上述方法对 2002—2020 年八个重点城市群的 q 值进行计算,结果见图 7-4。整体来看,八个重点城市群基本处于同一发展阶段,空间结构具有较大的相似性,处于城市群演化初级阶段,中心城市获得了快速发展,中小城市发展不足,呈现单核心或双核心集聚、点轴扩展的格局。从发展趋势来看,中心城市仍将集聚快速发展,中小城市也能获得较多发展机会。优化中心城市,提升中心城市发展品质,促进中小城市发展,引导空间网络化发展,推进城市群一体化,是拓展区域发展新空间的主要策略。具体来看,八个重点城市群空间结构具有如下特征。

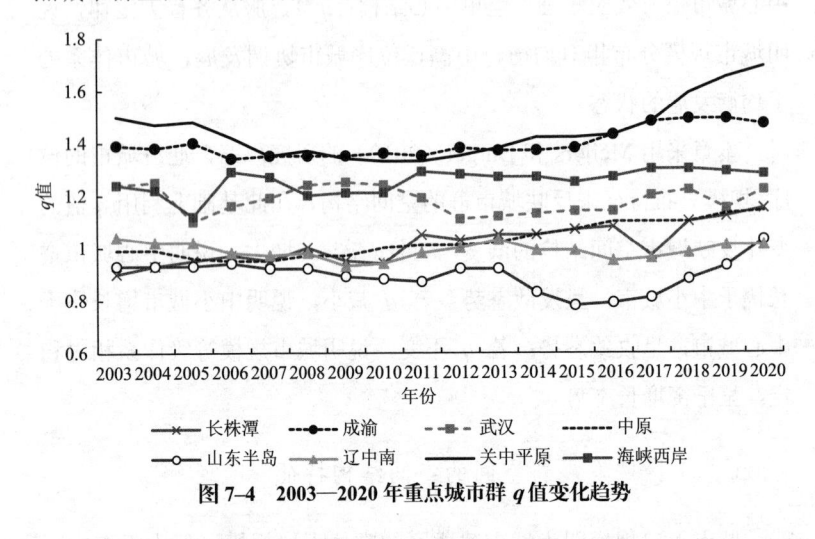

图 7-4 2003—2020 年重点城市群 q 值变化趋势

第一,八个重点城市群呈现不同的空间特征。其中,2020 年长株潭城市群、中原城市群、山东半岛城市群和辽中南城市群的 q 值接近于 1，分别为 1.15、1.14、1.03 和 1.01，表明城市群人口分布较为均衡，大中小城市发展相对协调。武汉、成渝、海峡西岸和关中平原四个城市群的 q 值远大于 1，分别为 1.22、1.47、1.28 和 1.69，表明城市群人口分布相对集中，单中心特征明显。其中，q 值最高的是关中平原城市群，表明人口主要集中于中心城市西安，其他城市的发育水平相对较低。

第二，城市群格局未发生明显变化，仍表现出以中心城市集聚为主的趋势。从 2003—2020 年 q 值变化来看，八个城市群均未发生大的变化，表明既有的城市群格局未发生变化。但仍表现出一些较弱的发展趋势：长株潭、中原和成渝三个城市群 q 值呈现增长趋势，表明中心城市的增长快于中小城市；武汉和辽中南两个城市群 q 值呈现下降趋势，表明近年来中小城市发展较好，增长快于中心城市；山东半岛、关中和海峡西岸三个城市群基本保持稳定，表明大中小城市增长较为一致，城市规模等级体系相对稳定。

第三，中小城市发展不足。2020 年，武汉城市群三个规模最小城市（咸宁、黄冈、天门）的平均规模为 33.68 万人，中原城市群三个规模最小城市（漯河、许昌、济源）的平均规模为 42.57 万人，成渝城市群三个规模最小城市（眉山、广安、资阳）的平均规模为 38.77 万人。从 2003—2020 年的变化趋势看，中小城市动力不足可能导致城市群增长乏力。

三、区域发展新空间的结构优化路径

空间结构、规模结构、职能结构和支撑体系是衡量城市群结构的四个主要维度，城市群结构优化也需要从这四个方面入手（见图 7–5）。

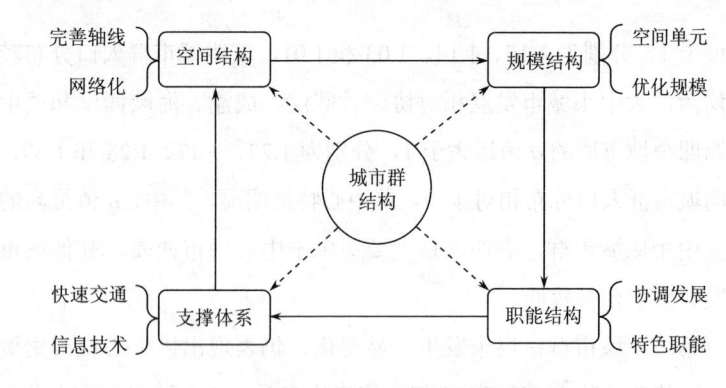

图 7–5　城市群结构优化路径

（一）完善轴线，推动城市群空间结构网络化

城市群空间结构是城市群发展阶段、水平在空间上的映射，是城市群空间效率的外在表现，其发展也具有规律性。根据空间发展理论，城市群空间演进一般会经历中心-外围、点轴、网络化等不同阶段，目前八个重点城市群基本上处于相对极化发展的点轴阶段，个别发展程度较高的地区呈现出网络化态势。在这个阶段，空间轴线是城市群空间发展的核心载体，是城市间联系的桥梁，影响着城市之间联系效率和产业空间组织。基于中西部城市群的发展阶段，完善几条核心的空间轴线，引导产业、人口等生产要素向沿线城市集中，进一步增强沿线城市的发展动能。当空间轴线及沿线城市发展到一定水平时，城市群空间结构自然向网络化发展。

（二）合理确定空间组织单元，优化等级规模结构

受自然地理条件、资源禀赋、发展基础等因素的影响，区域差异客观存在，简单地讨论城市等级规模是否合理，应该发展大城市

还是中小城市，是缺乏科学基础的。城市群的等级规模对应的是生产要素在哪些空间上集聚，在这种客观差别化的基础上，要因地制宜、扬长避短，追求整体效益的最大化。首先，根据区域自身客观发展条件综合研判，划分不同的主体功能区，明确哪些区域适合集聚？哪些区域适合分散？哪些区域必须保护？针对不同区域明确发展定位，作为城市群空间集聚的基础。其次，打破行政区划限制，合理确定空间组织单元。在条件适合的区域强化空间集聚，提高整体的空间效率。

（三）构建特色化导向的职能结构

随着专业化分工的发展，市场会自发地形成最优的城市分层结构，不同层级的城市承担不同的功能。其本质就是不同层级的城市具有不同的空间经济效率。完整的城镇体系会呈现清晰的城市功能与规模分层结构，不同层级城市因空间格局经济效率差别而承担不同的功能分工，最终通过协调发展形成一个高效的城市体系。城市群职能结构优化应重点从承担区域功能的角度进行引导，同时注重城市专业化、特色化功能的提升。对于多中心城市群，重点引导中心城市协调发展，避免职能雷同造成的恶性竞争；对于单中心城市群，重点引导中小城市特色化发展，在某些专业化的特色职能上取得突破，增强其在城市群中的地位和作用。

（四）打造现代化基础设施支撑体系

传统城市关系是在中心地理论基础上的等级体系，城镇体系是一种地方化空间，基础设施更关注几何距离，强调的是城市之间的连接性以及经济成本。发展趋势表明，城市之间的关系逐渐转变为流空间,城市是资源要素流转和配置的一个节点,这些节点根据等级高低、能量大小、联系紧密程度等,集结成为一个动态城市网络。在此背景下,基础设施更关注经济距离,强调时间成本和连接的速度、效率和频次,快速交通体系和信息基础设施的重要性不断增强。城市群结构优化在很大程度上取决于缩短经济距离,新的交通技术革命和信息技术革命为此提供了历史机遇。以快速交通和轨道交通引导城镇空间集聚,充分利用互联网等信息技术手段,在一定范围和程度上可以摆脱实体地理空间对发展的制约,促进要素流动,增强城市之间的联系,从而支撑城市群结构优化。

第三节 区域发展新空间的产业升级

产业升级是一个国家或地区工业化或现代化过程中实现产业结构高度化的重要途径,产业升级的机会甄别与路径选择是经济结构变迁中亟待解决的重要问题。政府要在结构变迁中发挥作用,企业要成为经济增长的成功推动者,其前提是政府、企业能甄别结构变迁的方向,找出不同时期最有潜在比较优势的产业。因此,探索有关产业升级的研究方法,为经济实践提供细致、可操作性的指导具有重要意义。在理论层面上,成功产业升级的首要前提是作为经济转型重要承担者和推动者的企业和政府,能够甄别出不同时期最适合升级的产品方向或机会,并据此选择路径。具体而言,产业机会甄别和路径选择实际上需要回答下列问题:产业升级的目标是什么?其中的困难与瓶颈有哪些?如何避免产业难以成功升级的风险等?为此,需要更精细地刻画地区产业竞争力状况,更精准地给出诊断，更精确地给出对策建议。

目前，一般从产业结构和价值链等不同层级之间的转换研究产业升级的方向问题。从如何度量角度看主要有两种方法：一是产业结构分析方法，典型如三次产业比重、轻重工业比重、各行业比重以及自定义的行业比重分析。从产业结构角度分析产业升级，主要关注不同发展阶段某类产业的所占比重，以及这类产业的发展对经济增长的影响。二是价值链分析方法，从投入产出全过程分析产品在不同环节上增值状况及其在不同主体间的分布，从该角度分析产业升级主要关注由价值链低端向高端升级。不过，这两种方法均存在一些不足。首先，产业结构分析方法较为传统，在运用中经常面临困惑，如三次产业比例并不能真实反映当地经济发展状况，诸如战略性新兴产业、高端制造业等很多产业分类无法直接得到统计数据等。其次，价值链分析也不能直接获得统计数据，需要借助投入产出及其他调查进行分析，对于分析地区产业升级问题存在较大局限性。

近年来，随着 Hidalgo、Klinger 和 Barabási 等（2007）正式提出产品空间的概念，产品空间理论开始被广泛运用于探索产业升级、经济发展转型等问题研究之中。产品空间理论从比较优势动态演化视角重新审视了国家或地区初始能力禀赋对产业升级的影响。产品空间理论认为产品是一国或地区生产能力的载体，其本身包含了经济体的各种要素禀赋信息，综合性地包括产品生产所需要的要素投入以及相应组织方式、社会制度等外部环境在内的全部生产条件的集合。一国或地区经济结构转换的本质是该地企业集中生产本地优势产品并学习和积累生产能力禀赋的过程（伍业君，张其仔，徐娟，2012）。基于产品空间理论，不同地区在产品空间结构中的位置决定了其产业升级的方向与路径。一个地区所具备的升级机会可以从现有产品空间结构中探寻得到。这种研究方法可以有效避免从资本、劳动、技术等要素的角度（或补充以政策、制度等因素），分析一国或地区究竟具有何种升级优势或机会的复杂争论。

与传统产业升级研究方法相比，产品空间理论还具有为经济实践提供细致、可操作性指导的优势。产业升级路径选择通常需要解决升级方向、升级幅度和规避升级中断风险三大问题，传统的产业升级理论无法解决这三大问题（张其仔，2008），而这些正是有关产业升级中亟待解决的机会甄别与路径选择问题，产品空间理论能够对此做出很好解答。因为产品空间能够细化到产品级的研究，从而为产业竞争力评价和制定具体产业发展规划提供新的方法。产品空间就像医学诊断中的扫描仪，能够为产业机会甄别和路径选择提供更为精确的诊断与对症的政策建议，为深入了解产业升级规律开辟新的领域。中国欠发达地区的产业升级，往往存在地方政府积极推动的项目一哄而上、造成重复建设的典型现象，其中一个重要原因就是很多政府积极推动的项目往往产业分析过于宽泛，而欠发达地区在要素禀赋甚至区位条件方面常常相近，由于缺乏产业细分的分析方法，各地区所选择的重点发展产业基本相近或相同，导致重复建设、恶性竞争屡禁不绝（李培育，2003）。

目前，应用产品空间理论进行国家或地区产业升级或结构转型的研究已较为广泛。诸如 Frenken、Van Oort 和 Verburg（2007），Boschma 和 Iammarino（2009），Bayudan-Dacuycuy（2012），Boschma、Minondo 和 Navarro（2013）研究证明了国家或地区产业升级符合产品空间理论的一般观点。国内将这个理论应用于指导中国产业升级实践的研究也日益丰富。诸如张其仔和李颢（2013）运用该理论对中国近期的潜在优势产业进行了预测,对产业的演化轨迹进行了充分讨论。邓向荣和曹红（2016）运用该理论实证检验比较优势对于中国产业升级路径的影响。但是对于国内区域层次的研究尚不多见,如曾世宏和郑江淮（2010）、张妍妍和吕婧（2014）的研究,分别利用产品空间理论对江苏和东北地区的产业升级特点、成因与路径进行了研究。但是因数据的原因,对产品邻近度、产品密度等重要产品空间特征的测算采用了替代性算法,使其结果具有一定的局限性。

因此,本节基于产品空间理论构建产业升级机会甄别与路径分析框架,通过对中西部主要城市群的产业升级过程进行梳理与分析,探索区域产业升级的机会甄别方式与路径,以期为区域产业升级提供有价值的思路与建议。近年来,推进城市群的发展成为中国经济持续平稳增长的重要途径,要通过拓展区域发展新空间,达到缩小中西部与东部经济差距的目的。因此,如何引导这八大城市群尤其是位于中西部地区的五个城市群产业升级就是促进中西部地区经济发展、拓展区域发展新空间的关键之一。本节将基于产品空间理论构造中国产品空间图,设计产业升级识别方法,判别中西部城市群的潜在优势产业,并结合产品空间格局与生产能力禀赋的分布,分析城市群的升级机会和相应路径,据此提供基于政府视角的产业升级多重策略。

一、产品空间理论与研究方法

（一）基于产品空间的产业升级理论分析

产品空间理论基于国际贸易与经济增长理论,运用复杂网络方法以网络结构图形式直观地展示产品之间的相互关系及产品空间结构的动态演进趋势,从比较优势动态演化视角审视国家或地区的生产能力禀赋对产业升级路径的影响。认为产品是一国或地区生产能力的载体,不同国家或地区的生产能力可以用产品空间加以测度。产品间生产能力的相似性决定了产品转换或产业升级是否能够顺利实现(邓向荣,曹红,2016)。在这个意义上,比较优势是指产品比较优势或者基于能力的比较优势,本质上反映生产能力禀赋。

基于产品空间理论,产业升级可以用"猴子跳树"进行形象比喻。如果把一种产品想象成一棵树,所有产品就是一片森林。一个国家或地区中开发各种产品的企业,就如同生活在不同树上的猴子。产业升级是指从森林中较为贫瘠、果实稀少的地方转移到果实丰美的地方,猴子必须向远处跳跃,即为新的产品方向重新配置人力、资本、制度等。一般地,森林结构并不均匀,有的地方繁茂,有的地方荒芜,而猴子的跳跃能力相对有限,又不能跳得无限远,有些猴子就有可能无法穿越森林。从产品空间上看,一个国家或地区的产业升级表现为具有比较优势的产品由边缘稀疏的空间向中间稠密的空间转移,不断具备生产更复杂产品的能力。产业升级方向一般是从基于现有优势的产品(产业)向与其处于最佳技术距离的产品(产业)的跃升。因此,国家或地区因当前产业结构的不同导致未来的产业演化路径有所差异。

产品空间包含了产业升级的重要概念和思路,向其相似或邻近的产品升级相对容易。在产品空间中越是相似的产品距离越近,两种产品越相似,共享的知识(或相关的生产能力)就越多,从一种产品转向另一种产品就越容易。产品空间结构特征直接影响着未来比较优势的演化,所以一国或地区的产业升级机会和路径与该国或地区所处的产品空间起始位置有关。因而通过重塑产品空间可能影响比较优势及其演化,而这成为产业政策在某种程度上可以发挥积极作用之处。企业知识积累、长期能力投资和企业家的发现与选择十分关键,产业政策如果顺势而为可以发挥积极作用。产品空间理论还强调,比较优势动态转化过程需要具备一定条件,政府或企业发现异质产品并不断积累异质产品生产能力的过程存在风险。地区比较优势动态转化过程需要具备一定条件,而这正是区域政策可以有所作为的地方。

产品空间使产业竞争力表现为一种空间结构,并使研究可视化。通过绘制不同时期不同国家或地区的产品空间来观察对比产业结构的变化,可以直观反映产业升级的动态过程。观测一国或地区产业升级的具体方法如下:首先,通过绘制不同时期一国或地区产品空间图,观察一国或地区产品空间变化,可以看出比较优势如何从某类产品转向另一类产品,以此观察和比较产业结构的变化,从而可以观测到该区域产业升级的具体产品路径;其次,将某区域不同年代的产品空间都展示出来,就可以看到这些区域具有比较优势产业的演化过程,也就是产业升级过程。

(二)产品空间的构建

产品空间是运用复杂网络方法,将体现在产品中的能力、产品之间的关系等特性纳入网络结构,直观地展示了产品之间的技术联系和产品空间结构的演进。其中,比较优势、产品邻近度、产品密度等核心概念是刻画产品空间的基础。

1. 比较优势

产品比较优势的测度一般使用 Balassa 显性比较优势指标(Revealed Comparative Advantage,下文简称 RCA),可以理解为一国生产某个产品（或产业）的水平与世界平均水平之比。一般取RCA=1作为界定是否具有显性比较优势的临界值。当以一国为整体来构建产品空间时，RCA与区位熵含义一致，因区位熵计算方法非常明确，故不在这里赘述。

2. 产品邻近度

能同时生产某两种具有显性比较优势产品的国家（或地区）越多，则可以认为这两种产品生产所需的生产能力越相似，两种产品之间的距离越邻近。通过计算任意两种产品的邻近度，可以获得各个产品之间的距离关系。具体计算公式如下：

$$\phi_{i,j} = \min\left\{P(RCA_i \mid RCA_j), P(RCA_j \mid RCA_i)\right\} \qquad (7-3)$$

式（7–3）中，$\phi_{i,j}$是产品i与j的邻近度，表示为在产品i具有显性比较优势的条件下产品j也具有显性比较优势的条件概率。由于条件概率$P(X/F)$与$P(F/X)$并非对称，但产品邻近度应该是定值，鉴于同时生产两种产品所需条件相对严苛，取条件概率最小值表示邻近度。如此，通过计算任意两种产品间的邻近度，获得所有产品之间的距离关系。

3. 产品密度

为了综合测度一个地区在某种产品上有关投入、基础设施、制度和技术水平等生产能力禀赋，即某产业或产品的潜在比较优势，Hidalgo、Klinger和Barabási等（2007）提出了"产品密度"的概念，用以测度一种潜在产品与该地区目前生产产品的平均接近程度，即在该地区生产产品集合既定条件下围绕该产品的周边所有产品具有的生产能力禀赋。计算方法如式（7–4）所示，产品密度被看成是潜在产品与其周边产品的加权平均邻近度值。某个产品的产品密度值越大，说明该产品周围就有越多开发成功的产品，此产品未来发展为比较优势产品的可能性也较高；相反，如果该产品的产品密度较低，未来发展成为具有比较优势产品的可能性也较低。

$$\omega_{c,i,t} = \frac{\sum_j x_{c,j,t}\phi_{ij}}{\sum_j \phi_{ij}} \quad (7\text{--}4)$$

式（7–4）中，$\omega_{c,i,t}$ 表示地区 c 产品 i 的产品密度，$x_{c,j,t}$ 为地区 c 产品 i 是否具有显性比较优势的逻辑值，如果 $RAC_{c,i}>1$，则 $x=1$，否则等于0。ϕ_{ij} 表示两个产品的邻近度。另外，t 表示年份，j 表示产品 j。

4. 中国产品空间的构建

本章以中国地级行政单位为尺度构建中国产品空间。因为缺乏国内地区产品数据，因此使用产业数据予以刻画。在刻画产品空间格局时，选择一个产品之间关系（即产品邻近度）相对比较稳定的时段进行分析比较合理。本章尝试了多个时段的分析，尽管产品空间结构存在动态变化，但产品间距离关系变化并不明显，产品邻近度的概率累积分布在较长时期内相对稳定。最终选择了 2003—2007 年作为构建产品空间的基础。本章构建中国产品空间时采用了地区生产数据，用区位熵替代计算产品邻近性所采用的显性比较优势指数，对于国内地区而言，生产数据包括了不可贸易产品，能够更好地反映地区产业比较优势。

构建产品空间的具体流程如下：第一，计算获得所有产业之间的邻近度矩阵，以保证产品空间涵盖全部产业；第二，利用网络分析构建产品空间布局图，节点间的连接权重为产品邻近度；第三，只将邻近度大于 0.4 的连接权重描绘在图上，形成产品空间结构布局图。剔除的目的在于降低产品少量边际相关性等冗余信息的干扰，确保产品空间图可以清晰刻画产品主要邻近关系,但所有产品邻近度数据均会在定量分析中运用,故剔除本身不会造成结果偏差和失误。

(三)产业升级机会甄别

产业升级机会甄别实际上是基于地区产业结构现状,筛选潜在比较优势产业。根据产品空间理论,最具潜在比较优势的产业应是在产品空间中与现有比较优势产业邻近度最高的产业,因为这些产业所需生产能力禀赋差异最小,发展新产业的难度也最小。在具体操作上,根据张其仔和李颢(2013)的研究,何种产业应进入潜在比较优势产业集合,按照以下三个原则进行筛选。第一,目标产业为目前不具有比较优势,即显性比较优势指数(区位熵)小于1。如已属于具有显性比较优势的产业,就不再进入到潜在比较优势产业集合。第二,目标产业的产品复杂度[①]高于演化起点产业的产品复杂度。从比较优势演化趋势看,一个国家或地区产业升级的方向应是从复杂度低的产品向复杂度高的产品演进,所以,潜在比较优势产业集合中不包括比演化起点产品复杂度低的产业较为合理。第三,产品邻近度阈值。产业升级受生产能力禀赋的限制,不可能实现无限远的跳跃,因此需要设定产品邻近度阈值来限定潜在比较优势产业数量,否则,与目前具有比较优势产业距离很远的产业也可能被认定为潜在比较优势产业。这意味着企业具有无限的能力实现向任

---

① 产品复杂度(Product Complexity Index),用来衡量产品生产需求的技术难度(或技术含量),依据是生产该产品所需要的技能或诀窍。具体计算方法详见http://atlas.cid.harvard.edu。

意产业活动的跨越，而这显然不符合现实。而且，如果这一假定合理，对潜在比较优势产业的筛选就变得毫无意义，因为对于企业而言，开展任何产业活动都是可行的，而对于国家或地区而言，不论目前产业基础或生产能力禀赋如何，任何产业都可以无差异地发展起来，这显然是不合理的。

（四）数据说明

本章的研究时段为 1995—2013 年，产业数据来源于《中国工业企业数据库》，基于四位数分类标准，以总产值角度分析地区产业发展情况，因数据库涉及 1994 版、2002 版与 2011 版《国民经济行业分类标准》，根据国家统计局关于历次调整的说明，删除武器制造业等部分国防工业，总计包括 516 个四位数工业行业。另外，本章采用"经济复杂性地图集"开放性专门网站[①]提供的关于产品复杂度的开放数据。需要说明的是，该网站提供了基于 SITC Rev.2 标准四位数产品分类的数据，为了和中国国民经济行业分类对接，按照国家统计局公布的国民经济行业分类（GB/T 4754-2002）与 ISIC/Rev.3 的对照表，需要将中国四位数产业分类转化为 SITC Rev.2 分类。

二、区域发展新空间产业升级机会甄别

（一）产品空间演化

中国地级地区为尺度的产品空间结构布局如图 7–6 所示。总体上看，产品空间结构分布呈现出典型的核心区域致密而边缘区域稀

---

① 网址为 http://atlas.cid.harvard.edu。

疏的特征。其中，机械、仪器仪表等资本、技术密集型产品位于产品空间的中心，化工产品位于中心附近，这些产品紧密相连，构成

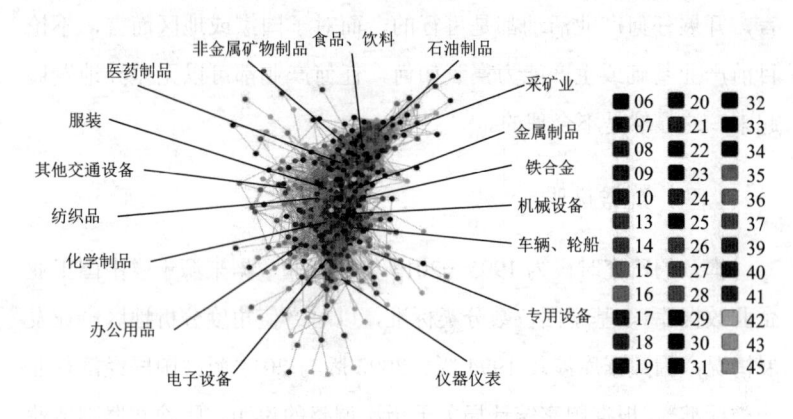

图 7–6 中国产品空间结构布局图

注：[1]图中右侧图例数字中为 2 位数行业代码[①]。

---

① "06"为煤炭开采和洗选业，"07"为石油和天然气开采业，"08"为黑色金属矿采选业，"09"为有色金属矿采选业，"10"为非金属矿采选业，"13"为农副食品加工业，"14"为食品制造业，"15"为饮料制造业，"16"为烟草制品业，"17"为纺织业，"18"为纺织服装、鞋、帽制造业，"19"为皮革、毛皮、羽毛（绒）及其制品业，"20"为木材加工及木、竹、藤、棕、草制品业，"21"为家具制造业，"22"为造纸及纸制品业，"23"为印刷业和记录媒介的复制，"24"为文教体育用品制造业，"25"为石油加工、炼焦及核燃料加工业，"26"为化学原料及化学制品制造业，"27"为医药制造业，"28"为化学纤维制造业，"29"为橡胶制品业，"30"为塑料制品业，"31"为非金属矿物制品业，"32"为黑色金属冶炼及压延加工业，"33"为有色金属冶炼及压延加工业，"34"为金属制品业，"35"为通用设备制造业，"36"为专用设备制造业，"37"为交通运输设备制造业，"39"为电气机械及器材制造业，"40"为通信设备、计算机及其他电子设备制造业，"41"为仪器仪表及文化、办公用机械制造业，"42"为工艺品及其他制造业，"44"为电力、热力的生产和供应业，"45"为燃气生产和供应业。

了产品空间的"核心";其他种类产品则处于产品空间的"外围",多数属于劳动密集型和资源密集型产业。根据 Hidalgo 和 Hausmann (2009) 研究,位于产品空间"核心"部分的产品复杂度高,尤其是化工、机械产品等复杂度最高,因为需要复杂的生产技术,这些技术通常依托大型组织,由许多高技能人员共同开发完成;位于产品空间"外围"部分的产品复杂度低,诸如原材料、简单农产品等复杂度很低,只需要基本水平技能、通过小规模生产组织形式(或者家庭作坊甚至个人)即可完成。

为观察并展现八个重点城市群的优势产业在产品空间的布局及产业升级历程,基于产品空间结构图,用深色突出显示每个城市群主要年份(1995 年和 2013 年)具有显性比较优势($RCA>1$)的产品节点,淡化其他不具有显性比较优势($RCA\leqslant 1$)的产品节点,形成各个城市群的产品空间及其演化格局,即产业升级演进图(见图7–7)。总体上,区域发展新空间的八大城市群存在差异。以关中平原、长株潭、成渝和中原城市群为典型代表的中西部地区城市群具有比较优势的产业多分布在产品空间的边缘,在中心区域分布较少。这总体上反映出中西部地区城市群在产业发展格局中处于相对边缘的位置,复杂产品的生产能力较低。相对而言,以海峡西岸、山东半岛、辽中南和武汉城市群为代表的城市群在产品空间中心区域分布的产业比较多。从演化视角来看,1995—2013 年,中西部地区城市群所具备的优势产品格局发生了较为明显的变化,表现出越来越多的产业向产品空间中心集聚的特征。部分处于产品空间边缘的原材料和初加工产品等原先具备比较优势的产品逐渐失去优势,具有比较优势的产品逐步向机械制造、化学制品、电子信息等产业拓展,这在一定程度上印证了这些地区高附加值高技术含量产品逐渐增多、产业竞争力持续增强的事实。

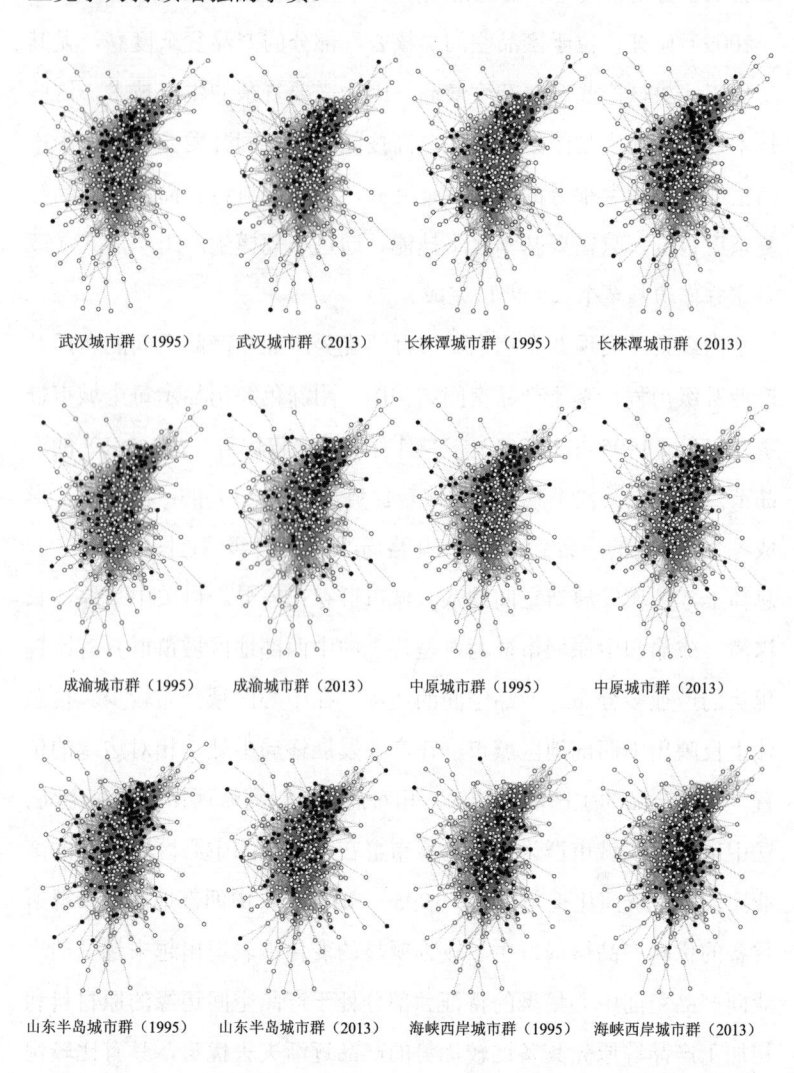

武汉城市群（1995）　　武汉城市群（2013）　　长株潭城市群（1995）　　长株潭城市群（2013）

成渝城市群（1995）　　成渝城市群（2013）　　中原城市群（1995）　　中原城市群（2013）

山东半岛城市群（1995）　山东半岛城市群（2013）　海峡西岸城市群（1995）　海峡西岸城市群（2013）

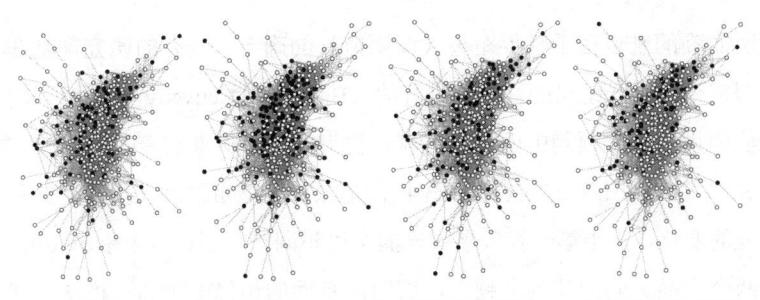

辽中南城市群（1995） 辽中南城市群（2013） 关中平原城市群（1995） 关中平原城市群（2013）

图 7-7　1995—2013 年八个城市群产品空间的演进历程

注：白点表示无比较优势产业，黑点表示有比较优势的产业。

即使如此，仍有大量显性比较优势产品是处于产品空间边缘的原材料和初加工产品，处于边缘位置的传统产业在很长时期内持续保持着比较优势；其次是处于产品空间核心的产业领域扩展程度有限。上述事实表明，相对而言，以中西部地区城市群为主的区域发展新空间在较长时期内，产业发展水平有了明显的提升，表现出较为持续的产业升级趋势。但是，不可否认的是，在很多中西部地区城市群的传统产业，一方面持续扮演着支撑地区经济发展的角色，另一方面也将生产能力禀赋长期锁定于该领域，实际上促进产业升级的动力相对较为有限。这在某种程度上反映出，为了促进未来的产业升级中西部地区区域发展新空间将面临较大的困难。相对而言，海峡西岸、山东半岛、辽中南和武汉城市群面临相对有利的发展态势。

（二）产业升级机会

1. 不同阈值条件下的产业升级机会

根据显性比较优势指数和技术含量高低筛选出来的潜在比较优势产业，需要进一步根据邻近度进行筛选。用这个标准进行筛选时所面临的难点在于临界距离（即阈值）的确定。既有的研究都是在假定一定跳跃距离的基础上进行的（Bayudan-Dacuycuy, 2012），阈值的设定对于预测中西部地区城市群潜在优势产业有着直接影响。表 7-3 是用不同方式表达的不同阈值条件下城市群潜在优势产业种类的变化，表中第一行数字代表的是以不同产品邻近度表示的阈值，两个产品之间的邻近度越大，表明两者间的相似度越高，跳跃到其中的一个产业的难度越小；表中的其他数字代表的是潜在优势产业种类。从表 7-3 可以发现产业演化的一个特点就是，从变化趋势看，邻近度 0.4 是一个拐点。越过此点，阈值增加挤出的潜在优势产业种类随之显著下降。

表 7-3　不同阈值条件下八大城市群潜在比较优势产业种类比较

城市群	不同阈值下潜在比较优势产业种类（种）					
	>0.1	>0.2	>0.3	>0.4	>0.5	>0.6
武汉城市群	366	363	337	139	22	1
长株潭城市群	329	325	292	91	20	0
成渝城市群	360	358	315	109	20	2
中原城市群	341	332	296	99	14	0
山东半岛城市群	369	354	338	116	14	0
关中平原城市群	379	349	325	113	23	0
辽中南城市群	375	345	321	121	13	1
海峡西岸城市群	401	366	336	146	23	2

从数量上看，如果产业升级的阈值设定为 0.4 以内（即目标升级产业与现有优势产业的邻近度小于 0.4，以下同理），每个城市群的潜在优势产业种类基本是 300 多种（或者仅略小于 300 种）。而如果

阈值被设定为 0.4 以上,则武汉城市群的潜在优势产业快速减少为 139 种、长株潭城市群为 91 种、成渝城市群为 109 种、中原城市群为 99 种、山东半岛城市群为 116 种、关中平原城市群为 113 种、辽中南城市群为 121 种、海峡西岸城市群为 146 种。如邻近度阈值设定为 0.5 以上,潜在的优势产业数量就进一步急剧下降,武汉城市群的潜在优势产业仅为 22 种、长株潭城市群为 20 种、成渝城市群为 20 种、中原城市群为 14 种、山东半岛城市群为 14 种、关中平原城市群为 23 种、辽中南城市群为 13 种、海峡西岸城市群为 23 种。若阈值超过 0.6,则各个城市群具有潜在比较优势产业基本消失,即基本没有潜在优势产业的存在。邻近度是产品间所需生产能力相似性的一个量度,随着邻近度增加,地区产业升级所需跨越的幅度减小,产业升级越容易。以上结果表明,八大城市群通过较小幅度的跳跃即可实现产业升级的潜在优势产业数量较少,同时也从侧面表明这些地区未来产业升级的潜在机会不多,面临较大的升级难度。

2. 不同阈值条件下潜在比较优势产业门类比较

比较不同邻近度阈值下的产业升级机会不仅要比较其潜在比较优势产业的种类,而且还要考察其结构。本章以邻近度 0.4 为临界值,设定与现有优势产业的邻近度大于 0.4 的潜在优势产业为"近距离跳跃目标产业",这些产业升级难度相对较小;设定与现有优势产业的邻近度小于 0.4 的潜在优势产业为"远距离跳跃目标产业",这些产业升级难度相对较大。由各个城市群的潜在比较优势产业的产品空间结构可以看出,当潜在优势产业识别时的邻近度阈值设定为 0.4 时,需要近距离跳跃即可实现升级的目标产业中仍然有很多是传统的属于产品空间边缘部分的产业,而需要远距离跳跃才可能实现产业升级的目标产业中很多是位于产品空间较为中心部分的产业(见

图 7-8)。不过，相比较而言，诸如海峡西岸、山东半岛、辽中南与武汉城市群可以近距离跳跃实现升级的目标产业已有很多分布于产品空间的中心区域，这说明这些城市群未来产业升级的潜力较大。

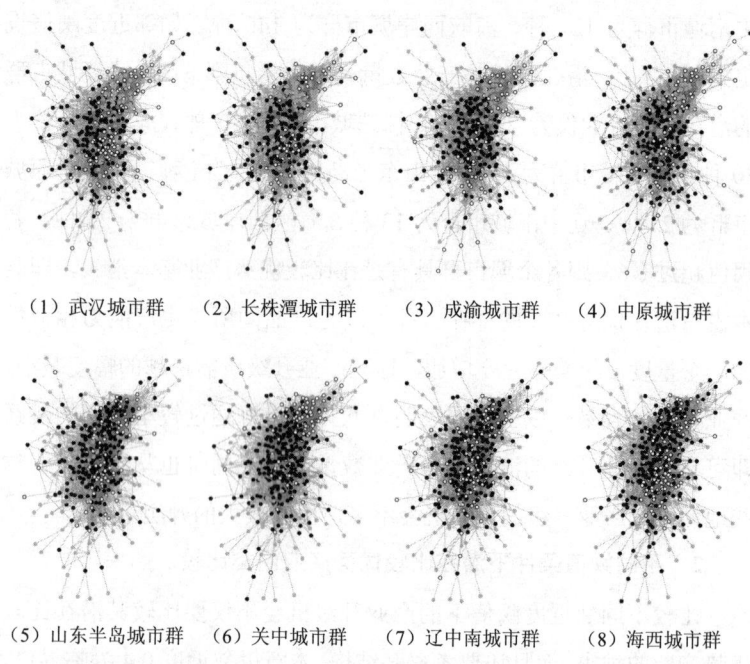

(1) 武汉城市群　　(2) 长株潭城市群　　(3) 成渝城市群　　(4) 中原城市群

(5) 山东半岛城市群　(6) 关中城市群　　(7) 辽中南城市群　(8) 海西城市群

图 7-8　发展新空间城市群不同阈值条件下潜在比较优势产业空间分布

注：深色点表示近距离跳跃产业，浅色点表示远距离跳跃产业。

基于分产业类别的考察显示，武汉、长株潭、成渝、中原、山东半岛、辽中南、海峡西岸、关中平原城市群的潜在比较优势产业结构也非常相似（见表 7-4）。通过近距离跳跃即能实现产业升级的多数行业不乏为劳动密集型产业、原材料加工等复杂度相对较低的产业，而仅有不多的行业为化工、机电、仪器仪表行业等资本、技术密集型行业（也是复杂度相对较高的行业）。而通过远距离跳跃才

表 7-4　不同阈值条件下潜在比较优势产业门类

工业门类	武汉城市群 近距离	武汉城市群 远距离	长株潭城市群 近距离	长株潭城市群 远距离	成渝城市群 近距离	成渝城市群 远距离	中原城市群 近距离	中原城市群 远距离	山东半岛城市群 近距离	山东半岛城市群 远距离	关中平原城市群 近距离	关中平原城市群 远距离	辽中南城市群 近距离	辽中南城市群 远距离	海峡西岸城市群 近距离	海峡西岸城市群 远距离
煤炭开采和洗选业	3		3		3		2		1	1	3		1	1	1	1
石油和天然气开采业		1		1		1			2		2		2			
黑色金属矿采选业			1	1	1	1		1	1	1	2			1	1	1
有色金属矿采选业	3	8	2	9	4	9	3	3	1	8	6	9	1	9	4	10
非金属矿采选业	2	4	1	3	2	3	4	4	2	6	6	3	2	6	4	4
农副食品加工业	5	3	3	6	2	8	3	7	11	4	9	5	10	6	11	4
食品制造业	3	7	2	9	2	9	1	6	8	12	7	12	7	12	8	12
饮料制造业	3	5	3	3	1	3		2	4	9	6	7	4	7	4	7
烟草制品业		1		2		1	1	1	1	1	2	1	1		1	1
纺织业	1	7	3	15	2	16	4	13	10	10	3	17	9	11	13	7
纺织服装、鞋、帽制造业	1			2		3		2	3			3	2	1	3	
皮革、毛皮、羽毛（绒）及其制品业	2	8	2	7	1	8	1	7	2	9	3	8	2	8	4	7

续表

工业门类	武汉城市群 近距	武汉城市群 远距	长株潭城市群 近距	长株潭城市群 远距	成渝城市群 近距	成渝城市群 远距	中原城市群 近距	中原城市群 远距	山东半岛城市群 近距	山东半岛城市群 远距	关中平原城市群 近距	关中平原城市群 远距	辽中南城市群 近距	辽中南城市群 远距	海峡西岸城市群 近距	海峡西岸城市群 远距
木材加工及木、竹、藤、棕、草制品业	6	2	4	1	6	2	5		6	4	7	3	5	5	6	4
家具制造业	3	1	1	2	2	2	1	3	3	2	1	4	3	2	3	2
造纸及纸制品业	2	2	1	1	1	1	2	2	3	2	3	2	3	3	5	1
印刷业和记录媒介的复制	3		1	1	1	1	2	1		4	3	2	3	2	3	2
文教体育用品制造业	7	8	4	9	6	1	3	12	8	9	1	15	6	11	8	7
石油加工、炼焦及核燃料加工业	1	1	1	1	1	1		1		2	1	1				1
化学原料及化学制品制造业	9	14	7	13	5	2	1	11	5	15	11	11	7	13	6	16
医药制造业	3		3	1	2	1	2		1	6	5	2	3	4		7
化学纤维制造业	1	6	1	5	1	5		6		4	3	5	1	4	1	5
橡胶制品业	2	6	1	6	6	5		6	2	5	4	8	1	6	1	4
塑料制品业	4	3	4	4	5	3	3	4	6	4	4	4	5	5	7	3

续表

工业门类	武汉城市群 近距离	武汉城市群 远距离	长株潭城市群 近距离	长株潭城市群 远距离	成渝城市群 近距离	成渝城市群 远距离	中原城市群 近距离	中原城市群 远距离	山东半岛城市群 近距离	山东半岛城市群 远距离	关中平原城市群 近距离	关中平原城市群 远距离	辽中南城市群 近距离	辽中南城市群 远距离	海峡西岸城市群 近距离	海峡西岸城市群 远距离
非金属矿物制品业	6	11	2	11	6	1	4	1	3	15	3	12	2	13	5	12
黑色金属冶炼及压延加工业	2		1	2	1	1	2	1			2	2	1	3	2	2
有色金属冶炼及压延加工业	6	11	6	1	6	11	7	9		4	1	6		4	1	4
金属制品业	6	8	5	14	4	14	3	15	8	16	5	17	7	16	8	14
通用设备制造业	5	22	3	16	2	21	4	17	4	26	4	23	4	25	3	27
专用设备制造业	12	27	2	23	1	24	4	27	4	27	4	31	2	30	4	27
交通运输设备制造业	2	19	3	16	3	11	3	18	2	10	3	15	6	10	4	16
电气机械及器材制造业	9	12	7	11	7	16	4	18	4	16	3	18	4	15	9	16
通信设备、计算机及其他电子设备制造业	11	7	7	9	12	5	11	9	7	11	3	12	11	9	14	7
仪器仪表及文化、办公用机械制造业	5	13	6	13	7	16	5	13	1	7		5	4	8	2	17
工艺品及其他制造业	2	1	1	11	1	11	2	8	2	3		3		3	3	7
合计	139	227	91	238	109	251	99	242	116	253	113	266	121	254	146	255

注：基于《国民经济行业分类》（GBT4754-2002）测算，因篇幅限制，仅展示二位数行业分类结果。

可能实现产业升级的多数为化工、机电、仪器仪表行业。当然，如果把邻近度阈值设定为 0.4 以下甚至更低，能进入潜在比较优势产业中属于机电、化工、仪器仪表等行业的产品将会更多，大量的潜在比较优势行业中劳动密集型行业、农业、原材料行业很多都被排除在外。当然这就需要更大幅度的"跳跃"，同时也意味着更高的产业升级难度，产业升级将可能有断档的风险。

3. 区域发展新空间潜在产业升级能力的评价

为了进一步评价未来区域发展新空间向潜在比较优势产业的升级能力，以产品密度为评价指标，综合性地测度一个地区生产某项产品的潜在比较优势。为了具体展现中西部地区城市群升级能力分布，在产品空间图上将产业的生产能力禀赋用不同颜色予以标出，颜色越深，代表生产能力禀赋越高，反之亦然（见图 7-9）。除海峡西岸与山东半岛城市群以外，以中西部地区城市群为代表的区域发展新空间潜在优势产业的升级能力在产品空间中分布结果表明，各个城市群生产能力禀赋较高的潜在优势产业基本分布于产品空间的外围，而产品空间中心区域的潜在优势产业的生产能力禀赋相对较低，而且这种禀赋表现出由产品空间外围向中心逐步递减的趋势。值得注意的是，产品空间外围的产业往往是复杂度较低的产业，中心区域的产业则是复杂程度较高的产业，要实现比较明显的产业升级，向中心区域产业的"跳跃"是必然的趋势，也是产业升级的总体方向。但是，生产能力禀赋的分布现状表明，中西部地区城市群要实现较大的产业升级面临着很大的生产能力禀赋限制，这也意味着产业升级面临很大的难度。相对而言，山东半岛和海峡西岸城市群，在产品空间中心区域的生产能力禀赋相对较高，反映了这些城市群已经具备较好向更复杂产业升级的基础。

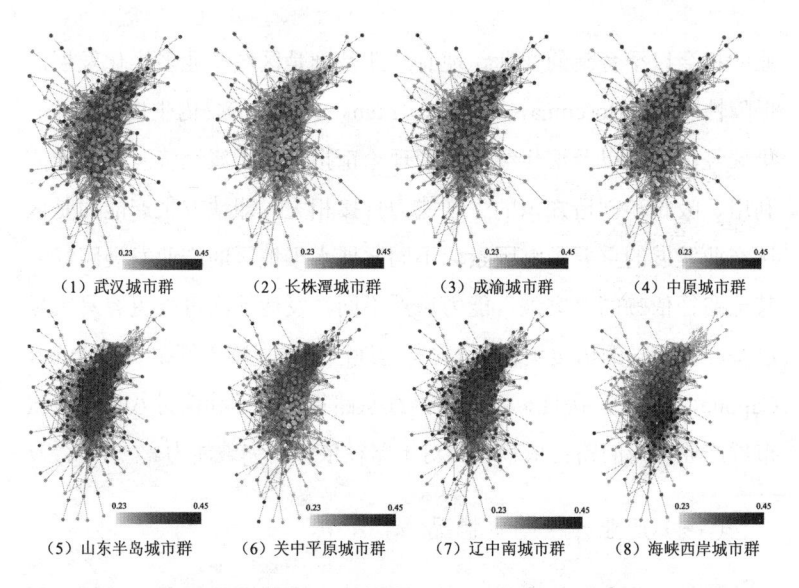

图 7-9　发展新空间城市群潜在优势产业的升级能力在产品空间中的分布

三、区域发展新空间产业升级路径

演化经济地理学将技术和知识置于理论的核心，研究新知识、新企业、新产业出现的内生机制，这对理解新产业的区位选择具有重要意义。产业是地区知识和能力的载体，知识产生的路径依赖导致产业发展的历史依赖。Weitzman（1998）提出了重构增长理论，新产业很难在没有任何基础的情况下在区域内部孕育出来，必然基于区域长期历史形成的资源、知识禀赋和技能经验的重组。产业间技术关联是塑造区域产业发展路径的重要因素。不同地区初始产业结构的不同将导致差异化的产业演化路径（Boschma，Capone，2016）。

大量研究已证实，区域产业演化取决于地方生产能力（Buenstorf，Klepper，2010）。本地能力提供了连接已有的技术或产业的机会以孕育新的产业，现有产业基础是区域产业多样化发展的保障性因素（Boschma，Coenen，Frenken，2016）。内生增长理论、集聚经济理论以及演化经济地理理论都指出，区域经济发展与地方利用、吸收和创造知识的生产能力直接相关，即地方生产能力是区域产业发展的重要影响因素。不同发展水平地区的产业发展路径，甚至路径依赖的"突破"能力迥然不同，发达地区可能更容易突破已有产业基础的历史依赖，而欠发达地区更可能陷入锁定（Boschma，Capone，2016）。因此，下文将继续从路径视角继续探讨八个重点城市群产业升级的路径依赖以及对于路径依赖的突破能力。

（一）产业升级基本情况

关于产业升级的表现，不同学者给出了不同的解释。尽管分析视角不同，但都得出了产业升级的基本内涵，即产业由低附加值、低技术水平的状态向高附加值、高技术水平的状态演变的过程。一般地，经济复杂度、生产率、附加值等是衡量产业升级幅度的常用指标。参考周茂、陆毅和符大海（2016）关于中国城市产业升级的研究，本章也采用经济复杂度衡量地区的产业升级状况。通过对于所选定区域发展新空间内部地级行政单位的分析，总体而言，2003—2013年，成渝、长株潭、中原、关中平原、武汉、山东半岛城市群产业升级的基本状况表现为，城市群的中心城市产业升级程度非常显著，其他城市产业升级程度相对不高，且城市间具有较大差异性，部分城市经济复杂度有所下降。另外，海峡西岸与辽中南城市群则表现出差异性的特征，中心城市的经济复杂度有所下降，其他城市经济复杂度的变化也具有很大差异性（见表7-5至表7-12）。

表 7-5　2003—2013 年成渝城市群经济复杂度变化

地区	经济复杂度							
	2003 年	2004 年	2005 年	2006 年	2007 年	2008 年	2009 年	2013 年
重庆	0.270	0.225	0.199	0.197	0.210	0.220	0.231	0.509
成都	0.055	0.051	0.044	0.038	0.069	0.176	0.282	0.623
自贡	−0.005	0.052	0.167	0.176	0.141	0.164	0.187	0.288
泸州	−0.246	−0.283	−0.289	−0.278	−0.234	−0.216	−0.198	−0.257
德阳	−0.146	−0.021	0.023	0.008	0.002	0.104	0.206	0.124
绵阳	0.261	0.129	0.167	0.206	0.214	0.259	0.303	0.262
遂宁	−0.505	−0.462	−0.492	−0.484	−0.451	−0.394	−0.337	−0.226
内江	−0.171	−0.290	−0.331	−0.387	−0.301	−0.273	−0.246	−0.083
乐山	−0.311	−0.277	−0.324	−0.350	−0.330	−0.255	−0.180	−0.190
眉山	−0.286	−0.553	−0.508	−0.461	−0.460	−0.336	−0.213	−0.133
广安	−0.209	−0.183	−0.234	−0.211	−0.193	−0.138	−0.083	0.060
资阳	0.333	0.326	0.203	0.133	0.103	0.132	0.162	0.165

注：经济复杂度计算结果基于该地区制造业 4 位数产业结构状况，该数据来源于《中国工业企业数据库》，由于统计原因，2010 年、2011 年与 2012 年数据存在一定问题，为此未计算这些年份的结果，下同。

表 7-6　2003—2013 年长株潭城市群经济复杂度变化

地区	经济复杂度							
	2003 年	2004 年	2005 年	2006 年	2007 年	2008 年	2009 年	2013 年
长沙	0.052	0.054	0.085	0.167	0.003	−0.002	−0.007	0.149
株洲	−0.161	−0.184	−0.247	−0.379	−0.328	0.013	0.353	0.380
湘潭	−0.252	−0.285	−0.254	−0.189	−0.176	0.008	0.192	0.241
岳阳	−0.255	−0.243	−0.247	−0.307	−0.273	−0.263	−0.252	−0.214
益阳	−0.233	−0.261	−0.289	−0.340	−0.388	−0.314	−0.239	−0.071
娄底	−0.531	−0.608	−0.558	−0.586	−0.545	−0.424	−0.303	−0.158

表 7-7 2003—2013 年武汉城市群经济复杂度变化

地区	经济复杂度							
	2003 年	2004 年	2005 年	2006 年	2007 年	2008 年	2009 年	2013 年
武汉	0.124	0.017	0.147	0.259	0.271	0.246	0.221	0.298
黄石	−0.533	−0.735	−0.726	−0.768	−0.849	−0.741	−0.633	−0.649
鄂州	−0.341	−0.434	−0.406	−0.334	−0.250	−0.323	−0.395	−0.003
孝感	−0.208	−0.251	−0.210	−0.223	−0.237	−0.206	−0.174	−0.196
黄冈	−0.359	−0.317	−0.302	−0.323	−0.300	−0.280	−0.261	−0.205
咸宁	−0.213	−0.309	−0.307	−0.343	−0.323	−0.318	−0.314	−0.144

表 7-8 2003—2013 年中原城市群经济复杂度变化

地区	经济复杂度							
	2003 年	2004 年	2005 年	2006 年	2007 年	2008 年	2009 年	2013 年
郑州	−0.078	−0.139	−0.119	−0.130	−0.104	−0.015	0.074	0.192
开封	−0.072	−0.079	−0.155	−0.207	−0.253	−0.267	−0.280	−0.218
洛阳	−0.129	−0.222	−0.243	−0.297	−0.283	−0.134	0.015	−0.057
平顶山	−0.186	−0.161	−0.196	−0.167	−0.163	−0.085	−0.007	−0.033
新乡	−0.027	−0.042	−0.117	−0.137	−0.105	−0.084	−0.063	0.085
焦作	−0.332	−0.365	−0.362	−0.165	−0.324	−0.152	0.020	0.102
许昌	−0.166	−0.138	−0.217	−0.285	−0.256	−0.189	−0.123	−0.132
漯河	−0.372	−0.376	−0.310	−0.281	−0.273	−0.258	−0.242	−0.256

表 7-9 2003—2013 年海峡西岸城市群经济复杂度变化

地区	经济复杂度							
	2003 年	2004 年	2005 年	2006 年	2007 年	2008 年	2009 年	2013 年
福州	0.421	0.371	0.306	0.263	0.218	0.176	0.133	0.115
厦门	0.659	0.628	0.586	0.576	0.545	0.628	0.712	0.513

续表

地区	经济复杂度							
	2003年	2004年	2005年	2006年	2007年	2008年	2009年	2013年
莆田	0.049	0.005	−0.009	−0.037	−0.069	−0.064	−0.059	−0.057
泉州	−0.319	−0.368	−0.367	−0.358	−0.351	−0.348	−0.345	−0.278
漳州	0.035	0.039	0.079	0.081	0.092	0.039	−0.014	−0.010
宁德	0.160	0.097	0.090	0.072	0.068	0.085	0.102	−0.001

表7–10　2003—2013年辽中南城市群经济复杂度变化

地区	经济复杂度							
	2003年	2004年	2005年	2006年	2007年	2008年	2009年	2013年
沈阳	0.475	0.293	0.198	0.292	0.289	0.299	0.309	0.362
大连	0.174	0.171	0.166	0.133	0.173	0.178	0.183	0.095
鞍山	−0.395	−0.515	−0.448	−0.432	−0.399	−0.313	−0.227	−0.088
抚顺	−0.445	−0.462	−0.418	−0.407	−0.378	−0.329	−0.280	0.002
本溪	−0.657	−0.658	−0.611	−0.595	−0.575	−0.507	−0.439	−0.343
营口	−0.191	−0.240	−0.229	−0.217	−0.177	−0.127	−0.077	−0.005
辽阳	−0.069	−0.049	−0.143	−0.164	−0.113	−0.250	−0.386	−0.196
盘锦	−0.163	−0.198	−0.195	−0.213	−0.197	−0.181	−0.166	−0.280

表7–11　2003—2013年山东半岛城市群经济复杂度变化

地区	经济复杂度							
	2003年	2004年	2005年	2006年	2007年	2008年	2009年	2013年
济南	0.132	0.102	0.102	0.091	0.146	0.220	0.294	0.338
青岛	0.181	0.212	0.148	0.137	0.146	0.159	0.171	0.179
淄博	−0.095	−0.121	−0.123	−0.104	−0.122	−0.064	−0.007	0.022
东营	−0.070	−0.071	−0.093	−0.149	−0.140	−0.084	−0.028	−0.134
烟台	−0.048	−0.074	0.014	0.043	0.017	0.030	0.044	0.126

续表

地区	经济复杂度							
	2003年	2004年	2005年	2006年	2007年	2008年	2009年	2013年
潍坊	−0.023	−0.020	−0.026	−0.034	−0.016	−0.018	−0.019	0.031
威海	0.053	0.071	0.087	0.099	0.086	0.087	0.088	0.162
德州	−0.233	−0.240	−0.196	−0.145	−0.112	−0.111	−0.110	0.044
滨州	−0.776	−0.789	−0.751	−0.749	−0.780	−0.631	−0.483	−0.651

表7–12　2003—2013年关中平原城市群经济复杂度变化

地区	经济复杂度							
	2003年	2004年	2005年	2006年	2007年	2008年	2009年	2013年
西安	0.168	0.141	0.124	0.293	0.364	0.392	0.419	0.340
铜川	−0.548	−0.446	−0.423	−0.617	−0.653	−0.419	−0.184	−0.194
宝鸡	−0.198	−0.135	−0.269	−0.257	−0.345	−0.133	0.079	−0.004
咸阳	0.075	−0.077	−0.085	−0.125	−0.139	−0.138	−0.137	−0.054
渭南	−0.263	−0.259	−0.290	−0.331	−0.587	−0.513	−0.438	−0.322

（二）产业升级路径特征

为了表现区域发展新空间产业升级的路径依赖程度，比较城市群不同时段内产业升级情况与生产能力禀赋之间的相关关系，即升级概率与初期产品密度之间的相关性。其中，图7–10显示了全国整体上的产业升级概率和产品密度的相关关系，图7–11显示了八个重点城市群产业升级概率和产品密度的相关关系。比较而言，无论是全国还是八个重点城市群，产业升级概率与相应产品密度具有明显的正相关关系，表明产业升级的路径依赖特征明显；从时间变化来看，无论是全国还是八个重点城市群，产业升级对于本地产业基础（生产能力禀赋）的依赖度有所下降，但是，八个重点城市群下降程度弱于全国平均水平。由此表明，区域发展新空间产业升级的路径依赖相对较强。

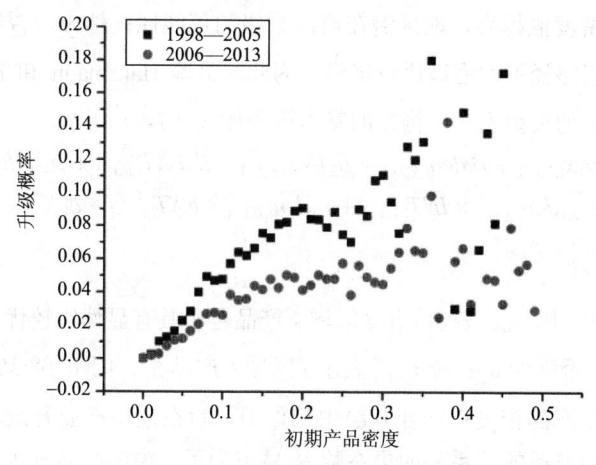

图 7-10 全国升级概率和产品密度图

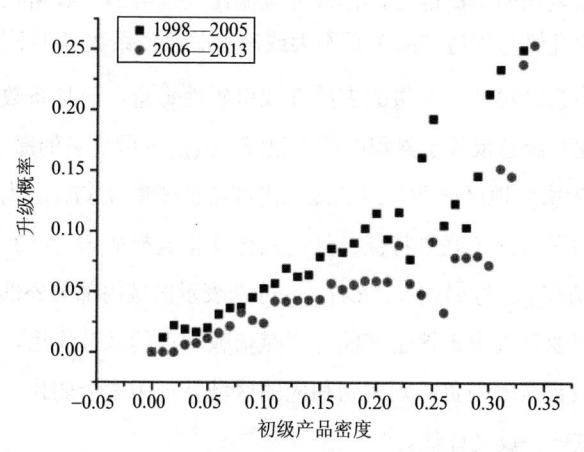

图 7-11 八个重点城市群升级概率和产品密度图

1. 实证模型设定

考察区域产业升级路径是否依赖以及在何种程度上依赖于地区累积的生产能力禀赋优势（产业升级的路径依赖），可以通过测度产品密度对产业升级的影响的办法。如果产业升级遵循比较优势，那么产品密度值越高，地区潜在产品升级的可能性就越大，否则说明产业升级路径不太遵循比较优势。为此，借鉴 Hausmann 和 Klinger (2007) 的模型思想，构建的基本模型如式（7-5）所示。

$$x_{i,k,t} = \alpha_1 x_{i,k,t-1} + \beta_1 den_{i,k,t-1} + \beta_2 INT_{i,k,t-1} + \beta_3 EXT_{i,k,t-1} + \beta_4 W den_{i,k,t-1} \\ + \gamma_1 den_{i,k,t-1} \times INT_{i,k,t-1} + \gamma_2 den_{i,k,t-1} \times EXT_{i,k,t-1} + \delta_1 X + \epsilon$$

(7-5)

式（7-5）中，$x_{i,k,t}$ 表示 t 年 i 区域 k 产品是否具有显性比较优势（是则为 1，否则为 0）；$den_{i,k,t-1}$ 表示 i 区域 k 产品在 $t-1$ 期的产品密度，系数表示产品密度在产业升级中的作用，旨在反映产业升级与累积生产能力禀赋的关系，如果系数 β_1 显著为正，说明产品升级借助了周边产品累积的生产能力，体现为遵循比较优势的升级路径；否则说明产业升级与周边产品关系不大或没有关系。系数 β_1 体现了地区生产能力禀赋对产业升级的支撑性或引领性力量，而且系数越大，表明产业升级越依赖于累积的能力禀赋。$x_{i,k,t-1}$ 为因变量的滞后变量。$INT_{i,k,t-1}$ 为影响地区产业升级的区域内部特征变量，$EXT_{i,k,t-1}$ 为影响产业升级的区域外部联系特征变量，具体变量选择如表 7-13 所示。$den_{i,k,t-1}*INT_{i,k,t-1}$ 与 $den_{i,k,t-1}*EXT_{i,k,t-1}$ 分别表示区域内部与外部特征因素对于产业升级中本地生产能力禀赋依赖程度的调节作用，若两个变量的系数显著为负，则表明相应的区域特征因素会弱化产业升级的路径依赖，反之亦然。

表 7–13 控制变量说明与数据来源

类别	变量	定义	数据来源
区域内部特征	人力资本（human）	每万人高等学校学生数	《中国城市统计年鉴》
	基础设施（road）	等级公路网密度	《中国城市统计年鉴》
区域外部联系特征	外商投资额（FDI）	外商实际投资额	《中国城市统计年鉴》
	市场潜力（mp）	本地区及其他地区的经济规模的一个空间距离加权值	根据《中国城市统计年鉴》整理计算
产业政策	政策导向（policy）	属于政府规划导向产业，policy=1；否则，policy=0	各省份"十五""十一五"规划

另外，一个国家内部由于更为便利的要素流动有可能使得地区产业升级受本地生产能力禀赋的影响不同于国家产业升级对于本国生产能力禀赋的依赖。首先，本地区产业升级很可能受到周边地区生产能力禀赋的影响，存在空间溢出效应。因此，需要对 Hausmann 和 Klinger（2007）模型进行一定的改变，加入空间溢出变量 $Wden_{i,k,t-1}$，用以表示其他地区的生产能力禀赋对于本地产业升级可能产生的空间溢出效应，通过地区生产能力禀赋的空间距离加权所得。此外，其他控制变量 X 的设定如下，为了控制固定效应在模型中加入了虚拟变量：$Sector$ 为二位数产业虚拟变量，控制产品差异；$Year$ 为年份虚拟变量，控制时间差异；ε 为残差项。作为一个强调政府宏观调控与市场力量并重的国家，研究中国生产结构演化不能忽视政策的影响，因此模型中还加入了政策变量（policy）：属于各地区"十五""十一五"规划政府导向产业，policy=1；否则，policy=0。

2. 结果分析

为实证检验区域发展新空间产业升级的路径依赖与突破特征，本章应用区域产品密度与产品显性比较优势数据，通过构建 2001—

2010年的混合截面数据模型,实证分析产品密度对中国地级行政单位产品结构演化的影响。由于被解释变量为二值变量,本章采用 Probit 模型,以地级行政单位四位数制造业的混合截面数据检验方程式(7–5),结果如表 7–14 与表 7–15 所示。其中,表 7–14 显示了全国尺度与东部、中部、西部和东北地区的估计结果,表 7–15 显示了本章所确定的八个重点城市群的估计结果。总体来看,在所有的估计结果中,解释变量 den 的系数在所有回归结果中都显著大于零,而且结果的相对大小都较为一致,表明生产能力禀赋在中国地区产业升级中发挥了引领产业创新发展的作用;反过来也说明,国内地区产业升级依赖于本地比较优势,表现出显著的路径依赖特征。

表 7–14 全国与四大区域的估计结果

变量	(1) 全国	(2) 东部	(3) 中部	(4) 西部	(5) 东北
x_{t-1}	0.740***	0.736***	0.734***	0.763***	0.722***
	(0.0007)	(0.0013)	(0.0014)	(0.0012)	(0.0021)
Den	0.3091***	0.2970***	0.3002***	0.2421***	0.2841***
	(0.0061)	(0.0154)	(0.0183)	(0.0127)	(0.0243)
Wden	0.0015***	0.0013**	0.0020***	0.0059***	0.0006
	(0.0003)	(0.0005)	(0.0007)	(0.0009)	(0.0014)
mp	0.0024*	0.0019	0.0072	0.0013	0.0014***
	(0.0014)	(0.0023)	(0.0057)	(0.0032)	(0.0005)
policy	0.0198***	0.00827*	0.000377	0.0194***	0.0207***
	(0.0016)	(0.0049)	(0.0046)	(0.0022)	(0.0039)
road	0.0050***	-0.0048	0.0006	0.0022	-0.00882
	(0.0009)	(0.0044)	(0.0041)	(0.0014)	(0.0086)

续表

变量	（1）全国	（2）东部	（3）中部	（4）西部	（5）东北
human	−0.0004	0.0114***	−0.0085*	−0.0014	−0.0081*
	(0.0015)	(0.0042)	(0.0045)	(0.0029)	(0.0047)
FDI	−0.0040**	−0.0057**	0.0030***	0.0025	−0.0027
	(0.0018)	(0.0029)	(0.0097)	(0.0050)	(0.0053)
den*mp	−0.0017***	−0.0073	0.0062	−0.0042**	−0.0189***
	(0.0006)	(0.0093)	(0.0034)	(0.0021)	(0.0044)
den*policy	−0.0274***	0.0161	0.0707**	0.0671***	−0.0287
	(0.0103)	(0.0225)	(0.0320)	(0.0237)	(0.0309)
den*road	−0.0635***	−0.0483***	−0.0494*	−0.0213	0.1020
	(0.0072)	(0.0183)	(0.0275)	(0.0156)	(0.0629)
den*human	−0.00353	−0.0600***	0.0241	0.0245	0.0959***
	(0.0067)	(0.0170)	(0.0278)	(0.0166)	(0.0333)
den*FDI	0.0025***	0.0037***	−0.0183***	0.0044*	0.0057**
	(0.0000)	(0.0011)	(0.0063)	(0.0025)	(0.0000)
_cons	−0.00728***	0.00309	−0.00339	−0.00410***	0.000958
	(0.0012)	(0.0031)	(0.0026)	(0.0011)	(0.0027)
N	938088	269352	256968	300312	111456
adj. R^2	0.566	0.562	0.539	0.588	0.539

注：***、**、*分别表示在1%、5%及10%水平上显著。

从对区域内部与外部特征因素的影响分析来看，不同城市群表现出差异性特征。具体来看，对于成渝、长株潭、中原城市群，市场潜力的提高有助于促进区域产业升级，并弱化本地生产能力禀赋对于产业升级的限制；而对于其他城市群而言，市场潜力对于产业升级的影响不显著。对于长株潭城市群，高等教育投入的增加有助

表 7-15 八个重点城市群的估计结果

变量	(1)成渝城市群	(2)关中平原城市群	(3)海峡西岸城市群	(4)长株潭城市群	(5)辽中南城市群	(6)山东半岛城市群	(7)武汉城市群	(8)中原城市群
x_{r-1}	0.777***	0.730***	0.775***	0.746***	0.694***	0.701***	0.714***	0.704***
	(0.00347)	(0.00565)	(0.00469)	(0.00513)	(0.00457)	(0.00415)	(0.00516)	(0.00466)
Den	0.242***	0.2753***	0.2947***	0.432***	0.415***	0.390***	0.617***	0.584***
	(0.0698)	(0.0639)	(0.0737)	(0.121)	(0.114)	(0.0659)	(0.144)	(0.121)
Wden	0.0134***	0.00129	0.0142**	−0.00109	0.00183	0.00614	−0.00920	0.0217***
	(0.00454)	(0.00663)	(0.00668)	(0.00290)	(0.00365)	(0.00543)	(0.00601)	(0.00574)
mp	0.00765*	−0.00191	−0.00687*	0.0162***	0.00312	0.00712	−0.0122	0.0122***
	(0.000404)	(0.00360)	(0.00406)	(0.00610)	(0.00182)	(0.00134)	(0.00791)	(0.00387)
policy	−0.0101	0.00295	−0.00900	0.0230	−0.000998	−0.00145	0.0112	−0.0319
	(0.0144)	(0.0160)	(0.0304)	(0.0185)	(0.00885)	(0.0168)	(0.0204)	(0.0280)
road	−0.0422*	−0.0283	−0.0199	−0.000542	0.0215	−0.0139	0.0303	−0.0299
	(0.0231)	(0.0446)	(0.0699)	(0.0332)	(0.0242)	(0.0215)	(0.0263)	(0.0240)
human	−0.0585	−0.0149	0.0924	0.133**	−0.0713*	0.0245	−0.0118	−0.0575*
	(0.0372)	(0.0290)	(0.0722)	(0.0540)	(0.0382)	(0.0264)	(0.0305)	(0.0335)
FDI	−0.00299	0.0148*	0.00419	−0.0438**	0.00279	−0.00407**	0.0302**	−0.0200***

续表

变量	(1) 成渝城市群	(2) 关中平原城市群	(3) 海峡西岸城市群	(4) 长株潭城市群	(5) 辽中南城市群	(6) 山东半岛城市群	(7) 武汉城市群	(8) 中原城市群
	(0.00253)	(0.00796)	(0.00498)	(0.0194)	(0.00193)	(0.00202)	(0.0133)	(0.00659)
$den*np$	-0.0349**	0.00710	0.0380*	-0.0553**	-0.00378	-0.00671	0.0500	-0.0712***
	(0.0171)	(0.0321)	(0.0215)	(0.0262)	(0.0115)	(0.00432)	(0.0422)	(0.0248)
$den*policy$	0.100	0.239*	0.231	-0.120	-0.00660	0.0159	-0.0564	0.441***
	(0.0853)	(0.133)	(0.154)	(0.104)	(0.0578)	(0.0683)	(0.133)	(0.163)
$den*road$	0.101	0.335	0.0871	-0.0750	-0.320	-0.0535	-0.162	0.204
	(0.151)	(0.361)	(0.358)	(0.173)	(0.232)	(0.0685)	(0.162)	(0.159)
$den*human$	0.276**	0.127	-0.495	-0.487**	0.363**	-0.0980	0.0265	0.237
	(0.140)	(0.176)	(0.348)	(0.231)	(0.153)	(0.104)	(0.170)	(0.182)
$den*FDI$	0.0160	-0.0820	-0.0235	0.155*	-0.0117	0.0169**	-0.130*	0.128***
	(0.0109)	(0.0515)	(0.0236)	(0.0799)	(0.00931)	(0.00679)	(0.0712)	(0.0402)
_cons	0.00441	0.00850	0.00491	-0.0309	-0.0156	-0.00329	-0.0668***	-0.0795***
	(0.0126)	(0.0240)	(0.0318)	(0.0199)	(0.0149)	(0.0170)	(0.0236)	(0.0222)
N	37152	15480	18576	18576	24768	27864	18576	24768
$adj.R^2$	0.587	0.536	0.607	0.542	0.506	0.527	0.518	0.497

注：***、**、*分别表示在1%、5%及10%水平上显著。

于促进区域产业升级,并弱化本地生产能力禀赋对于产业升级的限制;而对于其他城市群,高等教育投入的增加对于产业升级的影响不显著。对于关中平原与武汉城市群,外商投资的增加有助于促进区域产业升级,并弱化本地生产能力禀赋对于产业升级的限制;而对于其他城市群,外商投资的增加对于产业升级的影响不显著。而且,对于长株潭与山东半岛城市群,外商投资对于区域产业升级还带来负面影响。由此表明,外商投资可能使得这两地的产业结构锁定在某些特定领域,进而限制产业升级。总体而言,不同城市群的产业升级路径虽然都表现出路径依赖特征,但是在具体路径上还是具有明显的差异。由此也意味着,如何促进区域产业升级面对着不同的发展基础与问题。

第四节 促进区域发展新空间的空间结构优化与产业升级对策

一、区域发展新空间空间结构优化对策

(一)优化中心城市发展,提升发展品质

大城市的公共资源配置条件远好于中小城市,比如教育、医疗卫生、就业机会等,大城市尤其是中心城市优先集聚发展是这个阶段的必然规律。目前,八个重点城市群基本处于人口由中小城市向大城市集中阶段,2002—2017年的实证结果也证明了这一点。从城市位序-规模发展规律来看,q 值有进一步增长的趋势,意味着中心

城市仍将处于快速发展阶段。从上述两方面可以得出结论，未来一段时间中心城市仍将集聚要素快速发展。

虽然八个重点城市群中心城市取得了较快发展，但发展质量不高，主要表现为发展方式粗放，空间效率和品质低，城市竞争力不强，环境破坏严重，公共服务和基础设施供水不足或质量低等，房价高涨、环境恶化、交通拥堵等大城市病开始出现。走新型城镇化道路，实现绿色发展，是今后中国城镇化发展的基本路径。因此，城市群中心城市依靠过去粗放的规模扩张的发展路径已经走不通了，控制增量、更新存量、提升品质是未来发展的必由之路。重点从产业、城市功能、创新、城市活力四个方面优化中心城市发展，提升发展品质。

第一，建立产业引领城市发展的机制，建设具有更大辐射带动功能和持续发展活力的现代产业体系。通过明确产业发展方向、突出产业发展重点、优化产业布局等提升产业发展层次。第二，以打造宜居城市为目标，进一步完善功能、提升品质，增强市区带动力和影响力，通过打造一流的生态环境、完善公共服务体系、建设人文城市等提升城市功能品质。第三，坚持把创新贯穿于中心城市发展全过程，建立以促进城市创新发展为导向的工作体系和政策措施，以服务产业转型升级、引领城市群创新发展为方向，加快推进全社会各领域创新，打造创新活力城市，通过构建创新大格局、创新园区管理体制、强化高新技术产业开发区创新引领作用等来提升创新发展能力。第四，加快转变政府职能，最大限度激发各类社会主体活力，提升市区竞争力和可持续发展能力，加大对外开放力度，以此提升城市发展活力。

（二）培育中小城市发展，拓展城市群发展新空间

八个重点城市群中小城市发展缓慢既有城市群发展阶段的原因，也其自身的原因。多数中小城市存在产业支撑不足的问题。具体表现为经济体系相对单一，大部分中小城市的民营经济发展不充分，又多集中在资源初加工等低端领域，服务业整体发展缓慢，产业发展与城市建设脱节，不能提供有效的就业机会，必然产生对人口吸引不足的结果。但是，中小城市未来具有较好的发展潜力：其一，中西部地区是承接东部产业转移的重要空间载体，中心城市已经承接了一轮东部地区的产业转移，未来中小城市将是东部产业转移的主要承接地。其二，中心城市在集聚生产要素的同时也必须走优化发展的道路，外溢效应会更加明显，部分产业和城市功能也将向外转移，城市群内部的中小城市是最好的承接地。其三，2022年中西部地区省份的城镇化率多数介于50%和65%之间，仍然处于城镇化快速推进阶段，未来大量的农业人口仍将向城市转移，中小城市在吸纳农村转移人口和带动城乡一体化发展方面将发挥重要的作用。从这一方面讲，中小城市将是八个重点城市群的发展新空间。

培育中小城市的关键在人的城镇化，人的城镇化的关键在产业支撑。因此，产城融合、发展特色产业是培育中小城市的核心。着力推进传统产业升级，积极培育新兴产业，在城市群的节点地区重点培育中小城市，引导鼓励大城市工业企业向小城市梯度转移，由此形成产业链联动作用。大力培育发展民营经济，提高民营经济比重，针对中小城市紧靠传统农业区域的特点，注重挖掘、保护、传承乡土文化，发展文化和旅游产业，促进农村产业融合发展，大力发展服务于"三农"的第三产业，使中小城市成为连接大城市和美

丽乡村的桥梁和纽带,成为农村人口市民化并向城市转移的重要梯级。

(三)引导空间网络化发展,推动城市群一体化发展

在全球经济一体化的背景下,城市群网络化结构是城乡之间、不同层级城市之间多种物质的动态流的最高表现形式,也是城市群形成发展过程中理想的城市化模式。目前,八个重点城市群处于单核心或双核心集聚、点轴扩展的城市群演化初级阶段,与发展成为功能互补、水平联系和交互增长的网络化结构差距很大。空间网络化与城市群一体化是伴生的过程,空间网络化是一体化的空间表现形式,一体化是空间网络化内在机制。通过引导空间网络化发展,推动城市群一体化发展,是城市群向更高级形态演化的必然过程,同时也是推动城市群中小城市发展、优化提升中心城市发展的重要手段。

要从空间网络化的角度,调整网络各层次节点产业结构,在城市群内部构建产业链体系,通过产业链来组织各城市之间的功能和空间关系。另外,要通过加强交通运输网络建设、发展信息网络化、建立政府合作新机制等措施,增强城市网络联系,加快城市群空间网络化发展。

基于区域一体化发展的角度,完善顶层设计、推动要素市场的一体化和基础设施一体化,是推动城市群向更高级形态演进的主要策略。一体化发展策略中,完善顶层设计是关键。长株潭城市群为推动一体化发展,目前已经建立起了由长株潭城市群区域规划、长株潭都市圈发展规划、18个专项规划、100多个示范片区规划和长株潭三市规划组成的全方位、多层次的改革建设规划体系。随着顶

层设计的不断完善，无论是经济总量还是增长速度和发展质量都取得了明显改善。城市群形成和发展有其内在规律，离不开城市之间经济和市场联系的不断深化，以促进生产要素优化互补和组合，推进生产力集聚发展。一体化发展还必须坚持协同发展，统筹交通、养老、医疗、教育、文化、低保、救济救助等公共服务体系建设，促进公共服务设施互联互通、共建共享。

二、区域发展新空间产业升级的对策

根据产品空间理论，一个国家或地区初始的产品空间位置直接影响到产业升级路径。产业升级并不会自然而然产生，一个地区很有可能被长期锁定在一片贫瘠的"荒原"中，尽管有升级愿望，也有全面的规划，但缺少升级路径和条件，"中等收入陷阱"与此有很大关系。八个重点城市群产业升级的基本态势是，生产能力禀赋较大约束下为数不多的便捷升级机会。其中最大的瓶颈在于这些区域处于不利的产品空间位置，长期被锁定于相对边缘的部分，较为远离产业升级的"主干道"，一方面导致较为容易的产业升级机会相对有限，另一方面也使得生产能力禀赋提升缓慢，进而反过来限制了产业升级。因此，八个重点城市群实现较快产业升级路径的关键在于改变不利的产品空间位置。所以，其产业升级的基本路径为，在发挥现有比较优势的同时注重新的比较优势培育，选择有利于缩小产品空间距离与加速显著比较优势扩散的产业作为发展重点，将"寻找产业升级捷径"和"拓展产业升级机会"相结合。在具体的实现方式上，分别表现为"架桥"策略与"规范"策略（见图7–12）。

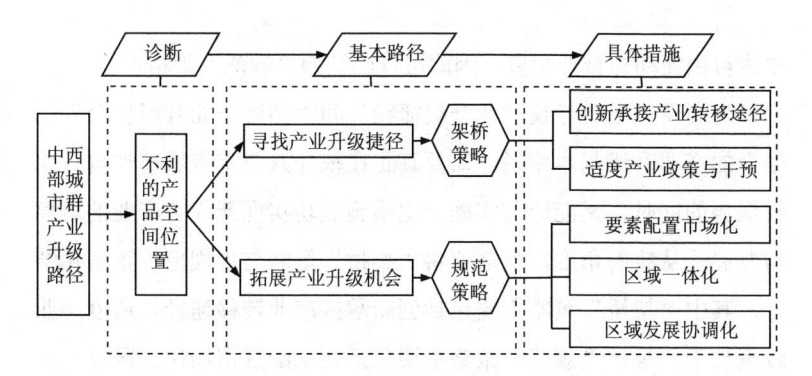

图 7–12 促进中西部重点城市群产业升级的路径与措施

"寻找产业升级捷径"具体是指集中有限资源，通过重点领域（产业或若干产业集合）的突破，尽可能弱化与联通产品空间"核心"区便捷路径之间的生产能力禀赋壁垒。按照产品空间理论，八个重点城市群产品空间位置不利，实则表明其与较复杂产业群之间缺乏较为邻近的过渡性产品或产业，以至于产业升级面临着很大的跨越，同时也意味着很高的难度。为此"架桥"策略是借助于在某些重要的关键产业上的突破，构建起与更复杂产业间的较为邻近的升级路径。该路径类似于通过"架桥"等工程建设克服自然壁垒提升地区间可达性，所以其实现方式可以归纳为"架桥"策略。

"拓展产业升级机会"是指遵照比较优势演化规律，选择邻近度较高、有利于发挥各地比较优势的产业作为升级目标，以此为依托尽可能加速显著比较优势的扩散，形成更多样化的优势产业，从而达到增加产业升级机会的目的。因为，现实中跃进式的升级政策往往面临巨大挑战，不宜因为重点突破需要而盲目冒进，扭曲正常的市场行为。"拓展产业升级机会"的实现方式要求遵循经济发展一般规律，以市场为主导消除影响比较优势发挥的限制性因素，促进要素自由流动与合理配置，因此可以归纳为"规范"策略。

为实现以上"寻找产业升级捷径"和"拓展产业升级机会"相结合的产业升级基本路径，需要真正在依托八个重点城市群自身比较优势的同时，又能通过实施一定措施成功实现新优势产业的培育与发展。从政府角度，就需要将"架桥"策略与"规范"策略相结合，其中"架桥"策略主要包括创新承接产业转移途径、适度产业政策与干预等，"规范"策略主要包括要素配置市场化、区域一体化、区域发展协调化等，下面分别阐述。

（一）创新承接产业转移途径

八个重点城市群需要积极寻求承接产业转移，并创新承接方式，以突破产品空间格局困境。中国区域经济发展不平衡不充分问题突出，承接产业转移、提高产业持续发展能力已成为落后地区促进产业升级的重要途径之一，有助于实现"寻找产业升级捷径"的目标。对于八个重点城市群而言，由于产业基础相对薄弱，依靠本地经济自然演化产业升级缓慢。因此，寻求承接产业转移是扭转不利的产品空间位置的理性选择。东部地区经过改革开放40多年的发展，已经面临着产业结构升级问题，八个重点城市群承接东部的产业转移不仅仅是创造新比较优势产业的机会，同时也是步入"通往产业空间核心区主干道"的捷径。因为东部地区的产业发展路径与"亚洲四小龙"类似，也是基于发展劳动密集型产品逐步积累复杂生产能力的过程，承接东部地区的产业转移，有助于八个重点城市群快速融入产业升级的"主干道"。

在具体的承接模式方面，集群式转移模式与核心企业带动模式较为理想。集群式转移模式是将发达地区逐渐失去产业竞争优势的产业集群整体性引入，重塑区域产业链，这对承接地区产业基础条件要求较低，原有的区域禀赋条件对新产业的限制也较小，这种植入就有可能取得成功（程李梅，庄晋财，李楚等，2013）。核心企业带动模式是创造条件吸引产业链上的核心企业转移，然后发挥核心企业关联作用与示范作用，带动配套企业、研发机构、服务机构向集群集中（刘友金，吕政，2012），也有助于带动本地整体升级。重庆通过引进笔记本电脑龙头企业，引领其他相关企业集聚，从而导致众多的品牌商和零部件制造商组成的 IT 产业集群快速发展起来。

（二）实施适度的产业政策与干预

虽然鼓励"高大上"、远距离、跃进式的升级政策面临巨大挑战，但恰恰是最终能够实现远距离的跳跃，才会产生根本性的结构变化和增长（张其仔，2014）。因此，实施适度的产业政策与干预以促进产品空间结构优化有其必要性。成功的产业政策需要为实施产业政策设计合理的制度，政策性措施应该是一个私人部门和公共部门进行战略合作的互动过程，产业政策应该实现区域战略与企业利益的有效结合。政府通过制度建设保障市场发挥决定性作用，并适度弥补市场失灵以解决经济中要素短缺问题，进而推动要素禀赋结构的升级可能是一条行之有效的途径。

政府也有必要在一定程度上通过政策引导一些有助于改变产品空间位置困境的关键性产业的发展，促进新的比较优势出现，从而引领产业升级步入较为有利的路径。对于八个重点城市群而言，这些关键性产业的发展往往是建立在不符合本地比较优势的基础上，在形成初期和发展中具有较大的风险。因而，通过实施相关政策推动区域战略与企业利益的结合，引导资源流向有竞争力的成长性企业可能是必要的。政府适当引导市场行为也是促进产业升级的一种可行的干预方式。合理地实现政府投资对民间投资的导向作用，对于促进产业升级具有重要作用。比如，在科学研究和技术服务业、环保产业等领域，政府投资对民间投资会产生不同程度的"挤进"效应（王婧，2017）。不过，必须清醒地认识到，这并不意味着偏离比较优势的产业政策实施都能够获得成功。

（三）实现要素配置市场化

政府需要在市场机制完善方面推行必要的政策或措施。对于八个重点城市群而言，深化市场化改革、提升市场化程度是地方政府的重要任务。因此，为了充分发挥市场机制在产业发展和升级中的决定性作用，应当加大体制改革，大力提升市场化程度，完善市场运行机制，特别注重推动要素、产权、技术、信息市场等关键性市场的实质性改革与建设（高煜，张雪凯，2016）。

建立并完善产业进入退出机制、整合有限资源投入于潜在优势产业也是八个重点城市群要素配置市场化的重要内容。尽管八个重点城市群具有比较优势的新产业也在不断出现和发展，但由于体制、历史等多种原因，仍有很多落后产业，很多传统资源加工型产业依旧是不少地区的重要经济部门，部分还集中于产能过剩行业，也不乏大量僵尸企业存在，这在很大程度上占用了有限的资源，制约了地区产业升级。因此，亟须通过市场化改革等方式实现资源的优化配置，提供转型升级所需的资源条件。为此，需要建立产业退出机制，清理僵尸企业，淘汰落后产能，为可能实现升级的新产业领域集聚更多资源。

(四)推进区域一体化

区域一体化路径意味着通过城市群一体化促进区域产业升级。在全球化深入发展的今天,单个城市或地区的发展需要极大地依托于所在城市群的竞争力,而城市群的竞争力需要一体化的空间结构和紧密协作的区域性生产体系。这对于八个重点城市群实现重点产业领域突破以扭转不利的产品空间位置,以及实现多样化优势产业发展具有重要意义。较为现实的路径为,八个重点城市群以省会城市为中心、其他不同等级的城市为节点培育一体化的城市群格局,通过实现城市之间合理的产业发展定位和专业化分工,整合成为城市群"圈层"经济结构来参与国内外市场竞争。为此,需要城市群内部行政区之间打破行政壁垒、更深程度地实现市场对资源配置的决定性作用,以此促进要素在地区间自由流动并实现合理空间集聚。构建政府间合作协调机制并实现地区间利益合理分享与补偿,也是亟待解决的重要制度性工作。实现城市群一体化发展对于八个重点城市群有效地承接产业转移也特别重要。目前,这些地区虽然整体上与东部有较大差距,但是一般具有较好的城市群中心城市作为支撑,这些中心城市承接产业转移的基础较好,较易形成产业高地的集聚优势,进而通过扩散效应带动周边地区发展。在这一过程中,城市群一体化发展是必要条件。

(五)加快区域发展协调化

构建合理的区域协调方式,实现地区间有序竞争与分工协作是未来八个重点城市群实现顺利产业升级的重要方面。基于产品空间的分析表明,武汉、长株潭、成渝和中原等城市群处于相似发展水平，其优势产业的产品空间格局类似，这也意味着它们产业升级的起点类似，目前的生产能力禀赋也比较类似，这意味着很大程度上未来的产业升级路径（潜在优势产业的选择与演进路径）也相似。因此，这些城市群在很大程度上将是竞争者的角色。为此，较为合理地协调区域发展至关重要。因为涉及区域利益，国家层面的政策引导与制度建设不可或缺，应通过构建合理的区域协调方式，避免中国以往在产业投资和发展中普遍存在的恶性招商竞争等现象。所以，对于处于类似起点上的重点城市群而言，通过区域协调发展，形成良性竞争、分工合理的区域间产业体系与错位发展的有序结构则是产业升级的必要保障之一。

参考文献

陈建军，陈菁菁，黄洁. 空间结构调整：以加快城市化进程带动产业结构优化升级[J]. 广东社会科学，2009（4）：13–20.

程李梅，庄晋财，李楚等. 产业链空间演化与西部承接产业转移的"陷阱"突破[J]. 中国工业经济，2013（8）：135–147.

邓向荣，曹红. 产业升级路径选择：遵循抑或偏离比较优势——基于产品空间结构的实证分析[J]. 中国工业经济，2016（2）：52–67.

高煜，张雪凯. 政策冲击、产业集聚与产业升级——丝绸之路经济带建设与西部地区承接产业转移研究[J]. 经济问题，2016（1）：1–7.

李培育. 落后地区产业升级战略中的需求分析[J]. 管理世界，2003（7）：76–80.

刘友金，吕政. 梯度陷阱、升级阻滞与承接产业转移模式创新[J]. 经济学动态，2012（11）：21–27.

王婧. 供给侧结构性改革助推产业结构转型升级——基于政府投资引导民间投资的实证分析[J]. 经济学家, 2017 (6): 42-49.

伍业君, 张其仔, 徐娟. 产品空间与比较优势演化述评[J]. 经济评论, 2012 (4): 145-152.

张其仔. 比较优势的演化与中国产业升级路径的选择[J]. 中国工业经济, 2008 (9): 58-68.

张其仔. 中国能否成功地实现雁阵式产业升级[J]. 中国工业经济, 2014 (6): 18-30.

张其仔, 李颢. 中国产业升级机会的甄别[J]. 中国工业经济, 2013 (5): 44-56.

张妍妍, 吕婧. 基于产品空间结构重构的东北老工业基地产业升级研究[J]. 工业技术经济, 2014 (4): 11-18.

周茂, 陆毅, 符大海. 贸易自由化与中国产业升级: 事实与机制[J]. 世界经济, 2016 (10): 78-102.

曾世宏, 郑江淮. 企业家"成本发现"、比较优势演化与产品空间结构转型——基于江苏经济发展的案例研究[J]. 产业经济研究, 2010 (1): 9-15.

Bayudan-Dacuycuy C. The Philippine Export Portfolio in the Product Space: Potentials, Possibilities and Policy Challenges[J]. Economics Bulletin, 2012, 32(1): 59-66.

Boschma R, Capone, G. Relatedness and Diversification in the European Union (EU-27) and European Neighborhood Policy Countries[J]. Environment and Planning C: Government and Policy, 2016, 34(4): 617-637.

Buenstorf G, Klepper S. Submarket Dynamics and Innovation: The Case of the US Tire Industry[J]. Industrial and Corporate Change, 2010, 19(5): 1563-1587.

Boschma R, Coenen L, Frenken K. Towards a Theory of Regional Diversification[C]. Papers in Evolutionary Economic Geography (PEEG) 1617, Utrecht University, Department of Human Geography and Spatial Planning, 2016.

Boschma R, Minondo A, Navarro M. The Emergence of New Industries at the

Regional Level in Spain: A Proximity Approach Based on Product Relatedness[J]. Economic Geography, 2013, 89(1): 29–51.

Boschma R, Iammarino S. Related Variety, Trade Linkages, and Regional Growth in Italy[J]. Economic Geography, 2009, 85(3): 289–311.

Florida R, Gulden T, Mellander C. The Rise of the Mega-region[J]. Cambridge Journal of Regions, Economy and Society, 2008, 1(3): 459–476.

Frenken K, Van Oort F, Verburg T. Relate Variety, Unrelated Variety and Regional Economic Growth[J]. Regional Studies, 2007, 41(5): 685–697.

Hausmann R, Klinger B. The Structure of the Product Space and the Evolution of Comparative Advantage[D]. CID Working Paper, 2007.

Hidalgo C A, Hausmann R. The Building Blocks of Economic Complexity[C]. Proceedings of the National Academy of Sciences of the United States of American, 2009.

Hidalgo C A, Klinger B, Barabási A L, et al. The Product Space Conditions the Development of Nations[J]. Science, 2007, 317(5837): 482–487.

Meijers E J, Burger M J. Spatial Structure and Productivity in US Metropolitan Areas[J]. Environment and planning A, 2010, 42（6）: 1383–1402.

Weitzman M L. Recombinant Growth[J]. The Quarterly Journal of Economics, 1998, 113(2): 331–360.

第八章 培育中国潜在区域发展新空间

培育潜在区域发展新空间是今后一个时期推动中国区域发展形成新格局的关键一环。本章在分析潜在区域发展新空间的内涵与特征的基础上,通过建立指标体系定量确定中国潜在区域发展新空间,提出潜在区域发展新空间的发展方向和重点,最后提出相关对策。

第一节 潜在区域发展新空间的内涵、特征与作用

一、潜在区域发展新空间的内涵与特征

目前,对于潜在区域发展新空间还没有明确的界定,与其相关的概念有"潜在新战略区域"和"区域发展新空间"等。安树伟和肖金成(2016)认为潜在新战略区域是对全国经济发展具有重要的战略意义,资源环境保障能力强、经济规模较大、经济增长速度高于全国平均水平、能够集聚更多的人口和产业,经过一定时间的培育和发展,可以有效推进国家的工业化和城镇化的关键区域。常瑞

祥和安树伟（2019）认为区域发展新空间的"新"，主要体现在区域范围扩大和经济效率提升两个方面。充分借鉴已有的研究成果，潜在区域发展新空间是指现有发展水平低于京津冀、长三角以及珠三角等发达地区，且暂时低于山东半岛、成渝、辽中南、中原、海峡西岸、武汉、长株潭、关中平原八个重点城市群等快速成长的地区，但是具有较好的资源、环境与经济发展基础，经过一定时间的培育和发展，经济增长速度能够快于全国平均水平，形成人口和产业集聚（肖金成等，2015；高国力，2008），在未来能够有效支撑中国经济中长期持续稳定增长、工业化和城镇化持续推进的区域（肖金成，2014）。从区域发展空间递进关系看，潜在区域发展新空间属于第三代区域发展空间。与第一代区域发展空间、区域发展新空间相比，潜在区域发展新空间的经济发展水平仍然较低，产业结构需要转型升级，仍有较大的发展潜力可以释放，是未来推动中国经济稳定长期持续平稳增长的重要力量、建设社会主义现代化强国的重点区域。

潜在区域发展新空间包含四个特征：一是潜在性，指现有发展基础良好，但仍有较大发展潜力未得到释放，在中长期具有良好发展预期。二是战略性，指潜在区域发展新空间的培育和发展，对于所在地区甚至全国未来经济的持续平稳增长具有重要的战略意义。三是带动性，在自身发展的基础上，未来有条件成为地区发展的增长极，能够有效辐射带动周边区域的发展。四是多层次性，既有全国层面具有重大意义的潜在区域发展新空间，也有、城市群省域等层面的潜在区域发展新空间，还有中心城市及其周边区域形成的潜在区域发展新空间。

二、培育潜在区域发展新空间的作用

随着中国区域协调发展战略和区域重大战略的深入推进,发展势头较好、资源环境承载力较强、经济发展潜力较大的潜在区域发展新空间越来越受到国家重视。谋划区域接力增长策略,培育潜在区域发展新空间,对维持经济发展动力、保持经济持续平稳增长具有重要的作用。

第一,潜在区域发展新空间是实现区域协调发展的重要抓手。培育潜在区域发展新空间有利于中国丰富完善区域协调发展战略和区域重大战略,构建全面开发开放格局,是实现区域协调发展的重要举措。为了充分发挥不同区域的比较优势,中国针对不同区域实行差别化的区域发展战略。在当前中国区域发展战略不断完善的背景下,培育潜在区域发展新空间将进一步丰富和完善中国区域发展战略体系。第二,潜在区域发展新空间是推进新型城镇化的重要支撑。2022年中国城镇化水平已达到65.22%,正处于城镇化由速度向质量转变的关键时期。要推进以人为核心的城镇化,走中国特色新型城镇化道路,必须妥善解决"三个一亿人"[①]问题,推动农村人口同步实现小康(肖金成,2013)。这对中国区域空间承载能力提出了更高要求,必须培育潜在区域发展新空间,提升城镇功能,推进城乡融合发展,激发区域经济发展的潜能与活力。第三,潜在区域发展新空间是实现绿色发展的重要区域。当前,中国国土空间利用还存在开发模式粗放、生态保护不力、利用效率不高等问题。要贯彻

---

① 指促进一亿农业转移人口落户城镇,引导一亿人在中西部地区就近城镇化,改造约一亿人居住的城市棚户区和城中村。

落实中共中央关于生态文明建设的总体部署和有关要求，需要把生态文明建设放在更加突出的战略位置，进一步优化区域发展空间结构，培育潜在区域发展新空间（陈政高，2015）。第四，培育潜在区域发展新空间是培育经济发展新动能的重要举措。在中国经济转型的关键时期，培育潜在区域发展新空间是落实新时期国家区域协调发展战略、区域重大战略、新型城镇化战略、主体功能区战略的重要举措，是顺利迈向高收入社会的必然选择，有利于促进国内产业梯度转移、提升中国在全球价值链分工体系中的地位，对于培育中国经济发展新动力、到21世纪中叶建成社会主义现代化强国具有重要作用。

第二节 潜在区域发展新空间的选择

根据潜在区域发展新空间的内涵和特征，本章以地级及以上市为基本空间单元，通过构建指标体系对潜在区域发展新空间进行识别，[①]并根据测度结果对其进行分类。为保证国土空间的连续性和覆盖性、数据获取的可行性与相对完整性，选取2015年4个直辖市和281个地级市为基本空间单元，对其2015年的发展状况及发展潜力进行研究。需要说明的是，选择2015年作为研究年份，一是基于指标体系所需统计数据的完整性和可获得性，二是考虑到"十二五"末年的2015年是一个阶段性年份，可以更加完整地呈现中国提出区

---

① 本书第四章从城市群和都市圈角度对潜在区域发展新空间进行了初步识别，本章从地级市角度对潜在区域发展新空间做进一步识别。

域发展新空间时的区域经济格局，突出研究的基础性和长期性，对潜在区域发展新空间的研究将更加注重分析具有趋势性的特征变化。[①]

一、构建指标体系的原则

借鉴李天健（2014）和侯永志、张永生、刘培林等（2015）的研究成果，结合实际情况，构建潜在区域发展新空间识别的指标体系，在指标中充分体现潜在区域发展新空间的内涵与特性。构建指标体系的基本思路是：第一，依据潜在区域发展新空间的内涵与特征，根据国际通用的指标体系构建方法确定分类框架，将潜在区域发展新空间识别指标体系分为表现层、专题层及指标层；第二，确定指标体系选取标准；第三，遴选指标，进行德尔菲法意见征询并与有关专家进行充分讨论，遴选确定最终指标。

为了使指标体系能够科学、准确、合理地对中国潜在区域发展新空间的实际情况做出测度，构建潜在区域发展新空间识别指标体系时遵照以下五个原则：第一，准确性原则。所选取的指标应该与潜在区域发展新空间有着密切的关系，能够准确地反映其各个方面的特征。第二，指向性原则。所选指标对潜在区域发展新空间的发展应具有明确的指向性，即指标的大小变化能够准确区分出潜在区域发展新空间的发展趋势。第三，时效性原则。所选指标应能按年度获取，并且能及时反映潜在区域发展新空间的变化。第四，科学性原则。所选指标要有科学的定义及计算方法，能够用定量检测或者定性评价来计算，并且有权威的统计数据。第五，独立性原则。所选指标只反映同一问题，计算过程不应有重复。此外，潜在区域

[①] 而 2020 年由于受新冠疫情的影响中国主要经济指标变化太大。

发展新空间的选择还要注意综合性。

二、指标体系的确定

对未来潜在增长的测算需要建立在对历史数据的分析和未来发展条件的判断之上。因此，指标数据主要依据历史增长数据和潜在增长条件两方面考虑（见表 8-1）。在确定指标体系时，既考虑了本章的需要，也结合已有相关文献的方法。其中，历史增长层面主要考虑三个方面，即以 GDP 年实际增速代表的经济增长速度，以实际 GDP 增量占全国实际 GDP 增量比重代表的对全国经济增长贡献率，以实际 GDP 占全国比重代表的区域自身经济体量；潜在增长条件主要考虑四个方面：分别是以公路货运量和人均市内道路面积代表的

表 8-1 潜在区域发展新空间测度指标体系

表现层	专题层	指标层	指向
历史增长依据（Y_1）	经济增长速度	X_1：GDP 年实际增速	正向
	对全国经济增长贡献率	X_2：实际 GDP 增量占全国实际 GDP 增量比重	正向
	区域自身经济体量	X_3：实际 GDP 占全国比重	正向
潜在增长条件（Y_2）	交通运输	X_4：公路货运量	正向
		X_5：人均市内道路面积	正向
	科技创新	X_6：科学技术公共财政支出	正向
	教育医疗	X_7：每万人普通高等学校专任教师数	正向
		X_8：每万人医生数	正向
	生产要素	X_9：行政区域土地面积	正向
		X_{10}：行政区域总人口数	正向
		X_{11}：当年实际使用外资额	正向

交通运输条件，以科学技术公共财政支出代表的科技创新条件，以每万人普通高等学校专任教师数和每万人医生数代表的教育、医疗条件，以行政区域土地面积、总人口数和当年实际使用外资额代表的生产要素条件。

三、测算结果

本章样本为中国 285 个城市，其中包括 4 个直辖市和 281 个地级市。在测度之前，对 2015 年 285 个城市的 11 个指标进行统计性描述（见表 8–2）。

表 8–2　指标体系各指标的统计性描述

指标	单位	平均值	标准差	样本量
GDP 年实际增速		4.63%	0.0614	285
实际 GDP 增量占全国实际 GDP 增量的比重		0.25%	0.0047	285
实际 GDP 占全国的比重		0.34%	0.0044	285
公路货运量	万吨	12193.58	19167.14	285
人均市内道路面积	平方米	13.33	9.4045	285
科学技术公共财政支出	万元	99269.22	292890.37	285
每万人普通高等学校专任教师数	人	10.77	14.1296	285
每万人医生数	人	23.14	12.4987	285
行政区域土地面积	平方千米	16488.39	21864.5	285
行政区域总人口数	万人	447.49	318.56	285
当年实际使用外资额	万美元	93941.99	224796	285

为了避免测度过程中的主观因素影响以及指标间信息重复的问题，拟选用客观赋权法中的主成分分析法对潜在区域发展新空间进行测度。首先，选用 SPSS16.0 对样本数据进行无量纲化，随后利用该软件进行因子分析。表 8-3 显示了因子分析中解释的总方差情况，从中可以看出，系统默认方差大于 1 的为主成分，该组数据分析得出四个方差大于 1 的主成分，并且这四个主成分的累积方差已经占到总方差的 82.796%。其中，第一主成分的方差为 4.953，第二主成分的方差为 1.698，第三主成分的方差为 1.369，第四主成分的方差为 1.087。根据软件计算得出的因子 1、因子 2、因子 3 和因子 4 的得分，可以将其分别乘以各主成分方差的算术平方根来得到四个主成分的得分。计算式分别为：

表 8-3 指标解释的总方差

成分	初始特征值 合计	方差的百分比	累积百分比	提取平方和载入 合计	方差的百分比	累积百分比
1	4.953	45.024	45.024	4.953	45.024	45.024
2	1.698	15.440	60.464	1.698	15.440	60.464
3	1.369	12.445	72.910	1.369	12.445	72.910
4	1.087	9.886	82.796	1.087	9.886	82.796
5	0.730	6.637	89.433	—	—	—
6	0.491	4.464	93.897	—	—	—
7	0.301	2.739	96.636	—	—	—
8	0.176	1.600	98.235	—	—	—
9	0.090	0.821	99.056	—	—	—
10	0.055	0.497	99.553	—	—	—
11	0.049	0.447	100.000	—	—	—

主成分 1 得分=因子 $1\times 4.953^{0.5}$　　　（8–1）

主成分 2 得分=因子 $2\times 1.698^{0.5}$　　　（8–2）

主成分 3 得分=因子 $3\times 1.369^{0.5}$　　　（8–3）

主成分 4 得分=因子 $4\times 1.087^{0.5}$　　　（8–4）

其次，得到四个主成分得分后，即可计算各样本城市的最终得分，[①]即，

各样本城市最终得分=（4.953/9.107）×主成分 1 得分+（1.698/9.107）×主成分 2 得分+（1.369/9.107）×主成分 3 得分+（1.087/9.107）×主成分 4 得分。

样本城市最终得分及排名情况见表 8–4。

表 8–4　2015 年全国 285 个城市最终得分及排名

排名	城市	得分	排名	城市	得分
1	上海	7.61643	12	苏州	2.37311
2	重庆	7.30165	13	郑州	2.35081
3	北京	6.97732	14	西安	2.32716
4	广安	5.60225	15	长沙	2.23835
5	广州	5.36231	16	青岛	2.05817
6	天津	5.03284	17	合肥	1.68580
7	深圳	4.28360	18	哈尔滨	1.59108
8	武汉	3.55863	19	石家庄	1.50935
9	成都	3.38348	20	宁波	1.35940
10	杭州	2.77232	21	佛山	1.27236
11	南京	2.55933	22	济南	1.16829

---

① 9.107 为四个主成分方差之和。

续表

排名	城市	得分	排名	城市	得分
23	长春	1.12833	49	襄阳	0.51233
24	福州	1.10327	50	衡阳	0.50191
25	沈阳	1.08301	51	唐山	0.48726
26	徐州	1.08219	52	常州	0.48606
27	南昌	1.04495	53	温州	0.47879
28	南通	1.02280	54	保定	0.39440
29	潍坊	1.01092	55	菏泽	0.37878
30	昆明	1.00085	56	邵阳	0.35575
31	阜阳	0.99572	57	太原	0.35263
32	贵阳	0.98041	58	商丘	0.34509
33	烟台	0.97464	59	沧州	0.33178
34	大连	0.93216	60	呼伦贝尔	0.32938
35	无锡	0.90228	61	淮安	0.24871
36	遵义	0.85730	62	上饶	0.24085
37	泉州	0.82597	63	扬州	0.22064
38	南宁	0.82410	64	漳州	0.18784
39	邯郸	0.77204	65	邢台	0.18137
40	临沂	0.76888	66	岳阳	0.17959
41	东莞	0.75371	67	驻马店	0.16209
42	南阳	0.74436	68	信阳	0.15984
43	济宁	0.68322	69	泰州	0.14878
44	厦门	0.65479	70	芜湖	0.14776
45	盐城	0.63487	71	廊坊	0.14619
46	赣州	0.60177	72	绍兴	0.14520
47	洛阳	0.54194	73	郴州	0.13808
48	周口	0.52160	74	宿州	0.13319

续表

排名	城市	得分	排名	城市	得分
75	亳州	0.12381	101	泰安	−0.03914
76	中山	0.12261	102	金华	−0.04770
77	嘉兴	0.12005	103	赤峰	−0.05435
78	常德	0.11855	104	宿迁	−0.05813
79	新乡	0.10311	105	焦作	−0.05909
80	湛江	0.09937	106	永州	−0.05988
81	珠海	0.09756	107	包头	−0.06386
82	滁州	0.09707	108	乌鲁木齐	−0.07291
83	玉林	0.09328	109	荆州	−0.07804
84	蚌埠	0.09283	110	淮南	−0.08669
85	九江	0.08179	111	惠州	−0.09777
86	鄂尔多斯	0.07134	112	南充	−0.10248
87	淄博	0.06224	113	绵阳	−0.10761
88	连云港	0.05801	114	铜陵	−0.11616
89	聊城	0.05647	115	汕头	−0.11904
90	宜春	0.05174	116	吉安	−0.13033
91	宜昌	0.04650	117	齐齐哈尔	−0.13350
92	台州	0.03871	118	江门	−0.14413
93	呼和浩特	0.03722	119	威海	−0.14494
94	株洲	0.02662	120	肇庆	−0.14946
95	镇江	0.02418	121	咸阳	−0.16148
96	黄冈	0.02409	122	兰州	−0.17175
97	德州	0.02042	123	开封	−0.18021
98	桂林	−0.02596	124	揭阳	−0.19263
99	茂名	−0.02772	125	六安	−0.20512
100	安阳	−0.03345	126	平顶山	−0.21827

续表

排名	城市	得分	排名	城市	得分
127	宝鸡	−0.22968	153	百色	−0.34982
128	抚州	−0.23735	154	吉林	−0.35717
129	安顺	−0.24479	155	陇南	−0.36707
130	渭南	−0.24800	156	遂宁	−0.37676
131	益阳	−0.25015	157	汉中	−0.37988
132	湘潭	−0.26002	158	乌兰察布	−0.38224
133	许昌	−0.26212	159	新余	−0.38320
134	柳州	−0.26432	160	资阳	−0.38937
135	绥化	−0.26906	161	十堰	−0.38991
136	怀化	−0.27357	162	张家口	−0.39007
137	孝感	−0.27408	163	昭通	−0.39325
138	钦州	−0.27867	164	马鞍山	−0.40908
139	梅州	−0.27986	165	眉山	−0.42168
140	娄底	−0.28033	166	银川	−0.42356
141	滨州	−0.28371	167	安康	−0.42560
142	泸州	−0.29002	168	衡水	−0.43237
143	达州	−0.29340	169	曲靖	−0.43460
144	德阳	−0.29427	170	三明	−0.43593
145	清远	−0.29542	171	南平	−0.43620
146	莆田	−0.31515	172	运城	−0.43735
147	龙岩	−0.32418	173	淮北	−0.44020
148	宜宾	−0.32584	174	宣城	−0.44051
149	湖州	−0.32940	175	韶关	−0.44179
150	贵港	−0.33359	176	濮阳	−0.44924
151	乐山	−0.33591	177	宁德	−0.45489
152	六盘水	−0.34690	178	鞍山	−0.45985

续表

排名	城市	得分	排名	城市	得分
179	通辽	−0.46788	206	云浮	−0.60687
180	阳江	−0.47933	207	锦州	−0.61041
181	秦皇岛	−0.49327	208	天水	−0.61346
182	荆门	−0.49997	209	辽阳	−0.61867
183	漯河	−0.50293	210	广元	−0.61875
184	咸宁	−0.50581	211	丽水	−0.62167
185	自贡	−0.50820	212	松原	−0.62506
186	日照	−0.50940	213	汕尾	−0.62581
187	晋中	−0.51454	214	西宁	−0.62691
188	枣庄	−0.51705	215	葫芦岛	−0.62845
189	舟山	−0.51990	216	鹤壁	−0.62999
190	河源	−0.53395	217	临汾	−0.63566
191	承德	−0.54533	218	酒泉	−0.63688
192	大同	−0.55395	219	海口	−0.63848
193	河池	−0.55401	220	商洛	−0.64109
194	普洱	−0.55868	221	衢州	−0.64913
195	牡丹江	−0.55972	222	营口	−0.65252
196	巴中	−0.56911	223	临沧	−0.65811
197	保山	−0.57657	224	东营	−0.66429
198	内江	−0.57679	225	崇左	−0.67175
199	随州	−0.57794	226	雅安	−0.68212
200	玉溪	−0.59013	227	北海	−0.68604
201	安庆	−0.59028	228	梧州	−0.70015
202	潮州	−0.59473	229	黑河	−0.70327
203	巴彦淖尔	−0.59766	230	黄石	−0.70815
204	佳木斯	−0.60325	231	攀枝花	−0.70923
205	四平	−0.60647	232	定西	−0.71665

续表

排名	城市	得分	排名	城市	得分
233	萍乡	−0.71870	260	莱芜[1]	−0.90460
234	三门峡	−0.73688	261	抚顺	−0.91411
235	丽江	−0.73865	262	鸡西	−0.92054
236	吴忠	−0.76003	263	平凉	−0.92331
237	张家界	−0.76014	264	白银	−0.93610
238	池州	−0.76548	265	石嘴山	−0.97255
239	忻州	−0.76700	266	长治	−0.97874
240	固原	−0.76734	267	鹤岗	−1.01886
241	贺州	−0.77500	268	铜川	−1.02647
242	武威	−0.79292	269	阳泉	−1.03277
243	鹰潭	−0.80696	270	白山	−1.04103
244	黄山	−0.81469	271	庆阳	−1.04494
245	景德镇	−0.81600	272	伊春	−1.07107
246	榆林	−0.81760	273	双鸭山	−1.07281
247	本溪	−0.82965	274	吕梁	−1.08273
248	盘锦	−0.82977	275	乌海	−1.09053
249	鄂州	−0.83680	276	七台河	−1.13246
250	张掖	−0.84132	277	铁岭	−1.14854
251	白城	−0.84816	278	朝阳	−1.16341
252	来宾	−0.85741	279	延安	−1.16575
253	晋城	−0.86070	280	阜新	−1.24579
254	中卫	−0.86152	281	朔州	−1.25823
255	丹东	−0.87105	282	金昌	−1.42442
256	通化	−0.87768	283	嘉峪关	−1.62235
257	辽源	−0.87963	284	克拉玛依	−1.99460
258	三亚	−0.88356	285	大庆	−2.21450
259	防城港	−0.88668			

[1]2019年国务院批准撤销地级莱芜市，其所辖区域划归济南市。

最后，根据潜在区域发展新空间的内涵及本书第六章、第七章的研究，第一代区域发展空间、区域发展新空间不应作为潜在区域发展新空间。因此，在排除如上区域的城市之后，还剩余107个样本城市（见表8–5）。

表8–5 排除发展较为成熟地区后的样本城市得分及排名

排名	城市	得分	排名	城市	得分
1	徐州	1.08219	22	乌鲁木齐	−0.07291
2	昆明	1.00085	23	淮南	−0.08669
3	贵阳	0.98041	24	兰州	−0.17175
4	遵义	0.85730	25	六安	−0.20512
5	南宁	0.82410	26	安顺	−0.24479
6	邵阳	0.35575	27	柳州	−0.26432
7	太原	0.35263	28	怀化	−0.27357
8	呼伦贝尔	0.32938	29	钦州	−0.27867
9	淮安	0.24871	30	清远	−0.29542
10	郴州	0.13808	31	贵港	−0.33359
11	湛江	0.09937	32	六盘水	−0.34690
12	玉林	0.09328	33	百色	−0.34982
13	鄂尔多斯	0.07134	34	陇南	−0.36707
14	连云港	0.05801	35	汉中	−0.37988
15	呼和浩特	0.03722	36	乌兰察布	−0.38224
16	桂林	−0.02596	37	十堰	−0.38991
17	茂名	−0.02772	38	昭通	−0.39325
18	赤峰	−0.05435	39	银川	−0.42356
19	宿迁	−0.05813	40	安康	−0.42560
20	永州	−0.05988	41	曲靖	−0.43460
21	包头	−0.06386	42	韶关	−0.44179

续表

排名	城市	得分	排名	城市	得分
43	通辽	–0.46788	68	黑河	–0.70327
44	阳江	–0.47933	69	攀枝花	–0.70923
45	晋中	–0.51454	70	定西	–0.71665
46	河源	–0.53395	71	丽江	–0.73865
47	大同	–0.55395	72	吴忠	–0.76003
48	河池	–0.55401	73	张家界	–0.76014
49	普洱	–0.55868	74	忻州	–0.76700
50	巴中	–0.56911	75	固原	–0.76734
51	保山	–0.57657	76	贺州	–0.77500
52	随州	–0.57794	77	武威	–0.79292
53	玉溪	–0.59013	78	黄山	–0.81469
54	巴彦淖尔	–0.59766	79	榆林	–0.81760
55	佳木斯	–0.60325	80	张掖	–0.84132
56	云浮	–0.60687	81	白城	–0.84816
57	锦州	–0.61041	82	来宾	–0.85741
58	辽阳	–61867	83	中卫	–0.86152
59	广元	–0.61875	84	通化	–0.87768
60	汕尾	–0.62581	85	三亚	–0.88356
61	西宁	–0.62691	86	防城港	–0.88668
62	葫芦岛	–0.62845	87	鸡西	–0.92054
63	酒泉	–0.63688	88	白银	–0.93610
64	海口	–0.63848	89	石嘴山	–0.97255
65	临沧	–0.65811	90	鹤岗	–1.01886
66	崇左	–0.67175	91	阳泉	–1.03277
67	北海	–0.68604	92	白山	–1.04103
68	梧州	–0.70015	93	庆阳	–1.04494

续表

排名	城市	得分	排名	城市	得分
94	伊春	−1.07107	101	延安	−1.16575
95	双鸭山	−1.07281	102	阜新	−1.24579
96	吕梁	−1.08273	103	朔州	−1.25823
97	乌海	−1.09053	104	金昌	−1.42442
98	七台河	−1.13246	105	嘉峪关	−1.62235
99	铁岭	−1.14854	107	克拉玛依	−1.99460
100	朝阳	−1.16341			

四、潜在区域发展新空间的划定

根据对潜在区域发展新空间的测算结果，按照相应标准对潜在区域发展新空间进行划定与分类。在排除第一代区域发展空间和区域发展新空间之后，从表 8–5 中可以看出，徐州、昆明等 15 个城市排名靠前，并且得分都大于零，这说明这 15 个城市的发展以及增长潜力高于 285 个样本城市的总体均值，可以认为是高潜在区域发展新空间；285 个样本城市得分的中位数为−0.2934，得分小于零但大于中位数−0.2934 的城市可以认为是中潜在区域发展新空间，即桂林、茂名等 14 个城市；107 个城市中巴彦淖尔排名居中（第 54 位），可以认为高于巴彦淖尔但低于钦州（第 29 位）的城市是低潜在区域发展新空间，即贵港、六盘水等，共 25 个城市（见表 8–6）。

高、中、低三类潜在区域发展新空间具有不同特征。就高潜在区域发展新空间来说，这些区域或具备地理位置优势，如徐州、连云港、湛江等，或具有优越的资源禀赋，如鄂尔多斯等，或是中西部省份的省会（自治区首府），如昆明、贵阳、南宁、太原、呼和浩

表 8–6　不同类别的潜在区域发展新空间

类别	城市数量（个）	城市名称
高潜在区域发展新空间	15	徐州、昆明、贵阳、遵义、南宁、邵阳、太原、呼伦贝尔、淮安、郴州、湛江、玉林、鄂尔多斯、连云港、呼和浩特
中潜在区域发展新空间	14	桂林、茂名、赤峰、宿迁、永州、包头、乌鲁木齐、淮南、兰州、六安、安顺、柳州、怀化、钦州
低潜在区域发展新空间	25	清远、贵港、六盘水、百色、陇南、汉中、乌兰察布、十堰、昭通、银川、安康、曲靖、韶关、通辽、阳江、晋中、河源、大同、河池、普洱、巴中、保山、随州、玉溪、巴彦淖尔

特。就中潜在区域发展新空间来说，这些区域地理位置和交通运输条件大多不如高潜在区域发展新空间优越，但是部分城市在工业、旅游等产业方面具有一定的实力，如桂林、包头等，兰州和乌鲁木齐更是省会（自治区首府）城市。就低潜在区域发展新空间来说，这些城市大多位于西南地区，自然资源和生态环境方面具备先天优势，而位于北方的城市则在矿产资源方面具备发展的条件（齐义军、付桂军，2012）。

五、潜在区域发展新空间的分布

从空间分布上看，这 54 个城市主要集中在中西部地区，以省际交界地区和沿边地区为主。既有若干集中连片的区域，也有单个城市相对独立的区域，下面分别予以分析。

(一)集中连片潜在区域发展新空间的分布

概括来讲,集中连片的潜在区域发展新空间包括湘粤桂交界地区、西江中游地区、桂西北地区、黔西北地区、滇中地区、汉江中上游地区、皖西地区、淮海经济区、晋北蒙中交界地区、蒙东地区、太原都市圈,共 11 个区域,涉及 51 个地级市,在地理空间上呈现出连片分布的特征(见图 8-1)。

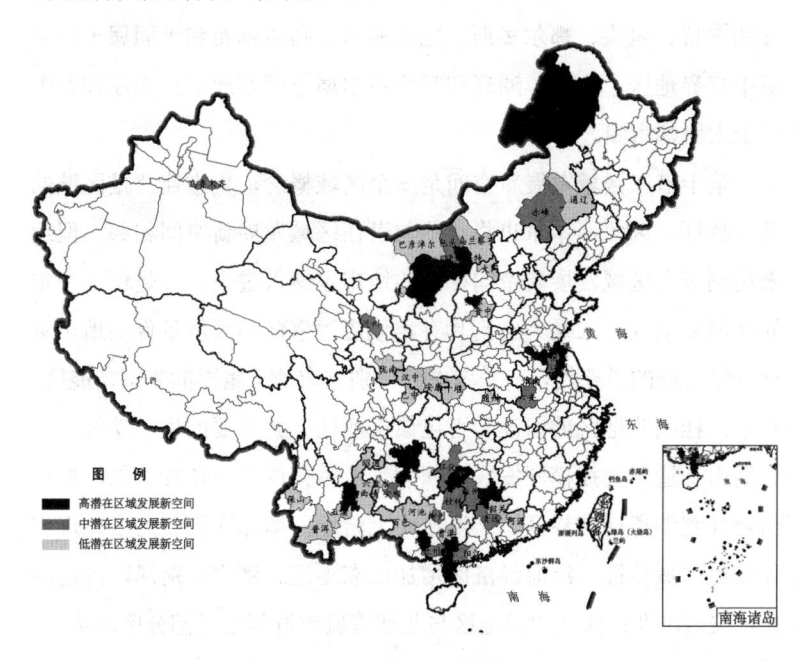

图 8-1 不同类别的潜在区域发展新空间的空间分布

无论是地理特征和资源禀赋,还是经济社会发展现状和面临的问题,这些邻近的潜在区域发展新空间都具有一定的相似性,合作发展有可能成为一种十分有效的现实选择。下面按照潜在区域发展新空间的空间分布邻近性对其进行进一步的归类：韶关、清远、河源、桂林、怀化、邵阳、永州和郴州属于湘粤桂交界地区；南宁、钦州、贵港、玉林、湛江、茂名和阳江属于西江中游地区；柳州、百色和河池属于桂西北地区；贵阳、遵义、安顺和六盘水属于黔西北地区；昆明、曲靖、昭通、玉溪、普洱和保山属于滇中地区；陇南、巴中、汉中、安康、十堰和随州属于汉江中上游地区；淮南和六安属于皖西地区；连云港、徐州、淮安和宿迁属于淮海经济区；呼和浩特、包头、鄂尔多斯、巴彦淖尔、乌兰察布和大同属于晋北蒙中交界地区；赤峰、通辽和呼伦贝尔属于蒙东地区；太原和晋中属于太原都市圈。

鉴于潜在区域发展新空间是一个区域概念，集中连片是区域的基本特征。因此，本章也将一些与潜在区域发展新空间相邻，但还未达到潜在区域发展新空间标准的地市也纳入进来，一是保证一定的区域完整性，二是考虑到具有相似资源禀赋和区位条件的地市进行合作发展的必要性，三是考虑到个别城市处于重要的生态功能区。其中，桂西北地区的河池和百色属于西江上游重要的生态功能区，近期内不适于大规模开发，广西的工业重镇柳州与桂林相邻，把柳州合并到湘粤桂交界区域；汉江中上游地区增加襄阳；为了体现省际交界区域特征，淮海经济区增加山东枣庄、济宁、菏泽，河南商丘，安徽淮北；西江中游地区与北部湾城市群邻近且部分区域重合，增加崇左、北海、防城港，合称北部湾-西江中游地区；晋北蒙中地区考虑到资源禀赋的一致性，增加朔州、榆林，合称为晋陕蒙交界地区；蒙东地区增加兴安盟。因此，集中连片的潜在区域发展新空间就扩展到61个城市（盟）。

（二）单个城市相对独立的区域

在广大西部地区，兰州、银川和乌鲁木齐三个省会（自治区首府）城市经济增长率和增长潜力都比较高，具有一定的辐射带动能力，但是周边没有增长潜力比较大的城市。因此，这三个城市分别以兰州及其周边地区、银川及其周边地区、乌鲁木齐及其周边地区，作为中国特殊的潜在区域发展新空间（见表8-7）。

综合上述分析，中国潜在区域发展新空间既包括湘粤桂交界地区、北部湾-西江中游地区、汉江中上游地区、晋陕蒙交界地区、淮海经济区、黔西北地区、滇中地区、皖西地区、蒙东地区、太原都市圈，共10个集中连片区域；也包括兰州及其周边地区、银川及其周边地区、乌鲁木齐及其周边地区，共3个特殊的区域。[1]由于所处空间区位、包含的城市数量以及发展水平的不同，各个连片潜在区域发展新空间在经济社会发展的诸多方面存在着明显差异。但是，对比人均地区生产总值水平，2020年最高的晋陕蒙交界地区达到了87489.08元，最低的皖西地区只有40471.06元，差异十分明显。其中，大部分连片区域的人均地区生产总值还没有达到2020年全国平均水平。就人口而言，虽然连片区域的城镇化率均超过了50%，但是大部分区域仍然没有达到2020年全国平均水平，这说明在城镇化方面潜在区域发展新空间仍然具有较大的发展潜力。最后，就产业结构而言，城镇化率较高的连片区域，第三产业带动作用明显。虽然潜在区域发展新空间都具备较高的发展潜力，但是在经济社会发展现状上的诸多不同使得它们必须实施差异化的发展对策。

---

[1] 除特殊说明外，本书中海洋发展空间是单独表述、单独分析的。

表 8-7 2020年连片潜在区域发展新空间经济社会发展基本情况

连片类型	分布地区	连片潜在区域发展新空间	城市	地区生产总值（亿元）	人均GDP（元）	总人口（万人）	城镇化率（%）	产业结构
省际交界地区	东中西部	湘粤桂交界区域	韶关、清远、河源、桂林、柳州、怀化、邵阳、永州、郴州	18074.00	45316.64	3988.38	53.84	15：34：51
	东部、西部	北部湾-西江中游地区	南宁、钦州、贵港、玉林、崇左、北海、防城港、湛江、茂名、阳江	19786.00	46021.13	4294.57	52.12	17：31：52
	中部、西部	汉江中上游地区	陇南、巴中、汉中、安康、十堰、襄阳、随州	11515.00	53956.16	2134.14	53.46	13：42：45
	西部、中部	晋陕蒙交界地区	呼和浩特、包头、鄂尔多斯、巴彦淖尔、乌兰察布、大同、朔州、榆林	17383.00	87489.08	1986.88	71.23	7：46：47
	东部、中部	淮海经济区	连云港、徐州、淮安、宿迁、枣庄、济宁、菏泽、商丘、淮北	31639.00	56558.81	5594.00	58.69	11：40：49

续表

连片类型	分布地区	连片潜在区域发展新空间	城市	地区生产总值（亿元）	人均GDP（元）	总人口（万人）	城镇化率（%）	产业结构
省内连片	西部	黔西北地区	贵阳、遵义、安顺、六盘水	10339.00	57107.66	1810.44	61.77	10：39：51
	西部	滇中地区	昆明、曲靖、昭通、普洱、保山、玉溪	15038.00	56944.87	2640.8	55.32	12：34：54
	中部	皖西地区	淮南、六安	3007.0	40471.06	743.0	53.64	13：38：49
	西部	蒙东地区	赤峰、通辽、呼伦贝尔、兴安盟	4760.37	45129.26	1054.83	56.54	24：29：47
	中部	太原都市圈	太原、晋中	5622.00	64628.72	869.89	77.59	3：38：59
省会（自治区）首府城市	西部	兰州及其周边地区	兰州	2887.00	66036.87	437.18	83.07	2：32：66
	西部	银川及其周边地区	银川	1964.00	68630.05	286.17	80.42	4：42：54
	西部	乌鲁木齐及其周边地区	乌鲁木齐	3337.00	82313.76	405.40	96.1	1：27：72

注：表中所列综合考虑多种因素识别出的潜在区域发展新空间，与第四章根据经济增长动力以及区际联系等识别的潜在区域发展新空间范围绝大多数是一致的。表中仅皖西地区、蒙东地区不在第四章识别的潜在区域发展新空间之内，鉴于本章采用的潜在区域发展新空间识别方法与第四章有所不同，且只使用了2015年的数据，所以识别出的结果有一些差异也属于正常现象。

资料来源：根据2021《中国城市统计年鉴》及各城市（盟）国民经济与社会发展统计公报整理，其中，因乌鲁木齐未公布2020年城镇人口数，乌鲁木齐城镇化率为2021年数据。

第三节 潜在区域发展新空间发展的方向与重点

培育潜在区域发展新空间,要以区域要素禀赋和经济发展基础为依据,以激发区域经济活力、发挥区域发展潜能、促进可持续发展为目标,以优化空间结构、推进转型发展、增强承载能力为重点,实现区域空间的全方位、多层次、立体化、绿色化发展。潜在区域发展新空间的发展与其自身的发展基础、区位及宏观政策息息相关,省际交界地区、省内连片地区、省会(自治区首府)城市及周边地区三种不同类型区域的发展方向和战略重点各不相同,同一类型不同区域也有不同发展方向与重点,下文分别给予阐述。

一、省际交界地区

省际交界地区具有许多共性的特征,也存在许多相似的问题。一般属于同一自然区域,地缘关系比较密切,拥有相似的区域社会文化背景,居民多有密切经济往来,但同时也存在区位的边缘化。特别是省际交界地区又具有分割性和边缘性,是区域协调发展中矛盾和问题比较突出的地区。省际交界地区因分属不同省份,受行政管辖影响,各城市的交往与合作比较困难,呈现出显著的行政区边缘经济现象(安树伟,2004)。因此,一是要消除省际的合作障碍;二是要培育省际交界地区的区域性中心城市,带动交界地区合作发展;三是要探索区域利益分享机制,通过合作共建产业园区,进一步完善规划、建设、招商以及利益分享机制，并在促进科技成果转移转化、股权激励、科技金融结合、人才培养与引进等方面积极开展探索示范。

（一）湘粤桂交界地区

湘粤桂交界地区包括韶关、清远、河源、桂林、柳州、怀化、邵阳、永州、郴州，总面积约19万平方千米，2020年常住人口3988万人、地区生产总值18074亿元。粤西北地区与珠三角的巨大差距一直是制约广东协调发展的重要障碍。2013年，地处粤北山区的清远就提出要打造成湘粤桂交界地区中心城市，2020年进一步提出规划"一核三心"空间结构，着力打造以清远中心城区为核心，以英德、连州、佛冈为副中心的"一核三心"城市发展新格局，加快城市扩容提质，提升城市发展动能。桂林作为粤桂湘黔交界地区的中心城市，2018年被国务院批准为建设国家可持续发展议程创新示范区。但是，近年来桂林的生态资源利用需求和环境实际承载力之间的矛盾日益突出，景观资源环境保育任务繁重，生态产业发展步伐缓慢，可持续发展创新驱动能力不够强，成为桂林可持续发展亟待解决的瓶颈问题。为打造可持续发展的样板城市，桂林提出融入粤港澳大湾区，通过加强基础设施互联互通打造成承接粤港澳大湾区产业转移的新高地，为实现可持续发展提供新动能。怀化、邵阳、永州与郴州地处湖南西南部，是湖南经济欠发达地区，但是绿色生态资源丰富，人文自然景观集中，近年来随着交通的改善，"高铁+旅游"将成为促进地区发展的新动能。因此，对于湘粤桂交界地区来说，一是要走生态优先的绿色发展道路。2019年，广东提出"一核一区一带"①的发展思路,其中"一区"就是指广东北部生态发展区,包括韶关、河源、梅州、清远、云浮五个市的全域,包含南岭山脉等重要生态区。桂林和怀化等也是生态本底良好的生态功能区。因此,湘粤桂交界地区应以保护和修复生态环境、提供生态产品为首要任务,大力强化生态保护,同时兼顾生态发展区的群众利益;二是积极对接粤港澳大湾区承接产业转移。邵阳、永州、郴州等湘南地区,地处中国长江经济带与华南经济圈的结合部,交通便利,资源丰富,工农业生产具有一定基础。要以京广铁路和湘桂铁路为主要开发轴线,培育主导产业,增强工业经济实力;开发优势农产品资源,推进农业产业化进程;加快交通、商贸、旅游设施建设,形成大流通、大商贸格局。

(二)北部湾-西江中游地区

北部湾-西江中游地区包括南宁、钦州、贵港、玉林、崇左、北海、防城港、湛江、茂名、阳江,总面积 11.53 万平方千米,2020年总人口 4279 万人、地区生产总值 19786 亿元。南宁作为广西壮族自治区的首府,具有较大的经济增长潜力,2017 年入选中国经济发展最成功的 40 个城市之一。2019 年,广西提出实施"强首府"战略,南宁要以加快建设特大城市和区域性国际城市为目标,推进要素集聚,强化国际合作、金融服务、信息交流、商贸物流、创业创新等功能,增强城市的辐射带动作用,主动对接粤港澳大湾区先进生产力,积极承接产业转移,引领带动北部湾城市群与粤港澳大湾区融

---

① 指广东实施以功能区为引领的区域发展新战略,形成由珠三角核心区、沿海经济带、北部生态发展区构成的发展新格局。

合发展，带动广西全区及北部湾-西江中游地区的高质量发展。2019年，钦州批准设立中国（广西）自由贸易试验区钦州港片区，成为广西面积最大、唯一临海的片区，在积极融入自治区"南向、北联、东融、西合"全方位开放发展新格局的同时，主动对接粤港澳大湾区建设，与深圳等城市开展精准产业转移合作，推动钦州形成高水平开放、高质量发展新优势。近年来，贵港经济发展呈现出高速度、高质量发展的良好势头，通过加速推动传统产业转型升级，鼎力培育壮大新能源汽车、电子信息、生物医药等战略性新兴产业。玉林经济实力始终保持在广西前列，近年来在不断扩大经济总量的同时，经济发展方式也从粗放转为集约，形成了以新型工业为主导、现代服务业为支撑、特色农业为基础的产业发展新格局。未来要深入实施大城市战略，着力构建现代综合交通体系，加快建设面向粤港澳大湾区和北部湾城市群的区域性综合交通枢纽，以交通优势重塑发展优势。同时，大力推进向海发展，加强与粤港澳大湾区产业合作，积极承接东部沿海地区新一轮产业转移，加快打造区域性中心城市。湛江和茂名均是粤西的重要城市，经济总量相差不大，发展前景也各具优势，未来将加强和粤港澳大湾区、深圳建设中国特色社会主义先行示范区、海南自由贸易港的连接，进一步凸显在"一带一路"合作支点和全国性综合交通枢纽中的地位作用，加快建设省域副中心城市，打造广东现代化沿海经济带重要增长极。充分发挥湛江南方大港优势，加快构建区域性综合交通枢纽、先进制造业基地和科教创新中心，建设全国海洋经济创新发展示范城市、生态型海湾城市。作为珠三角辐射粤西的战略支点，未来湛江和茂名也将加快打造沿海经济带的重要战略支点，建设宜居宜业宜游的现代化滨海城市，促进经济增长潜力释放。总体而言，北部湾-西江中游地区要紧抓粤港澳大湾区建设等重大历史机遇，开创珠江-西江经济带高水平开放高质量发展新局面。南宁、钦州、贵港、玉林、崇左、北海、防城港等城市要加强合作，努力把珠江-西江经济带打造成粤港澳大湾区与泛珠三角区域深度合作的示范区、西南中南地区开放发展新的经济增长极。

（三）汉江中上游地区

汉江中上游地区包括陇南、巴中、汉中、安康、十堰、襄阳、随州，总面积 14.4 万平方千米，2020 年总人口 2134 万人、地区生产总值 11515 亿元。陇南是甘肃唯一属于长江水系并拥有亚热带气候的地区，被誉为"陇上江南"，因此要牢固树立绿色发展理念，持续加强生态文明建设，探求一条保护生态兼顾经济效益的生态旅游绿色发展之路。巴中将结合自身区位特征和资源禀赋，坚持"北向出川出渝综合交通枢纽、产业协作配套基地、绿色产品生产基地、休闲度假后花园"的发展定位，主动融入成渝地区双城经济圈建设。汉中要突出"绿色循环、生态宜居"战略定位，以供给侧结构性改革为主线，坚持推进高质量发展，扩大高水平开放，促进高质量发展与中高速增长相统一，加快建设现代化经济体系。安康要坚持发展为要、生态立市、开放兴市、产业强市，加快建设成为西北生态经济强市。十堰既是鄂西生态文化旅游圈的核心城市，又是秦巴山区三大中心城市之一。2014 年，十堰成为全国首批生态文明先行示范区，近年来经济实力不断提升，未来将加快构建"一核多支点"发展格局，提高经济发展质量和效益，加快建设区域性中心城市。襄阳要加快建设汉江流域中心城市、省域副中心城市和全国性综合交通枢纽，增强要素吸纳集聚和区域辐射带动能力，带动周边区域发展。随州要着力构建现代产业体系，加快建设应急产业、地铁装备产业、香菇产业、编钟文化产业基地，全力打造产业新城、文旅名城、生态绿城，推动经济总量的合理增长和质量的稳步提升。从汉江中上游整个地区来看，要共同打造汉江生态经济带，加强生态经济引领，促进产业特色发展。通过生态环境保护和提高资源综合利用率，增强流域可持续发展能力。在此基础上按照产业生态化的理念，大力发展生态农业、生态工业和现代服务业，促进经济与生态协调发展。同时，加强中心城市带动作用，选择十堰、襄阳等基础条件好、发展潜力大的城市，打造区域性中心城市，辐射和带动汉江生态经济带发展。

（四）晋陕蒙交界地区

晋陕蒙交界地区包括内蒙古呼和浩特、包头、鄂尔多斯、巴彦淖尔、乌兰察布，山西大同和朔州，陕西榆林，总面积31.80万平方千米，2020年总人口1987万人、地区生产总值17383亿元。呼和浩特要坚定不移走以生态优先、绿色发展为导向的高质量发展新路子，增强城市服务功能，提升综合承载和辐射带动能力。包头和鄂尔多斯要强化区域副中心的城市地位，发挥区域经济发展引擎作用，以新发展理念为引领，深入实施创新驱动发展战略，积极推动传统产业改造升级，不断壮大战略性新兴产业规模，以高质量动能推动高质量发展，打造呼包鄂协同发展增长极。巴彦淖尔要坚持以推动绿色高质量发展为主线，统筹生态环境治理、绿色产业发展、人民生活改善，积极推进现代化生态田园城市建设，实现"塞上江南、绿色崛起"。从晋陕蒙交界地区总体来看，一是对接黄河流域生态保护和高质量发展战略，加强与沿黄省份交流合作。加强资源利用与生态环境保护合作，加强流域内各城市产业分工与合作，促进循环经济、生态产业、生态园区发展。二是加强与京津冀协同互动。借助呼和浩特—张家口—北京客运专线开通的机遇，融入京津冀交通圈，积极承接京津冀产业转移和功能疏解，推动人才、资金、技术、项目、产能和市场等方面的合作对接。三是推进乌（兰察布）大（同）张（家口）长城金三角合作区建设。加快区域一体化融合发展，加快文化旅游产业、冰雪运动产业发展，放大冬奥效应。

（五）淮海经济区

淮海经济区包括江苏的连云港、徐州、淮安、宿迁，山东的枣庄、济宁、菏泽，河南商丘，安徽淮北，总面积 7.89 万平方千米，2020 年总人口 5594 万人、地区生产总值 31639 亿元。淮海经济区是中国发达地区中的欠发达地区，虽然属淮河流域，但因行政区划的割离，各省在经济上具有明显的封闭性和冲突性，没有形成特征明显的流域经济区。产业结构的相似性是淮海经济区各城市合作的一个主要因素。未来各城市要摒弃隶属于不同省份的思想，加强产业对接与协作（滕飞，申红艳，2017）。在发挥比较优势的基础上，坚持新型工业化发展道路，着力构建"先进性、特色化、生态型"的产业体系，实施合理的产业布局与产业分工，重点是强化优势产业发展，按照产业链上下游关系，进行产业链整合。共同打造具有区域特色的绿色有机农产品品牌，共同扶持农业产业化龙头企业，互为基地，联合发展；依托本区煤炭资源发展煤电联营；联合建成国家重要的工程机械基地，延伸产业链；依托劳动力优势发展纺织服装等特色产业；依托大运河打造精品旅游路线，推动旅游合作，编织"旅游同线"，共同开发旅游资源，联合打造旅游品牌，着力构建全国精品文化旅游区。

二、省内连片地区

与省际交界区域不同，省内连片地区同处于一省的行政范围内，行政区分割相对较弱，更容易实现统筹发展。一是要加强城乡融合发展，更好地释放发展潜力。省内连片地区要顺应城乡融合发展趋势，以体制机制为重点推动城乡要素自由流动、平等交换和公共资源合理配置，促进新型工业化、信息化、城镇化、农业现代化同步发展，加快形成工农互促、城乡互补、全面融合、共同繁荣的新型工农城乡关系。二是加快促进新旧动能转换。加快转变经济发展方式，坚持绿色经济发展理念，实施创新驱动发展战略，着力突破能够有效提升价值链层级的产业发展关键环节，加快构建现代产业新体系（贺灿飞，2018）。

（一）黔西北地区

黔西北地区包括贵阳、遵义、安顺、六盘水，总面积5.8万平方千米，2020年常住人口1810万人、地区生产总值10339亿元。黔西北地区区位优越，交通便捷，资源丰富，环境优美，产业基础良好，不仅拥有丰富的水能、煤炭、煤层气资源，以及铅锌矿、铝土矿、重晶石、大理石等矿产资源，是国家重要的能源基地和西电东输工程的主要电源点之一，而且拥有雄厚的民用航空产业和大数据产业基础，具有较强的后发优势。未来黔西北地区应进一步明确发展定位，完善产业配套，强化投入产出效益，坚定不移推动实体经济发展，确保经济总量合理增长。一是坚定不移推进城乡建设，厚植区域竞争优势。推动贵阳中心城区与贵安新区、安顺中心城区同城化发展，引导贵阳与龙里、惠水等周边县（市）一体化发展，培育和发展贵阳都市圈。二是推动实体经济发展。推动资源要素向实体经济聚集、政策措施向实体经济发力，加快新旧动能接续转换。三是推动数字经济与实体经济深度融合。充分运用大数据、云计算、区块链、人工智能、物联网等新一代信息技术，提升产业数字化、网络化、智能化水平。四是强化项目招商。立足资源禀赋，围绕建链补链强链，紧盯粤港澳大湾区和上海、重庆、成都等地，精准开展产业大招商，积极引进一批产业项目。

（二）滇中地区

滇中地区包括昆明、曲靖、昭通、玉溪、普洱和保山，总面积为15.4万平方千米，2020年常住人口2641万人、地区生产总值15038亿元。滇中地区是连接东南亚、南亚国家的陆路交通枢纽和面向东南亚、南亚对外开放的重要门户，也是全国重要的烟草、旅游、文化、能源和商贸物流基地，以化工、冶金、生物产业为重点的区域性资源精深加工基地。目前滇中地区开发强度较低，可利用土地资源具备一定潜力，尤其是云南滇中新区的设立大大带动了滇中地区的经济增长。未来滇中地区应积极推动以制造业为主的产业发展，实现区域经济的高质量发展。一是积极建设昆明都市圈。充分利用昆明都市圈作为中国面向东南亚、南亚开放重要门户的地位，大力实施"走出去"战略，发展壮大现代服务业，构建外向型现代产业体系，积极参与国际分工合作，促进国际金融、国际贸易发展。二是构建现代产业体系。重点依托现有资源及产业基础优势，稳固发展以特色农业为重点的第一产业，继续发展壮大以制造业、重化工、资源采掘业及烟草业为龙头的第二产业，培育发展以现代服务业及旅游产业为主的第三产业。对高新技术、医药产业等有发展潜力的产业实行积极扶持政策，为将来产业全面发展打下扎实基础。三是加快推动新旧动能转换。一方面加快产业转型升级，进一步营造谋工业、抓工业的浓厚氛围，确保规模以上工业增加值增速高于地区生产总值增速，积极实施新一轮技术改造，推动存量变革，实现工业高质量发展；另一方面，积极培育发展新动能，加快建设新一代信息技术设施，建设国际通信枢纽和大数据中心、国际大数据交易结算中心，申报建设国际互联网专用通道，建成全国一流的5G网络，促进数字经济蓬勃发展。四是努力构建现代服务业体系。一方面，传承历史文化，擦亮历史文化品牌，展示滇中独有的多民族融合文化；另一方面，坚持保护生态、治理环境，持续巩固绿色发展优势，推动康养产业和旅游业高质量发展。

（三）皖西地区

皖西地区包括淮南和六安，面积为2.1万平方千米，2020年常住人口743万人、地区生产总值3007亿元。皖西地区资源丰富，生态环境优良，地处鄂豫皖三省交界地区，是中国陆路交通枢纽之一。皖西地区应凭借丰富的资源和优越的地理区位，主动加强与周边区域的联动发展，加快推进产业分工协作和生产要素合理流动，努力提升互联互通水平和中心城市能级，打造淮河流域产业发展新高地。一是积极对接长江三角洲区域一体化发展战略。制定承接产业转移集聚区实施方案，建立"飞地"项目利益分享机制，创造条件发展飞地经济；大力推进全产业链项目体系建设，推动形成优势互补、高质量发展的区域经济布局。二是加快推进淮河岸线环境综合整治和生态经济带建设，着力谋划建设江淮运河百里画廊。研究论证引江济淮工程，统筹谋划江淮航运枢纽港建设。三是聚焦产业转型，促进煤电化气产业转型升级，积极培育发展接续替代产业，提升基本公共服务和民生保障水平，不断完善可持续发展长效机制。

（四）蒙东地区

蒙东地区包括赤峰、通辽、呼伦贝尔、兴安盟，总面积为47.2万平方千米，2020年常住人口1054.8万人、地区生产总值4760.4亿元。蒙东地区是振兴东北地区等老工业基地战略的重要区域，是东北地区连接俄蒙的重要经济通道。一是蒙东地区要抓住新一轮东北振兴战略机遇，深化与东北三省对接协作，挖掘特色优势产业潜力，培育锡（林郭勒）赤（峰）通（辽）经济区，提高中心城市辐射带动能力和小城镇产业发展功能。二是强化土地沙化荒漠化防治。推进大规模国土绿化，精心组织实施京津风沙源治理、"三北"防护林建设、天然林保护、退耕还林还草、退牧还草、水土保持等重点生态修复工程。三是加快呼伦贝尔中俄蒙合作先导区建设，深度参与中蒙俄经济走廊建设。扶持发展加工贸易，打造联通内外、辐射周边，资源集聚集散、要素融汇融通的全域开放平台。

（五）太原都市圈

太原都市圈包括山西太原和晋中，总面积为2.34万平方千米，2020年常住人口869.9万人、地区生产总值5622.0亿元。目前，由于城市之间的交通一体化水平不高、分工协作不够、城市间联系较少、协同发展的体制机制不完善等问题，太原都市圈对周边城市发展带动作用有限（安树伟，张晋晋，2019）。未来应加快推进太原-晋中一体化发展，促进太原城区和晋中城区的融合发展；以基础设施为突破口，构建设施共享机制，创新服务共管机制，按照规划统筹、标准统一的原则，率先在通信、城市道路、公交、轨道交通等方面取得实质性进展。优化发展太原、晋中现有城区范围，加快推进太（原）晋（中）一体化。明确太原向南空间拓展主方向，推动晋中市榆次区、太谷区、清徐县等地承接太原中心城区疏解功能。建立经济协作机制，深化协调联动机制，逐步推进两市产业发展、公共服务、社会管理、环境联治的一体化进程，为山西高质量发展提供关键支撑。

三、省会（自治区首府）城市及周边地区

当前，中国绝大多数省会城市在全省中的比重趋于上升，"强省会战略"正逐步成为当前部分省份推动区域经济发展一个重要战略选择。一般而言，省会（自治区首府）城市在科技、教育、行政等方面具有省内其他城市不可比拟的天然优势，决定了省会（自治区首府）城市的发展可以在推动全省（自治区）经济发展中起到带动和示范作用。但是，也要避免资源过度向省会（自治区首府）城市集中，加剧省域内区域发展不平衡的问题。因此，要从单一的中心城市向形成具有竞争力大都市地区转变（杨洁，肖金成，2002）。省会（自治区首府）城市及周边地区要成为在新一轮区域竞争中赢得主动的战略部署，需要构建以省会（自治区首府）城市为核心的省会都市圈，增强集聚和辐射功能。

（一）兰州及周边地区

兰州总面积1.3万平方千米，拥有国家级新区——兰州新区。2021年兰州常住人口438.4万人、地区生产总值3231亿元。兰州自古就

是"丝绸之路"上的商埠重镇,现已发展成为西北地区重要的商品集散中心。近年来,兰州市坚持质量和效益并重,制定实施重振"兰州制造"、发展新能源、高铁经济、"夜经济"等政策措施,积极推动经济加快转型、提质增效。其未来发展方向与重点是:一是着力构建现代化产业体系。优先发展文化旅游、通道物流、数据信息、中医中药等产业,力争取得突破性进展。重振"兰州制造",实施工业强基和产品强质工程。大力发展现代服务业,改造提升传统商业街区,鼓励发展智慧零售等新业态。二是加强兰州新区和兰州高新技术产业开发区的带动作用。重点布局有色金属新材料、商贸物流、先进装备制造等一批千亿级和百亿级产业集群。致力做强高新技术产业开发区,聚焦"高""新"两大方向,加快建设"兰州肽谷"。三是提升交通辐射能力。作为省会城市,兰州要从关注城市自身走向区域协调发展,落实国家和区域战略。大力培育新的经济增长点,不断优化和完善城市功能,增强全省产业创新龙头地位,提升交通辐射能力,全面提升综合实力,增强引领、辐射、服务作用,带动甘肃加快迈向高质量发展之路。

(二)银川及周边地区

银川是西北地区的重要中心城市,承东启西,连接南北,总面积9025平方千米,2021年常住人口288.2万人、地区生产总值2263亿元。未来,银川应紧扣"创新驱动策源地、葡萄酒特色产业核心区、地方文化重点区"的功能定位,加快产业结构调整,着眼于增强供给结构与需求结构的适应性、平衡性、灵活性,推动产业高端化、绿色化、智能化、融合化发展。推动能源化工、食品加工等产业转型升级,推动新能源、新材料、军民融合等产业增链延链补链强链，推动文化旅游、葡萄酒、生命健康等产业融合发展。拓宽对外通道，积极参与西部陆海新通道建设，巩固提升"一带一路"重要节点城市地位。依托 5G 试点城市建设、银川滨河大数据中心等资源，打通国际网络通道，拓展"网上丝绸之路"，大力发展公铁空海多式联运，协调建立银川与国内主要城市空中快线，争取向更多国家开放航权，打造西北地区国际航空枢纽和货运集散中心。主动融入黄河流域生态保护和高质量发展战略，加快银川主城区与贺兰、永宁一体化发展，推动形成优势互补、高质量发展的区域经济布局。

（三）乌鲁木齐及周边地区

乌鲁木齐地处亚欧大陆中心，天山山脉中段北麓，准噶尔盆地南缘，面积 1.4 万平方千米。2021 年常住人口 407.0 万人、地区生产总值 3692 亿元。乌鲁木齐是第二条亚欧大陆桥中国西部桥头堡和中国向西开放的重要门户。随着西部大开发新格局的形成，要提升乌鲁木齐对新疆和西北地区经济发展的带动作用。以乌鲁木齐和昌吉率先实现一体化发展为主要方向，以交通互联互通为突破口，以重点项目为依托，推进乌鲁木齐与周边城市之间的地铁、城际铁路、磁悬浮、云轨、智轨等重大交通项目建设有机衔接，加快构建高效、安全、便捷的现代综合交通网络，加强对乌鲁木齐都市圈的整合，消除都市圈目前发展中的主要障碍，建设现代化乌鲁木齐都市圈。

第四节　培育潜在区域发展新空间的对策

从空间分布上看，潜在区域发展新空间主要集中在中西部地区，特别是省际交界地区和沿边地区。而目前中西部地区生产要素相对低廉，基础设施还相对落后，仍然有巨大的发展机会，若能在国家战略层面给予相应的人才、资本和技术等方面的支持，潜在区域发展新空间将成为未来中国经济增长的重要贡献者（党丽娟，申兵，2017）。

一、加快潜在区域发展新空间软、硬件建设

继续加大基础设施尤其是交通基础设施的建设。近年来，尽管国家不断加大中西部基础设施投资，但是因为历史欠账较大，中西部地区基础设施建设仍然比较落后。同时，交通条件改善可以不同程度地弥补由于地理区位和自然资源禀赋带来的区域劣势，促进区域的经济增长。为此，应继续加强中西部地区的基础设施建设，尤其是交通基础设施建设。中部地区要以公路建设为重心，加强铁路、机场等交通系统建设，并将中部建设成为全国交通枢纽（曹江波，2012）。特别在大力发展新基建的背景下，迅速补齐中西部地区基础设施投融资的短板，加快建设5G、物联网、工业互联网等信息基础设施，智能交通基础设施、智慧能源基础设施等融合基础设施，重大科技基础设施、科教基础设施、产业技术创新基础设施等创新基础设施。

二、加大政策引导与扶持力度，实行差别化的投资政策

潜在区域发展新空间是未来中国经济发展的新的增长极，需要国家政策支持与引导。一方面，要从财税、金融、产业与投资、土地、商贸、科教文化等方面给予政策优惠，积极引导资金、人才等要素资源向潜在区域发展新空间集聚，支持承接高增长地区的相关

产业转移，大力培育新兴产业，促进经济健康持续发展（赵建吉，王艳华，苗长虹，2019）。另一方面，应根据潜在区域发展新空间的经济发展不同情况区别对待，制定有差异的政策，尤其是投资政策。投资作为中国区域经济增长的主要推动力，对潜在区域发展新空间的经济增长具有重要作用。中国区域固定资产投资对经济增长的正向影响显著。最近十几年来，国家频繁出台面向中西部地区的倾斜性投资政策，大大促进了中西部经济的发展，减小了区域间的差异（李广东，方创琳，2013）。国家应继续加强对潜在区域发展新空间的倾斜性投入，尤其要加强基础建设和人力资本积累投入，提高项目投资效率，增强投资过程科学化的监管。同时，由于民间资本与外资的投资效率要高于政府投资，因此要创造良好的民间资本与外资的投资环境，积极引进国际资本与民间资本，以提高资本积累的有效性。对潜在区域发展新空间可采取投资补贴、贴息贷款以及减免税等优惠措施，促进潜在区域发展新空间的成长。

三、继续发挥科技创新的作用

新经济形态、新产业类型、新创新资源等发展集聚的速度和规模，直接决定着新时期区域经济发展的基础和态势（刘禹君，刘雅君，2018）。应通过改革试验平台等途径赋予潜在区域发展新空间新的优惠政策，推动创新要素向潜在区域发展新空间转移集聚；强化财税、金融等政策的区域指向，为潜在区域发展新空间加快产业、技术、动能等的创新发展提供有力支持；推动重大科技创新平台和重大研发项目布局建设，整体提升潜在区域发展新空间科技支撑能力；通过对口协作等方式，推动高增长地区对潜在区域发展新空间创新资源的对接应用与新型经济的联动发展。

四、大力发展教育,提高人口素质

人才是一种特殊的资源,在一定的条件下可以转化为生产力,促进经济发展。目前,潜在区域发展新空间的人才资源总体上缺乏,分布结构不合理,资源总体效率低下,人才流失现象严重。要促进潜在区域发展新空间的经济持续发展,必须实现人才资源的合理开发利用。一方面,应实行合理的人才流动机制,突破区域之间各种障碍与人才交流中的各种限制,建立人才流动仲裁机构,对因人才流动而引起的纠纷进行仲裁,保护他们的合法权利不受侵害。另一方面,要优化培养机制,加大人力资源的引进与培养力度。要将引进与培养人力资源作为地方中心工作之一,制定出合理的培养规划,针对一些在职人员建立合理有效的培训体系和制度;根据人才培养的周期性和滞后性,制定切合实际的人才超前培养规划,实现人才资源供给适应知识发展的需求。

五、加快对外开放步伐

只有实施开放型经济,才能将自然资源转变为经济资源,更好地发挥资源在经济建设和社会生活中的作用。潜在区域发展新空间应实施更加主动的开放政策,全方位扩大对内对外开放,增强促进经济增长的新动力。一方面,加强与东部地区的互动合作,促进国内各地区开放型经济协同发展;另一方面,通过"一带一路"平台打开面向西北的中亚、西亚乃至欧洲的开放大门,以基础设施互联互通为重点,依托国际大通道积极打造国际经济合作走廊,进一步提升交通、通信、电网、管道等基础设施水平,增强与共建"一带一路"国家的连接性,扩大区域市场规模。同时,以"互联网+"为契机，弥补自身区位劣势，加快培育出口竞争新优势；加快建设跨境电商平台，支持具备条件的地方申报建设海关特殊监管区域、口岸经济区，创新外贸发展模式，促进本地区开放型经济发展。

六、深化经济体制改革，加快市场化步伐

目前，中国的经济改革和发展存在着部分制度性问题，尤其是潜在区域发展新空间地区的制度完善和转型较为滞后，某种程度上限制了经济的发展（曹江波，2012）。为了适应经济发展的需要，调动各方面的积极性，应调整所有制结构，强化国有企业改革，确保公有制、非公有制等多种所有制经济共同发展，进而推动经济快速发展。构建全国统一大市场，保证经济资源优化配置及运作。大力推进以简政放权为重点的各项改革，继续取消和下放行政审批事项，改革工商登记制度，向市场和社会放权，激发社会投资和创业热情，增强市场主体积极性。从优化供给和改善需求两侧精准发力，运用市场化办法并辅之以差别化政策，大力支持服务业和新兴产业发展，促进传统产业改造升级（李克强，2014）。尊重市场规律，运用市场机制，建立更加开放透明的市场准入管理模式，进一步完善外商投资准入前国民待遇加负面清单管理制度，大幅度放宽市场准入，扩大服务业对外开放，着力构建与负面清单管理方式相适应的事中事后监管制度。除特殊领域外，取消对外商投资企业经营期限的特别管理要求。切实推行"法无禁止即可为"的原则，激发市场主体活力，鼓励和扶持公民、法人和其他组织积极开展创新活动。提高行政透明度，完善投资者权益有效保障机制，实现各类投资主体的公平竞争，逐步形成与国际接轨的外商投资管理制度（上海市人民政府发展研究中心，2016）。

参考文献

安树伟. 行政区边缘经济论[M]. 北京：中国经济出版社，2004：6.
安树伟，肖金成. 区域发展新空间的逻辑演进[J]. 改革，2016（8）：45–53.
安树伟，张晋晋. 山西高质量发展战略研究[J]. 经济问题，2019（5）：1–8.
陈政高. 拓展区域发展空间[N]. 人民日报，2015–11–19（07）.
曹海波. 中国区域经济增长差异及其影响因素分析[D]. 吉林：吉林大学，2012.
党丽娟，申兵. 我国城市经济增长空间格局研究[J]. 当代经济，2017（13）：9–13.
高国力. 区域经济不平衡发展论[M]. 北京：经济科学出版社，2008：67.
贺灿飞. 区域产业发展演化：路径依赖还是路径创造？[J]. 地理研究，2018，37（7）1253–1267.
侯永志，张永生，刘培林等. 支撑未来中国经济增长的新战略性区域研究[M]. 北京：中国发展出版社，2015：45–60.
李广东，方创琳. 中国区域经济增长差异研究进展与展望[J]. 地理科学进展，2013，32（7）：1102–1112.
李天健. 城市病评价指标体系构建与应用——以北京市为例[J]. 城市规划，2014，38（8）：41–47.
李克强. 关于深化经济体制改革的若干问题[J]. 求是，2014（9）：3–10.
刘禹君，刘雅君，技术创新对经济增长的非线性影响[J]. 江汉论坛，2018（4）：63–69.
齐义军，付桂军. "资源诅咒"效应及其在区域发展中的作用[J]. 经济学动态，2012（4）：84–88.
上海市人民政府发展研究中心. 上海 2050：战略框架[M]. 上海：格致出版社，上海人民出版社，2016：42.

滕飞，申红艳. 基于多区域中心城市的省际交界地区区域合作研究[J]. 中国软科学，2017（6）：81–88.

肖金成. 城镇化战略[M]. 海口：海南出版社，2013：25.

肖金成. 城镇化与区域协调发展[M]. 北京：经济科学出版社，2014：34.

肖金成等. 长江上游经济区一体化发展[M]. 北京：经济科学出版社，2015：132.

杨洁，肖金成. 完善区域性中心城市功能的基本思路与对策建议[J]. 经济研究参考，2002（52）：27–38.

赵建吉，王艳华，苗长虹. 区域新兴产业形成机理：演化经济地理学的视角[J]. 经济地理，2019，39（6）：36–45.

第九章　拓展中国海洋发展新空间

1500 年以来，葡萄牙、西班牙、荷兰和英国，通过迅速扩张海洋网络，从而突破了它们的区域界限，把它们的政治实力辐射到全球；海洋在人类生产生活中的地位逐渐变得越来越重要，促使世界经济和政治格局最终形成（菲利普·德·索萨，2016）。21 世纪是海洋世纪，以争夺海洋资源、控制海洋空间、获取最大海洋经济利益为主要特征的国际海洋竞争日益加剧，沿海各国纷纷加速海洋产业转型升级，不断优化海洋经济结构，海洋经济已成为全球经济的重要增长点。OECD 预计，到 2030 年，海洋产业在经济规模和创造就业方面的表现将胜过全球经济整体的表现，海洋经济对全球经济总量的贡献将翻一番，达到 3 万亿美元，特别是海水养殖、海上风能、鱼类加工、船舶修造将实现显著增长，海洋产业预计将创造 4000 万个全职职位。[①]中国是一个海陆兼备的国家，不仅有辽阔的陆地疆域，也有浩瀚的海洋国土，海洋经济与陆域经济共同构成了中国国民经济的大系统，海洋开发是事关国家发展与安全的大战略问题。近年来，海洋经济的快速发展在稳定国民经济增长、优化经济结构、缓

---

① OECD：2030 年海洋经济展望[EB/OL]。www.ce.cn，2016-5-18。

解资源环境矛盾中发挥了重要作用，未来仍有着巨大的发展潜力。2022年，中国海洋生产总值为94628亿元，海洋产业三次产业结构为 4.6∶36.5∶58.9。海洋新兴产业高速增长，海洋服务业比重稳步提升，成为领跑海洋经济的重要力量。据预测，到2030年中国海洋生产总值占GDP的比重将达到15%（国家海洋局海洋发展战略研究所课题组，2013），在国民经济发展中的地位还将进一步加强。但是，总体来看中国海洋经济目前仍处于成长阶段，海洋经济总量有限、发展方式粗放，现有发展水平不仅和海洋大国的地位不相称，也与发达海洋国家差距十分明显。2022年，中国海洋生产总值占GDP的比重只有7.8%，远低于发达国家15%—20%的水平。海洋资源开发布局不合理，近岸海洋资源过度开发和深水远海开发不足并存，陆海资源环境冲突和矛盾突出，海洋新兴产业发展不足等，是当前中国海洋经济发展中存在的突出问题。未来应遵循优化存量和扩大增量、内部调整和对外开放相结合的基本思路，将优化海洋开发战略布局、推动海洋经济结构的战略性调整、发挥科技创新引领作用、加强生态环境保护、扩大海洋开发国际合作等作为拓展海洋经济发展空间的重要方向。

第一节 海洋空间基本特征及中国海洋空间开发历程

参考2015年国务院印发的《全国海洋主体功能区规划》，将中国海洋空间界定为中国内水和领海、专属经济区和大陆架及其他管辖海域（不包括港澳台地区）。中国已明确公布的内水和领海面积为38万平方千米，是海洋开发活动的核心区域，也是坚持陆海统筹[①]、实现人口资源环境协调发展的关键区域（国务院，2015）。内水和领海海域，中国在法律地位上享有领土主权（领海受无害通过权限制）；专属经济区和大陆架享有勘探开发自然资源的主权权利，具有人工岛屿设施和结构的建造和使用、海洋科学研究、海洋环境保护和保全三项管辖权，并涉及海洋权益的问题。中国的近海则包括渤海、黄海、东海、南海四大海域，总面积472.7万平方千米（见表9-1）。

表9-1 中国近海概况

海域	面积（万平方千米）	平均深度（米）	最大深度（米）
渤海	7.7	18	70
黄海	38.0	44	140
东海	77.0	370	2719
南海	350.0	1212	5559
合计	472.7	961	—

资料来源：张耀光：《中国边疆地理（海疆）》，北京：科学出版社2001年版，第9页。

[①] 陆海统筹可以从广义和狭义两个方面理解：广义的陆海统筹，是一种思想和原则，是指统一筹划我国海洋与沿海陆域两大系统的资源利用、经济发展、环境保护、生态安全，通过发挥海洋优势，加强陆、海联系和统一规划，促进沿海地区经济社会的全面发展，它不但涉及陆、海区域经济的协调发展，还包括海洋意识的培育，陆、海文化的融合，陆、海管理的统一与协调等；狭义的陆海统筹，是指陆、海经济的一体化，即根据陆、海两个地理单元的内在联系，通过统一规划、联动开发、产业联系和综合管理，把陆、海系统整合为一个统一整体，实现陆、海资源的更有效配置（方煜东，2013）。

一、海洋空间的基本特征

海洋是流动的水体，具有开放性、流动性的特征，与陆域空间相比，海洋空间具有不同的属性。

（一）开放性

海洋空间本身具有开放性。从自然生态的角度看，海洋面积占到地球总面积的71.0%。海洋空间的开放性还体现在经济系统边界的模糊性上，除了与陆域经济系统边界的交叉导致其边界不确定外，系统内部各要素的相互作用也会导致某些重要影响因素外生化。同时，海洋经济系统的运行具有比陆域经济系统更大的空间和时间尺度，这种开放的结果使得海洋经济系统的要素动力传导的不确定性增加，同时可能产生政策效果的叠加或者时滞。

（二）边界特殊性

一是海洋地理边界没有明显的标志，界线的标志是以抽象的地理空间定位（如经度和纬度）来确定的。二是不同海域边界有不同的主权权利。三是中国部分海域与临海国家之间的海洋地理边界还没有界定，有的边界还存在较大争议。

（三）海陆交互性

海洋与陆地是不可分割的两个系统，它们在资源、环境和经济社会发展等方面存在着必然联系，决定着海洋空间与陆域空间是既联系又制约的关系，共同统一在国家发展战略之中。海洋与陆域空间的联系表现在两者在经济上相互依赖、相互支持、相互补充、共同发展，制约表现在陆地社会经济发展对海洋生态环境的冲击，以及海洋资源开发所引起的生态环境变化对陆域社会经济发展的制约作用。

二、海洋空间在中国区域格局中的地位

（一）为沿海地区可持续发展提供能源资源支撑，减缓了中西部地区的资源能源开采压力

随着世界人口的急剧增加，陆地资源显得越来越有限和稀缺，人类已经面临着严重的资源危机。广阔的海洋蕴藏着丰富的生物和矿产等资源，海洋给人类提供食物的能力大约是全球农产品产量的1000倍，海洋石油和天然气预测储量有1.4万亿吨，广袤的海底还蕴藏着多种陆地战略性替代矿产（李靖宇、赵伟等，2010）。中国海洋资源丰富，已鉴定的海洋生物种类达2万多种，其中鱼类占世界总数的14.0%。中国浅海和滩涂总面积14.6万平方千米，有5000多千米的基岩海岸，有150多个面积大于10平方千米的海湾。中国海域的石油资源量为450多亿吨，天然气资源量约14万亿立方米。中国沿海可开发的潮汐能资源丰富，预测总装机容量为2180万千瓦（张耀光，2001）。海洋空间的开发与利用大大促进了中国沿海地区的发展，使沿海地区成为人口集中、城镇化程度高、经济发达的地区，许多沿海城市如上海、青岛、广州、深圳等已经成为重要的海港和物流中心。但是，目前沿海区域的经济社会发展在资源的供给上主要还是依赖内陆输入，这种状态在内陆资源日益耗竭的情况下必然会妨碍沿海区域的持续发展。因此，沿海区域需要到更广阔的海洋中寻求经济社会发展所需的资源。同时，海洋空间的能源和资源支

撑也缓解了中西部地区的资源开采和运输压力，为中西部地区的发展留下了更多的资源基础（唐国建，崔凤，2013）。

（二）搭建了中国与外界要素交换的通道，促进了中国东部沿海国际航线数量的增加

海洋并不适宜人类居住，但海水凭借船舶、潜水器等运载工具成为了一种交通介质，把世界大多数国家和地区连接起来。海上航道无须耗费巨资建造和维修就可以进行洲际运输和环球航行。海洋是重要的国际交往与文化交流的通道，极大地促进了人类文明的进程。从中国区域发展的历史进程来看，东部沿海地区之所以在中国区域经济发展中处于领先发展的地位，这与其加强海洋港口建设、大力开辟国际航线有重要关系。1995—2015 年，中国国际海洋航线数量增加了 7.74 倍。2015 年中国与"海上丝绸之路"沿线国家与地区建立的国际航线数量已经达到 4168 条，占中国对外航运联系航线总量的 58.7%（王列辉，朱艳，2017）。

（三）推动了全球产业和产品跨境转移和集聚，促进了中国东部沿海地区工业化、城镇化和外向型经济发展

由于中国沿海地区国际航线的快速增加，全球产业和产品向中国沿海地区转移和集聚的成本快速下降，中国沿海地区与全球其他地区的要素和产品交换活动迅速增加。自 1979 年来料加工业务在中国东部沿海地区开展以来，加工贸易在中国沿海地区经历了从无到有、从小到大的发展过程，加工贸易对于中国东部沿海各省份经济增长、工业化和外向型经济发展功不可没（逄格林，2013）。中国沿

海地区迅速形成了大量从事加工贸易的产业集群，也正是这些产业集群奠定了中国"世界工厂"的地位。

三、中国海洋空间开发的历程

1949年以来，中国海洋空间开发经历了渔业和港口制度化建设时期（1950—1977年）、初步开发海洋资源和推动港口建设时期（1978—1991年）、较为全面的海洋开发体系形成时期（1992—2001年）、海洋经济上升为国家战略时期（2002—2011年）、海洋空间开发向纵深推进时期（2012年至今），共五个阶段，下面分别进行论述。

（一）渔业和港口制度化建设时期（1950—1977年）

中华人民共和国成立以来，海洋事业主要集中在恢复传统海洋产业、组建海洋科技队伍、编制海洋调查长期规划等方面。根据当时渔业和港口发展形势，中国先后颁布了《中华人民共和国海港管理暂行条例》（1954年）、《国务院关于渤海、黄海及东海机轮拖网渔业禁渔区的命令》（1955年）、《中华人民共和国政府关于领海的声明》（1958年）等一批关于海港、渔业和领海的规定，渔业和港口建设逐步走上了制度化轨道（郭玉华，2016）。

（二）初步开发海洋资源和推动港口建设时期（1978—1991年）

这一时期开始把海洋开发提上日程，提出大力发展海洋科技，初步开发海洋资源和推动港口建设，同时根据"搁置主权、共同开发"的政策，合作开发海洋资源。《中华人民共和国国民经济和社会发展第六个五年计划》提出："积极开展海上石油的对外合作勘探和开发。对渤海、南海北部湾几个已经发现石油的构造进行详细勘探，争取早日投入开发。对南海珠江口盆地、莺歌海盆地等已进行物探的海域，做好同外商合作勘探开发的招标工作，加紧勘探，争取发现一批新油田。同时，做好海上钻井和采油平台建造、港口基地建设、海上运输、通讯服务等各项准备工作，以适应对外合作勘探开发海上油田的需要。""五年内，主要在大连、秦皇岛、天津、青岛、石臼所、连云港、上海、黄埔、湛江等 15 个港口，建设 132 个深水泊位，争取建成 54 个。……经过五年的建设，全国沿海港口的吞吐能力将由 1980 年的 2.17 亿吨增加到 1985 年的 3.17 亿吨。"[1]这些措施为开发海洋油气资源、发展海洋运输和海洋产业提供了港口运输条件。1991 年，中国召开了全国海洋工作会议，同时国家海洋局和原国家计划委员会发布了《90 年代我国海洋政策和工作纲要》。

（三）较为全面的海洋开发体系形成时期（1992—2001 年）

随着 1992 年联合国环境与发展大会通过《21 世纪议程》（海洋问题是其重要组成部分之一），中国的海洋经济发展规划开始起步。1995 年 5 月，原国家计划委员会、原国家科学技术委员会和国家海洋局联合印发了《全国海洋开发规划》，确立了中国海洋开发基本战略原则是实行海陆一体化开发，提高海洋开发综合效益，推行科技兴海，开发和保护同步发展。1996 年 5 月 15 日，第八届全国人民代表大会常务委员会第十九次会议批准了《联合国海洋法公约》。同年，中国颁布了《中国海洋 21 世纪议程》，成为中国海洋事业可持续发

---

[1] 《中华人民共和国国民经济和社会发展第六个五年计划》，《中华人民共和国国务院公报》，1983 年第 9 期，第 307—410 页。

展的政策指南。1999年国家海洋局发布了《中国海洋政策》(郭玉华，2016)。在这种背景下，一些沿海省份纷纷提出建设海上山东、海上辽宁、海上浙江、海上广东，靠海发展的理念初步形成。1999年海洋产业增加值达到3651亿元，占国内生产总值的2.46%[①]（侯晚梅，唐远华，2011）。

（四）海洋经济上升为国家战略时期（2002—2011年）

2003年5月，国务院印发了《全国海洋经济发展规划纲要》，提出要加快发展海洋渔业、海洋交通运输、海洋油气、滨海旅游、海洋船舶、海盐及海水化工、海水利用、海洋生物制药八大支柱产业，带动其他海洋产业的发展，并将全国海洋经济区域划分为海岸带及邻近海域[②]、海岛及邻近海域、大陆架和专属经济区[③]以及国际海底区域等四大区、十几个小区域，并明确指出了每个小区域的海洋经济发展优势和方向。2008年2月，国务院批准了《国家海洋事业发展规划纲要》，这是中华人民共和国成立以来首次发布的海洋领域总体规划，对促进海洋事业的全面、协调、可持续发展和加快建设海洋强国具有重要的指导意义。2010年，中共十七届五中全会通过的《中共中央关于制定国民经济和社会发展第十二个五年规划的建议》，明确提出了"发展海洋经济"；2011年3月，《中华人民共和国

[①] 如果把沿海国内旅游收入3199.84亿元计入，所占比重则超过4.0%。

[②] 包括辽东半岛海洋经济区、辽河三角洲海洋经济区、渤海西部海洋经济区、渤海西南部海洋经济区、山东半岛海洋经济区、苏东海洋经济区、长江口及浙江沿海海洋经济区、闽东南海洋经济区、南海北部海洋经济区、北部湾海洋经济区、海南岛海洋经济区。

[③] 包括渔业区和油气区。

国民经济和社会发展第十二个五年规划纲要》提出"坚持陆海统筹，制定和实施海洋发展战略，提高海洋开发、控制和综合管理能力"[①]，并从优化海洋产业结构和加强海洋综合管理入手，推进山东、浙江、广东等海洋经济发展试点。这意味着国家从"十二五"时期开始，已经把建设和振兴海洋经济提升到国家发展战略高度（郭玉华，2016）。2011 年，中国海洋生产总值 45570 亿元，占国内生产总值的 9.7%。

（五）海洋空间开发向纵深推进时期（2012 年至今）

2012 年，中共十八大报告明确提出了"建设海洋强国"；2013 年 10 月，习近平主席提出了建设"21 世纪海上丝绸之路"，中国海洋空间开发进入纵深推进时期。

第一，确定了一批重点海洋发展空间。2010 年 4 月以来，经国务院批准，山东、浙江、广东、福建、天津先后被确定为全国海洋经济发展试点地区。2011—2013 年，国务院相继批复了《山东半岛蓝色经济区发展规划》（2011）、《浙江海洋经济发展示范区规划》（2011）、《广东海洋经济综合试验区发展规划》（2011）、《福建海峡蓝色经济试验区发展规划》（2012）、《天津海洋经济科学发展示范区规划》（2013），以海岸带为轴的海洋产业格局基本形成。2013 年，国家海洋局公布了首批 12 个市、县（区）国家级海洋生态文明示范区；2015 年，又公布了第二批 12 个市、县（区）国家级海洋生态文明示范区。

[①] 《中华人民共和国国民经济和社会发展第十二个五年规划纲要》，《人民日报》，2011 年 3 月 17 日第 1 版。

第二，更加注重海洋空间开发的可持续性。2012年4月，国家海洋局公布了《全国海洋功能区划（2011—2020年）》，对中国政府管辖海域未来10年的开发利用和环境保护做出了全面部署和具体安排。2015年7月，国家海洋局印发了《国家海洋局海洋生态文明建设实施方案》（2015—2020年），为"十三五"期间中国海洋生态文明建设明确了路线图和时间表。2021年12月，国务院批复的《"十四五"海洋经济发展规划》提出，坚持系统观念，优化海洋经济空间布局，加快构建现代海洋产业体系，着力提升海洋科技自主创新能力，协调推进海洋资源保护与开发，维护和拓展国家海洋权益，畅通陆海连接，加快建设中国特色海洋强国，为"十四五"时期海洋经济发展指明了方向。2012—2022年，中国海洋生产总值由50087亿元增加到94628亿元，但占国内生产总值比重由9.6%下降到7.8%。

第三，"21世纪海上丝绸之路"建设大大拓展了海洋发展空间。"21世纪海上丝绸之路"重点方向是从中国沿海港口过南海到印度洋延伸至欧洲，从中国沿海港口过南海到南太平洋。开发空间范围上从近海到远海、从浅海到深海，开发领域上不仅包括海洋资源开发，也包括海洋科技合作、港口合作、海上支点建设、航线开辟等。通过畅通陆水联运通道，推进港口合作建设，增加海上航线和班次，加强海上物流信息化合作。

第二节 中国海洋空间开发利用现状和形势

一、中国海洋空间开发利用现状

近年来，中国加大了对海洋空间开发利用的深度和广度，海洋资源开发规模不断扩大，资源开发种类逐渐多样化。海洋经济发展势头良好，结构和质量都在优化提升。海洋空间开发由浅海、近海向深海、远海拓展，南海成为海洋空间开发重点区域。海洋开发利用空间面积稳步拓展，海洋空间开发利用效率有所提高。海洋科技支撑能力显著增强，海洋环境保护和生态文明建设加快推进。

（一）海洋资源开发规模不断扩大，资源利用种类不断拓展

海洋渔业资源开发利用是中国利用海洋资源的传统方式。2021年，中国海水产品产量3160.1万吨，占全国水产品总产量比重为48.9%。其中海洋捕捞产量为953.2万吨，占全国海水产品产量的30.2%。2006年，海水养殖产量首次超过海洋捕捞，直至现在（见图9-1）。

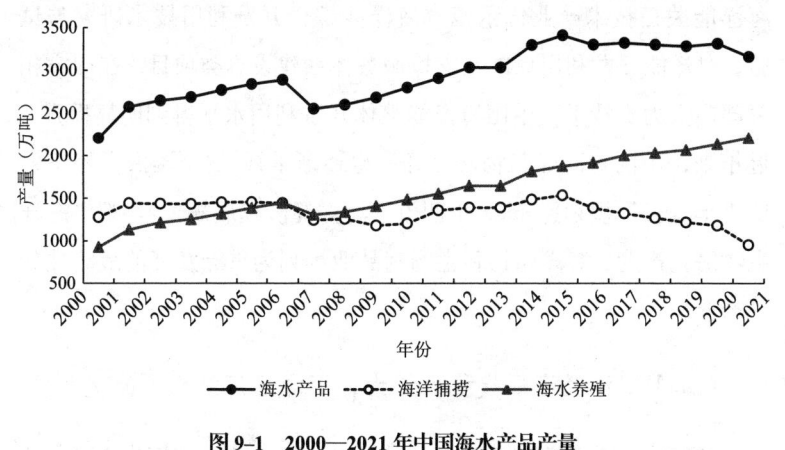

图9-1　2000—2021年中国海水产品产量

资料来源：《中国农村统计年鉴2021》和《中国统计年鉴2022》。

中国海洋油气生产日渐兴起，已建立起渤海、东海及南海北部三大油气生产区，国内累计探明海洋油气地质储量53.93亿吨。

2013—2021年，中国海洋原油产量由4540万吨增加到5484万吨，年均增长2.4%。2021年，中国海洋天然气产量199亿立方米，海水淡化工程规模达185.63吨/日。

从海水资源开发利用上看，中国规模化开发利用海水资源始于2000年前后，《中华人民共和国国民经济和社会发展第十一个五年规划纲要》和《中华人民共和国国民经济和社会发展第十二个五年规划纲要》均将海水淡化及利用产业作为水资源节约的有效手段加以部署，2021年海水利用业实现增加值24亿元，比上年增长16.4%。近年来，海洋能、海洋生物等新的海洋资源也在不断地被开发利用。2010年5月，财政部和国家海洋局联合设立了海洋可再生能源专项资金，重点支持海岛独立电力系统示范、海洋能并网电力系统示范、海洋能关键技术产业化示范、海洋能综合开发利用技术研究与试验、海洋能开发利用标准及支撑服务体系建设五类项目。在国家相关部门大力支持下，中国海洋能整体开发利用水平得到明显提升。近年来，中国对海洋药物研究开发也逐渐重视，《全国海洋经济发展"十三五"规划》和《"十四五"海洋经济发展规划》，都将海洋生物医药产业、海洋药物和生物制品业等列为重点发展的战略性新兴产业。

（二）海洋经济规模稳步扩大，海洋经济结构不断优化

2022年，中国海洋生产总值达到94628亿元，占国内生产总值的比重为7.8%。2022年，海洋旅游业、海洋交通运输业和海洋渔业增加值占海洋产业增加值的比重分别为34.00%、19.50%和11.30%；海洋电力业实现增加值395亿元；海洋区我和生物制品业增加值746亿元，比上年增长7.1%，成为海洋产业的新亮点；海洋旅游业增加

值 13109 亿元，比 2021 年下降了 10.3%，依然是海洋经济的重要增长点（见图 9–2）。[1]

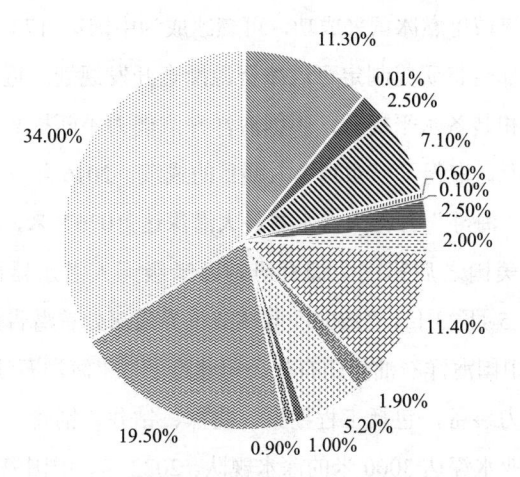

图 9–2　2022 年中国主要海洋产业增加值构成

资料来源：《2022 年中国海洋经济统计公报》。

（三）海洋空间开发由浅海、近海向深海、远海拓展，南海成为海洋空间开发的重要区域

近年来，中国海洋空间开发由浅海、近海向深海、远海拓展。依靠技术创新，中国深海科考和深层油气开发不断取得重大突破，

---

[1]《2021 年中国海洋经济统计公报》。

实现了从深海进入到深海探测开发的跨越。2017年5月18日，南海神狐海域天然气水合物试采实现连续187个小时稳定产气，中国首次实现海域可燃冰试采成功，可燃冰成为中国第173个矿种，原国土资源部也将研究制定可燃冰资源勘查开发规划。近年来，随着技术进步和装备水平提升，中国海洋探测能力不断提高，逐步走向深海、远海，取得了一系列令人瞩目的成绩。2016年7月，中国自主研制的"海斗"号无人潜水器最大潜深达10767米，使中国成为继日本和美国之后第三个拥有研制万米级无人潜水器能力的国家。2017年5月23日，"蛟龙"号挑战世界最深处首潜告捷。"十二五"期间，中国海洋石油集团有限公司建造了以"海洋石油981"深水平台为主力装备，包括工程勘察、物探、钻井、铺管、三用工作船等一批作业水深达3000米的深水舰队。2022年，中国海洋渔业实现增加值4343亿元，比上年增长3.1%。

近年来，随着中国推进"21世纪海上丝绸之路"建设，南海成为了中国海洋发展的热点区域。2013—2017年年初，中国在南海的填海造岛已告一段落，各岛建筑工程已陆续完工，美济礁、渚碧礁、永暑礁三岛机场已建成，其中永暑礁已通航。截至2018年年底，中国已在南海八座岛礁[①]上填海造地。在南海油气开发上，2017年南海深水全面实施荔湾气田群和流花油田群等示范工程建设项目，形成了中国具有自主知识产权的深水油气开发工程建设技术体系，标志着中国迈入世界海洋深水石油工程建设的先进行列。

---

① 这八座岛礁是美济礁、渚碧礁、永暑礁、华阳礁、南薰礁、东门礁、赤瓜礁、永兴岛。

（四）海洋开发利用空间面积稳步拓展，海洋空间开发利用效率有所提高

1990年、2000年、2010年和2018年，中国大陆海岸线的总长度分别为1.65万千米、1.72万千米、1.88万千米和1.84万千米，年均增长率为3.9%。特别是进入2000年以来，沿海各省（自治区、直辖市）围填海规模突飞猛进，开始进入以港口建设、临港工业园建设和沿海经济带发展为主要特征的第四次围填海高潮，这一时期也是中国海岸线长度增长最为迅速的时期。同时，中国人工岸线长度占海岸线总长度的比重由1940年代初期的18.30%上升至2014年的67.08%，自然岸线长度占总岸线长度比重则由81.70%下降为32.92%。人工岸线中养殖围堤和交通围堤的长度比例在1990年之后超过了防潮堤和盐田围堤的长度比例（侯西勇，刘静，宋洋等，2016）。"十二五"期间，受海洋经济增速下降、资源环境约束、工业化阶段的影响，中国围填海规模、海洋空间资源开发利用规模增速总体呈下降趋势（王江涛，2016）。从海洋空间资源开发利用效益水平上看，由于中国设定了用海投资强度和用海规模准入门槛，2006—2018年，中国万元海洋产值海洋空间资源开发利用量由0.0052公顷/万元下降为0.0038公顷/万元。

（五）海洋科技支撑能力显著增强，海洋生态文明建设加快推进

在海水淡化方面，中国在蒸发器蒸汽喷射泵膜组器和高压泵等关键装备材料技术研究和产业化开发方面取得突破性进展，且已全面掌握反渗透和低温多效海水淡化技术并达到或接近国际先进水

平。在海洋能利用领域，海洋能技术已成功进入应用领域并形成 50 余项海洋能新技术和新装备，部分技术达到国际先进水平。中国已成为亚洲首个、世界第三个实现兆瓦级潮流能并网发电的国家。在海洋工程装备领域，亚洲第一座海上升压站建设完成，中国海洋石油集团有限公司攻克旋转导向系统、随钻测井系统等多项自主研发技术打破国际垄断。在海洋卫星领域，2016 年以海洋应用为主的首颗海洋雷达高分三号卫星在太原卫星发射中心成功发射。

2015 年 7 月，国家海洋局印发了《国家海洋局海洋生态文明建设实施方案》（2015—2020 年），基于生态系统的海洋综合管理建设，继续推动海洋生态文明建设示范区建设，海洋生态红线制度实施范围逐步扩大。2016 年 11 月，第十二届全国人民代表大会常务委员会第二十四次会议通过新修订的《中华人民共和国海洋环境保护法》。2016 年，国家海洋局印发了《关于全面建立实施海洋生态红线制度的意见》，将沿海各省（自治区、直辖市）管理海域总面积 30%以上的海域和 35%的大陆岸线纳入红线管控范围。继续推进实施了"蓝色海湾""南红北柳"①"生态岛礁"工程。2022 年中共中央、国务院印发的《全国国土空间规划纲要（2021—2035 年）》提出：要分类管控海岸线资源，对自然形态保持完好、生态功能与资源价值显著的自然岸线实施严格保护，确保大陆自然岸线保有率不低于 35%；限制开发自然形态保持基本完整、生态功能与资源价值较好、开发利用程度较低的海岸线，严格控制改变海岸自然形态和影响海岸生

---

① "南红"指的是在南方以种植红树林为主，海草、盐藻、植物等为辅，"北柳"则是指在北方以种植柽柳、芦苇、碱蓬为主，海草、湿生草甸等为辅，以有效恢复滨海湿地生态系统。

态功能的开发利用活动；整治优化人工岸线，鼓励公用码头建设，置换、腾退"小、散、乱"码头，腾退岸线优先用作公众亲海空间，以保障公众亲海空间需求。

二、中国海洋空间开发的基本经验

（一）实施海洋主体功能区战略，科学调控海洋开发强度和时序

当前，中国海洋开发还处于粗放型阶段，导致海洋产业结构低质化，海洋经济布局趋同化。高消耗的能源重化工产业向滨海集聚的趋势明显，对海洋生态环境压力越来越大，因此，2015年国务院印发了《全国海洋主体功能区规划》，将海洋主体功能区按开发内容分为产业与城镇建设、农渔业生产、生态环境服务三种主体功能。产业与城镇建设功能主要是为产业和城镇建设提供空间和资源；农渔业生产功能主要是提供海洋水产品；生态环境服务功能主要是提供生活娱乐休闲的环境、保护生物多样性、调节气候、释氧固碳等生态服务。同时，将中国海洋空间划分为优化开发区域、重点开发区域、限制开发区域和禁止开发区域四类区域。随后中国东部沿海各省（自治区、直辖市）也划定了各省（自治区、直辖市）海域的主体功能区并进行分区管理。通过实施海洋主体功能区战略，中国形成了清晰合理的海洋空间利用格局，沿海产业与城镇建设用海集约化程度、海域利用立体化和多元化程度、港口利用效率等明显提高，海洋水产品养殖单产水平稳步提升，单位岸线和单位海域面积增加值大幅增长，海洋可持续发展能力提升，海洋生态系统健康状况得到改善，海洋生态服务功能得到增强。

（二）推动海洋管理体制改革，实施科技兴海战略

1978年改革开放以来，随着国际海洋形势的深刻变化与工作中心的转移，特别是有关涉海行业的迅速发展，中国传统的海洋管理体制已无法适应新形势发展的需要。在这种情况下，中国海洋管理体制改革问题被提上议事日程。通过理顺海洋管理各部门的权责及其相互关系，中国逐步将海洋多元管理主体及其职责进行了有机整合，海洋综合管理呈现不断扩大的发展趋势。通过加强海洋功能区划和建设海洋功能区和示范区，地方海洋综合管理呈现区域化发展趋势。经过40多年的持续改革，中国基本理顺了海洋管理的职能，合理配置了海洋管理资源，保证了海洋管理制度的有效实施（史春林，马文婷，2019）。在推动海洋科技创新方面中国实施了一大批科技兴海项目，在海水淡化、海洋装备、海洋生物资源开发和海水养殖、海洋生态保护等领域突破了一批关键技术，转化了一批高水平的科技成果和产品（谢慧明，马捷，2019）。

（三）推进海洋基础设施建设，构建一体化海洋经略模式

1980—1990年代，中国海洋港口建设以服务海洋运输尤其是国际集装箱运输为重点。1992年以来，中国港口建设的重点转向了发展钢铁工业、石化、船舶修造、装备制造等临港型工业和集装箱运输业，港口吞吐量不断增加。随后，一体化海洋经略模式成为中国新时期推进海洋经济和港口经济发展的重要方向，推动了各省份对省内海洋港口发展的一体化管理、沿海港口资产的一体化运作、沿海港口资源的一体化统筹（谢慧明，马捷，2019）。

（四）优化海洋产业结构，建立现代海洋产业体系

改革开放之初，以渔业为重点的发展布局是早期发展海洋经济的重要特色。"十二五"以来，中国许多沿海省份提出了建设海洋经济强省的战略，包括优化海洋产业结构和不断加大海洋旅游业和新兴产业比重等。港口海运、临港型工业、旅游业和新兴海洋产业等是建设海洋经济强省的重要内容（谢慧明，马捷，2019），海水综合利用、生物医药、可再生能源开发利用和资源勘探开发等海洋新兴产业虽起步较晚但发展极快，产业比重不断提升。随后，中国积极强化现代海洋产业体系，旨在做大做强港口物流、滨海旅游、现代渔业、海洋装备制造、船舶工业、海水综合利用等优势产业，大力扶持港航服务和海洋金融信息等潜力产业，积极布局未来产业。

三、中国拓展海洋发展新空间面临的形势

（一）海洋空间资源供需矛盾进一步加剧，海洋安全生产风险加大

对海洋开发的强度力度持续加大，海洋经济发展对海洋空间的需求进一步增加。中国大陆海岸线开发利用负荷不断增加，距离大陆海岸线1千米范围内海洋空间被开发利用面积比重已超过80%，重度开发岸线长度为3118.05千米，占总长度的16.43%，近岸海洋空间和海岸线资源供给面临更大压力（王江涛，2016）。近年来中国海洋制造业升级步伐加快，工业生产性用海刚性需求不断加大（王江涛，2016）。2014年，中国海水养殖业产量高达1812.65万吨，占海洋水产品产量的55.0%，未来仍将呈现进一步增加的趋势。近年来，

中国居民消费能力明显提高,对海洋空间的生活型和生态型需求显著增加并更加多样化,滨海旅游产业用海仍将继续快速增长(王江涛,2016)。沿海经济布局趋海程度将进一步提高,大量聚集工业园区、重化工企业生产、储存等活动,以及油气勘探开发和油品、化学品运输活动,海洋生态安全受到威胁(王江涛,2016)。2022年,中国批准用海面积19.0万公顷,同比下降16.0%[①]。

(二)海洋空间不断遭到周边国家蚕食

目前,中国海洋利益的争端在东海、南海和黄海均大量存在,海洋空间不断遭到周边国家蚕食,海洋国土受到侵犯的现象相当严重。在东海、黄海特别是南海,中国在主权、管辖权、支配权等方面有近200万平方千米的海域受到越南、菲律宾、日本等国的严重侵犯,资源受到掠夺、岛礁被蚕食、海域被瓜分的现象比比皆是。在东海,中国与日本存在海域划界争议,包括钓鱼岛领土主权归属争议问题。在南海,大片海域已被越南、菲律宾、马来西亚、印度尼西亚、文莱等国分别划入各自的专属经济区;与此同时,南海各国有继续进占南海岛礁的趋势,包括制定国内法侵占南海岛礁、宣示对南海岛礁的主权等。在黄海,中国也面临与韩国、朝鲜的海域划界问题,虽然与它们之间不存在岛屿主权争议,但对各自一些岛屿享有的效力存在分歧,而这些分歧又影响海域划界问题。

(三)海洋生态环境整体形势依然严峻

2015—2022年,中国管辖海域劣四类水质海域面积从40020平

[①] 《中国自然资源统计公报2011》。

方千米减少到 24880 平方千米（见图 9–3），河流入海污染物总量出现下降，局部地区生态系统得到有效修复恢复，当前中国海洋生态环境整体形势依然严峻。首先，陆源入海污染排放依然较高，但情况有所缓解。2022 年一至三类水质断面占 80.0%，比 2021 年上升了 8.3 个百分点，劣五类占 0.4%，比 2020 年下降了 0.1 个百分点（见表 9–2）。其次，重点海湾水质状况依旧不容乐观。2021 年重点监测面积大于 100 平方千米的 44 个海湾中，11 个海湾春夏秋三期监测均出现劣四类水质。再次，典型海洋生态系统健康状况依然较为严峻。2022 年受监测的 24 个典型海洋生态系统中亚健康状态的比例为 70.8%，呈健康状态的比例为 29.2%。此外，赤潮、绿潮（浒苔）等生态灾害多发频发，结构性的环境风险压力仍然较大（邓琦，2019）。

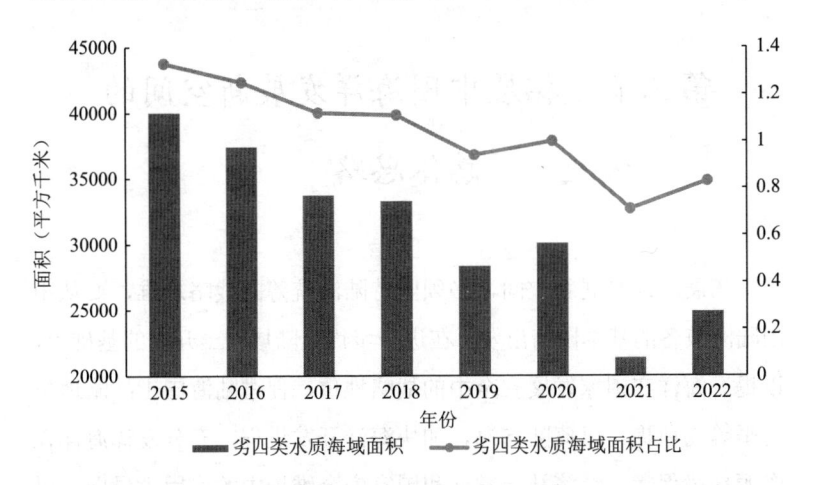

图 9–3　2015—2022 年中国管辖海域劣Ⅳ类水质海域面积及所占比重（%）

资料来源：相关年份《中国海洋生态环境状况公报》《中国环境状况公报》《中国生态环境状况公报》。

表 9–2　2015—2022 年入海河流监测断面中各类水质断面比重（%）

年份	一至三类	四和五类	劣五类
2015	41.6	36.9	21.5
2016	46.8	36.0	17.2
2017	47.6	31.4	21.0
2018	45.9	39.2	14.9
2019	54.2	41.5	4.3
2020	67.9	31.6	0.5
2021	71.7	27.9	0.4
2022	80.0	19.6	0.4

资料来源：2 相关年份《中国海洋生态环境状况公报》《中国环境状况公报》《中国生态环境状况公报》。

第三节　拓展中国海洋发展新空间的总体思路

拓展海洋发展新空间，必须坚持陆海统筹的战略思维，要从中国陆海兼备的基本国情出发，在进一步优化陆域国土开发的基础上，以提升海洋在国家发展安全中的战略地位、促进陆海国土战略地位的平等为前提，以倚陆向海，加快海洋开发进程，充分发挥海洋在资源环境保障、经济社会发展和国家安全维护中的作用为导向，以协调陆海关系，加强陆海资源开发、产业布局、交通通道建设、生态环境保护等领域统筹协调，促进陆海一体化发展为路径，以增强国家对海洋的管控利用能力、推进海洋强国建设为目标，着力构建大陆文明和海洋文明相容并济的可持续发展格局。

一、以海洋大开发为支撑，实现陆海发展战略平衡

"谁能有效控制海洋，谁就能成为世界大国。"[1]陆海统筹是一个事关国家发展与安全的大战略问题，是中国建设海洋强国、迈向世界强国之林的必由之路和重大战略举措，在很大程度上取决于国家的战略意志和战略决策，必须置于国家工作全局来审视其战略功能定位，并将其纳入更高的国家议事日程。针对现阶段中国海洋战略地位不高、海洋发展滞后的实际，必须切实提高全社会特别是政府决策部门的海洋意识，树立全新的海洋国土观、海洋经济观、海洋安全观，注重建设海洋文明；促进海陆空间功能协同，将海洋开发作为国家国土开发的重要组成部分，在综合权衡陆地经济发展基础、发展需求和海洋国土资源状况及其开发现状的基础上，逐步将国土资源开发战略重点转移到海洋国土的开发上来，促进海洋大开发和海洋经济大发展，不断提高海洋在国家发展战略中的地位与作用（曹忠祥，高国力，2015）。系统谋划海洋开发利用，强化重点海岸带战略支撑功能，有序利用深远海空间，加快推动国家发展战略由以陆为主向倚陆向海、陆海并重转变，实现国家区域发展战略、海洋发展战略的有效衔接和陆海之间的战略平衡，构建陆海协调、人海和谐的海洋空间格局，为真正把中国建设成为海洋强国和海陆兼备的世界强国创造条件。

---

[1]〔美〕阿尔弗雷德·赛耶·马汉：《海权论》，张彬、张宗祥译，北京：电子工业出版社2013年版。

二、发挥沿海地区核心作用,促进海陆一体化发展

按照海陆相对位置和在国家发展中地位与作用的不同,陆海统筹发展中的陆域和海域可进一步划分为内陆、沿海、近海(领海、专属经济区和大陆架)和远海(公海和国际海底区域)四大地理单元。陆海统筹发展战略在空间上必须从海陆一体化联动发展角度对四大地理单元的发展进行统一的谋划,从而实现与国家区域发展战略和海洋战略的有效衔接。中国经济社会发展空间不均衡,沿海地区人口众多、要素集聚度高、经济社会发展水平高,是中国区域发展的核心地带和国家区域发展战略所确定的率先发展区域(曹忠祥、高国力,2015)。同时,特殊的地理位置决定了沿海地区也是海陆之间物质、能量和信息交换的重要媒介,是海洋开发的重要保障基地、海洋产业发展的重要空间载体,也是海陆相互作用强烈、矛盾和冲突问题最为集中的区域,在陆海统筹发展中具有举足轻重的地位。未来要充分发挥沿海地区在引领海洋开发和内陆地区发展中的核心作用,顺应沿海地区人口增长、城镇化发展、产业升级、发展方式转变的客观需求,不断优化地区空间结构,规划海岸带开发空间秩序,推动海陆复合型产业体系发展,统筹规划沿海港、航、路系统,理顺陆海产业发展与生态环境保护的关系,以实现陆海产业发展、基础设施建设、生态环境保护的有效对接和良性互动,提升沿海地区的集聚辐射能力,强化其作为人口和海陆产业主要集聚平台、海洋开发支撑保障基地、海陆联系桥梁和窗口的功能。

陆海联系通道建设成为当前陆海统筹的重要抓手,要以国际枢纽海港为引领、主要港口为骨干,提升港口枢纽集散功能,支撑三大海洋经济圈发展。黄渤海区域要重点构建面向东北亚的物流通道,

提升对北方腹地的辐射能力；东海区域要完善江海联运中转体系，提升长三角港口群能级，推动共建辐射全球的航运枢纽；南海区域要重点推动粤港澳大湾区港口群、海南自由贸易港和北部湾港建设，提升对华南、西南地区的辐射带动能力，强化面向东南亚、南亚的航运服务能力。同时，要强调优化海域开发布局、加快海洋开发进程，重视加强广大内陆地区与沿海地区的合作，通过不断完善海陆间联系通道体系、加快产业转移步伐、加强基于生态系统的海陆生态环境保护协作，推动沿海、内陆和海域一体化发展。

三、加快陆海双向走出去步伐，拓展国家发展战略空间

全面开放是中国当前的基本国策，而加快走出去步伐是其中的主要方向，是拓展国家发展战略空间的必然选择。经过多年的发展，中国内陆边疆的沿边开放已经取得了比较大的进展，特别是以国际次区域合作为主要形式的国际合作步伐的加快，对于扩大国家资源保障来源、促进陆路国际战略通道建设、稳定边疆、带动西部内陆广大区域发展等已经发挥了重要作用，今后仍将是中国对外开放和拓展发展战略空间的重要方向。与此同时，顺应海洋开发全球化和海洋问题国际化的趋势，着眼于中国在全球的战略利益迈向全球大洋，应该成为中国对外开放和实施走出去战略的重要方向。根据国内法和国际法，有效行使中国在专属经济区和大陆架的主权权利和管辖权。在专属经济区、大陆架及其他管辖海洋开展海洋开发利用活动，应统筹国防安全、航行通道安全、海洋生态系统保护，以及国际通信、海洋油气勘探开发、海上风电、海洋捕捞生产、深远海养殖和其他战略性新兴产业发展的空间需求。

同时，必须以更加长远的眼光、更加开放的视野，跳出中国管

辖海域范围的局限，在加强领海和近海资源开发利用的同时，积极应对全球海洋战略安全事务，参加公海、国际海底区域和南北极等国际"公土"的战略利益角逐，加强海洋开发与保护的国际合作，加快海洋战略通道安全维护能力建设，增强中国在全球海洋开发和公益服务中的能力与话语权。这一选择是应对中国相对封闭的海陆地理形势的要求，也是维护海洋权益、展示负责任大国形象的需要（曹忠祥，高国力，2015）。

四、提高综合管控能力，夯实陆海统筹发展基础

管理水平低下和科技能力不足，是当前制约中国陆海统筹特别是海洋开发的主要因素，也是未来推进陆海统筹发展必须着力解决的关键问题。因此，陆海统筹首先必须正确处理政府与市场的关系，充分发挥有效市场与有为政府的作用。陆海统筹是战略性思维，政府在其中居于主体地位，必须充分发挥好国家和地方各级政府的职能。在国家层面上，要通过宏观战略、规划、政策、法律法规的制定，统筹规范陆地和海洋开发活动，并发挥在国家海上综合力量建设、海洋权益维护和国际交流中的主体作用。在区域和地方层面上，应主动服务国家海洋强国战略，加强区域性国土（海洋）规划、生态环境保护规划和政策的制定，推动海陆国土资源合理开发、区域性重大基础设施建设，和以流域为基础、以河口海陆交汇区为重点的海陆生态环境综合保护与治理等。在强调发挥政府主导和引领作用的同时，对资源开发利用、产业发展等经济活动，要不断改革管理体制、完善市场机制，充分发挥市场在陆海资源配置中的决定性作用。适应陆海关系协调的需要，借鉴发达国家海洋和海岸带管理的经验，要以强化综合管理为主要方向，不断完善体制机制，强化

行政、经济和法律手段，协调各方面、各层次利益关系，为海陆资源、空间利用的综合管控和生态环境的一体化治理提供保障。从科技发展来看，着眼于海洋开发能力的提升，要坚定不移地实施科技兴海战略，加大国家对海洋科技发展的投入，整合科研、教育、企业、国防等方面的资源和力量，着力推动深远海调查研究、海洋监测、资源勘探开发等领域的技术研发，提高海洋技术装备的国产化水平和海洋科技对经济增长的贡献率，增强海洋经济发展的核心竞争力。

第四节　优化中国海洋发展新空间战略布局

从陆海统筹视角统一谋划海洋和陆地国土空间，正确处理海洋国土开发和陆地国土开发、海洋经济发展和陆地区域经济发展的关系，以空间开发管控、基础设施建设、产业联动发展为途径，全面提升海陆空间开发的协调度、海陆基础设施的通达度、海陆产业发展融合度，促进海洋经济与陆地经济的深度融合和海洋、沿海、内陆的协调发展。具体而言，要突出沿海地区在陆海统筹发展中的核心地位，以沿海城市群为支撑，以海岸线和近岸海域资源合理利用、海陆产业布局优化、港（口）-城（市）-园（区）关系协调为重点，促进沿海地区发展空间结构的优化调整；以提升海洋作为国家国土资源组成部分的主体作用为出发点，合理定位与重塑不同海域在国家区域发展中的功能，推动海洋开发空间布局的优化。

一、优化以城市群为支撑的沿海地区综合布局

充分发挥辽中南、京津冀、山东半岛、长三角、海峡西岸、珠三角六大沿海城市群在"沿海-内陆"关系中的核心作用,加快发展海洋产业和临海产业,提升产业结构和发展质量,增强对内陆地区的辐射带动作用,以市场为导向,打破区际人为壁垒和行政界限壁垒,增强沿海与内陆的产业联系和要素流动,推进内部人才、资金、技术、信息等生产要素以及各种有形商品在区域内部的高效流动,形成城市群内具有竞争力的产业集群。提升沿海城市的海洋功能,保障重点沿海城市发展海洋战略性新兴产业、海洋生态旅游、海洋渔业、金融服务、海洋科技、海洋文化等多元化空间需求。明确海岸线两侧空间功能及用途,陆海统筹确定主体功能。提升集约高效用地用海水平,合理预留拓展空间。与此同时,还要搞好区域空间的综合协调,协调与经济社会发展有关的城乡建设和基础设施建设的空间布局,协调开发建设空间与国土资源开发利用、生态环境保护整治,协调不同行政区域和城乡之间的关系,协调不同行政区域基础设施建设,增强城市群的辐射带动能力,带动辽西地区、河北沿海地区、苏北沿海地区、广东西南沿海地区、广西沿海地区等经济社会薄弱地带加快发展。

二、优化海岸带资源开发和产业布局

在纵向上,要以优化海洋功能分区和海洋产业区域分工格局为基本方向,加强近岸海洋资源开发的统一规划与管理,合理确定海岸线和近岸海域功能,进一步规范近岸海洋资源开发秩序。统一规划和合理利用岸线资源,合理划分岸线生产、生活和生态功能,协

调不同岸线利用方式之间的关系,最大限度地维持岸线的原始自然生态属性,严格禁止对重要生态功能岸线的开发利用,加快生态工程建设进程。合理确定不同区域海洋产业发展的主导方向和重点,促进海洋经济要素合理流动,着力推动跨区域海洋产业空间重组,优化海洋资源开发空间布局和区域海洋经济分工。

在横向上,促进沿海和内地产业合理有序转移,加快沿海地区海洋产业和临海产业的空间整合和区域布局调整。要充分利用临海、临港的区位优势,发挥园区的载体作用,促进海洋产业和沿海内陆区域宜海、海洋依赖性产业的空间集聚,实现海陆产业的协作配套和集群化发展。规范临海(港)产业园区开发建设秩序,加强临海(港)工业园区建设的统一、分级规划、监督与管理,严格滨海土地(包括滩涂、湿地)、围填海工业建设用地项目审批和执法监督,提高行政审批的时效和效率。清理违法、违规产业园区建设用地项目,加强园区规划实施过程的监督,提高滨海土地和围填海造地集约利用水平。以区域功能定位和规划为依据,合理确定产业园区发展的方向与重点,杜绝钢铁、石化、机械等重化工业项目的盲目上马和散乱布局,杜绝"非亲海"产业项目占用滨海空间。正确处理临海、临港产业发展和城市生态景观及海洋生态环境保护的关系,实施生态环境影响预评价和环境准入制度,严格限制高污染项目进入临海产业园区。

要妥善协调港(口)-城(市)-园(区)发展的关系。协调港口建设和城市发展关系,通过港城良性互动协调发展,推动港城一体化滨海经济中心的发展与壮大,促进沿海地区城镇体系完善和特色经济区的形成。统筹港口城市岸线利用,确保港口岸线和城市生活岸线功能分离。加快港口集疏运系统和现代化港口物流体系建设,实现港口及港口区域的多功能化。港口功能完善和城市特色支柱产业体系的培育相结合,提升城市经济实力,完善综合服务功能。强化对滨海、跨海、跨湾新城建设的论证、评价、审批管理,从国家层面加强对滨海新城新区的空间管控和规划指导,在基础设施建设、重大项目安排、生态环境保护等方面给予通盘考虑。协调临海(港)产业园区与城市发展的关系。按照产城协调的理念,促进临港产业园区向产业新城升级,完善与园区配套的基础设施和公共服务设施,增强园区就业人口生活服务就地解决能力。加强临港园区与母城的交通联系能力,增强母城在金融保险、商务会展、中介服务等方面对园区发展的支撑能力。

三、推动海域开发空间布局优化

突出重点、循序渐进,控制近岸海洋资源开发利用强度,加快深水远海特别是专属经济区和大陆架的海洋资源的勘探开发进程,推进海洋资源开发战略布局重点由近岸浅海向远海和深水转移。优先推动争议海域油气资源和渔业资源开发,在专属经济区形成生物资源开发和海产品生产基地,在大陆架区域形成油气资源开发基地。加大对公海和国际海底区域的勘探开发力度,提高中国在公海及国际海底开发中的参与权和话语权,保障不断拓展的国家战略利益需求。

强化海洋国土的主体地位,提升在东海和黄海中国主张管辖海域的国土地位,并纳入沿岸地区国土空间规划体系。在此基础上,充分考虑南海与黄海、东海在与陆地地理位置关系及其海洋自然属性的不同,突出南海海域远离大陆本土、资源潜力大、战略价值突出、维护领土主权权益形势严峻的实际,科学分析论证、谋划建设南海海上开放开发经济区，使之成为中国海上资源开发合作的重要基地、对外贸易的中转基地和维护主权权益安全的前沿阵地。

（一）渤海海域

渤海海域面积 7.7 万平方千米，大陆海岸线长 2670 千米，平均水深 18 米，最深处仅 70 米。渤海是多种鱼、虾、蟹、贝类繁殖、栖息、生长的良好场所。对虾、毛虾、小黄鱼、带鱼是最重要的经济种类（张耀光，2001）。渤海港口是中国北方对外贸易的重要海上通道。渤海石油和天然气资源十分丰富，也是中国最大的盐业生产基地。渤海海域海洋经济发展，要实施最严格的生态环境保护政策，限制大规模围填海活动和对渔业资源影响较大的用海工程建设；修复渤海生态系统，逐步恢复双台子河口湿地生态功能，改善黄河、辽河等河口海域和近岸海域生态环境；逐步减少对渤海油气资源的开发，将渤海变成中国油气资源的战略储备基地。维护渤海海峡区域航运水道交通安全，开展渤海海峡跨海通道研究。依托北京科技、人文交流、国际交往优势，天津和河北港口和临港产业优势，山东半岛海洋产业优势，辽东半岛对接日韩等东北亚国家的优势，加强京津冀、辽东半岛、山东半岛港口群、机场群分工协作，积极对接中蒙俄经济走廊，以海洋科技合作和与东北亚地区的经贸合作为重点，将环渤海地区建设成为"21 世纪海上丝绸之路"北方战略支点和海洋科技合作示范区。

（二）黄海海域

黄海是中国三大边缘海之一，濒临辽宁、山东和江苏三省，面积约 38 万平方千米，大部分水深不到 60 米，平均水深 44 米。黄海盛产鲐鱼、黄鱼和海盐，苏北盐场为中国四大盐场之一。浅海盆地蕴藏丰富的石油和天然气资源。辽宁、山东半岛和朝鲜沿海海岸大多为岩岸，海岸曲折，多港湾、岛屿（张耀光，2001）。在中国沿岸重要的港湾有大连湾、胶州湾、海州湾等，港口有大连港、烟台港、青岛港、连云港港、石臼港等。黄海海域海洋经济的发展，要优化利用深水港湾资源，建设国际、国内航运交通枢纽，发挥成山头等重要水道功能，保障海洋交通安全。稳定近岸海域、长山群岛海域传统养殖用海面积，加强重要渔业资源养护，建设现代化海洋牧场，积极开展水生生物增殖放流，加强生态保护。合理规划江苏沿岸围垦用海，高效利用淤涨型滩涂资源。科学论证与规划海上风电布局。

强化与国家海洋局省部共建，在青岛西海岸新区筹建海洋合作中心，将其打造成为海洋部长会议、合作交流会议以及主题论坛举办地。探索建立世界海洋科技创新联盟，推动青岛、威海加快建设国家海洋高技术产业基地，把山东半岛蓝色经济区打造成为东亚海洋经济合作的核心区域。深入推进威海中韩自贸区地方经济合作示范区建设，支持威海与仁川自由经济区在投资、贸易、产业合作等领域开展合作，加快推进青岛中韩创新产业园建设。重点加强对开行连云港经阿拉山口至阿拉木图、连云港经霍尔果斯至中亚、连云港至莫斯科等多条"连新亚""连新欧""苏新欧""苏满俄"等班列的市场培育。支持南通建设进口资源加工基地和重化工配套产业基地，推进盐城沿海港口群和淮河出海航道工程建设。

（三）东海海域

东海是中国三大边缘海之一，濒临上海、浙江、福建、台湾四省（直辖市），面积约 77 万平方千米，平均水深 370 米，西部为宽广的大陆架，其面积约占整个海区的 2/3。东海盛产大黄鱼、带鱼、墨鱼等，舟山群岛是中国最大的渔场，海底石油和天然气资源也很丰富。东海沿岸港湾、岛屿众多，尤其是浙江、福建两省近岸地带，许多地方呈岛链式海岸。海湾有杭州湾、台州湾、温州湾、湄洲湾、厦门湾等（张耀光，2001）。东海地处中国南北航运的中枢和长江出海口，并且是亚洲东部各国航运要冲。东海海域海洋经济的发展，要充分发挥长江口和海峡西岸区域港湾、深水岸线、航道资源优势，重点发展国际化大型港口和临港产业，强化国际航运中心区位优势，保障海上交通安全。加强海湾、海岛及周边海域的保护，限制湾内填海和填海连岛。加强重要渔场和水产种质资源保护，发展远洋捕捞，促进渔业与海洋生态保护的协调发展。加快东海大陆架油气矿产资源的勘探开发，强化对钓鱼岛海域渔业资源开发利用与管理，坚决捍卫国家主权。

加快中欧班列培育、国际产能合作和金融合作，发挥长三角对接"一带一路"的支撑作用。以沿线国际大通道和重点港口城市为依托，强化辐射带动长江流域发展的龙头地位，深化"一带一路"与长江经济带发展战略对接，全方位推进基础设施、经贸产业、能源资源、海洋经济、金融保险、人文交流、环境保护等领域深度合作，建成以先进制造业和现代服务业为支撑的世界级城市群、"丝绸之路经济带"和"21世纪海上丝绸之路"的战略对接点。

充分发挥福建对台关系独特、海外侨胞众多、开放程度高等优势，大力提升海峡西岸地区服务海上丝绸之路建设的平台服务功能，打造一批重大综合性、经贸、海上、人文合作平台，深化闽台合作，加强海上合作战略支点建设，创新开放型经济体制机制，在互联互通、经贸合作、体制创新、人文交流等领域全面发挥核心区的引领、示范、集聚、辐射作用,建成海上丝绸之路陆海通道的重要枢纽、经贸合作的前沿平台、体制机制创新的先行区和人文交流合作的示范区。

(四)南海海域

南海是中国最大的边缘海,总面积约 350 万平方千米,平均水深 1212 米。南海中部介于东北-西南向的深海盆地,大部分水深超过 3600 米,但南海大陆架仍有相当规模,主要分布在西北和西南、南部。珠江口大陆架宽达 254 千米,海南岛南部约 90 千米,西北部的北部湾和西部的泰国湾则全部位于大陆架上,只有东部大陆架狭小。南海盛产热带鱼、虾,鱼种极多(张耀光,2001)。近年来,在中国沿海南海大陆架上,新的石油、天然气资源不断被发现和开采。南海海域开阔,有许多海峡联系着周围的海洋。位于南海西侧的中国沿海港口有广州港、黄埔港、深圳港、湛江港、北海港、香港港等,是中国与东南亚、南亚、非洲、欧洲、大洋洲等地区通商贸易的重要港口。南海海域海洋经济的发展,要适应海上开放开发经济区建设的要求,不断加大海岛资源保护与开发力度,强力推动港口和其他生产生活基础设施建设,加快发展海水淡化、海洋能源、交通运输等基础产业,建立远洋捕捞、海水养殖、生态旅游、交通运输和中转贸易基地,大力推动海上城市建设。大力开发渔业和旅游资源,加强海底油气、矿产调查评价与勘探,做好深海资源开发的技术储备。在主权在我的前提下,积极推动与周边国家间的海洋资源开发合作,确保共同开发取得实质性进展。

以区域合作、港口合作、经贸合作、能源合作发挥粤港澳大湾区的战略支撑作用,携手港澳台参与"一带一路"建设,加强泛珠三角合作拓展内陆腹地,构建粤港澳大湾区融合发展的现代海洋产业体系,培育壮大海洋生物医药、海洋工程装备制造、海水综合利用等新兴产业,集中集约发展临海石化、能源等产业,加快发展港口物流、滨海旅游、海洋信息服务等海洋服务业,突破海洋产业全球价值链的低端锁定,迈向全球价值链的中高端。依托香港高增值海运和金融服务的优势,发展海上保险、再保险及船舶金融等特色金融业,支持澳门科学编制实施海域中长期发展规划,进一步发展海上旅游、海洋科技、海洋生物等产业。支持深圳建设全球海洋中心城市。推动珠三角港口与"21世纪海上丝绸之路"沿线港口构建新港口联盟,优化提升对外贸易投资层次,建构开放的经济合作载体和平台,将珠三角建设成为与沿线国家交流合作的战略枢纽、经贸合作中心和重要引擎。

发挥北部湾作为中国西南地区出海口和毗邻东盟的区位优势,进一步加快港口资源整合和港城一体化发展步伐,加强与西南地区内陆腹地的通道建设,积极发展现代海洋产业体系,将北部湾建设成为中国面向东盟的桥头堡、"丝绸之路经济带"和"21世纪海上丝绸之路"战略对接的西南门户,以及引领西南地区参与海上丝绸之路建设的增长极。

加大海南省作为中国经略南海的平台支撑作用,把握海南建设中国自由贸易试验区、中国特色自由贸易港、全面深化改革开放试验区的契机,探索建立开放型经济新体制。分步骤、分阶段建立自由贸易港政策体系,高起点发展海洋经济,着力培育发展以海洋生物制药、海洋工程装备制造、海水淡化综合利用为主的海洋新兴产业,打造海口、三亚海上合作战略支点。建立以洋浦保税港区为核心区,以海口美兰机场、三亚凤凰机场离境退税为南北两翼的贸易网络，以旅游合作和人文交流为重要支撑，发挥博鳌亚洲论坛作为重要对外交流平台的作用，以深海科学技术研究为突破口，建立深海科技联合实验室、联合研究中心等国际科技创新合作平台，着力提高海南海洋科技总体竞争力，为南海资源开发提供服务保障，将其建成中国经略南海的战略要地、"一带一路"国际交流平台。

第五节 拓展中国海洋发展新空间的路径

中国应加大陆海资源统筹开发力度，推动海洋产业结构优化升级，提升海洋新兴产业比重，培育海洋经济发展新动能，强化海洋生态修复与保护，加大海洋开发的国际合作广度深度，多方面拓展海洋发展新空间。

一、统筹陆海国土资源开发，挖掘海洋资源开发潜力

（一）加快海洋能矿资源开发进程

调整陆地能源生产结构，合作勘探开发与自主勘探开发相结合，加快海洋油气资源勘探与开发，逐步推进海洋油气资源开发由近岸浅海向远海深水转移。科学开发海上风能、潮汐能等可再生能源。开展天然气水合物调查评价和关键技术研究。加快深海特别是专属经济区和大陆架的矿产资源勘探开发步伐，积极参与国际海域矿产资源调查评价。

（二）建设海上粮仓

在严格保护陆域耕地资源、提高粮食综合生产能力的基础上，大力挖掘海洋生物资源潜力。坚持生态优先、养捕结合和控制近海、拓展外海、发展远洋的方针，严格控制近海捕捞强度，推动海水养殖业加快发展，加快海洋农牧化发展进程；优先推动对争议海域的黄海、东海、南海争议区渔业资源开发，在专属经济区形成生物资源开发和海产品生产基地；把走出去抢占国际水产资源作为现代渔业发展的主攻方向，扩大远洋渔业作业海域，建设远洋渔业服务基地，发展海外养殖基地；加强海洋生物资源的精深加工与利用，实现养殖、捕捞、深度加工协调发展（曹忠祥，宋建军，刘保奎等，2014）。

（三）统筹围填海造地和海岛开发

控制围填海的强度和规模，严格控制近岸围填海，加强海岛海岸地质地貌和生物多样性保护，保护珍稀濒危鸟类和海洋生物在海岛和周边海洋的迁徙停歇地、繁殖地、栖息地，维护海岛自然属性。积极推进离岸和岛（礁）基围填海，科学有序推动围填海造地，提高用地效率。以有居民海岛为突破口，统筹海岛保护与开发，合理控制人口规模和开发利用强度，加强已开发海岛环境整治，修复受损生态系统，推进海岛合理开发利用。加快舟山、平潭、横琴等近岸岛屿开发开放步伐。重视无居民海岛开发，严格无居民海岛管理，明确功能定位、用途管控要求、海岛及周围海域保护措施，完善无海岛居民有偿使用制度。加强边远海岛、特别是事关国家主权和战略利益的无居民海岛的基础设施建设，鼓励居民在岛上生活和从事远洋捕捞、海水养殖、生态旅游、交通运输、中转贸易等经济活动。

（四）扩大海水利用规模

强化淡水资源节约意识，优化供水结构，把海水淡化和海水综合利用纳入国家水资源配置体系和区域水资源利用规划，逐步扩大海水利用规模。在天津、青岛等地建设国家海水利用产业化基地，开展近海特大型缺水城市利用淡化海水作为补充居民生活用水论证工作。

二、加快海洋新兴产业发展，调整海洋产业结构

（一）突出海洋新兴高科技产业发展的优先地位

从产业技术进步、产业关联、产业贡献的角度，海洋油气、海洋生物医药、海洋化工、海水综合利用、海洋工程装备制造、海洋新能源、海洋监测服务等产业，是近年来增长速度较快、发展潜力最大的产业，应作为未来发展的重点产业予以扶持。为此，要以2017年1月国家发展和改革委员会公布的《战略性新兴产业重点产品和服务指导目录》（2016版）为指引，引导社会资源投向海洋环境保护与生态修复、海洋生物医药、海洋工程装备、海洋能源等重点领域。围绕海域工程、海域资源、海域环境等领域突破一批关键核心技术，培育壮大海洋工程装备、海洋生物医药产业，推进海水淡化和海洋能规模化利用，充分认识海水淡化在解决东部缺水地区重要补充水源中的战略地位，制定海水产业化的税收和价格补贴政策，扩大海水淡化产业规模，推动海水淡化产业基地建设。加大对海洋油气勘

探开采的投资力度,并把深海作为未来的重点投资空间和新增长点,实现南海油气资源商业化开采。提升海洋工程装备产业科技创新能力,在深海油气开采、船舶制造等产业链高端环节形成自主核心技术,增强在国际市场中的竞争力。

(二)着力提升海洋服务业发展水平和质量

以服务业加快发展为契机,着力推动研发设计、公共服务、市场营销、金融物流等海洋生产性服务业发展,重点发展滨海旅游等消费性服务业,加快旅游基础设施建设,培育邮轮游艇、休闲渔业等滨海旅游新业态,积极发展海洋文化旅游业,促进滨海生态旅游可持续发展,推动海洋产业向服务化、高端化发展。

(三)加快海洋传统产业改造升级步伐

改变海洋渔业、海洋运输、海盐、滨海旅游、船舶制造等的粗放型发展方式,实现产业技术升级和产品更新换代,优化产业内部结构,提高产业发展的经济效益,最大限度减轻海洋开发对资源和环境的破坏。

三、重视生态保护与修复,提高海洋经济可持续发展能力

(一)重点海域以海定陆,实施陆源污染物入海总量控制

加快开展污染物排海状况及重点海域环境容量评估,探索建立沿海、流域、海域协同一体的综合治理体系,加强海岸带综合管理。加快推进重点海域综合治理,构建流域-河口-近岸海域污染防治联动机制,提出重点海域污染物总量控制目标,确定氮、磷、营养物

质的污染物的控制要求，逐步实施重点海域污染物排海总量控制，推动海域污染防治与流域及沿海地区污染防治工作的协调与衔接，推进美丽海湾保护和建设。高度关注渤海海域，将海洋环境质量作为刚性约束，强化沿海地方政府和涉海企业环境责任。

（二）加强流域水利工程对河口水沙调控的综合管理，维护河口生态健康

在维持河口三角洲冲淤平衡所需入河口临界泥沙量、河口三角洲大城市供水安全最低需水量及河口/近海生态最低需水量等的基础上，制定流域水利工程调控水沙的方案。启动重点河口区的点源、非点源综合治理，重点实施水源涵养、湿地建设、河岸带生态阻隔等综合治理工程，维护河口良好水环境质量。

（三）突出沿岸重点区域生态修复与治理，优化沿海地区人居和发展环境

综合考虑沿海区域经济社会发展和空间布局优化的要求，以海岸带作为保护重点，强化对现有保护区的管理和维护，着力推动河口、海湾和浅滩等生态环境敏感区的生态保护、修复与综合治理。加快实施城市海岸线和近岸海域的修复工程，恢复生态功能和景观功能，提供城市亲海和休闲空间，为促进消费成为经济新引擎提供支撑。

（四）建立健全海洋生态文明制度，强化依法依规用海秩序

加快海洋功能区划、海洋生态红线、围填海总量控制、海洋产业用海规模控制、海洋经济评价等制度体系建设，完善海洋资源利

用和海洋环境标准体系，不断强化海洋生态环境保护的制度和法律基础，以高标准、高要求促进形成海洋经济转型发展倒逼机制，推动海洋经济绿色低碳循环发展。

四、加强海洋开发的国际合作，拓展海洋经济发展外部空间

（一）加大国际海域海洋资源开发投入

要坚持立足资源、超越资源，加快对国际海域海洋资源的调查、评价和产业化开发步伐，积极参与国际公海的利益角逐。立足现有已申请获准矿区的资源调查与评估，强化基础装备和公共服务平台建设，扩大多元化和社会化参与，加强深海资源勘探和开发装备技术研发，加快深海资源开发步伐，促进深海产业发展。在此基础上，以强化中国在全球大洋的战略存在为指向，进一步扩大国际海域资源调查的范围，积极推动新矿区申请，不断拓展中国在国际海域的活动和发展空间。

（二）积极参与国外海洋资源的合作开发

积极发展蓝色伙伴关系，深度参与国际海洋治理机制和相关规则制定与实施，推动建设公正合理的国际海洋秩序。紧紧抓住"21世纪海上丝绸之路"建设的机遇，加强和沿线国家海洋资源开发的合作。通过合作建港、港口租赁运营等多种方式，参与沿线国家港湾资源开发，支持国内企业在沿线国家港口城市建立港口物流、海外贸易和补给基地。发挥中国海洋水产大国的优势，积极开展与沿线国家海洋生物资源开发的合作，合作组建海洋渔业企业，建立一批海洋渔业特别是海洋水产养殖、加工和贸易基地，促进海外渔业资源捕捞和养殖业的发展，并为中国海洋渔业发展拓展新的空间。积极参与国外海洋油气资源开发，促进能源资源来源的多元化，增加能源战略储备。转移海洋船舶制造、交通运输等过剩产能，促进中国海洋经济结构升级。

第六节　拓展海洋发展新空间的对策

我国辽阔而美丽的海洋国土，是建设社会主义现代化强国的空间载体。拓展海洋发展新空间，首先应培养海洋意识和海洋文化，实现海洋地域和陆域地域的平衡（郑永年，2018）。更主要的是，加快统筹陆海规划编制，推动管理体制机制创新，大力发展海洋科技，加强海陆多层次对外合作，建立陆海统筹发展示范区，超前谋划一批重大战略工程（曹忠祥，2014）。

一、加快陆海统一规划编制，强化宏观引导与管制

《全国国土空间规划纲要（2021—2035年）》明确提出："加强陆海空间协同，统筹海岸线、海域、海岛开发保护活动，节约集约利用浅海近岸，合理有序利用深远海空间，完善海岛功能体系，提升重点海岛战略支撑功能。"各地区在编制国土空间规划、五年规划等综合性规划中，要切实体现陆海统筹的思想，将海洋国土纳入国家国土资源开发利用规划体系，强化海洋国土的重要地位，构建陆海一体的国土开发与管制框架体系，实现海陆一张图；在国土资源开发分区中，将渤海、黄海、东海海域分别纳入沿海相应地区的范

围进行统一规划；在科学分析论证的基础上，加快编制《南海海上开放开发经济区规划》。有针对性地加快涉及陆海统筹发展的专项规划的制定，健全陆海统筹的规划体系。主要包括《国家建设用海规划》和沿海各地《区域建设用海规划》，使之与围填海计划结合；以生态系统的理论为基础，环保、水利和海洋等部门紧密合作，尽快研究并编制山顶-流域-沿岸区域-近岸海域的《全国统筹海陆生态环境保护规划》；以海岸线基本功能管制为核心，编制全国、沿海省（自治区、直辖市）、地级市的三级《海岸线保护与利用规划》；以全国海洋经济发展规划以及国家出台的沿海区域发展规划为依据，尽快开展沿海地区海洋经济区划方案和跨区域海洋经济发展规划编制（曹忠祥，高国力，2015）。

二、推动管理体制和机制创新，凝聚陆海统筹发展合力

进一步推进综合管理体制改革与机制创新。以2013年设立的海洋政策协调领导机构——国家海洋委员会为参照，建议沿海各省（自治区、直辖市）、地级市也相应成立地方海洋委员会，通过各级政府部门之间的通力协作，加强对陆海统筹发展的总体协调和战略指导。着手建立跨越海陆部门行政边界、跨越各省（自治区、直辖市）的行政边界的行政管理体制，强化地区间合作与交流，并通过相应的政策激励与约束手段，形成推动陆海统筹发展的合力和长效机制。

突出港口建设、围填海和生态环境保护等方面的管理体制改革和机制创新。改革港口管理体制，实现由"一港一城一政"向国家、省（自治区、直辖市）、地级市三级规划管理体制转变；建议省级政府成立一个相对独立的在港口规划、建设以及经营上都有实质管理权的港务管理机构，从而从根本上遏制地方政府盲目建港和港口组

而不合、整而不合的局面。加强围填海管理改革与制度创新，实施更加严格的审批制度，严禁规避法定审批权限、将单个建设项目用海化整为零拆分审批的行为；推进围填海计划与土地利用年度计划有机衔接，按照适度从紧、集约利用、保护生态、海陆统筹的原则，确定全国围填海计划总量及分省（自治区、直辖市）方案，遏制盲目围填海；协调和规范围填海与土地审批管理，加强用海管理与用地管理的衔接；加强对区域用海规划实施情况的监督管理，建立围填海造地后评估制度、公众参与制度。创新统筹陆海生态环境保护机制，以统一规划为前提，以流域为抓手，建立海陆关联的生态环境保护标准体系，加强陆源污染防治和环境管理。

三、实施创新驱动战略，强化科技支撑能力

适应当前国际发展趋势和建设海洋强国的需求，坚定不移地实施创新驱动战略，加快陆域相关技术向海洋领域转化，加强海洋科技创新，提高科技对海洋开发的支撑能力。继续推进科技兴海战略，加快推进海洋科技资源共享平台、技术创新平台、成果转化平台和深海科技平台的建设，加强海洋科技人才引进和培养，抢占海洋科技制高点。加大海洋资源勘探开发、海水淡化和利用、远海捕捞养殖、深海勘探和科学考察等关键领域的技术攻关，提升引进消化吸收再创新、集成创新和自主创新等多种技术创新能力，建立技术研发、中试、产业化推广的良性循环机制（曹忠祥，高国力，2015）。

四、坚持开放发展，加强海陆多层次对外合作

优先推动海峡两岸在油气和渔业资源开发、海洋生物资源和生态环境保护、海洋科学技术研究及海洋防灾减灾等方面的合作，要

特别注重与中国台湾地区在东海和南海海上执法维权活动的沟通和协调，做到合力对外、步调一致，扩大实际效果和影响力。加强与海洋大国、强国的合作。一方面要针对目前中国专属经济区开发中存在的资金和技术难题，在保持自主主导开发的基础上，积极吸引发达国家的涉海大型企业集团参与中国的海洋开发，加强与国际主要海洋开发管理机构及相关国家政府在敏感海域开发问题上的沟通与协调。同时，积极开展与周边利益相关国家的海洋开发合作，增强中国在争议海域的实际存在，争取共同开发的主动权。此外，以国际次区域合作为主要形式，重视内陆沿边的开放发展，缓解中国对外经贸合作交流过分依赖海上通道的潜在危机与压力。

五、加大政策支持力度，建立多层次的陆海统筹发展示范区

建议国家尽快出台关于促进海洋经济发展的指导意见，并着手制定一套清晰完整的国家海洋政策体系，为海洋经济发展营造良好的政策环境。研究和制定扶持海洋能源、海洋生物制药、深海资源开发、远洋渔业的财税优惠政策，支持临港/临海和海洋产业优化升级；加大对海洋资源勘查研究的投入力度；促进海洋科技成果转化，建立科技兴海多元化投入机制。在政府主导下，探索建立海洋资源勘探、开发市场化机制，鼓励和引导民间资本参与海洋资源勘探和开发，拓宽投融资渠道。

重视核心区域发展，继续发挥京津冀、长江三角洲、粤港澳大湾区、北部湾和闽江三角洲等沿海经济增长核心区域的支撑作用，加快推进沿海发展低谷区的崛起，加强海岸带的总体实力和优势；优化海岸带发展空间格局，构建陆海生态协调、产业结构优化升级

的支撑体系,促使资本、人口和其他生产要素向内陆地区和海域扩散转移。依托已经批准建设的山东、浙江、福建、广东等海洋经济示范省,选择设立不同类型、等级和功能的陆海统筹发展示范区,实行重点倾斜的政策,支持示范区在规划管理、海陆资源开发整合、产业结构调整、陆海生态环境一体化治理等方面先行先试,并对其他沿海地区发挥示范带动作用。

六、以重大战略工程为抓手,全面推进陆海统筹发展

瞄准陆海国土空间格局优化、资源开发、产业发展、通道建设和生态环境保护等重点领域,超前谋划和推动重大工程建设,使之对陆海统筹发展全局起到战略性引导作用。建议近期实施四大战略工程:一是南海海上开放开发经济区建设工程,重点突出以主要海岛为支撑的海上城市建设、海岛开发保护配套基础设施建设和基础产业培育、争议海域海洋资源合作开发、后勤服务保障基地建设等;二是陆海战略通道拓展工程,以沿边国际次区域合作加快发展为契机,加强与缅甸、孟加拉国、印度、泰国、巴基斯坦等国家跨境通道建设的合作,打通南出印度洋的多条战略通道;三是科技创新和战略支撑产业培育工程,重点突出提升科技创新能力和产业化推广应用,推动海洋产业升级和结构调整,强化对陆域经济发展的引领作用;四是大型河口区域生态环境综合治理工程,重点选择黄河口、长江口、珠江口等主要河口区域,推动生态环境的综合治理,引领海洋综合管理体制机制创新。围绕工程建设,确立一批标志性重点建设项目,做好项目储备、论证和实施,有效发挥项目对工程的支撑作用。

参考文献

阿尔弗雷德·赛耶·马汉. 海权论[M]. 张彬, 张宗祥译, 北京: 电子工业出版社, 2013.

曹忠祥, 高国力. 我国陆海统筹发展的战略内涵、思路与对策[J]. 中国软科学, 2015 (2): 1–12.

曹忠祥. 对我国陆海统筹发展的战略思考[J]. 宏观经济管理, 2014 (12): 30–33.

曹忠祥, 宋建军, 刘保奎等. 我国陆海统筹发展的重点战略任务[J]. 中国发展观察, 2014 (9): 42–45.

邓琦. 多部门将研究推动海洋垃圾污染防治[N]. 新京报, 2019–6–3 (特 02).

方煜东. 陆海统筹推进海洋经济发展路径——以宁波–舟山海洋经济一体化开发为例[M]. 北京: 海洋出版社, 2013: 38–39, 14.

菲利普·德·索萨. 极简海洋文明史: 航海与世界历史 5000 年[M]. 施诚, 张珉璐译, 北京: 中信出版集团, 2016: 203.

郭玉华. 新中国海洋战略实践历程考察[J]. 云南社会主义学院学报, 2016 (3): 115–121.

国家海洋局. 海洋生态文明建设实施方案 (2015—2020 年) [Z]. 2015.

国家海洋局. 全国海洋功能区划 (2011—2020 年) [Z]. 2012.

国家海洋局海洋发展战略研究所课题组. 中国海洋经济发展报告 (2013)[M]. 北京: 经济科学出版社, 2013: 4.

国务院. 全国海洋主体功能区规划[Z]. 2015.

侯晚梅, 唐远华. 新中国海洋开发政策的历史考察[J]. 浙江海洋大学学报 (人文科学版), 2011 (1): 4–9.

侯西勇, 刘静, 宋洋等. 中国大陆海岸线开发利用的生态环境影响与政策建议[J]. 中国科学院院刊, 2016 (10): 1143–1150.

李靖宇，赵伟等. 中国海洋经济开发论：从海洋区域经济开发到海洋产业经济开发的战略导向[M]. 北京：高等教育出版社，2010：58.

OECD. 2030 年海洋经济展望[R]. 2016.

逄格林. 我国加工贸易梯度转移的产业集聚研究[D]. 济南：山东财经大学，2013.

史春林，马文婷. 1978 年以来中国海洋管理体制改革：回顾与展望[J]. 中国软科学，2019（6）：1–12.

唐国建，崔凤. 海洋开发对中国未来发展的战略意义初探[J]. 上海行政学院学报，2013，14（5）：56–61.

王列辉，朱艳. 基于"21 世纪海上丝绸之路"的中国国际航运网络演化[J]. 地理学报，2017，72（12）：2265–2280.

王江涛. 我国海洋空间资源供给侧结构性改革的对策[J]. 经济纵横，2016（4）：39–44.

王江涛. "十三五"我国海洋发展形势与政策取向研究[J]. 生态经济，2016，32（8）：21–24.

谢慧明，马捷. 海洋强省建设的浙江实践与经验[J]. 治理研究，2019，35（3）：21–31.

张耀光. 中国边疆地理（海疆）[M]. 北京：科学出版社，2001：51，9.

郑永年. 中国通往海洋文明之路[M]. 北京：东方出版社，2018：49–50.

第十章 拓展区域发展新空间的对策

拓展区域发展新空间是关系到中国经济社会持续稳定增长的重大战略问题，也是未来一段时期迫切需要解决的问题，需要相应的制度保障及政策支持。本章在对现状政策局限性分析的基础上，提出拓展区域发展新空间的具体政策措施。

第一节 现状政策的局限性

一、关于现状政策的研究

部分学者初步探讨了拓展区域发展新空间的政策建议，多数是从制度保障和政策支持两个视角对"一带一路"倡议下的空间格局、城市群支撑的拓展区域发展新空间、拓展海洋发展新空间、拓展区域发展新空间的对策等问题进行研究。

第一，"一带一路"倡议下的空间格局。2015年3月，国家发展和改革委员会、外交部、商务部联合发布《推动共建丝绸之路经济带和21世纪海上丝绸之路的愿景与行动》，标志着"一带一路"倡议进入行动阶段，将"打造政治互信、经济融合、文化包容的利益共同体、命运共同体和责任共同体",作为"一带一路"的建设发展目标,以加强与共建国家的"政策沟通、设施联通、贸易畅通、资金融通、民心相通"作为合作重点,将对中国区域空间格局产生重要影响。为落实"一带一路"倡议,需要从人才(隗斌贤,2016)、产业(张可云,蔡之兵,2015)、文化、法规(隗斌贤,2016)、贸易(张可云,蔡之兵,2015)、金融、民生(刘国斌,2019)等政策方面提供综合支撑。肖红军、程俊杰和黄速建(2018)从国家、企业、社会组织三个层面提出提高"一带一路"沿线各国可持续发展水平的政策取向。

第二,城市群支撑的拓展区域发展新空间。城市群是区域发展新空间的主体形态,现有研究认为,中国城市群发展的合作机制较落后,缺乏法律性、权威性的规则对政府行为进行有效约束,且尚未建立合作的利益共享机制(廖富洲,2014)。因此,应当在保持行政区划基本不变的前提下,按照拓展区域发展新空间的需要,弱化行政区划的经济功能,通过区域规划、区域社会、区域文化、公众参与等综合制度体系的创新,建立起城市群区域利益协调和补偿机制,提高城市群的整体竞争力(黄征学,2014)。通过树立淡化行政边界、协商对话、互通互信的理念,实现以有限政府、有效政府为标志的政府职能转变;建立错位发展、突出优势的现代市场经济体系;培育和建立城市群的非政府组织(肖金成,2015)。魏后凯和成艾华(2012)指出,长江中游城市群三省高层应建立制度化的协商对话机制,加强省际沟通,实现有效协调与联动建立长江中游城市群市长联席会议制度,并建立长江中游地区合作与发展共同促进基金和重点专题合作制度。毛艳华、李敬子和蔡敏容(2014)指出,珠江三角洲城市群应由官方或非官方性质的组织机构来推动区域经济社会协调发展，并加快建立 CEPA 框架下的一体化区域大市场。魏丽华（2017）认为，促进京津冀城市群协同发展，需要探索跨区域项目转移、产业对接以及利益分享等协同体制机制，构建联通京津冀的产业走廊。武文霞（2019）指出，促进粤港澳大湾区协同发展，要在"一国两制"框架下构建大湾区城市常态协调机制，包括建立区域权威性协调机构，构建资源共享合作机制，协调好政府与市场的关系。

在促进城市群发展的政策保障方面，国内研究多集中于科技创新政策（董金华，刘凡丰，2010）、基础设施建设（武文霞，2019）、打造信息平台、实施贸易政策（徐海鑫，郑智，2005）、保护生态环境（方创琳，2017）、人才政策（周春山，金万富，史晨怡，2015）、对外开放政策（吴殿倬，2016）、产业政策（秦尊文，陈丽媛，张宁等，2014）、财政政策（方创琳，周成虎，王振波，2015）等领域。

第三，海洋发展新空间的支持政策研究。改革开放 40 多年来，中国经济已发展成为高度依赖海洋的开放型经济，随着经济社会的发展，这种状况将长期存在，并不断深化。刘薇和黄小彪（2011）指出，拓展海洋发展空间，应当着眼于制度创新，建立海洋经济科学发展新机制。加快推进海域使用权改革，探索完善海岸线有偿使用制度，提高海岸带综合利用效率。提升海洋经济开放水平，加快建立内外联动、互利共赢、安全高效的开放型海洋经济体系，扩大开放领域，提高开放质量，构筑全方位、宽领域、多层次的开放新格局。强化大通关的协作机制，进行通关改革试点，建设电子口岸，建立跨区域的口岸协作机制，进一步提高通关效率。曹忠祥（2017）指出，要把优化海洋开发战略布局、推动海洋经济结构的战略性调整、发挥科技创新引领作用、加强生态环境保护、扩大海洋开发国际合作等，作为拓展海洋发展空间的重要方向。李帅帅、施晓铭和沈体雁（2019）指出，拓展海洋经济空间的路径，包括拓展地理空间、网络空间和经济空间三个方面。拓展地理空间是指海洋经济活动由近岸近海向深海极地拓展，拓展网络空间是指中国在世界海洋经济网络中的位置由东亚中心国家向亚洲、"一带一路"乃至全球中心国家拓展，拓展经济空间是指海洋相关企业由个体发展向海洋产业集群协同发展转变。

第四，拓展区域发展新空间的政策建议。为尽快推动拓展区域发展新空间，需要改革户籍制度和土地制度促进生产要素自由流动，推进市场化改革促进政府职能转向宏观管理，充分发挥中央政府在促进经济集聚和区域经济一体化中的重要作用（常瑞祥，安树伟，2019）。为构建多极网络空间，需要开展相关战略和规划研究，构建由高铁网络、高速公路网络和航空网络组成的快速交通网络（覃成林，2019），在国家层面建立有效的组织、规划协调机制（杨上广，2009），在国家增长极和国家发展轴层面创造新的合作方式。

二、现状政策存在的问题

上面分析表明，现有关于拓展区域发展新空间的政策研究数量偏少。从政策实践角度看，拓展区域发展新空间的政策措施存在三个问题：第一，国家尚未出台拓展区域发展新空间的政策，也没有专门制定实施针对拓展区域发展新空间的政策措施。现有关于拓展区域发展新空间尤其是关于城市群的基础设施互联互通、产业协同发展、协同创新、生态环境联防共治等的政策较为分散，缺乏统一的框架体系。第二，缺乏分类指导。区域发展新空间可以划分为第一代区域发展空间、区域发展新空间、潜在区域发展新空间、海洋发展新空间等类型，也可以划分为较发达城市群和欠发达城市群，不同类型发展空间面临的问题存在较大差异，在发展过程中对政策的需求不同，有必要构建差别化的分类指导政策体系，才能更好地发挥政策效应。第三，拓展区域发展新空间的体制机制不完善。在拓展区域发展新空间中，政府与市场的作用和关系等制度基础亟待完善，区域合作机制不健全，区域间生态补偿机制和税收利益共享机制等尚需完善。

第二节 完善自上而下与自下而上相结合的制度基础

拓展区域发展新空间，要善于把政府的引导作用与市场在资源配置中的决定性作用结合起来，形成自上而下与自下而上的合力。发挥政府在制定政策和制度建设中的引导作用，从最初的"强制性"制度变迁转向"诱致性"制度变迁，从早期的"模仿性"制度创新转向"自主性"制度创新。还要积极发挥市场在拓展区域发展新空间中的决定性作用，通过投融资机制、PPP（Public-Private Partnership）模式等吸引民间资本，使各类要素在自由市场中充分发挥作用，形成自上而下与自下而上的良性互动。

一、完善自上而下的制度建设

完善自上而下的制度建设，主要是指拓展区域发展新空间应当注重政府引导，深化体制机制改革，正确履行政府职责，大力发挥市场作用，合理配置公共资源，完善规划实施机制，动员和引导全社会力量共同推进规划落实，以及促进重大项目的实施，进而拓展区域发展新空间。

第一，切实转变政府职能。注重政府引导，创新管理方式，落实简政放权，坚持市场导向，减少行政干预。优化政府机构设置、职能配置、工作流程，完善决策权、执行权、监督权既相互制约又相互协调的行政运行机制。发挥"无形的手"的决定性作用实现资源的优化配置，同时辅以各级政府"有形的手"加以引导推动。坚持有扶有控，选准调结构和促发展的切入点与突破口。深化行政审批制度改革，取消市场机制可以有效调节的经济活动的审批；对于面向基层、由地方管理更方便有效的经济社会事项，一律下放权力到地方和基层。加强市场监管，完善服务体系，提供良好环境。推广政府购买行为，通过合同、委托等方式向社会购买。严格绩效管理，突出责任落实，确保权责一致。放大现实增长动力，拓宽未来发展空间。

第二，科学制定发展规划。相关政府部门要根据各地区的具体情况，系统、科学地制定相关发展规划，分步骤地确定总体目标以及发展重点。规划还要体现出差异性与时序性。积极构建齐抓共管的工作格局，形成拓展区域发展新空间的新合力。

二、加强自下而上的制度建设

自下而上的制度建设，即在新空间的培育和建设过程中，充分发挥市场在资源配置中的决定性作用，通过市场化运作促进生产要素和产业有序、科学转移，创新投融资机制、大力发展PPP模式等，吸引各类资本特别是民间资本参与新空间的重大项目建设，提高公共产品和公共服务供给的能力与效率。

(一)创新投融资机制

研究按市场化方式设立投资基金,建立多元化、可持续的投融资机制体制(陈金祥,2010)。推进融资平台公司市场化转型和融资,规范地方政府债务管理,合理安排地区政府债务限额,做好地方政府债券发行工作,支持公益性事业发展。充分发挥政府投资的引导作用,统筹商业性金融、开发性金融、政策性金融与合作性金融,发挥协同作用,形成分工合理、相互补充的金融机构体系。大力发展创投基金、天使基金、股权投资基金,建立健全与银行、保险、证券等金融机构的投融资合作对接机制,促进金融机构跟投跟贷等。

(二)适度发展 PPP 模式

高度重视并适度应用 PPP 模式,建立由各级政府负责、行业主管部门推动、相关部门参与的协调推进机制。充分发挥各级工商联、商会组织的重要作用,共同开展民营企业投资 PPP 项目对接会、推介会、洽谈会等活动,积极推动政府和民营企业等社会资本合作顺利实施。深入研究论证,健全完善 PPP 项目的立项设计、前期准备和评估论证,充分考虑项目的战略价值、经济价值、商务模式、可融资性以及管理能力。切实做好 PPP 项目的总体规划、综合平衡和储备管理工作,建立 PPP 项目数据库,最大范围引进民间资本。贯彻落实 2015 年 4 月国家发展和改革委员会、财政部、住房和城乡建设部等联合印发的《基础设施和公用事业特许经营管理办法》等有关政策,借鉴发达地区的有关政策和先进经验,制定《鼓励和引导社会资本参与公共基础设施领域建设的实施意见》等政策,推进 PPP

项目的顺利运行。此外，可以借鉴国外PPP交易所，依托各类产权、股权交易市场，通过股权转让、资产证券化等方式，完善PPP项目的退出机制，丰富PPP项目投资退出渠道，解决民营企业的后顾之忧。

第三节 以财政政策梯次推进区域发展新空间

多个国家促进区域均衡发展的经验表明，财政工具是促进区域协调发展的最重要工具之一。因此，要从设立城市群一体化发展投资基金、建立地区间生态补偿机制、建立税收利益共享和征管协调机制、创新财政转移支付方式等方面入手，完善区域发展新空间梯次推进的财政工具体系。

一、研究设立城市群一体化发展投资基金

在相关城市协商的基础上，按照市场化的原则研究设立城市群一体化发展投资基金。分期确定基金规模，采用直接投资与参股设立子基金相结合的运作模式，鼓励社会资本参与基金设立和运营。基金的投资应重点投向跨区域重大基础设施互联互通、现代农业、生态环境联防共治、创新体系共建、公共服务和信息系统共享、民生改善、科技创新、园区合作等领域，以构建城市群一体化发展体系。进一步完善基金治理和管理结构，增强基金的风险可控性，构建基金支出监督和绩效评估机制，定期监督检查基金的用途及去向，

对于不同时期基金的使用情况要分期进行说明与评估，并进行定期跟踪，确保每笔基金的合理高效利用与有效流动。

二、建立地区间生态补偿机制

深化区域协同机制，形成全方位、高层次、多元化、多渠道的生态补偿机制，以保障区域内不同功能区都能实现公平、和谐、良性发展。生态补偿机制包括纵向补偿机制和横向补偿机制，纵向生态补偿机制主要指下级地方政府为顾全大局做出了"牺牲"，而上级政府对于"牺牲"提供专项补助；横向生态补偿机制主要指上游地区为保护生态环境限制发展做出了"牺牲"，而得到下游受益地区的经济补偿。因此，应将政府、企业、居民以及社会组织都纳入生态补偿机制中。加大对企业主动减排治污行为的信贷支持力度，对于信用良好的企业，给予税收补贴、优惠贷款等适度优惠；对于信用较差的企业，执行更严格的应急减排要求，倒逼企业退出市场或转型。有效调动公众参与环境治理的积极性，构建普通民众参与大气环境治理机制。将生态补偿财政主导与碳汇、排污权交易等市场方式相结合，以更好地完善市场在生态补偿中的决定性作用。推广环境补偿试点经验，科学界定流域生态保护区和生态服务受益区，合理确定转移支付标准，严格监督转移支付资金使用，促进生态补偿横向转移支付规范性、常态化、制度化。加强跨省（自治区、直辖市）界环境污染纠纷协调，建立环境污染赔偿机制，制定具体赔付补偿办法，探索建立区域生态建设投入激励机制（国家发展改革委，住房城乡建设部，2016），提升地区维护生态环境的积极性和主动性。

三、建立税收利益共享和征管协调机制

第一，城市群内部，应在充分尊重各方意愿的基础上，消除行政壁垒，加强利益共同体意识，明确责任义务，研究探索产业转移税收利益共享机制，促使城市空间的合理利用，统筹兼顾城市群内部各主体的利益。按照统一税制、公平税负、促进公平竞争的原则，加强区域税收优惠政策的规范管理，减少税收政策洼地，促进要素自由流动。建立城市群内省际互认的征收管理制度，构建税收信息沟通与常态化交流机制，时时监控、事事监督，实现税源、政策和稽查等信息共享，建立区域税收利益争端处理和稽查协作机制（国家发展改革委，住房城乡建设部，2016），达到"1+1＞2"的效果。第二，切实提高区域发展新空间和潜在区域发展新空间的增值税地方分享比例。为促进区域发展新空间和潜在区域发展新空间的发展，建议在实行统一增值税政策的基础上，分阶段对区域发展新空间和潜在区域发展新空间实行增值税区域性优惠，向国家相关部门争取适当提高区域发展新空间和潜在区域发展新空间的增值税地方分享比例，以缓解地方财力紧张。第三，积极探索第一代区域发展空间、区域发展新空间和潜在区域发展新空间的税收分成体制。第一代区域发展空间土地空间较少，可以到土地充裕的区域发展新空间和潜在区域发展新空间合作共建产业园区，形成的税收按照一定比例分成。

四、创新财政转移支付方式

在转移支付方式上，应加大因素法分配的力度，压缩专项转移支付，按照雪中送炭、扶贫济困的原则，促使第一代区域发展空间

对区域发展新空间和潜在区域发展新空间进行援助，通过多种方式筹集资金，加大援助力度，推进各个梯队地区间基本公共服务的均等化，加大中央财政资金对区域发展新空间和潜在区域发展新空间的支持力度。

第四节　创新区域发展新空间的协调发展机制

支持第一代区域发展空间与区域发展新空间、潜在区域发展新空间创新区域协调发展新机制。建立新空间战略统筹机制，借鉴对口支援制度和措施，优化区域互助机制，支持中西部地区、东北地区城市群与东部地区城市群创新开展对口合作机制，探索"飞地经济"发展模式，共建对口合作重点园区，实现互利互赢。重点投向跨区域重大基础设施互联互通、生态环境联防共治、创新体系共建、公共服务和信息系统共享、园区合作等领域。

一、建立新空间战略统筹机制

统筹第一代区域发展空间与区域发展新空间、潜在区域发展新空间之间的发展，建立第一代区域发展空间与区域发展新空间、潜在区域发展新空间的联动机制，坚持"输血"和"造血"相结合，以城市群为载体，以承接产业转移示范区、跨省合作园区等为平台，推动区域发展新空间和潜在区域发展新空间加快发展，形成新的增长极，以带动中西部广大地区的高质量发展。

推动陆海统筹发展,促进陆海发展新空间在空间布局、产业发展、基础设施建设、资源开发、环境保护等方面的协同发展。

二、深化区域发展新空间的对口合作机制

支持加强东北地区、西部地区与东中部、环渤海地区之间的经济联系,依托现有机制建立完善合作平台,开展跨区域合作。积极参与推进长江经济带发展和京津冀协同发展,深化泛珠三角、泛北部湾等区域合作。建设第一代区域发展空间与区域发展新空间、潜在区域发展新空间之间的对口合作重点园区。在产业、科技、文化、旅游等领域,鼓励区域发展新空间、潜在区域发展新空间通过委托管理、投资合作等多种形式,与第一代区域发展空间合作共建飞地产业园区,积极发挥市场机制,形成互惠互利的合作模式。大力鼓励援助方输出成熟的园区管理经验,在此基础上共同建立园区管理委员会,选派援助方的优秀干部到受援助方园区任职、挂职。支持合作方建立常态化的议事协调机制,加强在产业发展、功能布局等方面的政策对接。此外,应当鼓励按照市场化原则和方式开展合作,即采取 PPP 等模式吸引社会资本参与园区开发和运营管理。提高园区专业化运行水平,支持通过特许经营、政府购买服务等方式,将园区部分或全部事务委托给第三方监督、运营管理,条件成熟地区可探索实行园区的日常运营与管理相分离的政策。此外,还应当积极探索并完善异地开发生态保护及补偿机制,建立健全保护区与受益区的利益分配机制。

三、构建区域发展新空间的互助机制

优化第一代区域发展空间与区域发展新空间、潜在区域发展新

空间的互助机制。深入开展第一代区域发展空间与区域发展新空间、潜在区域发展新空间之间的教育、医疗、人才、产业、生态合作。加强第一代区域发展空间高校对口支援区域发展新空间、潜在区域发展新空间高校工作，鼓励有条件的区域发展新空间高校开展中外合作办学。继续提高重点高校在区域发展新空间、潜在区域发展新空间的招生比例。国家重大人才工程向区域发展新空间、潜在区域发展新空间倾斜。加快民族教育和特殊教育发展，支持民族院校建设。深入开展医疗系统对口支援，扎实做好全国三级医院与西部不发达地区县级医院一对一帮扶工作。完善基层医疗卫生服务体系。帮扶建设区域发展新空间、潜在区域发展新空间人口健康信息平台、远程医疗服务系统、省级远程医疗服务平台等。深入实施第一代区域发展空间对口支援区域发展新空间、潜在区域发展新空间人才开发工程。积极引导第一代区域发展空间劳动密集型产业、能源矿产开发和加工业、农产品加工业、装备制造业、现代服务业、高技术产业、加工贸易等产业向区域发展新空间、潜在区域发展新空间有序转移，加强产业转移示范区建设，研究提出支持各类新空间对接发展的金融政策、产业与投资政策、土地政策、商贸政策、科教文化政策。加强高校重点学科专业建设，发挥高等教育振兴计划的作用，支持区域性有特色高水平大学的发展。

四、拓展区域发展新空间的合作领域

建立健全统一开放要素市场。实现生产要素跨区域合理流动和资源优化配置，建立区域统一的人力资源市场，完善人才评价体系和人力资源开发配置机制，建立有利于人才交流的户籍、住房、教育、人事管理和社会保险关系转移制度。建立区域统一的资本市场，推进资本要素市场化配置，推动产权交易市场合作。加快金融机构组织创新，增加有效金融服务供给。构建多层次、广覆盖、有差异、大中小合理分工的银行机构体系，优化金融资源配置，放宽金融服务业市场准入，推动信用信息深度开发利用，增加服务小微企业和民营企业的金融服务供给（中共中央，国务院，2020）。推进绿色金融创新。支持银行等金融机构跨地区经营，建立中央与地方共同监管、各自负责的机制。建立区域统一的技术市场，实施统一的技术标准，实行高技术企业与成果资质互认制等。完善科技创新资源配置方式，加快培育数据要素市场，探索建立统一规范的数据管理制度，为区域发展新空间的科技创新与数据合作搭桥牵线。

打造互联互通的交通网络。完善城际综合交通网络，提升综合交通枢纽辐射能力，加快打造城市群交通网，畅通对外综合运输通道。提升运输服务能力与水平。强化中心城市之间高速客运服务，中心城市与节点城市、节点城市之间快速客运服务，中心城区与郊区之间通勤客运服务。推进城市群内客运交通公交化运营，提供同城化交通服务，推行不同客运方式客票一体联程和不同城市一卡通。加快发展铁（路）水（运）、公（路）铁（路）、（航）空铁（路）和江河海联运，加快船型标准化改造，发展精益物流、共同配送等多样化、专业化城际货运服务。强化信息资源整合，实现城市群交通信息互通共享。

积极倡导共治生态环境。严格保护生态空间，划定生态保护红线。加强自然保护区、水产种植资源保护区的生态建设和修复，维护生物多样性，保障饮用水安全。全面加强森林公园、重要湿地、天然林保护。严格控制超大城市和特大城市的建设用地规模，发挥永久基本农田作为城市实体开发边界的作用。深化跨区域水污染联防联治，建立水污染防治倒逼机制；联手打好大气污染防治攻坚战，提升区域落后产能淘汰标准，推进重点行业产业升级换代。严格执行统一的大气污染物特别排放限制；全面开展土壤污染防治，制定土壤环境质量标准体系，建立污染土地管控治理清单；对水、大气、土壤实行协同污染治理。

第五节 完善分类指导的政策导向

一、支持第一代区域发展空间迈向高质量发展新阶段

中国第一代区域发展空间未来发展要以内涵式增长为主，加快改革开放，打造全球重要的现代服务业和先进制造业中心，推进城市群结构优化，建设世界级城市群（安树伟，肖金成，2016）。

第一，实施创新驱动发展战略，健全协同创新机制。努力将北京、上海、广州、深圳打造成为全球科技中心，吸引世界级跨国公司和科技型企业，吸引高层次科技人才，利用人才、产品、市场和管理创新带动世界产业变革。培育创新引擎的企业和跨国公司，打造一流的创新基础设施和公共平台，成为新兴产业的战略高地。培育社会创新创业意识，形成有利于创新的社会制度。加大创新型人才培养力度，建设一批世界一流的高等学校和科研院所，进一步推动研究能力的提升，打造高质量的研究体系，为创新能力的可持续发展提供强力支撑。完善创新协同机制，实施互动科创政策，建立区域技术交易市场，共享科技资源。构建跨区域协同创新平台，围绕大众创业、万众创新的目标共建科技孵化中心，共建国家技术标准创新基地、科技成果转化基地（邬晓霞，时晨，高见，2019）。

第二，推进产业结构优化升级。基于城市群的整体功能定位和各地比较优势，实施差异化的产业发展战略，优化重点产业布局和协同发展。全面提升制造业发展水平，围绕物联网、大数据、人工智能、生物医药、航空航天等新兴产业，培育一批具有国际竞争力的龙头企业，强化区域优势产业协作，建设世界级制造业集群，打造全球重要的先进制造业中心。创新服务业服务内容、业态和商业模式，围绕现代金融、现代物流、科技服务、软件和信息服务等现代服务业，打造高水平的服务业集聚区和创新平台。开展区域品牌提升行动，协同推进服务标准化建设，培育高端服务品牌，打造全球重要的现代服务业中心。

第三，推进城市群内基本公共服务一体化。优先发展教育事业，深化教育体制改革，建立合理的教育资源配置机制，开展地区间教育合作与交流。提升医疗卫生服务水平，优化地区间医疗卫生资源配置，深化医药卫生体制改革，着力构建覆盖城乡的公共卫生服务体系。建立覆盖城乡、区域均衡、全面共享、服务均等的公共就业服务体系和全面统一的就业服务标准，营造公平就业环境，畅通劳动力和人才社会性流动渠道，建立市场化的促进就业和扶持创业的优惠政策体系。推进城乡衔接的社会保险制度，制定符合城市群经济社会发展水平的统一保险标准（孙久文，2016）。

第四，大力提高外向型经济发展水平。加快与国际通行贸易规则相衔接，推进贸易高质量发展，促进对外贸易多元化发展。完善以负面清单为核心的外商投资管理体制，完善境外投资管理制度，为企业"走出去"提供支持。加快外贸转型升级，充分发挥展会平台作用，发展外贸新业态，开拓新兴市场。坚持互利共赢的开放战略，深度参与"一带一路"建设，推动"一带一路"建设的高质量发展，拓展对外开放空间。充分利用中国自由贸易试验区、自由贸易港对外开放高地建设的机遇，打造高水平对外开放门户，拓展对外开放空间。

二、充分发挥区域发展新空间的承上启下作用

第一，提升城市群功能。在城市群内部形成合理的城市分工体系，重点优化核心城市的带动作用，培育中小城市发展，引导空间网络化发展，形成发展合力，提升城市群整体实力（杨明洪，孙继琼等，2008）。培育具有一定竞争力的主导产业，面向全球构筑一体化新型产业分工体系，强化城市群内部及与周边地区的合作，共同建设具有国际竞争力的产业集群，增强城市群在全球经济体系中的地位。第二，促进产业升级。寻找产业升级捷径，拓展产业升级机会，促进制造业向高端、智能、绿色、服务、集群方向发展，大力发展战略性新兴产业。推动服务业优质高效发展，完善服务业发展体制和政策，引导产业优化布局和分工协作，改造提升现有产业集聚区，形成区域专业化生产要素集聚洼地，推动产业集聚向产业集群转型升级，打造具有全球影响力的先进制造业基地和现代服务业基地。第三，推进基本公共服务均等化，形成合理的区域协调方式。通过打造一流的生态环境、完善公共服务体系、建设人文城市等，提升城市功能品质，促进公共服务共建共享。在基本公共服务均等化后，还应当强调高水平公共服务基本均等化发展，增强中小城市的公共服务和人口集聚能力，为人口、要素、资源的合理流动奠定基础。此外，区域发展新空间还要加快推进农业转移人口市民化，稳步推进户籍制度改革和城镇基本公共服务常住人口全覆盖，鼓励和支持农业转移人口就地就近城镇化。进一步加大中央预算内投资、

中央财政均衡性转移支付和专项转移支付向区域发展新空间的倾斜力度。鼓励各类金融机构在区域发展新空间设立机构总部、地区总部、分支机构，规范要素交易市场、新型投融资等平台建设。

三、筑牢潜在区域发展新空间的发展基础

为培育潜在区域发展新空间新动能，应从财政投资、教育支持、人才引进、文化支持政策等方面提供保障。

第一，加快基础设施建设。加大财政转移支付和投资力度，提高对铁路、公路、民航等建设项目中央专项建设资金补助标准和资本金注入比例，支持综合交通运输体系、能源管网和通信设施等建设。构建综合交通运输体系，建设集客运专线、普通铁路、城际铁路、市域（郊）铁路、城市轨道交通于一体的现代轨道交通运输体系，构建高品质快速轨道交通网。加快省际高速公路建设，提升省际公路通达能力。加快建设新一代信息基础设施，推动5G网络建设，构建高速共享的信息网络。统筹推进油气、电网、新能源等基础设施建设，完善能源保障体系。

第二，推进市场化进程。理顺政府和市场、政府和社会、中央和地方的关系，调整所有制结构，积极稳妥推进国有企业混合所有制改革，深化国有企业改革，加快完善国有企业法人治理结构和市场化经营机制，进一步推动国有企业与民营企业的竞争与合作，充分发挥市场在资源配置中的决定性作用，构建统一的市场。完善产权制度和要素市场化配置，促使生产要素的价格、流通、消费、利润及其分配主要依靠市场交换实现。促使政府调控方式由行政手段为主转向法律手段和经济手段为主，通过加强产权保护和减少规制来营造市场化、法治化、国际化营商环境。

第三,积极开展国际区域合作。以"一带一路"建设为重点,实行更加积极主动的开放战略,推动构建互利共赢的国际区域合作新机制。充分发挥"一带一路"国际合作高峰论坛、中国-东盟合作、东盟与中日韩(10+3)合作、中日韩合作、澜沧江-湄公河合作、图们江地区开发合作等国际区域合作机制作用,增强与"一带一路"沿线经济带和城市群的连接性,扩大区域市场规模(张建军,2010)。

同时,落实财税、金融、投资、产业、土地、价格、生态补偿和人才等支持政策。以国家重点开发开放试验区和跨境、边境经济合作区建设为支撑,打造对外交流合作的平台与窗口。积极有序整合各类产业发展扶持资金,加大对高端制造业与现代服务业发展的政策支持力度。推动产业政策向普惠化和功能性转型,强化对技术创新和结构升级的支持,加强产业政策和竞争政策协同。健全推动发展先进制造业、振兴实体经济的体制机制。加大民族地区教育建设,建立健全现代职业教育体系,实施少数民族人才培养计划。加快推进重大标志性文化设施建设,广泛开展丰富多彩的群众性文化活动,重点推出一批有代表性的优秀文化艺术精品和文化品牌。实施文化"走出去"战略。建立健全人才培养体系,创新人才管理体制机制。

四、培育海洋发展新动能

(一)推进海洋科技创新

适应当前国际发展趋势和建设海洋强国的需求,围绕大力发展海洋高新技术产业和以高新技术改造传统海洋产业两大环节,加强海洋科技创新,加快陆域相关技术向海洋领域转化,提高科技对海洋开发的支撑能力。明确国家海洋技术创新的重点，组织实施重大技术创新工程，重点突破海水淡化和海水直接利用、深水油气勘探和安全开发、深远海生物资源利用、海洋新能源利用、海洋工程装备制造等领域的关键技术，提升引进消化吸收再创新、集成创新和自主创新等多种技术创新能力。发挥国家重点、实验室、技术创新中心、公共研发平台、深海科技平台等的作用，加快推进海洋科技资源共享平台、技术创新平台、成果转化平台和深海科技平台的建设，加强海洋公共技术创新。

（二）加快海洋科技成果转化步伐

建立完善的技术扩散、渗透机制，保证先进技术的优先选项和推广，以利益调节为动力机制，创造产、学、研、管有机结合的发展环境，在技术开发、推广应用、产业化运作等环节合理配置资源，促成各类产业要素的集成，加快集成创新步伐。加强海洋高新技术成果产业化转化的技术、经济可行性研究，建立情报、信息、代理、风险投资和知识产权保护等中间机构，加强技术成果的商品化。充分发挥企业技术开发主体的作用，积极推进各类海洋企业与科研单位联手，建立技术研发、中试、产业化推广的良性循环机制。

（三）优化海洋科技资源配置

加快人才培养和引进，高度重视培养和造就海洋科技人才，优化海洋科研人才结构。多渠道解决海洋科技开发中的资金不足问题，加大政府引导性投资的力度。通过海域有偿使用制度和许可证制度，为海洋科技开发筹集资金。设立科技兴海专项基金、海洋高技术人才培养基金、海洋科技开发基金和科技人员创新激励基金等。在海洋应用基础研究、科技攻关、产业化等层次上，持续安排一批重点海洋科技项目。

第六节　形成区域发展空间梯次推进格局

一、形成新空间梯次发展格局的阶段

（一）第一阶段（2020—2035 年）

中共二十大报告指出，全面建成社会主义现代化强国，从 2020 年到 2035 年基本实现社会主义现代化。经济实力、科技实力、综合国力大幅跃升，人均国内生产总值迈上新的大台阶，达到中等发达国家水平；实现高水平科技自立自强，进入创新型国家前列；建成现代化经济体系，形成新发展格局，基本实现新型工业化、信息化、城镇化、农业现代化。城市群作为国家治理体系和治理能力现代化的重要载体，也是推动区域协调发展的重要增长极，对于基本实现社会主义现代化具有重要作用。应以发达城市群和中部城市群为主要支撑，以自身"做大做强"为主，加强城市群内部城市间的紧密合作，推动城市间产业分工、基础设施、公共服务、环境治理、对外开放、改革创新等协调联动，加快打造有全球影响力的先进制造业基地和现代服务业基地，促进工业现代化、新型城镇化与生态环境承载能力的协调发展，强化中心城市区域服务功能，推进重点地区一体化发展和城乡发展一体化。优化提升第一代区域发展空间，积极打造在各方面具有领先水平的战略性功能区，从而实现对区域发展新空间和潜在区域发展新空间的良性辐射带动作用。第一代区

域发展空间应当加快推进简政放权、放管结合、优化服务改革，以市场为基础，统筹综合配套改革试点和开放平台建设，复制推广中国自由贸易试验区、自主创新示范区等成熟经验，在政府职能转变、要素市场一体化建设、公共服务和社会事业合作、体制机制创新、科技创新、基础设施一体化协同发展等方面先行先试，并加快推进产业结构的调整升级，同时协调好现阶段的就业问题。在提升利用外资质量和水平、扩大服务业对外开放、集聚国际化人才、探索建立自由贸易港区等方面率先突破，加快探索形成可复制、可推广的新经验和新模式，形成引领经济发展新常态的体制机制和发展方式。

（二）第二阶段（2036—2049年）

中共二十大报告指出："从二〇三五年到本世纪中叶把我国建成富强民主文明和谐美丽的社会主义现代化强国。"在这一阶段，为实现社会主义现代化强国建设，需要包括第一代区域发展空间、区域发展新空间、潜在区域发展新空间、海洋发展新空间在内的全方位区域发展空间支撑。借助"一带一路"建设、长江经济带发展、黄河流域生态保护和高质量发展战略，推动中国内陆沿边地区由对外开放的边缘转变为前沿，形成东西互济的全方位开放新格局。促进区域发展新空间与第一代区域发展空间的紧密衔接、相互支撑、承上启下，彻底解决区域经济增长瓶颈，提升发展质量。切实加快内陆沿边开放步伐，推进同有关国家和地区多领域互利共赢务实合作，促进经济要素有序自由流动、资源高效配置和市场深度融合。打造陆海内外联动、东西双向开放的全面开放新格局。深入提升潜在区域发展新空间面向外部地区的竞争力，加快形成海上开放通道和以边境口岸为支撑的陆上开放通道，不断拓展开放合作领域，提升开放水平。构建起主要依靠沿海三大城市群引领过渡到支撑带连接的全方位合作体系，积极推动国家发展战略向"倚陆向海、陆海并重"转变，建立陆海统筹发展示范区，拓展海洋发展新空间，从而促使中国东部、中部、西部、东北四大区域对外开放水平得到进一步的全面提升，以最终实现"统筹东中西、协调南北方"的目标。

二、形成新空间梯次发展格局的对策

为构建"第一代区域发展空间—区域发展新空间—潜在区域发展新空间"梯次推进的格局，形成"城市群-经济区-发展轴"有机结合的经济空间结构，提出如下对策措施。

第一，发挥政府的推动作用。政府通过制定和实施各项政策来影响全国经济持续增长的传递过程（安树伟，常瑞祥，2016）。政府在拓展区域发展新空间中具有重要的促进作用，通过完善基础设施建设、改善营商环境、培育区域经济增长极、科学编制国土空间规划和消除行政壁垒等措施，提升区域发展新空间的竞争力（安树伟，肖金成，2016）。

第二，加快产业转移。加快促进东部地区产业向中西部地区转移，促进城市群核心城市部分产业向外围地区转移（李国平等，2016）。在产业转移过程中，要引导产业链条式、整体式、集群式转移。正确认识不同区域之间资源禀赋和所处工业化阶段的差异性，把握不同产业在不同地理区域之间转换接续的空间和机遇，加强对各区域承接产业转移和布局的分类指导（熊理然，2010），加快东西部地区合作共建园区，加快城市群内产业转移承接平台建设，完善承接产业转移载体（安树伟，肖金成，2016）。

第三，深化区域合作。在经济一体化背景下，区域发展新空间的形成和发展要通过专业化分工和市场一体化来实现，区域分工的不断深化需要足够容量的市场范围和充分自由的要素流动（王士君，2009；侯永志，张永生，刘培林等，2015）。拓展区域发展新空间，需要创新跨区域合作体制机制，构建区域协调发展新机制，加强城市群、经济区和发展轴中心城市的合作联动，建立城市间、城市群间重大事项、重大项目协商机制，共建省际产业合作园区，有序推动产业跨区域转移和生产要素双向流动。健全区域环境治理联动机制，提升跨区域污染防治的一体化水平。

第四，发挥区域发展新空间承上启下的作用。一方面，区域发展新空间要快速成长为国家新型城镇化和新型工业化的主要承载区，以更好地承担第一代空间转移出来的功能。要避免第一代空间发展过程中出现的粗放式发展、包容性不强、农业转移人口市民化滞后、生态环境趋于恶化等问题。另一方面，充分发挥区域发展新空间的辐射带动作用，通过产业转移、区域合作等途径，带动潜在区域发展新空间快速成长（安树伟，肖金成，2016）。

参考文献

安树伟，常瑞祥. 中国省际经济增长的传递及其机制分析[J]. 中国软科学，2016（11）：74–83.
安树伟，肖金成. 区域发展新空间的逻辑演进[J]. 改革，2016（8）：45–53.
曹忠祥. 拓展海洋经济新空间的重点方向[J]. 中国经贸导刊，2017（34）：41–44.

常瑞祥，安树伟. 中国区域发展空间的格局演变与新拓展[J]. 区域经济评论，2019（3）：129–138.

陈金祥. 中国经济区：经济区空间演化机理及持续发展路径研究[M]. 北京：科学出版社，2010：156–158.

董金华，刘凡丰. 创建区域大型研发平台的组织分析和政策建议——以长三角为例[J]. 科学学与科学技术管理，2010，31（9）：129–134.

方创琳. 京津冀城市群协同发展的理论基础与规律性分析[J]. 地理科学进展，2017，36（1）：15–24.

方创琳，周成虎，王振波. 长江经济带城市群可持续发展战略问题与分级梯度发展重点[J]. 地理科学进展，2015，34（11）：1398–1408.

国家发展改革委，住房城乡建设部. 长江三角洲城市群发展规划[Z]. 2016.

侯永志，张永生，刘培林等. 支撑未来中国经济增长的新战略性区域研究[M]. 北京：中国发展出版社，2015：1–3.

黄征学. 城市群：理论与实践[M]. 北京：经济科学出版社，2014：50–52.

李国平等. 产业转移与中国区域空间结构优化[M]. 北京：科学出版社，2016：121.

李帅帅，施晓铭，沈体雁. 海洋经济系统构建与蓝色经济空间拓展路径研究[J]. 海洋经济，2019，9（1）：3–7.

廖富洲. 构建和完善城市群跨区域联动发展机制——以中原城市群为例[J]. 学习论坛，2014，30（11）：31–36.

刘国斌. "一带一路"建设的推进思路与政策创新研究[J]. 东北亚论坛，2019，28（4）：71–86.+128

刘薇，黄小彪. 从战略高度推动广州海洋经济发展 拓展广州城市发展新空间[J]. 港口经济，2011（4）：45–47.

毛艳华，李敬子，蔡敏容. 大珠三角城市群发展：特征、问题和策略[J]. 华南师范大学学报（社会科学版），2014（5）：108–115+163.

秦尊文，陈丽媛，张宁等. 长江中游城市群建设中武汉的战略与对策[J]. 学习与实践，2014（5）：29–35.

覃成林. 构建"十四五"时期多极网络空间发展新格局[J]. 区域经济评论，

2019（6）：4–6.

孙久文. 京津冀协同发展的目标、任务与实施路径[J]. 经济社会体制比较，2016（3）：5–9.

王士君. 城市相互作用与整合发展[M]. 北京：商务印书馆，2009：59–60.

魏后凯，成艾华. 携手共同打造中国经济发展第四极——长江中游城市群发展战略研究[J]. 江汉论坛，2012（4）：5–15.

魏丽华. 城市群协同发展的内在因素比较：京津冀与长三角[J]. 改革，2017（7）：86–96.

邬晓霞，时晨，高见. 优化北京辐射带动功能研究[J]. 城市，2019（2）：28–36.

吴殿倬. 京津冀都市圈环境保护一体化问题探究[J]. 商业经济研究，2016（1）：210–211.

武文霞. 粤港澳大湾区城市群协同发展路径探讨[J]. 江淮论坛，2019（4）：29–34.

肖红军，程俊杰，黄速建. 可持续发展视角下推进"一带一路"建设的政策取向[J]. 改革，2018（7）：31–42.

肖金成. 京津冀区域合作的战略思路[J]. 经济研究参考，2015（2）：3–15.

熊理然. 中国西部城市群落空间重构及其核心支撑[M]. 北京：人民出版社，2010：183.

徐海鑫，郑智. 打造大成渝都市区的经济学分析[J]. 西南民族大学学报（人文社科版），2005（2）：174–176.

杨明洪，孙继琼等. "成渝经济区"——中国经济增长第五极[M]. 成都：四川大学出版社，2008：127.

杨上广. 中国大城市经济空间的演化[M]. 上海：上海人民出版社，2009：240–242.

隗斌贤. "一带一路"背景下文化传播与交流合作战略及其对策[J]. 浙江学刊，2016（2）：214–219.

张建军. 中国西部区域发展路径——层级增长极网络化发展模式[M]. 北京：科学出版社，2010：173.

张可云，蔡之兵. "一带一路"战略的政策保障视角研究[J]. 华南师范大学学报（社会科学版），2015（5）：78–84+191.

周春山，金万富，史晨怡. 新时期珠江三角洲城市群发展战略的思考[J]. 地理科学进展，2015，34（3）：302–312.

中共中央，国务院. 关于构建更加完善的要素市场化配置体制机制的意见[Z]. 2020.

第二篇 专 论

第十一章 区域发展新空间形成的动力源泉
——基于资本空间转移视角

区域发展空间的演化反映在地域景观上便是一些传统落后区域逐渐成长为新的区域经济空间，与此同时一些区域由原来的核心地带逐渐沦落为边缘地带。区域发展新空间的形成涉及全球、国家和地方三个不同空间尺度下，政府、市场和企业组织基于不同目标的空间选择。1980年代以来，伴随着信息和交通技术的广泛应用与全球贸易自由化的开展，处于经济危机中的西方发达资本主义国家加强了过剩资本向全球的扩张，推动了全球-国家-地方空间关系的重塑，促使一些国家内部具有区位交通、发展基础与资源禀赋等相对优势的区域发展成为区域发展新空间。1978年以来，借助于国家改革开放政策，中国东部沿海地区通过引进外资发展外贸，融入全球生产网络体系，迅速成长成为支撑经济增长的重要空间。2008年全球性金融危机以来，受全球经济复苏缓慢、贸易保护主义等因素影响，全球主要资本主义国家与中国的经贸关系逐渐开始转变，这就要求中国在京津冀、长三角、珠三角的基础上，依托内需市场拓展区域发展新空间，提升中国经济应对内外风险的韧性。中共十八大以来提出的京津冀协同发展、长江经济带发展、粤港澳大湾区建设、长江三角洲区域一体化发展、黄河流域生态保护与高质量发展等区域重大发展战略，中共二十大报告提出"深入实施区域协调发展战略、区域重大战略、主体功能区战略、新型城镇化战略，优化重大生产力布局，构建优势互补、高质量发展的区域经济布局和国土空间体系"，其目的也在于适应新的全球化形势，发挥既有经济增长空间的核心带动作用，以形成区域发展新格局。因此，从理论与实践上对区域发展新空间的动力源泉与生成路径进行剖析，有助于阐释不同区域发展空间的复杂演化的理论逻辑，并为不同空间尺度的经济联动、不同行为主体之间的空间互动与区位选择提供一个新的分析视角。

第一节 文献综述

关于区域发展新空间形成机制的研究，传统的企业区位选择理论、产业空间关联理论、区域空间结构理论、空间经济学和马克思主义理论从不同视角有不同的解析，下面分别予以阐述。

一、传统理论关于区域发展新空间形成机制的研究

传统经典理论文献从各个方面论述了不同尺度下经济新空间生成的动力机制，主要可以分为企业、产业与区域空间三个维度。企业作为生产要素在某一尺度空间区位的大量集聚，促使该区域空间有望从自然空间演变成为经济活动空间。企业区位选择理论主要有传统的农业区位论、工业区位论、中心地理论、市场区位论等，在

上述理论中,距离、运费、劳动力、原材料、市场规模、行政组织与政策环境等因素是影响企业区位选择的重要因素,影响着企业进入、退出特定尺度空间的区位调整行为,进而导致某一区域在经济空间上的分化,或成为经济要素集聚发展的新空间,或随着经济要素的扩散而成为边缘地带。

基于产业的理论主要有增长极理论、产业集群理论、产业梯度推移理论等。其中,增长极理论是指具有推动性的主导产业和相关联产业的空间集聚,并通过支配效应、乘数效应、极化与扩散效应对区域经济活动产生组织作用(李小建,2018);产业集群理论阐明了垂直与横向关联企业在特定空间集中而形成的集群;产业梯度推移理论主要阐明处于不同生命周期的产业在不同梯度区域之间的转移进而对经济空间产生的影响。从上述理论来看,增长极、产业集群的生成过程本身就是区域发展新空间的塑造过程,而由于扩散效应和涓滴效应产生的产业转移,将使低梯度地区成为区域发展新空间。

区域空间结构理论主要有核心-外围理论、空间经济学及其延伸扩展的相关理论,空间结构理论认为空间组织之间存在集聚扩散机制。弗里德曼认为工业化阶段所形成的空间上核心-外围结构会随着核心-外围之间的经济联系而加强,而逐渐过渡到空间一体化形态,外围地区与核心地区的发展差异会因为核心地区的扩散效应而逐渐消失。基于垄断竞争视角,空间经济学从集聚与扩散的角度论述了空间的形成演化过程,指出因突发性集聚而产生的本土市场效应与生活成本效应,为资本、劳动力等生产要素向某一空间的集聚提供了可能;要素在核心地区的不断集聚加剧了企业之间的竞争与租金成本,在市场拥挤效应作用下,又为资本、劳动力从某一空间开始向外扩散提供了可能。正是空间集聚力和扩散力之间的均衡,促成了要素空间布局的演变,进而在演变过程中逐渐形成了区域发展新空间。如企业认为原有核心地区的扩散力大于集聚力,便开始向新地区进行转移,以获取新的本土市场效应,减少生产成本。大量的生产要素向新地区的集聚,就促发了新地区成为区域发展新空间。

传统的企业区位选择理论、产业空间关联理论、区域空间结构理论、空间经济学理论为区域发展新空间的形成做了不同尺度的解释,成为中微观市场主体区位选择和政府推动形成区域发展新空间的重要依据。但是,上述理论在阐述区域发展新空间的动力源上还存在不少缺陷。如冯·杜能农业区位论中的城市、韦伯工业区位论对既有市场或城市等是怎么出现的并未给出答案,他们认为原有市场中心是一个先天的存在,企业的区位选择仅仅是一个空间布局问题,也并没有对现实的经济空间生成动力问题进行解释,如为什么一些曾经繁荣的区域走向了衰落。增长极理论与产业梯度推移理论尽管对增长极或高梯度地区在扩散机制下带动周边空间经济发展的机制进行了阐述,但其对作为推动性产业的创新部门何以在某一空间地点发生并没有完整的阐述,难以从根本上阐述清楚区域发展新空间的动力源究竟是什么。采取竞争优势视角的产业集群理论试图对此进行阐述——正的经济外部性促使企业向已有集群的空间进行集中,但对原始自然空间在何种动力下如何成为集群聚焦地也没有进行系统论述,且在其空间尺度上仅能解释局部空间。空间结构理论将动力源界定为某一地方经过长期积累或外部刺激而获得发展的动力,且空间尺度仅限于同一制度体系内的核心与外围空间,难以延伸至不同制度体系空间之间的关联之上。空间经济学理论在同质空间的假设之下,将突发性集聚作为解释内生非对称现象产生的来源,在同质区域下将贸易自由度增加作为引发突发性集聚的原因,弥补了传统文献的不足。但是,诚如皮埃尔-菲利普·库姆斯、蒂里·迈耶、雅克-弗朗索瓦·蒂斯(2011)所指出的,在运输成本不断下降的世界中,至少就欧盟这种相对同质区域而言,空间发展不平衡的原因可以在商品交易的关联性、生产要素的流动性以及市场运行中找到。相对而言,如果要回答为什么所有大陆上的人类没有按相同的速率进行演化,那么地理学中的第一天性①是至关重要的。贾雷德·戴蒙德(2000)《枪炮、病菌与钢铁:人类社会的命运》一书的主题思想,就是环境与地理(第一天性)影响并决定着人类社会的发展,先天的地理环境决定着各国的命运。德隆·阿西莫格鲁和詹姆斯·A.罗宾逊(2015)在《国家为什么会失败:权力、繁荣与贫穷的起源》一书中,否认了富国与穷国的巨大分野是由地理差异造成的这一观点,通过比较类似地理环境地区的发展得出结论:国家兴盛衰败的主要原因在于是否形成了一个政治权利更为广泛分配的社会与包容性制度。在这种社会中,打破了由少数精英阶层控制的汲取性制度,政府对人民负责,民众能够利用经济机会进而使社会走向繁荣,国家发展差异的本质原因是政治制度问题。由此可以看出,空间经济学更加注重的是经济要素地理集中的技术,而对深层次的非经济技术原因论述不足,对地理环境、国家政治制度、经济制度等方面缺

---

① 区域之间天然的差异为第一天性,人类活动改变第一天性后的差异为第二天性。

乏深入的探讨，也就难以叙述清楚资本要素从核心区向边缘区转移并生成新的经济核心的根本动机是什么，新的经济空间生成的动机是什么，或者从经济核心走向边缘的动因是什么，拥挤效应与竞争效应是如何超越本土市场效应、价格指数效应所形成的集聚力而从既有均衡状态走向新的失衡的。空间经济学将其认为是历史的、突发性的集聚，是难以自圆其说的，比如1960—1970年代，美国的资本为什么青睐台湾、香港而非更具优势的上海，这是突发性集聚难以说清楚的。鲍伶俐（2017）认为西方主流经济学在探索经济空间规律过程中，不可避免地表现出西方主流经济学规律观的内在缺陷，将经济系统苛刻划为客观条件与函数，从理性经济人的失真假设出发，得出一个虚幻的代表所谓自然秩序的均衡。在新古典经济学框架之内，区位论、区域空间结构理论和空间经济学理论，均未能回答组成区域发展新空间的经济元素、经济主体从何而来，缘何存在，从而未能解释经济空间的社会动力与本质。要解决这一核心问题，在某种程度上需要进行新的理论探索。

二、马克思主义关于区域发展新空间形成机制的研究

与上述传统理论研究视角不同，马克思主义空间理论将区域发展新空间的产生视为资本积累的需要，从资本逻辑的角度对资本空间扩张所引发的区域分异进行阐述，对区域发展新空间的动力源进行了分析，进而阐述了在经济制度基础上资本空间转移与区位选择集聚的根源，理清了为什么不同发展阶段的资本会选择不同的区域，进而使这些被选定的区域成为经济发展新空间的问题。马克思主义空间理论认为，通过过剩资本突破城乡、城市、国家等空间维度障

碍，可以获得资本的持续积累。资本的地理扩张能够形成世界市场，加速资本的积累。①付清松（2015）在总结卢森堡、希法亭、列宁等人关于资本地理扩张理论时指出，卢森堡从扩大再生产视角出发，认为消费不足导致资本主义剩余价值与扩大再生产难以顺利实现，必须借助外围来维持扩大再生产。希法亭、列宁从利润率下降趋势的角度，认为国内斗争要求资本主义必须开发垄断利润的体系外来源。因此，输出资本成为转移自身过剩危机的重要措施。地理扩张、空间重组与不平衡发展成为资本幸存的地理辩证法。大卫·哈维（2017）将空间修复作为突破资本在工业经济中循环积累和建成环境中循环积累困境的主要路径，认为输出生产力似乎是解决资本主义过度积累问题的唯一办法。因此，资本主义越是为其内在矛盾拼命地寻求空间修复，通过空间生产来克服空间的张力就越紧张。过度积累越大，随之而来的地域性扩张就越快，地理景观转换的步伐也就越迅速。尼尔·史密斯认为，不平衡的地理发展日渐成为克服经济危机的必要手段，地理分异已经成为资本主义发展的常态要求。资本从发达地区流向不发达地区，从城市流向农村，从一个空间流向另一个空间，目的只有一个，即获得最高利润（付清松，2015）。

综上所述，马克思主义的空间分析逻辑较好地论述了区域发展新空间形成的动力源问题。下文将按照马克思主义的空间分析框架，具体论述资本空间转移推动区域发展新空间的形成机制和资本空

---

① 马克思在"德意志意识形态"一文中指出："随着美洲和通往东印度的航线的发现，交往扩大了，工场手工业和整个生产运动有了巨大的发展。……殖民地的开拓，首先是当时市场已经可能扩大为而且日益扩大为世界市场，……商业和工场手工业的扩大，加速了活动资本的积累。"

转移推动对区域发展新空间从外围走向核心的演化机制，以中国为例分析不同尺度下区域发展新空间的形成过程，并对如何拓展区域发展新空间提出政策含义。

第二节 资本空间转移与区域发展新空间的形成

资本积累是剩余价值转化为资本的过程。伴随着资本的持续积累，消费不足与生产过剩的矛盾往往会打乱"既有资本"再循环的进程，为了保证资本的持续积累，资本的空间流动性将逐渐增强，通过将新的区域不断纳入资本空间拓展的范围，来实现对资本积累危机的消解。

一、资本具有向外部空间持续输出的动力

竞争促使资本产生空间转移的内在冲动。在资本积累的驱动下，因区位优势所产生的集聚收益会转换为超额利润。在竞争的作用下，如果个别资本能够通过布局到优势区位地区并获得超额利润的话，其他资本就会跟进布局从而在空间上形成产业集群。如果超额利润持续存在，则往往会转化为土地租金而被土地所有者收走，同时集群内部竞争的加剧也会迫使资本从过于拥挤的区位转向其他新的空间（大卫·哈维，2017）。因此，在竞争压力下，不同资本倾向于采取扩大生产、改变区位等途径，直到区位所带来的超额利润消失为止。具体来看，改变既有区域位置对于个体资本而言可能有以下三方面

益处：一是由于经济社会发展条件的差别，一些区域空间可能尚未形成激烈的资本竞争或新技术资本的进入，那么在原来区位的技术落后者则有望将资本转移至新的空间，在规避集群内部资本严酷竞争的同时，也能够使既有的技术与设备继续发挥作用，而不至于过早被淘汰。二是新技术变革会促使企业将不同生产环节在不同的区位上分割开来，扩大不同区位不同环节生产的空间分工，使得不同生产环节在不同区域均能获取集聚效益和专业化分工收益。三是新的区域可能更接近潜在市场，随着潜在市场的成熟能够令个体资本获取较大收益。由此，竞争环境下资本对外扩张，能够不断提升传统发达地区和新空间内生发展能力，推动新区域在集聚经济的循环因果累积关系下逐渐成长为区域发展新空间。

二、资本向外输出重塑传统空间发展模式

过剩资本空间转移必须伴随着整个资本主义生产方式的一揽子输出，以便能够在新的空间上创造出新的生产力，并使新空间的生产方式逐渐纳入到资本生产体系之中，并要求对传统空间的生产方式进行全面重构，以适应资本在新空间增值的需要。在制度上，资本的空间输出要求承接区域改变以往的经济制度体系，拆毁影响资本自由流动的空间无形壁垒和区域制度性差异。在生产上，资本要求输入地借助相对优势从事某一环节的生产，并通过贸易成为资本价值链生产分工体系的一部分。在流通消费上，资本通过文化和商业手段引导大众消费心理和模式变革，从而完成跨越时空的生产与销售，成为与资本来源地相连接的产品消费市场。不同类型的资本通过各种形式投资于新的空间，使之融入资本扩张体系的循环过程，改变了原有的发展状态与发展模式。正如马克思和恩格斯在《共产

党宣言》中指出,"旧的、靠本国产品来满足的需要,被新的、要靠极其遥远的国家和地带的产品来满足的需要所代替了。过去那种地方的和民族的自给自足和闭关自守状态,被各民族的各方面的互相往来和各方面的互相依赖所代替了"[1]。

三、从吸纳外来资本到形成区域发展新空间

区域一旦能够吸纳到足量外来资本,原有的经济发展模式将被逐渐融入资本生产的空间体系,在资本积累的过程中逐步从依附性发展模式演化为内生型发展模式。诚如马克思所言,"英国的工业巨头们之所以愿意在印度修筑铁路,完全是为了要降低他们的工厂所需要的棉花和其他原料的价格。但是,你一旦把机器应用于一个有铁有煤的国家的交通运输,你就无法阻止这个国家自己去制造这些机器了。如果你想要在一个幅员广大的国家里维持一个铁路网,那你就不能不把铁路交通日常急需的各种必要的生产过程都建立起来,而这样一来,也必然要在那些与铁路没有直接关系的工业部门应用机器。……由铁路系统产生的现代工业,必然会瓦解印度种姓制度所凭借的传统的分工,而种姓制度则是印度进步和强盛的基本障碍"[2]。按照这一逻辑,假定某一地区承接了外来工业资本转移,则外来资本的到来可以使得本地区的劳动力通过就业而学习到相关生产技术,可以使得本地区原有的企业通过与外来资本的配套而提

---

[1] 中共中央马克思恩格斯列宁斯大林著作编译局:《马克思恩格斯选集(第一卷)》,北京:人民出版社1995年版,第275—276页。

[2] 中共中央马克思恩格斯列宁斯大林著作编译局:《马克思恩格斯选集(第一卷)》,北京:人民出版社1995年版,第771页。

升技术学习改进动力。在外来企业工作的中高端管理和技术人才可以独立出来设立新的企业,并在逐渐积累技术经验和资本中成长起来。本地企业随着配套能力的增强,也开始从单一环节配套转向整个产品的研发生产,模仿创新与扩大再生产提升了本地专业化分工能力。众多的外来资本与本地资本的相互作用,为知识资本、金融资本、商业资本等提供了市场,推动科技研发、管理咨询等生产性服务机构开始在本地集聚。竞争推动本地产业集中度提升,推动本地较大规模工业企业开始主业与辅业、内部生产与服务的分离等,产生了本地的生产性服务业,外来与本地生产性服务业的结合,进而对本地工业企业技术水平的提升发挥支撑作用,促使本区域成为具有较强内生发展能力的发展新空间。

第三节 区域发展新空间由外围向核心的转变机制

一般而言,在资本输出的早期阶段,受制于产业规模、产业技术层次、生产环节等因素的影响,区域发展新空间往往对传统空间的依附性较大,形成明显的核心-外围关系。而随着新空间中资本集团的成长壮大及本土技术创新能力的提升,具有后发优势的区域发展新空间往往又具有超越原有发展空间的经济能力。

一、不同类型资本对发展空间具有差异化偏好

从资本输出的历程来看,商业资本致力于资本流通的最后一跳,

在区位上一般选择交通区位和市场条件较好的区域，由此催生了沿海的港口地区、政治与经济精英大量集聚地的首都地区的经济发展。接近较低成本的劳动力与生产资料一般是工业资本区位选择的主要影响因素。金融资本相对其他资本形态而言具有绝对支配地位，其生产主要通过借贷、证券等金融行为分享工商业剩余价值而存在，其对区位空间的选择往往集中于工商业较为集中的核心发达城市。知识资本是技术革新与教育培训的产物，其区位选择主要集中在工商业和教育科技较为发达的地区，既便于享受区位的学习机制又接近知识市场。在资本输出的秩序上，一般而言，传统发达空间的生产资料成本和劳动力成本日渐提升，而促使工业资本逐渐脱离原有区域以寻找新的低成本生产空间，工业资本在新空间的不断集聚，又诱使商业资本、金融资本和知识资本逐步向新的空间集中，资本在新空间的集中融合又促使该区域逐渐成长为新的经济中心。

二、区域发展新空间形成初期的外围地位

资本的流动性需求要求创造有效率的、在空间上整合起来的运输系统与管理系统，并形成等级制度对整个资本生产系统进行组织和管理，由此也产生了新老区域经济空间之间的等级秩序关系，即区域发展新空间对区域发展空间的依附。在全球体系层面，发达资本主义国家能够借助全球产业链分工与不平等的交换体系，形成核心-半边缘-边缘的世界空间等级结构。Friedmann 和 Wolff（1982）认为世界城市作为全球经济的协调和控制中心，只能产生于核心国家，在半边缘国家仅具有产生世界城市的部分条件。全球化下经济活动面向全球的分散化布局，需要通过强化某一核心的作用来对其进行控制和管理，由此，赋予了全球主要城市一个新的战略角色，

即全球城市，如纽约、伦敦、东京、巴黎。这些全球城市除了具有作为国际贸易和银行业中心的悠久历史之外，现在还起着指挥与控制、全球生产性服务、高端产业生产、产品创新及其市场四个方面的作用（丝奇雅·沙森，2005）。反映到一个国家内部，也往往存在核心与边缘的关系，即发达地区和欠发达地区的并存。在这种核心-外围关系中，核心地区功能日益综合化、多样化，而外围地区则日益专业化和单一化，核心地区以服务经济为主、外围地区以专业化制造为主的分工交换模式，促使外围地区对核心地区的依赖程度日渐加强。

三、由外围向核心演变中的区域发展新空间

当外围的经济逐渐进入内生循环发展阶段之后，外围地区也可以生成新的核心，促使资本在核心地区加速积累，并为外围与原有核心地区互换角色提供契机。大卫·哈维（2017）的资本三次循环理论中指出，当资本遭遇危机时，除了地理转换危机之外，将资本从一个领域转入另一个领域，尤其是资本在建成环境①中的投资发生危机时，往往需要通过对科技、教育等领域进行投资，以推动资本的持续积累。在分属不同空间的资本竞争中，区域发展新空间诞生的新资本集团往往能够以更低成本的投入与同样或更发达的技术结合起来，挑战那些更早的发展集团（罗伯特·布伦纳，2016）。如果外围国家通过科技、教育领域的投资实现了技术上的赶超，则其有望逐步扭转核心-外围的关系，成长成为新的经济中心。Brezis、Krugman 和 Tsiddon（1993）提出的蛙跳模型认为，发展中国家可以

---

① 指城市基础设施、房地产、公共设施等方面。

通过学习效应而在技术上超越发达国家,进而实现后发国家的赶超。Samuelson(2004)指出,如果原先处于外围地区的一国在原本不具备比较优势的领域突然意外地提升了生产率,那么原有的核心国家,如美国可能会在自由贸易中处于不利地位。

第四节　不同空间尺度下区域发展新空间的形成

空间具有一定的地域性和范围性,不同层次的区域空间囊括了不同的区域边界。因此,区域发展新空间既包括了全球层次上的国际区域,也包括国家内部不同的地域空间,还包括了不同地域空间内部的城市区域空间。从全球资本的跨境流动,到国家内部资本的跨区域投资,再到城市区域层面资本的空间选择,将产生三个不同层次的区域发展新空间。

一、全球视域下的区域发展新空间的产生

资本在全球空间的转移推动了国家的兴衰。从历史上看,英国向美国等国外地区输出资本,在为英国打开产品市场的同时,也推动美国成为全球发展新空间,并逐渐取代英国成为世界经济的中心。二战以后,美国将战前战后所形成的过剩资本向西欧和日本转移,推动了战后西欧和日本经济的重新崛起,并与美国在全球经济上展开了激烈竞争。1970年代石油危机爆发之后,欧美国家开始向后工业社会转型,工业资本向东亚和东南亚地区转移,推动了以韩国、

新加坡、中国香港、中国台湾为代表的亚洲四小龙的迅速崛起。1980年代以来，随着中国改革开放进程的不断推进和加入世界贸易组织，借助中国廉价的劳动力和庞大的国内市场规模，中国大陆成为中国香港和台湾，以及日美欧过剩资本的主要空间转移目的地，借助于国外资本、技术与市场，中国开始融入全球生产网络体系，并成长为带动全球经济增长的新空间。1978—2022 年，按年平均汇率折算中国国内生产总值占世界的比重由 1.8%上升到约 18.0%。

二、国家视域下的区域发展新空间的产生

由于发展条件、发展历史和发展机遇等不同，国家内部各区域之间存在着明显的异质性。具有区位交通优势、政策优势的地区往往能够率先崛起为经济发展的核心，并在路径依赖下长期在国家区域经济发展中占据重要地位。随着该区域经济结构的升级，转移过剩资本与产能，拓展区域发展新空间便成为支撑国家经济持续平稳增长的需要。在美国由东向西的拓展过程中，正是资本从东北部地区向中部地区的转移，推动了美国五大湖地区的迅速崛起。资本的持续转移，推动了加利福尼亚州的洛杉矶地区、硅谷、旧金山地区，得克萨斯州的达拉斯、休斯敦地区相继成为支撑美国经济繁荣的重要地区。对于中国而言，受近代以来西方列强资本在沿海通商口岸布局的影响，中国大体形成了由沿海港口城市及其附近地区沿交通线路逐步向内地拓展的港口-腹地空间扩展模式（吴松弟，2004）。1949 年全国工业总产值中，东部沿海地区约占全国的 70.2%（吴松弟，2014）。1978 年改革开放之后，依托东部沿海地区区位交通优势和工业历史基础，东部沿海地区尤其是京津冀、长三角、珠三角地区率先改革开放，逐渐成长为改革开放以来中国第一代区域发展空

间,支撑了中国 40 多年的经济高速增长。2008 年国际金融危机之后,中国需要推动既有三大空间的过剩资本与过剩产能,通过向中西部地区转移以拓展区域发展新空间,形成第二代支撑经济稳定增长的区域空间。从目前态势看,山东半岛、成渝、辽中南、中原、海峡西岸、武汉、长株潭、关中平原八个城市群,最有可能成为推动中国经济持续发展的新空间。

三、城市视域下的区域发展新空间的产生

在区域的内部,空间重组表现为城市和地区的去工业化和地理景观的衰落、工业中心的转移、新型工业城市的出现或老工业城市产业结构升级或再工业化、城市群(都市圈)的形成和重组等(付清松,2015)。从空间维度看,城市已经成为缓解资本过剩压力和提升资本长期积累能力的核心空间载体。那些能在不同发展时间节点适应工业、城镇和金融资本需要的城市,往往成长为地区域经济内部发展的新空间,而那些没有抓住国家经济转型和资本投资趋势发展的城市,则往往沦落为萧条区域或收缩城市。进入 21 世纪以来,随着中国部分中心城市(如北京、上海、广州、深圳等)拥挤成本的上升、通信技术的广泛应用与城际铁路的不断建设,在不少中心城市的土地成本和用工成本日益提升的情况下,工业企业开始向外围中小城市转移。特大城市周边的中小城市,也因特大城市的空间溢出而日益成为新的区域发展空间。例如,上海周边的江苏昆山、浙江嘉兴等城市借助于上海的经济辐射而崛起;廊坊、涿州等借助于邻近京津的区位优势而在承接制造业转移方面集聚了较多外来投资;东莞、惠州充分利用广州、深圳的空间溢出效应,通过承接制造业转移实现了自身经济的较快发展。

第五节 研究结论与政策含义

一、研究结论

资本积累的动力促使资本在不同区域之间展开"跷跷板"运动,进而对区域空间进行重塑。在资本空间重构进程中,一方面资本通过对新的区域和市场进行投资使得一些地区得以成长为经济发展新空间,另一方面通过不同资本的空间竞争将一些原本繁荣地区遗弃使之成为边缘地带。在交通、通信等技术创新的推动下,区域之间的时空成本不断被压缩,资本力量的制度同化能力不断增强,进而将更多的区域纳入资本生产的空间网络体系。区域发展的不平衡推动国家战略与政策的演变,一系列旨在降低与发达地区间的时空成本、贸易壁垒与交易成本等方面的有利于市场化的制度安排,成为某一特定区域空间集聚外来资本的政策前提。从不同的空间层次来看,在资本的全球流动下,区域发展新空间既有全球层次上的新空间、国家内部区域的新空间,也有城市区域范围上的新空间。以中国为例,正是当年改革开放的市场化制度安排促使中国成为世界经济发展的新空间,京津冀、长三角、珠三角三大城市群成为全国层面的区域发展新空间。基于上海、广州、深圳、北京与周边相邻地区的一体化制度安排与城际快速交通通道建设,中心城市周边地区又不断成长为地方尺度上的区域发展新空间。总体而言,资本积累过程中对不同空间的全面塑造,是推动区域发展新空间出现的动力源,它要求区域空间进行变革,也推动了区域空间的持续拓展,上演着新旧区域发展空间在地理景观上的此起彼伏,推动区域发展新空间在不同空间尺度上的不断涌现。

二、政策含义

推动剩余资本的空间转移需要打破一切可能的壁垒，吸纳剩余资本的空间必须满足资本的赢利性需求。一般而言，优惠的财政税收政策、快捷高效的基础设施体系、市场化的资源配置、有利的国家宏观调控导向、良好的营商环境、与资本密集区较为紧密的联系等，是落后区域能够迅速吸纳外部过剩资本，逐渐成长为区域发展新空间的重要条件。从国家与不同层级地方政府的职能来看，政府应根据拓展区域发展新空间的需要，将具有一定优势的地区划为政策空间，通过政策引导推动资本向该区域空间的转移，最终推动区域发展新空间的快速成长。

（一）建设综合交通设施提升区域空间联系的内外通达性

综合交通基础设施是克服要素流动空间障碍的重要方式。空间障碍的消除和时空压缩需要在综合交通基础设施上的不断投资，改变目标区域的区位交通条件，使之能够适应资本加速周边循环的需要。因此，要推动某一区域成为区域发展新空间，就必须增强区域对外的通达性，借助于机场、客运专线、城际轨道、高速公路、公路快速干道等交通设施的建设，大幅度压缩区域链接发达地区（第一代区域发展空间）的时空距离，便利与发达地区深化经济联系，推动劳动力和资本等生产要素在本区域的聚集，进而为承接资本空间转移创造基础。对于国家而言，要将跨区域综合交通基础设施作为中央政府的任务，推动形成"统筹东中西、协调南北方"的综合交通通道网络，提升区域之间的快速通达能力。如"十横十纵"客运专线网络与"71118"国家高速路网①建设等,为资本跨区域转移提供设施支撑。省级政府应推进城际轨道交通与地方高速公路网络建设,城市政府应大力推动地方快速路网建设,提升融入国家综合大通道的能力,降低区外资本到本区域的时空成本。

(二)建立健全与资本所在地相衔接的区域制度政策体系

尽管交通与信息技术的进步大大降低了物理上的要素流动限制,但无形贸易壁垒的存在限制了资本等要素跨区域自由流动。只有在制约资本等要素流动的无形壁垒也逐渐降低的背景下,过剩资本才可以在区域发展新空间进行布局,否则无形的制度壁垒将大大降低资本积累的安全性与自由性,导致区域发展新空间难以集聚较高规模的生产要素实现循环累积发展。因此,拓展区域发展新空间应着力构建与经济发达、资本密集地区相统一的制度体系,尤其是市场化、法治化、国际化的营商环境。首先,要推动建立与资本转出地相统一的市场准入标准、质量安全标准、职业资格标准等,为资本空间转移创造便利条件;其次,要彻底清理妨碍劳动力等要素自由流动的政策,如消除对外来人口的歧视性政策,推动形成与资本转出地相统一的人力资源市场体系;再次,推进本地资本投资市场与发达地区、资本密集地区的全面对接,提升互联互通能力,便利发达地区资本对本区域的投资和并购,降低资本跨区域流动的阻力;最后,区域发展新空间要复制好发达地区、资本密集区的政策体系,并推进在本地的落地实施,降低外来资本在本区域的经营

---

① 指由7条首都放射线、11条北南纵线、18条东西横线,以及地区环线、并行线、联络线等组成的国家高速公路网建设。

成本。

(三) 着力提升区域发展新空间的市场化水平

对于准备要进入某一区域的资本而言,其发展有可能面临本地垄断资本的抵制,也可能面临来自本地垄断资本在获取本地资源上的不公平竞争。因此,对于准备引进外部资本的区域发展新空间,尤其是垄断企业较多或矿产资源较为丰富的地区,要尽量减少外来资本进入本区域的不信任与陌生感,营造市场化、法治化、国际化营商环境,给予外来资本以本地化同等待遇。为方便资本进入,区域政策应致力于提升本地的市场化水平。一是为外来产业资本进入本区域投资生产和创建跨区域产业链提供便利,有序推进国有垄断部门市场化改革,进一步降低本地国有企业的市场垄断能力,支持本地国有企业采取混合所有制等形式引进外来资本,共同投资实体经济领域。二是提升开发利用本地矿产和土地等自然资源的市场化水平,为外来资本参与本地土地市场、矿产资源市场提供公平的市场条件。三是推出界定政府权力边界的"负面清单",借助新型互联网技术,管住政府掠夺之"手"、不当干预之"手"和背后操纵之"手",营造便利、透明、公平的创业经营环境,激发市场的开放创新活力。

(四) 加强财税投资与金融政策对区域发展新空间的支持

国家战略和政策通常主要通过在特定的空间实施相关区域政策以实现国家的战略目的,促使原有落后区域能够成为区域发展新空间。中央政府可以对选定的区域发展新空间和潜在区域发展新空间进行必要支持:一是提升中央财政对区域发展新空间的财政转移支付力度,提升区域的财力水平。二是赋予区域发展新空间更优惠税率与财政补助条件。为有效吸引外部资本,区域发展新空间需要在企业所缴纳的系列税收上提供优惠措施,比如增值税扩大抵扣、降低企业所得税税率等,地方政府在自身税收法定的原则之下,可以通过增强财政补助、降低土地价格等形式吸引外来资本,进一步降低资本在本区域的投资风险。三是中央政府预算内基本建设资金可对区域的重大投资项目贷款进行贴息,或参与基础设施投资建设等,尤其是支持公共服务设施与跨区域综合交通设施建设。

(五)布局全方位开放功能载体,增强区域的合作开放水平

资本向区域发展新空间输出要求降低跨区域自由流动障碍,减少资本运营成本。因此,区域政策应聚焦提升区域发展新空间的对外开放水平。一是在区域新空间布局全方位开放新载体。依托陆海空大型交通枢纽,建立健全海港、空港、铁路口岸等载体的全方位开放功能,支持综合保税区、中国自由贸易试验区在区域发展新空间的布局,鼓励区域与国外开展相应贸易、产能与投资合作。二是支持区域发展新空间、潜在区域发展新空间与资本发达地区建立区域协调发展的体制机制,探索建立与东部沿海地区在产业转移、供应链网络建设、跨区域税收分享、科技成果异地孵化等方面的合作机制,切实做到资源共享、功能互补、发展共赢。三是要加强公共服务的一体化建设,提升本区域公共服务水平,实现与发达地区在社会保障、医疗保险、养老保险等领域跨区域的无缝衔接,在财力不足的情况下可以聚焦某一功能区域实现点状率先突破,为承接资本空间转移扫清制度障碍。

参考文献

鲍伶俐.资本逻辑与经济空间生成及扩张机制[M].上海：上海人民出版社，2017：1，20–48，49.

大卫·哈维.资本城市化：资本主义城市化的历史与理论研究[M].董慧译，苏州：苏州大学出版社，2017：59，84.

大卫·哈维.资本的限度[M].张寅译，北京：中信出版社，2017：598，655.

〔美〕德隆·阿西莫格鲁，〔美〕詹姆斯·A.罗宾逊.国家为什么会失败[M].李增刚译，长沙：湖南科学技术出版社，2015：5，374–376.

付清松.不平衡发展——从马克思到尼尔·史密斯[M].北京：人民出版社，2015：178，205–206.

贾雷德·戴蒙德.枪炮、病菌与钢铁：人类社会的命运[M].谢延光译，上海：上海译文出版社，2000：8，12–14.

李小建.经济地理学（第三版）[M].北京：高等教育出版社，2018：49–52，149.

罗伯特·布伦纳.全球动荡的经济学[M].郑吉伟译，北京：中国人民大学出版社，2016：3.

皮埃尔–菲利普·库姆斯，蒂里·迈耶，雅克–弗朗索瓦·蒂斯.经济地理学：区域和国家一体化[M].安虎森译，北京：中国人民大学出版社，2011：3.

丝奇雅·沙森.全球城市：纽约、东京、伦敦[M].周振华译，上海：上海社会科学院出版社，2005：3–4.

吴松弟.港口–腹地与中国现代化的空间进程[J].河北学刊，2004（3）：160–166.

吴松弟.中国近代经济地理（第一卷）[M].上海：华东师范大学出版社，2014：475.

中共中央马克思恩格斯列宁斯大林著作编译局.马克思恩格斯选集（第一卷）[M].北京：人民出版社，1995：110，275–276，771.

Brezis E S, Krugman P R, Tsiddon D. Leapfrogging in International Competition: A Theory of Cycles in National Technological Leadership[J]. American Economic Review, 1993, 83(5): 1211-1219.

Friedmann J, Wolff G. World City Formation: An Agenda for Research and Action[J]. International Journal of Urban and Regional Research, 1982, 6(3): 309-344.

Samuelson P A. Where Ricardo and Mill Rebut and Confirm Arguments of Mainstream Economists Supporting Globalization[J]. Journal of Economic Perspectives, 2004, 18(3): 135-146.

第十二章 一体化、经济集聚与区域发展空间

　　1978年改革开放以来，中国经济经历了40多年高速增长。随着支撑经济高速增长的因素逐渐衰减，加上世界金融危机和新冠疫情的影响，近几年中国经济增长速度开始下滑。需要引起注意的是，中国是一个大国经济体，拥有巨大的区域空间，且各区域由于发展条件和机遇不同存在着明显的经济增长阶段异质性，因此从拓展区域发展新空间的视角，需要寻求促进中国经济更长时间持续平稳增长的有效途径。经济集聚是当今世界经济发展在空间上的一个突出特征（世界银行，2009）。同样地，中国经济活动在区域空间上也表现为高度聚集，沿海化与城市群化倾向显著。随着中西部地区各大城市群的相继崛起，中国经济活动还将进一步集聚。拓展区域发展新空间就是要加强经济轴带建设以及城市群和经济区的培育，而经济轴带建设、城市群和经济区培育的过程无疑就是经济活动集聚的过程。那么，经济活动集聚是否会促进区域发展空间的拓展？两者之间存在怎样的联系和作用机制？另外，新国际贸易与新经济地理理论均表明，经济一体化对经济活动集聚存在影响，并且这种影响是非线性的。目前，中国不同地区以及不同区域范围内经济一体化程度如何，是处于促进经济集聚还是经济扩散阶段？能否通过提高

一体化程度促进经济集聚发展,进而拓展区域发展空间?基于对上述问题的思考,本章重点探讨一体化对经济集聚的影响,分析经济集聚与区域发展空间格局的关系,并基于一体化与经济集聚视角提出拓展区域发展新空间的对策。

第一节 文献综述

本节从一体化对经济集聚(扩散)的影响、区域发展空间格局的演变与机理、拓展区域发展新空间的途径等方面对相关文献进行综述。

一、一体化对经济集聚和扩散的影响

理论上,新国际贸易与新经济地理理论中均蕴含着一体化对经济集聚的影响。区域经济一体化并不必然导致中心和外围的结果(梁琦,2004),交易费用降低是区域经济一体化发展的动因与结果。国内外学者的研究均表明,经济集聚与经济一体化和贸易自由化有密切联系。例如,北美自由贸易协议的签订,促使墨西哥制造业中心逐渐从中部地区向美国、墨西哥两国的边境地区集聚(Hanson,1998);欧洲一体化使得 1971—1991 年意大利产业活动整体上向边缘地区扩散(Robertis,2001);美国早期制造业集中区域的改变与一体化之间存在密切关系(范剑勇,杨丙见,2002);贸易自由化促进了印度尼西亚制造业的地理集中(Sjoberg,Sjoholm,2004);随着泛珠江三角洲地区一体化程度的提高,广东制造业仍处于加速集聚状态(周文良,2007)。

二、区域发展空间格局的演变与机理

中国区域发展空间格局演变经历了由非均衡向均衡、协调演变的过程。基于国土开发战略的不同，学术界先后提出了国土空间开发的各种构想，其中影响较大的是以点-轴开发理论为基础的"T"形空间格局，以及在"T"形思路上扩展形成的"π"形、"H"形、"开"字形、"弗"字形、反"E"形以及"两横三纵"开发格局。"十一五"以来，尤其是2008年以来中国区域经济发展的区际转移更加明显，区域经济发展从过去的不平衡增长进入相对均衡增长阶段，各地区经济增速逐步接近相对均衡增长的态势（肖金成，安树伟，2019），经济发展的热点区域则呈现出"北移西进"的态势。关于中国区域发展空间格局演变机理，国内外学者主要从要素成本（年猛，孙久文，2012）、区域发展集聚与扩散阶段的转换、科技进步等角度进行分析。

三、拓展区域发展新空间的途径

拓展区域发展新空间的基本构想包括轴带引领、城市群支撑、陆海统筹、梯次推进（安树伟，肖金成，2016）。2015年3月，李克强总理在政府工作报告中提出"拓展区域发展新空间。统筹实施'四大板块'和'三个支撑带'战略组合"。孙久文（2015）认为要利用三个支撑带来解决四大板块战略的独建独享的问题。肖金成和欧阳慧（2015）则从优化国土空间格局角度，提出要点、线、面耦合，构建"城市群-发展轴-经济区"的国土空间开发体系。

总体来看，关于一体化与经济集聚关系的研究，理论上只是对一体化影响经济集聚的过程进行了分析，没有深入研究一体化影响经济集聚的机制和途径，尚未形成完善的理论框架，实证研究尚未将一体化纳入影响经济集聚的计量模型中。关于区域发展空间格局演变形式、演变机理以及拓展区域发展空间途径的研究，蕴含了大量经济集聚原理，但尚未有专门针对经济集聚与区域发展空间关系的研究。

第二节 一体化、经济集聚的事实与特征

区域经济一体化最终将形成不受地域限制的产品和要素自由流动的统一市场，下文通过市场一体化来描述中国区域经济一体化的特征与事实，同时也为后面的实证分析提供基础数据。对中国经济活动集聚状况的描述主要从区域和城市群两个层次展开。

一、中国市场一体化：特征、事实与影响因素

从地域范围分，区域经济一体化分为国际区域经济一体化与国内区域经济一体化（张可云，2015），相应地，中国市场一体化也包括国际市场一体化与国内市场一体化。

（一）国际市场一体化趋势

1978 年以后中国政府强调对外开放甚于对内开放，1982 年平均关税税率为 55.6%，2000 年下降到 15.3%，加入 WTO 缓冲期结束时进一步降到 8.9%。伴随着对外开放水平的逐步提高，中国经济越来越融入到世界经济的市场分工体系，各地区根据比较优势嵌入全球价值链，对外经济一体化水平得到显著提高。1978—2021 年，全国

进出口贸易总额占地区生产总值的比重从 9.7%上升到 34.2%，整体呈上升趋势。国际市场一体化进程大体可以分为以下几个阶段：第一阶段（1978—1994 年），受改革开放影响，国际市场一体化水平缓慢上升；第二阶段（1995—1998 年），一体化水平较快速下降；第三阶段（1999—2006 年），国际市场一体化水平呈现出大幅度上升趋势，2006 年达到历史最高水平 64.8%；第四阶段（2007—2021 年），在国际金融危机和新冠疫情影响下一体化水平急剧下降（见图 12–1）。

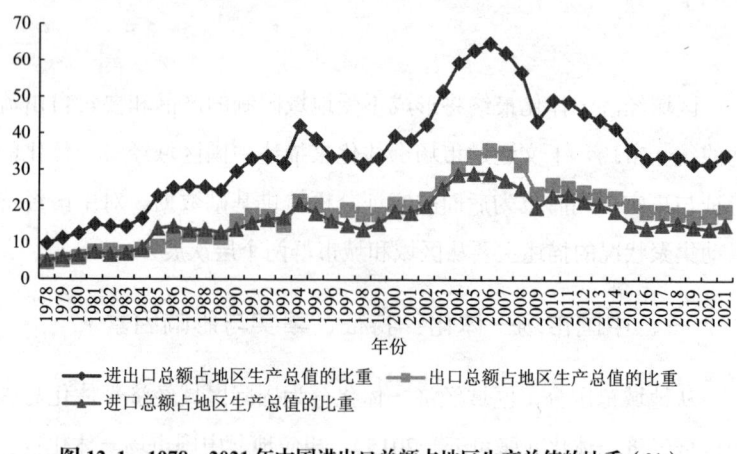

图 12–1　1978—2021 年中国进出口总额占地区生产总值的比重（%）

资料来源：《中国统计年鉴 2022》《新中国六十年统计资料汇编》。

（二）国内市场一体化：特征与事实

商品价格信息所反映的市场整合程度能够综合地反映要素市场和商品市场的整合程度，通过商品价格信息构造衡量市场整合的指标，是判断市场一体化程度较为有效的方法（桂琦寒，陈敏，陆铭等，2006）。本章借鉴桂琦寒、陈敏和陆铭等（2006）的测算方法，采用价格指数法测度中国1999—2020年国内市场一体化程度。相对价格法是测度和评价中国地区间市场整合程度的一个可行方向（陆铭，陈钊，2006）。两地之间的相对价格随着交易成本的变化而变化，交易成本一部分来源于贸易壁垒，另一部分来源于交通设施的落后，而短期内前者的作用更加明显，所以相对价格方差的大小可以直接反映市场的整合程度（范子英，张军，2010）。该方法所使用的数据也是目前唯一可获得的面板数据。

本章的原始数据是历年《中国统计年鉴》中的分地区商品零售价格指数，涵盖了1999—2020年全国31个省（自治区、直辖市）9类商品。以1999年作为数据的起始年份，基于两点考虑：第一，大量学者已经对1999年之前的市场分割指数进行了测度，且结论基本一致，大体以1991年为分界线，1991年之前国内市场一体化整合较为缓慢，之后一体化进程有所加快；第二，从1999年开始有比较完整的西藏统计数据，这样可以对全国31个省（自治区、直辖市）进行全面分析。商品种类基本参照桂琦寒、陈敏和陆铭等（2006）对商品的选取，包括食品、饮料烟酒、服装鞋帽、文化办公用品、日用品、体育娱乐用品、中西药品及医疗保健用品、书报杂志及电子出版物、燃料9类，但2003年之前文化办公用品和体育娱乐用品统一为文化体育用品。计算相对价格方差的总体范围限定在相邻省份，一方面因为邻省的市场是否分割是判断整个国家市场是否分割的主要信息（桂琦寒，陈敏，陆铭等，2006）；另一方面，刘小勇（2013）对各省份采用其他全部省份数据计算的市场分割指数与只采用相邻省份数据计算的分割指数对比，发现两种方法测度得到的市场分割指数总体变动趋势是一致的，只是指数的大小不同，采用相邻省份数据测度得到的市场分割指数高于采用全部省份数据测度的市场分割指数。根据样本，可以构造 22 年（1999—2020 年）70 对接壤省（自治区、直辖市）的 1540（=70×22）个 Var（q_{ijt}^k）观测值，某年全国的市场分割指数为 70 对接壤省（自治区、直辖市）Var（q_{ijt}^k）的均值，进一步参照盛斌和毛其淋（2011）的方法，将国内市场一体化指数定义为市场分割指数的倒数。

显然，市场分割指数与国内市场一体化程度呈反向关系。计算结果显示，大体上可以将国内市场一体化进程分为四个阶段：第一阶段（1999—2006 年），一体化水平缓慢上升；第二阶段（2006—2009 年），一体化水平较大幅度下降；第三阶段（2009—2014 年），一体化水平较大幅度上升；第四阶段（2014—2020 年），一体化水平较大幅度下降，但 2020 年又有一个大幅度提高（见图 12–2）。考虑到中国国土面积广阔，地区间经济社会发展差异较大，不同地区市场化以及与之相关的区域间市场一体化水平也可能存在较大差异，于是进一步测度了东部、中部、西部、东北地区的市场一体化指数。东部地区 10 个省（直辖市）有 11 对相邻省（直辖市），中部地区 6 个省有 8 对相邻省，西部地区 12 个省（自治区、直辖市）有 23 对相邻省（自治区、直辖市），东北地区 3 个省份有 2 对相邻省。计算结果表明，不同地区市场一体化程度的变动趋势与全国基本相同，在波动中呈上升趋势：中部和东北地区的一体化程度明显高于全国水平（尤其是东北地区[1]），且波动幅度较大；东部和西部地区一体化程度与全国水平相当，西部地区一体化程度及其变动与全国水平最为相似，东部地区一体化趋势变动的时间早于全国及其他地区（见图 12–2）。

---

[1] 东北地区一体化程度明显高于全国水平也可能与其包括省份较少有关。

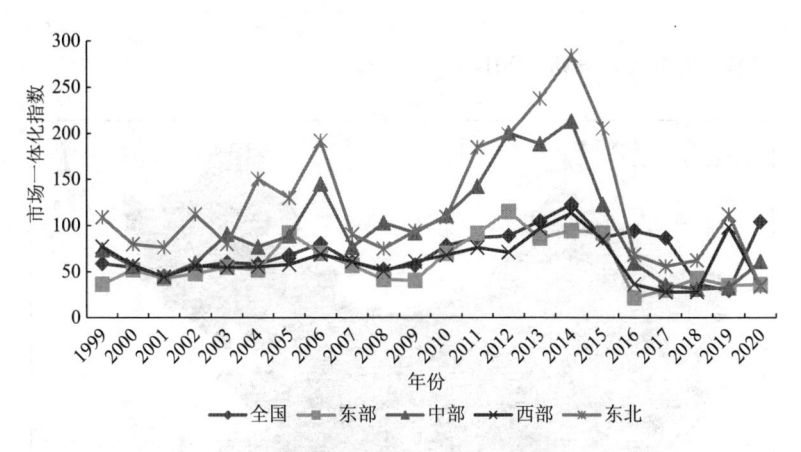

图 12-2　1999—2020 年全国及各地区国内市场一体化指数

为了获得 31 个省（自治区、直辖市）的面板数据，将 70 对相邻省间的一体化指数按省份合并，①由此可以得到 682（=31×22）个观测值，分别显示了 31 个省（自治区、直辖市）1999—2020 年的市场一体化程度的变化。总体而言，各省的市场一体化趋势在波动中上升，与全国的变化趋势基本一致，但不同省份市场一体化指数的绝对水平或者变化幅度各异，北京、天津和上海三个直辖市以及西部地区的大部分省份市场一体化程度偏低。

此外，将 1999—2020 年各省（自治区、直辖市）的市场一体化指数按省份平均后，发现各省（自治区、直辖市）市场一体化程度的差异还比较明显，大致表现出由东向西递减的趋势（见图 12-3）。这可能由两方面的原因引起：一是西部部分省份的地方保护主义较严重；二是西部地区的交通运输条件普遍较差，而且运输距离相对

---

① 例如，山西的市场一体化指数就是山西与内蒙古、山西与陕西、山西与河南、山西与河北之间的市场一体化指数的均值。

较远（贺灿飞，马妍，2014）。

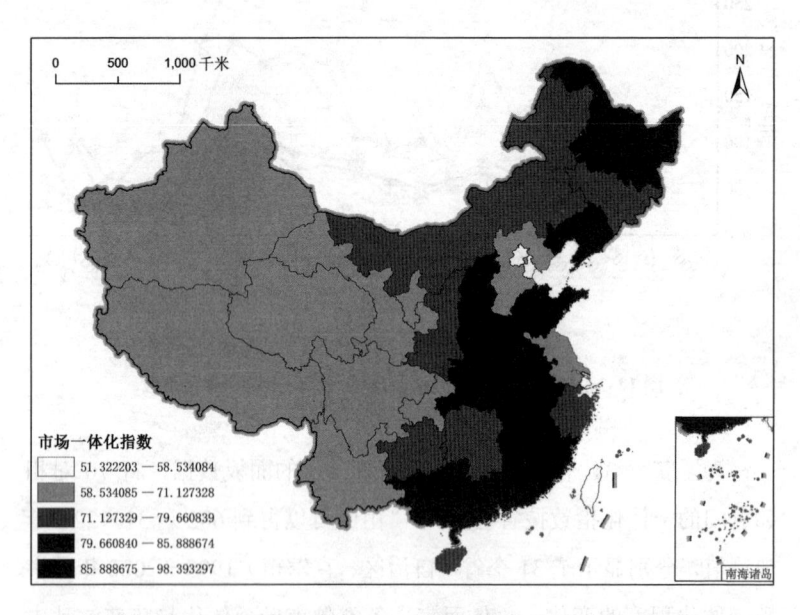

图 12-3　1999—2020 年中国各省（自治区、直辖市）平均市场一体化程度的空间差异

二、中国经济活动的集聚：特征与事实

现实世界普遍存在经济活动的空间聚集现象，经济空间的"块状"特征非常明显（安虎森等，2009）。世界地区生产总值的 1/4 是由仅占世界土地面积 0.3% 的地区生产的，1/2 是由 1.5% 的地区生产的，9/10 是由 16.0% 的地区生产的（世界银行，2009）。中国的经济地理也是不平的，突出表现为经济活动向东部沿海地区与城市群地区集聚。

（一）经济活动向东部沿海地区集聚

改革开放后，特别是 1990 年代以来，随着市场经济体制逐步完善，市场在资源配置中发挥的作用越来越大，东部沿海地区依靠其距离国际市场近、工业基础好、市场化程度高以及享受各种优惠政策等优势，吸引中西部地区大量的资本和劳动力流入，成为中国经济活动集聚程度最高的区域。从经济总量看，1980—2022 年，东部地区生产总值占全国的比重由 43.8%提高到 51.7%，提高了 7.9 个百分点，2006 年达到历史最高点 55.7%后开始下降，但是在 2014 年又开始出现小幅度上升趋势；中部地区变化幅度较小，基本稳定在 20.0%左右；西部地区 1980—2003 年从 20.2%减少到 16.9%，之后呈小幅度上升趋势，2022 年增加到 21.4%；东北地区一直呈下降趋势，1980—2022 年从 13.7%下降为 4.8%，下降幅度达到 8.9 个百分点（见图 12-4）。四大区域第二产业增加值占全国比重的变化趋势与地区生

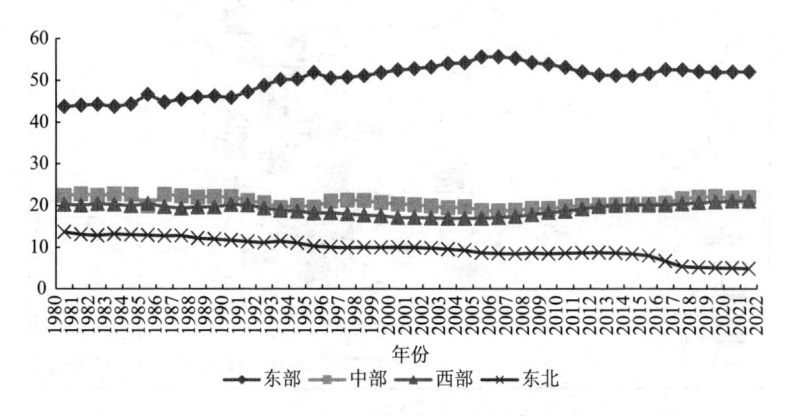

图 12-4　1980—2022 年中国四大区域地区生产总值占全国比重的变化（%）

资料来源：1980—1987 年数据来源于《新中国六十年统计资料汇编》，1988—2021 年数据来源于各年份《中国统计年鉴》，2022 年数据来源于《中国统计摘要 2023》。

产总值比重的变化趋势基本一致，各区域第三产业增加值占全国比重的变化不明显，这与 1980 年以来中国总体处于工业化初期向中期过渡的阶段、第二产业在国民经济中占主导地位有关。

从 1980—2021 年各省（自治区、直辖市）地区生产总值占全国比重的变化，也可以看出中国经济活动向东部地区集聚的趋势十分明显（见图 12–5）。东部地区北京、江苏、浙江、福建、广东的地区生产总值比重有显著上升，分别上升了 2.19、2.76、2.25、2.25、5.08 个百分点，其他地区只有重庆的比重呈上升趋势，但仅上升了 0.47 个百分点；东北地区的辽宁、黑龙江以及西部地区的四川下降趋势明显，分别下降了 4.11、3.83、0.61 个百分点；东部的河北地区生产

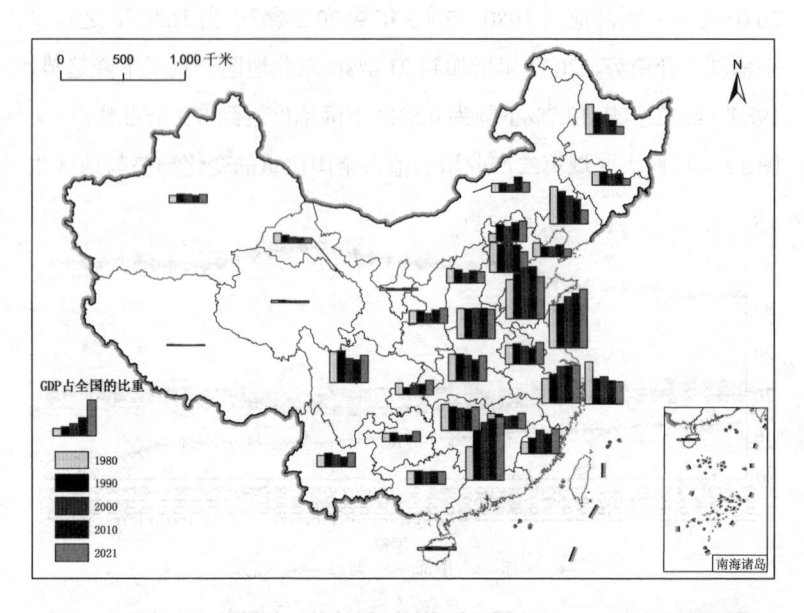

图 12–5　1980—2021 年各省（自治区、直辖市）地区生产总值占全国比重的变化

总值比重较大幅度下降，很大程度上受京津地区的极化效应影响。值得注意的是，上海的比重也出现了明显的下降趋势，从 7.24% 下降到 3.78%，下降了 3.46 个百分点。

（二）经济活动向城市群地区集聚

《中华人民共和国国民经济和社会发展第十四个五年规划和 2035 年远景目标纲要》提出，将在"十四五"期间建设 19 个城市群，鉴于部分城市群发育水平较低，本章选取发展水平比较高的京津冀、长三角、珠三角、海峡西岸、山东半岛、长江中游、成渝、辽中南、中原、关中平原、哈长城市群，共 11 个城市群来分析中国经济活动向城市群的集聚状况。

这 11 个城市群的土地面积为 169.9 万平方千米，占全国国土面积的 17.9%，2020 年城市群地区生产总值为 72.4 万亿元，占全国的比重为 71.4%。1999—2020 年，11 个城市群地区生产总值占全国的比重波动较大，整体呈上升趋势，1999—2005 年为持续的快速上升阶段，从 68.5% 上升到 76.7%；2005—2007 年，从 76.7% 下降到 74.0%；2008 年之后又开始快速上升，2012 年达到 77.6%，超过了 2005 年的水平；2013 年后出现较大幅度下降趋势（见图 12-6）。2007 年下降主要是与京津冀、长三角、珠三角、成渝、长江中游城市群比重下降较明显有关。总体而言，11 个城市群第三产业增加值占全国的比重呈上升趋势，第二产业增加值比重在经历了上升之后出现了总体下降的趋势，说明第二产业开始向城市群以外的地区转移。

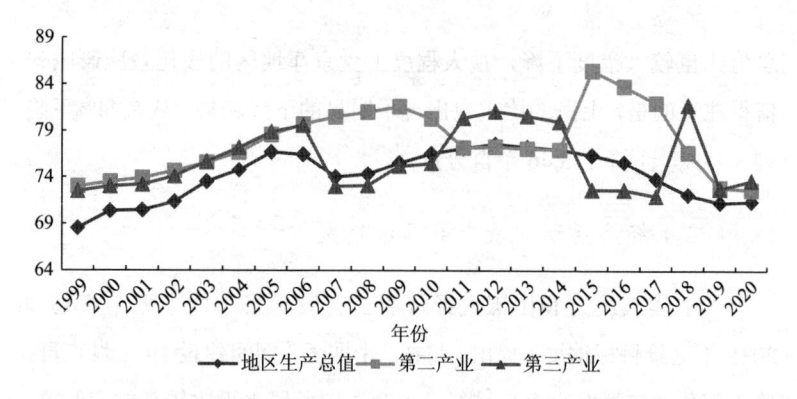

图 12-6　1999—2020 年中国 11 个城市群地区生产总值占全国的比重（%）

11 个城市群中，京津冀、关中平原、中原城市群地区生产总值占全国的比重基本呈持续上升趋势，1999—2020 年京津冀地区生产总值比重上升了 2.75 个百分点，①关中和中原城市群上升较少，分别为 0.95 和 1.67 个百分点；长三角、珠三角、山东半岛城市群所占比重在 2006 年之前呈较快速上升趋势，之后出现小幅度下降或趋于平稳；成渝、长江中游城市群所占比重变化趋势正好相反，2009 年前在平稳中略有下降，之后呈快速上升趋势；辽中南城市群占全国的比重几乎保持不变；海峡西岸、哈长城市群则总体呈下降趋势。这与城市群所处的发展阶段有关，总体上东部地区城市群的扩散作用已经显现，开始向周边地区扩散，这种扩散作用部分源于产业集聚膨胀到一定程度而导致集聚不经济所产生的被动扩散，部分源于官方或半官方机构组织协调下所进行的主动扩散；中西部地区城市群仍然处于集聚作用占主导的成长阶段，呈集聚发展趋势；东北地区城市群因受当地经济发展下滑影响，城市群发挥作用极为有限。

---

① 2014 年以来，京津冀占全国比重出现了较明显的下降。

第三节　一体化与经济集聚：理论模型与实证分析

一、一体化与经济集聚 理论模型

传统新古典理论在一定程度上揭示了市场一体化与产业集聚之间的关系。本章主要在新经济地理框架下讨论一体化对经济集聚的影响。

（一）核心-边缘模型下一体化对经济集聚的影响

核心-边缘模型包括四个基本假设：第一，经济中只有两个区域：北部和南部，两个区域在生产偏好、技术水平、对外开放度以及资源要素禀赋方面都是对称的。第二，存在两个部门：农业部门 A 和制造业部门 M。农产品是无差异的，农业生产的规模报酬不变，是完全竞争的；制造业部门生产许多差异化产品，存在规模报酬递增且是垄断竞争的市场结构。第三，农业部门和制造业部门均只使用一种生产要素，即劳动力（H 表示制造业部门的劳动力，L 表示农业部门的劳动力），农业劳动力均匀地分布在两个地区，制造业劳动力可以流动，从工资低的区域流向工资高的区域。第四，农产品和制造业产品均可以在两地间进行交换，农产品交换不耗费成本，制造业产品在本地销售不耗费成本，运到外地市场时遵循萨缪尔森的冰山交易成本理论，即在其他地区出售一个单位的产品，必须运输 τ 个单位的产品（$\tau \geqslant 1$），$\tau-1$ 个单位产品将在运输途中"融化"掉。

在上述基本假设条件下，消费者效用函数可表示为：

$$U = C_M^\mu C_A^{1-\mu}, \quad C_M = \left[\int_{i=0}^{n+n^*} c_i^\rho \mathrm{d}i\right]^{1/\rho} = \left[\int_{i=0}^{n+n^*} c_i^{\sigma-1/\sigma} \mathrm{d}i\right]^{\sigma/\sigma-1},$$

$$0 < \mu, \ \rho < 1, \ \sigma > 1 \quad (12\text{-}1)$$

式（12-1）中，C_M 和 C_A 分别表示消费者对差异化工业品组合的消费和对农产品的消费，n 表示北部产品种类数量，n^* 表示南部产品种类数量，μ 表示工业品支出在总支出中所占的份额，$1-\mu$ 表示农业品支出在总支出中所占的份额，c_i 为消费者对第 i 种工业品的消费量。ρ 反映消费者对产品多样化偏好的强度，ρ 越大表明消费者对产品多样性偏好的程度越大，σ 表示任意两种工业品之间的替代弹性，$\sigma = 1/(1-\rho)$。经济中消费者面对的全部消费品的完全价格指数为

$$P = P_M^{-\mu} P_A^{\mu-1} \quad (12\text{-}2)$$

工业部门劳动力的空间流动方程可以表示为

$$s_{\dot{H}} = (\omega - \omega^*) s_H (1 - s_H) \quad (12\text{-}3)$$

式（12-3）中，ω 表示北部地区工业部门劳动力的实际工资，ω^* 为南部地区工业部门劳动力的实际工资，s_H 为北部工业部门的劳动力份额。短期均衡即流动要素（工业部门劳动力）空间分布给定情况下，北部和南部的企业数量分别为

$$n = H/\sigma F, \quad n^* = H^*/\sigma F \quad (12\text{-}4)$$

式（12-4）中，F 为工业部门企业每生产一单位产品需要的固定投入，H 表示北部工业部门劳动力数量，H^* 表示南部工业部门劳动力数量。企业的收益水平用企业空间分布形式表示为

$$R = \mu w^{1-\sigma} \frac{E^w}{n^w} \left[\frac{s_E}{s_n w^{1-\sigma} + \phi(1-s_n)(w^*)^{1-\sigma}} + \frac{\phi(1-s_E)}{\phi s_n w^{1-\sigma} + (1-s_n)(w^*)^{1-\sigma}} \right]$$

$$(12\text{-}5)$$

$$R^* = \mu\left(w^*\right)^{1-\sigma}\frac{E^w}{n^w}\left[\frac{1-s_E}{(1-s_n)\left(w^*\right)^{1-\sigma}+\phi s_n w^{1-\sigma}}+\frac{\phi s_E}{\phi(1-s_n)\left(w^*\right)^{1-\sigma}+s_n w^{1-\sigma}}\right]$$

(12–6)

式（12–5）和（12–6）中，$\phi = \tau^{1-\sigma}$，表示贸易自由度，当 $\tau = 1$ 时，$\phi = 1$，当 $\tau \to \infty$ 时，$\phi = 0$，$\phi \in [0,1]$。w 为北部工业部门劳动力的工资水平，w^* 为南部工业部门劳动力的工资水平，s_n 为北部企业数量占总企业数量的份额，即 $s_n \equiv n/n^w$，s_E 为北部地区支出占总支出的份额，即 $s_E \equiv E/E^w$，E 为北部地区的总支出（总收入）水平，E^w 为北部和南部地区的总支出（总收入）水平之和。

$$s_E = E/E^w = (1-\mu)\left(s_L + \frac{wH^w}{w_L L^w}s_H\right) \quad (12\text{–}7)$$

短期均衡不考虑工业部门劳动力的流动，在长期，工业劳动力的空间分布 s_H 为状态变量，长期均衡就是分析在工业劳动力不流动时 s_H 处于何种状态的问题，关于一体化对经济集聚影响的分析以长期均衡为前提。本章重点关注不同贸易自由度水平 (ϕ) 下 s_H 处于何种状态，贸易自由度反映区域间的一体化程度，假定工业劳动力转移相当于企业转移，因此这一问题也可以表述为一体化水平对经济集聚的影响。式（12–3）表明存在两种类型的长期均衡：一是当 $\omega = \omega^*$ 时的内点解（也就是 $0 < s_H < 1$ 时的状态），二是核心-边缘解（也就是当 $s_H = 0$ 或 $s_H = 1$ 时的集聚状态）。因无法使用显函数形式表示满足长期均衡时的工资水平，即无法用 s_H 表示 w 和 w^*，因而也无法用 s_H 表示 w/P 和 w^*/P^*，所以借助数值模拟得到 s_H 与 $\omega - \omega^*$ 的关系。安虎森等（2009）模拟了相同 μ、σ，不同 τ（$\phi = \tau^{1-\sigma}$）值下 s_H 与 $\omega - \omega^*$ 关系的滚摆线图，分析大量模拟结果后得到不同贸易度水平下

s_H 与 $\omega-\omega^*$ 关系的示意图（见图 12-7），横轴表示北部工业部门劳动力份额 s_H，纵轴表示北部和南部工人实际工资差异 $\omega-\omega^*$。

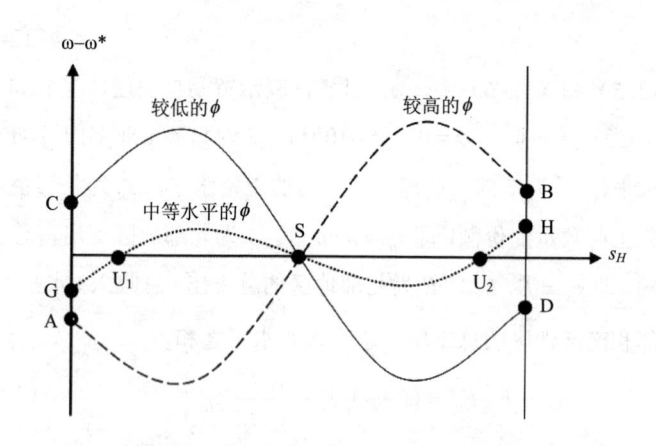

图 12-7　不同贸易自由度水平下 s_H 与 $\omega-\omega^*$ 关系的滚摆线图

资料来源：安虎森等：《新经济地理学原理》（第二版），北京：经济科学出版社 2009 年版，第 108 页。

当贸易自由度水平较低，也就是一体化程度较低时，对称分布点（$s_H=1/2$）为稳定均衡点，经济活动处于分散状态。贸易自由度较低时的滚摆线如图 12-7 实线所示，根据工业部门劳动力的空间流动方程式（12-3），存在 C、D、S 三个长期均衡点。在 S 点处，s_H 稍微提高就会导致两地实际工资差异变为负值，即北部地区实际工资低于南部地区，促使工业劳动力向南部转移。相反，s_H 降低的结果是北部实际工资高于南部，从而吸引劳动力向北部转移，劳动力移动可以实现自我调整，因此对称分布点 S 是稳定的均衡状态。在 C 点，s_H 稍微提高就会发生从南部向北部的劳动力流动，在 D 点，s_H 稍微降低就会发生从北部向南部的劳动力流动，因此 C 点和 D 点是不稳定的均衡状态，只要发生震动劳动力就会转移，而且会持续进行到经济系统达到稳定均衡状态（即S点）。当贸易自由度水平较高，也就是一体化程度较高时，核心-边缘结构（$s_H=0$ 或 $s_H=1$）成为稳定均衡状态，经济活动处于集聚状态。贸易自由度较高时的滚摆线如图12–7破折线所示，根据工业部门劳动力的空间流动方程式（12–3），存在A、B、S三个长期均衡点。在S点，s_H 稍微提高实际工资差异就变为正值，进而导致劳动力向北部转移，直到所有工业劳动力都转移到北部地区（即B点）；s_H 稍微降低实际工资差异就会变为负值，进而导致劳动力向南部转移，直到所有工业劳动力都转移到南部地区（即A点）。因此，当贸易自由度较高，区域贸易充分自由时，劳动力移动趋势存在自我强化，这时对称结构是不稳定的，核心-边缘结构成为稳定的均衡状态。当贸易自由度水平处于中间状态时，s_H 与 $\omega-\omega^*$ 关系的滚摆线如图12–7点线所示，根据工业部门劳动力的空间流动方程式（12–3），存在G、H、S、U_1、U_2 五个长期均衡点。根据上面的讨论，对称状态（S点）、以北部为核心的状态（H点）、以南部为核心的状态（G点）都是稳定的均衡状态，U_1、U_2 是不稳定的均衡状态。

（二）对外开放条件下一体化对经济集聚的影响

本部分将在核心-边缘模型基础上分析对外开放条件下一体化对经济集聚的影响。对外开放条件下一体化对经济集聚影响的基本假设与核心-边缘模型不尽相同，主要体现在对外开放条件下假设整个世界由三个地区组成，地区1和地区2组成一个国家，地区0为另一个国家，即国外。地区1和地区2有农业和制造业两个部门，地区0只有制造业部门。各部门只使用一种生产要素即劳动力，在地区 1 和地区 2 之间劳动力要素可以实现自由流动，但在地区 1（或地区 2）与地区 0 之间劳动力不可以跨国流动。农产品跨区域流动而且无交易成本，制造业产品在地区 1（或地区 2）内部可以自由流动，且跨国或跨地区流动时遵循萨缪尔森的冰山交易成本。

1. **对外贸易自由度对经济集聚的影响**

对外贸易自由度用工业品在地区 1（或地区 2）和地区 0 之间流动的交易成本 τ_{01}（或 τ_{02}）衡量，τ_{01} 和 τ_{02} 的下降意味着贸易自由化程度加深，即国际市场一体化水平提高。具体分国内地理位置对称和不对称两种情况分别讨论：地理位置对称意味着地区 1 和地区 2 在对外贸易中不存在相对优势，即 $\tau_{01}=\tau_{02}$；地理位置非对称情况下，假设地区 1 邻近地区 0，具有对外贸易上的优势，即 $\tau_{01}<\tau_{02}$（黄玖立，2009）。

先看地理位置对称条件下一体化对经济集聚的影响。假设工业品跨国流动的交易成本包括天然的运输成本 τ_{0N}（=1.3）和以关税形式表示的政策性外部成本 $Tariff$。同样借助数值模拟的方法，黄玖立（2009）模拟了 $\mu=0.55$、$\sigma=7$、$\gamma=1/4$、$\tau_{12}=1.67$ 时，三种政策性关税（$Tariff=0.8$、$Tariff=0.45$ 和 $Tariff=0.3$）情形下 s_{L_1} 与 ω_1/ω_2 的关系，横轴表示地区 1 工业部门劳动力份额 s_{L_1}，纵轴表示地区 1 和地区 2 的实际工资之比 ω_1/ω_2（见图 12–8）。值得注意的是，s_{L_1} 的取值范围为[0.25, 0.75]而不是整个[0, 1]区间，原因是当 s_{L_1} 较小时农业部门的工资率很高，会出现制造业部门就业为负的不合理现象。

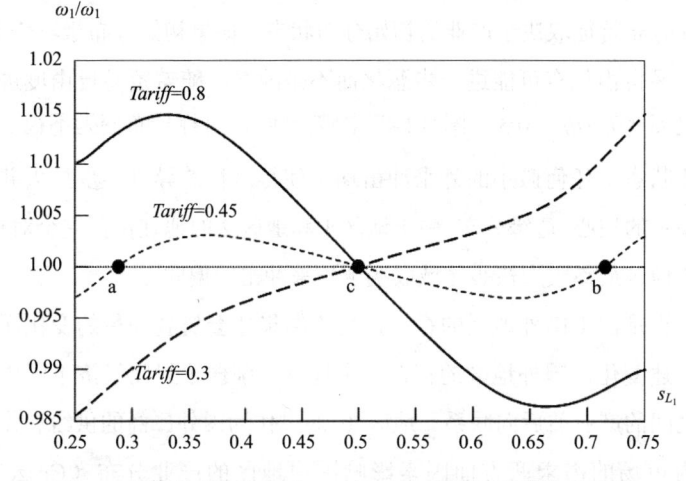

图 12-8 不同贸易自由度下 s_{L_1} 与 ω_1/ω_2 关系（地理位置对称）

资料来源：黄玖立：《对外贸易、地理优势与中国的地区差异》，北京：中国经济出版社 2009 年版，第 66 页。

从图 12-8 中可以看出，贸易自由度较低时（$Tariff$=0.8，图 12-8 中实线），无论初始分布如何，劳动力在地区 1 和地区 2 对称分布是唯一稳定的长期均衡。假设一个有利于地区 1 的外来冲击使得 $s_{L_1} > 0.5$，则地区 1 的实际工资将低于地区 2 的实际工资（$\omega_1/\omega_2 < 1$），工业劳动力便会向地区 2 转移直至 $s_{L_1} = 0.5$。随着贸易自由度的提高（$Tariff = 0.45$，图 12-8 中虚线），对外贸易成本下降，劳动力分布出现三个长期稳定均衡，即 $s_{L_1} = 0.25$、$s_{L_1} = 0.5$ 和 $s_{L_1} = 0.75$。假设初始分布为对称分布，如果外来冲击较小，冲击过后劳动力将自动恢复到原来的对称分布；如果受到的外来冲击足够大，大到可以使得 s_{L_1} 下降到 a 点左边或者上升到 b 点右边，则 s_{L_1} 将在实际工资差异作用下呈现继续下降或者继续上升趋势，劳动力分布形成稳定的核心-边缘结构。这意味着在贸易自由化的初期，国内

产业分布特征取决于产业的初始分布状态，如果初始分布极不均衡，则贸易自由化有可能进一步恶化而不是改善。随着贸易自由度进一步提高（$Tariff = 0.3$，图 12–8 中破折线），对称分布变为不稳定的均衡状态，任何微小的外来冲击均会使得这种差异进一步扩大并形成稳定的核心-边缘分布。由于地区 1 和地区 2 的地理位置完全对称，哪个地区最终成为核心区域取决于外来冲击的偏向。

正是由于国外地区的存在，均衡结果才会随着关税的变化而发生上述变化，国外地区的存在一定程度上削弱了封闭经济下国内地区之间的产业前后向联系。地区 0 通过作为国外厂商的供给和作为国内市场的需求两方面因素影响国内地区的产业分布（Crozet，Soubeyran，2004）：第一，由于国外市场的存在，厂商面对冲击迁入国内其他市场的动机减弱，即国内"市场接近效应"降低了；第二，由于国外厂商及其生产的差异产品的存在，消费者面对冲击迁入其他地区的动机也减弱了，即国内"生活成本效应"降低了；第三，国外厂商还降低了国内厂商之间的竞争程度，即降低了"市场竞争效应"。

当贸易自由度水平给定时，随着国内地区间交易成本 τ_{12} 的变化，工业劳动力分布的长期稳定均衡状态会发生变化。假设初始产业分布为对称均衡状态，随着 τ_{12} 变小，对称均衡将变为核心-边缘均衡状态，把促使这种均衡状态发生转变的 τ_{12} 称为突破点。相反，如果初始为核心-边缘分布，随着 τ_{12} 变大核心-边缘结构将变为对称结构，促使这种转变的 τ_{12} 为持续点。图 12–9 模拟了劳动力初始空间分布为核心-边缘结构（$s_{L_1} = 0.75$，$s_{L_2} = 0.25$），不同贸易自由度（$Tariff = 0.8$、$Tariff = 0.45$ 和 $Tariff = 0.3$）情形下持续点的变化。横轴表示工业品在国内跨地区流动的交易成本，纵轴表示地区 1 和地

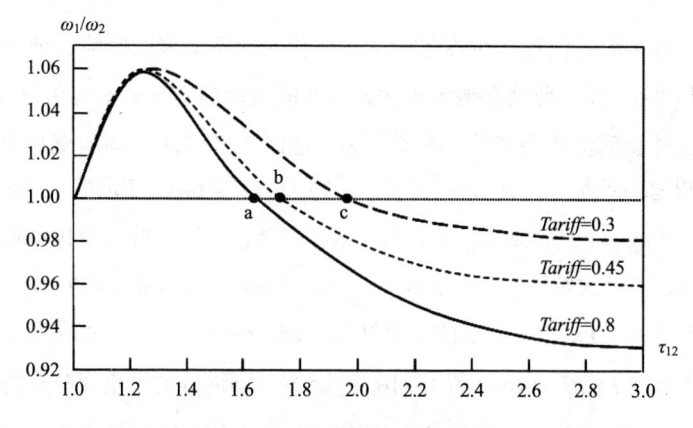

图 12-9 不同贸易自由度下持续点的变化（地理位置对称）

资料来源：黄玖立：《对外贸易、地理优势与中国的地区差异》，北京：中国经济出版社 2009 年版，第 70 页。

区 2 的实际工资之比。当贸易自由度较低时（$Tariff=0.8$，图 12-9 中实线），只要 τ_{12} 小于图中 a 点对应的 τ_{12} 值，国内的产业分布就保持初始的核心-边缘结构；一旦 τ_{12} 大于 a 点对应的 τ_{12} 值，则 $\omega_1/\omega_2<1$，这个时候地区 1 的实际工资低于地区 2，将促使劳动力向地区 2 转移，直至形成稳定的对称分布。所以 a 点是 $Tariff=0.8$ 时初始核心-边缘结构的持续点。从图 12-9 中可以看出，随着 Tariff 从 0.8 减小到 0.3，持续点从 a 不断向右移动到了 c，也就是说随着贸易自由化的深入，保持产业分布为核心-边缘结构的 τ_{12} 变大。这是因为对外贸易自由化降低了国内产业分布的扩散力，提高了集聚力，从而使得产业分布格局的稳定性减弱。同样，如果国内产业分布初始状态为对称均衡，随着贸易自由度的提高，促使产业分布由对称均衡转变为核心-边缘均衡的突破点也将变大，即当对外一体化程度较高时，即使国内地区间一体化程度较低也会发生经济集聚现象。

再看地理位置非对称条件下一体化对经济集聚的影响。地理位置非对称，指工业品在地区 1 和地区 0 间流动的交易成本与在地区 2 和地区 0 间流动的交易成本不相等。地区 1 和地区 0 间的交易成本可以表示为 $\tau_{01} = \tau_{01N} + Tariff$，同样 $\tau_{02} = \tau_{02N} + Tariff$，假设 $\tau_{01N} < \tau_{02N}$，具体地 $\tau_{01N} = 1.2$，$\tau_{02N} = 1.4$，其他参数与对称条件下相同，三种政策性关税（$Tariff = 1.0$、$Tariff = 0.65$ 和 $Tariff = 0.25$）情形下 s_{L_1} 与 ω_1 / ω_2 关系的模拟结果如图 12-10 所示。当贸易自由度较低时（$Tariff = 1.0$，图 12-10 中实线），国内劳动力空间分布的长期稳定均衡点为 a，长期稳定均衡状态下，具有地理优势的地区 1 的劳动力份额略大于 1/2；随着贸易自由度的提高（$Tariff = 0.65$，图 12-10 中虚线），劳动力分布的长期稳定均衡点由 a 向右移动到 b 点，均衡时地区 1 的劳动力份额提高，这表明地区 1 的地理优势在贸易自由度提高时得到了强化，但还不足以诱发以地区 1 为核心的核心-边缘结构产生；贸易自由度进一步提高时（$Tariff = 0.25$，图 12-10 中长虚线），两地实际工资相等的点向左移动到 c 点，但 c 点是不稳定的均衡状态，只要地区 1 初始的劳动力份额高于 c 点对应的劳动力份额，地区 1 的实际工资就高于地区 2，就会产生促使劳动力向地区 1 转移的动力，直至 $s_{L_1} = 0.75$。也就是说，即使国内产业的空间布局一开始对于地区 1 而言是不利的，只要 s_{L_1} 处于 c 点右边，在对外贸易中地区 1 就可以充分发挥其具有的地理优势禀赋，通过累积循环作用最终成为一个国家内部经济活动的核心地区。相反，由于对外贸易中的相对地理劣势，即使地区 2 在一开始就拥有全国很大比重的就业机会和产业，其最初具有的优势也会在贸易自由化的过程中迅速消失并被"边缘化"。只有当初始条件过于偏向地区 2，即初始分布位于 c 点左边的时候，地区 2 的初始优势地位才会随着贸

易自由化的深入不断得到加强而不是逐渐消失。

图12–10　不同贸易自由度下 s_{L_1} 与 ω_1/ω_2 关系（地理位置非对称）

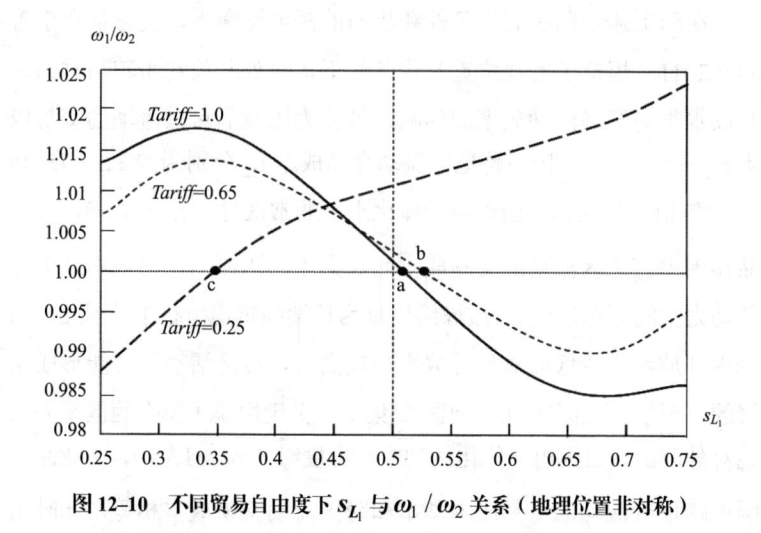

资料来源：黄玖立：《对外贸易、地理优势与中国的地区差异》，北京：中国经济出版社2009年版，第72页。

均衡结果之所以会随着对外贸易自由度的变化而发生上述变化，是因为在地理位置非对称情形下，作为国外的地区 0 对国内各地区的影响是不同的（Crozet，Soubeyran，2004）。从需求的角度看，$\tau_{01N} < \tau_{02N}$ 从而 $\tau_{01} < \tau_{02}$，意味着地区 1 拥有更大的国外市场，进而产生较强的市场接近效应。从供给的角度看，$\tau_{01} < \tau_{02}$，意味着地区 1 的区域价格指数小于地区 2，进而产生较强的生活成本效应。也就是说，在贸易自由化过程中，具有地理优势的地区 1 拥有比地区 2 更强的集聚力，当然也存在由市场拥挤效应或本地竞争效应产生的扩散力，国内劳动力的空间均衡分布取决于集聚力与扩散力的相对大小。

2. 国内区域一体化对经济集聚的影响

在同上述相同的假设条件和相似的短期均衡下，吴三忙和李善同（2011）模拟了地理位置对称条件下，对外开放水平较高时国内开放水平对经济活动集聚的影响，具体为工业品跨国流动的交易成本 $\tau_{01}=\tau_{02}=1.6$，国内跨地区流动交易成本 τ_{12} 分别为 2.3、1.75 和 1.1。模拟结果显示，当国内一体化水平非常低时（$\tau_{12}=2.3$），工业品在国内跨地区流动的交易成本明显大于跨国流动交易成本，工业劳动力空间分布呈核心-边缘结构时为长期稳定均衡状态。因此，当对内开放水平较低而对外开放水平较高时，经济活动是可能形成集聚的，至于在地区 1 还是地区 2 集聚，关键取决于哪个地区率先实施对外开放。当国内一体化达到中等程度时（$\tau_{12}=1.75$），工业品在国内跨地区流动的交易成本基本和跨国流动交易成本相等，此时工业劳动力对称分布与核心-边缘分布均是长期稳定均衡的，最终的分布状态取决于前期的均衡水平。当国内一体化水平非常高时（$\tau_{12}=1.1$），工业品在国内跨地区流动的交易成本小于跨国流动交易成本，劳动力对称分布为稳定均衡状态。分析过程表明，对外开放水平较高的前提下，无论劳动力初始分布状态如何，都会随着国内一体化水平的提高经历先核心-边缘结构后先对称结构的转变，即经济活动经历先集聚后扩散的现象。

二、一体化与经济集聚的实证分析

（一）计量模型的设定

现有文献表明，影响中国经济集聚的因素大致可以分为三类：一是传统区位理论、贸易理论下影响经济集聚的因素，二是新贸易理论和新经济地理理论下影响经济集聚的因素，三是经济政策作用下影响经济集聚的因素。本章重点分析市场一体化对经济集聚的影响，既包括国际市场一体化，也包括国内市场一体化。根据研究目的和现有文献提出的影响中国经济活动集聚的因素，建立如下解释经济活动集聚的面板数据计量模型：

$$agglo_{it} = \alpha_0 + \beta_1 trade_{i(t-1)} + \beta_2 integ_{i(t-1)} + \lambda X_{i(t-1)} + dD_i + u_{it} \quad (12\text{-}8)$$

式（12-8）中，下标 i 表示地区，下标 t 表示年份，$agglo_{it}$ 表示经济集聚程度，$trade_{i(t-1)}$ 表示国际市场一体化程度，$integ_{i(t-1)}$ 表示国内市场一体化程度，$X_{i(t-1)}$ 和 D_i 是为了使本章结论更为稳健而引入的若干控制变量和虚拟变量，u_{it} 为随机误差项，其他字母表示常数项和变量的系数。为了减少由联立内生性引起的估计偏误，对随时间变化的影响因素均做了滞后一期处理。样本覆盖了 1999—2015 年全国 31 个省（自治区、直辖市）的相关数据，被解释变量和解释变量的原始数据源自《新中国六十年统计资料汇编》、相应年份的《中国统计年鉴》以及各省份的统计年鉴。

（二）指标的度量和数据说明

1. 被解释变量

agglo：经济活动集聚程度。参照文玫（2004）度量工业集聚程度的方法，采用各省份地区生产总值占全国的比重衡量经济活动集聚程度，某地区的地区生产总值占全国的比重上升，说明在该地区发生了经济集聚现象。经济活动集聚主要发生在第二产业和第三产业中，考虑到第二产业和第三产业的集聚程度有所不同，以及影响两者集聚的因素存在差别，将两者放在一起分析效果不佳，所以分

别用第二产业和第三产业所占比重来衡量某地的经济集聚程度。

2. 核心解释变量

trade：国际市场一体化程度。采用各地区货物进出口总额占全国的比重衡量，比重越高表明该地区经济开放程度越高，国际市场一体化程度也越高，预期这一变量与经济集聚程度正相关。考虑到国际市场一体化对经济活动集聚的影响可能是非线性的，也构造了这一变量的二次项。

integ：国内市场一体化程度。该指标基于"价格法"计算，主要衡量国内产品市场的一体化程度，计算过程详见本章第二节。预期这一变量与经济集聚程度正相关。同样，为了考察其非线性影响，也构造了其二次项。未将要素市场一体化程度纳入模型，主要是因为商品市场一体化与要素市场一体化紧密相关，无论是单纯的商品自由流动还是要素自由流动，都能最终实现区域间商品价格的趋同（桂琦寒，陈敏，陆铭等，2006）。另外，赵金丽、张学波和宋金平（2017）关于劳动力市场一体化影响因素的实证分析也表明，商品市场一体化对劳动力市场一体化的促进作用是显著的。如果将两者同时纳入模型会产生共线性问题。

3. 控制变量

road：交通运输条件。采用各地区的公路里程[①]与其面积之比衡量，该值越大表明交通运输条件越好，越有利于经济活动集聚，因此预期其对经济集聚的影响为正。

sdz：国家级开发区数量。国家级开发区包括经济技术开发区、高新技术产业开发区、综合保税区、边境经济合作区和出口加工区，

---

① 之所以没有用铁路数据，是因为可得的铁路数据明显存在原因不明的异常波动。

各地区国家级开发区数量指当年拥有的各类开发区数量总和。开发区变量反映了产业政策和区域政策对经济活动的导向作用,预期其与经济集聚程度正相关。

state:国有企业比重。采用各地区规模以上国有控股企业资产占规模以上工业企业资产的比重衡量。国有企业所占比重较高的省份,主导产业大部分是垄断性行业,市场化程度低,融入世界经济的程度也相对较低,整体经济发展环境不利于产业集聚发展(贺灿飞,谢秀珍,潘峰华,2008),预期这一变量对经济集聚程度的影响为负。

pergdp:市场规模。其计算方法是各地区人均地区生产总值与人均国内生产总值的比值,该值越大表明区域内市场规模越大,预期市场规模与经济集聚程度正相关。

firm:企业数量。该变量的计算方法是各地区全部国有及规模以上非国有企业数量与全国数量的比值,[1]预期其与经济集聚程度正相关。

area:本省与邻省的平均面积。用该变量表示本省与邻省的平均地理距离,借鉴陈敏、桂琦寒和陆铭等(2008)的计算方法,*area*=本省面积+邻省总面积/邻省个数。在运输条件相同或类似的情况下,空间距离越远,产品的运输成本、信息传递成本及交易成本越高,预期这一变量与经济集聚程度负相关。

coast:沿海地区虚拟变量。与中西部地区相比,沿海地区在自然地理和历史条件、经济基础、改革开放政策等众多方面都具有明显的优势,而中部和西部地区经济发展条件的差异并不显著,因此只选择了沿海地区作为虚拟变量,预期该虚拟变量对沿海地区经济

---

[1] 分析用第三产业衡量的经济集聚程度时,该指标计算方法为各地区限额以上批发业企业数量与全国数量的比值。

集聚的影响为正。

表 12-1 影响经济集聚的解释变量及其度量指标

变量	解释变量	英文缩写	度量指标	预期符号
核心解释变量	国际市场一体化	*trade*	各地区货物进出口总额/全国货物进出口总额	+
	国内市场一体化	*integ*	基于"价格法"计算的国内商品市场一体化指数	+
控制变量	交通运输条件	*road*	各地区公路里程/各地区面积	+
	国家级开发区数量	*sdz*	各地区各类国家级开发区数量之和	−
	国有企业比重	*state*	各地区规模以上国有控股企业资产/各地区规模以上工业企业资产	−
	市场规模	*pergdp*	各地区人均地区生产总值/全国人均地区生产总值	+
	企业数量	*firm*	各地区全部国有及规模以上非国有企业数量/全国全部国有及规模以上非国有企业数量	+
	本省与邻省的平均面积	*area*	本省面积+邻省总面积/邻省个数	
	沿海地区	*coast*	辽宁、河北、北京、天津、山东、江苏、上海、浙江、福建、广东、海南、广西	+
	直辖市	*city*	北京、天津、上海、重庆	−

city：直辖市虚拟变量。直辖市具有比一般省份更多的功能，除发展经济外，它们更多承担着全国或区域性政治中心、服务业中心的功能，预期该虚拟变量对以第二产业衡量的经济集聚程度影响

为负。

上述解释变量中，虚拟变量沿海地区和直辖市用来解释不同地区的自然地理条件、要素禀赋不同，代表传统区位理论和贸易理论下影响经济活动集聚的因素；交通运输条件、本省与邻省的平均面积、国内市场一体化、市场规模、企业数量代表新经济地理理论下影响经济活动集聚的因素，交通运输条件、本省与邻省的平均面积、国内市场一体化用来说明不同地区空间成本不同，市场规模和企业数量用来说明集聚效应不同；国际市场一体化、国家级开发区数量与国有企业比重则是由中国经济转型时期特有的经济政策引起的区域差异，这些差异也将对经济活动的地区集聚产生影响。分析过程中还尝试用各地区实际利用外商直接投资占全国的比重反映国际市场一体化程度，用城镇化率反映各地区市场规模，用各省（自治区、直辖市）专利申请授权量占全国的比重反映区域内人力资本，但因实际利用外商投资比重与货物进出口总额比重高度相关、城镇化率与人均地区生产总值高度相关而没有使用这两个变量，各省（自治区、直辖市）专利申请授权量比重因估计结果不显著也没有被纳入模型（见表 12–1）。

表 12–2 报告了主要变量之间相关性的检验结果，绝大部分解释变量与被解释变量的相关性与预期一致，绝大部分解释变量之间的相关系数低于 0.7。进一步考察了解释变量的方差膨胀因子（VIF），其取值均低于 10，表明方程不存在多重共线性问题（见表 12–3）。[①]

[①] 根据经验法则，如果最大的方差膨胀因子小于等于 10，则表明不存在多重共线性问题。

表 12-2 主要变量的相关系数矩阵

变量	agglo	trade	integ	state	pergdp	road	firm	sdz	area	coast	city
agglo	1.0000	0.8701*	0.0507	−0.5393*	0.5372*	0.4826*	0.6349*	0.7207*	−0.4604*	0.5990*	0.1033
trade	0.7144*	1.0000	−0.0133	−0.4402*	0.5645*	0.3891*	0.7525*	0.6024*	−0.3191*	0.5662*	0.1999*
integ	0.1374*	−0.0133	1.0000	−0.2922*	−0.1576*	0.2276*	−0.0065	0.3369*	−0.0792	−0.0233	−0.2735*
state	−0.5782*	−0.4402*	−0.2922*	1.0000	−0.3068*	−0.6031*	−0.4925*	−0.6337*	0.4302*	−0.5083*	−0.0069
pergdp	0.3450*	0.5645*	−0.1576*	−0.3068*	1.0000	0.4947*	0.6362*	0.3273*	−0.3798*	0.6393*	0.6905*
road	0.3883*	0.3891*	0.2276*	−0.6031*	0.4947*	1.0000	0.4941*	0.5055*	−0.6245*	0.3945*	0.4772*
firm	0.6289*	0.7269*	0.0968	−0.6181*	0.3947*	0.4095*	1.0000	0.6456*	−0.4320*	0.6172*	0.2439*
sdz	0.7273*	0.6103*	0.3429*	−0.6195*	0.3333*	0.5033*	0.7589*	1.0000	−0.2577*	0.4753*	−0.0874
area	−0.4048*	−0.3191*	−0.0792	0.4302*	−0.3798*	−0.6245*	−0.4205*	−0.2516*	1.0000	−0.5007*	−0.3242*
coast	0.5197*	0.5662*	−0.0233	−0.5083*	0.6393*	0.3945*	0.5612*	0.4833*	−0.5007*	1.0000	0.2868*
city	−0.1137	0.1999*	−0.2735*	−0.0069	0.6905*	0.4772*	−0.0798	−0.0778	−0.3242*	0.2868*	1.0000

注：*表示 1%水平上显著；表中左下三角内为第二产业衡量经济集聚时主要变量的相关分析结果，表中右上三角内为第三产业衡量经济集聚时主要变量的相关分析结果。

表 12–3 主要解释变量的膨胀因子

第二产业衡量经济集聚			第三产业衡量经济集聚		
变量	VIF	1/VIF	变量	VIF	1/VIF
firm	4.81	0.208057	*pergdp*	4.37	0.229005
city	4.17	0.239613	*road*	4.01	0.249129
pergdp	4.09	0.244381	*city*	3.80	0.263058
road	4.04	0.247513	*firm*	3.55	0.281889
sdz	3.9	0.25648	*sdz*	3.36	0.297537
trade	2.76	0.36177	*coast*	2.64	0.378723
coast	2.67	0.374627	*trade*	2.62	0.381436
state	2.58	0.387658	*state*	2.49	0.402212
area	2.37	0.422235	*area*	2.12	0.472013
integ	1.52	0.656079	*integ*	1.43	0.697263
VIF 均值	3.29	—	VIF 均值	3.04	—

（三）计量结果及分析

1. 第二产业衡量经济集聚的计量结果及分析

表 12–4 中方程（1）的 Hausman 检验结果支持固定效应模型。考虑到可能存在异方差和截面相关问题，分别对方程（1）进行了 Robust 稳健性估计（见表 12–4 第 2 列）和 Drisc/Kraay 稳健性估计（见表 12–4 第 3 列），其中 Robust 稳健性估计仅解决了异方差问题，Drisc/Kraay 稳健性估计同时解决了异方差和截面相关问题，两者估计的系数完全相同，但后者的显著性水平更高一些。估计结果与预期一致，国际市场一体化水平与国内市场一体化水平对经济集聚程度的影响为正，并且在至少 5% 的水平上显著。国际市场一体化水平

对经济集聚的影响程度较国内市场一体化大：国际市场一体化水平每上升 1 个百分点，经济集聚程度上升 0.0671 个百分点；国内市场一体化水平每上升 1 个百分点，经济集聚程度仅上升 0.0023 个百分点。其他控制变量的估计结果基本与预期效果一致，由于采用的是固定效应模型，未能得到不随时间变化的虚拟变量估计系数。LR 检验表明方程（1）存在明显的时间固定效应，加入年份的时间固定效应后再次对方程（1）进行了 Robust 稳健性估计（见表 12-4 第 4 列），国际市场一体化与国内市场一体化对经济集聚的影响仍然为正，只是估计系数略微降低。为了进一步检验市场一体化是否对经济集聚有非线性影响，在方程（1）的基础上依次分别加入了市场一体化指标的平方项，无论是国际市场一体化还是国内市场一体化均未出现一次项系数显著为正、平方项系数显著为负的结果，说明研究时段内市场一体化对经济集聚的影响是线性的。随着市场一体化水平的进一步提高，经济集聚程度仍然会上升，同时也意味着，中国目前的市场一体化水平有所提高但依然偏低，还未达到可以改变现有集聚格局的水平。

在方程（1）中引入国际市场一体化与国内市场一体化的交互项后得到方程（2），分析两者对经济集聚的共同影响，Hausman 检验结果仍然支持固定效应模型。同样，考虑到可能存在异方差和截面相关问题，分别对方程（2）进行了 Robust 稳健性估计（见表 12-4 第 5 列）和 Drisc/Kraay 稳健性估计（见表 12-4 第 6 列）。估计结果显示，国际市场一体化与国内市场一体化的系数仍然显著为正，且与不加交互项时相比有所提高；交互项的系数显著为负，表明在影响经济集聚方面，国际市场一体化与国内市场一体化之间是相互替代的关系，即随着国际市场一体化水平的提高，国内市场一体化对经济集聚的促进作用会减弱，或者说国际市场一体化水平较高的地区，国内市场一体化水平对经济集聚的促进作用相对较弱。由于交互项的系数很小，国际市场一体化与国内市场一体化之间的替代作用也是很小的。LR 检验表明方程（2）也存在明显的时间固定效应，加入年份的时间固定效应后再次进行了 Robust 稳健性估计（见表 12–4 第 7 列），估计结果没有发生太大变化。

表 12–4　经济集聚程度（以第二产业衡量）的决定因素估计

解释变量	(1)			(2)		
	fe_rb	fe_scc	fe_t_rb	fe_rb	fe_scc	fe_t_rb
trade	0.0671**	0.0671***	0.0651**	0.0684***	0.0684***	0.0658**
	(0.0295)	(0.0159)	(0.0250)	(0.0243)	(0.0124)	(0.0225)
integ	0.0023***	0.0023***	0.0018*	0.0031***	0.0031***	0.0025**
	(0.0007)	(0.0006)	(0.0009)	(0.0010)	(0.0007)	(0.0011)
trade integ				−0.0003**	−0.0003**	−0.0003**
				(0.0001)	(0.0002)	(0.0001)
road	−0.0000	−0.0000	−0.0000	−0.0000	−0.0000	−0.0000
	(0.0000)	(0.0000)	(0.0000)	(0.0000)	(0.0000)	(0.0000)
sdz	−0.037***	−0.037***	−0.045***	−0.031***	−0.031***	−0.039***
	(0.0084)	(0.0058)	(0.0094)	(0.0084)	(0.0059)	(0.0099)
state	−0.0052**	−0.0052**	−0.0120**	−0.0048	−0.0048**	−0.0116**
	(0.0025)	(0.0016)	(0.0050)	(0.0024)	(0.0017)	(0.0049)
pergdp	1.5001***	1.5001***	1.4844***	1.4518***	1.4518***	1.4446***
	(0.2613)	(0.1534)	(0.2477)	(0.2611)	(0.1485)	(0.2462)
firm	0.0188*	0.0188*	0.0119*	0.0148*	0.0148*	0.0079*
	(0.0401)	(0.0297)	(0.0386)	(0.0385)	(0.0292)	(0.0378)
cons	1.7222***	0.0000	2.3788***	1.7464***	0.0000	2.3793***
	(0.4014)	(.)	(0.5522)	(0.3836)	(.)	(0.5296)

续表

解释变量	(1)			(2)		
	fe_rb	fe_scc	fe_t_rb	fe_rb	fe_scc	fe_t_rb
Within R^2	0.5167	0.5167	0.5469	0.5277	0.5277	0.5532
F 检验值	14.70		23.66	16.51		48.65
Hausman 检验（P 值）	428.08 (0.0000)			192.28 (0.0000)		
观察值	496	496	496	496	496	496

注：括号中数值为标准差；*、**、***分别表示在10%、5%和1%水平上显著；Hausman检验的零假设是固定效应和随机效应的估计系数没有系统性差异。

2. 第三产业衡量经济集聚的计量结果及分析

表 12-5 中方程（3）的 Hausman 检验结果支持固定效应模型。考虑到可能存在异方差和截面相关问题，分别对方程（3）进行了 Robust 稳健性估计（见表 12-5 第 2 列）和 Drisc/Kraay 稳健性估计（见表 12-5 第 3 列）。估计结果与第二产业衡量的经济集聚有所不同，国际市场一体化水平对经济集聚程度的影响同样显著为正，而国内市场一体化水平对经济集聚的影响则显著为负，而且国际市场一体化水平对第三产业衡量的经济集聚的影响程度高于其对以第二产业衡量的经济集聚。国内市场 LR 检验表明方程（3）不存在明显的时间固定效应。在方程（3）中依次加入了市场一体化指数的平方项，估计结果表明市场一体化对经济集聚不存在非线性影响。国内市场一体化对以第三产业衡量的经济集聚影响为负，可能与第三产业的产业特性有关。第三产业包括分配性服务业、消费性服务业、

生产性服务业和社会公共服务业,①其中生产性服务业与工业发展密切相关,具有与工业相似的在全国范围内集聚发展的特点;其他服务业产品因生产和消费同时进行往往需要生产者与消费者相互靠近,更适合在一定区域范围内的大城市中集聚发展(陆铭,2010)。

在方程(3)中引入国际市场一体化与国内市场一体化的交互项得到方程(4),分析两者对经济集聚的共同影响,Hausman 检验结果仍然支持固定效应模型。同样,考虑到可能存在异方差和截面相关问题,分别对方程(4)进行了 Robust 稳健性估计(见表12-5 第4列)和 Drisc/Kraay 稳健性估计(见表12-5 第5列)。估计结果显示,国际市场一体化与国内市场一体化的影响与方程(3)一致,国际市场一体化的影响略微提高,而国内市场一体化的影响略微降低;交互项的系数仅在 Drisc/Kraay 稳健性估计下显著为负,显著性水平为10%,且系数很小,表明两者的替代效应并不明显。LR 检验表明方程(4)也不存在明显的时间固定效应。

表12-5 经济集聚程度(以第三产业衡量)的决定因素估计

解释变量	(3)		(4)	
	fe_rb	fe_scc	fe_rb	fe_scc
trade	0.1031*** (0.0129)	0.1031*** (0.0203)	0.1033*** (0.0115)	0.1033*** (0.0181)

---

① 分配性服务业包括交通运输、仓储和邮政业;消费性服务业包括住宿和餐饮业,居民服务和其他服务业,文化、体育和娱乐业;生产性服务业包括信息传输、计算机服务和软件业,金融业,房地产业,租赁和商业服务业,科学研究、技术服务和地质勘查业;社会公共服务业,包括水利、环境和公共设施管理业,教育、卫生、社会保障和社会福利业,公共管理和社会组织。

续表

解释变量	(3)		(4)	
	fe_rb	fe_scc	fe_rb	fe_scc
integ	−0.0015**	−0.0015***	−0.0012*	−0.0012***
	(0.0006)	(0.0003)	(0.0006)	(0.0003)
trade integ			−0.0001	−0.0001*
			(0.0001)	(0.0001)
sdz	0.0260*	0.0260***	0.0284*	0.0284***
	(0.0141)	(0.0038)	(0.0147)	(0.0044)
state	−0.0021	−0.0021***	−0.0024	−0.0024***
	(0.0015)	(0.0006)	(0.0015)	(0.0006)
pergdp	0.6987***	0.6987***	0.6745***	0.6745***
	(0.0992)	(0.0791)	(0.0983)	(0.0892)
firm	0.0510**	0.0510***	0.0529**	0.0529***
	(0.0241)	(0.0141)	(0.0230)	(0.0137)
cons	1.7788***	0.0000	1.7774***	0.0000
	(0.2032)	(.)	(0.2030)	(.)
Within R^2	0.5679	0.5679	0.5277	0.5277
F 检验值	22.83		26.32	
观察值	496	496	496	496

注：括号中数值为标准差；*、**、*** 分别表示在10%、5%和1%水平上显著。

第四节　一体化与经济集聚视角的拓展区域发展新空间

改革开放以来，从城市层面看中国区域发展空间拓展的有效途径主要有两个：一是通过设立各级各类开发区以集聚产业和人口，如经济技术开发区、高新技术产业开发区等；二是通过设立城市新区或新城用以拓展城市发展空间，如浦东新区、天津滨海新区等（肖金成，欧阳慧，2012）。随着开发区和城市新区数量的增多，以及为保障国家粮食安全，未来应该更加注重经济效率的提升，采取更具内涵的方式拓展区域发展新空间。

一、在扩散中不断促进经济集聚发展

无论是经济集聚还是扩散，其目的都是为了降低生产要素成本从而提高经济效率。区位理论从成本最小化、利润最大化等角度解释了经济活动集聚现象；新经济地理理论通过集聚力和分散力分析经济集聚与扩散现象；部分学者指出本地化经济源于各种成本的节约。实证研究中，陆铭（2011）关于地理和城市土地利用效率关系的研究表明，各地区与大港口的距离越大，土地利用效率越低。许政、陈钊和陆铭（2010）也验证了地理位置与城市经济增长之间的非线性关系，当城市距离大港口很近时，港口对城市经济增长具有促进作用，随着距离增加促进作用逐渐变为抑制，当距离增加到一定程度时，港口对城市经济增长又表现出促进作用，但此时城市的经济增长可能是其他因素导致的。所以，在经济扩散过程中充分发

挥集聚效应可以提高经济发展质量和经济效率，从而实现内涵式拓展区域发展新空间的目标。

对进一步促进经济集聚持否定态度的观点，实际上是对经济集聚的认识存在以下误区。第一，认为中国经济集聚程度已经很高了，而且出现了经济活动向中西部扩散现象。而实际上，与发达国家相比，中国各行业空间集中程度仍处于相对较低水平，即使与发展程度类似的国家（如巴西、印度）相比，中国的集聚指数依然偏低（朱希伟，陶永亮，2011）。而且经济活动向中西部地区扩散的原因，并非是新经济地理理论中强调的扩散力导致的，而是国家均衡发展战略以及沿海地区要素成本上升等行为引起（陈钊，2011）。第二，认为经济进一步集聚将加大区域间经济发展差距。事实上，中国区域间发展差距的存在首先是由地理区位引起的自然条件、经济基础等巨大差异决定的；其次，区域间不平衡发展是高速增长难以避免的副作用（陆大道，2009）；再次，沿海地区较多地参与经济全球化一定程度上强化了"沿海-内地"的区域空间格局（刘卫东，张国钦，宋周莺，2007）；最后，也是最重要的，东部沿海地区没有在集聚经济的同时发挥同等规模地集聚人口的功能（肖金成，欧阳慧，2012；魏后凯，2016），使中国在较大范围出现了人口和经济活动分布不匹配的现象。第三，经济集聚加剧环境污染和引发城市病。事实上恰恰相反，陆铭和冯皓（2014）通过对中国省级面板数据的经验分析，得到了一系列人口与经济活动空间集聚有利于单位地区生产总值工业减排的经验证据。而城市扩张过程中出现的交通拥堵、城市污染、犯罪率上升等所谓的"城市病"也不是必然发生的，在很大程度上取决于城市治理能力和治理水平。

二、推进区域经济一体化进程

提高一体化水平,既可以通过经济集聚拓展区域发展新空间,又可以缩小区域发展差距。对外开放无疑对中国区域经济发展产生了重大影响,新时期要转变对外开放方式,实现新的国际市场一体化。一方面,以设立中国自由贸易试验区的方式通过"开放倒逼改革",有效应对西方发达国家的新型贸易规则变化(薄文广,安虎森,2016);另一方面,逐步将对外开放战略重点转向"走出去",通过多边或双边区域合作方式加入国际经济体系(刘乃全,刘学华,赵丽岗,2008)。"分割"是中国国内区域经济发展最重要的特征,不仅存在城乡分割,也存在地区之间的分割。中国省(自治区、直辖市)之间存在较严重的市场分割,严重阻碍和限制了生产要素自由流动,既不利于经济集聚效应的发挥,也不利于地区间要素回报的均等化以及区域经济均衡发展。改革开放前政府通过户籍制度严格限制农民向城市迁移,改革开放后 1980 年代劳动力流动仍然受户籍制度严格约束。当前,中国劳动力跨地区流动表面上自由,实则仍然受户籍制度导致的身份差异影响,没有当地城市户籍的居民至少面临"三歧视一障碍"[①](陆铭,2011),农民工市民化进程依然比较缓慢,2014 年中共中央国务院印发的《国家新型城镇化规划(2014—2020 年)》提出的到 2020 年全国户籍人口城镇化率和常住人口城镇化率差距缩小 2 个百分点左右的目标并没有实现。因此,要通过经济集聚达到拓展区域发展新空间的目的,一方面要转变对外开放方式,继续扩大对外开放,另一方面也是更重要的,必须打破市场分

---

① 即就业歧视、社会保障歧视、公共服务歧视以及土地制度障碍。

割和城乡分割，改变对地方地府的激励，彻底改革现有户籍制度和土地制度，实现各种要素充分自由流动（安树伟，李瑞鹏，2022）。

三、以"城市群-发展轴"为主体形态拓展区域发展新空间

随着行政区划调整及区域经济一体化进程不断加快，城市群范围内的集聚经济效益将进一步吸引人口和经济活动的空间聚集，因此，要将城市群作为拓展区域发展新空间的主要空间载体。处于不同发展阶段的城市群需要通过不同途径拓展发展新空间：对于发育相对成熟的京津冀、长三角、珠三角三大城市群，未来发展以转型升级、结构优化、功能提升为主；对于发育程度相对较低的城市群，重点是促进当地产业（尤其是工业）和承接的东部地区产业向已设立的开发区集聚发展；对于正在培育的城市群，则首先要通过设立各类开发区为经济集聚发展提供载体，以外延方式拓展区域发展新空间，发展到一定程度后转向促进经济集聚发展的内涵拓展方式。另外，要加强城市群与连接城市群的发展轴之间相互耦合，形成以"城市群为核心、发展轴为引导"的区域发展新空间拓展模式。

第五节　研究结论与政策含义

一、研究结论

本章从理论和实证两个方面分析了一体化与经济集聚、经济集聚与区域发展空间格局的关系，并基于一体化与经济集聚视角提出了拓展区域发展新空间的思路，主要得出以下几点结论。

第一，区域经济一体化、经济集聚（扩散）与区域发展空间三者紧密相关。经济集聚（扩散）是区域经济一体化的动态效应之一（陈建军，2009），两者之间存在一种非线性的对应关系。经济集聚（扩散）是从内涵上拓展区域发展空间的重要途径。区域发展新空间是对原有区域发展空间的进一步拓展，其"新"体现在两个方面，一是区域范围扩大，二是经济效率提升，通过经济集聚（扩散）拓展新空间主要体现在经济效率的提升方面。

第二，总体上中国市场一体化程度呈上升趋势。首先，改革开放以来中国政府强调对外开放甚于对内开放，使得1978—2021年以进出口总额占地区生产总值比重和外商直接投资衡量的中国国际市场一体化水平总体而言得到了显著提高。其次，1999—2021年，中国国内市场的一体化程度在波动中呈上升趋势，不同地区及各省份市场一体化程度的变动趋势与全国基本相同。中国的经济集聚趋势明显，突出表现为经济活动向东部沿海地区与城市群地区集聚。

第三，对一体化与经济集聚关系的实证分析表明，以第二产业衡量经济集聚时，国际市场一体化水平与国内市场一体化水平对经济集聚程度的影响均为正，且前者对经济集聚的影响程度较后者大；两者交互项系数为负，表明国际市场一体化与国内市场一体化在共同影响经济集聚方面存在相互替代效应。以第三产业衡量经济集聚时，国际市场一体化水平对经济集聚程度的影响仍然显著为正，而国内市场一体化水平对经济集聚的影响则显著为负，且国际市场一体化水平对以第三产业衡量的经济集聚的影响程度高于其对以第二产业衡量的经济集聚的影响程度；两者交互项系数为负，但显著性水平较低，表明它们共同作用经济集聚的替代效应也不明显。

第四，经济集聚与区域发展空间格局密切相关。促进经济集聚

（扩散）发展是一种内涵式的拓展区域发展新空间方式，充分发挥经济集聚效应可以提高土地利用效率，可以促进经济增长获得动态效率，更有利于一国经济的长期繁荣。大力推进区域经济一体化是实现经济集聚的重要途径。在一体化和经济集聚基础上，加强城市群与发展轴的相互耦合，形成以"城市群为核心、发展轴为引导"的拓展区域发展新空间模式。

二、政策含义

从上述结论中可得到以下几点启示：

首先，当一体化水平达到一定程度时，经济活动由集聚转向扩散。但目前，中国国内市场一体化对经济集聚的影响还没有出现这种趋势，说明国内市场一体化水平较低，同时经济集聚程度也处于较低水平。因此，如果政府出于缩小地区差距、平衡区域经济发展考虑，通过行政手段控制经济活动进一步集聚，虽然短时间内可以缩小差距但却损失了经济集聚带来的效率提高，最终将不利于地区差距缩小和均衡发展。缩小区域发展差距、实现区域间平衡发展，不应着眼于经济和人口在空间上均匀分布，而应着眼于区域之间的人均主要经济指标的平衡。

其次，1992年开始开发区建设进入快速发展时期。各类开发区为工业发展提供了空间载体，利用其自身在土地、资金、税收等方面的优惠政策，一方面，聚集了国内大量高新技术产业、装备制造业、新能源新材料、生物医药等战略性新兴产业，另一方面，成功吸引了外资和国外先进制造业，成为推动各地经济增长的发动机。2014年开始，开发区的设立条件、建设用地规模、地方政府的举债融资权限和税收优惠政策制定权限受到严格控制，开发区建设进入注重质量效益的内涵式发展阶段。因此，未来各地区应该打破行政区域界线，加快一体化进程，加快开发区整合速度，促进经济活动进一步向开发区集聚发展，提高经济效率，以拓展区域发展新空间。

最后，研究时段内，国际市场一体化对经济集聚的影响程度较大，这与中国改革开放以来强调对外开放甚于对内开放有关。为了更好地促进经济集聚发展，应统筹兼顾促进对外开放和内部区域开放，在深化对外开放的同时加快推进国内统一市场的建设。为了能够更好地激发国内市场潜能，保持中国经济持续稳定增长，要加快国内市场一体化改革，限制地方政府的各种保护地方经济和分割市场的行为，降低交易成本，争取早日形成统一的国内大市场。积极推进中国的市场化改革，大幅度减少政府对资源的直接配置和干预，实现政府功能从微观干预向宏观管理的转变，依据市场规则、市场价格、市场竞争推动资源配置，促进经济集聚效应充分发挥，从而达到经济社会效益最大化和效率最优化。

参考文献

安虎森等. 新经济地理学原理（第二版）[M]. 北京：经济科学出版社，2009：34，102.

安树伟，李瑞鹏. 城市群核心城市带动外围地区经济增长了吗？——以京津冀和长三角城市群为例[J]. 中国软科学，2022（9）：85–96.

安树伟，肖金成. 区域发展新空间的逻辑演进[J]. 改革，2016（8）：45–53.

薄文广，安虎森. 我国区域发展思路的演进与未来展望[J]. 南开学报（哲学社会科学版），2016（3）：115–124.

陈建军. 要素流动、产业转移和区域经济一体化[M]. 杭州：浙江大学出版社，

2009：127.

陈敏，桂琦寒，陆铭等. 中国经济增长如何持续发挥规模效应?——经济开放与国内商品市场分割的实证研究[J]. 经济学（季刊），2008（1）：125–150.

陈钊. 产业转移与集聚都需要市场逻辑——解读"十二五"规划[J]. 上海国资，2011（4）：28–29.

范剑勇，杨丙见. 美国早期制造业集中的转变及其对中国西部开发的启示[J]. 经济研究，2002（8）：66–73+95.

范子英，张军. 财政分权、转移支付与国内市场整合[J]. 经济研究，2010（3）：53–64.

桂琦寒，陈敏，陆铭等. 中国国内商品市场趋于分割还是整合——基于相对价格法的分析[J]. 世界经济，2006（2）：20–30.

贺灿飞，谢秀珍，潘峰华. 中国制造业省区分布及其影响因素[J]. 地理研究，2008，27（3）：623–635.

贺灿飞，马妍. 市场分割与中国城市出口差异[J]. 地理科学进展，2014，33（4）：447–456.

黄玖立. 对外贸易、地理优势与中国的地区差异[M]. 北京：中国经济出版社，2009：66–78.

梁琦. 产业集聚论[M]. 北京：商务印书馆，2004：210–211.

刘乃全，刘学华，赵丽岗. 中国区域经济发展与空间结构的演变——基于改革开放30年时序变动的特征分析[J]. 财经研究，2008（11）：76–87.

刘卫东，张国钦，宋周莺. 经济全球化背景下中国经济发展空间格局的演变趋势研究[J]. 地理科学，2007，27（5）：609–616.

刘小勇. 市场分割对经济增长影响效应检验和分解——基于空间面板模型的实证研究[J]. 经济评论，2013（1）：34–41.

陆大道. 关于我国区域发展战略与方针的若干问题[J]. 经济地理，2009，29（1）：2–7.

陆铭，陈钊. 中国区域经济发展中的市场整合与工业集聚[M]. 上海：上海人民出版社，2006：37.

陆铭. 建设用地使用权跨区域再配置：中国经济增长的新动力[J]. 世界经济，2011，（1）：107–125.

陆铭，冯皓. 集聚与减排：城市规模差距影响工业污染强度的经验研究[J]. 世界经济，2014（7）：86–114.

陆铭. 玻璃幕墙下的劳动力流动——制度约束、社会互动与滞后的城市化[J]. 南方经济，2011（6）：23–37.

年猛，孙久文. 中国区域经济空间结构变化研究[J]. 经济理论与经济管理，2012（2）：89–96.

盛斌，毛其淋. 贸易开放、国内市场一体化与中国省际经济增长：1985—2008年[J]. 世界经济，2011，34（11）：44–66.

世界银行. 2009年世界发展报告：重塑世界经济地理[M]. 胡光宇等译. 北京：清华大学出版社，2009：21–23.

孙久文. 新常态下的"十三五"时期区域发展面临的机遇与挑战[J]. 区域经济评论，2015（1）：23–25.

魏后凯. 新常态下中国城乡一体化格局及推进战略[J]. 中国农村经济，2016（1）：2–15.

文玫. 中国工业在区域上的重新定位和聚集[J]. 经济研究，2004（2）：84–94.

吴三忙，李善同. 国内市场一体化与制造业地理集聚演变研究[J]. 山西财经大学学报，2011，33（8）：60–68.

肖金成，安树伟. 从区域非均衡发展到区域协调发展——中国区域发展 40 年[J]. 区域经济评论，2019（1）：13–24.

肖金成，欧阳慧. 优化国土空间开发格局研究[J]. 经济学动态，2012（5）：18–23.

许政，陈钊，陆铭. 中国城市体系的"中心–外围模式"[J]. 世界经济，2010，33（7）：144–160.

张可云. 区域经济一体化：追求理想的共赢格局[J]. 区域经济评论，2015（6）：5–7.

赵金丽，张学波，宋金平. 京津冀劳动力市场一体化评价及影响因素[J]. 经济地理，2017，37（5）：94–100.

周文良. 区域一体化背景下的制造业集聚、扩散趋势——基于广东省的分析[J]. 经济问题探索,2007（3）:54–62.

朱希伟,陶永亮. 经济集聚与区域协调[J]. 世界经济文汇,2011（3）:1–25.

Crozet M, Soubeyran P K. EU Enlargement and the Internal Geography of Countries[J]. Journal of Comparative Economics, 2004, 32(2): 265–279.

Hanson G. Market Potential, Increasing Returns, and Geographic Concentration[Z]. NBER Working Paper 6429, 1998.

Robertis G D. European Integration and Internal Economic Geography: The Case of the Italian Manufacturing Industry 1971–1991[J]. The International Trade Journal, 2001, 15(3): 345–371.

Sjoberg O, Sjoholm F. Trade Liberalization and the Geography of Production: Agglomeration, Concentration and Dispersal in Indonesia's Manufacturing Industry[J]. Economic Geography, 2004, 80(3): 287–310.

第十三章 区域发展新空间拓展方式与全要素生产率

21世纪以来,中国的经济增长逐渐由要素投入驱动向全要素生产率提升驱动转换(Brandt,Van,Zhang,2012)。然而,近年来中国全要素生产率呈现一定的下滑态势(刘建国,李国平,张军涛等,2012),这一现象备受关注。2016年,《中华人民共和国国民经济和社会发展第十三个五年规划纲要》就明确提出"拓展区域发展新空间"。中共二十大报告进一步指出,加快建设现代化经济体系,着力提高全要素生产率,着力提升产业链供应链韧性和安全水平。这为中国区域协调发展、空间结构优化、培育区域经济增长新动力和提升全要素生产率指出了方向。之所以要拓展区域发展新空间,一方面是现有的空间发展活力不足,需要通过调整空间发展模式,优化空间结构,进一步强化集聚效应,提高全要素生产率,另一方面可能是现有空间过度集聚,集聚的负外部性占据主导地位,降低了全要素生产率,需要拓展新的发展空间,改变集聚不经济的状况。因此,从空间集聚来看,提升全要素生产率就是需要将现有空间发展矛盾借助外部空间来得以化解,这种外部空间即某种意义上的新空间，通过拓展区域发展新空间实现区域协调发展，进而提高全要素生产率。

在省级行政区或城市群等跨地级市的区域尺度上，拓展区域发展新空间的实现方式包括集中式拓展、分散式拓展和集中均衡式拓展。从中国省级政府的角度来看，集中式拓展属于传统优势区域开发，是一种偏向于效率优先的空间发展战略，分散式拓展客观上使得空间发展处于一种公平的空间开发模式，集中均衡式拓展是集中式拓展和分散式拓展发展到一定阶段后兼顾效率与公平。从空间集聚结构来看，集中式拓展对应的是偏向于首位城市发展的单中心集聚，分散式拓展对应的是城市体系等级结构扁平化，而集中均衡式拓展对应的是介于前两者之间的多中心集聚。那么，哪一种空间集聚结构或者拓展方式有利于推进全要素生产率的提升？这一问题将对优化中国空间经济发展方式、提升全要素生产率和促进中国经济高质量发展提供重要的经验证据。

因此，本章基于"结构-行为-绩效"的逻辑范式，深入考察不同空间拓展方式或者空间集聚结构将对全要素生产率产生的异质性影响。需要强调的是，中国多年来坚持的大中小城市和小城镇协调发展的城镇化道路，建构起了中国省域特定的空间集聚结构和与之相关的空间拓展方式，为分析空间拓展方式与全要素生产率的关系提供了很好的研究基础，通过考察中国省级行政区空间拓展方式对全要素生产率的影响，可以为空间集聚结构模式与全要素生产率之间的关系提供经验证据，为转变空间发展方式和优化空间集聚结构提供政策启示。

第一节 文献综述

一、关于集聚与全要素生产率关系的研究

作为空间经济活动最重要的本质特征，集聚与全要素生产率之间的关系成为了学术界关注的焦点之一，现有文献较多地从产业集聚规模与集聚结构的视角考察了其对全要素生产率的影响（陈柳，2010；范剑勇，冯猛，李方文，2014）。多中心是区域和城市发展的主要趋势，多中心城市经济族群式发展是区域发展的重要模式，也是未来区域经济发展的中心和财富积累与增长中心（朱俊成，2010）。近年来，有文献从集聚的空间单中心或者多中心结构的视角考察了其对全要素生产率的影响，形成了两种截然不同的观点。在城市群层面，张浩然和衣保中（2012）用简化的 C-D 生产函数测算了全要素生产率，并发现人口单中心结构对全要素生产率具有显著的促进作用，相反多中心的人口分布结构不利于全要素生产率的提高。而在微观企业层面，陈旭（2020）采用 LP 方法测算了企业的全要素生产率，并发现省域经济发展的多中心空间结构将对企业全要素生产率产生倒"U"形的驱动过程。总的来看，多中心集聚结构对全要素生产率的影响还存在争议，可能的原因是对全要素生产率的测度不同，而导致研究结论存在差异。而且现有文献关于空间集聚结构对全要素生产率的直接影响尚未引起学术界足够的关注。

二、关于集聚空间结构与经济发展水平关系的研究

学术界就集聚空间结构对人均 GDP 或劳动生产率的影响做了大

量的研究,这为认识多中心空间集聚结构与全要素生产率的关系提供了重要参考。相关研究从两类空间尺度展开：一方面,在城市尺度上,多中心集聚显著提高了城市人均 GDP,主要源自制造业次中心集聚及其与生产性服务业的互动效应（魏守华,陈扬科,陆思桦,2016）。然而,也有学者指出,单中心规模分布具有更高的人均 GDP（孙斌栋,李琬,2016）。另一方面,近年来有学者将视野拓宽到跨地级市的省域或城市群尺度,形成了以下四种主要观点：第一,多中心集聚有助于经济增长,提高人均 GDP,单中心集聚则相反。多中心性与更高的人均 GDP 有关（Meijers,Burger,2010）,省域城市集中度越高对增长越不利,反而各大城市的共同发展,能显著促进地区人均 GDP（谢小平,王贤彬,2012）,省内中心城市越是"一城独大",省域资源配置效率越低,进而也就越不利于全省整体的经济增长（丁从明,梁甄桥,常乐,2015）,而省域多中心空间结构更能促进人均 GDP 的提升（刘修岩,李松林,秦蒙,2017）。第二,单中心结构对经济发展水平产生促进作用。人口分布的首位度、集中度和不平衡分布都和地区劳动生产率与地区人均 GDP 呈现正相关（毛丰付,王琦,潘加顺,2019）。第三,单中心结构和多中心空间结构都会使经济发展水平或者劳动生产率呈倒"U"形变化。在宏观层面,首位城市规模越大空间集聚程度越高,其对经济发展水平的影响呈现倒"U"形的特征,较高的单中心集聚对经济发展造成负向影响（李佳洺,张文忠,孙铁山等,2014；孙铁山,2016；周晓波,倪鹏飞,2018）。因此,要推动城市体系内部一定数量的中等城市成长为大城市,释放城镇化的巨大潜力,培育经济增长的新动能,促进经济可持续增长（朱志胜,2016；周晓波,倪鹏飞,2018）。而在企业微观层面,地区多中心发展模式将对人均 GDP 产生倒"U"形的驱动过程。第四,单中心空间结构对人均GDP的影响呈现倒"N"形特征,即产生"先抑制、后促进、再抑制"的影响(李泽众,沈开艳,2020)。

综合上述分析,有以下几点值得进一步探讨:第一,大量文献考察了单中心或多中心空间集聚结构对人均GDP或劳动生产率的影响,然而并没有得到一致的结论,多数研究支持多中心集聚将对人均GDP产生促进作用,但劳动生产率不同于全要素生产率,即没有直接的经验证据表明多中心集聚结构有助于提升全要素生产率。因此,何种空间集聚结构背后的空间拓展模式有助于提升全要素生产率有待进一步验证。第二,尽管有文献考察了单中心结构与多中心结构对全要素生产率的影响,但全要素生产率可分为技术效率、规模效率和技术进步,究竟是通过怎样的途径影响全要素生产率也有待进一步分析。第三,结合多中心空间结构与全要素生产率的关系、多中心空间集聚结构对人均GDP影响的多数观点,由于不同测度方法对全要素生产率的测度误差可能引起多中心集聚结构对全要素生产率影响的偏差,已有研究发现,对于全要素生产率的测度采取超越对数生产函数的随机前沿模型更为合适(余泳泽,2017)。第四,在多中心发展导向的集中均衡式拓展指数的测度方面,现有文献主要是通过基于参数估计的齐普夫法则来整体把握多中心发展水平。然而,同一地区不同的集中均衡式拓展方式(多中心发展模式)对全要素生产率的作用可能是存在异质性的。多中心内含着城市个数问题,就多中心发展模式而言,是二城市多中心、三城市多中心还是四城市多中心更有助于提升全要素生产率?实际上多中心对提升全要素生产率可能存在边际递减效应,因此,有必要对其做进一步区分。本章进一步将多中心分为二城市多中心、三城市多中心和四城市多中心，并采用非参数估计的城市指数法来测度多中心发展水平，进一步验证多中心对全要素生产率的影响。

第二节　影响因素与机制

经济活动总是在一定的空间中进行，空间是经济发展过程中不可忽略的重要力量，经济活动是生产要素在特定空间的组合配置，是各种要素形成的有机整体，是人类为实现自身的发展目标而实施的一系列空间建构行动。经济活动之间的空间关系表现为特定的空间形态，而不同的空间结构形态又导致了差别化的空间经济绩效。集聚作为空间经济的本质特征，不仅有规模特征还具有结构特征。良好的空间集聚结构被普遍认为是城市或区域可持续发展的基础。因此，空间结构是人们采取不同方式拓展区域空间的结果。如前所述，拓展空间的模式大体上有三种：一是集中式拓展模式；二是分散式拓展模式①；三是介于集中式与分散式之间的集中均衡式拓展模式。事实上，在区域发展实践中，分散式拓展是集中式拓展的衍生。从区域系统的视角来看，除首位城市偏向的集中式拓展之外，在资源稀缺的背景下其余城市地方政府为晋升而进行激烈竞争，本质上即为分散式拓展。空间集聚结构大体上可以分为单中心与多中心两种模式，单中心或者多中心以外的则处于相对扁平化的发展状态。

---

① 分散式拓展模式又可以分为两种类型：第一种类型是除首位城市外，其余城市集聚规模较小且其空间差异不大；第二种类型是包括首位城市在内的整个省域城市规模等级结构扁平化，这种类型又可进一步分为低水平扁平化与高水平扁平化。

与此同时，如果单中心集聚程度较低，则区域将处于多中心发展阶段，也将处于相对扁平化的状态。不同的空间拓展方式产生不同的地域空间结构，进而产生不同的空间组织结构效应（见图13-1）。因此，本章将采用"结构-行为-绩效"的逻辑范式，在理论上阐释中国省级行政区空间拓展模式对全要素生产率的影响绩效及其行为传导机制。

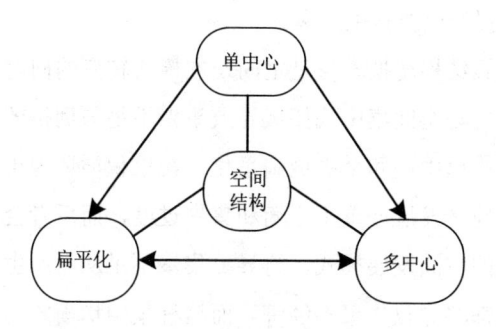

图13-1 三种空间结构模式及内在关联

一、不同拓展模式对全要素生产率的影响

偏向于首位城市发展的集中化拓展，将形成以首位城市为主导的单中心区域空间结构。这一方面会导致资源的空间错配，另一方面会使中小城市发展不足，导致中小城市与大城市的发展差距拉大，将使得理想状态下的集聚-扩散的市场机制过程失效，进而将导致生产要素在空间上高度集聚，产生集聚不经济，降低全要素生产率。那么，在省域层面，城市体系扁平化导向下的分散化拓展模式是否有助于提升全要素生产率呢？答案也是否定的。分散式空间拓展导致空间结构扁平化，呈现无中心或中心不突出的空间结构，将导致

有限的资源被平均化地在空间上配置，进而导致生产要素在空间上集聚不足，降低其集聚效率，因而难以有效提升全要素生产率。而一个折中的方式即兼顾效率与公平的省域多中心化的集中均衡式空间拓展方式，即推动全域城市体系扁平化与首位城市偏向的单中心集聚向多中心集聚的转换，一方面可以克服集中式拓展所产生的集聚过度，另一方面也可以消除过度分散化拓展所带来的集聚不足，进而有助于提升全要素生产率。

这种集聚结构转换本身是空间发展模式转变的问题，是面对空间分散式拓展与空间集中式拓展导致集聚不足与拥挤效应的理性选择。集聚结构单中心和全省域扁平化，在累积循环因果的作用下，前者会产生地区发展严重不平衡和集聚过度，而后者会在客观上形成绝对平均的空间发展模式，将导致集聚不足从而产生效率损失，这两种方式都将导致集聚不经济。而这种集中均衡式的多中心发展模式将修复这种极端的空间结构以及由此引发的集聚不经济效应。事实上，首位城市"一城独大"的空间组织结构与省域城市体系扁平化之间是同一问题的两个方面，即偏向于首位城市的集中化集聚开发，既直接导致区域空间结构之单中心倾向的"肥胖病"，也间接诱发特定区域其他中小城市群体性"瘦弱病"，导致区域整体结构扁平化，这是一种"集聚悖论"。因此，从这个角度看，单中心、扁平化与多中心三者之间的关系本质上是单中心与多中心之间的关系。

就中国当前的城市规模分布特征来看，多数省域的城市规模分布过于集中，部分省域首位城市的相对规模可能过大（高鸿鹰，武康平，2007；段巍，吴福象，王明，2020），尤其是 2000 年以来，大中型城市发展速度较快，小城市增长相对乏力，城市规模分布呈现出两极化倾向特征。2010 年以来，省会以及副省级市已经达到了城市最优规模，而中小城市普遍处于规模不足状态（王垚，年猛，王春华，2017）。因此，强化中小城市的集聚是提升空间经济效率的关键，通过将有潜力的中心城市做大做强，缩小其与首位城市的发展差距，形成多中心的空间结构。多中心作为一种相对网络化、扁平化的组织结构，更容易通过学习和模仿提升本地技术水平（Glaeser，1999），多中心集聚结构对中国全球价值链地位的影响存在先抑后扬的"U"形特征（陈旭，邱斌，刘修岩等，2019），多中心空间发展模式促进了制造业全球价值链分工地位的改善（陈秀英，刘胜，2020）。此外，在多中心的发展模式下，大城市周边中小城市的生产效率能在享受大城市带来集聚经济效应的同时避免集聚成本，城市之间可以通过"规模互借"发挥专业化分工与协作的比较优势，服务业和制造业在地理上的合理分布和结合，可以极大地促进区域内企业全要素生产率的提升（陈旭，邱斌，刘修岩等，2019）。因此，空间集聚结构背后是资源要素在空间上的配置问题，要素不同的空间组织结构模式将形成不同的集聚效应——是资源在区域空间结构配置中的效率占主导，还是效率与公平的兼顾将决定整个区域空间绩效的发挥。撇开空间集聚结构，就空间集聚本身而言，尽管区域发展离不开资源要素在特定空间上的集聚或者集中，但在循环累积因果作用机制下，这种特定空间上的集聚产生的拥挤效应和大城市的虹吸效应导致周边中小城市增长乏力，将抑制整个区域的发展，产生"集聚悖论"，降低各要素的综合生产率。从动态的角度来看，单中心与多中心又不是相互孤立的，在市场和政府的双重作用下中小城市不断成长，使得单中心将逐步向多中心演化。因此，从空间外部性和空间组织结构的视角来看，整个空间结构在一定发展阶段和集聚经济的效应下将实现相对多中心与空间一体化，多中心发展模式为单中心"集聚悖论"提供了出路。因此，特定空间发展的过度集聚驱动区域一体化发展，形成区域多中心空间结构，进而优化了要素的空间配置效率（见图13-2）。因此，分别提出本章的研究假说Ⅰ—Ⅲ。

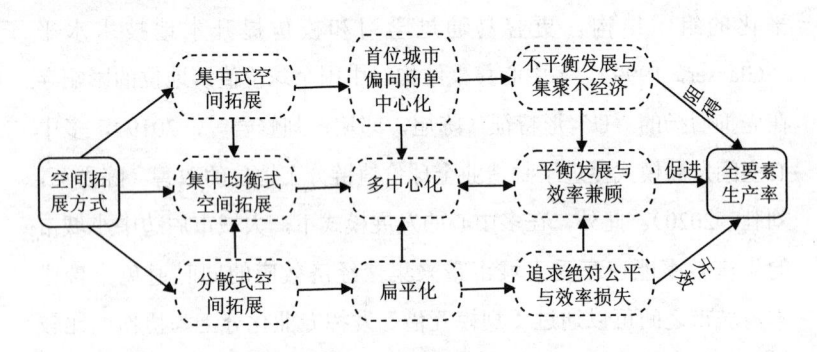

图13-2 空间拓展方式、集聚结构与全要素生产率的理论逻辑

假说Ⅰ：偏向于首位城市发展的集中式空间拓展模式抑制了全要素生产率。

假说Ⅱ：城市体系扁平化的分散式空间拓展难以有效推动全要素生产率。

假说Ⅲ：集中均衡式的多中心拓展模式，有助于提升全要素生产率。

尽管集中均衡式的空间拓展模式所产生的多中心集聚结构有助于推进全要素生产率，但同一地区不同的集中均衡式拓展模式对全要素生产率的影响可能会存在差异。从集聚经济理论角度看，城市效率随着城市规模的降低而不断下降，同样是多中心集聚，但这种集中均衡模式受到经济发展条件的限制，其作用效果会有所差异。因此，区域生产效率的提升还是需要中心大城市产生的带动作用

(Duranton，2015)。而过早过快地引导生产要素向中小城市流动以塑造多中心空间结构反而错失了集聚经济对生产效率的推动作用（陆铭，2019）。具体地讲，过早追求多中心空间结构不仅弱化了中心城市的龙头地位，更损害了优质生产要素的边际产出。因此，多中心空间结构对企业生产效率的影响存在显著的倒"U"形特征（陈旭，2020）。进一步，可以通过图 13-3 来描述两者的关系，其中，横轴为被纳入多中心发展的城市个数，纵轴则表示全要素生产率。当处于二城市（S_1）多中心的情况下，其对全要素生产率的影响强度为 TFP_1，随着由二城市向三城市（S_2）多中心演变，此时对全要素生产率的影响为 TFP_3，达到最大，但当更多的城市（S_3）被纳入多中心的发展框架时，多中心指数本身存在边际递减效应，进而对全要素生产率的影响也会较三城市多中心有所下降，此时对全要素生产率的影响为 TFP_2。位序的多中心集聚对全要素生产率的影响大小也会因多中心程度的边际递减而有所减弱。因此，提出本章的研究假说Ⅳ。

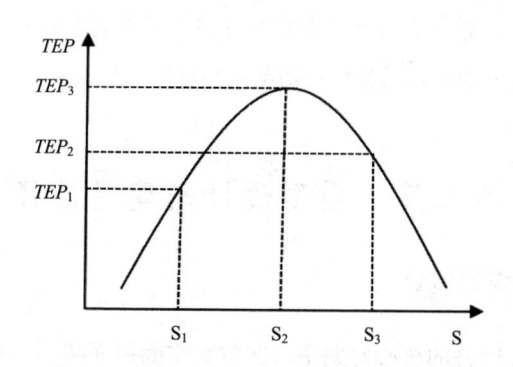

图 13-3 集中均衡式拓展与全要素生产率的关系

假说Ⅳ：不同多中心的集中均衡式拓展模式对全要素生产率的影响存在异质性，且集中均衡式拓展对全要素生产率的影响具有边际递减效应。

二、空间拓展模式对全要素生产率的影响机制

集中式拓展的空间单中心集聚、分散式拓展的城市体系扁平化、集中均衡式拓展的多中心集聚分别对应的是"一城独大""群体性瘦弱病"与"集中均衡"，集聚规模分布是它们之间的一个共同问题。在空间有限性约束下，当劳动、资本等生产要素高度集中于首位城市时，将产生拥挤效应形成非效率部分，弱化投入产出关联的技术效率。而全域城市体系扁平化导向的分散式拓展和多中心集聚发展导向的集中均衡式拓展，有助于弱化偏向于首位城市集中化集聚导致过度拥挤的非效率部分，由此提高要素投入产出关联的技术效率，不同的拓展方式将主要通过技术效率影响全要素生产率。由此，提出本章的研究假说Ⅴ。

假说Ⅴ：集中式拓展将主要通过技术效率的负效应抑制全要素生产率，而分散式拓展与集中均衡式拓展则相反。

第三节 模型设计与变量选择

一、模型设计

本章要回答的核心问题是，在省域空间层面哪一种空间拓展模式有助于提高全要素生产率。因此，构建了如（13-1）式的计量模型。其中，所有变量下标 i 和下标 t 分别表示 i 省域和第 t 年。TFP

是被解释变量，表示全要素生产率。structure 是核心解释变量，表示空间拓展模式，具体用省域首位城市集聚发展的集中式拓展指数（monopro）、分散式拓展指数（flatten）、集中均衡式拓展指数（lnpoly）予以表示。X_{kit} 是在已有文献的基础上引入的 K 个控制变量，主要为教育水平、研发投入强度、研发人员全时当量、交通基础设施发展水平、制造业多样化、市场化进程、所有制结构等，相关变量的含义后文将进一步说明。此外，α_0 为截距项，μ_i 为个体固定效应，τ_t 为时间固定效应，ε_{it} 为随机扰动项。

$$ftp_{it} = \alpha_0 + \alpha_1 \times structure_{it} + \sum_{k=1}^{m} \varphi_i \times X_{kit} + \mu_i + \tau_t + \varepsilon_{it} \quad (13-1)$$

二、变量选取

（一）核心变量

全要素生产率（TFP）及其分解项技术效率（TE）、技术进步（TP）和规模效率（SE）是被解释变量。测算全要素生产率的方法包括参数估计的随机边界模型（SFA）和非参数估计的数据包络分析（DEA）。考虑到 SAF 的优越性，本章通过 SFA 来测算全要素生产率，具体按照余泳泽（2017）提供的估算方法进行估算，并选取超越对数生产函数的随机前沿模型，模型具体设置如下：

$$\begin{aligned}\ln Y_{it} &= f(\ln K_{it}, \ln L_{it}, t) + (v_{it} - \mu_{it}) = \beta_0 + \beta_1 \ln K_{it} + \beta_2 \ln L_{it} + \beta_3 t \\ &+ \frac{1}{2}\beta_4 \ln^2 K_{it} + \frac{1}{2}\beta_5 \ln^2 L_{it} + \beta_6 \ln K_{it} \ln L_{it} + \frac{1}{2}\beta_7 t^2 \\ &+ \beta_8 t \ln K_{it} + \beta_9 t \ln L_{it} + (v_{it} - \mu_{it})\end{aligned}$$

$$(13-2)$$

式（13-2）中，Y_{it} 表示省域 i 第 t 年的实际 GDP，$f(K_{it}, L_{it}, t)$ 表示

具有完全效率的前沿产出。变量 K_{it} 表示资本，L_{it} 表示劳动力，t 表示时间。$v_{it} - \mu_{it}$ 为复合误差项，由相互独立的两项构成。其中，v_{it} 为一般性的随机扰动项，满足 $v_{it} \sim N(0, \sigma_v^2)$。而 μ_{it} 为技术非效率项，满足 $\mu_{it} \sim N^+(\mu, \sigma_v^2)$，其表达式为 $\mu_{it} = \mu_i \exp[-\eta(t-T)]$，$\eta$ 为时变参数。就上述估计结果，根据 Kumbhakar 和 Lovell（2000）的分解法，对生产函数关于时间 t 求导，可得

$$\frac{Y^*}{Y} = \frac{\partial \ln f(X,t)}{\partial t} + \sum_j \frac{\partial \ln f(X,t)}{\partial \ln X_j} \frac{\partial \ln X_j}{\partial X_j} \frac{dX_j}{dt} - \frac{\partial U}{\partial t} = \frac{\partial \ln f(X,t)}{\partial t}$$

$$+ \sum_j \varepsilon_j \frac{X_j^*}{X_j} - \frac{\partial U}{\partial t} TFP^* = TE_{it}^* + TP + (E-1) \sum_j \frac{E_j}{E} X_j^*$$

（13–3）

对上述 TFP^* 进行分解，可得

$$TP_{it} = \frac{\partial \ln f(X,t)}{\partial t} = \beta_3 + \beta_6 t + \beta_8 \ln l_{it} + \beta_9 \ln k_{it} \quad (13\text{–}4)$$

$$TE_i = E[\exp(-u|v_i)] \quad (13\text{–}5)$$

$$SE = (E-1) \sum_j \frac{E_j}{E} X_j^*，\text{其中，} E_j = \beta_j + \sum_{k>j} \beta_{jk} k + \beta_{ij} t \quad (j=1,2)$$

（13–6）

式中，TFP^*、TE_{it}^* 和 TP_{it} 分别代表全要素生产率增长率、生产效率变化率以及技术进步率。X_j^* 表示第 j 种投入要素的增长率。E_j 代表要素产出弹性，E 表示 j 种要素产出弹性之和形成的规模弹性。

核心解释变量省域空间拓展模式（structure）是基于城市夜间灯光数据测算而得。该数据由 1992—2013 年美国国防军事气象卫星搭载的线性扫描系统（DSMP-OLS）获取的夜间灯光影像数据和 2014 年以来的 Suomi 国家极地轨道合作伙伴关系卫星的可见红外成像辐

射计套件传感器(NPP-VIIRS)捕捉到的城市夜间灯光影像数据构成，关于该数据的处理办法，本章借鉴了刘修岩、李松林和秦蒙（2017）的方法。考虑到城市夜间灯光数据在研究城市与区域空间结构等方面的优越性（Henderson，Storeygard，Weil，2012；徐康宁，陈丰龙，刘修岩，2015），本章也选择城市夜间灯光数据来测度反映三种空间集聚结构对应的空间拓展指数，测算办法如下：

①集中式拓展指数（*monopro*）。本章用省级行政区内规模最大城市的灯光亮度均值占省域灯光亮度均值总和的比重来测度，测度方法如式（13-7）。

$$monopro_{it} = \frac{S_{i1t}}{\sum_{j=1}^{j=m} S_{ijt}} \qquad (13-7)$$

式（13-7）中，t 表示时期，i 表示省级行政区，j 表示城市，$monopro_{it}$ 表示单中心指数，S_{ijt} 是第 t 年省级行政区 i 内第 j 个城市夜间灯光数。而 S_{i1t} 则表示省级行政区内规模最大城市的灯光亮度均值。

②分散式拓展指数（*flatten*）。分散式拓展指数可用赫芬达尔指数（HHI）的相对数表示，即 HHI 越高则分散式拓展指数越低，反之分散式拓展指数越高。由于赫芬达尔指数的取值范围是介于 0 和 1 之间，因此，扁平化指数将通过（13-8）式来表示。

$$flatten_{it} = 1 - HHI_{it} = 1 - \sum_{j=1}^{m} \left(\frac{S_{ijt}}{S_{it}}\right)^2 \qquad (13-8)$$

式（13-8）中，$flatten_{it}$ 为省域城市体系扁平化导向的分散化拓展指数，HHI_{it} 表示第 t 年 i 省域的夜间灯光数在所属的各城市分布的赫芬达尔指数，S_{ijt} 含义同前。S_{it} 表示第 t 年 i 省域内 m 个城市夜间灯光年度均值总和，其与式（13-7）的分母等同。

③集中均衡式拓展指数（lnploy）。多中心在本质上反映的是首位城市与其他城市发展的差距，考虑到23个省域城市数目的异质性，为了增强可比性，选择城市年度夜间灯光均值最大的前两位、前三位和前四位城市，本章将通过二城市、三城市和四城市指数法测算多中心程度。

$$lnploy2_{it}=\ln\left(\frac{S_{i_2t}}{S_{i_1t}}\right) \quad (13\text{--}9)$$

$$lnploy3_{it}=\ln(\frac{S_{i_2t}+S_{i_3t}}{S_{i_1t}}) \quad (13\text{--}10)$$

$$lnploy4_{it}=\ln(\frac{S_{i_2t}+S_{i_3t}+S_{i_4t}}{S_{i_1t}}) \quad (13\text{--}11)$$

$$lnploy_{it}=\frac{(lnploy2_{it}+lnploy3_{it}+lnploy4_{it})}{3} \quad (13\text{--}12)$$

式（13–9）至（13–11）分别为二城市、三城市和四城市多中心发展导向的集中均衡式拓展指数。式（13–12）中，lnploy 为二城市、三城市和四城市集中均衡式拓展指数均值。其值越大，则表明省级行政区整体的集中均衡式拓展指数越高，或者多中心发展程度越高。

（二）控制变量

城镇化水平（urb），即城镇的人口占总人口的比重。外商直接投资（fdi），用外商直接投资占GDP的份额表示。研发投入强度（rd），用研发支出占GDP的比重表示。研发人员全时当量（lnrdl），用研发人员全时当量的对数表示。教育水平（highedu），用高等教育受教育人口与总人口之比表示。所有制结构（soe），用国有工业GDP与规模以上工业GDP之比表示。生产性服务业集聚（scxfwzs），用生产性服务业区位熵表示。制造业多样化（zzydiv），用相对多样化指数测算。市场化进程（lnmarket），采用王小鲁和樊纲等发布的年度市场化指数（王小鲁，樊纲，胡李鹏，2019）的对数予以表示。交通基础设施发展水平（infras），用铁路和公路里程数之和与行政区面积之比表示。除了特别说明外，其余原始数据来自相关年份《中国统计年鉴》《中国科技统计年鉴》《中国城市统计年鉴》《中国工业经济统计年鉴》和《中国交通统计年鉴》。

三、变量统计

在样本选取的截面维度上，考虑到要测度反映省域内空间多中心集聚结构的集中均衡式拓展指数，因而以省或自治区内包含多个地级城市的省级行政区为截面。删去了 4 个直辖市和 4 个省域单元内城市数目少的西藏、新疆、青海和海南，因此，本章最终以中国大陆 23 个省域为研究单元。在样本选取的时间维度上，被解释变量 TFP 及分解项 TP、TE 和 SE 数据起止时间为 2000—2017 年；其次，为了尽可能消除逆向因果的内生性，被解释变量为集中式拓展指数（monopro）、分散式拓展指数（flatten）、集中均衡式拓展指数（lnploy）以及不同多中心的集中均衡式拓展指数（lnploy2、lnploy3 和 lnploy4）滞后了 3 期，即数据起止时间为 1997—2014 年，其余控制变量滞后 1 期。因此，共计样本数 414 个（见表 13–1）。

表 13–1 变量的基本统计量

变量符号	变量含义	样本数	均值	标准误	最小值	最大值
TFP	全要素生产率	414	0.439	0.230	−0.522	1.094
TE	技术效率	414	0.379	0.229	0.044	0.978

续表

变量符号	变量含义	样本数	均值	标准误	最小值	最大值
TP	技术进步	414	0.086	0.015	0.056	0.127
SE	规模效率	414	−0.026	0.054	−0.880	0.096
monopro	集中式拓展指数	414	0.248	0.122	0.081	0.728
flatten	分散式拓展指数	414	0.852	0.096	0.421	0.941
lnploy	集中均衡式拓展指数	414	0.015	0.392	−1.675	0.521
lnploy2	二城市集中均衡式拓展指数	414	−0.465	0.358	−2.079	−0.024
lnploy3	三城市集中均衡式拓展指数	414	0.104	0.390	−1.526	0.635
lnploy4	四城市集中均衡式拓展指数	414	0.405	0.438	−1.420	0.999
urb	城镇化水平	414	0.462	0.115	0.232	0.786
fdi	外商直接投资	414	0.021	0.018	0.001	0.114
scxfwzs	生产性服务业集聚	414	0.925	0.220	0.559	2.543
highedu	教育水平	414	0.077	0.038	0.018	0.198
rd	研发投入强度	414	1.126	0.581	0.240	2.981
lnrdl	研发人员全时当量	414	10.795	1.024	7.863	13.245
infras	交通基础设施发展水平	414	0.643	0.403	0.058	1.727
zzydiv	制造业多样化	414	2.294	0.892	1.124	7.182
soe	所有制结构	414	0.435	0.297	0.097	4.721
lnmarket	市场化进程	414	1.765	0.281	0.993	2.381

第四节 实证分析

一、集中式拓展与分散式拓展对全要素生产率的影响

表 13-2 报告了集中式拓展与分散式拓展对全要素生产率影响机

制的静态面板数据模型估计结果。为了防止潜在的反向因果关系，本章将核心解释变量滞后3期。通过Hausman检验，至少在10%的水平上显著，则报告固定效应估计结果，否则报告随机效应估计结果。通过表13-2的 *TFP* 列可以看出，在控制其他变量的情况下，偏向于集中式拓展在5%的水平上显著抑制了全要素生产率的提高，这表明首位城市存在过度集聚的倾向。事实上偏向于首位城市的发展模式是一种不平衡的发展模式，更多的生产要素集中于首位城市，将可能导致生产要素的空间错配，降低全要素生产率。此外，考虑首位城市发展水平可能对全要素生产率存在非线性影响，因此，在模型中加入其二次项（$monopro^2$），结果发现二次项不显著，而一次项（*monopro*）依然在5%的水平上显著，表明当前省级行政区首位城市确实存在规模过大的问题。因此，假说Ⅰ成立。

那么这是否意味着在省级行政区推进城市体系扁平化发展导向的分散式拓展就能有效地促进全要素生产率提高呢？表13-2右侧报告了这一估计结果。可以看出，分散式拓展对全要素生产率的影响为正，但并不显著，表明推进省域城市体系扁平化发展导向的分散式拓展模式对改善省级行政区的全要素生产率是无效的，其原因就在于全域扁平化导致行政区整体的经济集聚不足，因而抑制了全要素生产率的提高。如前所述，城市体系扁平化是首位城市过度集聚导致中小城市发展不足，使得整体呈现扁平化结构特征。因此，模型在控制首位城市发展规模的情况下，首位城市集中度和省域非首位城市之间的扁平化结构分别在5%和10%的水平上抑制了全要素生产率，这进一步说明集聚过度和集聚不足都将抑制全要素生产率，而其根本原因在于首位城市"一城独大"的空间发展模式。因此，假说Ⅱ成立，也进一步证实了假说Ⅰ。

表 13–2　集中式拓展与分散式拓展对全要素生产率的影响

变量	集中式拓展				分散式拓展			
	TFP	TP	TE	SE	TFP	TP	TE	SE
monopro	−0.518**	0.012	−0.018***	−0.041				
	(−1.98)	(1.28)	(−5.90)	(−1.08)				
flatten					0.130	−0.052***	0.019***	0.050
					(0.35)	(−4.08)	(4.44)	(1.01)
highedu	0.092	−0.006	−0.003	0.014	0.057	−0.007	−0.004	0.029
	(0.25)	(−0.49)	(−0.65)	(0.05)	(0.15)	(−0.52)	(−0.84)	(0.11)
rd	0.005	0.003***	−0.000	0.010	0.003	0.002**	−0.000	0.010
	(0.21)	(3.01)	(−0.95)	(0.89)	(0.11)	(2.23)	(−0.43)	(0.84)
lnrdl	−0.010	−0.001	0.001**	−0.005	−0.009	−0.001	0.001*	−0.004
	(−0.41)	(−1.61)	(2.44)	(−0.56)	(−0.36)	(−0.89)	(1.78)	(−0.48)
infras	0.030	−0.000	0.001**	−0.010	0.008	−0.001	0.001*	−0.009
	(0.92)	(−0.26)	(2.55)	(−0.57)	(0.24)	(−1.25)	(1.78)	(−0.51)
zzydiv	0.004	0.000	−0.000	0.001	0.003	0.000	−0.000	0.001
	(0.25)	(0.34)	(−1.00)	(0.20)	(0.20)	(0.01)	(−0.78)	(0.17)
soe	0.033	0.007***	0.003***	−0.027	0.047	0.006***	0.003***	−0.027
	(0.56)	(3.12)	(3.83)	(−0.70)	(0.78)	(2.81)	(4.64)	(−0.69)
lnmarket	−0.063	−0.004**	0.000	−0.027	−0.068	−0.004*	−0.000	−0.028
	(−1.06)	(−2.07)	(0.37)	(−0.72)	(−1.14)	(−1.92)	(−0.02)	(−0.74)
scxfwzs	−0.049	−0.004***	0.002***	−0.063**	−0.052	−0.004***	0.002***	−0.063**
	(−1.27)	(−3.04)	(5.08)	(−2.28)	(−1.35)	(−2.88)	(4.53)	(−2.30)
fdi	0.256	−0.011	−0.031***	0.066	0.376	−0.005	−0.029***	0.068
	(0.64)	(−0.79)	(−6.65)	(0.25)	(0.94)	(−0.36)	(−6.20)	(0.26)
urb	0.054	0.001	0.004***	0.074*	0.049	0.002	0.004***	0.073
	(0.87)	(0.44)	(5.50)	(1.65)	(0.78)	(0.78)	(4.88)	(1.64)

续表

变量	集中式拓展				分散式拓展			
	TFP	TP	TE	SE	TFP	TP	TE	SE
常数项	0.732**	0.094***	0.367***	0.115	0.518	0.136***	0.349***	0.053
	(2.54)	(9.10)	(109.52)	(1.09)	(1.31)	(9.89)	(74.45)	(0.66)
时间	Yes	Yes	Yes	Yes	Yes	Yes	Yes	Yes
N	414	414	414	414	414	414	414	414
r^2	0.086	0.960	0.961	0.081	0.074	0.962	0.959	0.087
Hausman	45.03***	22.28**	91.12***	8.12	51.00***	34.75***	92.25***	4.96

注：括号内为 t 值；*、**、***分别表示在10%、5%、1%水平上显著。

集中式拓展与分散式拓展如何影响全要素生产率呢？本章进一步将全要素生产率分解为技术进步率（TP）、技术效率（TE）和规模效率（SE）。结果表明，集中式拓展至少在 1%的水平上显著地抑制了整个省域的技术效率，说明偏向于首位城市的集中式空间拓展模式，直接导致了大城市病的产生，导致规模不经济，弱化了基于要素投入产出关联的技术效率。相反，分散式拓展则至少在1%的水平上显著地提升了技术效率，同时却因为弱化集聚，进而抑制了技术进步。这表明，全域分散化拓展模式的技术进步负效应抵消了所产生的技术效率正效应，进而使得分散化拓展对全要素生产率的作用不显著。即城市体系扁平化，一方面除个别特大城市和大城市已经出现规模不经济外，中国绝大部分中等城市的规模并未达到投入产出效率所要求的最优水平。全省域城市体系扁平化意味着中小城市还有很大的提升空间，不存在空间拥挤效应，进而有助于提高投入产出关联的技术效率。但另一方面，阻碍了技术进步，抵消了技术效率正效应。综上所述，假说Ⅴ成立。

二、集中均衡式拓展对全要素生产率的影响

表13-2报告的估计结果表明,集中式拓展会抑制省域整体的全要素生产率,但是在省域内推动全域城市体系扁平化发展的分散式拓展也难以有效地改善全要素生产率。事实上,无论是首位城市集聚发展模式的集中式拓展,还是全省域城市体系扁平化发展导向的分散式拓展都是一种极端化的空间发展方式,难以有效兼顾效率与公平。那么,一种合理的方式即多中心发展导向的集中均衡式拓展,由此形成多中心的空间集聚结构,既有助于改善首位城市过度集聚而引发的集聚不经济,又能缓解中小城市扁平化发展导致集中化集聚不足而产生全要素生产率低下的问题。通过表13-3左侧的 *TFP* 列可以看出,集中均衡式拓展在5%的水平上显著地提高了全要素生产率。这说明,规避地级城市恶性竞争导致的区域整体集聚不足和改变首位城市"一城独大"的格局对提高全要素生产率是有益的。即当单中心的拥挤效应抑制了全要素生产率提高时,在政府宏观调控与市场机制的作用下,着手推动有潜力的中小城市发展,使得生产要素由中心城市向周边中小城市转移,将逐步形成大中小城市协同发展、产业互补的多中心城市网络格局,有助于改善集聚不经济。尤其是相邻城市之间的互动能够更加有效地分享集聚经济和降低拥挤成本,更大程度地发挥城市空间外部经济效应(孙斌栋,丁嵩,2016)。这本质上是一种"借用规模"效应,即拥挤的大城市通过借用小城市的不拥堵,而小城市借用大城市的集聚效应,既能够"借用"大城市的集聚经济,同时又避免了集聚的成本,使得大城市和中小城市的发展差距缩小,实现多中心发展与效率的提升。事实上,

表 13–3　多中心发展模式与二城市中心发展模式对全要素生产率的影响

变量	集中均衡式拓展				二城市多中心导向的集中均衡式拓展			
	TFP	*TP*	*TE*	*SE*	*TFP*	*TP*	*TE*	*SE*
lnploy	0.105**	−0.002	0.002***	0.017				
	(2.33)	(−1.12)	(4.57)	(1.50)				
lnploy2					0.085**	−0.002	0.001***	0.020
					(2.10)	(−1.40)	(2.87)	(1.63)
highedu	0.034	−0.005	−0.005	0.019	0.022	−0.005	−0.005	0.025
	(0.09)	(−0.39)	(−1.04)	(0.07)	(0.06)	(−0.36)	(−1.03)	(0.10)
rd	−0.004	0.003***	−0.001*	0.007	−0.004	0.003***	−0.001*	0.006
	(−0.16)	(3.22)	(−1.81)	(0.64)	(−0.17)	(3.26)	(−1.69)	(0.58)
rdl	−0.007	−0.001*	0.001***	−0.004	−0.007	−0.001*	0.001***	−0.004
	(−0.31)	(−1.68)	(2.70)	(−0.51)	(−0.30)	(−1.69)	(2.66)	(−0.51)
infras	0.031	−0.000	0.001*	−0.012	0.025	−0.000	0.000	−0.012
	(0.98)	(−0.14)	(1.82)	(−0.69)	(0.80)	(−0.18)	(1.05)	(−0.71)
zzydiv	0.001	0.000	−0.000	0.002	0.000	0.000	−0.000	0.002
	(0.06)	(0.44)	(−1.42)	(0.29)	(0.03)	(0.48)	(−1.38)	(0.37)
soe	0.030	0.007***	0.003***	−0.026	0.034	0.007***	0.003***	−0.025
	(0.51)	(3.11)	(3.85)	(−0.70)	(0.57)	(3.12)	(3.99)	(−0.67)
lnmarket	−0.052	−0.005**	0.000	−0.027	−0.058	−0.005**	0.000	−0.026
	(−0.87)	(−2.14)	(0.65)	(−0.73)	(−0.97)	(−2.13)	(0.36)	(−0.70)
scxfwzs	−0.059	−0.004***	0.002***	−0.063**	−0.056	−0.004***	0.002***	−0.063**
	(−1.53)	(−2.89)	(4.37)	(−2.30)	(−1.46)	(−2.92)	(4.49)	(−2.30)
fdi	0.213	−0.011	−0.030***	0.046	0.257	−0.011	−0.028***	0.041
	(0.53)	(−0.80)	(−6.34)	(0.17)	(0.65)	(−0.79)	(−5.83)	(0.16)
urb	0.057	0.001	0.004***	0.077*	0.060	0.001	0.004***	0.081*
	(0.92)	(0.42)	(5.43)	(1.73)	(0.96)	(0.37)	(5.30)	(1.80)

续表

变量	集中均衡式拓展				二城市多中心导向的集中均衡式拓展			
	TFP	TP	TE	SE	TFP	TP	TE	SE
常数项	0.586** (2.08)	0.098*** (9.60)	0.363*** (107.85)	0.098 (1.10)	0.637** (2.26)	0.097*** (9.51)	0.364*** (105.84)	0.102 (1.15)
时间	Yes	Yes	Yes	Yes	Yes	Yes	Yes	Yes
N	414	414	414	414	414	414	414	414
r^2	0.091	0.960	0.959	0.105	0.088	0.960	0.957	0.102
Hausman	45.12***	23.66**	97.82***	8.81	47.57***	23.79**	98.00***	7.77

注：括号内为 t 值；*、**、***分别表示在10%、5%、1%水平上显著。

早在1970年代，受"规模借用"思想的影响，"欧洲空间发展战略"提出通过打造多中心空间结构来实现生产效率提升和区域平衡发展协同并进的规划。事实上，如果一个城市能够因其规模而调整其空间结构以抵消负面影响，那么它将能够保持增长；如果不可能的话，从单中心结构过渡到多中心结构可能会更为可行，这通常被认为是消除城市经济学中规模不经济现象的一种可行策略（Sasaki, Mun, 1996; Fujita, Thisse, Zenou, 1997）。就传导机制来看，通过表13-3的 TP、TE 和 SE 列可以看出，集中均衡式拓展模式分别在1%的水平上显著地提高了技术效率（TE），但其对技术进步（TP）和规模效率（SE）作用不显著。这表明，集中均衡式空间拓展模式主要通过提高技术效率提高了全要素生产率，即集中均衡式拓展模式消除了拥挤导致的非效率成分。而这刚好和集中式拓展模式的情况相反，也与分散式拓展模式有所不同。集中均衡式拓展本质上也是一种分散式拓展模式，只不过这是一种有节制和有条件的分散式拓展模式，它克服了全域分散式拓展模式所引起的对技术进步较显著的抑制效应，并强化了技术效率。综上所述，在空间外部性作用下，提升全要素生产率主要依靠技术效率。因此，假说Ⅴ成立。

考虑到同样是集中均衡式拓展模式，但具体不同的多中心导向的集中均衡拓展模式可能对全要素生产率的影响存在异质性。因此，本章将集中均衡的多中心拓展模式分为二城市、三城市和四城市多中心拓展等模式，在此基础上，考察各自对全要素生产率的影响。表13–3的右侧和表13–4报告了这个估计结果。可以看出，无论是

表13–4 三城市和四城市多中心导向的集中均衡式拓展对全要素生产率的影响

变量	三城市多中心导向的集中均衡式拓展				四城市多中心导向的集中均衡式拓展			
	TFP	TP	TE	SE	TFP	TP	TE	SE
lnploy3	0.112**	−0.002	0.003***	0.018				
	(2.49)	(−0.92)	(4.75)	(1.57)				
lnploy4					0.106**	−0.002	0.003***	0.013
					(2.24)	(−0.92)	(6.13)	(1.27)
highedu	0.040	−0.005	−0.004	0.022	0.046	−0.006	−0.004	0.008
	(0.11)	(−0.41)	(−1.01)	(0.08)	(0.12)	(−0.41)	(−1.02)	(0.03)
rd	−0.003	0.003***	−0.001*	0.007	−0.003	0.003***	−0.001*	0.008
	(−0.12)	(3.19)	(−1.75)	(0.62)	(−0.14)	(3.20)	(−1.95)	(0.69)
rdl	−0.008	−0.001*	0.001***	−0.005	−0.007	−0.001*	0.001***	−0.004
	(−0.32)	(−1.68)	(2.67)	(−0.55)	(−0.30)	(−1.68)	(2.77)	(−0.44)
infras	0.031	−0.000	0.001*	−0.012	0.033	−0.000	0.001***	−0.011
	(1.01)	(−0.06)	(1.83)	(−0.70)	(1.03)	(−0.11)	(2.64)	(−0.63)
zzydiv	0.001	0.000	−0.000	0.002	0.002	0.000	−0.000	0.001
	(0.08)	(0.42)	(−1.38)	(0.30)	(0.10)	(0.41)	(−1.42)	(0.24)

续表

变量	三城市多中心导向的集中均衡式拓展				四城市多中心导向的集中均衡式拓展			
	TFP	TP	TE	SE	TFP	TP	TE	SE
soe	0.026	0.007***	0.003***	-0.027	0.033	0.007***	0.003***	-0.025
	(0.44)	(3.10)	(3.73)	(-0.72)	(0.55)	(3.08)	(3.88)	(-0.67)
lnmarket	-0.050	-0.005**	0.001	-0.028	-0.050	-0.005**	0.001	-0.028
	(-0.83)	(-2.12)	(0.71)	(-0.74)	(-0.83)	(-2.13)	(0.97)	(-0.74)
scxfwzs	-0.060	-0.004***	0.002***	-0.063**	-0.060	-0.004***	0.002***	-0.063**
	(-1.57)	(-2.89)	(4.33)	(-2.31)	(-1.56)	(-2.88)	(4.27)	(-2.28)
fdi	0.207	-0.012	-0.030***	0.045	0.194	-0.012	-0.032***	0.053
	(0.52)	(-0.84)	(-6.37)	(0.17)	(0.48)	(-0.81)	(-6.94)	(0.20)
urb	0.057	0.001	0.004***	0.077*	0.054	0.001	0.004***	0.073*
	(0.91)	(0.44)	(5.42)	(1.73)	(0.87)	(0.45)	(5.51)	(1.65)
常数项	0.576**	0.098***	0.362***	0.101	0.536*	0.098***	0.361***	0.088
	(2.04)	(9.58)	(108.03)	(1.14)	(1.88)	(9.59)	(109.55)	(1.00)
时间	Yes	Yes	Yes	Yes	Yes	Yes	Yes	Yes
N	414	414	414	414	414	414	414	414
r^2	0.094	0.960	0.959	0.108	0.090	0.960	0.961	0.103
Hausman	44.92***	23.45**	99.42***	9.38	44.07***	23.58**	96.00***	8.64

注：括号内为 t 值；*、**、***分别表示在10%、5%、1%水平上显著。

二城市、三城市还是四城市多中心的集中均衡式拓展模式，都是有利于提高全要素生产率的。就横向来看，相比二城市集中式拓展的系数，三城市和四城市集中式拓展的系数都有所提高，表明较多的城市被纳入集中均衡式拓展的多中心发展框架，将有助于提升全要素生产率。然而四城市多中心的系数要略小于三城市多中心，说明多中心对全要素生产率的促进作用存在规模递减效应，且三城市多中心集中式均衡拓展对全要素生产率的作用最强。从作用机制来看,不同的集中均衡式多中心拓展模式也依然主要通过技术效率影响全要素生产率。而且,随着较多的城市纳入到集中均衡式拓展的框架,集中均衡式拓展对全要素生产率促进作用的边际递减效应也主要源于技术效率随着集中式拓展的多中心所带来的边际递减效应,而技术效率在四城市集中均衡式拓展中变得稳定。因此,假说V是成立的。

三、稳健性检验

尽管上文多角度论证了集中均衡式拓展模式有助于提升全要素生产率,然而对于集中均衡式拓展指数的测度是基于非参数的估计结果。为了进一步检验结论的稳健性,本章将被解释变量替换为基于参数估计的齐普夫法则来测算反映多中心发展导向的集中均衡式拓展指数,具体公式如式(13–13)。S_{i1t}的含义同前。S_{iRt}为i省域内第t年按照城市夜间灯光值大小逆排序得到的第R位城市的城市夜间灯光数。R_{it}为i省域内第t年城市夜间灯光大小逆排序值,q_{it}为i省域内第t年城市夜间灯光空间分布的齐普夫指数。其值越大,空间分布越不均衡,其偏向于首位城市的集中式拓展越明显。

$$S_{iRt} = S_{i1t} \times R_{it}^{-q_{it}} \qquad (13–13)$$

对式(13–13)两边取对数,可以变为

$$\ln S_{iRt} = \ln S_{i1t} - q_{it} \ln R_{it}$$

令 $p_{it} = \dfrac{1}{q_{it}}$,

得 $\ln S_{iRt} = \ln S_{i1t} - \dfrac{1}{P_{it}} \ln R_{it}$,

等式两边同乘 p_{it}，得

$$P_{it}\ln S_{iRt} = P_{it}\ln S_{i1t} - \ln R_{it}$$

$$\ln R_{it} = P_{it}\ln S_{i1t} - P_{it}\ln S_{iRt}$$

令 $P_{it}\ln S_{i1t} = C_{it}$，可得

$$\ln R_{it} = C_{it} - p_{it}\ln S_{iRt} \qquad (13-14)$$

同非参数估计一样，选择城市夜间灯光位序规模最大的前两位、前三位和前四位城市做一元回归，可分别得到省域 i 内第 t 年的空间多中心集聚指数 P_2、P_3、P_4，考虑到异方差性，对它们取对数分别得 $\ln P_2$、$\ln P_3$、$\ln P_4$，然后对其求平均值可得到空间多中心集聚均值 $\ln P$，其值越大表示源于多中心的集聚程度越高。

通过表13-5和表13-6报告的结果可以看出，在控制其他变量的情况下，多中心在5%的水平上显著为正，表明多中心导向的集中均衡式拓展有助于推动全要素生产率。进一步看不同拓展模式对全要素生产率的影响，二城市和三城市多中心的符号均至少在5%的水平上显著为正，而四城市符号为正，但不显著。而且就系数值来看，三城市系数值最大，这表明多中心对全要素生产率的影响存在规模边际递减效应。在传导机制方面，就整体来看多中心发展导向的集中均衡式拓展可同时通过技术进步和技术效率影响全要素生产率。结合二城市、三城市和四城市多中心来看，随着较多的城市纳入多中心发展的框架，集中均衡式的拓展模式对技术进步的影响逐步增强，且在1%的水平上显著，这是与解释变量为非参数估计的情况所不同的。但技术效率在1%的水平上显著为正，其系数在三城市集中均衡式拓展的情况下变得稳定。综合来看，即使更换了变量的测度方法，结论依旧稳健。

表 13–5　集中均衡式拓展与二城市多中心导向的集中均衡式拓展对全要素生产率的影响

变量	集中均衡式拓展				二城市多中心导向的集中均衡式拓展			
	TFP	TP	TE	SE	TFP	TP	TE	SE
ln$p$	0.044**	0.001***	0.002***	0.005				
	(2.62)	(3.59)	(6.07)	(0.71)				
lnp_2					0.019**	–0.000	0.001***	0.005
					(2.60)	(–1.29)	(7.51)	(1.03)
highedu	0.026	–0.012***	–0.007***	–0.027	0.016	–0.011***	–0.008***	–0.006
	(0.39)	(–2.86)	(–3.12)	(–0.10)	(0.23)	(–3.39)	(–3.27)	(–0.02)
rd	–0.010	0.003***	–0.000***	0.008	–0.010	0.003***	–0.000	0.007
	(–0.58)	(7.78)	(–3.19)	(0.70)	(–0.52)	(7.66)	(–1.70)	(0.62)
rdl	–0.005	–0.002***	0.001***	–0.003	–0.002	–0.002***	0.001***	–0.003
	(–0.80)	(–4.03)	(4.38)	(–0.29)	(–0.27)	(–4.04)	(4.20)	(–0.39)
infras	0.030	0.001***	0.001***	–0.008	0.017	0.001	0.000	–0.009
	(1.48)	(3.71)	(3.22)	(–0.46)	(0.96)	(1.29)	(0.76)	(–0.50)
zzydiv	–0.000	0.000	–0.000**	0.002	–0.001	0.000	–0.000***	0.003
	(–0.08)	(0.54)	(–2.69)	(0.30)	(–0.34)	(0.52)	(–3.42)	(0.50)
soe	–0.000	0.000	–0.000	–0.016	0.000	0.001	0.000	–0.015
	(–0.08)	(1.08)	(–0.05)	(–0.44)	(0.00)	(1.05)	(0.15)	(–0.42)
lnmarket	–0.026	–0.006***	0.000	–0.025	–0.036	–0.006***	–0.000	–0.024
	(–0.47)	(–4.43)	(0.46)	(–0.67)	(–0.56)	(–5.36)	(–0.22)	(–0.65)
scxfwzs	–0.014	–0.002**	0.000	–0.059**	–0.010	–0.002**	0.000	–0.058**
	(–0.88)	(–2.28)	(0.52)	(–2.16)	(–0.72)	(–2.35)	(0.79)	(–2.12)
fdi	0.186	–0.021**	–0.040***	0.063	0.241	–0.017*	–0.037***	0.029
	(0.67)	(–2.61)	(–6.04)	(0.24)	(0.78)	(–2.04)	(–5.86)	(0.11)
urb	0.053***	0.001	0.004***	0.070	0.063***	0.001	0.005***	0.073
	(3.56)	(0.84)	(5.38)	(1.57)	(3.84)	(0.65)	(4.93)	(1.64)

续表

变量	集中均衡式拓展				二城市多中心导向的集中均衡式拓展			
	TFP	*TP*	*TE*	*SE*	*TFP*	*TP*	*TE*	*SE*
常数项	0.482***	0.101***	0.362***	0.067	0.483***	0.105***	0.364***	0.069
	(4.85)	(18.58)	(130.95)	(0.76)	(4.32)	(19.15)	(114.90)	(0.81)
时间	Yes	Yes	Yes	Yes	Yes	Yes	Yes	Yes
N	345	345	345	414	345	345	345	414
r^2_w	0.077	0.964	0.954	0.095	0.073	0.964	0.950	0.093
Hausman	43.81***	24.79***	136.02***	8.19	46.62***	24.06**	130.33***	6.21

注：括号内为 t 值；*、**、***分别表示10%、5%、1%水平上显著。

表13-6 三城市和四城市多中心导向的集中均衡式拓展对全要素生产率的影响

	三城市多中心导向的集中均衡式拓展				四城市多中心导向的集中均衡式拓展			
	TFP	*TP*	*TE*	*SE*	*TFP*	*TP*	*TE*	*SE*
$\ln p_3$	0.033**	0.002***	0.002***	0.004				
	(2.63)	(4.50)	(3.82)	(0.58)				
$\ln p_4$					0.029	0.003**	0.002***	0.001
					(1.64)	(2.62)	(4.46)	(0.09)
highedu	0.064	−0.010**	−0.006**	−0.032	0.036	−0.012***	−0.007**	−0.038
	(1.14)	(−2.70)	(−2.52)	(−0.12)	(0.60)	(−2.93)	(−2.74)	(−0.14)
rd	−0.002	0.003***	−0.000	0.008	−0.005	0.003***	−0.000**	0.007
	(−0.15)	(9.75)	(−0.67)	(0.68)	(−0.30)	(8.08)	(−2.28)	(0.64)
rdl	−0.014***	−0.002***	0.000	−0.002	−0.009	−0.002***	0.001***	−0.000
	(−2.12)	(−5.68)	(1.63)	(−0.21)	(−1.34)	(−3.79)	(2.91)	(−0.00)
infras	0.025	0.002***	0.001**	−0.007	0.020	0.002***	0.001**	−0.005
	(1.47)	(4.73)	(2.64)	(−0.39)	(1.18)	(3.87)	(2.80)	(−0.28)

续表

	三城市多中心导向的集中均衡式拓展				四城市多中心导向的集中均衡式拓展			
	TFP	TP	TE	SE	TFP	TP	TE	SE
zzydiv	0.001 (0.36)	0.000 (0.74)	−0.000*** (−3.19)	0.001 (0.24)	0.000 (0.05)	0.000 (0.65)	−0.000** (−2.58)	0.001 (0.23)
soe	−0.000 (−0.06)	0.000 (1.00)	−0.000 (−0.07)	−0.016 (−0.42)	0.002 (0.43)	0.001 (1.09)	0.000 (0.55)	−0.014 (−0.37)
lnmarket	−0.033 (−0.56)	−0.005*** (−3.89)	0.000 (0.21)	−0.026 (−0.68)	−0.040 (−0.62)	−0.005*** (−4.02)	0.000 (0.18)	−0.026 (−0.70)
scxfwzs	−0.015 (−0.92)	−0.002** (−2.19)	0.000 (0.31)	−0.060** (−2.18)	−0.013 (−0.80)	−0.002** (−2.20)	0.000 (0.41)	−0.059** (−2.17)
fdi	0.244 (0.74)	−0.021*** (−2.73)	−0.038*** (−5.64)	0.083 (0.31)	0.223 (0.69)	−0.025*** (−4.11)	−0.041*** (−4.67)	0.091 (0.34)
urb	0.042** (2.53)	−0.000 (−0.02)	0.004*** (5.51)	0.067 (1.52)	0.049*** (2.87)	0.000 (0.29)	0.004*** (5.29)	0.066 (1.50)
常数项	0.598*** (4.96)	0.103*** (19.30)	0.367*** (93.50)	0.062 (0.70)	0.565*** (6.11)	0.100*** (15.00)	0.364*** (100.48)	0.043 (0.49)
时间	Yes	Yes	Yes	Yes	Yes	Yes	Yes	Yes
N	345	345	345	414	345	345	345	414
r^2_w	0.073	0.965	0.953	0.091	0.067	0.965	0.953	0.086
Hausman	54.86***	25.14***	134.77***	7.17	48.38***	26.15***	109.61***	6.00

注：括号内为 t 值；*、**、***分别表示在10%、5%、1%水平上显著。

第五节　研究结论与政策含义

一、研究结论

同一区域不同的空间拓展模式，将产生不同的空间集聚结构，进而产生不同的结构效应。理论上区域空间拓展模式包括集中式拓展、分散式拓展、集中均衡式拓展，进而产生单中心、省域城市体系扁平化、多中心的空间集聚结构。基于"结构-行为-绩效"的逻辑范式，不同的空间集聚结构形态对全要素生产率将产生异质性的影响，而且同样是多中心空间集聚结构形态，不同的多中心导向的集中均衡式拓展方式对全要素生产率的影响也存在差异。本章利用城市夜间灯光数据，并借助首位城市发展指数、赫芬达尔指数、城市指数法和齐普夫法则等方法，构建了中国省级行政区集中式拓展指数、分散式拓展指数、集中均衡式拓展指数，通过面板数据模型实证研究发现：集中式拓展不利于提高全要素生产率；分散式拓展也难以有效提升全要素生产率；而集中均衡式拓展则有助于改善全要素生产率，但随着纳入集中均衡式拓展的城市越多，集中均衡式拓展对全要素生产率的促进作用存在边际递减效应。就全国平均来看，三城市多中心的集中均衡式拓展对全要素生产率的促进作用最大，而且不同的空间拓展模式均主要通过技术效率影响全要素生产率。

二、政策含义

通过研究得出如下政策启示：

第一，坚持区域多中心集聚发展战略。集聚是区域空间经济发展的本质特征，但高度集中的单中心集聚会引发"集聚悖论"，而多中心集聚发展将有助于消除"集聚悖论"。因此，要坚持省级行政区多中心发展理念，将效率与公平有机结合起来。然而，多中心发展不是毫无边界的多中心，要以效率优先为原则，各地区要因地制宜推动多中心发展。

第二,省级政府应重视多中心城市的发展规划。建设用地空间开发模式是影响区域生产要素布局的基础,省级政府需统筹地级市土地利用规划,跳出传统的按地级市行政区系列编制的城镇规划,并向省级行政区的区域规划转变,由土地计划管理方式向国土空间规划管制转变,构建区域土地利用规划的一本"蓝图",通过适度推进国土空间多中心集聚开发,防止蔓延式空间开发,引导生产要素集聚。

第三,构建多中心集聚发展的保障机制。一方面,省级政府要构建省级行政区内各城市间的合作与利益协调发展机制,提高强化地级市的合作共赢意识,集中精力做大做强有发展潜力的中等城市,使其逐步演化为大城市(邬晓霞,安树伟,2022)。另一方面,加强土地资源要素的市场化进程,构建省级行政区内耕地指标的调剂机制,推动建设用地的跨区域配置,提高建设用地的流动性,促进跨城市间合作共建产业园区,实现产业向主要城市集聚发展。另外,加快户籍制度改革和交通基础设施建设,以促进人口、产业在空间上的自由流动能力,提高具有发展潜力的城市的公共服务供给能力。

参考文献

陈柳.中国制造业产业集聚与全要素生产率增长[J].山西财经大学学报,2010,32(12):60–66.

陈秀英,刘胜.多中心空间演化促进了制造业全球价值链分工地位攀升吗?[J].云南财经大学学报,2020,36(3):79–91.

陈旭.多中心空间结构是否有助于生产效率的提升[J].现代经济探讨,2020

（2）：83-92.

陈旭，邱斌，刘修岩等.多中心结构与全球价值链地位攀升：来自中国企业的证据[J].世界经济，2019，42（8）：72-96.

丁从明，梁甄桥，常乐.城市规模分布与区域经济增长——来自中国的证据[J].世界经济文汇，2015（5）：91-117.

段巍，吴福象，王明.政策偏向、省会首位度与城市规模分布[J].中国工业经济，2020（4）：42-60.

范剑勇，冯猛，李方文.产业集聚与企业全要素生产率[J].世界经济，2014，37（5）：51-73.

高鸿鹰，武康平.我国城市规模分布Pareto指数测算及影响因素分析[J].数量经济技术经济研究，2007（4）：43-52.

李佳洺，张文忠，孙铁山等.中国城市群集聚特征与经济绩效[J].地理学报，2014，69（4）：474-484.

李泽众，沈开艳.城市群空间结构对经济高质量发展的影响[J].广东社会科学，2020（2）：26-36.

刘建国，李国平，张军涛等.中国经济效率和全要素生产率的空间分异及其影响[J].地理学报，2012，67（8）：1069-1084.

刘修岩，李松林，秦蒙.城市空间结构与地区经济效率——兼论中国城镇化发展道路的模式选择[J].管理世界，2017（1）：51-64.

陆铭.中国经济的症结是空间错配[J].深圳大学学报（人文社会科学版），2019，36（1）：77-85.

毛丰付，王琦，潘加顺.城市体系与中国省域发展：结构主义视角的实证研究[J].贵州财经大学学报，2019（4）：1-12.

孙斌栋，丁嵩.大城市有利于小城市的经济增长吗？——来自长三角城市群的证据[J].地理研究，2016，35（9）：1615-1625.

孙斌栋，李琬.城市规模分布的经济绩效——基于中国市域数据的实证研究[J].地理科学，2016，36（3）：328-334.

孙铁山.中国三大城市群集聚空间结构演化与地区经济增长[J].经济地理，2016，36（5）：63-70.

王小鲁，樊纲，胡李鹏.中国分省份市场化指数报告（2018）[M].北京：社会科学文献出版社，2019：216–223.

王垚，年猛，王春华.产业结构、最优规模与中国城市化路径选择[J].经济学（季刊），2017，16（2）：441–462.

魏守华，陈扬科，陆思桦.城市蔓延、多中心集聚与生产率[J].中国工业经济，2016（8）：58–75.

邬晓霞，安树伟.中西部区域性中心城市的识别与发展方向[J].改革，2022（10）：133–143.

谢小平，王贤彬.城市规模分布演进与经济增长[J].南方经济，2012（6）：58–73.

徐康宁，陈丰龙，刘修岩.中国经济增长的真实性：基于全球夜间灯光数据的检验[J].经济研究，2015，50（9）：17–29+57.

余泳泽.异质性视角下中国省际全要素生产率再估算：1978—2012[J].经济学（季刊），2017，16（3）：1051–1072.

张浩然，衣保中.城市群空间结构特征与经济绩效——来自中国的经验证据[J].经济评论，2012（1）：42–47+115.

周晓波，倪鹏飞.城市群体系的规模分布结构及其经济增长效应[J].社会科学研究，2018（2）：64–71.

朱俊成.基于共生理论的区域多中心协同发展研究[J].经济地理，2010，30（8）：1272–1277.

朱志胜.中国城镇化格局的空间效率与区域平衡效应研究——基于 2000—2012 年省级面板数据的实证检验[J].云南财经大学学报，2016，32（2）：37–48.

Brandt L, Van B J, Zhang Y. Creative Accounting or Creative Destruction? Firm-level Productivity Growth in Chinese Manufacturing[J]. Journal of Development Economics, 2012, 97(2): 339–351.

Duranton G. Delineating Metropolitan Areas: Measuring Spatial Labor Market Networks Through Commuting Patterns[M]. Tokyo: Springer, 2015.

Fujita M, Thisse J F, Zenou Y. On the Endogeneous Formation of Secondary

Employment Centers in a City[J]. Journal of Urban Economics, 1997, 41(3): 337–357.

Glaeser E L. Learning in Cities[J]. Journal of Urban Economics, 1999, 46(2): 254–277.

Henderson J V, Storeygard A, Weil D N. Measuring Economic Growth from Outer Space[J]. American Economic Review, 2012, 102(2): 994–1028.

Kumbhakar S C, Lovell C A K. Stochastic Frontier Analysis[M]. New York: Cambridge University Press, 2003.

Meijers E J, Burger M J. Spatial Structure and Productivity in US Metropolitan Areas[J]. Environment and Planning A, 2010, 42(6): 1383–1402.

Sasaki K, Mun S I. A Dynamic Analysis of Multiple-Center Formation in a City[J]. Journal of Urban Economics, 1996, 40(3): 257–278.

第十四章　区域发展新空间的风险来源与规避

拓展区域发展新空间已成为新时代中国经济发展的重大历史命题，要尊重区域发展新空间形成的规律性，把握新空间在不同阶段的发展特征，科学识别区域发展新空间的风险来源，采取措施有效规避风险。

第一节　区域发展新空间的形成过程

区域发展新空间的形成通常需要具备特定的条件或适逢恰当的契机，是内因与外因共同作用的结果。外因包括全球化、能源资源的发现和开采、新的市场、区域发展战略等，内因则包括资本和技术的积累、企业家精神的累积等。外因促使内因的发生，并通过内因产生持续作用。在内因与外因的共同作用下，区域内生产要素不断进行集聚、耦合、优化和调整，促使物质资本形成、人力资本积累、技术创新和制度创新发生（郁鹏，2016）。

一、内因与外因的共同作用

通常而言，区域发展新空间首先需要一定的要素积累，包括资本、技术和人力资本存量等。在此基础上，经济全球化的推动、新的资源的发现与开采和区域发展战略的实施等，共同促进区域发展新空间的形成。

（一）内因

自索洛（Solow，1957）提出新古典经济增长模型以来，很多经济学家都致力于分析经济增长源泉，多数学者将劳均产出增长分解为要素积累、生产效率提高、技术进步三个部分（林毅夫，刘培林，2003；卢艳，刘治国，刘培林，2008），也有研究将经济增长分解为物质资本积累、生产效率改善、技术进步和人力资本四个部分（周彩云，2012），均是中国经济增长的重要来源。其中，资本投入是区域经济增长的主要动力，对经济增长的贡献要远高于其他因素，物质资本积累也是中国当前区域经济增长差异的主要原因，技术进步则是改革开放以来经济增长的第二大源泉。

（二）外因

外因包括经济全球化、新资源的发现与开采以及区域发展战略。经济全球化的主要标志是由跨国公司大规模对外直接投资形成的全球生产网络（Henderson，Dicken，Hess，et al.，2002），通常也就是以 FDI 为基础重塑世界经济体系的过程，经济全球化程度通常成为影响区域发展的重要因素和最大变数（刘卫东，马丽，刘毅，2003）。资源型区域空间的形成，主要得益于特定资源的发现与开采，从而吸引资本和劳动力的流入，使得人口不断增加，新技术得到广泛使用，日益增加的交易使市场规则不断强化，反过来进一步促进了资源型产业的扩张，导致区域发展新空间的形成。区域发展战略是区域经济发展的有效推动力，中国区域政策制定的主要考量之一就是加快重点地区的发展，这些重点地区通常具备培育形成新的增长极的潜力，对区域发展和国家发展来说又往往是关键地区，能够成为国家经济发展的重要支撑（范恒山，2012）。

二、要素积聚及其组合

区域发展新空间的形成是对区域内生产要素的集聚、耦合、优化、调整的过程，也即物质资本形成、人力资本积累、技术创新和制度创新的过程。在这一过程中，制度的作用极为关键，通常而言，好的制度产生好的要素组合，坏的制度导致坏的要素组合。

（一）物质资本形成与人力资本积累

根据哈罗德-多马经济增长模型的假定，储蓄可全部转化为投资，所以储蓄率就是资本形成率，资本积累是经济增长的决定因素。一个地区要加速经济增长，就必须提高储蓄率或投资率，加快资本形成，即社会不把它的全部现行生产活动用于满足当前消费的需要和愿望，而是将其一部分用于生产资本品：工具和仪器、机器和交通设施、工厂和设备等各式各样可以用来大大增加生产效能的真实资本，其实质就是将社会现有的部分资源通过储蓄增加资本品存量，以便使将来可消费产品的扩张成为可能（纳克斯，1966）。发展经济学强调资本形成是经济发展的决定性因素，资本形成率决定特定地区的经济增长率（宁智平，1993）。

人力资本是指由凝聚在劳动者身上具有经济价值的知识、技术、能力和健康素质等构成的反映劳动者质量的一种资本形式，影响人力资本形成的因素是多方面的，其中受教育程度与健康状况是决定劳动者人力资本拥有量的两个关键因素（杨建芳，龚六堂，张庆华，2006）。许多经济增长理论都强调了教育的作用，如Mankiw、Romer和Weil（1992）的实证研究发现教育与经济增长正相关；除了教育之外，健康作为人力资本的另一个关键因素，也对经济增长率存在显著的正面影响（Barro，Lee，1993）。

（二）技术创新与制度创新互促共进

经济学家历来重视技术创新对促进经济发展的重要作用，亚当·斯密就论述了机器和分工方式的改进可以带来非凡的创造力，此后如萨缪尔森和熊彼特等也都强调了技术进步在经济发展中的重要作用，实证研究也证实了这一点。通常而言，技术进步包括科学技术和组织管理的改进，从而使资本和劳动力的效率提高，也就是说，技术进步使资本和劳动这两种生产要素任一给定投入量所生产的产品数量比以前增加，或者说，生产既定数量产品所需要的投入量比以前减少（刘爱芹，2009）。技术创新对区域经济发展具有重要作用，它不仅可以促进区域经济发展的要素形态与功能、区域经济增长方式、区域产业结构和区域空间结构的变化，而且能够推进区域经济的制度创新（吴传清，刘方池，2003）。

制度创新是指在人们现有的生产和生活环境条件下，通过创造新的、更能有效激励人们行为的制度、规范体系来实现社会的持续发展和变革的创新。制度创新的积极意义在于，所有创新活动都有赖于制度创新的积淀和持续激励，通过制度创新得以固化，并以制度化的方式持续发挥着自己的作用。制度创新可分为诱致性制度变迁和强制性制度变迁（林毅夫，1994）。在区域经济增长过程中，诱致性制度变迁和强制性制度变迁同时发挥作用（吕晓刚，2003）：一方面，微观主体通过产品创新、技术创新、管理创新和市场创新促进成熟市场体系的形成；另一方面，宏观主体通过产业制度创新和地方政府制度创新提供更好的市场环境，促进区域经济增长，实证研究也证明行政改革与经济增长之间存在显著的关联（韩福国，2012）。

第二节　区域风险因素及其分析框架

区域发展新空间的形成是非线性的，受多种因素影响，有来自多方面的风险。对风险应对得当，则有利于形成和巩固区域竞争优势；应对失当则可能削弱区域发展根基，并在区域竞争中处于不利地位。如何应对风险，首先要找出风险因素的来源，并在此基础上解构风险，方能精准识别风险和有效规避风险。结合区域发展新空间的形成过程，借鉴迈克尔·波特的"钻石体系"，把区域风险因素确定为资源要素、需求条件、基础设施、营商环境、地方政府和外部环境六个方面，其中资源要素、需求条件、基础设施和营商环境为基本要素，地方政府和外部环境为辅助要素。

一、基本要素

区域发展新空间要想获得可持续成长并保持竞争优势，必须从深入剖析四个基本风险因素出发。正是这些因素决定了区域发展新空间是可持续成长还是停滞不前。

（一）资源要素

资源要素指一个区域的生产要素状况，包括自然资源、人力资源和资本资源。其中，自然资源包括土地、水和矿产资源等；人力资源包括劳动力资源和人才资源，前者为初级要素，后者为高级要素，高级要素对区域发展新空间显然具有更重要的作用，同时高级要素资源也是个人、企业和政府投资的结果。高级要素与初级要素之间存在着复杂的关系。初级要素可以为区域提供一些初始的优势，这些优势随着在高级要素方面的投资得到加强和扩展。当然，初级要素方面的劣势地位会形成向高级要素方面投资的压力。资本包括货币资本和实物资本：货币资本指可流通的票据和证券等，实物资本指厂房、机器设备、原材料和库存等。

（二）需求条件

需求条件指该地区主导产业的需求性质，即该地区产品或服务是满足本地需求还是满足国内甚至国际需求。如果该地区主导产业的产品或服务主要为满足本地需求，那就表明该产品或产业缺乏竞争优势；如果该地区主导产业的产品或服务主要为满足国内或国际需求，则说明该产品或产业具有竞争优势。

（三）基础设施

基础设施是构成区域系统的基础要素，可分为经济性、社会性和经济社会双重属性三大类。经济性基础设施包括交通运输、能源、邮电通信等设施，社会性基础设施包括教育、科研、卫生等设施，兼具双重属性的包括国家战略物资储备等设施。基础设施对区域发展既有短期拉动作用，也有长期影响，尤其是跨区域重大基础设施通常投资额巨大，对区域经济发展和财政收入有显著拉动作用；同时项目建设工期或实施周期较长，有利于促进技术进步，引发关联产业或新产业群体的发展变化，对所在区域的经济结构、社会结构以及群体利益格局等都有较大改变。

（四）营商环境

营商环境是指市场主体在准入、生产经营、退出等过程中涉及的政务、市场、法治、人文环境等有关外部因素和条件的总和。良好的营商环境是民营经济发展的必要条件，也是一个地区经济软实力的重要体现。一个地区营商环境的优劣直接影响着招商引资的多寡，同时也直接影响着区域内的经营企业，最终对经济发展状况、财税收入、社会就业等产生重要影响。

二、辅助要素

区域风险在四个基本要素之外，还存在两个变数能够对区域发展新空间产生重要影响——地方政府和外部环境。地方政府的影响自然不可忽视，外部环境也是无法控制的，而且其本身还会对上述基本要素产生影响。

（一）地方政府

地方政府在拓展区域发展新空间中扮演着重要角色，对其他要素都产生着重要影响。以营商环境为例，好的营商环境往往与地方政府"有作为、会作为"高度相关，坏的营商环境也往往与地方政府"不作为、乱作为"高度相关。在发展机遇的把握上也存在同样的问题：有的地方政府能够审时度势，抓住发展机会；有地地方政府则在机遇面前踟蹰不前，最终错失发展机遇。

（二）外部环境

外部环境既有有利的一面，也有不利的一面，外部环境可以使上述要素发生变化。对区域而言，大致有以下几种情况：资源的发现或枯竭，如煤炭、石油、天然气等的大规模开采或枯竭；新技术的发明应用或关键技术"卡脖子"；外因导致生产成本突然变化，如石油、铁矿石价格的大幅波动；市场需求的剧增或剧减，如新冠疫情导致对防疫用品的需求剧增和对旅游出行需求的剧减；环保风暴或区域开发战略、战争等。

第三节 区域发展新空间的风险来源

在区域发展新空间的成长过程中，可能要面临各种各样的风险，需要未雨绸缪采取措施应对各种不确定性。

一、第一代区域发展空间

第一代区域发展空间支撑了中国 40 多年的经济高速增长。然而与世界级城市群相比，发育仍不够充分，发展面临一系列风险。一是需求条件的变化。改革开放以来，以长三角和珠三角为代表的沿海城市群在出口导向战略的推动下，从最初的"三来一补"逐渐成为全球制造业转移的承接地，生产能力和市场半径从不能自给扩展到全球市场。但近年来在全球经济总体较弱的背景下，外部需求的推动力不断下降，国内需求受居民消费收入增长缓慢和支出结构影响，无法弥补外需下降的缺口。随着中美贸易摩擦的加深及国内经济下行压力加大，第一代区域发展空间的需求条件将面临更大的风险。二是外部环境发生变化。近年来，随着发达国家"再工业化"、东南亚等新兴市场制造能力提升，第一代区域发展空间日益面临高端技术封锁和低端产业外迁的"两头挤压"。在此背景下，第一代区域发展空间的产业链、供应链、创新链将不可避免地受到较大冲击，生产要素流失与产业过度外迁压力上升。

二、区域发展新空间

中国区域发展新空间主要面临产业无序竞争和基础设施建设滞后等风险。一是地方政府干预不当。在区域发展新空间中，地方政府出于考核压力和投资冲动，存在盲目"抢棒"的风险，产业布局不是立足于自身的资源禀赋和产业基础，发展具有比较优势的产业和产业链环节，而是一味追投资热点，导致重复建设和产业过度同构，区域不能形成明确合理的梯度分工，从而影响顺利接棒。二是基础设施建设不够完善。基础设施作为生产要素流动的空间载体和区域经济联系的纽带，是影响区域经济发展的重要因素。目前，区域发展新空间存在基础设施建设历史欠账较多等问题，城市群内部城际轨道交通尚处于建设初期，城市之间高速公路还没有完全形成"网络"格局，这都阻碍着人流、物流、信息流的顺畅流通。

三、潜在区域发展新空间

潜在区域发展新空间面临生态环境脆弱、民营经济发展不足等风险。一是生态环境脆弱。良好的生态环境是区域可持续发展的基础条件,潜在区域发展新空间能否实现突围,在很大程度上受环境资源条件的制约。以黄河流域的潜在区域发展新空间晋陕蒙交界地区、太原都市圈、兰州及其周边地区、银川及其周边地区为例,由于水资源严重短缺、生态系统十分脆弱,长期以来以农业生产、能源开发为主的经济社会发展方式与流域资源环境特点和承载能力不相适应,经济发展滞后、局部环境污染、潜在风险突出三大问题重叠交织。二是民营经济发展不足。作为中国经济最敏感的神经和最活跃的主体,民营经济的发展始终是中国经济的风向标。民营经济发展好的地方,区域经济就有活力,反之亦然。潜在区域发展新空间发展不快、活力不够,其症结就在市场化程度低、民营经济发展不足。与之形成鲜明对比的是,发达地区民营经济是经济发展的主力军。

第四节 区域发展新空间的风险规避

拓展区域发展新空间既要着眼于外延式拓展,即拓展区域发展新空间;同时也要重视内涵式发展,即优化提升区域发展空间。区域发展空间之间通过产业转移、创新驱动促进经济结构向更高层级跃升。区域发展新空间通过承接第一代区域发展空间的产业转移,可以有效降低第一代区域发展空间的产业集聚度,一定程度上缓解第一代区域发展空间所面对的"膨胀病"发展难题。

一、第一代区域发展空间

当前,第一代区域发展空间仍然具备引领中国区域经济持续发展的能力,应通过学习、运用发达地区城市治理经验,有效规避风险,在推动优化提升经济格局的同时建设成为有世界影响力的"核心区域"。未来的发展要以内涵式增长为主,加快改革开放,全面提升对外开放水平,积极主动参与国际竞争,打造全球重要的现代服务业和先进制造业中心,推进城市群的结构优化,建设世界级城市群(安树伟,2018)。

一是营造市场化、法治化、国际化营商环境。进一步深化"放管服"改革,全面实施负面清单制度管理,完善公平竞争审查和公正监管制度,推进法治政府建设,健全各类所有制经济组织和自然人财产权利保护。综合应用大数据、云计算和人工智能等技术,加强社会信用体系建设,推进"数字政府"改革,实现主动、精准、闭环和智能化管理服务,打造国际一流的营商环境。畅通制度化政企沟通渠道,健全企业家参与涉企政策制定机制,加快构建亲清政商关系。

二是加快推进创新发展。加快实施创新驱动发展战略,进一步强化基础研究,推进国家实验室和综合性创新中心建设,全力破解"卡脖子"难题,持续提升产业链和产业基础能力。大力发展战略性新兴产业,加快培育未来产业,推进新型基础设施建设,建设体现高质量发展要求的现代化经济体系。推动知识产权证券化和资本市场注册制改革,加快数字货币研发应用,推进人民币国际化进程,提升金融服务实体经济能力和国际金融体系话语权。

三是加速推进对外开放。从第一代区域发展空间的成长历程来看，开放是取得所有成绩的关键。第一代区域发展空间的风险规避，出路仍然在开放。改革开放以来的经验表明，越是在经济面临困难的时候，越是要坚定不移推进对外开放，在"习人之所长、补己之所短"的过程中突破第一代区域发展空间的桎梏。在当前经济全球化进程遭遇挫折的时候，第一代区域发展空间要加快开放步伐，积极融入全球价值链分工之中，参与国际分工协作；对于本地区的优势产业更要参与国际产业竞争，在世界产业格局中占据一席之地。以开放倒逼改革、促进发展，着力推动投资贸易便利化，促进学术交流和思想碰撞，全力打造开放层次更高、开放领域更宽、开放质量更高、辐射作用更强的开放开发新高地。

二、区域发展新空间

通过承接第一代区域发展空间的产业转移，区域发展新空间可以在短期内实现全要素生产率的迅速提升，未来的发展要以自身"做大做强"为主，加快打造有全球影响力的先进制造业基地和现代服务业基地，打造内陆开放型经济高地，创新加工贸易模式，深化与共建"一带一路"国家的产业合作，推进城市群功能提升，在实现经济快速增长的过程中兼顾结构优化。

一是承接第一代区域发展空间的产业转移。区域发展新空间应当在科学、合理的产业规划指导下，通过承接第一代区域发展空间的产业转移，实现本地区全要素生产率的迅速提升，加快推进当地产业经济结构转型升级。通过承接产业转移实现其产业经济结构向更高层级跃升，进而达到缩小区域发展差距的目的，有助于提升社会经济发展质量和对经济风险的抵抗能力。

二是畅通各类生产要素流通渠道。当前，区域发展新空间正处于激烈的竞争之中,地方政府有着强烈的生产要素本地化循环和产业布局地方化冲动,导致生产要素错配严重。未来,区域发展新空间要在完善有形基础设施流通渠道的同时,认真落实《中共中央 国务院关于构建更加完善的要素市场化配置体制机制的意见》,着力破解无形障碍,使生产要素市场向规范化、法治化方向发展。在土地要素方面,加快推动农村集体经营性建设用地入市,建立城乡统一的建设用地市场;在劳动力要素方面,加快实施零门槛落户,畅通社会化职称评审渠道,加快引进各类技术人才;在技术要素方面,注重激发技术供给活力,加快推进科技成果转化。

三是提升市场化水平。加快中小企业与民营经济发展,实现资本、土地指标、知识产权和劳动力等生产要素自由流动和高效配置。加快政府职能转变,合理界定政府与市场的边界,切实处理好有为政府与有效市场、宏观调控与企业需求的关系,全面优化营商环境。推动宏观调控转变为以经济手段和法律手段为主,辅以科学的行政手段。完善知识产权和企业上市等方面的法律法规,建立更加高效的法治市场经济,提高经济自由度,实施包容审慎监管,让企业真正发挥市场主体作用,充分激发和释放市场主体活力(安树伟,李瑞鹏,2020)。

三、潜在区域发展新空间

潜在区域发展新空间要努力弥补自身社会经济发展短板,从而在未来更好地接过区域发展新空间引领区域经济发展的"接力棒"。因此,要尽快完善基础设施建设,深入推进简政放权,大力推进市场化进程,提高服务效率和质量,加快民营经济发展,同时保护好生态环境。争取国家在跨省(自治区、直辖市)投资、产业转移、园区共建等环节的支持政策,研究制定产值分计、税收分享、就业服务、社会保障以及高新技术企业、产品、专业技术人才和劳动用工资质互认等方面的政策措施,消除各种显性和隐形壁垒,促进产业顺畅转移承接。鼓励通过委托管理、投资组合等多种形式合作共建产业园区,实现资源整合、联动发展。完善海洋经济布局,发展北部、东部、南部三大海洋经济圈,支持海南利用南海优势资源发展特色海洋经济,加快建设一批高质量海洋经济发展示范区。

参考文献

安树伟. 改革开放 40 年以来我国区域经济发展演变与格局重塑[J]. 人文杂志,2018(6):1–10.

安树伟,李瑞鹏. 黄河流域高质量发展的内涵与推进方略[J]. 改革,2020(1):76–86.

范恒山. 国家区域政策与区域经济发展[J]. 甘肃社会科学,2012(5):77–80.

韩福国. 地方政府创新与区域经济增长的关联性[J]. 浙江大学学报(人文社会科学版),2012,42(2):161–177.

林毅夫. 关于制度变迁的经济学理论:诱致性变迁和强制性变迁[A]. R. 科斯,A. 阿尔钦,D. 诺斯. 财产权利与制度变迁——产权学派与新制度学派译文集[M]. 上海:上海三联书店,1994:397.

林毅夫,刘培林. 经济发展战略对劳均资本积累和技术进步的影响——基于中国经验的实证研究[J]. 中国社会科学,2003(4):18–32+204.

刘爱芹. 技术创新对区域经济发展的影响效应研究[D]. 天津:天津大学,2009:27–36.

刘卫东,马丽,刘毅. 经济全球化对我国区域发展空间格局的影响[J]. 地域研究与开发,2003(6):11–17.

卢艳, 刘治国, 刘培林. 中国区域经济增长方式比较研究: 1978—2005[J]. 数量经济技术经济研究, 2008 (7): 54–66.

吕晓刚. 制度创新、路径依赖与区域经济增长[J]. 复旦学报（社会科学版）, 2003 (6): 26–31.

纳克斯. 不发达国家的资本形成问题[M]. 谨斋译, 北京: 商务印书馆, 1966: 8–13.

宁智平. 资本形成 金融深化与经济发展[J]. 世界经济文汇, 1993 (4): 3–10.

吴传清, 刘方池. 技术创新对区域经济发展的影响[J]. 科技进步与对策, 2003 (4): 37–38.

杨建芳, 龚六堂, 张庆华. 人力资本形成及其对经济增长的影响——一个包含教育和健康投入的内生增长模型及其检验[J]. 管理世界, 2006 (5): 10–18+34+171.

郁鹏. 区域发展新空间的形成过程与风险管理研究[J]. 哈尔滨师范大学社会科学学报, 2016 (4): 106–109.

周彩云. 要素积累、TFP、人力资本？——区域经济增长源泉分析[J]. 西北人口, 2012 (5): 84–89+100.

Barro R J, Lee J W. International Comparisons of Educational Attainment[J]. Journal of Monetary Economics, 1993, 32(3): 363–394.

Henderson J, Dicken P, Hess M, et al. Global Production Networks and the Analysis of Economic Development[J]. Review of International Political Economy, 2002, 9(3): 436–464.

Mankiw N G, Romer D, Weil D N. A Contribution to the Empirics of Economic Growth[J]. The Quarterly Journal of Economics, 1992, 107(2): 407–437.

Solow R M. Technical Change and the Aggregate Production Function[J]. The Review of Economics and Statistics, 1957, 39(3): 312–320.

第十五章 "一带一路"倡议与区域发展新空间

2013年，习近平主席提出了共建"丝绸之路经济带"和"21世纪海上丝绸之路"的重大倡议。2015年，国家发展改革委、外交部和商务部联合发布《推动共建丝绸之路经济带和21世纪海上丝绸之路的愿景与行动》。中共二十大报告提出，"推动共建'一带一路'高质量发展。优化区域开放布局，巩固东部沿海地区开放先导地位，提高中西部和东北地区开放水平"。"一带一路"并非要重建历史时期的国际贸易路线，不是中国区域发展战略，不是单向的"走出去"，不是地缘战略，而是包容性全球化的倡议（刘卫东，2016），是全方位开放之路、全面合作之路、和平交流之路、共同发展之路（肖金成，申现杰，2015），有利于通过国际贸易促进沿线各国的经济增长。中国已是世界第二大经济体，以"和平、发展、合作、共赢"为宗旨的"一带一路"倡议，必将推动全球化进入包容性的新时代。

第一节 "一带一路"倡议对拓展区域发展新空间的影响

"一带一路"倡议不仅是中国自身扩大对外开放的平台,更是在当今"逆全球化"和贸易保护主义思潮冲击的历史关口,中国对全球治理模式的创新。"一带一路"倡议提出构建更加公正、合理、透明的国际经贸规则体系,推动全球化朝着开放、包容、普惠、平衡、共赢的方向发展。2013年以来,"一带一路"已被全球150多个国家和包括联合国在内的30多个国际组织接受,成为全球范围内最大的新型国际区域经济合作平台。"一带一路"路线贯穿欧亚大陆,东连亚太经济圈、西接欧洲经济圈,涵盖政治、经济、外交、安全等诸多领域,通过区域合作有利于挖掘中国区域发展潜力,拓展区域发展新空间。

一、"一带一路"倡议拓展了中国区域协调发展新空间

根据新经济地理学理论,开放型经济背景下经济的空间集聚是符合客观规律的,受地理位置的影响会向港口集聚。改革开放初期,由于中国实施区域非均衡发展战略,加上东部沿海地区天然的地理优势,经济活动就不断向东部沿海集聚,客观上扩大了东西差距。面对中国国土面积大、人口多、区域发展差异大的国情,1990年代初,中国明确提出了区域协调发展战略,陆续实施了西部大开发、振兴东北地区等老工业基地、促进中部地区崛起战略。由于经济要素不断向东部地区集聚会产生负外部性,未来中国经济除了向东部

沿海地区集聚外，还应建立若干个区域性集聚中心（刘洪愧，刘霞辉，2019）。"一带一路"倡议中，"21世纪海上丝绸之路"以重点港口为节点，这对中国的东部沿海城市影响较大，陆上"丝绸之路经济带"以沿线中心城市为支撑，以重点经贸产业园区为合作平台，主要有三大走向：一是从中国西北、东北经中亚、俄罗斯至欧洲、波罗的海；二是从中国西北经中亚、西亚至波斯湾、地中海；三是从中国西南经中南半岛至印度洋（推进"一带一路"建设工作领导小组办公室，2017）。"21世纪海上丝绸之路"可加速东部地区的转型升级，"丝绸之路经济带"的推进将为中国中西部地区、东北地区带来巨大的发展空间，为中西部和东部地区老工业基地开展国际产能合作、创新合作、贸易投资合作架设桥梁、拓宽道路（李政，安树伟，王佳宁，2017），促进投资和消费，创造需求和就业。与共建"一带一路"各国的交流和合作，将使中国经济的发展潜力巨大，将促进中国内陆地区形成若干个大都市经济区，使其发展为内陆开放型经济高地；将进一步增强沿海地区的国际竞争力，促进国土空间的高效利用；将加快内陆沿边地区主要口岸和沿边城市的发展，使沿边地区成为重要的国土开发新空间（刘慧，叶尔肯·吾扎提，王成龙，2015）。

通过"一带一路"倡议，可实现相关国家和国际组织的发展战略对接，这也为中国区域协调发展战略实施注入了动力。共建"一带一路"国家和国际组织都有自己的发展战略。比如，哈萨克斯坦"光明之路"、沙特阿拉伯"西部规划"、蒙古国"草原之路"、欧盟"欧洲投资计划"、东盟互联互通总体规划2025、波兰"负责任的发展战略"、印度尼西亚"全球海洋支点"构想、土耳其"中间走廊"倡议、塞尔维亚"再工业化"战略、亚太经合组织互联互通蓝图、亚欧互联互通合作、联合国 2030 年可持续发展议程等（推进"一带一路"建设工作领导小组办公室，2017），这些沿线国家的发展战略与中国提出的"一带一路"倡议高度契合，有利于各个国家达成合作共识。

二、"一带一路"倡议为中国产业发展带来新空间

改革开放以来，中国通过迅速的工业化和城镇化带动了经济增长，形成较为完整的工业体系。但是，在经历 2008 年全球金融危机之后，中国经济进入新常态，加之受新冠疫情的影响，在三期叠加和国际经济复苏乏力背景下，工业整体呈现出产能过剩局势，传统产业中的钢铁、装备制造以及新兴产业中的光伏产业都存在产能过剩（刘瑞，高峰，2016）。这与中国大部分地区热衷于发展低成本、低技术、低门槛的工业部门有关，导致中国工业整体呈现"三高一低"[①]特征。除了产能过剩，随着中国经济体量的增加，劳动力成本不断攀升，加之资源环境的约束，传统产业发展模式难以适用。共建"一带一路"国家中有些国家工业化处于起步阶段，有些国家工业体系不完整，中国的工业与共建"一带一路"各国的工业具有一定的互补性，技术和产业转移具有一定的可能性。同时，沿线也有一些发达国家，这些国家的智能化水平较高，可引进这些国家的技术与产业（张可云，2018）。沿线国家之间展开工业分工合作是各国互利共赢的选择，贸易畅通作为"一带一路"倡议的重点内容，为中国产业高质量发展提供了方向。推进"一带一路"建设，加强了中国与新兴国家的交流与合作，为企业扩大对外投资合作，更好地

---

① 指高投入、高消耗、高污染与低效益。

利用国内、国际两个市场、两种资源，化解过剩产能和传统产业的转型升级、延长产业链、提升价值链提供了广阔的发展空间。从国内区域经济发展的角度来看，"一带一路"增强了西部地区承接东部地区产业转移的能力，也有利于东部地区"腾笼换鸟"和产业转型升级（孙久文，2017）。

三、"一带一路"倡议拓展了中国对外开放新空间

开放带来进步，封闭必然落后。随着全球化进程的进一步加快，各国之间的利益关系不断密切。对于中国而言，改革开放40多年中国经济增长创造世界奇迹得益于对外"开放"和对内"放开"。在对外"开放"过程中，中国抓住了第三次全球技术和产业转移创造了经济奇迹，重塑了全球经济格局。中国的对外开放经历着从局部开放到全方位开放的转变，2000—2022年，中国的货物进出口总额从4743.0亿美元增加至63096.0亿美元，但是对外开放水平在空间上分布并不均衡，东部地区的对外开放程度远高于西部，2000—2019年东部的货物进出口总额占全国的比重一直在80%以上。同时，随着中国的全方位对外开放，东部地区和东北地区的货物进出口总额占全国的比重均有所下降，而中部和西部地区的比重有所上升（见图15-1）。为了实现中国全方位开放迈向高质量阶段，必须实施东西两翼张开、海陆并举，"一带一路"倡议正是全面开放的具体实践，有利于推进中国形成陆海内外联动的全方位对外开放新格局。未来，中国区域经济发展格局将是面向全球的"沿海-内陆-沿边"全面开放格局。

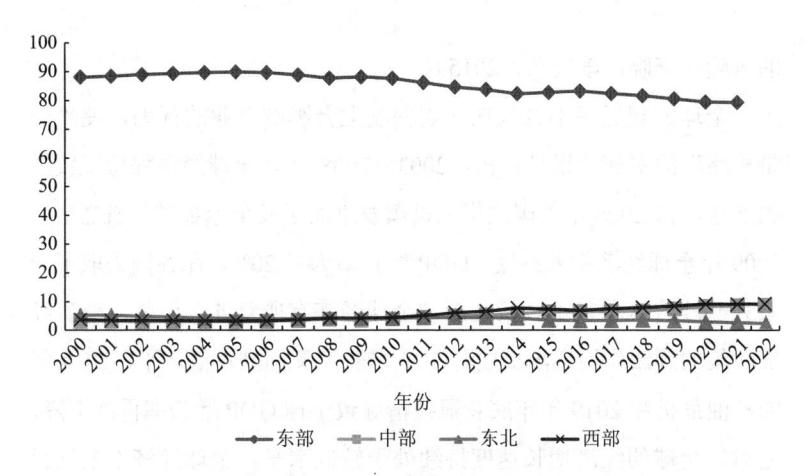

图 15-1　2000—2022 年四大区域进出口总额占全国的比重（%）

资料来源：2000—2020 年数据来源于相关年份《中国统计年鉴》，2021 年数据来源于《中国统计摘要 2022》，2022 年数据来源于《中国统计摘要 2023》。

"一带一路"倡议在统筹中国全面对外开放的过程中，也面临地缘政治的复杂多变和全球经济低迷等挑战。"一带一路"倡议涉及亚欧非多个国家，在获得地缘政治收益的同时，也面临着地缘政治风险（周平，2016），主要表现为地缘政治的竞争与不稳定。一方面，关于"一带一路"倡议的动机，会引起美国、俄罗斯、印度等大国的猜忌和制约，比如美国的"亚太再平衡"战略、印度的"印度洋计划"、俄罗斯的"欧亚经济联盟"；另一方面，中亚、东南亚、南亚等地区在地缘政治历史发展过程中长期被认为是"破碎地带"，政治、经济发展极不稳定，局部地区存在战乱，"一带一路"倡议面临着安全局势的动荡、区域发展的不稳定、非传统安全等潜在风险（刘卫东，宋周莺，刘志高等，2018），同时，也面临中国的儒家文化与沿线国家代表的佛教文化、伊斯兰文化和基督教文化发生冲突的风险（李晓，李俊久，2015）。

全球宏观经济不景气在一定程度上会影响企业的行为，使"一带一路"的实施效果打折扣。2003—2008 年，全球经济保持了较高的增速，自 2008 年美国次贷危机爆发进而引发全球金融危机之后，2009 年全球经济跌入谷底，GDP 增长率为–5.20%，在各国采取了一系列财政政策和货币政策之后，全球经济有所复苏。但是，随着经济政策的刺激作用逐渐减弱，GDP 增长率又回到较低水平，2014 年的石油危机和 2019 年年底新冠疫情导致全球 GDP 增长率再次下降，之后，全球的经济增长速度持续处于较低水平。全球经济不景气影响全球的市场需求，全球贸易活动低迷，2000 年以来，全球货物和服务进口增长率、出口增长率与 GDP 增长率基本一致，与 2017 年相比，2018 年全球货物和服务进口增长率和出口增长率分别降低了 1.50 个百分点和 0.80 个百分点（见图 15–2）。2019 年年底新冠疫情

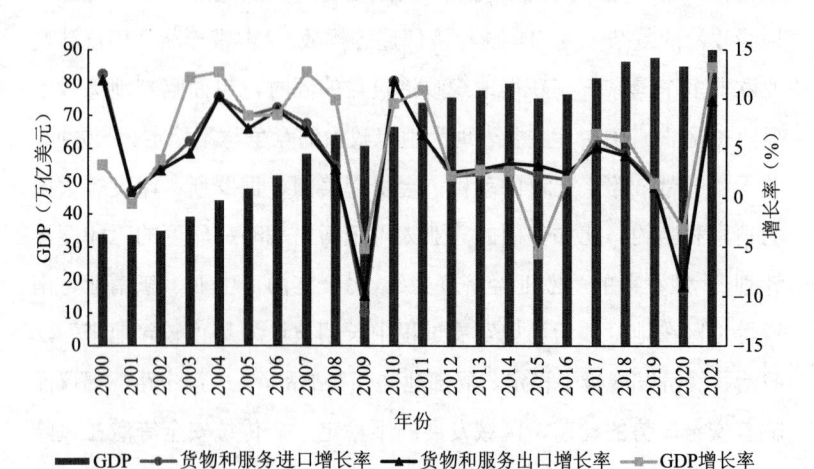

图 15–2　2000 年以来全球经济增长情况

资料来源：世界银行数据库，https://data.worldbank.org.cn/。

暴发，多国采用了包括管控入境人员、停工、停课等方式防控疫情，对世界经济造成巨大冲击。2020—2022 年中国经济分别仅增长 2.2%、8.1% 和 3.0%。

第二节 "一带一路"倡议下拓展区域发展新空间的重点

中国形成"第一代区域发展空间—区域发展新空间—潜在区域发展新空间"梯次推进的格局，可使支撑中国经济持续平稳增长的"接力棒"有序地传递下去，共同支撑未来经济的持续稳定增长（安树伟，肖金成，2016）。需要说明的是，鉴于海洋发展空间的特殊性，下文将单独分析。借助"一带一路"，有利于形成国际合作的供应链、产业链和价值链，推动沿线国家产业升级，促进人员、货物、资金、信息的流动。

一、优化提升第一代区域发展空间，形成高质量发展的新动能

中国第一代区域发展空间均位于东部沿海地区，京津冀、长三角、珠三角三大沿海城市群已形成较为成熟的"核"状引领的发展格局，其外延式拓展区域发展新空间的潜力非常有限，但与世界级城市群相比，其内部发展发育仍不够充分。未来发展应以转型升级为主，深度融入全球分工和资源配置体系，区域发展新空间拓展模式以内涵式拓展为主，以实现更高质量的发展，建设世界级城市群。

在"一带一路"的背景下,尤其是"21世纪海上丝绸之路"的持续发展需要若干沿路港口经济区作为支撑,沿海三大城市群应该抓住机遇拓展区域发展空间。

(一)加快中国自由贸易试验区和港口建设,积极融入"21世纪海上丝绸之路"

一是推动沿海三大城市群发展港口经济和自由贸易园(港)区,形成面向全球的高标准自由贸易区,使京津冀城市群和粤港澳大湾区发展取得实质性进展,形成引领国际经济合作与竞争的开放区域,培育带动区域发展的开放高地(安树伟,2015)。二是要注重三大城市群的港口城市建设。加强上海、天津、宁波-舟山、广州、深圳、湛江、汕头等沿海城市港口建设,强化北京、上海、广州等国际枢纽机场功能。

(二)创新驱动产业转型升级,凸显三大城市群的龙头地位

在国内新常态、劳动力成本上升、产能过剩、资源环境约束日益严重的大背景下,沿海三大城市群作为先发地区,其经济发展对技术和管理等创新要素的需求更加迫切,亟须通过产业结构升级来实现经济发展方式由粗放型的投资驱动向集约效益型的创新驱动转变,满足传统驱动力向新动能转变的现实需求,从而更好地发挥中国经济的引领带动作用。产业转型升级应按照"提升优化一批、梯度转移一批、关停淘汰一批"的思路,优化存量、化解过剩、实现转型。一是要"腾笼换鸟",强化沿海三大城市群先行先试、创新引领潜能,在创新驱动、体制创新和全面开放等方面率先突围,将不具有比较优势的产业环节沿"一带一路"路线向中西部地区转移。

二是通过"一带一路",继续深度参与由美日欧等发达国家主导的国际分工,更为有效地虹吸全球创新要素,重点在科技创新、技术密集型环节、销售环节以及全局性和复杂性的生产性服务业等方面实现突破,融入全球产业链分工。三是要强化沿海三大城市群之间的联系,实现"丝绸之路经济带"和"21世纪海上丝绸之路"的有机衔接(孙军,高彦彦,2020)。

二、推动区域发展新空间形成增长极

现阶段的区域发展新空间都是一些处于快速成长阶段但尚未发育成熟的城市群,其中,山东半岛城市群、中原城市群、关中平原城市群处于黄河流域中下游地区,武汉城市群、长株潭城市群、成渝城市群是长江经济带的重要组成部分,处于长江中上游地区,辽中南城市群和海峡西岸城市群地处沿海地区。总的来说,可分为中西部城市群和沿海城市群两类。从全国范围来看,与第一代区域发展空间相比,这八个重点城市群整体发展水平还相对滞后,存在着工业化和城镇化质量不高、中心城市竞争力弱、城市规模结构不完整、制造业技术含量低、服务业结构有待于进一步优化等问题。未来发展应以功能提升为主,兼顾结构优化,拓展模式应该是内涵式与外延式相结合,要抓住"一带一路"机遇,促进资源要素自由流动和充分利用,通过资本、技术等的聚集,提高产业层次,形成新的增长动力。

(一)积极落实长江经济带发展和黄河流域生态保护与高质量发展区域重大战略

将长江经济带发展和黄河流域生态保护和高质量发展与"一带

一路"倡议有机结合,通过轴带发展,把东部地区和西部地区连接起来。不仅仅是为了流通货物,更在于加强合作,引导产业由东向西梯度转移,在向东开放上注重质量的提升,在向西开放上实现全面发展,从而支撑国家全方位开放和区域协调发展。

(二)把中西部城市群建成内陆开放新高地

一方面,积极承接东部地区转移的劳动密集型产业,其中,武汉城市群、长株潭城市群、中原城市群、关中平原城市群处于中国东西部结合地带,在资金流、人才流、信息流、货物流中起衔接作用,要加强区域分工合作,发展具有比较优势的资本、劳动和资源密集型产业,成为"一带一路"的关键衔接点;另一方面,落实"一带一路"倡议将沟通中国内陆地区与中亚、南亚和欧洲国家的联系,新亚欧大陆桥经济走廊和中国-中亚-西亚经济走廊将中国中西部的中原城市群、关中平原城市群分别与哈萨克斯坦"临俄罗斯边境城镇带"和哈萨克斯坦"丝绸之路历史走廊城镇带"相连,中国-中南半岛经济走廊将中国成渝城市群与中南半岛沿海重点城市相连,孟中印缅经济走廊将成渝城市群与孟加拉国、印度和缅甸三国重点发展区相连,这将有效提高中西部地区的对外开放程度,为中西部地区的制造业产品流入中亚、南亚和欧洲市场提供新通道。承接东部沿海地区产业以及向"一带一路"沿线国家的产业转移与合作,将加速中西部地区制造业崛起和经济发展,这也是"中国制造"继续保持国际竞争优势以及中国经济保持持续稳定增长的重要基础。

(三)壮大沿海城市群经济实力

山东半岛城市群是黄河中下游地区重要出海口,辽中南城市群是东北地区重要的出海口，均具有广阔的经济腹地，是环渤海地区的重要组成部分，也是中国参与东北亚经济合作的重要支撑，海峡西岸城市群是海峡两岸文化交流和经济合作的前沿阵地和重要平台。依托沿海的区位优势，一方面，积极对接沿海三大城市群，形成东部沿海城市群互动发展的格局。另一方面，积极主动落实"一带一路"倡议。具体而言，辽中南城市群要推进辽宁"一带一路"综合试验区和大连港口建设，深入中蒙俄经济走廊，参与"中日韩+X"模式，推动与俄罗斯、日本、韩国、朝鲜、蒙古共建"东北亚经济走廊"，推动形成东北亚合作格局；山东半岛城市群要推进中国（山东）自由贸易试验区以及青岛、烟台等港口建设，依托"一带一路"倡议，推进与东盟及东北亚地区合作，提升与欧洲国家的合作水平；海峡西岸城市群要推动中国（福建）自由贸易试验区以及福州、厦门、泉州等港口建设，支持福建建设"21世纪海上丝绸之路"核心区，深化与港澳台合作。围绕六条经济走廊和三条蓝色经济带，沿海城市群要强化海洋经济、国际产能、经贸、能源资源、金融、人文交流和生态环保等领域合作，加快打造具有全球影响力的先进制造业基地和现代服务业基地。

三、潜在区域发展新空间要致力打造对外开放新高地

潜在区域发展新空间整体经济欠发达，但是区位特征显著，要依托区位优势，促进跨区域合作，推进经济集聚，近期要注重完善城市发展的"硬件"和"软件"，积蓄能量。

沿边地区要做好中国与"一带一路"沿线各国的纽带，承担着打通"一带一路"六大经济走廊的重要任务。首先，沿边地区融入"一带一路"要各有侧重。其中，中国西北沿边地区与俄罗斯、中

亚五国、印度、巴基斯坦、尼泊尔等国家接壤,具有向西开放的有利条件,助力新亚欧大陆桥经济走廊、中国-中亚-西亚经济走廊、中巴经济走廊建设;中国西南沿边地区是中国对东盟国家开放的门户,推动东南亚次区域合作,助力孟中印缅经济走廊、中国-中南半岛经济走廊建设;中国东北沿边地区与俄罗斯、蒙古、朝鲜等国家接壤,是中国向北开放的重要门户,助力中蒙俄经济走廊建设。其次,依托沿边口岸、边境城市、边境经济合作区和跨境经济合作区等对外开放合作平台,促进中国与共建"一带一路"国家及地区的对外开放。配合"一带一路"建设,重点加强新疆、云南、广西、内蒙古等省(自治区)沿边口岸基础设施建设,提升口岸的检疫、保税、仓储能力,以口岸等开放合作平台为基础,推动沿边公路、铁路建设,打通陆路跨境运输通道(刘卫东等,2017),加强与共建各国在能源、金融、旅游、现代农业等方面的产业合作,打造国际产能合作先行基地,进而增强沿边地区经济综合实力。

省区交界地带要做好国内"一带一路"沿线区域的黏合剂,这就需要破除行政壁垒,通过建立区域合作组织来降低交易成本。政府要意识到省区交界地区的整合优势,主动作为,探索建立全局性的区域协作机构,制定交界地区区域发展总体规划,加强区域总体发展的宏观管理研究,建立省区交界地区开发基金,主要用于交界地区交通、环境等重大领域的建设(安树伟等,2002)。通过交界地带的协同发展,更好地融入"一带一路"。

四、以海洋为纽带,拓展海洋发展空间

随着经济全球化和区域经济一体化的发展,以海洋为载体和纽带的市场、技术、信息等合作日益紧密,发展蓝色经济已经成为国

际共识。拓展海洋发展空间，推进陆海统筹是现阶段拓展区域发展新空间的一个重要方面，即在进一步优化陆域国土开发的基础上，充分发挥海洋在经济社会发展中的导向作用（曹忠祥，高国力等，2015）。

根据"21世纪海上丝绸之路"的走向，应以沿海港口为节点，以沿海经济带为支撑，着重构建中国-印度洋-非洲-地中海蓝色海洋经济通道、中国-大洋洲-南太平洋蓝色经济走廊、经北冰洋连接欧洲的蓝色经济通道三大蓝色经济通道。一是提升海洋产业合作。与共建国家共建海洋产业园区和经贸合作区，加快山东、浙江、广东、福建、天津等全国海洋经济发展试点区建设，支持海南利用南海优势资源发展特色海洋经济，建设青岛蓝谷等海洋经济发展示范区，支持发展海水养殖、海洋旅游；充分发挥政府的服务职能，为出口企业提供政策信息；加强海产品产业链条的质量控制，提高企业的质量安全意识，严格限制不符合检验检疫标准的海产品出口；积极发挥东盟自由贸易区的作用，深化海产品等领域交流合作（刘卫东，刘志高，2016）。二是加强海洋资源开发利用合作，与沿线国家合作开展资源调查和建立资源库等，引导中国企业有序参与海洋开发项目。三是推动海上互联互通，完善"21世纪海上丝绸之路"沿线国家之间的航运服务网络，共建国际和区域性航运中心，加强沿线港口的建设和运营合作。四是积极参与北极务实合作，建设"冰上丝绸之路"。鼓励企业有序参与北极航道的商业化利用和北极资源的可持续开发，加强与北极国家的清洁能源合作（国家发展和改革委员会，国家海洋局，2017）。

第三节 "一带一路"倡议下拓展区域发展新空间的对策

为加快落实"一带一路"倡议,应加强顶层设计,促进"软联通"和"硬联通",注重专业人才的培育和引进,通过"一带一路"促进新动能形成。同时,对于中国区域发展新空间来说,要加强城市群和都市圈建设,发挥国家级新区的作用,推动中国城镇化的高质量发展。

一、强化沿线国家的战略共识,加强顶层设计

2015年,《推动共建丝绸之路经济带和21世纪海上丝绸之路的愿景与行动》的发布,标志着"一带一路"倡议由构想阶段进入到行动阶段,但是"一带一路"仍然是中国的"愿景与行动",所涉及的参与国家也是不断变化的。由于历史上的"丝绸之路"没有给我们留下多少财富或者经验,"一带一路"倡议必须创新,要考虑总体安全以及国家的整体利益,对可能出现或者已经出现的不利因素如宗教、民族等问题,要有充分的估计和相应的对策(葛剑雄,胡鞍钢,林毅夫等,2015)。为协调好各国之间的利益关系,应将"一带一路"倡议与各国的发展战略合理对接,将各个国家的利益凝聚在一起。

在"一带一路"的实践中,要注重加强顶层设计。首先,中央层面要明确"谁管""管谁""咋管""管效"四个问题,科学构建"一带一路"倡议的制度基础(张可云,2018)。其次,要制定符合中国

实际的"一带一路"战略规划，要强调区域之间的联动发展，更加注重国内与国际的合作尤其是产业方面的合作，国家相关部门要尽快制定整体规划和具体实施蓝图，明晰沿线各省（自治区、直辖市）的功能定位、产业布局、资源整合等重大事项，加快形成区域产业协同融合、资源互补共享的良好发展格局（袁新涛，2014）。最后，要完善"一带一路"国际合作机制，继续巩固中国政府与沿线国家政府和国际组织间的双边合作机制，重点拓展区域小多边合作机制，鼓励政府引导、企业自主建设，不断夯实投融资、贸易等领域的合作机制（国务院发展研究中心国际合作局，2019）。

二、优化企业营商环境

"一带一路"倡议的参与主体是企业，核心内容是投资贸易合作，"一带一路"倡议扩大了企业的国外市场规模。中国企业在参与"一带一路"的投资贸易合作中，必须考虑所在国家的投资环境，而共建"一带一路"国家投资环境差异又比较大。夏昕鸣、谢玉欢和吴婉金等（2020）对"一带一路"国家的投资环境进行了评价，结果表明中国与共建国家存在差异化的联系，共建各国在发展水平、开放程度、发展潜力等方面不平衡现象突出。而国家信息中心"一带一路"大数据中心（2018）评价"一带一路"国家投资环境的平均分仅为61.13分，其中，中亚、西亚、南亚的政治环境稳定性较弱，政府治理和市场环境是多数国家的短板，各国的资源禀赋差别明显。投资环境的差异使投资贸易面临着一定的经济风险。首先，"一带一路"倡议目前基础设施建设较多，而基础设施建设投资周期长、资金大，运行和维护不易，中国作为资金的提供者之一，可能面临着资金无法收回的风险；其次，"一带一路"倡议不仅是促进中国产业走出去，也要促进沿线国家产业提升，所以"一带一路"倡议要充分考虑中国产业走出去的顺序，也要考虑沿线国家产业结构、市场容量、产业升级趋势以及未来市场变化，片面投资会使沿线国家存在产业风险（王义桅，2015）。

区域经济合作有利于促进各种资本、物资、技术、人才、信息等生产要素在地区间的合理流动（安树伟等，2002），但也面临着多种有形的和无形的交易成本，包括税收成本、融资成本、管制成本以及制度性成本。在企业参与"一带一路"倡议时，由于各国国情不同，投资营商环境差异大，制度性成本尤为明显，优化企业投资营商环境至关重要。

一方面，仍然需要提高中国的经济自由度，理顺政府与市场的关系，促进管理型政府向服务型政府转变，形成市场化、法治化、国际化营商环境，为企业的发展创造良好的外部环境，强化市场在资源配置中的决定性作用，使要素流动到生产效率最高的地方。同时，在对外开放中，中国要继续推进以自由贸易试验区、综合保税区、国家级边境经济合作示范区、国家重点开发开放示范区、跨境电商示范区等为主体的开放政策区成为中国参与全球经济循环的重要平台（国家开发银行，联合国开发计划署，北京大学，2017）。

另一方面，由于中国企业在国内政府种种政策的呵护下还能生存，其"走出去"的准备还相当不足，因此对于在国外进行投资和经营的企业，要为其生存提供支持。一是消除投资和贸易的壁垒。可采取"政府搭台、企业唱戏"模式，即由政府、行会、民间友好团体等牵头，建立本地化合作网络、专项工作小组或帮助推广优质本地化资源等模式；加强沿线合作区制度、政策、信息、文化的互联互通，动员企业争取贸易、税收及法律保护等政策，制定国际化的生产技术标准，打造市场化、法治化、国际化营商环境（辜胜阻，吴沁沁，庄芹芹，2017；北京零点有数，2019）。二是要为企业提供金融等支持。要重新梳理中国对外签订的双边投资保护协定，特别是对那些中国企业投资较多的国家，重新修订双边投资保护协定；为防控中国企业走出去的汇率与金融风险，应进一步支持出口信贷，扩大"走出去"企业的融资渠道；鼓励银行等金融企业走出去，到企业投资密集的地方提供服务；同时，要提高"走出去"企业环保意识与履行环境保护社会责任行为（厉以宁等，2015）。

三、推进基础设施互联互通

中国与共建"一带一路"国家之间贸易成本包括运输成本和交付时间。通过不断完善交通基础设施，有利于降低运输成本，进而提高贸易交易效率，增加贸易额（陈大波，2018）。一是以丝绸之路经济带六大国际经济合作走廊为主体，中国应与共建"一带一路"国家共同推进国际运输通道建设，推进与周边国家铁路、公路、航道、油气管道、通信等基础设施互联互通；二是对于中国国内来说，一方面，应推动现代化交通体系建成，推进"十纵十横"大通道和西部陆海新通道建设，形成一批纵横交错、互相连接的沿海、沿江、沿边战略大通道，加快国内各经济区之间以及内陆和沿海地区之间的联系，缓解西部内陆地区的区位劣势，打破内陆地区不靠海的限制，另一方面，推动以5G、人工智能、工业互联网、物联网为代表的新型基础设施建设，带动各行业数字化转型，优化生产和服务资源配置，催生新技术、新业态和新模式；三是深化交通领域的国际合作，吸引外资进入交通领域，鼓励国内交通企业积极参与"一带一路"沿线交通基础设施建设和国际运输市场合作（国务院，2019）。

四、加强沿线中资企业的人才引进

企业在"一带一路"倡议中面临的地缘政治、文明冲突等风险需要人才来规避。根据由全国工商联牵头的"2019年'一带一路'沿线中国民营企业现状问卷调查"的结果,"一带一路"沿线中资企业人才瓶颈已经成为制约企业发展不可忽视的问题,主要体现在两个方面:一是核心人员招聘难,其中,49.2%的企业反映在当地招聘核心管理人员"存在困难",22.5%则表示"非常困难",52.8%反映招聘关键性技术骨干"存在困难",表示"非常困难"的也占到了16.0%。二是一般人员管理难,解决纠纷时诉诸法律成本高。同时,人力成本上升较快、处理劳资纠纷成本较高等问题与人力资源结构性缺陷高度交织(北京零点有数,2019)。

人力资本的积累是企业发展的根基。补齐"一带一路"沿线中资企业的人才短板,对于落实"一带一路"倡议具有重要意义。应通过人才"走出去"与就地"取才"相结合的方式,化解企业国际化发展中的人才"瓶颈",打造智力"一带一路"。一方面,做好国内人才储备,增加国内学生留学访问与海外实践机会,培养精通外语、了解国外环境并熟悉法律金融等专业知识技能且具有国际化视野的复合型人才;另一方面,根据企业需求,与当地政府之间协调联络,协调中资企业的力量,建立规模化、定向化职业技能培训体系,或与当地职业技术培训机构合作建立联合定向培养制度,为企业"就地取才"提供便利。通过协调引进人才和培育人才的关系,推动人才跨部门、跨行业、跨国家流动,将人力资源优势转变为经济发展优势(辜胜阻,吴沁沁,庄芹芹,2017)。

五、发挥国家级新区的增长极作用

国家级新区是中国在经济特区之后推出的新的城市发展模式，是一种疏解都市功能、集聚产业、实现体制创新的新的组织形式，是产业聚集的平台和载体。体制创新是新区承担的核心功能（曹云，2014）。迄今为止，国家已经设立了19个国家级新区，国家级新区的陆续设立为新型城镇化提供了科学发展试验区。国家级新区作为区域战略上的核心节点，在落实"一带一路"倡议中具有重要作用。要加强基础设施建设，通过改善基础设施条件，将国家级新区建设融入到"一带一路"建设中去，借助"一带一路"广阔的市场空间和战略平台，为国家级新区增长极作用的发挥奠定基础。增强政策融合，在落实"一带一路"倡议的背景下，新区尤其是处在"丝绸之路经济带"上的国家级新区迎来了又一轮政策优势，借助政策优势，利用5—10年的时间形成城市新区特有的市场优势，将政策优惠的极化效应转化为市场驱动的极化效应。加强产业融合，针对落实"一带一路"倡议对未来产业结构和布局的要求，国家级新区建设在产业布局与选择上应该与"一带一路"产业空间布局相融合，形成资源共享、市场共赢的合作发展模式（郭爱君，陶银海，2016）。

六、充分发挥城市群和都市圈的支撑作用

根据世界城镇化发展普遍规律，未来几年中国仍处于城镇化率30%—70%的快速发展区间。随着内外部环境和条件的深刻变化，城镇化必须进入以提升质量为主的转型发展新阶段。城市群已成为支撑世界各主要经济体发展的核心区，应将城市群的高质量发展与"一带一路"倡议高度融合。在落实"一带一路"倡议背景下，以城市

群为主体形态拓展区域发展空间。一是第一代区域发展空间,以及山东半岛城市群、海峡西岸城市群等沿海城市群,要以融入"21世纪海上丝绸之路"为主,促进沿海城市群功能优化与提升,挖掘海洋发展新空间潜力;二是成渝城市群、中原城市群、长株潭城市群、关中平原城市群、辽中南城市群、武汉城市群等中西部地区城市群,要以融入"丝绸之路经济带"为主,壮大城市群综合实力。

都市圈的形成早于城市群,是城市群的初期形态,是城市群高质量发展的关键。无论是第一代区域发展空间、区域发展新空间,还是潜在区域发展新空间,都要认识到都市圈在城镇化高质量发展中的重要角色。在落实"一带一路"倡议下,对于第一代区域发展空间和区域发展新空间中的城市群,要提升其中都市圈的质量,要以核心城市优化和中小城市功能提升并重,重点提升中小城市的产业发展、吸纳就业、公共服务、人口集聚功能,促进有潜力的小城市向中等城市发展,提高核心城市周围中小城市的承载能力。潜在区域发展新空间的兰州及其周边地区、银川及其周边地区和乌鲁木齐及其周边地区,均位于西部地区,在融入"一带一路"建设过程中,要强化核心城市功能,不断完善自身功能,继续促进要素、企业与产业向核心城市集聚,将优势产业做强做大,提升核心城市的辐射带动作用,不足进相关区域向都市圈迈进。

参考文献

安树伟. "一带一路"对我国区域经济发展的影响及格局重塑[J]. 经济问题, 2015(4): 1–4.

安树伟等. 中国省区交界地带经济发展研究——对蒙晋陕豫交界地带的实证分析[M]. 北京：中国经济出版社. 2002：43–65，139–141.

安树伟，肖金成. 区域发展新空间的逻辑演进[J]. 改革，2016（8）：45–53.

北京零点有数. "一带一路"沿线中国民营企业现状调查研究报告[EB/OL]. https://www.yidaiyilu.gov.cn/xwzx/gnxw/110501.htm，2019–8–17.

曹云. 国家级新区比较研究[M]. 北京：社会科学文献出版社，2014：54–65.

曹忠祥，高国力等. 我国陆海统筹发展研究[M]. 北京：经济科学出版社，2015：45–70.

陈大波. "一带一路"沿线国家的贸易发展潜力对经济增长的影响研究[D]. 武汉：武汉大学，2018.

葛剑雄，胡鞍钢，林毅夫等. 改变世界经济地理的"一带一路"[M]. 上海：上海交通大学出版社，2015.1–22.

辜胜阻，吴沁沁，庄芹芹. 推动"一带一路"建设与企业"走出去"的对策思考[J]. 经济纵横，2017（2）：1–9.

郭爱君，陶银海. 丝绸之路经济带与国家新区建设协同发展研究[J]. 西北师大学报（社会科学版），2016，53（6）：27–34.

国家发展和改革委员会，国家海洋局. "一带一路"建设海上合作设想[Z]. 2017.

国家开发银行，联合国开发计划署，北京大学. "一带一路"经济发展报告[M]. 北京：中国社会科学出版社，2017：389.

国家信息中心"一带一路"大数据中心. "一带一路"大数据报告（2018）[M]. 北京：商务印书馆，2018：79–102.

国务院. 交通强国建设纲要[Z]. 2019.

国务院发展研究中心国际合作局. "一带一路"国际合作机制研究[M]. 北京：中国发展出版社，2019：41–43.

李晓，李俊久. "一带一路"与中国地缘政治经济战略的重构[J]. 世界经济与政治，2015（10）：30–59+156–5157.

李政，安树伟，王佳宁. 中西部和东部地区老工业基地振兴的机遇、挑战与方略[J]. 改革，2017（7）：5–17.

厉以宁等. 读懂"一带一路"[M]. 北京：中信出版社, 2015：7, 27–31.
刘洪愧, 刘霞辉. 构建开放型经济新空间布局：理论基础、历史实践与可行路径[J]. 改革, 2019（1）：30–42.
刘慧, 叶尔肯·吾扎提, 王成龙. "一带一路"战略对中国国土开发空间格局的影响[J]. 地理科学进展, 2015, 34（5）：545–553.
刘瑞, 高峰. "一带一路"战略的区位路径选择与化解传统产业产能过剩[J]. 社会科学研究, 2016（1）：45–56.
刘卫东. "一带一路"战略的认识误区[J]. 国家行政学院学报, 2016（1）：30–34.
刘卫东等. "一带一路"战略研究[M]. 北京：商务印书馆, 2017：238.
刘卫东, 刘志高. "一带一路"建设对策研究[M]. 北京：科学出版社, 2016：167–198.
刘卫东, 宋周莺, 刘志高等. "一带一路"建设研究进展[J]. 地理学报, 2018, 73（4）：620–636.
孙久文. "一带一路"战略与加快区域经济发展[J]. 开发研究, 2017（1）：1–5.
孙军, 高彦彦. "一带一路"倡议下中国城市群体系构建与价值链重塑[J]. 江苏大学学报（社会科学版）, 2020, 22（1）：105–114.
推进"一带一路"建设工作领导小组办公室. 共建"一带一路"：理念、实践与中国的贡献[EB/OL]. https://www.yidaiyilu.gov.cn/zchj/qwfb/12658.htm, 2017-5-11.
王义桅. "一带一路"：机遇与挑战[M]. 北京：人民出版社, 2015：124–138.
夏昕鸣, 谢玉欢, 吴婉金等. "一带一路"沿线国家投资环境评价[J]. 经济地理, 2020, 40（1）：21–33.
肖金成, 申现杰. 开放、合作、和平、发展是"一带一路"战略的主题[J]. 中国发展观察, 2015（1）：56–58.
袁新涛. "一带一路"建设的国家战略分析[J]. 理论月刊, 2014（11）：5–9.
张可云. "一带一路"与中国发展战略[J]. 开发研究, 2018（4）：1–13.
周平. "一带一路"面临的地缘政治风险及其管控[J]. 探索与争鸣, 2016（1）：83–86.

第十六章 供给侧改革与区域发展新空间

目前,中国已经进入转变经济发展方式的关键时期,要把提高供给体系质量和效率作为主攻方向,转变发展方式、优化经济结构。以供给侧改革为主线推动建设现代化经济体系是拓展区域发展新空间、实现高质量发展的关键(裴广一,黄光于,2018)。供给侧改革是未来推动中国经济高质量发展的重要举措,那么,供给侧改革如何对拓展区域发展新空间产生影响?供给侧改革下拓展区域发展新空间的重点是什么?这些都是本章需要解决的问题。

第一节 供给侧改革影响区域发展新空间的机制

从理论层面,中国供给侧改革并不完全从属于西方供给侧改革的理论内涵。西方供给侧改革的理论渊源基于新古典经济学框架,侧重于对微观要素配置结构的调整和改革,其理论基础在于新古典经济学,认为市场自由和要素自主流动才能真正实现增长,因此改革核心在于减税和放松政府管制（付雅梅，2019）。中国供给侧结构性改革是在产能严重过剩、供需结构失衡、创新驱动能力不足的背景下提出的，其本质在于提升供给质量和全要素生产率，重点是解放和发展社会生产力，用改革的办法推进结构调整，调整各类扭曲的政策和制度安排，完善和维护公平竞争、优胜劣汰的市场机制和环境，优化要素配置，充分激发微观活力，减少无效和低端供给，扩大有效和中高端供给，增强供给结构对需求变化的适应性和灵活性，提高全要素生产率（陈书荣，陈宇，2016；邵宇，2019）。而供给侧改革主要是强调从供给侧入手，通过对劳动力、土地、资本、制度创造、创新（企业家才能）等要素的优化配置，实现土地、劳动和资本的有效结合和高效流动，进而推动经济的持续平稳增长。

那么，拓展区域发展新空间需要什么样的供给侧改革？从大的方面来讲，需要进行两类供给侧改革。第一类供给侧改革，发力点是通过创新驱动打破区域发展的约束条件。从外部约束条件看，城市交通网络、土地资源、地貌、水资源与气候等自然条件都对城市产生和规模扩展起到了一定的限制作用，但随着科技进步与技术升级，这些限制在不断地被打破（樊纲，郭万达等，2017）。第二类供给侧改革，发力点是通过制度创新营造良好的发展环境，关键是要采取减管制、减垄断、减税收、减货币超发等行动，正确处理中央政府与地方政府的关系以及政府与市场的关系，充分发挥市场在资源配置中的决定性作用，同时更好地发挥各级政府的作用，促进土地、劳动和资本的有效结合和依法高效流动。总体而言，高质量发展背景下，供给侧改革主要是通过中长期的科技创新、制度创新、管理创新，实现劳动力、土地、资本等生产要素的优化配置，并通过减税降低成本来刺激企业生产的积极性。本质上讲，区域发展新空间是对原有区域发展空间的进一步拓展，根据拓展模式不同，可分为外延式和内涵式两种拓展模式。本章认为供给侧改革着眼于内涵式的拓展，通过制度创新改善营商环境、激励科技创新、促进资源优化配置等促进供给体系质量和经济效率提升，进而形成新的经济增长点，以此拓展区域发展新空间。

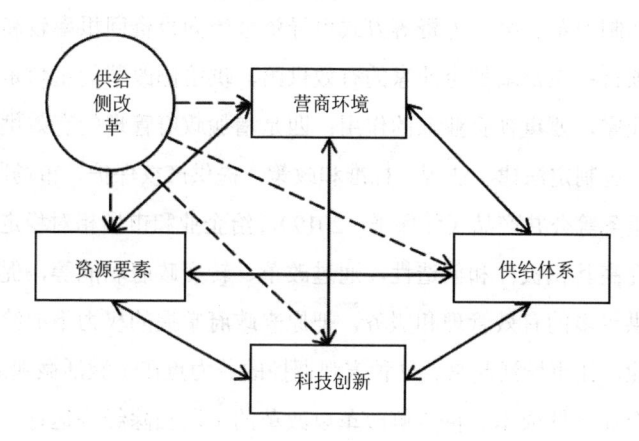

图 16-1　供给侧改革影响区域发展新空间的分析框架

一、资源要素

供给侧的减税降费旨在通过降低企业成本增加企业要素投入、扩大生产、增加就业、培育新的经济增长点，进而拓展区域的产业发展空间。减税降费的实质是政府对资源配置权的让渡，让市场更好地发挥资源配置的功能（裴广一，黄光于，2018）。高质量发展的重点在于供给端，供给端的质量决定了整体经济的质量，而供给端的高质量又取决于要素的有效供给质量。通过供给侧改革增加要素的有效供给，提高要素供给的质量。以往，我们过多地从需求侧强调政府的宏观调控作用，在推进供给侧改革过程中，则要更多地发挥好企业和个人的作用。因此，在高质量发展的要求下要通过供给侧改革，提高要素的供给质量：一是增加劳动力的有效供给，通过完善劳动力市场、改革收入分配体制、保护劳动者权益等，调动劳动者的积极性；二是增加资本的有效供给，通过金融市场化改革、投资体制改革、吸引外资等方式引导资金流向投资回报率较高的行业、项目；三是增加企业家的有效供给，供给侧改革的主角是企业和企业家，要重视企业家的作用；四是增加政府管理的有效供给，政府通过制定法律、法规、标准和政策，提供产权保护、市场监管、公共服务等公共产品（任保平，2019），给企业和市场相对稳定的预期，提高其积极性和创造性，通过改革、转变政府职能等，促使政府提供更多的有效管理和服务，把原来政府掌握的权力下放给市场和企业，让市场活起来。这种宏观调控的着力点在于激活微观活力，帮助企业降低成本。供给侧改革以改革的手段扫除经济运行中的矛盾和障碍，促使要素自由流动，资源能够按照市场化的价格机制合理分配，使资源配置效率得到提升。

二、营商环境

完善供给侧改革的制度供给，破解体制机制障碍与约束，为高质量发展提供良好的制度环境。市场制度决定一个国家宏观的社会分工效率和微观的企业生产效率，而社会分工和管理效率的提高则带来财富的增长。中国市场经济体制尚未完全建成，受传统体制机制影响，新技术、新产品、新产业和新服务的供给潜力很难充分释放（周跃辉，2017）。供给侧改革要求进一步完善制度供给：一是放宽准入，放松行政管制，减少行政垄断，打破壁垒，加大要素流动，提升竞争水平。比如，放开民间资本对医院、学校的投资，这些基础服务的供给数量就会大幅增加，竞争也会提升供给质量和供给效率，最终会促进行业更加健康地发展。二是加快完善市场体制改革，通过发挥市场竞争优胜劣汰的作用，激发企业创新活力。三是进一步推进财税体制改革（任保平，2019），不断降低税负成本、融资成本等价格因素，降低企业综合成本，激发企业的积极性，极大释放生产力。通过供给侧改革释放制度红利，增加区域组织创新能力的供给，营造良好营商环境。

三、科技创新

依靠供给侧的深化改革，通过技术创新打破区域发展的约束条件，推动经济发展动能转换，促进区域经济转型升级，进而拓展区域发展新空间。供给侧改革通过实施大规模的减税降费，降低各类营商成本，为企业减轻负担，释放企业活力，激发企业家的创新力，提升企业质量及其相应产品的质量，形成新的增长点。此外，培育经济增长新动力，需要推进供给侧改革。在供给侧改革中优化发展环境，通过高效的制度供给和开放的市场空间，激发微观主体的创新、创业潜能，培育经济发展的新动力（周跃辉，2017）。

四、供给体系

由于市场体制的不完善，中国的供给体系未能根据市场需求及时做出调整，导致供给体系存在中低端产品过剩、高端产品供给不足的问题。供给侧改革就是要从供给端发力调整供给结构，为扩大内需、实现经济高质量发展寻求路径。通过提高供给体系质量和效率，更加重视和尊重市场自身的力量，才能扎实推进区域合作，拓展区域发展新空间。供给侧改革要求进一步调整供给结构：一是通过减税、放松垄断、减少管制等措施，让生产要素从那些供给过剩和供给老化的产业，尽快转向新的行业，更新供给结构。二是通过财政、金融、税收的调整，促进落后产能淘汰和新产业的成长，从而加快供给结构的调整（任保平，2019）。三是综合考虑供给端和需求端。供给侧改革是一个长期的过程，供给侧改革要以扩大内需、引导内需、满足内需为导向，不断满足居民个性化、多样化的消费需求，通过供给侧改革促进结构转化，实现高质量发展。

第二节　供给侧改革下拓展区域发展新空间的重点

一、第一代区域发展空间

中国第一代区域发展空间均位于东部沿海地区，是引领经济转型升级、高效发展的重要战略支撑区域。沿海三大城市群不仅对中国经济社会发展具有重要的辐射带动作用，更是推动经济发展方式转变的关键区域，是实现高质量发展的动力源。在供给侧改革的背景下，沿海三大城市群应着力培育创新环境，提升自主创新能力，提高资源的配置效能和资源节约集约利用水平，实现高质量发展。

（一）尊重创新规律，培育创新环境

政府习惯于对产业发展进行规划，但创新从本质上说是很难规划出来的。创新通常面临各种不确定性，只有通过不断地试错才能提高成功的概率（刘世锦，2015）。创新最重要的是营造有利于创新的环境，创新环境是创新的重要保障，包括培育人力资本、改造金融支撑体系、促进创新要素流动、保护知识产权等。

（二）实施创新驱动发展战略，提升自主创新能力

沿海三大城市群作为全国创新发展引领区，实现高质量发展必须加快实施创新驱动发展战略，提升自主创新能力。加强科技创新前瞻布局和资源共享，集中突破一批核心关键技术，联手营造有利于提升自主创新能力的创新生态，打造全国原始创新策源地。建设科技创新中心、综合性国家科学中心，推出全面创新改革试验，鼓励大众创业万众创新，引导推动应用研究带动基础研究。沿海三大城市群作为实现全国高质量发展的动力源，应加快关键核心技术攻关，推进面向国家重大需求的战略高技术研究。

（三）推动土地要素市场化配置，提高配置效能和节约集约利用水平

深化城镇国有土地使用制度改革，扩大土地有偿使用范围，完善城乡建设用地增减挂钩政策，建立健全城镇低效用地再开发激励约束机制和存量建设用地退出机制。建立城乡统一的建设用地市场，探索宅基地所有权、资格权、使用权"三权分置"改革，依法有序推进集体经营性建设用地入市，开展土地整治机制创新试点。用好跨省补充耕地国家统筹机制，支持重点项目建设。按照国家统筹、地方分担的原则，优先保障跨区域重大基础设施项目、生态环境工程项目所涉及新增建设用地和占补平衡指标。

二、区域发展新空间

与第一代区域发展空间相比，区域发展新空间涉及的八个重点城市群整体发展水平相对滞后。在供给侧改革的背景下，应加快城乡之间土地、资金、人员等要素的流动和优化配置，通过要素的聚集形成新的增长动力（孙久文，2017）；提升高质量人才供给水平，促进科研成果的转化；创新金融服务，为城市发展开辟稳定的资金渠道；提高土地资源配置和利用效率，促进自身"做大做强"，在实现经济快速增长的过程中兼顾结构优化和产业升级，形成新的增长点。

（一）加快城乡之间土地、资金、人员等要素的流动和优化配置

进一步完善发展轴线，推动城市群空间结构网络化；合理确定空间组织单元，优化等级规模结构；在大城市之间带动大量小城镇发展，推动城市之间直连直通和基本公共服务的均等化，带动人口和产业的流动再配置。农民要进城，城里的人员、资金等也有到小城镇和乡村的动机，要打破城乡之间土地、人员、资金等要素流动、交易、优化配置的诸多不合理体制和政策限制，加快城乡之间土地、资金、人员等要素的流动和优化配置。

（二）提升高质量人才供给水平，促进科研成果的转化

培育高质量的技术型人才，积极实施柔性的高质量人才引进政策，加大高端人才引进力度，完善弘扬劳模精神和工匠精神激励机制，形成"培引并重"的高质量人才保障体制。加强"政产学研用"

协同创新，构建区域科技创新体系，组织重点科技攻关项目，为科研单位和科研人员营造良好的创新环境，着力提升科技创新能力。积极打造科技成果转化平台，加强中试转化基地建设，完善科技成果转化激励政策，加强对知识产权保护力度，完善对科研主体的激励机制，加快科研成果的转化。依托现有国家科技成果转移转化示范区，建立健全协同联动机制，共建科技成果转移转化高地。

（三）创新金融服务，为城市发展开辟稳定的资金渠道

深化完善财税体制和投融资机制改革，创新金融服务，放开市场准入，逐步建立政府引导、市场运作的多元化、可持续的城镇化资金保障机制。加强金融组织体系建设，创新金融产品和服务，通过政府政策、资金的支持和引导，不断加大金融服务发展的力度。支持、鼓励设立融资性担保公司、融资租赁公司、小额贷款公司、村镇银行等地方法人金融机构。建设金融（商务）集聚区，支持各类金融组织集聚发展。

（四）提高土地资源配置和利用效率

探索实行城镇建设用地增加规模与吸纳农业转移人口落户数量挂钩政策。建立人地挂钩机制，实行城镇建设用地增加规模与吸纳农村人口进入城镇定居规模相挂钩，实现由单纯用地指标管理向城镇化发展规模管控转变。适当控制工业用地，优先安排和增加住宅用地，合理安排生态用地，保护城郊菜地和水田，统筹安排基础设施和公共服务设施用地。健全节约集约用地制度。完善各类建设用地标准体系，严格执行节约集约用地标准。积极探索推进农村土地管理制度改革，赋予农民对土地承包经营权、林权、房屋使用权等

产权的自由处置权，允许农民以出租、转换、置换、赠与、继承、作价入股等方式流转，完善农民自愿有偿退出土地承包经营权、宅基地使用权以及集体收益分配权等办法，让进城农民从中受益。

三、潜在区域发展新空间

在供给侧改革的背景下，潜在区域发展新空间要拓展融资渠道，加大资金投入，注重人才的培育与柔性引进，积蓄能量，培育发展能力，为后续的快速发展奠定基础。

（一）拓展融资渠道，加大资金投入

积极争取中央投资、转移支付和政策性贷款的支持，尤其要持续跟踪国家发展和改革委员会、交通运输部等在综合运输枢纽、公共客运、重要对外交通枢纽集疏运体系、多式联运、交通旅游融合一体化等领域资金政策的实施情况。在有条件的项目上推广政府与社会资本合作（PPP）模式。鼓励和引导社会资本进入航电枢纽，完善收费机制。鼓励和支持枢纽场站及周边土地的综合开发和利用。积极争取国家提高农村公路建设补贴标准。向有关部门申请潜在区域发展新空间享受西部大开发政策，执行优惠税率。

（二）加强人才的培育与柔性引进

一是培育高质量的技术型人才。通过打造终身职业培训体系、促进高技能人才培训基地与职教集团融合发展、全面推行产教融合等途径，使绝大多数城乡新增劳动力接受高中阶段以上教育、更多接受高等教育和职业技能培训，提高人力资本素质。建立健全对接产业高质量发展的职业教育教学标准体系，统筹相关课程考试考核

与职业技能鉴定。二是积极实施柔性的高质量人才引进政策，加大高端人才引进力度。以智力服务为目的，在不改变省外人才原有人事、档案、户籍、社保等关系的前提下，突破地域、城乡、部门、行业、身份、所有制、工作方式等限制，按照"不求所有、但求所用"的原则，采取"政府引导、市场调节、契约管理、绩效激励"的运作方式，吸引省外人才通过顾问指导、短期兼职、项目合作、服务外包、二次开发、技术入股、对口支援、挂职锻炼、人才租赁、互派培养及其他适宜方式，为培育潜在区域发展新空间提供智力支持（高见，邬晓霞，2018）。

四、海洋发展新空间

随着经济全球化和区域经济一体化的进一步发展，以海洋为载体和纽带的市场、技术、信息等合作日益紧密，发展蓝色经济逐步成为国际共识。因此，应着力优化人才供给侧改革，提升科技人才的支撑作用。

第一，加强海洋产业科技人才的培养和引进工作。海洋产业已成为经济增长中最具潜力、最具发展空间的领域，大力发展海洋经济，构建富有竞争力的现代海洋产业体系，加大科技人才的引进力度，重点引进与海洋经济发展有关的海内外高端人才；引导、鼓励科技人才做高做精海洋工程装备制造、海水综合利用、海洋生物医药、海洋能源等海洋新兴产业；在大力发展海洋经济的同时，应合理整合、利用独特的海洋文化资源，打造海洋文化品牌。第二，搭建科技人才对接平台，实现科技人才培养与企业人才需求的对接、科技人才成果与企业生产力的对接，以及高新技术与企业技术创新的对接。加强重点院校、科研机构等科技创新主体的管理，对接企业技术攻关难题，积极引进前瞻性科研技术，实现科技成果向企业效益的高效率转化。加快建立以市场为导向、以企业为主体、产学研相结合的海洋产业技术创新战略联盟。第三，完善科技人才配套政策机制，营造良好的科技创新环境。完善知识产权保障机制，通过引进知识产权专业人才促进科技企业创新成果的转化。加强全国海洋经济发展地区的交流，通过探索建立适应海洋经济发展的知识产权保护长效机制，健全知识产权纠纷协商解决机制。

第三节 供给侧改革下拓展区域发展新空间的对策

国际上进行过供给侧改革的主要国家有美国和英国，为了解决1980年代美国和英国内部的高通胀、高失业带来的滞胀问题，里根和撒切尔均进行了供给学派的结构性改革。对于中国而言，尽管当前所处时期和面临形势与彼时美英两国大有不同，但经济的结构性问题不亚于当年的英美。当前中国处在经济转型升级的关键历史机遇期，也是增长动力转换、结构转变与经济社会发展转型的重要时间窗口期，必须优化供给管理和需求管理的平衡机制，通过推进财税体制改革，优化企业发展的制度环境，建设"小而精"政府，不断提高经济发展的协调性和可持续性，进而拓展区域发展新空间。

一、提高经济的市场化程度

2019年，美国智库传统基金会和《华尔街日报》联合发布了《2019

经济自由度指数》①，这份报告涵盖了全球 180 个国家和地区，主要通过评估影响国家经济自由的四大政策领域（法规制度、政府规模、监管效率、市场开放）及 12 项指标（财产权、司法效能、政府诚信、租税负担、政府支出、财政健全、经商自由、劳动自由、货币自由、贸易自由、投资自由及金融自由），并参考了世界银行、世界经济论坛、美联储、经济合作与发展组织等相关报告，世界经济水平评级为"中等自由"②，全球经济自由度再次上升。其中中国香港得分 90.2 分，依然是全球市场化程度最高的经济体，且是该指数 1995 年编制公布以来，连续 25 年位列首位，这也显示出，在中国对香港恢复行使主权 20 多年后，香港继续保持了经济活力。香港拥有法治、简单税制、有效的政府运作和区位优势四大有利因素，使其保持了"最自由经济体"的桂冠。紧随其后的依然是新加坡、新西兰、瑞士和澳大利亚。美国以 76.8 份位列第 12 位。中国大陆得分 58.4 分（180 国整体平均分为 60.8 分、亚洲国家平均分为 60.6 分），位于第 100 位，不来各项指标进步空间很大。中国台湾得分为 77.3，全球排名第 10 位。就国内而言，以市场化指数衡量经济自由度，区域之间的差异非常明显（见图 16-2）。因此，尤其是中西部地区，应通过加强产权保护和减少规制来提高经济市场化程度。另外，提高经济市场化程度的过程，也是区域政策手段由行政手段向法律手段和经济手段转变的过程。

---

① 2019 年经济自由度指数_全球经济自由度指数，中国香港连续 19 年蝉联榜首[EB/OL]，https://www.shijiejingji.net/rediantupian/20190531/206536.html，2019-5-31。

② 自由（80 分以上）、大部分自由（70—79.9）、中等自由（60—69.9）、大多数不自由（50—59.9）、受限（低于 50 分）。

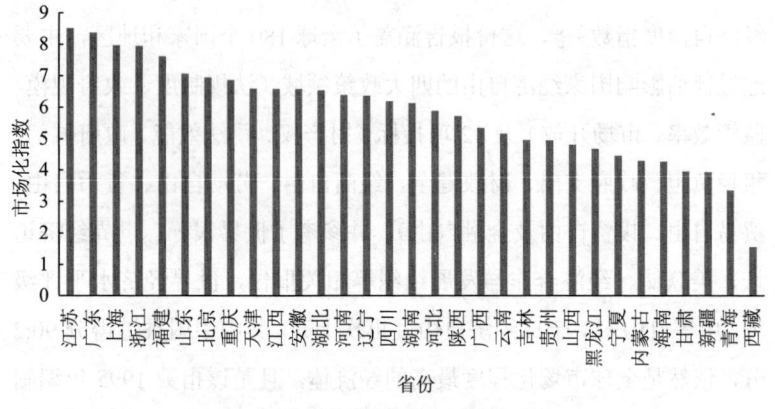

图 16-2　2019 年中国各地市场化指数

资料来源：王小鲁、樊纲、胡李鹏：《中国分省份市场化指数报告（2021）》，北京：社会科学文献出版社 2021 年版，第 224—225 页。

二、推进财税体制改革

2000—2022 年，中国的一般公共预算收入增长速度远高于国内生产总值增长速度（见图 16-3）。近几年，中央政府在减轻企业负担方面做了大量工作，比如出台了一系列针对小微企业的税收优惠政策，以"营改增"为代表的结构性减税措施等等，使得从 2012 年开始中国的一般公共预算收入增长速度呈现下降趋势，直至 2015 年，一般公共预算收入增长速度才低于国内生产总值增长速度。中国国民收入中政府、企业和居民三者，政府收入分配的比重过高，其背后是企业的税负成本高。2022 年中国一般公共预算收入为 20.37 万亿元，比上年增长 0.6%，其中税收收入为 16.66 万亿元，比上年减少 3.5%。2022 年中国企业和居民主要负担的几项税收占到税收收入的 76.16%，其中企业所得税 43690.4 亿元、增值税 48716.8 亿元、国内消费税 16698.8 亿元、个人所得税 14922.8 亿元、关 2860.3 亿元。

所以，要使企业真正减轻负担，使居民税后收入增加，从而刺激投资、提高消费，需要尽早选择企业所得税、增值税、国内消费税、个人所得税等主要税种，全面大幅下调税率。因此，供给侧结构性改革就是要对财税体制进行改革，加大税收减免优惠力度，为中小微企业、科技型企业松绑减负；对重点产业领域企业的发展加大财政资金扶持力度；放松金融管制，缓解企业融资难问题。此外，还应规范非税收入，进一步理顺政府间收入划分，改进转移支付制度。

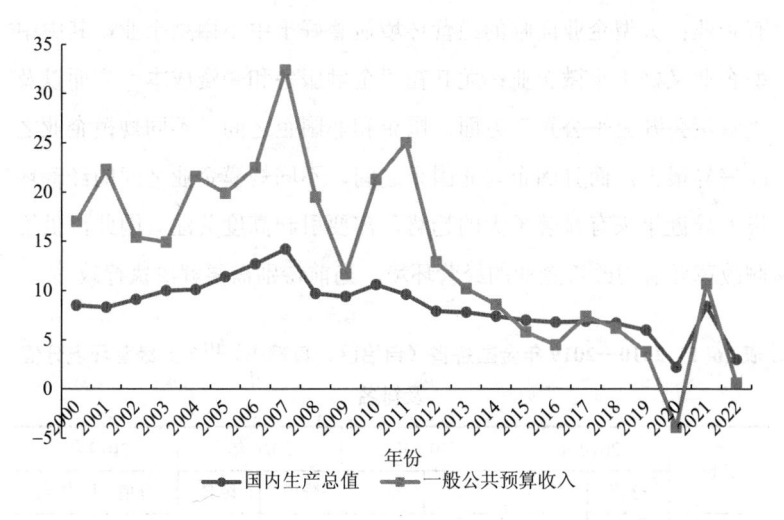

图 16-3　2000—2022 年中国一般公共预算收入增速和国内生产总值增速（%）

资料来源：《中国统计摘要 2023》。

三、优化企业经营环境

企业是国民经济的基础，良好的企业经营环境是企业顺利发展的先决条件。王小鲁、樊纲、胡李鹏（2020）对全国各省（自治区、直辖市）的企业经营环境总体状况和各方面状况进行了量化的评价和比较，分析发现，近些年来中国各省（自治区、直辖市）的企业经营环境总体评分大体呈波动上升趋势，其中 2008 年之后出现了下降，而 2012 年之后有明显上升，总体而言发生了积极的变化。2012—2019 年，全国各省（自治区、直辖市）的企业经营环境都有不同程度的改善，其中，中部地区省份改善幅度相对较大，东部省份的企业经营环境绝对水平仍然好于中西部和东北地区各省份（见表 16–1）。报告还指出，目前国有企业面临的经营环境显著好于非国有企业；大型企业面临的经营环境显著好于中小微型企业，其中中型企业又好于小微企业；尤其在"金融服务和融资成本"方面以及"政策公开公平公正"方面，国企和非国企之间、不同规模企业之间差异很大。而且国企与非国企之间、不同规模企业之间的经营环境差异近年来有显著扩大的趋势，需要引起高度关注。因此，供给侧改革要着力改善企业的经营环境，当前特别需要解决执行政

表 16–1　2010—2019 年全国各省（自治区、直辖市）[1]企业经营环境分值及排名

省份	2010 年 分值	2010 年 排名	2012 年 分值	2012 年 排名	2016 年 分值	2016 年 排名	2019 年 分值	2019 年 排名
北京	3.18	5	3.17	3	3.72	4	3.70	9
天津	3.21	3	3.44	1	3.71	5	3.64	15
河北	2.95	18	2.97	24	3.54	18	3.59	20
山西	2.96	17	2.94	26	3.33	29	3.53	26
内蒙古	2.91	22	3.01	17	3.38	27	3.49	27
辽宁	3.01	12	3.05	13	3.55	17	3.66	14
吉林	2.94	19	3.11	8	3.58	15	3.56	23
黑龙江	2.93	20	3.11	7	3.60	13	3.57	22

续表

省份	2010年 分值	2010年 排名	2012年 分值	2012年 排名	2016年 分值	2016年 排名	2019年 分值	2019年 排名
上海	3.33	1	3.25	2	3.92	1	3.88	1
江苏	3.23	2	3.14	5	3.66	9	3.87	2
浙江	3.19	4	3.15	4	3.84	2	3.79	5
安徽	3.09	6	3.04	16	3.61	12	3.67	13
福建	3.05	9	3.06	12	3.71	6	3.80	4
江西	2.97	16	2.94	25	3.59	14	3.70	10
山东	3.05	10	3.07	10	3.63	11	3.75	7
河南	3.06	7	3.05	14	3.49	20	3.63	16
湖北	3.00	14	3.01	19	3.67	8	3.71	8
湖南	2.91	21	2.98	22	3.57	16	3.60	19
广东	3.05	8	3.07	11	3.64	10	3.83	3
广西	2.87	25	3.09	9	3.68	7	3.69	12
海南	2.88	23	3.01	18	3.47	23	3.47	28
重庆	3.03	11	3.12	6	3.74	3	3.75	6
四川	3.00	13	3.05	15	3.44	24	3.70	11
贵州	2.83	28	2.99	21	3.49	21	3.57	21
云南	2.98	15	2.86	27	3.38	28	3.63	17
陕西	2.86	27	3.01	20	3.53	19	3.61	18
甘肃	2.88	24	2.84	28	3.39	26	3.56	24
青海	—	—	—	—	3.32	30	3.42	30
宁夏	2.86	26	2.98	23	3.48	22	3.54	25
新疆	2.76	29	2.80	29	3.32	31	3.45	29
西藏	—	—	—	—	3.42	25	3.17	31

注：[1]西藏和青海部分年份数据缺失。

资料来源：王小鲁、樊纲、胡李鹏：《中国分省企业经营环境指数2020年报告》，北京：社会科学文献出版社2020年版，第2—5页。

策对各类不同企业一碗水端平的问题，形成各类企业公平竞争的政策环境和市场环境。从根本上优化企业发展的制度环境，降低企业发展的非生产性成本，用制度来约束地方政府的投资冲动，使企业真正成为市场活动和投资决策的主体。

四、建设"小而精"政府

对于政府而言，供给侧改革主要是创新制度供给，打破行政垄断。一方面，针对金融、电信、能源、交通、教育、医疗卫生等诸多领域存在对民营企业开放程度低、价格管制等问题，通过放松管制、降低准入门槛，吸引民间资本进入，激发市场活力。另一方面，鼓励资金向优化结构方向投资，增加服务类的供给，矫正经济结构扭曲，提高经济运行效率。与此同时，抑制地方政府投资冲动，减少政府对微观经济活动的干预，强化其社会管理和公共服务职能，创新政府管理和公共服务提供方式，打造"小而精"政府。

五、增强市场主体的法治意识

推进依法治国，培育和提高法律至上、法律神圣的意识，使宪法和法律真正成为一切国家机关、企事业单位、各社会团体共同遵循的根本活动准则，促进法治思想与社会主义市场经济发展同步，甚至适度超前。完善法律制度，推进依法行政，创新社会治理方式，提升预防化解社会矛盾的水平；提高经济主体维护自身合法权益的意识，保障社会主义市场经济活动的公平、公正、公开（安树伟，刘晓蓉，2010）。在供给侧改革背景下，还要增强作为市场主体的企业和创业者的法治意识。

参考文献

安树伟，刘晓蓉.区域政策手段比较及我国区域政策手段完善方向[J].江淮论坛，2010（3）：36–40.

陈书荣，陈宇."两种产权一个市场"：供给侧改革的重点[J].南方国土资源，2016（9）：21–24.

樊纲，郭万达等.中国城市化和特大城市问题再思考[M].北京：中国经济出版社，2017：103–108.

付雅梅.供给侧改革对经济增长质量的影响机制研究[D].西安：西北大学，2019.

高见，邬晓霞.山西资源型经济转型突破发展的支持政策研究[J].经济问题，2018（9）：17–21.

刘世锦.供给侧改革重点：打通要素流动通道[N].经济参考报，2015–12–10（008）.

裴广一，黄光于.高质量发展视野下供给侧结构性改革：问题与对策[J].宁夏社会科学，2018（4）：38–45.

任保平.供给侧改革是高质量发展的主线和抓手[N].经济参考报，2019–8–21（005）.

邵宇.创新：供给侧改革与高质量发展的统一[J].清华金融评论，2019（9）：63–64.

孙久文."一带一路"战略与加快区域经济发展[J].开发研究，2017（1）：1–5.

王小鲁，樊纲，胡李鹏.中国分省份市场化指数报告（2021）[M].北京：社会科学文献出版社，2021：224–225.

王小鲁，樊纲，胡李鹏.中国分省企业经营环境指数2020年报告[M].北京：社会科学文献出版社，2020：2–5.

周跃辉.以供给侧结构性改革引领中国经济高质量发展[N].辽宁日报，2017–12–26（005）.

第十七章　资源环境约束下的区域发展新空间

　　中国国土面积辽阔，区域之间差异较大，存在明显的经济增长异质性。1978年改革开放以来，东部沿海地区在国家大量资本投资、政策倾斜下保持了经济的高速增长，尤其是广东、浙江、北京和上海的增长幅度更为明显，经济活动形成了向京津冀、长三角、珠三角三大城市群的集聚趋势。东部沿海区域经济持续高速增长，综合实力显著增强，成为中国经济最具活力的地区。经济的迅猛发展，以及与之伴随的人口增加、城镇化进程加速，也给地区资源环境带来了巨大压力，由此产生的水资源短缺、工业污染、生态环境恶化等一系列问题日益加剧，经济发展与人口、资源、环境之间的矛盾日益突出，已严重影响到经济社会可持续发展，甚至威胁到人民健康生活。近年来，东部沿海地区在全国国内生产总值中的比重有所下降，发展后劲亟待增强。在发展仍为第一要务的背景下，寻找经济韧性好、潜力足、回旋余地大、资源环境保障能力强的区域发展新空间，减轻第一代区域发展空间的资源和生态环境等压力，为经济发展注入新的经济活力和经济动能，促进中国经济持续稳定发展，是正确处理发展与资源环境关系、实现经济持续平稳增长的重大课题。

第一节 文献综述

中国幅员辽阔、人口众多，各地区自然资源禀赋差别之大在世界上是少有的，统筹区域发展从来就是一个重大问题（习近平，2019）。实施区域发展战略，构建全面开发开放格局，是实现区域协调发展的重要举措。"十一五"以来，中国区域协调发展战略实施效果逐步显现，已经进入一个新的阶段。拓展区域发展新空间，是进一步丰富和完善区域发展战略、形成全面开放新格局、实现区域协调发展的重要举措。资源、环境是经济社会的基础，一个区域的经济发展水平与其资源的开发利用程度及其潜力有着密切的关系。目前，以资源环境消耗为代价推动经济增长是不容忽视的问题，资源的有限性是制约经济增长与社会进步的重要约束因素之一。因此，学术界对资源环境约束与区域协调发展进行了大量研究，研究内容可以概括为如下两个方面。

一、资源环境约束与区域协调发展的关系

关于资源环境约束与区域协调发展的关系，普遍认为能源资源供给约束将对未来中国经济的发展空间有重要影响（石敏俊，周晟吕，李娜等，2014）。随着国内投资和经济的快速增长，资源性产品的需求激增，进而导致自然资源相对短缺的东部沿海地区企业利润迅速下降，但这也为自然资源较为富裕的中西部地区带来了良好机遇（王昆，黎晓，2014）。在这种背景下，学术界提出用能源替代、产业转移等方式来缓解中国资源约束状况。如 Bastianoni、Pulselli

和 Pulselli（2009）通过将可再生能源与不可再生能源的替代性引入模型处理后，证明加强对可再生资源的替代投资，可以改善目前能源的消费结构。在目前国内区域发展不平衡的条件下，产业的梯度转移将有助于区域协调发展，但目前产业梯度转移的进展较为缓慢，转移的内在动力不足，效果也不明显。余利丰（2019）认为，推动经济增长模式的生态化、集约化、质量化，才能从根本上突破资源环境约束对经济增长的制约，实现国民经济的持续、健康发展。

二、资源环境约束下中国区域协调发展的空间格局

关于资源环境约束下中国区域协调发展空间格局的研究，徐盈之和吴海明（2010）在环境约束下对中国各地区的协调发展水平进行了测算，发现虽然各区域协调发展水平得到了一定的提升，但区域差异仍较为明显，东部沿海地区的协调发展水平最高，其次是中部和西部地区。这与李静和沈伟（2012）、刘瑞翔（2012）等人的研究结论基本一致。如果考虑到环境约束，中国各区域协调发展水平的综合效率仍比较低下，且呈现出"东部地区—西部地区—中部地区"的递减态势（王昆，黎晓，2014）。周笑和王鹏飞（2019）对中国经济进入新常态前后工业发展的资源环境压力格局演化进行了测算，发现全国工业资源压力东高西低的格局进一步显著，环境压力西高东低、北高南低的空间格局弱化。在能源供应紧张和环境污染加剧的背景下，近年来学术界开始将资源环境约束纳入区域经济效率计算，以期为实现环境保护与经济增长的双赢提供依据（仇娟东，2015；邹朋飞，谢国斌，2014；王智波，钟玲，2014）。

当前，学术界对资源环境约束对区域协调发展产生的影响已基本达成共识，也进行了诸多实证分析与评价，而对于拓展区域发展

新空间中资源环境约束的具体表现、如何在资源环境约束背景下实现区域协调发展等问题缺乏进一步的深入研究与思考。

第二节 中国经济发展的资源条件

自然资源是人类赖以生存和发展的基础，是经济社会可持续发展的保证。中国国土辽阔，资源总量大，是世界资源大国和资源性产品生产大国之一。长期以来，主要依靠本国资源开发成功地实现了发展经济的目标。随着工业化和城镇化的不断推进，资源需求持续增加，资源瓶颈问题日益凸显，资源供给缺口不断扩大。造成这一困境的原因主要有两个：一是中国多数资源人均拥有量低于世界平均水平、资源分布不均衡、资源品位低、开发难度大等造成的资源紧缺；二是中国粗放型经济发展方式导致资源开发利用量大、利用率不高、缺乏资源保护等，科学开发利用海洋资源成为缓解资源压力的一个重要途径。

一、中国经济发展的资源基础

大量采用自然资源和开发能源是工业化生产的一个重要特点，而大部分自然资源和矿物能源是不能自然再生的。[①]所以，工业化过程会受到自然资源和能源供应条件的约束，而且，其约束性将越来越强。

[①] 即使可能自然而生，但由于再生周期过于漫长，对于现实的人类活动来说也完全相当于不可再生。

（一）资源绝对数量大

中国幅员辽阔，地质条件多样，自然资源总量丰富（见表17-1）。其中国土面积占世界的 7.1%，居世界第四位；耕地面积占世界的 8.4%，森林面积占世界的 5.2%，可再生淡水资源占世界的 6.6%，石油占世界的 2.3%，天然气占世界的 3.7%，煤炭占世界的 11.0%。矿产资源丰富，品种齐全，截至 2021 年年底，全国已发现 173 种矿产。截至 2018 年年底，全国已探明储量的有 162 种，其中钨、锑、稀土、钼、钒和钛等的探明储量居世界首位，煤、铁、铅锌、铜、银、汞、锡、镍、磷灰石、石棉等的储量均居世界前列。

表 17-1　2021 年中国自然资源的资源量

资源类型	资源量
陆地面积（万平方千米）[1]	947.8
耕地（万平方千米）[2]	127.60
林地（万平方千米）[2]	283.53
草地（万平方千米）[2]	264.27
水资源总量（亿立方米）	29638.2
地表水资源总量（亿立方米）	28310.5
地下水资源总量（亿立方米）	8195.7
地表水与地下水资源重复量	6868.0
石油（亿吨）	36.89
天然气（亿立方米）	63392.67
煤炭（亿吨）	2078.85
铁矿矿石（矿石亿吨）	161.24
磷矿矿石（矿石亿吨）	37.55
钾盐（KCl 万吨）	28424.65

[1]2019 年数字。[2]2022 年数字。
资料来源：《中国统计年鉴 2022》《中国自然资源统计公报 2022》。

（二）人均资源占有量少

中国是世界人口最多的国家之一，人口密度高于世界平均水平，但与大多数发达国家如德国、韩国、意大利、日本、英国等相比，中国的人口密度还相对较低。与美国、俄罗斯、澳大利亚等国土面积大国相比，人口密度就相对较高（见表17–2）。

表17–2　2021年中国与世界主要国家国土面积和人口密度比较

国家（地区）	国土面积（万平方千米）	年中人口数（万人）	人口密度（人/平方千米）
世界	13454.3	783663	60
中国	960.0	141236	150
印度	298.0	139341	469
日本	37.8	12568	345
韩国	10.0	5174	531
新加坡	0.1	545	7692
埃及	100.2	10426	105
尼日利亚	92.4	21140	232
美国	983.2	33189	36
法国	54.9	6750	123
德国	35.8	8313	238
意大利	30.2	5907	198
俄罗斯	1709.8	14345	9
英国	24.4	6733	278
澳大利亚	774.1	2574	3

资料来源：《中国统计年鉴2022》。

按人均占有量计算,中国大多数资源均低于世界平均水平。如土地总面积居世界第四位,但人均不足 1.0 公顷,不足世界人均土地面积的 1/2;人均耕地面积约 0.1 公顷,世界人均约 0.36 公顷;人均草场资源约 0.35 公顷,世界人均为 0.76 公顷;森林面积人均 0.107 公顷,世界人均水平为 0.65 公顷;人均地表径流量不足 2300 立方米,只有世界平均值的 1/4。

(三)资源区域差异大[①]

中国地域辽阔,资源空间分布不平衡、开发历史各异,区域间资源利用差异明显。天然林多集中分布在东北和西南地区,而人口稠密、经济发达的东部平原,以及辽阔的西北地区,森林却很稀少。天然草地主要分布在大兴安岭-阴山-青藏高原东麓一线以西以北的广大地区;人工草地主要在东南部地区,与耕地和林地交错分布。中国水资源分布南多北少,而耕地的分布却是南少北多。小麦、棉花的集中产区——华北平原,耕地面积约占全国的 40.0%,而水资源只占全国的 6.0%左右。水、土资源配合欠佳的状况,进一步加剧了中国北方地区缺水的程度。

中国水能资源 70.0%分布在云南、四川、贵州和西藏,其中以长江水系为最多,其次为雅鲁藏布江水系。黄河水系和珠江水系也有较大的水能蕴藏量。目前,水能已开发利用的地区集中在长江、黄河和珠江的上游。水资源供给总量格局以地表水为主导,规模与质量呈双衰退趋势,地下水在总供水中所占比重北升南降。水资源开

[①] 这部分的基础数据来自《中华人民共和国年鉴》编辑委员会:《中华人民共和国年鉴(2005)》,北京:新华出版社 2005 年版。

发利用的空间格局表现为开发利用程度呈北高南低、波动性北显南缓、变化动向北减南增。持续的高强度开发已危及水生态环境的整体安全，人和自然争水矛盾加剧，北方地区尤其突出。东南部地区光热水土资源匹配相对较好，平原面积所占比重高，集中了全国92.0%左右的耕地和林地，是中国重要的农区和林区，生产力水平高，土地利用程度高，但人多地少、部门之间争地矛盾突出。西北地区相对人少地广，难以利用的土地面积大，土地开发较为困难，加之干旱高寒，土地生产力低，也不同程度地存在着人多地少的矛盾。

中国矿产资源分布的主要特点是地区分布不均匀。铁矿主要分布于辽宁、冀东和川西，西北地区很少；煤主要分布在华北、西北、东北和西南，其中山西、内蒙古、新疆等省（自治区）最集中，而东南沿海各省则很少。这种分布不均匀的状况，使一些矿产具有一定的集中性，如钨矿，在19个省（自治区）均有分布，储量主要集中在湘东南、赣南、粤北、闽西和桂东-桂中一带，虽有利于大规模开采，但也给运输带来了很大压力。

（四）海洋资源潜力巨大

中国是海洋大国，濒临黄海、渤海、东海和南海，已明确公布的内水和领海面积为38万平方千米，是海洋开发活动的核心区域，海底矿产资源、海洋生物资源、空间资源、港湾资源、海水资源和海洋能资源丰富。2022年，中国海洋生产总值达到94628亿元。

中国海洋矿种主要包括海滨砂矿、海滨土砂石等非金属矿，以及海滨有色金属、海滨贵金属矿等金属矿种，其中海滨砂矿拥有的矿种达65种之多，已发现的海滨砂矿几乎覆盖了黑色金属、有色金属、稀有金属和非金属等各类砂矿；中国海洋盐业生产持续增长，一直保持着世界原盐和海盐产量最大国的纪录；中国海域拥有丰富的海洋生物资源，总物种达 22561 个，已鉴定的鱼、虾、蟹、贝、藻等生物品种共有 20278 种；海水资源丰富，截至 2020 年年底全国有海水淡化工程 135 个，工程规模达 165.11 万吨/天，年利用海水作为冷却水量 1698.14 亿吨；中国海域从北到南共跨越近 40 个纬度，以及温带、亚热带、热带三个气候带，拥有总面积约为 3.87 万平方千米的 6500 多个岛屿，旅游资源具有极大发展空间；海洋能理论蕴藏量高达 6.3 亿千瓦，但受开发技术等因素的限制，目前利用得较少，未来开发利用潜力大。

二、经济增长已接近或达到资源的约束边界

目前中国对能源的开发利用已达到相当高的强度，尽管技术进步使单位产出资源消耗减少，但大量基础设施建设导致资源消耗的总体规模仍在扩大，资源支撑经济发展的能力十分有限。徐勇、张雪飞和李丽娟等（2016）以人均可利用土地资源潜力、人均可利用水资源潜力、环境胁迫度、生态制约度等关键指标对中国资源环境要素的承载约束测算，发现有近 90%的国土已处于资源环境的强约束状态。资源环境已成为中国新常态下经济发展的硬约束之一。

（一）能源消耗及开发利用持续增长

2022 年，中国能源消费总量为 54.1 亿吨标准煤，比上年增长 2.9%，消费总量居世界第一位。"十三五"期间，随着经济增长有所恢复，中国能源消费总量增速也有小幅回升，2016—2020 年，能源消费总量增速从 1.3%上升至 2.2%，明显低于 2001—2010 年年均 8.4%的增长速度，但略高于 2013—2015 年年均 2.0%的增速。为了满

足能源需求的增长，未来需要加强大规模的能源基础设施建设，以缓解能源供求矛盾。近十年间，中国矿产资源供应量增速提高了 0.5—1.0 倍，对外依存度不断提高，石油、铁矿石、铜、铝、钾盐等大宗矿产资源的国内保障程度不足 50%。

中国对能源的开发利用已达到相当高的强度。2020 年中国水电、核电、风电生产总量比 2014 年增长 61.7%，其中核电生产量增长达 176.4%；2015 年，中国成为全球光伏发电装机容量最大的国家，然而由于传统增长模式的影响，能源生产增长并不能满足能源需求的增长。2016—2021 年，中国能源供应缺口量均在 9 亿吨标准煤以上。[①]煤炭在能源消费中所占比例过大是中国能源效率低下的一个重要原因，随着能源结构优化，煤炭所占比重将逐年下降，2018 年煤炭在中国能源消费结构中的比重首次低于 60.0%，[②]但总量仍占世界煤炭消费量的一半。这些不仅增加了中国能源转型的难度，也给大气污染防治工作带来严峻挑战。以重工业化为特征的经济结构以及粗放的发展方式，给中国的绿色发展带来了根源性障碍，要在短期内扭转这种趋势难度很大。

（二）能源高强度开发，消费规模大，利用效率低

总体来看，目前中国能源利用效率低于国际先进水平 10 个百分点以上。国民经济的一些主要部门，如工业、交通、建筑及居民生

[①] 其中，2016 年为 9.55 亿吨标准煤，2017 年为 9.70 亿吨标准煤，2018 年为 9.31 亿吨标准煤，2019 年为 9.02 亿吨标准煤，2020 年为 9.10 亿吨标准煤，2021 年为 9.10 亿吨标准煤。

[②] 2022 年为 56.2%。

活，能源利用效率普遍都很低。2021年，全国重点耗能工业企业单位电石综合能耗下降5.3%；万元国内生产总值用水量为54立方米，铜、钢、烧碱、水泥等产品的单位生产综合能耗持续下降。但是，中国资源综合利用率只有35%左右，单位国内生产总值资源能源消耗远高于发达国家，单位GDP能耗相当于日本的8倍、美国的4倍。2020年，中国占全球能源消费量的26.1%，增长率位于世界第二位；单位国内生产总值能耗仍是世界平均水平的1.5倍、发达国家的3.0倍。

表17-3 "十三五"时期经济增长与能源资源投入的比较

项目	2011—2015年总量	2016—2020年总量[1]	增幅（%）
二氧化碳排放（亿吨）	413	473	14.53
能源消费（亿吨标准煤）	194.67	231	18.67
用水总量（亿立方米）	30942	32750	5.84
建设用地占地（万平方千米）	38.35	39.72	3.71
GDP（亿元）	2875715	4110195	42.93

[1] 2016—2020年总量数据为预测值。

资料来源：环境保护部环境与经济政策研究中心、全球绿色增长研究所、中国环境与发展国际合作委员会：《"十三五"中国绿色增长路线图研究报告》，2015年，第21页。

（三）利用国外资源的风险和难度不断加大

由于中国经济的持续高速增长，资源消耗量明显增长，对世界资源产品市场产生很大压力。1990年代以来，中国的能源平衡表一直表现出明显的缺口,能源对外依存度[①]持续上升。2012 年以来,能源对外依存度始终维持在 15% 以上,2021 年达到 21.2%(见表 17-4)。

表 17-4 1990—20201 年中国综合能源平衡表(单位:万吨标准煤)

项目	1990 年	2000 年	2005 年	2010 年	2015 年	2020 年	2021 年
可供消费的能源总量	96138	144234	254619	365588	429960	507479	533841
一次能源生产量	103922	138570	229037	312125	361476	407295	427115
回收能	—	3087	7452	8958	—	—	
进口量	1310	14327	26823	57671	77451	124805	124807
出口量(-)	5875	9327	11257	8803	9784	12838	13122
年初年末库存差额	-3219	-2424	2564	-4363	817	-11784	-4959
能源消费总量	98703	146964	261369	360648	429905	498314	525896

资料来源:《中国统计年鉴 2022》《中国统计摘要 2023》。

第三节 拓展中国区域发展新空间的资源约束

自然资源具有稀缺性、难以替代性、可耗竭性等特点。因此,它一方面支撑着经济发展,为经济发展提供基础物质保障;另一方面,也会对经济发展的速度、结构、方式产生制约,特别是对于依

---

① 指一个国家能源净进口量占本国能源消费量的比例。

靠大量消耗自然资源来发展经济的经济体，资源约束作用尤为突出。资源约束是指在经济社会可持续发展过程中，由于天然资源稀缺、资源供给量锐减、资源质量下降、开发利用难度提高以及国家资源禀赋变化所引起的资源匮乏和资源相对不足，对经济发展形成制约的过程和现象。根据资源约束对经济发展制约程度的不同，一般将资源约束分为资源结构型约束和资源存量型约束（陆莉莉，2014）。[①]因此，深入分析中国当前资源约束的实质，盘活资源存量，优化资源配置，是解决当前资源约束与经济发展的根本路径。

一、资源丰富与短缺的相对性

首先，资源的丰富或缺乏是相对于一定的产品结构和技术路线而言的，只有生产需要的资源才会出现"短缺"，而在生产路线选择时，总是倾向于选择使用储量丰富且获取、加工成本低的资源，而避免使用储量稀少、获取和加工成本高的资源。因而从这一意义上讲，真正会发生"短缺"的资源通常是自然界储量丰富的资源（中国社会科学院工业经济研究所，2005）。例如，石油、煤炭、水都是地球上储量多的资源，这也恰恰是最容易发生全局性短缺危机的资源。2020 年，全国 283 个地级及以上城市中，超过 2/3 的城市不同程度缺水。其中，72 个城市轻度缺水、58 个城市重度缺水、78 个城市极度缺水，其中沿海城市的水资源供需矛盾尤为突出，部分地区

---

① 资源结构型约束是指在资源开发过程中，受开发技术、经济条件的限制，无法将潜在资源完全转化为现实资源，发挥地区资源禀赋优势；资源存量型约束则是指经济发展所依赖的资源特别是不可再生资源已经接近其存储的生态红线，由于资源数量的有限性，资源存量约束对经济发展的制约在短期内是无法扭转的。但若能及时处理好资源供求失衡问题，资源的结构约束对经济发展的负面影响将有可能消除。

地下水超采严重。[①]另一方面,能源利用结构与资源禀赋结构的矛盾也是当前资源短缺的主要原因。中国的工业增长遵循西方的工业技术路线,其动力主要是中国储量并不丰富的石油,而不是比较丰富的煤炭,所以中国工业增长的资源约束本质上是西方技术路线同中国自然资源禀赋之间的差异。

中国很多重要资源或者资源性产品的价格是政府行政干预和企业垄断同时存在,使得资源价格远远低于市场价格,从而造成能源的过度消费和低效率利用。土地征地补偿价格过低,刺激了城市的盲目扩张,同时侵害了农民权益。在国际市场上,中国产品的国际低价优势其实是资源环境国内低成本优势的显现(薛惠锋、卢亚丽、王佳,2008)。

二、资源数量与质量的双重约束

自然资源对经济增长的约束体现为"缺一不可"和"过犹不及"两个方面,又分别称为数量约束和质量约束。其中,数量约束即为一般意义上的约束,即由于自然资源的短缺,资源供应不及时、不持续、不经济,影响经济发展的规模和速度;而资源禀赋也会造成经济增长要素的吸引和控制,限制经济发展模式的选择范围,使经济发展陷入路径依赖,甚至"资源诅咒"的怪圈,这种约束即为资源的质量约束。中国经济发展中的自然资源约束问题最显著特征就是数量约束与质量约束并存。

[①] 根据《中国城市统计年鉴2021》中人口与水资源总量计算人均水资源量后,按照"人均水资源量低于3000立方米为轻度缺水、500—1000立方米的为重度缺水、低于500立方米的为极度缺水"的国际缺水标准计算得到。

中国大部分资源禀赋并不优越。中国石油、天然气、铁矿石、铝土矿、铜、淡水等战略性资源人均占有量分别只有世界平均水平的 7%、7%、17%、11%、17%、38%，即使是中国最丰富的煤炭资源，人均占有量也只有世界平均水平的 67%，整体上人均资源相对不足（肖金成，董红燕，李瑞鹏，2021）。随着经济的快速增长，对能源和重要资源的需求量明显增加，价格大幅上涨，重要能源资源对外依存度持续上升，能源资源短缺对经济发展的制约进一步加剧。虽然中国经济在总体上面临着自然资源数量不足的约束，但在区域层面上，多数省份丰裕的自然资源并未成为经济发展的有利条件，反而制约了经济增长。如近年来国内相当一部分资源型城市和老工业基地经济增长缓慢、失业人口众多、矿山环境持续恶化（安树伟，张双悦，2019）。

三、资源分布与经济活动匹配度不高

中国资源分布相对集中，但与经济布局特别是工业布局并不匹配。资源集中带主要分布于经济相对落后的区域，而经济发展程度较高、资源耗费量较高的区域，资源储量相对较少，因此就产生了"北煤南运""西电东送""西气（油）东输""南磷北调""南水北调"等跨区域调配现象，受运力等影响，东部发达地区的资源保障受到一定的影响。例如，从中国主要能源消费中心看，长三角、珠三角、环渤海、海峡西岸、长江中游、北部湾地区均属于能源净调入区，随着中国经济社会进一步发展，这些地区的能源供应缺口还将日益扩大，同时哈（尔滨）长（春）地区、中原地区、关中平原、成渝地区也将逐步转变为能源净调入区（刘金朋，2013）。

水资源的自然分布以长江为界南多北少，南北方向上与土地资

源利用布局错位,并且错位趋势不断增强。能源资源空间布局具有明显的双重不平衡性,即能源富集区与生态脆弱区的空间重叠性,与经济消费中心的空间错位性。中国西部地区虽然资源丰富,生态环境却很脆弱,环境再生与自净能力差。中国西高东低的地势与季风气候也容易将西部环境破坏的不利影响扩散到东部地区,造成西部经济发展面临着资源开发与环境保护以及西部破坏殃及东部的困境。

第四节 拓展中国区域发展新空间的环境约束

随着中国工业化进程的不断推进,生态环境压力日益加大,严重的环境问题已经成为制约中国经济和社会健康发展的重要因素。而"胡焕庸线"导致的"半壁压强型"[①]特征下的人口密度、能源消耗空间密度,再加上"压缩饼干式"[②]和粗放式外延型发展阶段中,超常规的高峰期密度提升系数,导致过去经济发展迅速的高压力区与粗放型发展高压力阶段叠加而成的环境矛盾更加凸显。尤其是经济增长最迅速的京津冀、长三角、珠三角三大区域,环境负荷已接

---

① 形容资源环境压力空间分布的极度不均衡。我国近 95%的人口聚居于仅占 42%左右国土的"黑河-腾冲线"(亦称"胡焕庸线")之东南方,这使得能源消耗、环境污染压力主要集中在东南半壁。

② 指用强制力量在最短的时间内压缩出区域未来一段时间内的潜力,以达到短时间创造高效益的目的。

近或达到承载力的上限,环境约束显著增强,严重制约着经济发展,也对公众健康和生态安全构成了巨大威胁。

一、大气污染种类多样且区域差异显著

大气环境是人类赖以生存的宝贵资源。然而,随着现代工业的迅速发展,灰霾、臭氧、酸雨等复合型、区域型大气污染问题交织呈现,给环境带来了越来越大的压力。2022年,全国339个地级及以上城市中,213个城市环境空气质量超标,占城市总量的62.8%。

中国大气污染物种类繁多,其中包括有悬浮颗粒物、降尘、可吸入颗粒物、二氧化硫、氮氧化物、汞、铅、氟化物、臭氧和苯类有机物等。颗粒物质是大气污染物中数量最大、成分复杂、性质多样以及危害极大的一种。近些年来随着工业的发展,机动车数量的猛增,污染物排放和城市悬浮颗粒物大量增加,尤其在秋冬季节,灰霾污染事件频发。京津冀、长三角、珠三角、成渝地区并称为中

表17-5 2022年全国及空气质量评价区域主要大气污染物浓度

区域	PM2.5（微克/立方米）	PM10（微克/立方米）	臭氧（微克/立方米）	二氧化硫（微克/立方米）	二氧化氮（微克/立方米）	一氧化碳（毫克/立方米）
全国	29	51	145	9	21	1.1
京津冀及周边	44	76	179	10	29	1.3
长三角	31	52	162	7	24	0.9
汾渭平原	46	79	167		31	1.3

资料来源:根据《2022中国生态环境状况公报》整理。

国"四大雾霾带"。2022 年，以 PM2.5、臭氧 PM10 和二氧化氮为首要污染物的超标天数分别占总超标天数的 36.9%、47.9%、15.2% 和 0.1%。

中国大气污染也呈现出显著的区域性特点。首先，从各区域的主要污染物来看，北方区域大气污染物以 PM10 及 PM2.5 为主；西北部城市表现为自然来源的粉尘污染；西南部城市由于山川较多并且植被茂盛，粉尘污染较少，该地区的煤炭中含硫量较高，导致贵州、云南和广西等地的大中型城市中二氧化硫含量超标，四川和重庆人口众多且地处盆地，大气污染扩散条件不好，PM2.5 极易超标。

其次，城市群由于集聚了更大规模的人口和经济活动，成为环境污染的重点区域。尤其经济发达、人口集中的京津冀、长三角、珠三角地区，大气污染不再局限于单个城市内，城市间大气污染变化过程呈现明显的同步性，区域性污染特征十分显著。近年来，京津冀、长三角城市群每年空气质量平均超标天数均高于全国平均水平。尤其京津冀污染最为严重，中国空气质量后十位城市排名中几乎有一半以上来自于京津冀及周边区域（见表 17-6）。其中臭氧已经成为三大城市群的首要污染要素，近地面臭氧浓度达到一定阈值时，会对人体健康造成不利的影响，引发或恶化支气管炎、肺气肿和哮喘，甚至导致死亡率上升。酸雨也是中国普遍性的污染问题，主要分布在长江以南-云贵高原以东地区，主要包括浙江、上海的大部分地区、福建北部、江西中部、湖南中东部、广东中部和重庆南部。

第三，大气污染程度与区域经济发展水平呈现一定空间相关性。胡炳清、覃丽萍和柴发合等（2013）通过对中国省级区域绝对大气环境压力指数（RAEPI）和工业行业绝对大气环境压力指数（IAEPI）的分析，发现二者均存在明显的空间、地域性差异，表现为以上海、

表 17–6　2015—2022 年全国空气质量后十位城市

年份	城市
2015	保定、邢台、衡水、唐山、郑州、济南、邯郸、石家庄、廊坊、沈阳
2016	衡水、石家庄、保定、邢台、邯郸、唐山、郑州、西安、济南、太原
2017	石家庄、邯郸、邢台、保定、唐山、太原、西安、衡水、郑州、济南
2018	临汾、石家庄、邢台、唐山、邯郸、安阳、太原、保定、咸阳、晋城
2019	安阳、邢台、石家庄、邯郸、临汾、唐山、太原、淄博、焦作、晋城
2020	安阳、石家庄、太原、唐山、邯郸、临汾、淄博、邢台、鹤壁、焦作
2021	临汾、太原、鹤壁、安阳、新乡、淄博、咸阳、唐山、阳泉、渭南
2022	阳泉、太原、新乡、驻马店、安阳、鹤壁、荆州、咸阳、渭南

资料来源：根据 2015—2020 年《中国生态环境状况公报》、生态环境部通报 2021 年及 2022 年全国环境空气质量状况整理。

天津为南北两个大气环境压力中心，向南、北和西三个方向逐渐降低；工业仍是造成中国大气环境压力的主要因素；大气环境压力与区域经济发展水平有较高的关联性，以京津冀和长三角为代表的大气环境压力较高的东部沿海地带，需进一步协调经济发展与大气环境保护之间的关系。

二、水资源缺乏和水质污染并存

2021 年，中国水资源总量为 29520 亿立方米。虽然水资源总量大，但由于人口众多，人均水资源拥有量仅为 2090 立方米，人均水资源拥有量与人们日益增加的用水需求之间的矛盾日益加深；且水资源分布不平衡，导致中国约 1/4 的省份面临严重缺水问题，是全球水资源贫乏的主要国家之一。按照目前的经济增速和用水强度，中国将在 2028 年进入较严重缺水状态（牛方曲，孙东琪，2019）。

中国人均水资源区域分布与地区经济发展水平成反比，经济发达的京津冀人均水资源较少，而在经济欠发达的西南地区，人均水资源均超过了全国平均水平。华北地区由于季风气候降水集中，雨季短、径流量小，工农业发达，用水多，是中国水资源最短缺的区域。而京津冀已成为中国乃至全世界人类活动对水循环扰动强度最大、水资源承载压力最大、水资源安全保障难度最大的地区之一。2021年宁夏、上海、北京人均水资源拥有量分别为128.6立方米/人、216.6立方米/人、280.0立方米/人，远低于全国平均水平；而人均水资源前三名的西藏、青海、内蒙古分别为120461.7立方米/人、14190.4立方米/人、3926.3立方米/人（见表17–7）。

表17–7 2021年全国人均水资源拥有量前五位和后五位的省（自治区、直辖市）

前五位省（自治区、直辖市）	人均水资源拥有量（立方米/人）	后五位省（自治区、直辖市）	人均水资源拥有量（立方米/人）
西藏	120461.7	宁夏	128.6
青海	14190.4	上海	216.6
内蒙古	3926.3	北京	280.0
黑龙江	3800.2	天津	288.4
云南	3433.5	河北	505.1

资料来源：根据《中国统计年鉴2021》整理。

经济发展造成对水资源的过度开发利用，使诸多河道、河口及地下水位处的生态问题频现，并在短期内难以修复。而且，由于城镇建设和经济社会发展中的污染物任意排放，无论是地表水还是地下水，都受到了不同程度的污染，水体和水质的恶化直接影响了区域的整体用水工程。2022年,全国地表水监测的3692个国控断面中,劣Ⅴ类比例占0.7%;1890个国家地下水环境质量考核点位中,Ⅴ类占22.4%。就流域来看,长江流域、珠江流域、浙闽片河流、西北诸河和西南诸河水质为优,黄河流域、淮河流域及辽河流域水质良好,松花江流域和海河流域为轻度污染。京津冀地区内的河流、大中型水库受污染严重,平原地区的地下水井检测水质符合生活用水标准的比例较小,有一部分已经不能满足农业灌溉的用水标准。同样,长三角和珠三角区域也面临严峻的水质污染问题。城镇化的快速进程使得生态保护用地不断被占用,水生态健康状态堪忧,生态服务功能逐年下降。长三角地区太湖流域、长江下游段、钱塘江某些河段等水体都受到了不同程度的污染,以太湖最为严重(韩龙飞,许有鹏,杨柳等,2015)。上海、苏(州)(无)锡常(州)地区、杭(州)嘉(兴)湖(州)地区因地下水超采,形成大面积地下水位降落漏斗,破坏了区域性地下水采补平衡,危及地下水的可持续利用。珠三角城市群部分城市不达标者居多,尤其是经济发展速度较快的广州、深圳等城市,水环境问题多年得不到改善。跨行政区域水污染问题突出,导致污染地区上下游矛盾不断。点源污染向面源污染转变,污染从城市向农村蔓延。广州等出现黑臭现象的水道及河涌的水产资源已经完全丧失,有的河段甚至出现寸草不生、大型水生动物完全灭绝的现象。

三、土壤重金属污染现状堪忧

环境污染方面所指的重金属[①]主要包括生物毒性显著的镉、铬、

---

① 重金属是指密度在4克/立方厘米或5克/立方厘米以上的元素。

铅、汞、类金属砷，以及具有毒性的镍、铜、锌、锡、钒等物质。随着中国工业化和城镇化的快速发展，越来越多的重金属污染物通过大气沉降、污水灌溉、化肥施用、废弃物倾倒等途径进入耕地土壤中。由于重金属在土壤中移动性差、滞留时间长、不能被微生物降解，中国部分农田重金属累积甚至超标。同时，重金属可通过溶解态和吸附态等形态，随坡面径流和侵蚀泥沙进入水体引起面源污染。耕地土壤重金属污染不仅直接影响食品安全和人体健康，而且给生态环境带来巨大威胁。据马芊红、张光辉和耿韧等（2017）的研究，中国东部水蚀区综合污染指数均值为 0.63 ± 0.56，接近警戒线水平，长江以南地区的坡耕地重金属污染程度显著高于长江以北地区。南方山地丘陵区是六个二级分区中污染最严重的区域，五个轻污染或中污染水平的采样点均位于该区。

第五节　资源环境约束下中国区域发展新空间的发展导向

为了有效解决处于不同发展阶段区域发展空间所面临的问题，应坚持分类指导原则，针对不同区域的资源环境条件、发展阶段、发展特点明确不同的发展导向。

一、推动第一代区域发展空间实现高质量发展

京津冀、长三角、珠三角是中国经济发展的重心所在，也是环境矛盾最凸显、公众环保需求最强烈的地区，需要进一步转变发展

方式、优化经济结构、转换增长动力,从而转换新动能,打造成为引领中国经济高质量发展的动力源。

首先,按照生态宜居的基本要求,严格将工业规模控制在资源、环境承载能力范围之内,把工业发展的重点转变为进一步提高工业技术水平,提高工业生产效率,走出一条兼顾规模效率、技术效率和资源节约效率的内涵型工业发展之路。其次,充分利用其雄厚的工业基础、先进的工业技术和相对充足的人才储备等条件,积极引进国外先进技术,强化自主创新能力,进一步加大用高新技术和先进技术改造传统工业的力度(杜传忠,郑丽,2009)。再次,推动城市产业转型,实现产业发展与城市建设相融合,以产业转型升级促进新型城镇化发展。加快发展科技含量高、资源利用率高、无污染、少污染的产业,促进地区产业绿色转型和经济快速发展,走集约、高效、节能、生态的新型城镇化道路。第四,提高城市-区域治理水平,实现城市群高效联动发展,推进跨行政区域共建共享机制建设,探索区域生态文明与经济社会发展相得益彰的新路径。以城市为单元,加快转变超大特大城市发展方式,实施城市更新行动,加强城市基础设施建设,打造宜居、韧性、智慧城市。

京津冀要以打造协同创新共同体为目标,在高端装备制造、高新技术产业、精密制造、"互联网+"、现代服务业等领域形成一批具有核心自主知识产权、创新创业示范效应明显的特色产业集群,打造中国经济发展新的支撑带。以"五带"[①]为支撑优化区域布局,以

---

① 指京津走廊高新技术及生产性服务业、沿海临港产业、沿京广线先进制造业、沿京九线特色轻纺、沿张承线绿色生态五个产业带。

"五链"①为特色形成区域优势,发挥产业基础与优势,引导产业链合理布局,实现协同发展。长三角城市群在建设具有全球影响力的世界级城市群、构建适应资源环境承载能力的空间格局进程中,应将推动生态共建、环境共治放在突出位置,以建成最具经济活力的资源配置中心、具有全球影响力的科技创新高地、全球重要的现代服务业和先进制造业中心、亚太地区重要国际门户、全国新一轮改革开放排头兵、美丽中国建设示范区为目标,建设成为经济充满活力、高端人才汇聚、创新能力跃升、空间利用集约高效的世界级城市群。珠三角作为"中国制造"的主阵地,应以"制造力"+"智造力"+"质造力"作为转型升级动力,硬软结合、提质增速,实现由"世界工厂"向"智造硅谷"的转身蜕变。随着粤港澳大湾区建设的推进,珠三角城市群将以培育利益共享的产业价值链为目标,打造具有国际领先竞争力的现代产业先导区,重点培育信息技术、生物技术、高端装备、节能环保、新能源汽车等战略性新兴产业集群,共建国际一流湾区。

二、促进区域发展新空间的结构优化与功能提升

区域发展新空间涉及的大部分城市,也是石敏俊、范宪伟和逄瑞等(2016)用新资源城市指数划分的第二类城市。这类城市经济发展水平中等,但环境质量相对较好,位于中国重点开发区域。这些区域作为中国经济新增长极,近年来吸纳人口就业能力显著增强,但整体仍处于产业价值链中下游,人口集聚能力大于经济集聚能力,中心城市的辐射带动作用不强,城市群仍尚未形成功能等级与分工

---

① 指汽车、新能源装备、智能终端、大数据和现代农业五大产业链。

协作明确的区域综合经济体,产业同构情况突出,恶性竞争时有发生,资源浪费现象严重。未来,要以空间结构优化和产业升级为主,推进城市群功能提升。同时,注意保持并改善城市环境质量,增强创新能力,提升信息化、智能化水平,继续减轻经济增长对资源环境的压力。

(一)优化产业结构,提高资源利用效率

要推进信息化与工业化深度融合,突出信息技术对工业升级的引领推动作用,大力发展技术含量高、市场潜力大的高成长性制造业,加快培育先导作用突出的战略性新兴产业,打造传统支柱产业新的竞争优势,构建高质高效、开放创新、具有竞争活力的现代工业发展格局。摒弃传统发展模式,发挥产业集聚效应,强调制造业从基于廉价劳动力的低成本、高投入、高消耗、高污染、难循环、低效益、低附加值的传统发展模式,转向基于技术进步的低投入、低消耗、低污染、高效益、高产品附加值的科学发展模式,由单纯追求 GDP 的增长逐步转向追求可持续性、绿色发展和社会公平的新模式。

(二)加强区域合作,提高城市群整体效能

通过强化科技创新和文化引领,促进高端要素聚集,优化提升中心城市的辐射带动能力,推进组团式发展,加快建设以中心城市为核心、外围组团为支撑、小城镇为节点的发展新格局,形成高效率、高品质的组合型城市群区域。结合城市产业发展基础,从区域协作的角度进行科学的功能定位,强化城市群内各城市产业定位和分工协作,支持符合本城市产业定位的企业进行跨行政区域的兼并或联合，通过产业分工与合作整合区域资源，提升城市群整体效能。

（三）推进资源城市转型，实现经济发展与环境保护双赢

区域发展新空间内资源城市产业发展，根据资源城市的发展阶段分类指导、特色发展。成长型城市要加强资源的综合利用和精深加工，拉长发展链条，及早培育接续替代产业，确保在资源枯竭之前将接续替代产业发展为支柱产业；成熟型城市要调整单一类型的产业结构，大力发展资源精深加工和新的接续产业，扶持共生、伴生资源综合开发利用和废弃物资源化，支持资源的综合利用，积极延伸产业链条，加快培育龙头企业和产业集群，完善城市功能，提高城镇化质量；衰退型城市要抓紧研究接续产业发展问题，建立资源开发补偿机制和衰退产业援助机制，使资源型城市在资源开采过程中所付出的资源代价和环境代价以及基础设施历史欠账得到应有的补偿，保障资源枯竭企业平稳退出和社会安定等，加快生态文明建设；再生型城市应以绿色发展为抓手，发展低碳经济和循环经济，实现高质量发展。通过技术创新、制度创新、产业转型、新能源开发等多种手段，尽可能地减少煤炭、石油等高碳能源消耗，减少温室气体排放，由主要偏重于产量增加和物质财富增长向资源持续利用和生态环境保护的低碳绿色经济发展模式转型，大力推进新型工业化和新型城镇化，建设绿色产业基地，完善城市功能，提高城市品位，向区域性中心城市迈进（安树伟，张双悦，2019）。

三、促进潜在区域发展新空间的加快发展

潜在区域发展新空间科技创新能力不足，缺乏技术和资本优势，丰富的资源优势没有形成产业优势；资源和市场的同质竞争激烈，

恶性竞争时有发生；粗放型发展造成的环境污染和破坏，使区域环境受到影响。近期要完善基础设施建设，推进市场化进程，发展优势产业，积蓄能量，为2035年之后的快速发展奠定基础。

（一）加快完善基础设施，增强综合保障能力

推进城市群的交通、能源、信息等重大基础设施建设，促进基础设施互联互通，切实增强城市群发展的综合保障和支撑能力。一是加快建设高效便捷的城市群综合交通运输网络。推进城市群交通一体化，完善城市群内部的交通基础设施，促进各种交通设施的互联互通，加快实现交通网络无缝对接、高效便捷通行。加快构建与内地和周边国家的密切联系，把沿边地区基础设施作为重点投入的产业，规划建设一批公路、铁路、民航、通信、管道和电力、水利项目，为加快形成沿边经济带奠定基础。二是在完善交通运输网的基础上，加大物流基础设施建设，重点做好物资行业信息服务与投资平台，特别是物流园区基础设施建设、优化信息及快递物流等方面的投资。三是加快构建统一的城市群信息共享平台。整合城市群的信息资源，构建覆盖通信、金融、交通、社会保障、旅游、口岸通关、教育资源等方面的统一的信息共享平台，实现国际信息基础设施互联互通。

（二）强化资源环境保护力度

潜在区域发展新空间在工业发展过程中，由于技术水平相对较低，生态环境保护能力相对较弱，在工业发展中进一步降低工业污染的排放量，减少能源、资源的过度消耗，显得更为必要和迫切。要根据不同地区的资源条件、环境承载力以及发展优势，赋予不同

的发展定位。要按照建设资源节约、环境友好、生态优良的生态经济区的要求,加大对重点生态公益林和自然保护区、湿地生态系统的保护、建设和管理力度。

(三)加大研发投入,壮大地方主导产业

发展壮大主导产业,需要把握智能化、绿色化、可持续化的产业发展趋势,客观分析区位条件、资源禀赋、传统产业等区域内部要素,科学评价国家产业政策、市场需求结构变化、区际产业分工及联系等外部环境(渠立权,骆华松,陈建波,2015)。壮大地方主导产业,要在充分利用和挖掘现有工业生产能力及潜力的基础上,适度扩大工业生产规模,提高工业规模效率。培育主导产业,不仅需要培育产业集聚环境,还要积极开拓外部市场(杜传忠,郑丽,2009)。

(四)深化开放合作,打造国际经济合作新高地

充分利用区位优势,实施开放带动战略,全面深化开放合作,切实提高开放型经济水平。主动参与"一带一路"、中国-东盟自由贸易区升级版等建设,加强产业合作,依托对外开放合作平台,借助区位和港口优势,形成以临海重化工、出口加工、转口贸易、滨海旅游为主体的外向型综合产业基地。加强与各国在海洋经济、能源、金融、旅游、现代农业等方面的产业合作,加快打造国际产能合作基地,加大承接产业转移的力度,推动产业规模扩大和转型升级。

四、科学开发利用蓝色海洋空间

中国大陆沿岸和海岛附近海洋能储量丰富、品位高，开发潜力巨大，是未来可再生能源开发的重点区域。科学开发利用海洋资源、开发"蓝色国土"，发展海洋经济，对扩大生存和发展空间、缓解资源特别是能源压力和培育新的经济增长点等具有重要作用。应加大陆海资源统筹开发力度，推动海洋产业结构优化升级，提升海洋新兴产业地位，培育海洋经济发展新动能，强化海洋生态修复与保护，多角度拓展海洋发展空间。

（一）统筹陆海资源开发，挖掘海洋资源开发潜力

加快海洋能矿资源开发进程，加快海洋油气资源勘探与开发，逐步推进海洋油气资源开发由近岸浅海向远海深水转移；科学开发海上风能、潮汐能等可再生能源；开展天然气水合物调查评价和关键技术研究；加快深海特别是专属经济区和大陆架的矿产资源勘探开发步伐，积极参与国际海域矿产资源调查评价；挖掘海洋生物资源潜力，建设"海上粮仓"；严格控制近海捕捞强度，推动海水养殖业加快发展，加快海洋农牧化发展进程（曹忠祥，宋建军，刘保奎等，2014）。

（二）推动海洋产业升级和经济结构优化，提高海洋经济的发展质量和效益

优化提升海洋渔业、海洋交通运输、海洋船舶等传统海洋产业，集约高效发展临海石化、能源等高端临海产业。培育壮大海洋装备制造业、海洋药物和生物制品业、海水利用业、海洋可再生能源业

等新兴产业，拓展提升海洋旅游、航运服务业、海洋文化产业、涉海金融服务业、海洋公共服务业等海洋服务业，加快形成海洋经济新业态和新模式。

（三）加强海洋资源环境的保护与修复

将海洋岸线保护、重点海域海洋生态环境治理与修复，以及海洋生物资源可再生能力恢复作为重点任务，加快开展污染物排海状况及重点海域环境容量评估，提出重点海域污染物总量控制目标，确定氮、磷、营养物质的污染物控制要求，推动海域污染防治与流域及沿海地区污染防治工作的协调与衔接。以海岸带作为保护重点，着力推动河口、海湾和浅滩等生态环境敏感区的生态保护、修复与综合治理，建立和完善海洋保护区网络体系，加强海洋关键生态系统和功能服务区的保护。加快海洋功能区划、海洋生态红线、围填海总量控制、海洋产业用海规模控制、海洋经济评价等制度体系建设，完善海洋资源利用和海洋环境标准体系，不断强化海洋生态环境保护的制度和法律基础，以高标准、高要求促进形成海洋经济转型发展倒逼机制，推动海洋经济绿色低碳循环发展（曹忠祥，宋建军，刘保奎等，2014）。

第六节　资源环境约束下拓展中国区域发展新空间的对策

制度、技术是影响资源环境的主要因素，通过制度调整、技术创新能够提高资源利用效率，因此可以从制度和技术角度寻找有效对策，弱化资源、环境对拓展区域发展新空间的约束。一方面，要完善资源高效利用制度，通过科学理念指引制度设计，以制度规范和引导行动，以科学合理的管理促进生产力系统持续高效率运转，是保证资源有效配置、减轻环境压力的有效途径。另一方面，要迅速提升技术创新支撑能力。要从根本上节能减排、治理环境，中国必须进行技术赶超，提升自己在全球价值链中的位置。通过技术创新促进传统产业升级，发展新能源、新产业，延长和拓宽生产技术链，提高资源利用效率，减少生产过程的资源、能源消耗和污染排放，形成新型、先进的经济形态，减弱资源环境对拓展区域发展新空间的限制。

一、形成对外开放新体制，以整合利用全球资源

中国经济进入新常态，劳动力成本持续攀升，资源约束日益趋紧，环境承载能力接近上限，开放型经济传统竞争优势受到削弱。如何在经济全球化背景下，提高整合全球资源的能力和配置既有资源的效率，深度融入全球产业链，高水平推动引进来和走出去，助力中国经济质量效益、技术水平和附加价值的提升，是破解经济发展的资源瓶颈的有效途径。

对于第一代区域发展空间，应抓住新一轮科技革命和产业变革的战略机遇，通过加强创新和推进新一代信息技术与制造业深度融合，提高工业的基础能力、综合集成水平，实现制造业由大到强的转变，应对国际分工格局变化、提高国际分工地位。利用国际资源开展技术创新，增强自主创新能力，推动创新型国家建设，全面提高科技创新的国际合作水平。继续引进国际先进的技术与设备，高

度重视对引进技术的消化、吸收和再创新，在引进技术的基础上，逐步做到有所提高和创新，积极融入全球创新网络，推动开放型经济加快由要素驱动向创新驱动转变，由规模速度型向质量效益型转变，由成本、价格优势为主向以技术、标准、品牌、质量、服务为核心的综合竞争优势转变，从而实现质量变革、效率变革、动力变革。

区域发展新空间和潜在区域发展新空间应实行更加主动的开放政策，全方位扩大对内对外开放，增强促进经济增长的新动力。依托地理区位和资源禀赋优势，加大开放、创新力度，关注国际市场需求，利用自身的劳动力等要素价格优势，积极引进国际产业转移，融入全球产业分工体系，打造对外开放新门户。"一带一路"倡议为中西部地区的经济发展提供了机遇。潜在区域发展新空间多数属于内陆地区对外开放水平较高、参与全球竞争程度较深的地区。通过"一带一路"平台打开面向西北的中亚、西亚乃至欧洲的开放大门，促进本地区由对外开放的末梢变为前沿，以基础设施互联互通为重点，依托国际大通道积极打造国际经济合作走廊，进一步提升交通、通信、电网、管道等基础设施水平，增强与"一带一路"沿线经济带和城市群的连接性，扩大区域市场规模。通过亚洲基础设施投资银行、丝路基金有限责任公司落实"一带一路"倡议等，加强海外资源能源供给保障，实现优势互补和互利共赢。通过与沿线国家能源资源开发合作，鼓励重化工产业加大对矿产资源富集和基础设施建设需求较旺的沿线国家投资，实现开采、冶炼、加工一体化发展，推动上下游产业链融合，解决国内资源紧张问题。

二、构建高效区域发展新格局，有效利用现有资源

中国区域发展是不平衡的，经济新常态下不是所有地区都一定发生经济增速下降，有一些地区仍可保持经济快速甚至高速增长。在资源环境约束趋紧的情况下，盘活整合现有资源，并将有限的资源优先用于这些增长空间，发挥资源的最大效用。

首先，继续发挥城市群辐射带动作用，优化发展京津冀、长三角、珠三角三大沿海城市群，做大做强成渝、长株潭、武汉、中原、山东半岛、海峡西岸、辽中南、关中平原等城市群，引导各种生产要素适度有序集聚，通过城市群的规模效应最大限度地降低城市脆弱性，提升城市发展质量，提升城市群的可持续发展能力。东部沿海三大城市群应通过发挥核心城市的引领带动作用、培育城市群中的副中心城市、促进核心城市与外围城市协调发展、加快核心城市功能拓展区和新城建设等方式，优化城镇体系结构，使城市群具有更丰富的多样性、更强大的创造力和更持久的发展潜力，从而支撑国家和区域经济社会的持续稳定发展。中西部地区未发育成熟的城市群则应尽快形成以省会城市为中心、其他不同等级的城市为节点培育一体化城市群的经济格局，通过实现城市之间合理的发展定位和专业化分工，更深程度地发挥市场在资源配置中的决定性作用，以促进要素在地区间自由流动并实现合理空间集聚。其次，继续发挥国家级新区的增长极作用，通过新区发展辐射带动整个区域的发展。新区作为落实国家相关战略的重要组成单元，以新发展理念引领经济发展新常态，以加快突破信息通信、新能源、新材料、航空航天等领域的前沿技术为目标，发展具有引领意义的战略性新兴产业和现代服务业，着力培育区域创新驱动和持续发展新动力，从而

推进供给侧结构性改革和新区优化要素配置。最后，谋划区域发展新棋局，由东向西、由沿海向内地、沿大江大河和陆路交通干线推进梯度发展。依托长江黄金水道建设长江经济带；以海陆重点口岸为支点，形成与沿海连接的西南、中南、东北、西北等经济支撑带；推进长江三角洲区域一体化发展，深化粤港澳大湾区经济合作，加强京津冀对环渤海地区的辐射带动能力。实施差别化的区域政策推动产业转移，发展跨区域交通等重大基础设施，形成新的区域经济增长极。

三、完善资源环境市场，促进资源集约利用

自然资源和环境领域是最容易出现市场失灵的领域，主要原因是由于资源和环境的产权不易界定，在资源环境要素领域引入市场化改革将有利于实现资源环境的优化配置。与东部沿海三大城市群相比，中西部地区资源丰富，自然条件和特定的历史造成了市场力量天然不足，市场经济发育程度较低。建立和完善各种市场，构建中西部地区资源交易的渠道和枢纽，对于资金融通、资源开发等将起到不可忽视的作用。中西部地区应当加大体制改革力度，大力提升市场化水平，完善市场运行机制，特别要加快推动要素市场、产权市场、技术市场、信息市场等关键性市场实质性改革与建设。通过市场化改革等方式实现资源的重新分配与优化配置，提供转型升级所需的资源条件。近期，可以先从价格形成机制、各类资源环境的市场培育、产权交易市场等方面入手，充分利用市场机制将资源环境要素纳入现代市场经济体系中，形成多元的资源环境要素供给局面，增强市场供应和竞争性，从而获得资源环境的最佳收益。

进一步细化并设置分行业、分区域的土地、水、能源、矿产资

源开采和使用强度约束性指标,控制资源能源的开采速度和节奏,提高资源能源开采效率和效益,提升资源能源节约集约利用水平;选择防治任务重、技术标准成熟的税目开征环境保护税,逐步扩大征收范围,按照先易后难和分步推进的原则,在选择成熟税目开征环境税的同时相应取消相关收费,建立合理的绿色税费制度。完善排污权交易制度,倒逼企业开展清洁生产和循环经济并提升污染物处理处置水平。

四、借力技术创新要素,减轻资源环境约束

要素和投资驱动一直是沿海三大城市群发展的传统动力。但近年来,国内整体面临劳动力成本上升导致人口红利逐渐消失、过度重视经济增长忽视环境保护导致环境问题凸显、过度供给导致多个产业的产能过剩、南北发展差距进一步扩大等一系列问题,已经严重制约了经济发展。沿海三大城市群作为第一代区域发展空间,面临着实现由要素驱动向创新驱动转型、由传统驱动力向新动能转变的现实需求,从而更好地发挥对中国经济的引领带动作用。以技术为基础开发利用大数据等新要素,使东部沿海三大城市群有可能突破传统资源增长的极限。同时,强化产品全生命周期绿色管理,构建能降低消耗、减少污染、改善生态技术供给和产业化的绿色技术创新体系,是当前解决资源环境问题的重要途径。

从工业发展的历史看,工业技术路线总体上是沿着从耗费资源损害环境的技术向节约资源保护环境的技术升级的方向不断进步的。当前,中国传统制造业面临产能过剩、成本高、质量监管困难、产业链地位低等难题,加快发展先进制造业,推动数字经济和实体经济深度融合,已成为未来制造业转型的重要路径。在数字化网络

化基础之上，综合运用大数据、人工智能、人机交互等新一代信息技术实现智能化生产，打造数字车间和智慧工厂。推广基于现场连接的智能化生产模式、基于产品联网的服务化延伸模式、基于企业互联的网络化协同模式、基于需求精准对接的个性化定制模式的广泛应用，实现智能化生产的升级、个性化定制的高级化和平台化、服务化转型的多样性、网络化协同向"共享制造"模式演进，使中国制造向效率更高、更精细化的方向发展，让原本厚重的传统制造更加轻量化。

五、大力发展绿色技术，减轻资源环境约束

绿色技术创新正成为全球新一轮工业革命和科技竞争的重要新兴领域。伴随中国绿色低碳循环发展经济体系的建立健全，绿色技术创新日益成为绿色发展的重要动力，成为推进生态文明建设和高质量发展的重要支撑。大力发展遵循生态原理和生态经济规律，节约资源和能源，避免、消除或减轻生态环境污染和破坏，生态负效应最小的"无公害化"或"少公害化"的技术、工艺和产品，如污染控制和预防技术、源头削减技术、废物最少化技术、循环再生技术、生态工艺、绿色产品、净化技术等（边云岗，刘国建，2011）。加大对绿色技术创新的政策支持力度，努力实现关键技术突破，促进绿色节能低碳技术大规模应用，淘汰低端落后产能；定期更新国家重点节能低碳技术推广目录，在能源、工业、建筑、交通、农业、林业、海洋等重点领域大力推广经济适用的低碳节能技术（林智钦，2018）。

参考文献

《中华人民共和国年鉴》编辑委员会. 中华人民共和国年鉴（2005）[M]. 北京：新华出版社, 2005.

安树伟, 张双悦. 新中国的资源型城市与老工业基地：形成、发展与展望[J]. 经济问题, 2019（9）：10–17.

边云岗, 刘国建. 基于绿色技术系统观的生态化技术创新模式[J]. 广东工业大学学报（社会科学版）, 2011, 11（3）：10–13.

曹忠祥, 宋建军, 刘保奎等. 我国陆海统筹发展的重点战略任务[J]. 中国发展观察, 2014（9）：42–45.

杜传忠, 郑丽. 我国资源环境约束下的区域工业效率比较研究[J]. 中国科技论坛, 2009（10）：66–71.

韩龙飞, 许有鹏, 杨柳等. 近 50 年长三角地区水系时空变化及其驱动机制[J]. 地理学报, 2015, 70（5）：819–827.

胡炳清, 覃丽萍, 柴发合等. 环境压力指数及我国大气环境压力状况评价[J]. 中国环境科学, 2013, 33（9）：1678–1683.

环境保护部环境与经济政策研究中心, 全球绿色增长研究所, 中国环境与发展国际合作委员会. "十三五"中国绿色增长路线图研究报告[R]. 2015. 21.

李静, 沈伟. 环境规制对中国工业绿色生产率的影响[J]. 山西财经大学学报, 2012, 34（4）：56–65.

刘金朋. 基于资源与环境约束的中国能源供需格局发展研究[D]. 北京：华北电力大学, 2013.

刘瑞翔. 资源环境约束下中国经济效率的区域差异及动态演进[J]. 产业经济研究, 2012（2）：43–52.

陆莉莉. 我国经济发展方式转变中的资源约束研究[D]. 福州：福州大学,

2014.

林智钦. 思想纵横：推进绿色发展革命[EB/OL]. http://theory. people. com. cn/n1/2018/0209/c40531-29814581. html，2018-2-9.

马芹红，张光辉，耿韧等. 我国水蚀区坡耕地土壤重金属空间分布及其污染评价[J]. 水土保持研究，2017，24（2）：112-118.

牛方曲，孙东琪. 资源环境承载力与中国经济发展可持续性模拟[J]. 地理学报，2019，74（12）：2604-2613.

渠立权，骆华松，陈建波. 基于区域职能视角的淮海经济区产业结构优化[J]. 经济地理，2015，35（10）：116-122.

仇娟东. 资源环境约束下中国经济增长效率的异质性研究——基于Sequential Malmquist-Luenberger指数的分析[J]. 工业技术经济，2015，34（7）：94-105.

石敏俊，范宪伟，逄瑞等. 透视中国城市的绿色发展——基于新资源经济城市指数的评价[J]. 环境经济研究，2016，1（12）：46-59.

石敏俊，周晟吕，李娜等. 能源约束下的中国经济中长期发展前景[J]. 系统工程学报，2014，29（5）：602-611.

王智波，钟玲. 资源环境约束下中国城市生产率研究[J]. 北华大学学报（社会科学版），2014，15（6）：26-31.

王昆，黎晓. 多重约束、分工演化与区域协调发展：一个理论分析框架[J]. 贵州财经大学学报，2014（2）：73-78.

习近平. 推动形成优势互补高质量发展的区域经济布局[J]. 求是，2019（24）：4-9.

肖金成，董红燕，李瑞鹏. 我国国土经济高质量发展的内涵、任务与对策[J]. 河北经贸大学学报，2021，42（4）：84-90.

薛惠锋，卢亚丽，王佳. 中国经济发展进程中的资源环境问题根源与对策[J]. 能源环境保护，2008（5）：1-5.

徐盈之，吴海明. 环境约束下区域协调发展水平综合效率的实证研究[J]. 中国工业经济，2010（8）：34-44.

徐勇，张雪飞，李丽娟等. 我国资源环境承载约束地域分异及类型划分[J]. 中国科学院院刊, 2016, 31 (1): 34-43.

余利丰. 资源环境约束下我国经济增长的源泉与动力研究[J]. 江汉学术, 2019, 38 (2): 83-91.

中国社会科学院工业经济研究所. 2005 中国工业发展报告——资源与环境约束下的中国工业发展[M]. 北京: 经济管理出版社, 2005. 5.

周笑, 王鹏飞. 中国工业发展的资源环境压力空间分异演化及影响因素[J]. 地理研究, 2018, 37 (8): 1541-1557.

邹朋飞, 谢国斌. 资源与环境约束下的经济增长效率及其影响因素研究[J]. 金融与经济, 2015 (6): 10-14.

Bastianoni S, Pulselli R M, Pulselli F M. Models of Withdrawing Renewable and Non-renewable Resources Based on Odum's Energy Systems Theory and Daly's Quasi-Sustainability Principle[J]. Ecological Modelling, 2009, 220(16): 1926-1930.

第十八章　国外拓展区域发展新空间的经验与启示

从全球的角度看,区域发展不平衡是一个普遍现象。拓展区域发展新空间要与区域自身的社会条件、历史文化、地理环境和物质生产方式等具体条件相结合。同时,一个国家的区域发展也并非一成不变的,尤其是不断发展变化的物质生产方式构成了区域发展演变最为活跃的诱因。为了促进不发达地区的发展及激发成熟发展空间更多潜力,拓展区域发展新空间是世界各地不同的国家和地区采取的共同途径,其中不少国家和地区成效显著。本章在借鉴美国、日本、德国等主要发达国家的经验的基础上,探讨拓展区域发展新空间的基本经验和教训,为国内拓展区域发展新空间提供借鉴。

第一节　国外典型国家发展历程

以美国、日本、德国为代表的发达国家,以及以与中国人口、国土面积情况相似的俄罗斯、印度、巴西为代表的发展中国家,在推进工业化和城镇化、修订规划相关法律、完善规划体系、打造多中心城市网络经济等方面推动区域发展的历程，对中国拓展区域发展新空间均有启示。

一、美国

美国位于北美南部，总面积983.2万平方千米，居世界第三位；自然资源丰富，矿产资源总探明储量居世界首位；地形分为三个纵列带，西部是高原山地，中部为平原，东部则是阿巴拉契亚山地（陈才，1999），地势西高东低。2020年美国总人口32948万人，国内生产总值209530亿美元。美国区域发展新空间的拓展伴随着区域发展而推进，呈现自东向西依次推进，由大西洋沿岸扩张到太平洋沿岸，具有明显的阶段性开发的特征。19世纪上半期，商业贸易往来成为促进美国东北地区城市化及区域发展的主要动力，同时工业化初步展开以及交通运输网的完善，形成"运河时代""汽船时代"和"铁路时代"，这些交通网除了连接大西洋沿岸城市外，还呈放射状自大西洋港口城市伸向内陆（王旭，2006）。而大西洋沿海城市作为美国与欧洲的进出口中心城市，发挥地理优势，顺应地区开发之势形成更便利的交通，导致美国东北部形成了较雄厚的工商业基础，区域经济实力大增，成为全国第一个经济核心区。19世纪下半期，美国工业化持续向中西部地区推进，同时伴随着以钢铁、电力技术为标志的第二次技术革命，使工业原材料丰富的中西部地区成为美国的重工业基地，形成了以芝加哥为核心的区域经济格局。

美国中西部地区和远西部地区是有明显差异的，中西部地区是靠近经济核心区的集中型开发，远西部地区则是位于边缘地区的分散性开发。虽然美国在18世纪末就进行了西进运动，但是进入20

世纪后西部地区才得以真正发展。20 世纪初，美国的科技生产力水平得到进一步提高，经济实力大增；同时，二战期间政府向西部地区投放巨额国防开支，这不仅刺激了西部及加利福尼亚州人口的增加，更重要的是导致那里大城市产业结构的调整，使得洛杉矶、旧金山等城市形成了军工、飞机制造、交通运输、文化娱乐等主导产业；硅谷形成后，激发了高新技术创业活动和地区经济活力，西部地区经济得以充分发展，形成以洛杉矶、旧金山为核心的美国西海岸城市群。

二、日本

日本是亚洲大陆东缘太平洋西北部的一个岛国，东濒太平洋，西隔东海、黄海、朝鲜海峡。日本国土总面积 37.8 万平方千米，由北海道、本州、四国和九州四个大岛及其附近 3900 多个岛屿组成（陈才，1999）。2020 年日本总人口 12584 万人，人口密度 347 人/平方千米，是世界人口密度较高的国家之一；国内生产总值 50587 亿美元。日本是亚洲最早实施国土规划的国家，它伴随着六次国土综合开发规划经历了从点轴到面、圈的空间拓展历程。二战之后，为了快速恢复经济，日本引入美国田纳西流域管理局的开发模式，选定 21 个地区为"特定区域"进行资源开发（胡安俊，肖龙，2017），以东京为中心、太平洋沿岸地带为增长轴的"一极一轴型"空间结构雏形形成（蔡玉梅，顾林生，李景玉等，2008），由此也导致了日本经济空间格局的"过密"与"过疏"并存的问题。

为了缩小区域经济差距、优化"过疏过密"并存的国土空间结构，1961—2008 年，日本先后制定并实施了六次国土综合开发规划，先后提出在东京、大阪、名古屋及其周围以外的地区选择 15 个新产业城市、6个工业建设特别地区和93个低开发地区，实施据点开发模式；建设以东京为中心、札幌-福冈为主轴、连接若干聚集地的交通开发网络，同时在北海道、东北和九州地区建设大型家畜基地以振兴农业，实现人口向边缘区扩散；选定了44个"示范定居圈"，把地区经济、福利、医疗和教育等统一起来，建设综合居住环境，实现大都市与地方的均衡发展（赵尚朴，1980）；通过交通形成全国一日交通圈，提高关西圈、名古屋的世界城市功能，通过疏解东京的城市功能和增加地方定居圈的吸引力（张季风，2013），同时构筑国土开发主轴线，力图促进日本西南、东北、冲绳、北海道等经济欠发达或产业布局"过疏"地区的发展，形成"多极分散型"国土结构；1998年《第五次全国综合开发规划》调整发展战略，形成东北国土轴、日本海沿岸国土轴、太平洋沿岸新国土轴和西日本国土轴的轴线性经济格局（李满鑫，2014）；2008年《第六次全国综合开发规划》提出发展"广域地区自立协作型"的国土结构，旨在以更大的区域单元作为国土战略的主体（姜雅，闫卫东，黎晓言等，2017）。2014年，日本政府发布了《日本2050年国土构想》，提出加强区域合作、建设紧凑型城市、创造社会参与和社会支援的城市、打造世界领先的国际经济战略型城市四大愿景，提出建设由首都圈、中部都市圈和近畿都市圈组成的世界超级区域联合体的空间构想（胡安俊，肖龙，2017），实现日本由点、轴到面、圈的空间经济格局的转换。

三、德国

德国总面积35.8万平方千米，位于欧洲中部，地处西欧通往东欧、北欧通向南欧的陆路交通十字路交口，战略位置十分重要

(陈才，1999)。德国地势北低南高，可分为四个地形区：北德平原、中德山地、西南部莱茵断裂谷地区、南部的巴伐利亚高原和阿尔卑斯山区。2020年德国总人口8324万人，国内生产总值38464亿美元。

二战以前，德国南部经济发展相对落后，而北部是德国工业化的发源地，依托资源优势形成了以鲁尔为中心的老工业区，成为德国早期工业化的主要动力；二战之后至东德、西德统一之前，北部相对落后，而南部迅速发展，尤其是1970年代以后南部新兴工业崛起，带动了南部地区的迅速发展；1990年东德、西德统一之后，原东德成为德国严重的落后地区（郑长德，2001）。因此，缩小地区差距在德国国家政策目标中始终占有主要位置，均衡发展成为拓展区域发展新空间的重要因素。

总体来看，德国拓展区域发展新空间是在点轴模式的基础上，以交通轴线网络来连接，形成了以都市群带动中小城镇发展的各级城镇中心系统。两德统一之前，进行了以首都柏林为代表的大城市及其周围地区的规划，成立"鲁尔煤矿居民协会"，标志着德国州以下地区的区域规划开始实施；1935年成立了"帝国居住和区域规划部"，负责全国国土整治规划和交通建设工作；二战之后，原联邦德国通过了《联邦德国国土规划法》，各级政府开始着手编制国土规划，两德统一前期已形成联邦、州、管理区、县四级为主的完整的规划体系和制度（王筱春，张娜，2013）。两德统一后，面对东西差距明显的现实，在均衡发展理念的影响下逐渐形成了大中小城市遍布全国的空间形态。1995年，德国确立柏林-勃兰登堡首都地区、法兰克福-莱茵-美茵区大都市区域、德国中部大都市区域、汉堡大都市区域、莱茵-鲁尔区大都市区域、斯图加特区大都市区域、慕尼黑欧洲大都市区域等 11 个多中心的城市-区域为"欧洲大都市圈"（唐燕，2011）。各都市圈内城市等级分明，大城市承担了地区发展引擎的角色，吸引投资和跨国企业以带动区域经济的发展；中小城镇作为区域内经济、社会、文化的中心，提供产品与服务，同时疏解核心城市内工业、物流等多种职能，保障居住在各等级城镇的居民可享受到同等的设施与服务（李露凝，孔繁灏，戴特奇等，2018）。同时，德国充分利用丰富的边境资源，通过消除贸易障碍和投资限制，使边境地区从边缘位置转变为经济活跃的中心位置，推动了边境地区经济活动的聚集和经济中心的出现。

四、俄罗斯

俄罗斯总面积 1709.8 万平方千米，是世界上面积最大的国家，矿产资源丰富，为其工业化提供了雄厚的资源基础；地形以平原和高原为主，地势呈现南高北低，东高西低，西部以东欧平原为主体，向西连接中欧平原，东部为乌拉尔山脉以东的亚洲部分，包括西伯利亚和远东两个广大地区（刘燕平，2007）。2020 年，俄罗斯总人口14410 万人，国内生产总值 14835 亿美元。

俄罗斯区域发展新空间的拓展伴随区域政策变化，呈现自西向东跳跃式推进的特征。从地理范围、经济状况和行政区域来看，俄罗斯分为东部地区和西部地区两个部分，二者之间存在巨大的经济差距。2011 年，西部地区面积占俄罗斯的 1/4，集中了全国 79%的人口，人口密度是东部地带的 11 倍多（冯春萍，2012），这一地带紧邻欧洲发达国家，人口稠密，科技力量雄厚，工农业产值占全国的 4/5，是俄罗斯现代经济的发祥地及经济建设中心。俄罗斯东部地区拥有极其丰富的石油、天然气、煤炭及多种金属等资源（徐景学，

1988），但难以被西部地区辐射到，一直是待开发区域。

苏联十月革命胜利至俄罗斯普京执政后，国家先后制定了建设西伯利亚、开发安加拉-叶尼塞河流域水利资源等内容的"五年计划"及《西伯利亚自然资源综合开发规划》；俄罗斯独立之初，在倾斜发展的区域战略指导下，东部地区社会经济急剧衰退，1996 年俄罗斯批准了《1996—2005 年俄罗斯联邦远东及外贝加尔地区经济社会发展联邦专项纲要》《西伯利亚 1997—2005 年经济社会发展联邦专项纲要》，通过多渠道筹资及发挥市场作用拓展东部地区待开发空间；普京执政后，为了强化国内经济一体化发展，将东部地区作为国家发展战略的优先方向，分别设立新西伯利亚市为西伯利亚联邦区中心、哈巴罗夫斯克市为远东联邦区中心（唐朱昌，2007），完善经济地域组织结构，通过了《俄联邦远东与外贝加尔地区 1996—2005 年和 2010 年经济社会发展专项纲要》《21 世纪俄罗斯在亚太地区的发展战略》，东部地区得到全面开发。2000 年以来，西伯利亚和远东联邦区人均地区生产总值一直保持增长态势，2000—2003 年东部地区与全国人均地区生产总值基本持平（姜振军，2018）。

五、印度

印度总面积 298 万平方千米，地势平坦，平原占总面积 43%，山地占 25%，其余是高原。2020 年，印度总人口 13.8 亿人，是世界上第二人口大国；国内生产总值 26602 亿美元。印度是世界文明古国之一，因开发历史悠久，其拓展区域发展新空间以内涵式拓展为主，即以集中型城市化为主。1901—1951 年是印度城市化的缓慢阶段，由于饥荒和瘟疫导致一些城市人口特别是北方的城市人口迁移到了农村，城市人口增长缓慢，从 2594 万人增至 6244 万人，平均每年增长 1.77%；城市人口比重从 10.29%增加至 17.29%，平均每年增长仅为 0.14 个百分点（孙士海，1992）。1951 年至今为印度城市化较快发展阶段。在英国殖民统治期间，印度的工业开始逐步发展，特别是二战期间，印度民族工业开始进入发展轨道。1947 年印度从英国殖民统治下获得独立后，大力推动工业化发展，出台了一系列促进工业化发展的政策措施，工业化促进了城镇化，同时加快了农村剩余劳动力向城市的转移。特别是在经济发达的沿海周边地区，老工业城市的人口继续扩张，一批现代化的新兴工业城市人口也迅速增长，城市化进程突出表现为除大城市和特大城市迅速发展之外，中等城市发展缓慢或陷于停滞，而小城市则明显地衰退，城市规模等级呈现倒三角形结构。

六、巴西

巴西位于南美洲东部及中部，国土面积 851.6 万平方千米，居世界第五位；国土大部分为高原和平原，海拔在 500 米以上的高原和 200 米以下的平原各占国土的 40%（陈才，1999）。2020 年巴西总人口 21256 万人，国内生产总值 14447 亿美元。

巴西拓展区域发展新空间通过发展工业及制定发展规划来实现。按经济收入和发展水平，巴西通常可以划分为五个区域：北部区（亚马孙区）、东北部区、东南部区、中西部区和南部区，其中东南部区为最发达的地区，东北部区为最落后的区域。多年来巴西政府努力开发不发达地区，取得了一定成绩。1960—1980 年，城市经济发展加快是长期持续不断推进区域发展规划的结果，巴西东北部的区域规划始终走在全国规划的前面。巴西政府制定了《东北部经济发展政策》，提出了推动东北部地区发展的一整套战略措施，强调必须推进该区工业化，改造位于湿润的大西洋沿岸以甘蔗园为主的传统的农业经济等；同时，成立了巴西第一个联邦政府的区域发展机构——东北部开发指挥部，主要通过执行公共投资计划，同时积极推动和鼓励私人投资，加速该区工业化来组织规划实施，使东北部地区得到快速发展（顾文选，1986）。之后，巴西政府加强了全国各地区的开发和规划组织机构的建设。把东北部开发指挥部的经验逐渐推广到其他地区，在北部亚马孙地区成立了亚马孙开发指挥部，在中西部成立了经济合作指挥部，在经济发达的南部和东南部也成立了类似的机构，这些机构都隶属于内政部。

巴西大力发展工业、拓展区域发展新空间，创造了"巴西奇迹"，但同时也导致经济、人口急速向城市集中，出现了过度城市化现象，人口膨胀、资源短缺、城市贫困及环境恶劣等问题突出。面对过度城市化，巴西政府又将全国划分为疏散发展地区、控制膨胀地区、积极发展地区、待开发（移民）区、生态保护区五个基本的规划类型区；同时，将全国的城市分为大都市区、中等城市、小城市及具有特殊功能城市四个基本类型，把发展中等城市放在十分重要和高度优先的位置上，采取许多措施来支持遍及全国的中等城市的发展，使中等城市发挥承上启下及减缓大都市过度膨胀的作用（国家发展和改革委员会产业发展研究所美国、巴西城镇化考察团，2004）。

第二节　国外拓展区域发展新空间的主要经验

概括来讲，国外拓展区域发展新空间的经验是以基础设施建设和改善、产业支撑、优化空间布局、绿色发展、体制机制保障为主的，下文分别进行阐述。

一、基础设施先行是拓展区域发展新空间的前提

（一）优先发展交通，带动区域发展

区域开发自始至终是置于一个发达的交通运输基础之上的。交通运输业发展促进了美国西部经济的地区专业化、全国统一市场的形成，从而促进整个国家的发展。美国和加拿大政府利用西部地广人稀的优势，通过拨赠大量的土地，替代对交通运输业的投资，推动了交通运输业飞速发展。比如美国在政策的强力刺激下，成功地修建了横贯东西的五条铁路——1869年建成的"联合太平洋铁路-中央太平洋铁路"、1883年建成的北太平洋铁路、1885年建成的圣菲铁路、1887年建成的南太平洋铁路、1895年建成的大北铁路，由此形成的全国铁路网络对西部开发产生了巨大的影响（颜星，何光文，2005）。交通网的完成加强了东西部的经济联系，促进了全国统一市场的形成，带动了西部农牧业经济的发展（李廉水，殷群，2000）。巴西在修建新首都巴西利亚的同时，还先后修建了贝洛奥里藏特—巴西利亚、贝伦—巴西利亚、巴西利亚—阿克里州的跨州联邦公路，

加强了中部与东北部之间的经济联系。1964—1976 年，巴西亚马孙地区公路里程增加了三倍多，总长达 1.3 万千米（郑长德，2001）。

（二）优化公共服务，改善投资环境

在基础设施建设方面，巴西落后地区的地方政府纷纷向投资者提供各种便利条件，包括改善基础设施、减免土地使用费等，以促进经济发展（罗永刚，毛中根，2001），建立了以巴西利亚和马瑙斯为中心的交通网络，使边远地区的交通状况大为改观。巴西政府还积极开发水能资源，在亚马孙地区建造了总装机容量为 800 万千瓦的图库鲁伊水电站，为新区域发展提供了电力资源。1960 年代，美国联邦政府把水利基础设施建设作为促进南部经济腾飞的重要环节，政府投入巨额资金直接进行工程的规划和建设。在基础教育方面，巴西政府投资 7 亿美元设立了东北部教育基金，帮助新发展区域培养教师，于 1996 年启动了"远距离教学计划"，使落后地区的文盲率大幅度下降。意大利成立了"南方研究和培训中心"，免费培训企业管理人员，在南部建立各层次职业教育和大学，主要接收贫困地区和家庭的子女实行基础性教育，并增加对南方科学技术研究的优惠和补贴（李廉水，殷群，2000）。

（三）拓展投资来源，满足资金需求

美国修建铁路的巨大投资主要来自于各铁路建设公司募集的资金，铁路公司募集资金的手段除发行股票和公债外，最重要的是出售联邦及各州政府授予的土地（李连成，2013），规定每修筑 1 英里铁路，拨给铁路两侧各 10 英亩的土地，这些土地可由公司自行处理。此外，1864 年又立法规定，铁路公司每修建 1 英里铁路，按照地形的复杂程度，可以得到16000—48000美元的国家贷款（李昌新，卢忠友，2007）。此外，为吸引私人投资铁路建设，联邦政府实行了铁路建筑的优惠政策，给铁路建筑提供各种形式的援助，主要援助方式有对进口铁轨豁免关税，授予铁路公司土地等（张健，2011）。到1930年，美国拥有铁路总里程40.1万千米，公路总里程521.4万千米，其中乡村公路占92.3%，交通运输业的飞速发展大大支持了美国的"西进运动"（颜星，何光文，2005）。

二、产业升级是拓展区域发展新空间的动力源泉

（一）因地制宜发展特色优势产业

不同地区的发展道路各不相同，之所以都获得了成功，是因为能够根据区域的自然条件、资源条件和市场条件，把因地制宜选择和发展特色优势产业作为发展的突破口。美国阿巴拉契亚山以西、五大湖周围的地域，是适于耕种的土地（胡国成，2000），首批越过阿巴拉契亚山向西迁移的早期开发者，在这里种植小麦和玉米，用30—80年的时间，将这一地区变成了世界著名的小麦带和玉米带（罗刚，2001）；阿巴拉契亚山拥有丰富的石油和矿产资源，这一地区已经发展成为美国新的钢铁工业和汽车工业基地（樊五勇，2000）。为了改变巴西北部地区的落后状况，1980年巴西政府投资600亿美元实施大卡拉雅计划，其中包含的农牧业开发计划就可安置50万人就业。实践证明，这一举措对缩小地区差距起了重要作用（陶晓辉，熊坤新，2003）。德国政府对巴伐利亚州的开发是把电子、电气、宇航、原子工业等作为区域开发重点产业，使产业结构调整和产品、生产技术改造与新兴产业发展的要求相适应，巴伐利亚州已经形成

了自己的经济优势,且具有很强的竞争力(王洪燕,2000)。

(二)推动科技创新

美国西部农业的开发奠定了西部经济的基础,但西部经济发展到今天这样的高度,是由联邦政府的巨额国防开支将西海岸经济推向高科技发展的(王旭,2006)。美国西部地区气候温和、劳动力价格相对便宜,非常适合宇航、原子能、电子、生物工程等高新技术工业的发展(李军,2007)。二战之后,美国西部和南部地区抓住美国大量军事工业转为民用的机遇,迅速发展了宇航、原子能、电子等高科技产业,如加利福尼亚州的"硅谷"、北卡罗来纳州的"三角研究区"、佛罗里达州的"硅滩"、亚特兰大的计算机工业等(侯岩,2001)。1972—1977年,美国高技术工业就业人数净增最多的10个都市地区有8个位于西部(贾庆军,2005)。印度在不毛之地班加罗尔等十多个地方建立高科技园区,利用电子信息技术和先进的卫星通信设备发展信息产业,促进软件出口贸易,其规模和质量仅次于美国,居世界第二位。从这些国家的经验看,高科技产业已经成为知识经济时代拓展区域发展新空间的突破口之一(孙青友,2000)。

(三)扶持落后地区中小企业发展

中小企业在区域经济中占有极为重要的地位,是提高区域竞争力和创造工作岗位的重要源泉,对开发新区域的经济潜能有着特殊的意义。1976年,意大利政府开始改变以往单纯依靠大企业来推进南方工业进程的做法,拨款18.2万亿里拉用于发展南方中小企业;南方新建企业和旧企业改造可以获得政府补贴和一定比例的优惠贷款；1970年代中期成立了南方金融租赁公司，专门向该地区中小企业优惠出租先进技术设备和生产流水线（康银劳，赵正佳，郭耀煌，2001）。

在税收减免方面，德国为促进在落后地区新建小企业，规定对落后地区新建企业可免征五年营业税。巴西政府给予在马瑙斯自由贸易区投资的私营企业可免10年税收，通过为企业担保提供无息、低息的长期贷款或设置开发性金融机构等方式，来激励企业投资落后地区，促进落后地区的投资增长（吴忠权，2010）。1938年，英国将发展地区分为四个类型：中间区（英格兰西部和中部）、发展区（英格兰北部和威尔士）、特别发展区（苏格兰）、北爱尔兰区，同样的投资项目在不同区域内获得税收等优惠不等，即越不发达地区，对投资商的补偿就越大。在政策补贴方面，法国政府为了解决再就业问题，"地区开发基金"的发放对象主要是在欠发达地区及边远山区创办工业企业、从事手工业和第三产业经营活动的企业，奖金和补贴按照新创造的就业人数发放。在落后地区开发过程中，英国采取了政府补贴、在企业中参股、提供咨询服务、鼓励技术革新等手段促进中小企业的发展；老工业区雇员少于25人的企业，可获得政府"区域企业补贴"（张庆宝，2008）。

三、优化空间布局是拓展区域发展新空间的重要途径

（一）编制空间规划，形成开发体系

20世纪初，德国最早将全国划分成若干个相互联系的区域进行全面的空间规划，之后英国、法国、日本、荷兰、韩国等陆续进行了全国性的国土规划（麻战洪，2013）。1920年代，英国开始进行空

间规划,将全国分为"特别开发区""开发区""中间区"等类型,并实行不同的政策;1950年代,法国开始进行国土整治规划,将全国划分为若干个规划行动区域;1960年代,荷兰开始编制第一版国土空间规划,目前已进行了五次全国性的国土空间规划;日本和韩国也分别进行了六次和四次综合性国土规划(刘慧、高晓路、刘盛和,2008),日本北海道开发有严格的综合开发计划,每期计划制订之前都要充分而广泛地征求意见,多方协商,中央和地方政府设立了专门的协商制度,对有分歧的意见在计划之前协调,协调结果要体现在计划之中(刘鸿宇,2010)。

(二)培育核心城市,打造新增长极

以增长极带动区域经济开发,大小不同、功能各异的中心城市组成不同层次区域增长极。美国以培育和依托中心城市作为经济增长中心,洛杉矶、旧金山等中心城市的出现,极大地刺激了西部经济的发展,成为西部经济、政治、文化、艺术、教育最为发达、最为集中的核心(新玉言,2013)。美国还规定开发专区中必须有一个具有较高发展水平、能带动整个经济发展的增长中心,这些增长中心大多是一些新兴城市。韩国第二次国土综合开发计划中选定成长据点城市,在50个市级城市中选择成长潜力大、具有地区服务职能、在周边地区开发中起主导作用的15个城市,包含3个一级成长据点市和12个二级成长据点市(朴寅星,2007)。1960年,巴西政府将首都从里约热内卢迁至巴西利亚,斥巨资在中部高原上建造了一座现代化都市,新首都巴西利亚的建立推动了巴西中西部地区的开发;巴西选择在落后的中西部和北部地区兴建大中城市和自由贸易区,通过城市化来促进落后地区的工业化,1970年代巴西政府仅在亚马孙地区就确立了 15 个发展极,最典型的是"马瑙斯发展极"(王廷科,2001)。

(三)拓展海洋发展空间,促进海洋产业发展

1999 年,美国成立国家海洋经济计划国家咨询委员会,启动实施了《国家海洋经济计划》(NOEP)(董翔宇,王明友,2014);2000 年,美国国会通过了《海洋法令》,提出制定新的国家海洋政策的原则;2001 年,成立了海洋政策委员会,长官由总统直接任命,并于 2004 年正式提交《21 世纪海洋蓝图》的国家海洋政策报告,随后又公布了《美国海洋行动计划》,提出了具体的落实措施;2010 年,美国总统奥巴马签署行政命令,宣布美国新的海洋政策,强化美国海洋管理制度。英国政府先后制定了《北海石油与天然气:海岸规划指导方针》《海上倾废法》和《大渔业政策》等政策,配合各种海洋经济发展战略,全面系统地开发海洋、保护海洋。2007 年,日本颁布实施了《海洋基本法》及《海洋构筑物安全水域设定法》,修订了《海洋污染及海上灾害防止法》,制订了《海洋基本计划》,重点推进海洋资源的勘探开发;2010 年,日本为争夺海洋资源,通过了《低潮线保全和基地设施整备法案》(何强,文成,2014)。同时,2002 年日本经济产业省推出了《产业集群计划》,并在 18 个地区正式实施知识产业集群。地区产业集群的形成,不仅构筑起各地区连锁的技术创新体制,而且形成了多层次的海洋经济区域(董翔宇,王明友,2014)。

四、绿色发展是拓展区域发展新空间的基本前提

（一）加强生态建设

美国对西部地区的开发是逐渐从东北向西南推进的，以改善当地的生态环境为切入点，采取了一系列保护生态环境、维持生态平衡的政策。1860—1890 年，美国开发密西西比河流域时，陆续出台了《鼓励西部植树法》《沙漠土地法》等法律，规定要获得开发那里土地的权利，必须以在那里植树种草、修建灌溉渠道，并达到一定规模为前提（严黎，吴门伍，董延军等，2009；孙青友，2000）。1930—1970 年，美国开发田纳西河流域时，也是首先制定了《田纳西河流域管理法》，设立了田纳西河流域管理局，统一协调指挥流域内的水电工程、洪水控制、土地保护、植树造林、土地休耕、河流净化和通航等各项事宜（张扬，2011；孙青友，2000）。

（二）开展生态补偿

美国在西部开发过程中，对森林和草地进行合理利用与保护，通过制定一系列立法、制度和措施，设立和扩大了国有林地，加强了森林及草地的保护。1873 年，美国联邦政府颁布的《鼓励西部草原植树法案》规定：凡愿意植树 40 英亩并保持 10 年以上者，可得到 160 英亩土地；1877 年颁布的《沙漠土地法》规定：移民在登记后 3 年内灌溉了土地，即可按每英亩 25 美分的价格购买 640 英亩土地（罗永刚，毛中根，2001）。日本开发欠发达地区也非常重视生态环境保护，1962 年制定的《新产业城市建设促进法》，为了防止人口和产业向大城市过度集中、缩小地区差异和安定就业，通过建设城

镇设施和改善产业布局条件，来实现国土均衡开发和促进国民经济发展（梁德阔，2003）。

生态环境税制度和生态补偿保证金制度是主要的生态补偿约束机制。第一，充分发挥生态环境税的作用。生态环境税在经济合作与发展组织内的国家已经比较成熟，瑞典、丹麦、荷兰和德国等国家都已经成功地将收入税向危害环境税转移（张燕青，龚高健，2013）。巴西已有6个州实施生态增值税，规定把向那些建立了保护区并实行可持续发展政策的州政府所征收的销售税的25%返还给它们。第二，实施生态补偿保证金制度。美国、英国、德国建立了矿区的补偿保证金制度（尤艳馨，2007）。

（三）发展生态产业

由于未重视生态环境的保护，美国早期的西部开发乱砍滥伐、掠夺式的土地经营，使生态环境遭到严重破坏。为了保护环境和发展经济，美国重新完善经营农业的方针，做好大规模的土壤保持和重新恢复植被工作，由国家每年拨专款、地方自筹和团体、个人捐款，大力开展水土保持工作，政府已投资150亿美元，西部17个州实施水土保持工程的面积达1.63亿公顷，占全国的67%（于转利，2005）。

五、体制机制是拓展区域发展新空间的根本保障

（一）出台法律法规，使各种行动有法可依

及时立法、改善法律环境对拓展区域发展新空间、缩小地区差距能够发挥显著的作用。一些发达国家在拓展区域发展新空间时都首先制定相关法律，来吸引资金、技术、人才。在美国的西部开发

中，政府陆续出台了许多相关法规，用于规范和引导开发行为：1862年林肯总统颁布了著名的《宅地法》，鼓励向西部移民；1873年出台了《鼓励西部植树法》，规定只要在自己的土地上种植一定面积的树木，到一定时间后就可以免费或低价获得一定面积的土地。1969年联邦德国颁布实施了《改善区域经济结构共同任务法》，两德统一后，确定了区域经济促进区，东部五个州全部划为区域经济促进区（王洪燕，2000）。日本在开发北海道过程中，制定颁布了《北海道开发法》和《国土综合开发法》，并在1952—1997年连续实施了五期综合开发计划。加拿大《宪法法案》明确规定，联邦政府和省级政府都有为加拿大公民提供平等机遇、促进经济发展和减少地区差异、为全体加拿大公民提供合理的基本公共服务的义务（樊勇，高筱梅，2009）。1963年，韩国政府制定了《国土综合建设计划法》，为《国土综合开发计划》和《特定地区开发计划》的实施提供了法律保障。

（二）成立相关机构，确保政策落实

1960年代，美国西部地区开发进入新的阶段，先后成立"阿巴拉契亚地区委员会""地区再开发署""经济开发署"等专门机构，负责协调联邦政府与地方政府之间的关系，并直接参与开发资金的使用和管理（方湖柳，2002）。按照《北海道开发法》，日本中央政府设立了北海道开发厅，厅长为国务大臣，厅下设北海道开发局，厅办公地点在东京，局办公地点在北海道的札幌市，北海道开发厅负责开发中的直辖部分，另有辅助部分由地方政府负责。即中央政府为区域开发设立专门机构，与地方机构并存，中央开发机构负主要责任，这种设置有利于协调中央政府和地方政府的关系（康银劳，赵正佳，郭耀煌，2001）。法国先后成立了"国土整治全国委员会"

"地区经济发展委员会"等机构协调中央政府与地方政府的关系，同时还形成了一套比较完整的区域开发政策（方湖柳，2002）。加拿大通过成立"地区经济发展部"，由联邦政府牵头实施落后地区的开发工作，统一协调政府部门之间、中央与地方之间等的关系，在维护联邦政府权威的同时，又有明确的地方省份权限划分，包括欠发达地区省份可根据需要制定相应的促进发展的法律法规。

第三节　国外拓展区域发展新空间的教训

一些国家在拓展区域发展新空间中也出现了一些消极影响和教训，应该引起我们高度重视。

一、过分强调依托资源发展及重加工业引起产业结构失调

一般而言，区域发展新空间往往是欠发达区域，也是资源比较富集的地区，无论是苏联的西伯利亚地区、日本的北海道地区，还是巴西的亚马孙地区，都是如此。因此，在开发中比较容易陷入资源优势陷阱，从而形成重工轻农、工业结构中又偏重重工业的资源型重加工业特点，导致出现与当地经济的不兼容或者产业结构失调现象。如西伯利亚开发，长期将优先发展重工业尤其是采掘业放在一个过分突出的地位（杜平，2002），忽视轻工业、农业以及第三产业的发展，导致相应的农副产品加工、消费工业和基础设施建设发展缓慢。既严重影响了工业内部的协作力和行业间相互配套效率，也影响了当地人民消费结构，以及生活水平的提高。

二、过度倚重区域优惠政策损害投资环境

为了吸引国内外商业投资者进入新区域，政府有必要制定相应的投融资、税收等方面的优惠政策。应该坚持优惠政策规范性和加强中央政府的监管，避免诱发各地方进行优惠政策大攀比和大竞赛，要以综合改善投资环境为主要目标，不能单纯依靠优惠政策，否则再好的政策措施，其含金量也大打折扣，还会造成投资环境不稳定和政府财政收入的不适当流失。比如巴西在开发北部地区时就有过"地区赋税战"，当时巴西的马拉尼昂州为了吸引投资者，曾提出在10年内免除95%的商品与劳务流通税，并向新建企业提供基础设施建设方面的优惠；而相邻的塞阿拉州则继续提高价码，提出在15年内免除所有的商品和劳务流通税，并无偿为企业培训职工（张宝宇，1997）。由于各地区过于依赖优惠政策而在免税问题上展开恶性竞争，同时中央政府又没有有效地加以协调和解决，这些地方的税收严重流失，又影响到中央财政，导致当时巴西联邦政府出现巨额财政亏损。另外，对投资者来说，为了不断追逐所谓的最优惠政策地区就需要不断地在地区间进行频繁转移，企业异地搬家之风盛行，既搞不了有长期效益的项目，也造成投资者的精力损失和财力浪费。美国也出现过类似的现象，特别要指出的是这种现象在中国也比较普遍。

三、片面地注重经济增长而影响可持续发展

在 GDP 主导经济增长的年代，许多国家在拓展区域发展新空间时往往强调经济增长，从而实现区域均衡，也产生了"先污染、后治理"的教训。美国西部开发、苏联西伯利亚开发、巴西亚马孙地

区开发等都有程度不同的体现。19世纪美国"西进运动"中出现的"淘金热"以及人口大迁移、铁路大动脉建设等活动，由于缺乏合理有序的引导和立法，这种粗放式的开发方式对当地的矿产、土地、森林、草地等资源和生态环境产生了很大的破坏（杜平，2002）。苏联对西伯利亚的开发由于发展钢铁、机械、冶金、化工、煤炭、石油、天然气等高耗能、高污染、高耗水的行业，在相当长一段时间内加剧了资源浪费和生态环境破坏。巴西亚马孙地区拥有世界最大的热带雨林，矿产、水能资源也比较丰富，但是在建立和发展马瑙斯自由贸易区过程中，由于没有考虑好与生态环境的协调问题，在公路、机场和港口建设以及工矿企业布点和人居环境建设时，都不同程度地给当地的资源和环境带来了明显的破坏（杜平，2002）。中国在拓展区域发展新空间时，应该走开发与环保并重之路，短期内花费较多，但从长远来看，这是一条高起点、可持续的经济发展之路（刘建芳，2002）。

第四节　国外拓展区域发展新空间对中国的启示

从发达国家拓展区域发展新空间的经验可以看出，法律手段及建立区域规划机构在促进区域发展方面具有重要地位，在注重国家宏观调控的同时，更需要尊重自然规律及筑牢区域经济发展的基础。

一、完善法律建设，强化空间规划立法

区域经济政策主要采用经济、法律、行政三种手段对区域经济活动进行调节，中国区域政策手段中行政手段多于法律手段和经济手段，但法律手段在促进经济发展方面体现出明显优势，而且经济的快速发展、全球化及市场化程度不断提高，要求我们重视法治的建设与完善（安树伟，刘晓蓉，2010）。

近年来，各地围绕实施区域协调发展战略和区域重大战略，出台实施了一系列区域规划与政策，确定了优化经济布局的方向和重点。2017年国务院发布的《全国国土规划纲要（2016—2030年）》，对国土空间开发、资源环境保护、国土综合整治和保障体系建设等做出总体部署与统筹安排；进一步优化国土开发格局、提升国土开发质量、规范国土开发秩序；优化生产、生活、生态空间，推进生态文明建设，完善国土空间规划体系和提升国土空间治理能力。同时，部署了全面协调和统筹推进国土集聚开发、分类保护、综合整治和区域联动发展的主要任务。2022年，中共中央、国务院印发的《全国国土空间规划纲要（2021—2035年）》，坚持统筹发展和安全，在科学划定耕地和永久基本农田、生态保护红线、城镇开发边界三条控制线基础上，优化国土空间开发保护格局，为构建新发展格局、实现高质量发展提供空间保障。

虽然，中国在国土空间规划上形成了统一的目标和方案，但空间规划还需要法律作为依据。世界大多数国家都将立法作为拓展区域发展新空间开发活动顺利进行的先行性措施和制度性前提，在法律中明确规定了关于区域开发机构设置、权利义务、资金划拨、监督管理等方面的内容，这就促使其开发活动规范、连续、有序进行。

目前，中国现行的空间规划法律主要包括城乡规划法与土地管理法，但随着机构改革和空间规划体系的建立，各项规划的内涵和职责发生了重大的变化，应该制定国土空间规划法作为空间规划的直接法规依据（李亚洲，刘松龄，2020）。

二、尊重市场规律，科学宏观调控

国际经验表明，不论国家处于工业化、城市化的哪个阶段，国家层面的宏观空间战略都是必要的，但区域治理必须依靠政府、企业、居民与社会组织四方面力量，以多元主体共治共管共同克服"政府失灵"与"市场失灵"。一直以来，中国把区域发展战略的制定和实施作为国家政策的重要组成部分，但在市场经济发挥及空间发展的有序性方面仍存在短板。长期以来，忽视在空间布局方面的规划，是造成中国空间开发无序的重要原因（刘慧，高晓路，刘盛和，2008）。因此，必须重视市场作用，在更大程度、更广范围发挥市场在资源配置中的决定性作用，提高资源配置和国土空间开发效率；当然也不能完全迷信市场，放弃政府应当尽到的责任（王旭，2013）。同时，大力推进供给侧结构性改革，更好发挥政府在国土空间开发利用与规划保护中的作用，完善自然资源资产用途管制制度，强化国土空间用途管制，将国家宏观调控与市场经济及空间发展的有效性相结合，以有效拓展区域发展新空间。

三、加强海洋资源海洋空间开发

中国的海洋规划起步比较晚（李双建，徐丛春，2006），陆海国土开发缺乏统筹。在促进陆域国土纵深开发的同时，充分发挥海洋国土作为经济空间、战略通道、资源基地、安全屏障的重要作用，扩大内陆地区分享海洋经济发展效益的范围，加强陆地与海洋在发展定位、产业布局、资源开发、环境保护和防灾减灾等方面的协同共治，构建良性互动的陆海统筹开发格局；坚持陆海统筹一体化发展，完善全国和省级海洋功能区划体系，推进"由近及远、先易后难"的海洋开发建设的时序和布局原则，优先开发海岸带及邻近海域，实施中心区域带动战略，以京津冀、长三角、粤港澳大湾区为中心，支撑北部、东部、南部三大海洋经济圈发展；有重点开发大陆架和专属经济区，加大国际海底区域的勘探开发力度（何强，文成，2014）；紧抓"21世纪海上丝绸之路"建设的机遇，不断优化海洋产业结构和空间布局，使国土空间规划、区域规划在沿海地区经济社会发展中的重要作用得到充分发挥（马贝，高强，李华等，2018）。

参考文献

安树伟，刘晓蓉.区域政策手段比较及我国区域政策手段完善方向[J].江淮论坛，2010（3）：36-40+52.

蔡玉梅，顾林生，李景玉等.日本六次国土综合开发规划的演变及启示[J].中国土地科学，2008（6）：76-80.

陈才.世界经济地理[M].北京：北京师范大学出版社，1999：84-86，210-211，272-274，314.

董翔宇，王明友.主要沿海国家海洋经济发展对中国的启示[J].环渤海经济瞭望，2014（3）：21-25.

杜平.中外西部开发史鉴[M].长沙：湖南人民出版社，2002：145-147，245，590-596.

冯春萍.俄罗斯宏观经济地域空间格局的演变[J].俄罗斯研究，2012（6）：106-

123.

樊五勇.西部开发的国际经验及其对中国的启示[J].福建论坛（经济社会版），2000（7）：8–10.

樊勇，高筱梅.它山之石　用以攻玉——受启于加拿大开发落后地区、统筹区域发展的做法[J].昆明理工大学学报（社会科学版），2009，9（10）：45–49.

方湖柳.西部大开发的国际经验借鉴[J].嘉兴学院学报，2002（1）：12–14.

顾文选.巴西的区域开发和城市发展[J].城市规划研究，1986（1）：35–41.

国家发展和改革委员会产业发展研究所美国、巴西城镇化考察团.美国、巴西城市化和小城镇发展的经验及启示[J].中国农村经济，2004（1）：70–75.

何强，文成.提高海洋资源开发能力，推进海洋强国战略实施[N].人民日报，2014–12–02（003）.

侯岩.借鉴区域发展援助的国际经验实施西部大开发战略[J].内蒙古财经学院学报，2001（1）：26–31.

胡安俊，肖龙.日本国土综合开发规划的历程、特征与启示[J].城市与环境研究，2017（4）：47–60.

胡国成.美国西部开发：做法与启示[J].经济月刊，2000（3）：54–55.

姜雅，闫卫东，黎晓言等.日本最新国土规划（"七全综"）分析[J].中国矿业，2017，26（12）：70–79.

姜振军.俄罗斯西伯利亚联邦区经济发展态势分析[J].商业经济，2018（1）：1–6+11.

贾庆军.美国调节区域经济差异的财政措施及启示[J].重庆工商大学学报（西部论坛），2005（1）：43–46.

康银劳，赵正佳，郭耀煌.西部大开发的国际经验借鉴[J].西南交通大学学报（社会科学版），2001（1）：11–16.

成昌新，卢忠友.论美国早期西部开发中的交通运输建设[J].赣南师范学院学报，2007（4）：85–89.

李军.美国西部地区开发对我国西部大开发的启示[J].柴达木开发研究，2007

(3): 47–49.

李廉水, 殷群.典型国家落后地区开发的经验剖析[J].世界经济与政治论坛, 2000（6）: 56–59.

李连成.份铁路发展史看交通基础设施合理规划的重要性[J].综合运输, 2013（2）: 16–21.

李露凝, 孔繁灏, 戴特奇等.德国国土空间开发经验与启示[J].亚热带资源与环境, 2018, 13（2）: 79-84.

李双建, 徐丛春.日本海洋规划的发展及我国的借鉴[J].海洋开发与管理, 2006（1）: 25–28.

李满鑫.日本区域经济发展的举措探究[J].中国商贸, 2014（17）: 182-183.

李亚洲, 刘松龄.构建事权明晰的空间规划体系: 日本的经验与启示[J].国际城市规划, 2020, 35（4）: 81–88.

梁德阔.国外开发欠发达地区的经验教训对我国西部城镇化的启示[J].开发研究, 2003（3）: 42–44+50.

刘鸿宇.发达地区与欠发达地区教育与经济发展的差距比较研究[J].教育探索, 2010（3）: 23–25.

刘慧, 高晓路, 刘盛和.世界主要国家国土空间开发模式及启示[J].世界地理研究, 2008（2）: 38–46+37.

刘建芳.美国的区域经济政策及其启示[J].东南大学学报（哲学社会科学版）, 2002（1）: 67–71.

刘燕平.俄罗斯国土资源与产业管理[M].北京: 地质出版社, 2007: 1, 4–5.

罗永刚, 毛中根.部分国家开发落后地区的成功经验及其对我国的启示——土地政策及其它[J].重庆工学院学报, 2001（3）: 19–22.

罗刚.西部大开发中的政府经济学分析[D].成都: 西南财经大学, 2001.

麻战洪.长株潭试点国土规划编制[J].国土资源导刊, 2013, 10（2）: 45–47.

马贝, 高强, 李华等.亚太国家海洋产业发展经验及启示[J].世界农业, 2018（2）: 21–27+210.

朴寅星.韩国落后地区开发政策经验和借鉴[J].财经界, 2007（12）: 88–91.

孙青友.西部大开发需要借鉴国际经验[J].民族团结, 2000（6）: 16–17.

承士海.印度的城市化及其特点[J].南亚研究,1992(4):9–18+2–3.

唐燕.德国大都市地区的区域治理与协作[M].北京:中国建筑工业出版社,2011:49–54.

唐朱昌.从叶利钦到普京:俄罗斯经济转型启示[M].上海:复旦大学出版社,2007:184.

陶晓辉,熊坤新.西部大开发中需要借鉴的外国经验[J].中国发展,2003(4):64–73.

王洪燕.西部大开发的国际借鉴[J].经济纵横,2000(6):52–53.

王廷科.国外区域开发的成功经验及启示[J].兰州商学院学报,2001(5):25–29.

王筱春,张娜.德国国土空间规划及其对云南省主体功能区规划的启示[J].云南地理环境研究,2013,25(1):44–52+58.

王旭.美国城市发展模式:从城市化到大都市区化[M].北京:清华大学出版社,2006:30–32.236.

王旭.东京、新加坡、台北城市管理经验一瞥[J].城市管理与科技,2013,15(5):74–75.

吴忠权.国外落后地区开发的经验对我国西部大开发的启示[J].改革与战略,2010,26(6):196–200.

新玉言.国外城镇化比较研究与经验启示[M].北京:国家行政学院出版社,2013:67–70.

徐景学.苏联东部地区开发的回顾与展望——西伯利亚开发四百年[M].长春:东北师范大学出版社,1988:360–364.

严黎,吴门伍,董延军等.浅谈密西西比河水灾治理及其经验[J].人民珠江,2009(2):20–23.

颜星,何光文.从美国政府的政策看其西部开发成功的经验[J].文山师范高等专科学校学报,2005(1):85–88.

尤艳馨.构建我国生态补偿机制的国际经验借鉴[J].地方财政研究,2007(4):62–64.

于转利.西部生态重建财政政策效应研究[D].西安:西北农林科技大学,2005.

张宝宇.巴西生产力布局内地化趋势[J].拉丁美洲研究，1997（5）：47–49.

张季风.日本国土综合开发论[M].北京：中国社会科学出版社，2013：137.

张健.美国边疆治理的政策体系及其借鉴意义[J].云南行政学院学报，2011，13（5）：159–162.

张庆宝.对发达国家区域开发经验的一个重新诠释[J].生产力研究，2008（22）：76–78.

张燕清，龚高健.国外生态补偿政策对我国的启示[J].发展研究，2013（12）：107–111.

张扬.他山之石　可以攻玉——欧美发达国家内河开发利用镜鉴[J].珠江水运，2011（10）：50–51.

赵尚朴.关于日本的第三次全国综合开发计划[J].城市规划研究，1980（1）：28–36.

郑长德.世界不发达地区开发史鉴[M].北京：民族出版社，2001：248，281.

第三篇 案 例

第三篇 案例

第十九章　京津冀区域发展新空间

京津冀是引领中国东部沿海地区经济率先发展的三大区域之一。2022 年，京津冀以全国 2.3%的土地面积，承载了全国 7.8%的人口，创造了全国 8.3%的经济总量。进入 21 世纪以来，京津冀发展不平衡不充分问题越来越突出，进一步加剧了京津两大城市的"大城市病"问题。2014 年 2 月，习近平总书记提出要推动京津冀协同发展；2015 年 4 月，中共中央政治局会议审议通过《京津冀协同发展规划纲要》，提出以有序疏解北京非首都功能、解决北京"大城市病"为基本出发点，推动京津冀协同发展，建设世界级城市群。在京津冀协同发展战略背景下，京津冀拓展区域发展新空间，对于解决京津严重的"大城市病"问题、缩小区域发展差距、缓解经济下行压力和推动京津冀建设世界级城市群都具有重要意义。

第一节 京津冀拓展区域发展新空间的现实要求

京津尤其是北京日益严重的"大城市病"、河北与京津之间巨大的发展差距、区域经济下行压力加大、京津冀世界级城市群建设，对京津冀拓展区域发展新空间提出了现实要求。

一、解决京津严重"大城市病"的需要

改革开放以来，在经济发展和收入水平差距过大的影响下，全国人口尤其是北京周边地区的人口趋向于向就业岗位多、收入水平高的京津尤其是北京不断集中，北京、天津两城市的人口规模快速壮大，交通压力日益加大，房价快速飙升，环境污染加重，资源环境承载能力有限与人口过多的矛盾逐渐凸显，城市运行成本越来越大，"大城市病"问题日益突出。

严重的交通拥堵问题成为北京"大城市病"最突出的表现。2021年，北京市民用汽车拥有量高达614.3万辆，居全国各城市之首，天津也达到360.63万辆。2021年，北京在高德地图《2021年度中国主要城市交通分析报告》主要城市交通拥堵排名中居第3位，仅次于深圳和上海，在百度地图《2021年度中国城市交通报告》评出的中国"十大堵城"中居首位。为了解决北京和天津的"大城市病"问题，亟待在京津冀选择适当区域，支持其加快发展、聚集人口，缓解人口空间分布向京津过度极化的形势。

二、缩小河北与京津之间发展差距的需要

京津冀的发展差距主要是指河北各地级市与京津之间巨大的发展差距。2021 年，北京和天津的人均地区生产总值分别高达 18.39 万元和 11.37 万元，而在河北 11 个地级市中，唐山最高，为 10.66 万元，邢台最低，仅为 3.41 万元；北京人均地区生产总值分别是唐山和邢台的 1.73 倍和 5.39 倍，天津分别是唐山和邢台的 1.06 倍和 3.33 倍。2005—2021 年，京津冀 13 个地级及以上城市人均地区生产总值的标准差由 1.08 提高到 4.13（见图 19–1）。

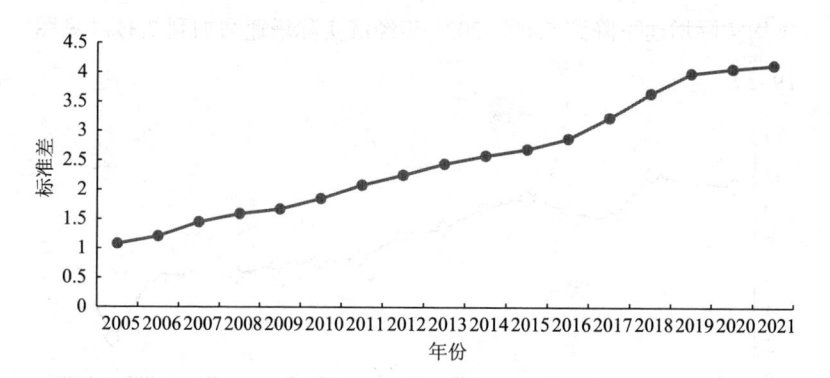

图 19–1　2005—2021 年京津冀 13 个地级及以上城市人均地区生产总值的标准差

资料来源：相关年份《中国城市统计年鉴》以及北京市、天津市及河北省 2021 年国民经济和社会发展统计公报整理得到。

三、缓解京津冀经济下行压力的需要

2008 年爆发的国际金融危机，对中国经济造成了相当大的冲击，尤其是外向型经济的发展受到了很大的影响，出口出现负增长，经济增速快速回落。尽管中国政府紧急推出应对国际金融危机的一揽

子计划，在短期内扭转了经济下行的趋势，但是并没有从根本上解决国民经济运行中存在的问题，甚至加剧了其中一些问题，延缓了问题的爆发。近年来，在新冠疫情冲击下，中国经济下行压力逐渐加大。

作为带动中国经济增长的三大区域引擎之一，京津冀经济发展不但受到国内外需求不振的影响，也承受着产业结构转型的巨大压力，经济下行压力巨大。进入21世纪以来，京津冀经济增速呈现出螺旋式降低走势。其中，"十一五"时期年均实际增速下降到10.7%，"十二五"时期年均实际增速下降到8.2%，进入"十三五"时期，年均实际增速下降到5.4%。2021年经济实际增速增加到7.3%（见图19–2）。

图19–2　2005—2021年京津冀GDP以2000年为基期的实际增速（%）

资料来源：根据相关省（直辖市）2021年国民经济和社会发展统计公报和《中国统计年鉴2021》整理得到。

京津冀亟待拓展区域发展新空间，培育形成新的增长极，从而扭转区域经济增长乏力的态势。北京和天津都已进入工业化后期阶段，而河北整体上还处于工业化中期阶段，其工业还具有很大的发展潜力。在河北选择合适区域，通过培育形成能够支撑京津冀经济平稳发展的区域发展新空间，在理论上也是可行的。

四、建设京津冀世界级城市群的需要

以首都为核心的世界级城市群是京津冀的总体功能定位。从经济总量上来看，京津冀城市群不但与国外世界级城市群难以比拟，与长江三角洲城市群和粤港澳大湾区城市群相比也存在很大差距。2022年，京津冀地区生产总值合计为100292.7亿元，仅为长三角的34.5%、广东的77.7%。根据金鹿和王琤（2019）的研究，京津冀城市群的发育成熟度与长江三角洲城市群和粤港澳大湾区城市群的差距显著，除了国际影响力，在产业集聚度、设施联通度、区域协同度、创新成长率和环境吸引力五个方面均不具有优势。

京津冀城市群呈现出"哑铃"形规模等级结构，即超大城市过大，小城市数量过多、过小，特大城市、大城市和中等城市发展不足、数量过少。北京和天津都是地区人口规模1000万人以上的超大城市，但河北11个地级市中只有石家庄建成区人口超过300万人。2020年，在京津冀城市群城市规模等级体系中，超大城市有北京、天津两个城市，缺乏特大城市。从城市建成区人口在各规模等级的分布来看，超大城市的人口比重最高，为61.7%（见表19–1）。

京津冀不合理的城市规模等级结构使得超大城市北京和天津与其他规模城市的经济技术差距过大，难以把经济增长的能量通过城市规模等级体系由上向下传递到大中小城市，不仅限制了超大城市辐射功能的发挥，而且会造成经济要素进一步向核心城市的过度集聚，不利于京津冀协同发展（马燕坤，2018；河北省发展和改革委员会宏观经济研究所课题组，2018）。通过拓展京津冀

区域发展新空间,一方面可以进一步壮大京津冀的经济规模,另一方面则可以增加河北城市的人口规模,从而完善京津冀的城镇规模等级体系。

表 19–1　2020 年京津冀城市规模等级结构[1]

城市规模		数量（个）	城市	建成区人口（万人）	建成区人口比重（%）
超大城市		2	北京、天津	3090.84	61.4
特大城市		—	—	—	—
大城市	I 型大城市	1	石家庄	336.35	6.7
	II 型大城市	4	邯郸、唐山、保定、秦皇岛	722.49	14.4
中等城市		6	张家口、邢台、沧州、衡水、廊坊、承德	438.43	8.7
小城市	I 型小城市	10	定州、任丘、迁安、涿州、滦州、武安、遵化、三河、辛集、黄骅	280.00	5.6
	II 型小城市	11	深州、霸州、河间、泊头、平泉、南宫、高碑店、晋州、安国、沙河、新乐	166.20	3.3

注:此处城市不包括县城和小城镇。城市人口规模由城区人口数加上城区暂住人口数。
资料来源:根据《中国城市建设统计年鉴 2020》整理得到。

第二节　京津冀发展空间的现状和演进

2005 年以来,京津冀城镇化水平快速提高,城市规模明显扩大,交通基础设施逐渐成网，但是不同区域对京津冀发展的支撑作用是存在明显差异的。

一、京津冀发展空间的现状

（一）城镇人口显著增多，城镇化水平快速提高

进入 21 世纪以来，随着城市经济加快发展，京津冀人口快速向城市和城镇集中，城镇人口规模快速扩张，城镇化水平明显提高。2005—2021 年，京津冀城镇人口数量由 4647 万人增加到 7635 万人，年均增长率为 3.2%；城镇化率由 39.40% 提高到 61.14%，提高了 21.74 个百分点，年均提高 1.36 个百分点，与同期全国城镇化进程基本同步。

京津冀城镇化重心由北京、天津逐渐转向河北。2005—2010 年，北京城镇人口占京津冀城镇人口比重由 27.63% 提高到 28.47%，之后逐年降低，2019 年降到 24.72%，与 2005 年相比降低了 2.91 个百分点，2021 年比重又有所提高。2005—2014 年，天津城镇人口占京津冀城镇人口比重由 16.96% 提高到 18.49%，2015 年开始逐年降低，在 2021 年达到最低值 15.26%，与 2005 年相比降低了 1.70 个百分点。2005—2012 年，河北城镇人口占京津冀城镇人口比重先提高后降低，由 2005 年的 55.26% 提高到 2006 年的 55.61% 又降低至 2012 年的 53.74%，之后逐年提高，2021 年提高到 59.65%，与 2005 年相比提高了 4.39 个百分点（见图 19–3）。

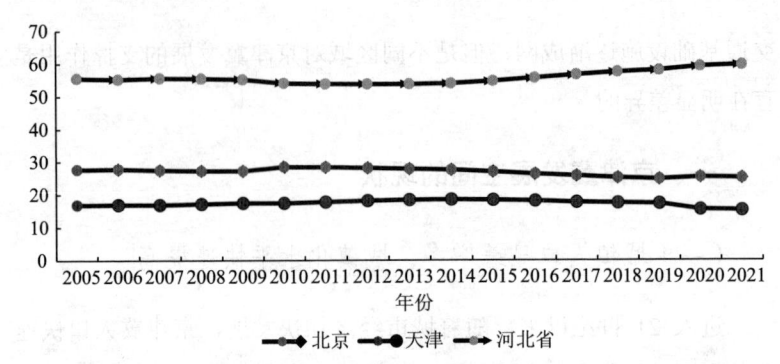

图 19-3　2005—2021 年京津冀三省(直辖市)城镇人口占京津冀城镇总人口比重(%)

资料来源：根据相关年份《中国统计年鉴》整理得到。

（二）城市规模明显扩大，建成区面积迅速扩张

除了少数几个城市外，京津冀县级及以上城市的人口规模均有扩大，但扩大幅度有所不同。2006—2020 年，京津冀 32 个县级及以上城市中有 26 个城市的城区常住人口增速在 10%以上，其中天津、秦皇岛、衡水、晋州、遵化、迁安、黄骅、定州 8 个城市超过 50%，只有泊头、任丘和辛集 3 个城市的城区常住人口出现了减少，其中辛集的减少幅度最大，为 8.15%（见表 19-2）。

表 19-2　2006—2020 年京津冀县级及以上城市[1]的人口规模和建成区面积变动

城市	城区常住人口[2]（万人）			建成区面积（平方千米）		
	2006 年	2020 年	城区常住人口增速（%）	2006 年	2020 年	建成区面积增速（%）
北京	1333.00	1916.40	43.77	1254.23	1469.05	17.13
天津	567.45	1174.44	106.97	539.98	1170.24	116.72

续表

城市	城区常住人口[2]（万人）			建成区面积（平方千米）		
	2006年	2020年	城区常住人口增速（%）	2006年	2020年	建成区面积增速（%）
石家庄	226.05	336.35	48.79	174.96	311.83	78.23
唐山	196.58	205.74	4.66	209.11	249.00	19.08
秦皇岛	86.36	134.04	55.21	82.62	145.00	75.50
邯郸	150.40	218.68	45.40	101.80	189.20	85.85
邢台	59.93	80.19	33.81	50.57	157.05	210.56
保定	110.40	164.03	48.58	100.00	205.98	105.98
张家口	82.62	99.06	19.90	76.82	101.80	32.52
承德	42.76	57.85	35.29	77.27	80.06	3.61
沧州	50.98	68.51	34.39	42.00	87.24	107.71
廊坊	48.80	67.90	39.14	54.07	73.46	35.86
衡水	37.00	64.92	75.46	43.90	75.59	72.19
晋州	9.00	13.96	55.11	13.00	14.83	14.08
新乐	8.30	9.55	15.06	13.00	14.80	13.85
遵化	15.61	25.90	65.92	17.20	26.40	53.49
迁安	18.30	36.00	96.72	23.78	45.00	89.23
武安	19.80	25.20	27.27	21.20	38.60	82.08
南宫	10.95	15.22	39.00	10.30	16.03	55.63
沙河	9.08	11.08	22.03	13.49	17.74	31.50
涿州	22.80	28.23	23.82	24.79	37.43	50.99
安国	9.50	11.57	21.79	12.60	14.69	16.59
高碑店	14.88	15.33	3.02	16.65	21.08	26.61
泊头	17.60	17.02	-3.30	19.71	20.03	1.62
任丘	39.70	36.87	-7.13	40.15	50.45	25.65
黄骅	13.55	20.80	53.51	16.02	38.20	138.45

续表

城市	城区常住人口[2]（万人）			建成区面积（平方千米）		
	2006年	2020年	城区常住人口增速（%）	2006年	2020年	建成区面积增速（%）
河间	14.70	18.68	27.07	15.06	20.90	38.78
霸州	15.00	15.16	1.07	17.60	17.60	0.00
三河	19.56	22.49	14.98	17.50	19.31	10.34
深州	16.78	19.32	15.14	16.44	21.23	29.14
辛集	24.17	22.20	-8.15	22.87	34.03	48.80
定州	21.60	41.02	89.91	25.21	44.20	75.33

[1]表中县级城市不包括白沟新城、冀州、平泉和滦州；[2]城区常住人口由城区人口加上城区暂住人口得到。

资料来源：根据《中国城市建设统计年鉴2006》和《中国城市建设统计年鉴2020》整理得到。

2006—2020年，随着人口规模不断扩大，除个别城市外，京津冀各城市的建成区面积出现了不同程度的扩张。其中，29个城市的建成区面积增速在10%以上，天津、石家庄、秦皇岛、邯郸、邢台、保定、沧州、衡水、遵化、迁安、武安、南宫、涿州、黄骅、定州15个城市的建成区面积增速在50%以上。邢台的建成区面积增速最快，高达210.56%。

（三）交通设施大幅改善，城市间联系愈加便利

"十三五"时期以来，京津冀重大交通基础设施建设加快，逐步形成了以海洋运输为龙头、铁路为骨干、公路为基础、航空运输相配合、管道输送相辅助的综合交通运输网络体系。"十放射、一纵、五横"的铁路干线网格局以及"九放射、四纵、八横、一滨海"

的公路干道网格局基本成型。海港集中于天津、唐山、秦皇岛和沧州 4 个城市，天津港是中国北方最大的综合性港口，拥有各类泊位总数 173 个，万吨级以上泊位达到 119 个；空港以北京首都国际机场为主，包括北京大兴国际机场、天津滨海机场、石家庄正定机场、秦皇岛山海关机场、唐山三女河机场、邯郸机场。

近年来，京津冀城市间的高铁及动车互开班次大幅增加，交通便利化程度大幅提高，显著强化了城市间的经济联系。京津冀城市间的高铁及动车线路主要集中在东部沿海和南部平原地区，京沪铁路和京广铁路沿线的地级及以上城市均已实现高铁及动车通车，但主要集中在北京与周边城市之间（见表 19–3）。

表 19–3　2020 年 3 月京津冀高铁及动车班次表（单位：班次）

城市	北京	天津	石家庄	唐山	秦皇岛	邯郸	邢台	保定	沧州	廊坊	张家口	衡水
北京	—	174	99	26	22	40	30	56	39	22	25	0
天津	178	—	29	45	43	16	12	22	27	9	0	0
石家庄	99	28	—	18	18	69	51	71	0	0	0	23
唐山	19	45	18	—	47	9	8	17	11	1	0	0
秦皇岛	21	41	18	43	—	9	8	17	10	1	0	0
邯郸	26	15	53	9	—		11	28	0	0	0	3
邢台	18	10	37	6	6	35	—	20	0	0	0	4
保定	48	25	76	16	16	39	34	—	1	0	0	0
沧州	47	27	0	6	6	0	0	0	—	8	0	0
廊坊	20	10	0	4	3	0	0	0	8	—	0	0
张家口	24	0	0	0	0	0	0	0	0	0	—	0
衡水	0	0	23	0	0	0	0	0	0	0	0	—

注：2020 年 3 月承德尚未通车。京津冀高铁及动车班次在 2021 年调度调整，导致 2022 年 7 月京津冀高铁及动车班次数量少于 2020 年 3 月，因此本章采用 2020 年 3 月的数据。

资料来源：根据中国铁路客户服务中心 www.12306.com 整理得到。

二、京津冀发展空间的演进分析

1978—2021 年,京津冀地区生产总值由 374.51 亿元增加到 96355.9 亿元,按名义价格计算,年均增速为 13.78%。1978 年以来,京津冀对区域经济的增长贡献及其在区域经济中的空间格局都发生了明显的变化。

(一)京津冀经济集聚的空间变化

京津冀共同推动了区域经济快速增长。1978—2021 年,北京地区生产总值由 108.80 亿元增加到 40269.6 亿元,按名义价格计算,年均增速为 14.74%;天津地区生产总值由 82.65 亿元增加到 15695.0 亿元,按名义价格计算,年均增速为 12.97%;河北地区生产总值由 183.06 亿元增加到 40391.3 亿元,按名义价格计算,年均增速为 13.37%。

1978—2014 年,京津冀三省(直辖市)在区域经济中格局并没有出现根本性变化,始终是河北比重最高,约占五成左右,其次是北京,天津所占比重最低。2015—2021 年,京津冀三省(直辖市)区域经济的相对格局发生了显著的变化。1978 年以来,河北地区生产总值占京津冀的比重快速提高,一度超过 50%,1998 年最高达到 58.08%,之后开始逐渐降低,除 2004 年有所提高外,一直降到 2021 年最低值 41.91%。1978—2020 年,北京地区生产总值占京津冀的比重呈现出螺旋式上升态势,2021 年所占比重有所下降,但较 1978 年仍有所提高。天津所占比重则经历了"减少—增加—减少"的变动(见图 19–4)。

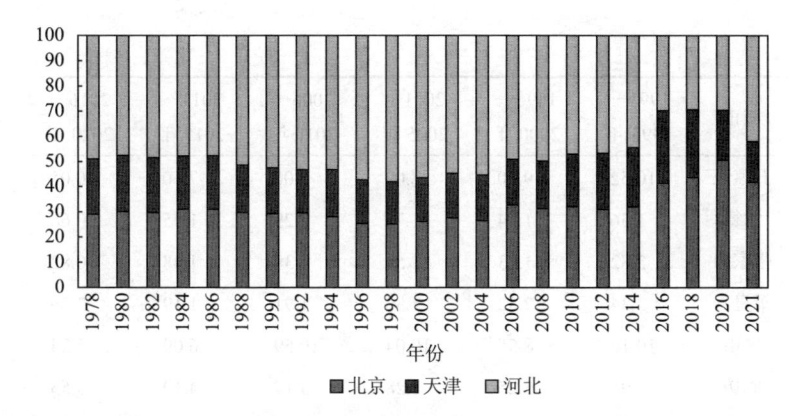

图19-4 1978—2021年京津冀三地地区生产总值占三地地区生产剖值之和的比重(%)

资料来源：根据《北京统计年鉴2021》《天津统计年鉴2021》和《河北统计年鉴2021》及京津冀三省（直辖市）2021年国民经济和社会发展统计公报整理得到。

（二）京津冀发展空间转换的阶段性

经济增长贡献是判断某个地区经济增长是否对区域整体经济增长形成主要支撑作用的重要依据，也是判断某个地区是否为区域主要发展空间的重要依据。基于数据的可得性，计算1990年以来京津冀13个地级及以上城市在各个五年计划（规划）期内经济增长对区域整体经济增长的贡献率（见表19-4）。

表19-4 1990—2020年各个五年计划（规划）期京津冀13个地级及以上城市对整个区域的经济增长贡献率

城市	1991—1995年	1996—2000年	2001—2005年	2006—2010年	2011—2015年	2016—2020年
北京	27.15	35.01	35.44	31.67	34.47	63.86
天津	16.75	15.81	20.26	23.41	27.78	15.95

续表

城市	1991—1995年	1996—2000年	2001—2005年	2006—2010年	2011—2015年	2016—2020年
石家庄	10.52	9.50	7.07	7.00	7.60	0.05
承德	1.56	1.74	1.78	2.29	1.75	0.68
张家口	2.82	1.73	1.55	2.39	1.48	0.82
秦皇岛	3.34	2.32	1.86	1.91	1.19	2.06
唐山	10.16	8.55	10.04	10.59	6.09	5.24
廊坊	3.96	3.25	2.28	3.17	4.19	3.55
保定	7.09	6.71	3.34	4.24	4.66	2.92
沧州	4.94	4.32	6.04	4.65	4.17	0.95
衡水	2.77	2.77	2.00	1.14	1.63	0.86
邢台	3.53	3.49	2.80	2.31	2.06	1.37
邯郸	4.97	5.18	5.55	5.22	2.92	1.69

资料来源：根据《北京统计年鉴2021》《天津统计年鉴2021》和《河北统计年鉴2021》测算。

"八五"时期（1991—1995年），北京对京津冀的经济增长贡献率为27.15%，天津为16.75%，石家庄和唐山分别为10.52%和10.16%，其他城市均在10%以下，且大部分城市不到5%。说明"八五"时期北京是京津冀最重要的发展空间，是其他地区不能比拟的。

"九五"时期（1996—2000年），北京对京津冀的经济增长贡献率提高到35.01%，天津下降为15.81%，河北11个地级市均在10%以下。说明"九五"时期北京仍然是京津冀其他地区难以比拟的发展空间。

"十五"时期（2001—2005年），北京对京津冀的经济增长贡献率提高到35.44%，天津提高到20.26%，唐山提高到10.04%，其他地区均在 10%以下。说明"十五"时期北京仍然是京津冀最大的发展空间，但天津的支撑作用明显增强。

"十一五"时期（2006—2010 年），北京对京津冀的经济增长贡献率下降为 31.67%，天津提高到 23.41%，唐山提高到 10.59%，其他地区均在 10%以下。这说明"十一五"时期，北京和天津仍然是京津冀其他地区不能比拟的主要发展空间，且天津的支撑作用进一步提升。

"十二五"时期（2011—2015 年），北京对京津冀的经济增长贡献率提高到 34.47%，天津提高到 27.78%，其他地区均在 10%以下。这说明"十二五"时期，北京和天津仍然是京津冀主要的两个发展空间，且支撑作用均进一步提升。

"十三五"时期（2016—2020 年），北京对京津冀的经济增长贡献率高达 63.86%，天津为 15.95%，其他地区全部在 10%以下。这说明"十三五"时期，北京和天津仍是京津冀主要的两个发展空间。

总体来看，"八五"时期以来，北京对京津冀的经济增长贡献率呈现出上升趋势。天津在"八五"到"十二五"期间对京津冀的经济增长贡献率呈现出上升趋势，"十三五"时期有较大幅度下降。而河北 11 个地级市则呈现出整体偏低趋势，其中不仅有外部环境影响的因素，而且有内部经济结构转型的原因。因此，改革开放以来北京一直是京津冀最主要的发展空间，天津"十五"时期以来逐渐成为京津冀另一个主要发展空间，京津对京津冀的经济增长贡献率逐步提高，在"十三五"时期高达 79.81%，比"八五"时期提高了 35.4 个百分点。

2022 年，北京和天津的人均地区生产总值分别为 19.03 万元和 11.92 万元，产业结构分别为 0.3∶15.9∶83.8 和 1.7∶37.0∶61.3，均已步入工业化后期或者后工业化阶段。综合考虑，京津冀的区域发展新空间应该从河北 11 个地级市中筛选。

第三节 京津冀发展新空间和潜在发展新空间的选择

北京、天津都已步入工业化后期或者后工业化阶段，很难再持续保持高速度的经济增长率，但从经济增长贡献率来说，它们对京津冀的影响仍然较大。目前，河北各地级市均处于工业化前期或中期阶段，仍然需要加快推进工业化进程，从而提高经济发展水平和居民收入水平，因此京津冀区域发展新空间应该在河北范围内选择。张家口和承德作为北京和天津的生态屏障和水源保护地，也是《京津冀协同发展规划纲要》明确的西北部生态涵养区的重要组成部分，重点发挥生态保障、水源涵养、旅游休闲、绿色产品供给等功能，不适宜作为京津冀潜在区域发展新空间。

一、选择依据

在河北选择京津冀区域发展新空间，首先通过经济增长贡献遴选出那些已经对河北经济增长产生重要支撑作用的地级市，然后从区位、交通、生态环境和国家政策等方面来考察这些城市是否有条件和潜力成为京津冀的发展新空间。

（一）经济增长潜力

如果一个地区经济体量过小，即使经济增长率很高，也不一定能对区域经济增长产生重要影响作用。只有那些对区域经济增长贡献较高或经济总量提高到一定水平的地区，已经或开始对区域经济增长产生重要作用，才有可能成为区域发展新空间。相对于京津两市而言，河北 11 个地级市的经济体量都太小，所以用 11 个地级市对河北的经济增长贡献代替它们对京津冀的经济增长贡献。

2010 年以来，河北 11 个地级市对全省的经济增长贡献率处于变化明显的状态（见表 19–5）。作为省会，石家庄对河北的经济增长贡献率长期处于较高水平，其经济增长率的变化呈现"增加—降低—增加"的趋势，2018 年达到最高，为 48.18%。作为地区生产总值居河北首位的地级市，唐山对全省的经济增长贡献率大部分年份比较高，受到京津冀污染治理及供给侧结构性改革的影响，2012 年以后其对全省的经济增长贡献率明显降低，甚至出现负数，2016 年之后又快速提高，2021 年提高到 30.53%。2016 年前保定对河北的经济增长贡献率均在 10% 以上，最高的 2015 年达到 21.51%，近年来明显降低，且在 2017 年、2018 年和 2021 年出现负增长。2010—2017 年，沧州对河北的经济增长贡献率保持在 10% 左右，2018 年最高达到 22.62%，2020 年又明显降低。廊坊、衡水、邢台对河北的经济增长贡献率均处于波动状态，廊坊对全省的经济增长贡献率提高幅度显著，2015 年达到 24.14%。2012 年之前，邯郸对河北省的经济增长贡献率在保持在 10% 以上，但近年来波动幅度较大，2010—2019 年降低了 2.68 个百分点，但 2021 年的贡献率相比 2010 年又提高了 2.9 个百分点。因此，从对河北经济增长贡献率的角度来看，石家庄、唐山、廊坊、秦皇岛、沧州、邢台、衡水和保定可以作为京津冀区域发展新空间的备选区域。

表 19-5　2010—2021 年河北 11 个地级市对全省的经济增长贡献率变化

年份	石家庄	承德	张家口	秦皇岛	唐山	廊坊	保定	沧州	衡水	邢台	邯郸
2010	13.17	4.25	5.47	4.15	21.63	6.71	10.55	13.24	4.27	5.13	11.41
2011	17.06	5.39	3.81	3.49	24.36	6.52	10.00	9.56	3.69	5.43	10.7
2012	18.98	3.53	5.22	3.15	19.05	8.31	12.32	10.33	3.73	4.69	10.69
2013	23.79	5.9	5.46	1.92	16.99	9.74	12.01	13.13	3.88	4.75	2.44
2014	26.24	6.03	2.74	2.68	8.91	19.93	11.2	10.31	6.75	3.63	1.58
2015	21.91	1.31	1.18	4.09	-9.91	24.14	21.51	15.18	5.74	9.55	5.3
2016	21.23	3.48	4.47	4.31	10.98	10.75	7.7	9.77	8.73	9.2	9.4
2017	24.17	2.61	-3.78	14.64	16.99	15.56	-2.65	9.57	9.98	11.14	1.78
2018	48.18	5.37	-0.14	-0.42	13.83	-9.14	-4.62	22.62	8.49	8.59	7.23
2019	16.73	3.65	4.68	4.03	22.7	6.27	9.45	12.39	4.74	6.63	8.73
2020	9.39	5.95	3.68	5.54	24.08	7.89	13.67	8.32	4.15	6.04	11.3
2021	16.61	4.39	3.82	4.73	30.53	7.54	-6.86	13.87	4.28	6.78	14.31

资料来源：根据《河北经济年鉴》（2011—2021 年）和 2021 年河北各地级市国民经济和社会发展统计公报整理得到。

（二）区位条件

区位条件对一个地区的市场潜力具有决定性影响。作为京津冀区域发展新空间的备选地区，河北省 8 个地级市的区位条件存在明显的差异。

秦皇岛、唐山、沧州是河北仅有的 3 个沿海地级市，都有规模较大且具有重要功能的港口。其中，秦皇岛港长年不冻、不淤、水深、浪小，万吨货轮可自由出入，是一个天然良港，是世界第一大能源输出港，也是中国"北煤南运"大通道的重要枢纽港；唐山港是中国沿海的地区性港口，能源、原材料等大宗物资专业化运输系统的重要组成部分，也承担"北煤南运"的重要任务；沧州黄骅港是河北沿海的地区性重要港口和距离冀东南地区运距最短的出海口，也是中国主要的能源输出港之一。

唐山南邻天津，沧州北邻天津，保定北邻北京，廊坊西北邻北京、东邻天津，四者都能接受到京津两个超大城市较强的辐射带动作用，尤以廊坊为最。

京津冀重要的交通干线主要是京津、京沪、京广、京九、京哈、青（岛）太（原）等方向的铁路、高速铁路和高速公路。其中，廊坊地处京津方向的交通干线上；廊坊和沧州地处京沪方向交通干线上；保定、石家庄、邢台和邯郸地处京广方向的交通干线上；唐山和秦皇岛地处京哈方向的交通干线上；石家庄和衡水地处青（岛）太（原）方向的交通干线上；衡水还在京九方向的交通干线上。总之，石家庄、唐山、廊坊等9个地级市的交通条件较好，尤以石家庄地处京广和青（岛）太（原）两个方向交通干线的交会处最为优越。

在京津冀区域发展新空间9个备选区域中，石家庄拥有正定国际机场，属于国内枢纽机场；秦皇岛拥有山海关机场和北戴河机场，唐山和邯郸各有一个机场；廊坊、保定、沧州、衡水和邢台尚没有建设民用机场，但新建成的北京大兴国际机场位于廊坊与北京交界处。

(三)生态环境约束

京津冀地区是中国目前经济发展较快的区域之一,但伴随着经济的快速增长,资源消耗与生产、生活环境污染等问题也日益突出,解决好生态环境保护的问题,不仅是建设生态文明的必然环节,同时也是拓展京津冀发展新空间必须考虑的重要因素。

目前,受产业结构和空气扩散等条件限制,京津冀及其周边地区的空气环境质量、水环境质量等均较差,生态环境约束明显。首先,在全国地级及以上城市环境空气质量综合指数评价中,2015—2020年,除张家口与承德的排名较靠前外,京津冀其余地级及以上城市的排名基本维持在倒数的水平(见表19–6)。其次,从主要污染物浓度变化来看,2016—2020年,京津冀及周边地区的主要污染物为臭氧,其次是PM10与PM2.5。最后,从2021年10月亚洲清洁空气中心发布的《大气中国2021》中的空气质量改善得分来看,2020年,在169个地级及以上城市中,除张家口、北京和承德外,京津冀其余城市的得分较低,排名也较靠后(见表19–7)。

表19–6 2015—2020年京津冀环境空气质量综合指数及排名

年份	地级及以上城市及排名[1]	评价地级及以上城市总数[2](个)
2015	张家口(21)、承德(34)、秦皇岛(50)、天津(60)、沧州(63)、北京(64)、廊坊(66)、石家庄(67)、邯郸(68)、唐山(71)、衡水(72)、邢台(73)、保定(74)	74
2016	张家口(22)、承德(36)、秦皇岛(53)、天津(59)、北京(61)、廊坊(63)、沧州(64)、唐山(69)、邯郸(70)、邢台(71)、保定(72)、石家庄(73)、衡水(74)	74

续表

年份	地级及以上城市及排名	评价地级及以上城市总数（个）
2017	张家口（16）、承德（35）、秦皇岛（55）、北京（56）、天津（60）廊坊（62）、沧州（64）、衡水（67）、唐山（70）、保定（71）、邢台（72）、邯郸（73）、石家庄（74）	74
2018[3]	石家庄（168）、邢台（167）、唐山（166）、邯郸（165）、保定（162）	169
2019[3]	邢台（167）、石家庄（166）、邯郸（165）、唐山（163）、保定（158）	168
2020[3]	张家口（19）、石家庄（167）、唐山（165）、邯郸（164）、邢台（161）、保定市（152）	168

[1]括号内表示城市的排名；[2]包括京津冀及周边地区、长三角地区、汾渭平原、成渝地区、长江中游、珠三角地区等重点区域以及省会城市和计划单列市。[3]没有公布所有城市排名。
资料来源：根据相关年份《中国环境状况公报》《中国生态环境状况公报》整理得到。

表19–7　2020年京津冀地区部分地级及以上城市空气质量改善得分及排名

地级市	得分	排名
张家口	56.23	33
北京	55.47	38
承德	53.86	48
保定	51.21	67
秦皇岛	50.0	83
廊坊	50.0	83
沧州	50.0	83
邯郸	50.0	83
唐山	49.45	111
天津	48.48	119
邢台	47.62	128
石家庄	47.5	129

资料来源：根据《大气中国2021》整理得到。

（四）国家政策

保定、秦皇岛、唐山、沧州、石家庄、邢台、邯郸都有国家级或河北省级新区。2017年4月，中共中央、国务院决定设立河北雄安新区，这是千年大计、国家大事。

秦皇岛、唐山和沧州分别建设有北戴河新区、曹妃甸新区和渤海新区。2011年11月，国务院批准实施的《河北沿海地区发展规划》，提出要加快河北沿海地区开发开放，以沿海高速公路和滨海公路为纽带，合理规划建设北戴河新区、曹妃甸新区、渤海新区，促进人口和产业有序向滨海地区集聚，建成滨海产业和城镇集聚带。2016年10月，《河北沿海地区发展规划"十三五"实施意见》提出，要重点打造渤海新区、曹妃甸新区两大增长极，赋予渤海新区、曹妃甸新区、北戴河新区部分省级经济管理权限。

作为河北省省会，石家庄是全省政治、经济、科技、金融、文化和信息中心，是国务院批准实行沿海开放政策和金融对外开放城市。在中国行政管理体制背景下，河北全省投资、项目、人才等资源要素资金倾向于向石家庄集中。正定新区是指石家庄城市空间布局结构"一城三区三组团"中的滨河新区，正定县与正定新区实行"县区合一"的管理体制。

邢台和邯郸分别建设有邢东新区和冀南新区。邢东新区是国家级产城融合示范区、河北重点支持发展的三大新区之一。2016年1月，河北省人民政府批复了《邢台邢东新区总体规划纲要（2016—2030）》，对邢东新区的规划定位是转型升级及产城融合示范区、先进装备制造业基地、新能源及新能源产业基地和新兴业态孵化基地；2016年9月，国家发展和改革委员会把邢台邢东新区纳入全国58个国家级产城融合示范区序列。冀南新区是河北第三个战略发展新区,被河北确定为京津冀产业转移重大承接平台之一。

二、选择结果

综合比较京津冀发展新空间 9 个备选地级市的区位优势和政策优势,石家庄、保定、廊坊、唐山和沧州应该作为京津冀发展新空间加以培育。2020 年,京津冀发展新空间总面积 7.30 万平方千米,常住人口 4330 万人,地区生产总值 23256 亿元,人均地区生产总值 53709 元,城镇化率 67.36%,三次产业结构为 8.8∶38.8∶52.4,人均地区生产总值低于全国平均水平,城镇化率高于全国平均水平(见表 19–8)。其中,石家庄、唐山和保定是大城市,但城区常住人口都不到 400 万人;廊坊和沧州是中等城市,城区人口也都不到 80 万人;石家庄、保定、廊坊、唐山和沧州 5 个地级市中,2020 年只有唐山的人均地区生产总值高于京津冀平均水平和全国平均水平,但城镇化率低于京津冀平均水平,保定和沧州的城镇化率还低于全国平均水平,保定的第一产业增加值所占比重仍在 10%以上。要加大对这些地区的政策支持力度,使它们快速崛起为引领和带动京津冀经济平稳持续增长的重要地区。

邯郸、邢台、衡水、秦皇岛是京津冀潜在区域发展新空间的备选地区,在未来更长远的时间内发展成为支撑京津冀经济增长的重要区域。2020 年,京津冀潜在区域发展新空间面积 4.11 万平方千米,常住人口 2387 万人,地区生产总值 8723 亿元,人均地区生产总值 36544 元,城镇化率 57.18%,三次产业结构为 12.7∶37.8∶49.5,人均地区生产总值仅为全国平均水平的 57.81%,城镇化率比全国平均水平低 6.71 个百分点,第一产业增加值占地区生产总值的比重超过

10%（见表19–8）。其中，邯郸和秦皇岛是Ⅱ型大城市，但城区常住人口都不足300万人，邢台和衡水是中等城市，人均地区生产总值和城镇化率均低于全国平均水平和京津冀平均水平。

表19–8　2020年京津冀区域发展新空间和潜在区域发展新空间基本情况

区域发展空间		土地面积（万平方千米）	常住人口（万人）	地区生产总值（亿元）	人均地区生产总值（元）	城镇化率（%）	产业结构
区域发展新空间	石家庄	1.58	1124	5810	52859	65.05	8.4∶29.4∶62.2
	保定	2.22	1155	3772	31856	57.14	11.7∶33.1∶55.2
	廊坊	0.64	549	3196	65512	64.85	6.1∶33.6∶60.3
	唐山	1.42	772	6890	86667	64.25	8.2∶53.2∶38.6
	沧州	1.43	730	3588	47663	51.10	8.5∶38.8∶52.7
	合计	7.30	4330	23256	53709	67.36	8.8∶38.8∶52.4
潜在区域发展新空间	邯郸	1.21	941	3486	36546	58.34	10.4∶43.2∶46.4
	邢台	1.24	711	2120	28707	54.15	14.2∶37.4∶48.4
	衡水	0.88	421	1505	33599	54.63	15.1∶31.4∶53.5
	秦皇岛	0.78	314	1612	51334	64.01	13.8∶32.7∶53.5
	合计	4.11	2387	8723	36544	57.18	12.7∶37.8∶49.5

资料来源：根据《河北统计年鉴2021》整理得到。

第四节　京津冀发展新空间的发展方向和重点

拓展京津冀区域发展新空间，要紧抓京津冀协同发展的重大机遇，积极承接北京、天津两大城市的制造业、商贸服务业的转移和科技创新成果的产业化项目，深入挖潜北京、天津的消费市场，把农产品和制造业产品销售到京津巨大的消费市场中去；积极与北京、天津的相关产业进行产业链对接和合作，利用好京津优质生产性服务业和高新技术制造能力，支撑和推动当地制造业发展和转型升级；积极围绕雄安新区谋发展，重点营造市场化、法治化、国际化营商环境，集中承载北京非首都功能转移，吸引高端产业集聚发展；在沿海地区优化提升港口条件，重点布局重化工业项目，加强沿海与内陆的交通基础设施连接，充分利用四通八达的交通主干网络，加强对全国消费市场的开拓和挖潜。

一、建设石家庄现代化都市圈，打造京津冀第三极

作为河北省会城市，石家庄区位交通优越，产业基础雄厚，是河北政治、科技和文化中心，发展潜力巨大。近年来，根据资源条件和环境容量、产业发展基础和优势、产业发展规律和未来趋势，以及与京津和雄安新区产业对接融合的现实需要，石家庄确定了做强做优新一代信息技术、生物医药健康、先进装备制造、现代商贸物流四大产业，培育壮大旅游业、金融业、科技服务与文化创意、节能环保四大产业。

京津冀协同发展的重点在于提升河北的发展水平，而这在一定程度上依赖于核心增长极的辐射带动作用。目前，北京与天津之间的经济联系非常紧密，京津冀城市群经济发展呈现出明显的中心-外围结构，京津双城辐射带动冀北和冀东地区效果明显。但是，对于冀中南地区而言，其位于京津冀 300 千米辐射半径之外，较难接收到来自京津的辐射带动作用。因此，把石家庄培育为京津冀区域发展的第三极，形成从（北）京（天）津"两核带动"到（北）京（天）津石（家庄）"三足鼎立"的区域格局，对于促进冀中南地区的崛

起至关重要（安树伟，安琪，2021）。

石家庄作为石家庄都市圈的核心城市，在经济规模、基础设施、公共服务、体制机制和市场环境等方面均与北京、天津存在较大差距，这也导致了人口向京津地区流动。石家庄都市圈尚处于萌芽期，应该做好核心城市的"加法"，引导各类生产要素向石家庄集聚，增强核心城市的综合实力和辐射带动能力，成为带动冀中南地区发展的增长极。石家庄应强化省会城市功能，发展需求潜力大的物流、旅游、教育、文化等新兴服务业，提升服务业整体水平。同时，完善综合交通运输体系，特别是建设市郊铁路，畅通核心城市与周边中小城市的要素流通渠道，壮大中小城市规模；加快市场化改革，破除要素流动壁垒，建立一体化要素市场体系，引导生产要素跨区域自由流动；提升公共服务供给质量、创新户籍制度改革、优化营商环境，促进人口、产业和各类生产要素向石家庄集聚，使石家庄尽快发展成为经济发达、功能完善、环境优良、宜居宜业的现代化都市圈中心城市（安树伟，董红燕，2022）。

二、保定要依托雄安新区集中承接北京非首都功能疏解

2018年4月，中共中央、国务院批复《河北雄安新区规划纲要》，提出要着眼建设北京非首都功能疏解集中承载地，创造"雄安质量"，打造推动高质量发展的全国样板、建设现代化经济体系的新引擎。保定北邻首都北京，战略地位重要，区位交通优势突出。雄安新区的设立，为保定经济社会发展带来了千载难逢的重大机遇。一方面，保定要重点依托雄安新区集中承接在京部分教育、医疗、培训机构等社会公共服务和部分行政性、事业性服务机构和企业总部的功能转移，共建共管高水平的教育联合体、医疗联合体、创新孵化平台、

科研成果转化平台、功能园区等。另一方面，在全力配合雄安新区建设的同时，保定要依托自身的优势资源，围绕新能源、新能源汽车、新材料、节能环保等战略性新兴产业，发挥长城汽车股份有限公司、英利集团、保定天威集团有限公司等龙头企业的引领作用，积极加强与京津的创新合作和产业链对接合作，打造京津科技创新成果的转化和产业化基地，并完善基础设施和产业载体建设，改善营商环境，强化土地、资金、人才、能源等要素保障能力。

三、廊坊要充分发挥区位优势积极发展高技术制造业

廊坊地处京津交通主干线上，位于北京、天津两个超大城市之间，拥有得天独厚的区位优势，是北京非首都功能向外疏解和京津高科技创新成果转化的优选地。廊坊要着力发展高技术制造业，在电子信息、新材料、新医药、先进制造的基础上，积极承接京津科技创新成果的转化项目；大力发展现代物流、会展旅游、食品等行业，做好京津两大城市的产业承接基地和服务基地；依托北京大兴国际机场高水平建设临空产业园区，积极发展鲜活农产品、高级冷冻食品、花卉、智能设备制造、生物制剂生产、辅助设备制造、现代物流、商务会展等临空产业。积极推进三河、大厂、香河三县（市）与北京通州区的一体化发展，实现统一规划、统一标准、统一政策、统一管控，提升北三县的居住、商贸、休闲、疗养等特色功能，加强北三县与通州在教育、医疗卫生、市政交通、社会保险等公共服务方面的对接合作。

四、唐山要着力建设现代化钢铁城市和港口物流城市

唐山东临渤海，南接天津，区位条件优越，工业基础雄厚，是

中国近代工业的摇篮。目前，唐山已成为以煤炭、电力、钢铁、水泥、陶瓷等为主的全国重要的能源、原材料工业基地。未来，唐山要培育壮大钢铁、建材、能源、机械、化工五大产业，加强与京津科研院所的重大钢铁前沿技术攻关合作，重点推进钢铁产业的转型升级和技术改造，依托曹妃甸新区推进炼化一体化等重大项目建设，大力发展高附加值钢铁产品和高精尖设备用钢铁产品，加快建设世界性的现代化钢铁基地；要依托海港优势，通过提升产业和产品档次，发展高加工度制造业和集仓储、运输、服务等为一体的临港产业，发展成为世界重要的能源、原材料和先进制造业基地和世界重要的现代化港口物流城市。

五、沧州要充分发挥港口优势重点发展重化工业等临港产业

沧州东临渤海，北倚天津，不仅拥有黄骅港，而且有京沪等国家交通主干线贯穿过境。其中，黄骅港已转变为多功能、现代化、综合性国际港口，也是中国第二大煤炭输出港。近年来，沧州依托渤海新区成功承接了北京生物医药产业的转移，以生物医药、石油化工等产业为代表的重化工业得到快速发展，有力地支撑了地区经济快速发展。未来，沧州要充分发挥港口优势，重点依托渤海新区，进一步集中承接京津重化工产业转移和重化工业科技成果产业化项目，重点推进生物医药、石油化工、煤化工、天然气化工、盐化工等重化工业发展，强化重化工业污染防控和治理，拓展形成以石油化工、盐化工、天然气化工、煤化工为主的重化工产业链和产业集群，积极培育电力、机械加工和临港物流等临港产业发展，打造北方地区重要的现代化重化工基地和港口物流基地。

第五节 京津冀潜在发展新空间的发展方向和重点

邯郸、邢台、衡水和秦皇岛是京津冀潜在区域发展新空间,属于省际交界地区或者省域边缘地区,接受北京、天津等超大城市的辐射带动作用不强。邯郸、邢台和衡水是《京津冀协同发展规划纲要》确定的南部功能拓展区,而秦皇岛则属于东部滨海发展区。要利用好本身的产业、交通、港口、人口等优势条件,下大功夫优化营商环境,增强产业承接能力,完善城市功能,促进产业集聚和人口集中,做大做强经济规模和城市规模,并积极加强省际交界地区合作发展,强化基础设施互联互通和生态环境联防联治。

一、邯郸要着力建设晋冀鲁豫交界区域中心城市

邯郸地处晋冀鲁豫交界区域,历史悠久,文化底蕴深厚,矿产资源丰富,重工业基础雄厚,是中国重要的能源和原材料基地,也是晋冀鲁豫四省交界地区唯一具备铁路交叉、国道交会、高速纵横和航空港四位一体立体交通优势的城市。然而,邯郸位于河北最南端,远离首都北京和其他大城市,经济社会发展相对滞后。

邯郸要充分发挥交通、土地、人口等方面的优势,依托现有的钢铁、煤炭、建材和装备制造等产业基础,利用冀南新区、邯郸经济技术开发区等重要产业集聚平台,打造京津冀重要的能源、原材料和装备制造基地,冀南地区重要的商贸物流基地和北方地区重要的农产品加工基地,壮大经济体量和人口规模,加快发展成为晋冀

鲁豫交界区域中心城市。重点引导钢铁企业向产业链条下游拓展，大力发展优特产品、精深加工产品和高精尖技术制品，通过技术合作加快农产品深加工产业发展。加快人才培养和技术引进，推动装备制造业向高端化、智能化、低碳化和集群化转型升级。改造提升钢铁、煤炭、农副产品等传统产品物流能力，培育发展冷链物流、保税物流、快递物流等新型物流企业，推进邯郸机场三期扩建，增开新航线，提升空运能力，把邯郸机场打造为区域性门户机场和航空物流集散中心（中国区域科学协会课题组，2020）。

二、邢台要建设具有较强竞争力的中心城市

邢台位于京广交通干线上，要充分发挥邻近省会石家庄的区位优势，与石家庄加强产业合作和产业链对接。抓住行政区划调整的机遇，提高承载能力，加快农业转移人口市民化进程，扩大中心城区规模，提升城市品位，提高中心城市综合竞争力，着力建设现代化城市。大力实施产业结构战略性调整，按照集聚、集约、生态、循环发展的思路，推进钢铁、煤化工、水泥、玻璃、电力等重化工业实现内涵式发展；依托雄厚的重化工业基础，大力培育发展新能源汽车、新能源新材料、节能环保、高端装备制造、现代服务业、现代农业，将邢台建设成为生态环境宜居、产业结构合理、城乡融合发展、具有较强竞争力的区域中心城市（中国区域科学协会课题组，2020）。

三、衡水要依托交通枢纽打造工业强市和京津技术成果转化及产业承接基地

衡水要积极要推动产业转型升级，积极支持劳动密集型产业和

"富民产业"发展，做优做强实体经济，加快推进产业基础高级化、产业链现代化。在高端装备制造、新材料、食品和生物制品三大主导产业，围绕整机、配套、成链，通过招大引强、科技引领、补缺拉长、降本增效等措施，重点在轨道交通装备、高性能复合材料、生物制药、改性橡胶、油气输储设备等细分领域形成局部优势。推进衡水高新技术产业开发区尽快升格为国家级高新技术产业开发区；加快枣强毛皮、武强乐器、故城服装服饰等产业科技平台建设，实现县域特色产业省级平台全覆盖。支持衡水滨湖新区发展教育康养、商务会展、总部经济和文体旅游业，尽快形成现代服务业聚集区。全面提升城市品质，促进城乡融合发展，推进城乡一体化发展，打造北方平原地区统筹城乡发展的样板。

四、秦皇岛重点建设现代化国际性旅游城市

秦皇岛是东北连接华北的交通咽喉，地理位置非常重要，境内的北戴河是驰名中外的旅游休闲度假胜地。坚持把发展经济着力点放在实体经济上，深入推进制造强市、质量强市建设，大力发展先进制造业，加快发展现代服务业，积极布局培育发展高潜力未来产业，构建三次产业深度融合，实体经济、科技创新、现代金融、人力资源协同发展的现代化经济体系，推动经济存量做优、增量做强、总量做大，不断提升经济发展的质量效益和核心竞争力。

顺应产业发展趋势，积极壮大生命健康、文体旅游、临港物流等城市特色产业，超前规划布局未来产业，增强高质量发展新动能。秦皇岛要加强旅游集散配套设施建设，优化交通网络和旅游线路，发挥好文化旅游和山海风光旅游的资源优势，大力促进休闲度假旅

游业向国际性、现代化转型；依托北戴河新区建设，重点发展旅游装备制造、医疗康养及设备制造等产业；充分发挥港口优势，优化提升港口职能，促进能源输出信息化发展，积极推动临港商贸物流业发展。

第六节 京津冀拓展区域发展新空间的对策

一、提升京津对区域发展新空间的辐射带动力

京津冀的区域发展新空间聚集在北京和天津两个超大城市的周边。北京和天津是京津冀协同发展的主要引擎，拓展区域发展新空间离不开京津两个超大城市的辐射带动作用。要优化提升河北产业集聚平台的产业承接能力，畅通资源要素跨地区自由流动的通道（安树伟、孙文迁，2019），着力增强河北尤其是京津周边地区产业与京津产业之间的关联度，促进京津产业顺利向周边地区转移（温科、张贵，2019）。

目前北京对区域发展新空间的辐射带动主要通过非首都功能疏解进行。对于具有很强的规模经济效应和集聚经济效应的产业或产业环节以及社会事业机构，主要采用集中疏解的方式，充分发挥这些非首都功能的规模经济效益和集聚经济效益，宜选择京广、京九、京沪、京秦等主干铁路沿线布局。对于规模经济效益和集聚效益不高的产业或产业环节，要优化空间布局，在河北规划建设多个产业园区和特色小镇，培育成为承接北京非首都功能分散疏解的"微中心"，作为北京非首都功能分散疏解的承接地（河北省发展和改革委员会宏观经济研究所课题组，2018）。

天津对区域发展新空间的辐射带动主要通过产业转移。立足全国先进研发基地、北方国际航运中心、金融创新运营示范区、改革开放先行区的功能定位，天津要加快产业结构升级和转型步伐，推进向唐山、沧州等周边城市的产业转移和链条延伸，强化天津与周边城市之间的关联互动发展。在高技术制造业方面，天津要采用设备参股等方式向河北各地转移传统产业项目，探索企业专业化协作、集团化联合发展的路子，形成与周边城市分工协作、联动密切的产业链条（张娜，2020）。在港口发展方面，整合津冀港口资源，强化天津港与曹妃甸港、黄骅港等港口的沟通与合作，通过相互参股、合理分工、协作共建的方式，建立健全区域港口协调发展机制，共同打造区域港口产业群，形成业务共同体、利益共同体和命运共同体，提升区域港口整体竞争力（河北省发展和改革委员会宏观经济研究所课题组，2018）。

二、以雄安新区为引领促进区域发展新空间快速成长

以雄安新区建设为抓手，集中承接北京非首都功能，吸引企业总部、研发机构、事业单位等高端机构入驻（河北省发展和改革委员会宏观经济研究所课题组，2018），使之成为北京的"反磁力中心"，促进周边人口、技术与资金等生产要素资源向雄安新区集聚，促进京津冀区域发展新空间快速成长。应着力通过打造产业发展平台、建设创新发展引领区和综合改革试验区、构建多层级公共服务体系等措施，提升雄安新区的城市能级，增强雄安新区对企业和人口的吸引力，扭转资源要素向京津集聚的整体态势（李磊，2018）。雄安新区建设要借鉴深圳特区、浦东新区的经验提高市场化水平，重点配置科技资源，优化生态环境（高卷，2017）。通过雄安新区建

设，引领保定做大做强，以优化京津冀城镇规模等级体系，减轻首都北京人口膨胀的压力。

三、促进京津科研成果率先在河北转化

发挥京津科技创新、金融服务、公共服务优势，京津冀区域发展新空间和潜在区域发展新空间的产业基础、文化资源、综合配套优势，打造科技成果孵化转化基地。深化与北京高校和科研院所合作，加速科技成果转化。要提高河北高端人才培养、基础设施配套和社会公共服务的水平，对迁移人才在住房、交通等方面实施专项优惠政策，增加迁移价值的砝码，为技术转移提供应用技术人才支撑，提高河北的技术转化能力（崔发周，2014）。要制定激励政策，促进京津冀三地间产学研联盟建设，协同推进环保技术研发，提升市场转化效率，形成区域环境污染协同治理的长效机制（文魁，祝尔娟等，2013）。优化科技中介空间布局，促进京津科技创新成果在京津冀发展新空间的中试和产业化。落实完善激励、培养、引进人才的政策措施，加强高技能人才培训基地、技能大师工作室、博士后成果转化基地建设，着力引进急需紧缺的高层次创新型团队和人才，让优秀人才引得来、留得住、发展好。

四、根本改善营商环境

河北地处东部沿海，环绕北京、天津两大直辖市，但长期以来其发展速度、规模和质量却不尽人意，其主要原因在于营商环境不高，改善营商环境是当务之急。一是对市场进行有效监管，严厉打击假冒伪劣和地方保护，并在知识产权方面加强保护，依法惩治侵权行为。二是支持民营经济发展，各级政府要着力推进"放管服"

改革和国有企业改革，建立现代企业制度，着力放开不合理的民营企业禁入行业和领域，加强服务型政府建设，对国有企业和民营企业要做到一视同仁。三是通过商事制度改革和中国（河北）自由贸易试验区建设，提升河北市场化水平（河北省发展和改革委员会宏观经济研究所课题组，2018）。

五、严格治理环境污染

京津冀的区域发展新空间和潜在区域发展新空间，应减少污染物排放总量，通过完善环境保护的激励约束机制，使环境保护的外部效应内部化，尽快建立京津冀之间以生态补偿为目的的横向生态转移支付机制，根据生态系统服务价值、生态保护成本、发展机会成本，由北京和天津向河北进行生态补偿类横向财政转移支付。更重要的是加强区域立法，完善区域环境规制，强化企业技术进步，通过经济和法律手段优化生产力布局（安树伟，郁鹏，母爱英，2016）。对于冀中南地区的京津冀区域发展新空间和潜在区域发展新空间，要推进环境污染共防共治。统筹推进工业企业、清洁采暖、城市扬尘、机动车和非道路移动机械、农业面源等重点领域污染防治，加强钢铁、火电、建材、焦化、锅炉等重点工业企业污染治理提标改造，有机化工、石油化工等重点行业挥发性有机物综合整治；加强重点流域、区域、水库水污染防治，严格入河排污管理，开展海河流域水环境综合治理；强化城镇生活污水治理，做好土壤和地下水污染防治与修复工作（中国区域科学协会课题组，2020）。

参考文献

安树伟，安琪. 加快建设石家庄现代化都市圈[J]. 前线，2021（11）：73–76.
安树伟，董红燕. 都市圈、城市群与京津冀高质量协同发展[J]. 区域经济评论，2022（6）：84–92.
安树伟，郁鹏，母爱英. 基于污染物排放的京津冀大气污染治理研究[J]. 城市与环境研究，2016（2）：17–30.
安树伟，孙文迁. 都市圈内中小城市功能及其提升策略[J]. 改革，2019（5）：48–59.
崔发周. 京津技术向河北有效转移的路径设计与政策建议[A]. 第九届河北省社会科学学术年会论文集[C]. 河北省社会科学界联合会，2014：165–171.
高卷. 京津冀协同发展背景下雄安新区发展思路研究[J]. 经济与管理评论，2017，33（6）：130–136.
河北省发展和改革委员会宏观经济研究所课题组. 京津冀世界级城市群发展研究[J]. 经济研究参考，2018（15）：25–44.
金鹿，王珺. 京津冀打造世界级城市群发展研究——基于三大城市群综合评价分析[J]. 开发研究，2019（5）：53–58.
李磊. 提升雄安新区城市能级，促进京津冀城市群协同发展[J]. 国家治理，2018（48）：15–19.
马燕坤. 京津冀城市群城市功能分工研究[J]. 经济研究参考，2018（21）：26–44.
温科，张贵. 京津冀产业空间关联网络特征及其转移效应研究[J]. 河北工业大学学报（社会科学版），2019，11（1）：1–12.
文魁，祝尔娟等. 京津冀蓝皮书：京津冀发展报告（2013）[M]. 北京：社会科学文献出版社，2013：327.

张娜. 京津冀城市群协同发展路径分析[J]. 人民论坛·学术前沿, 2020 (2): 88–91.
中国区域科学协会课题组. 晋冀鲁豫四省交界区域合作的思路[J]. 经济研究参考, 2020 (4): 41–58.

第二十章　广东区域发展新空间

在全球经济发展低迷的背景下,通过拓展区域发展新空间,进一步释放后发地区经济增长的动能,缩小区域经济差异,从而支撑整体经济持续增长,已成为推动区域协调发展的重要内容。区域发展新空间的培育与发展与经济体的规模和发展特点紧密相关。而对于省域而言,在空间范围一定的情况下,是否同样蕴藏着拓展区域发展新空间的能量,从而推动省域经济持续增长?研究省内区域发展新空间,有利于更精准地认识新空间,并通过了解其动态变化历程,为区域经济新空间的培育、寻求区域经济新增长点提供更有针对性的政策参考。基于上述思考,本章将以广东为例,分析省域内部拓展区域发展新空间。

以广东为样本的主要原因在于,一是土地面积适中,且有一定的代表性。广东土地面积17.98万平方千米,居全国31个省(自治区、直辖市)第15位,其面积与其他省份相比,既不算大,也不算小,具有一定的典型性。二是区域经济规模较大,且内部各区域发展差异明显。广东经济发达,2021年GDP达12.44万亿元,居全国各省(自治区、直辖市)首位。同时,广东内部区域之间发展差异较大,位于前列的深圳、广州,属于中间的佛山、东莞,属于下游的茂名、湛江，这些城市具有典型的发展阶段异质性，具备拓展新空间的基本条件。三是广东珠三角地区作为中国改革开放的前沿，市场经济相对发达，科技创新水平较高，且跨区域间要素流动比较充分，区域关联度大，具备拓展区域发展新空间的支撑条件。四是广东尤其注重区域经济协调发展，在拓展区域新空间方面开展了较大探索。2005年，提出了"双转移"[①]，促进粤东、粤西、粤北地区振兴发展等区域协调发展战略，2018年提出把粤东、粤西打造成新增长极，与珠三角城市串珠成链形成沿海经济带，推动经济空间由珠三角地区向东翼、西翼和北部山区进行拓展，形成了"一核一带一区"[②]的区域经济发展新格局。这些政策在一定程度上拓展了广东区域发展新空间。近几年来，在经济外溢增长和地方政策推动下，广东东翼、西翼和北部山区经济增长水平显著提升，局部地区由于资源及特殊机遇而优先发展起来。但由于区域之间竞合关系、全球经济低迷与自身经济转型压力、区域禀赋与原有经济基础差距等因素，广东迫切需要进一步拓展区域发展新空间，持续推动经济稳增长。基于上述分析，本章认为有必要从时空演变的角度，正确判断广东区域发展新空间的整体动态演变趋势，并在此基础上进一步分析产业结构在拓展区域发展新空间中的演变轨迹及相互之间的动态关系，从而全面揭示广东拓展区域发展新空间的规律与特点，为在

---

① "双转移"是"产业转移"和"劳动力转移"两大战略的统称。其中"产业转移"指珠三角劳动密集型产业向东西两翼、粤北山区转移；"劳动力转移"指东西两翼、粤北山区的劳动力，一方面向当地二、三产业转移，另一方面其中的一些较高素质劳动力向发达的珠三角地区转移。

② "一核"指珠三角核心区，"一带"指沿海经济带，"一区"指北部生态发展区。

省域空间内在遵循区域发展新空间动态演变趋势的前提下，有针对性地制定区域经济协调发展战略与政策提供参考。

第一节 文献综述

一、广东省内区域经济发展变动趋势研究

广东内部区域间经济发展变动新趋势已得到了越来越多学者的重视。一方面，以传统制造业为主的珠三角城市经济发展增速减缓，面临一系列的挑战。周春山、金万富和史晨怡（2015）分析了 2000—2013 年珠三角发展情况，认为珠三角城市群面临着经济发展速度低、人口红利枯竭、产业结构优化升级缓慢、经济全球化程度下降、城市群发展水平和竞争力与世界级城市群相比差距较大、总体发展势头下降的问题。肖前兰（2009）通过分析珠三角地区经济增长与环境污染的关系，就如何保持该地区经济发展的同时改善环境质量提出了政策建议。许德友和梁琦（2011）从产业转移的视角，认为珠三角地区面临土地约束、劳动成本上升等压力，珠三角地区产业在向其他地区转移。

另一方面，与珠三角地区有密切联系的东翼、西翼和北部山区虽然经济基础薄弱，但局部地区由于资源及特殊的机遇而优先发展起来，低水平均衡状态被打破（周春山，王晓珊，盛修深等，2011），它们在市场需求、土地和劳动力供给等方面拥有十分广阔的发展空间。部分经济基础较好的地区，可以通过拓展产业新空间，释放经济发展的动能，缩小自身与珠三角地区的差异，推动广东整体经济协调发展。覃成林和熊雪如（2012）以广东为例，提出政府可以通

过引导产业有序转移推动区域协调发展,其路径包括产业结构优化调整、区际产业合理分工、区际产业关联互动,以及提高区域产业发展总体效率。周春山和刘毅（2012）运用数量模型和 GIS 空间分析等手段,对广东产业转移对经济差异的影响进行了分析,认为西翼和北部山区形成了连接珠三角的两个经济增长带,东翼地区形成了两个经济增长极。特别是承接产业转移园区的发展,促进了珠三角以外地区第二产业的快速发展。

上述研究表明,在一个省域范围内,拓展区域发展新空间具有一定的迫切性,省域范围内也存在拓展新空间的可能性。特别是近几年广东东翼和西翼经济的发展,这些地区与珠三角地区之间有可能存在区域经济增长接力。进一步探究广东区域发展新空间的发展历程和发展方向,有利于进一步认识广东发展新空间的特点,有针对性地拓展区域发展新空间,培育省内经济增长极。

二、区域经济增长时空演变研究

从研究空间范围和维度上看,区域经济增长时空演变研究范围主要以全国、三大地带为主,在趋势上对省域层面的分析近几年也越来越多,数据分析维度由省、市层面逐渐向小尺度的县域层面发展。不少学者通过对省域层面的研究发现,省内各区域之间存在拓展新空间趋势。如赵明华和郑元文（2013）以山东 17 个城市为研究对象,构建了经济发展水平评价指标体系,研究发现虽然山东经济发展水平差异在拉大,处于非均衡空间分布状态,但是经济核心城市青岛和济南沿济青高速和胶济线对沿线地区发展带动作用越来越强。同时各时段区域战略成为省内经济发展差异时空演变的重要驱动力。上述研究表明省内拓展新空间存在可能,这种拓展的方向可能是带状分布。李晋、曹云源和孙长青（2018）对河南 18 个地级市区域经济绝对差异和相对差异进行测算，研究发展全省呈现以中原城市群中心区为核心的经济空间格局，省内区域经济差异呈现锯齿状波动变化，但近几年的差异在逐步缩小。上述研究表明河南存在拓展发展新空间的可能，且拓展的方向可能是由内而外的扩散式趋势。

从研究方法上看，由人均 GDP、主成分分析法、变异系数、泰尔系数等传统统计学方法，向空间计量分析方法转变。这些空间计量方法包括 Moran 系数及 ESDA 空间相关分析法、重心模型等。前者以均质空间为逻辑前提，忽视了空间区位、地理结构和地理范围等空间因素，后者运用空间统计学原理将距离、地理位置等空间因素纳入到空间集聚与扩散程度的测算中，侧重于描述空间关联动态，但无法从整体空间的角度全方位分析区域经济发展的时空变化。

基于上述研究，本章将采用空间统计标准椭圆方法，以广东县域为足迹空间，结合多种数据组合从连续空间上大规模聚集角度计算和分析广东空间聚集程度和变化趋势。该方法的突出优势在于，能够排除空间分割与空间尺度对聚集的影响，从全局、空间的角度精准描述区域经济增长时空演变的趋势与过程，识别县域经济规模变化对经济空间差异的影响，并可实现空间上的可视化。

第二节 广东区域经济的基本特征

广东地处中国大陆最南部，位于北纬 20°13′—25°31′和东经 109°39′—117°19′之间，毗邻港澳，西接北部湾经济区，东连海峡西岸经济区,是华南经济圈和泛珠三角经济圈的核心,改革开放的最前沿。全省陆地面积 17.97 万平方千米,约占全国陆地面积的 1.87%,岛屿面积 1448 平方千米,约占全省面积的 0.81%。2022 年广东常住人口 12657 万人,人口城镇化率 74.79%,地区生产总值 129118.6 亿元,人均地区生产总值 101905 元。

一、四大区域发展差异明显

广东全省划分为珠江三角洲、粤东、粤西、粤北四个区域。珠江三角洲地区包括广州、深圳、珠海、佛山、江门、东莞、中山、惠州、肇庆九市;粤东地区包括汕头、潮州、揭阳、汕尾四市;粤西地区包括湛江、茂名、阳江三市;粤北地区包括韶关、河源、梅州、清远、云浮五市。总体来看,广东发达区域仅集中在珠三角地区,2020 年珠三角地区以全省 30.5%的面积、承载了 62.0%的人口、创造了 80.8%的地区生产总值(见表 20-1)。粤东和粤西的资源、生

表 20-1 2020 年广东四大区域基本情况

区域	面积数量(万平方千米)	面积占全省比重(%)	常住人口数量(万平方千米)	常住人口占全省比重(%)	地区生产总值数量(亿元)	地区生产总值占全省比重(%)	城镇化率(%)
珠三角	5.48	30.5	7823.54	62.0	89523.93	80.8	87.24
粤东	1.55	8.6	1631.84	12.9	7053.51	6.4	60.60
粤西	3.26	18.1	1576.66	12.5	7739.97	7.0	46.15
粤北	7.68	42.8	1591.96	12.6	6443.54	5.8	51.62
全省	17.97	100.0	12624.00	100.0	110760.94	100.0	74.15

资料来源:根据《广东统计年鉴 2021》整理。

产力水平处于全省中游水平,而粤北山区的自然环境、资源状况、科技教育、基础设施均比较落后,也是广东贫困人口较为集中的地区（李胜兰等,2018）。

2020年,广东四大区域均已调整为"三二一"型产业结构。在珠三角地区,工业生产仍然发挥着重要支撑作用,而粤东、粤西、粤北地区中高端产业相对薄弱。从总量上看,珠三角地区工业总量优势明显,2020年珠三角地区实现规模以上工业增加值27973.15亿元,占全省的86.1%；粤东、粤西、粤北地区分别实现规模以上工业增加值1568.36亿元、1416.01亿元、1542.65亿元,分别占全省的4.8%、4.4%、4.7%。从中高端产业分来看,2020年珠三角地区先进制造业增加值、高技术制造业增加值占规模以上工业增加值的比重分别为58.5%和35.7%,分别高于全省平均水平2.9个和3.9个百分点；粤东、粤西、粤北的先进制造业增加值、高技术制造业增加值占规模以上工业增加值的比重的均值分别为38.2%和8.1%,均显著低于全省平均水平,与珠三角地区存在较大差距。广东的这一区域发展差距是在地理和政策等多种因素作用下形成的格局（才国伟等,2018）。

二、工业与服务业双轮驱动区域经济发展

2020年,广东三次产业结构为4.3∶39.2∶56.5,已逐渐由以第二产业为主导转向以第三产业为主导。其中,第一产业增加值0.48万亿元,对地区生产总值增长的贡献率为6.4%；第二产业增加值4.35万亿元,对地区生产总值增长的贡献率为33.7%；第三产业增加值6.25万亿元,对地区生产总值增长的贡献率为59.9%。随着产业转型升级和产业结构优化,广东产业发展质量得到进一步提升。在工业

方面，2020 年，计算机、通信和其他电子设备制造业，电气机械和器材制造业，汽车制造业等三大支柱产业增加值合计对规模以上工业增长的贡献率为 42.9%；规模以上先进制造业增加值占规模以上工业增加值比重为 55.6%；高技术制造业增加值占规模以上工业增加值比重为 31.8%。在服务业方面，2020 年广东金融服务业增加值达到 9906.99 亿元，比上年增长 9.2%；现代服务业增加值 40492.33 亿元，增长 5.0%；信息传输软件和信息技术服务业、科学研究和技术服务业分别增长 10.1%和 8.8%。

三、区域创新水平全国领先

广东十分重视创新驱动发展，近几年来呈现由要素投资驱动转向技术创新引领的态势。2020 年，全省专利授权量达 70.97 万件，居全国首位。其中有效发明专利达 35.05 万件，居全国各省份首位，每万人发明专利拥有量达到 28.04 件。全省研发经费投入 107.12 亿元，占地区生产总值的 0.99%，获省级及以上科技成果奖励达 289 项。国家高新技术企业数达 5.3 万家，数量位居全国第一。拥有华为技术有限公司、深圳市腾讯计算机系统有限公司、广州汽车集团股份有限公司、珠海格力电器股份有限公司、美的集团股份有限公司等具有强大创新能力的企业。中国科技发展战略研究小组和中国科学院大学中国创新创业管理研究中心（2019）发布的《中国区域创新能力评价报告 2019》中，广东区域创新能力连续五年居全国第一位。2020 年珠三角地区研究与试验发展经费投入 2388.24 万元，拥有全省 94.04%的研发活动人员，推动了广东区域创新能力的提升。

四、城市间相互融合速度加快

广东以广州、深圳为中心,以佛山、东莞为重要节点,以航空、高速铁路网、城际轨道交通和高等级航道等交通路网为支撑,通过知识技术、资本、劳动力和人才的双向流动,搭建起省内关联互动经济空间网络。一方面,"广(州)佛(山)肇(庆)""深(圳)(东)莞惠(州)""珠(海)中(山)江(门)"三大城市圈的中心城市广州、深圳和珠海对周边城市具有重要的辐射带动作用,东莞、佛山和中山就是把中心城市的辐射和本身实际结合起来促进制造业发展,从而通过不同的经济发展模式实现城市经济增长的典型案例(李胜兰等,2018)。现在,"广(州)佛(山)肇(庆)""深(圳)(东)莞惠(州)""珠(海)中(山)江(门)"正在向"广佛肇+清远、云浮、韶关""深莞惠+河源、汕尾""珠中江+阳江"新型都市圈发展,城市间经济与社会关联度日趋增强。另一方面,珠三角地区对周边城市的产业辐射力度加大。目前,广东省级产业转移园共有34个,除了江门市产业转移园位于珠三角以外,其他产业转移园覆盖了粤东、粤西、粤北山区所有的地级市。广东产业转移园的建设大多采取了"一对一"协作的模式,从各产业园区的定位和集聚程度来看,产业园在建设过程中都注重了区域产业分工,在一定程度上避免了产业趋同和产能过剩。这种定向产业转移模式促进了经济的跨区域联通,提高了城市间融合发展水平。

五、全省区域发展呈现明显的梯队特征

广东内部经济差异显著,且呈现出多层次、动态变化的特征。从城市层面看,2020年各城市可划分为四个经济发展梯队。广州、

深圳位列广东经济发展的第一梯队，GDP 均达到 2 万亿元以上；其次，佛山、东莞位列第二梯队，GDP 为 1 万亿元左右；中山、茂名、湛江、珠海等九市位列第三梯队，GDP 均达到 2000 亿元以上；而汕尾、云浮等八市位列第四梯队，GDP 在 2000 亿元以下。位于第四梯队八个城市经济总量不足第一梯队城市经济总量的 1/2（见表 20–2）。即使在珠三角地区，各城市之间也存在着一定的发展差距。尽管珠江两岸几乎同时建立经济特区，但珠江东岸地区经济领先于西岸地区的发展格局却逐渐形成并不断强化。位于珠江东岸的广州、东莞、深圳和惠州的经济总量远远大于佛山、中山、江门和珠江的经济总量（才国伟等，2018）。

表 20–2　2020 年广东各地级市的地区生产总值和增长率

类型	城市	地区生产总值（亿元）	2020 年增长率（%）
第一梯队	广州	27670.24	3.05
	深圳	25019.11	2.71
第二梯队	佛山	10816.47	1.55
	东莞	9650.19	1.09
第三梯队	汕头	2730.58	2.00
	珠海	3481.94	3.00
	惠州	4221.79	1.51
	中山	3151.59	1.53
	江门	3200.95	2.18
	湛江	3100.22	1.89
	茂名	3279.31	1.47
	肇庆	2311.65	2.96
	揭阳	2102.14	0.17

续表

类　型	城市	地区生产总值（亿元）	2020年增长率（%）
第四梯队	韶关	1353.49	3.03
	河源	1102.74	1.34
	梅州	1207.98	1.54
	阳江	1360.44	4.45
	清远	1777.15	3.79
	潮州	1096.98	1.26
	汕尾	1123.81	4.60
	云浮	1002.18	4.06

资料来源：《广东统计年鉴2021》。

第三节　基于经济总体层面的新空间演变轨迹

由于广东的县（市）级单位行政区划变动较大，考虑到研究对象的一致性和数据的可获得，本章对部分变动区、县级市和县进行了数据合并整理，数据整理后的县级区域单元（包括市辖区、县、县级市）共计82个。时间跨度为2000—2020年，数据主要来自于《广东统计年鉴》和《中国区域经济统计年鉴》，县域区位的经纬度数据来自Google Earth。关于空间分布的图形及计算基于ArcGIS10.2软件展开，空间参考为Albers投影坐标系（中央经线为105°E、标准纬线分别为25°N、47°N）。

2000—2020年，广东经济空间分布格局如图20–1所示。以GDP

绝对值作为广东经济增长的要素空间，其空间分布经济中心位于东莞西部沿海，椭圆分布范围明显向珠三角地区集聚。从椭圆变化趋势来看，首先，GDP 绝对值椭圆空间分布变化有向南略偏东移动趋势，而经济增长率椭圆空间分布变化有向北略偏西移动趋势。其次，GDP 绝对值椭圆空间分布存在明显的空间集聚趋势，而 GDP 增长率椭圆空间分布存在明显的空间扩散趋势。第三，两者的椭圆空间分布均呈现东北-西南格局。总的来说，广东经济空间格局表现出明显的演化特征，珠三角地区在全省经济发展中占主导地位，而东翼、西翼和北部地区经济增长速度较快，存在新空间扩张的现象。

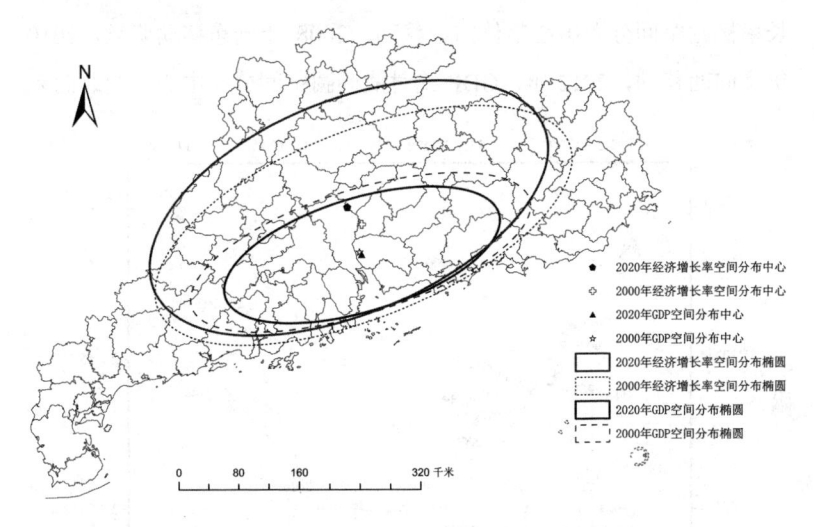

图 20-1　2000—2020 年广东 GDP 绝对值和 GDP 增长率的椭圆空间分布

一、空间分布中心的变化

标准差椭圆的中心反映的是经济要素在空间上分布的中心。2000—2020 年，GDP 绝对值椭圆空间分布中心与 GDP 增长率椭圆空间分布中心移动轨迹方向总体上呈现相反趋势（见图 20–2、图 20–3）。其中，GDP 绝对值椭圆空间分布重心移动轨迹呈现"由北向南、由西向东"的方向移动，而 GDP 增长率椭圆空间分布中心移动轨迹则呈现"向北再向南再向北"的方向移动。具体而言，2000—2006 年，GDP 绝对值椭圆空间分布中心向南移动，GDP 增长率椭圆空间分布中心整体向西北方向移动，2002 年向西移动明显；2006—2012 年，GDP 绝对值椭圆空间分布中心向北偏西方向移动，GDP 增长率椭圆空间分布中心整体向南移动，2008 年向东移动明显，2010 年又向西移动，2012 年，GDP 绝对值椭圆空间分布中心，由北向东

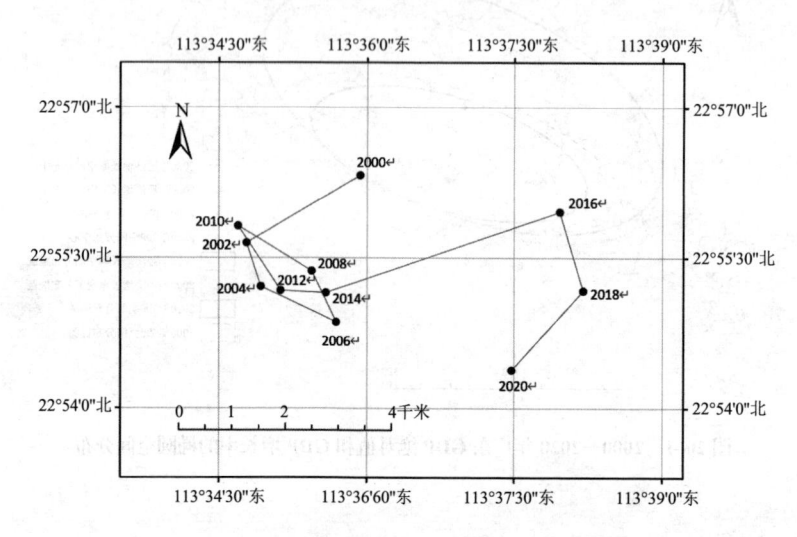

图 20–2 2000—2020 年广东 GDP 绝对值中心空间位移

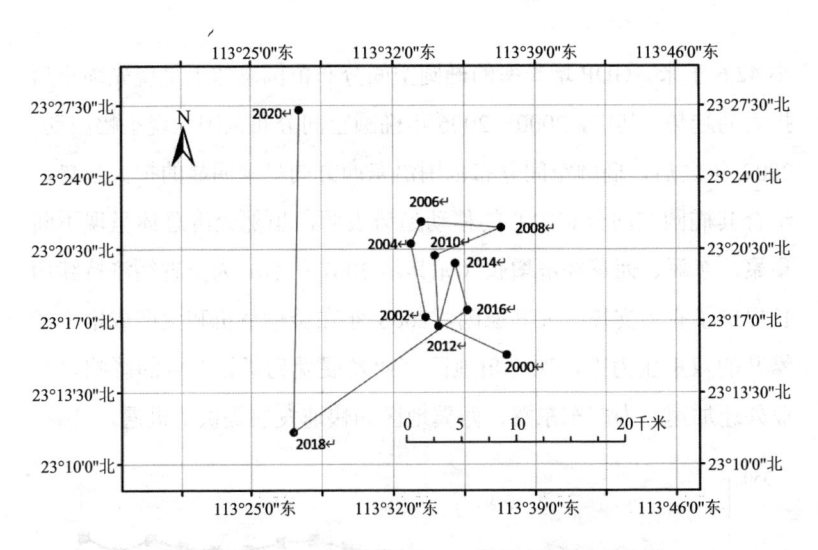

图 20-3　2000—2020 年广东 GDP 增长率中心空间位移

南方向移动，GDP 增长率椭圆空间分布中心则由北向南移动；2012—2016 年，GDP 绝对值椭圆空间分布中心向东移动趋势明显，GDP 增长率椭圆空间分布中心则先向东北再向西南移动；2016—2020 年，GDP 绝对值椭圆空间分布中心向南移动，GDP 增长率椭圆空间分布中心先向西南再向北移动。

二、空间分布范围的变化

标准差椭圆的长轴反映经济要素空间分布的范围，椭圆内部区域是带动整体区域经济的主体区域。2000—2020 年，GDP 绝对值的空间分布范围始终小于 GDP 增长率的椭圆空间分布范围，两者间的差距从 2000 年的 54.5 千米增加到 2018 年 83.9 千米（见图 20-4）。从变化趋势来看，GDP 绝对值的椭圆空间分布范围总体上呈现缩小趋势，分布范围存在小幅波动，趋势相对平稳，2000—2020 年共缩小 42.6 千米。GDP 增长率的椭圆空间分布范围总体上呈现先缩小后扩大的趋势,其中,2000—2006 年椭圆空间分布范围呈现小幅波动,2007 年之后,椭圆空间分布范围沿东西方向呈现明显的扩大趋势,结合其椭圆空间分布中心的移动趋势表明,虽然经济总体呈现不断集聚,东翼、西翼经济增长(尤其是 2007 年后)为全省经济持续增长提供了有力支撑。究其原因,2008 年在金融危机和生产成本不断攀升的双重压力下,珠三角地区产业发展受到了较严重的影响,企业外迁加速,为广东东翼、西翼地区的快速发展提供了机遇。

图 20-4 2000—2020 年广东 GDP 绝对值和 GDP 增长率椭圆空间分布范围变化

三、空间分布方向的变化

2000—2020 年,GDP 绝对值和 GDP 增长率的椭圆空间分布方位角的差距呈现先缩小后扩大的趋势(见图 20-5),且两者的变动趋势呈现较为明显的不一致特点,但与空间分布中心变化总体一致。

图 20–5　2000—2020 年广东 GDP 绝对值和 GDP 增长率椭圆方位角变化

具体而言，从 GDP 绝对值的椭圆空间分布方位上看，2000—2012 年，方位角总体上呈缩小趋势，由 66.7°缩小至 66.43°，表现为椭圆呈现小幅度逆时针旋转，表明位于椭圆内部西北或东南的区域经济增长率相对较快。2013—2020 年，椭圆呈顺时针旋转，方位角由 66.647°上升至 67.32°，表明位于椭圆内部东北或西南区域经济增长水平相对较快。从 GDP 增长率的椭圆空间分布方位上看，2000—2008 年，方位角总体呈扩大趋势，由 62.02°上升至 64.46°，表现为椭圆呈现小幅度顺时针旋转，表明位于椭圆内部东北或西南区域经济增长速度较快。2009—2020 年，方位角由 64.41°缩小至 61.04°，表明椭圆内部西北或东南区域经济增长水平相对较快。

四、空间分布形状的变化

从 GDP 绝对量看，2000—2020 年，GDP 绝对量的椭圆短轴/长轴值由 0.35 增长到 0.41，椭圆空间分布形状总体呈现较弱的圆化趋势，表明其椭圆在短轴（东南或西北）方向上的区域增长较快。从GDP 增长率指标上看，其椭圆空间分布形状变动相对较大。其中，2000—2007 年，椭圆短轴/长轴值增长 0.06，椭圆空间分布形状呈较弱的圆化趋势，表明椭圆在短轴（南偏东或北偏西）上增长明显；2008—2012 年，其椭圆短轴/长轴值由 0.45 下降到 0.39，椭圆空间分布形状呈扁化趋势，其椭圆在长轴（东偏北或西偏南）上的增长明显；2013—2020 年，椭圆短轴/长轴值增长 0.11，其椭圆在短轴（南偏东或北偏西）上的增长明显，呈现较弱的圆化趋势（见图 20-6）。GDP 增长率的椭圆空间分布形状波动较大，说明经济增长动能在广东内部各区域之间存在传递的现象，而且这种传递相对活跃，共同推动了广东区域经济发展。

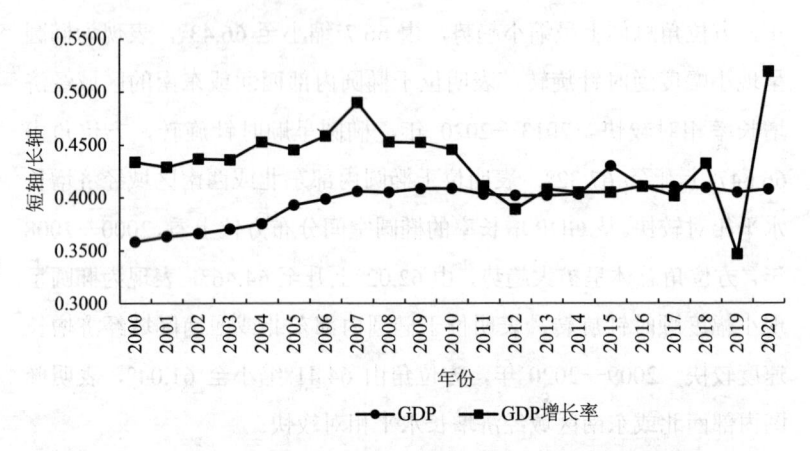

图 20-6 2000—2020 年广东 GDP 绝对值和 GDP 增长率椭圆空间形状变化

从椭圆空间变化中可以发现，广东区域发展呈现出较为明显的区域发展新空间拓展现象，具体可分为三个阶段：首先，2000—2006 年，广东经济增长主要由南部区域带动，且这一时期北偏西方向的区域增长速度开始加强，为下一阶段成为区域发展新空间打下了基础。2007—2012年，北偏西方向的区域开始带动整体区域经济水平提升，GDP绝对值的椭圆空间分布中心向北偏西移动，同时南方区域正在经历产业转型升级，经济增长速度有所提升。这一时期，北偏西方向的区域成为第二阶段的区域发展新空间。2013—2020年，广东东部和南部地区经济增长速度增强，并带动整体区域经济水平提升，成为第三阶段带动广东区域发展的新空间。

从经济总体层面来看，广东拓展新空间的演变动因主要体现在两个方面。一是区域经济增长的周期性和阶段异质性。区域经济增长具有明显的周期性（张德荣，2013；余永泽，2015）和阶段性，大体可以划分为缓慢增长、快速增长、增速减缓和结构调整阶段三个阶段。不同区域经济增长阶段的异质性为推动拓展区域新空间提供了可能。2000—2006年，珠三角地区经济率先进入快速增长阶段，平均增速为15%，这一时期东翼、西翼和北部山区仍处于缓慢增长阶段，增速介于9%和12%之间，珠三角地区成为带动广东区域发展的新空间；2007—2011年，西北方向的后发地区追赶效应开始显现，经济进入快速增长阶段。其中，北部山区增速达到15%，高于珠三角地区2个百分点，成为区域发展新空间。2012—2020年，南部先发区域产业结构转型成效显现，经济开始提速，2015年起珠三角地区经济增速重新超过东翼、西翼和北部山区，成为拉动广东经济增长的主要区域。二是交通条件的改善。广东珠三角地区地势平坦，且南邻香港、澳门，受到港澳经济发展的辐射带动作用明显。特别是经济特区成立之后，大量港资企业到珠三角地区设厂，为推动珠三角区域经济起飞打下了坚实基础。东翼、西翼和北部山区以山地、丘陵为主，交通区位条件相对较差，但随着珠三角地区经济发展以及与其他省份经济联系的加强，武（汉）广（州）客运专线、京珠高速公路、韶（关）赣（州）高速公路、广（州）河（源）高速公路、粤湘（深圳—湖南汝城）高速公路等纵向交通网络不断完善，为西翼、北部山区，特别是北部山区经济发展提供了便利条件。2010年以后，广东全面实现"县县通高速公路、市市通铁路"，广（州）深（圳）（香）港客运专线、厦（门）深（圳）铁路、南（宁）广（州）铁路等纵横交错的高速路网密集，为广东各区域协调发展提供了交通保障，也为拓展区域发展新空间提供了更多的可能。

第四节　基于产业层面的新空间演变轨迹

广东经济发展主要为第二和第三产业拉动，两者对全省经济增长的贡献率达 98%。因此，为进一步分解工业和服务业经济在拓展空间中的轨迹，以 2000—2020 年广东县域的工业产值和服务业产值为指标，研究不同产业空间拓展趋势及差异。从广东工业和服务业空间差异指数来看，两者空间分布差异波动较大，总体呈现上升趋势（见图 20-7）。其中，2000—2003 年、2009—2020 年，空间差异指数处于上升期；2004—2009 年，空间差异指数处于下降期。

从 2000 年、2020 年广东县域工业和服务业产值空间分布椭圆来看，总体上工业与服务业主要集中在珠三角，其移动趋势在东西方向上一致，南北方向上相反（见图 20-8）。2000—2020 年，与工业相比，服务业向珠三角集聚的趋势更加明显。同时，在南北方向的变化上工业进一步内缩，而服务业则变化不大。这表明 2000 年以来，工业向东西方向延伸，在珠三角地区存在进一步集聚趋势；在服务业方面，北部山区以生态休闲旅游为主的服务业和南部珠三角地区以制造业为基础发展起来的生产性服务业有所增长，未来发展方向有利于优化广东"一核一带一区"产业空间布局。

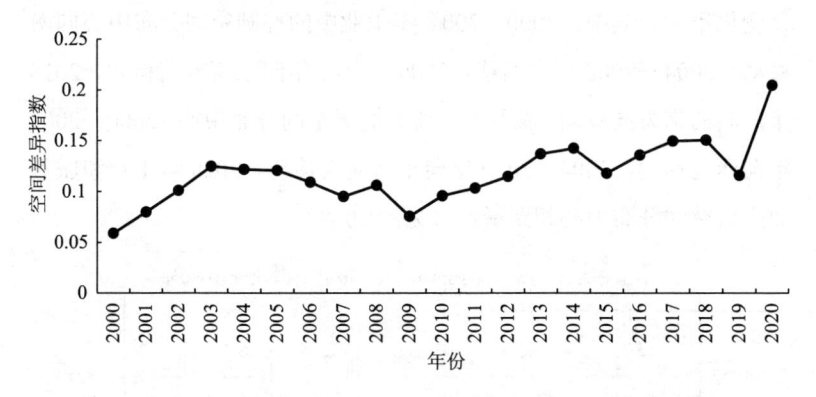

图20-7　2000—2020年广东工业和服务业产值空间差异指数

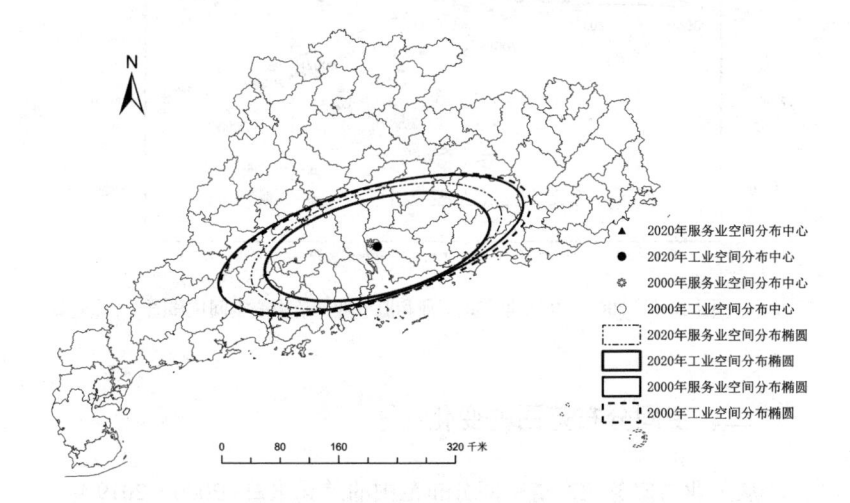

图20-8　2000—2020年广东工业和服务业产值椭圆空间分布

一、空间分布中心的变化

2000—2018 年,广东工业和服务业产值的椭圆空间分布中心总体变化不大。其中,2000—2004 年工业中的椭圆空间分布中心向南移动,2004—2008 年向西移,2009—2018 年向东南方向移动,2018 年后向西南方向移动。服务业产值的椭圆空间分布中心,2000—2004 年向西南移动,2004—2020 年向东略偏南移动。2020 年工业和服务业产值空间分布中心相距最近(见图 20-9)。

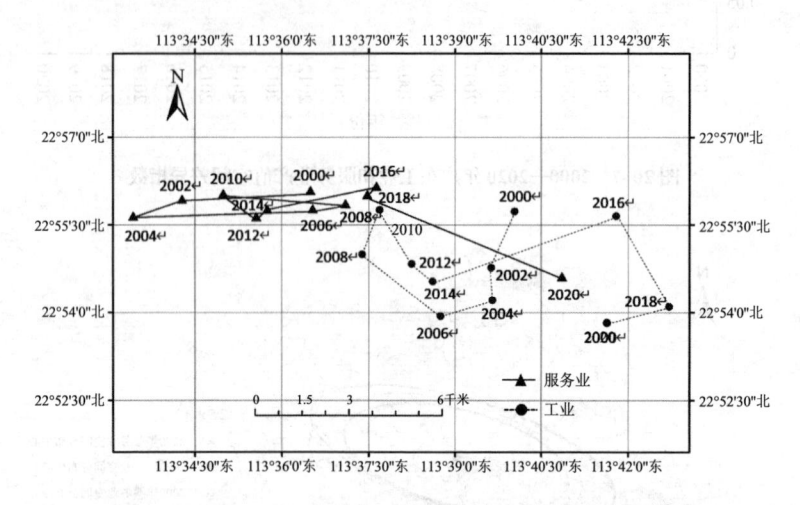

图 20-9 2000—2020 年广东工业和服务业产值中心空间位移图

二、空间分布范围的变化

从工业与服务业产值空间分布范围的差异来看,2000—2019 年,广东工业空间分布范围始终大于服务业,两者间的差距经历了先缩小再扩大的趋势,但 2020 年工业产值的椭圆分布范围大幅缩小,可能原因是受到了新冠疫情等非传统因素的影响。从分产业变化趋势来看，2000—2020 年，两者分布范围在整体上均呈现缩小趋势。其中，工业长轴由 206.98 千米缩小为 147.11 千米，缩小了 59.87 千米，服务业长轴由 203.51 千米缩小为 165.25 千米，缩小了 38.27 千米（见图 20–10）。

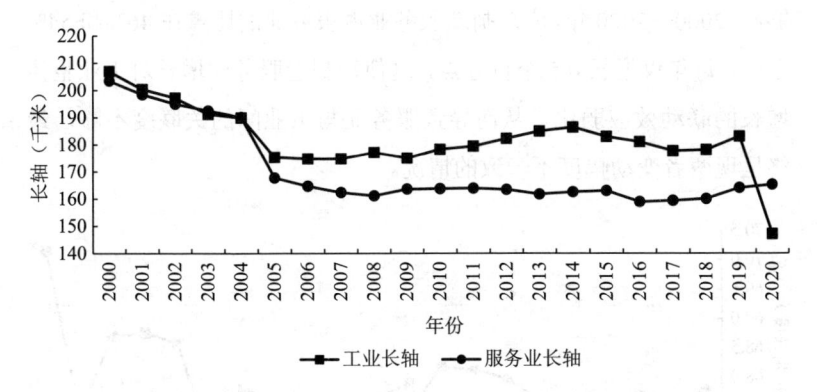

图 20–10　2000—2020 年广东工业和服务业产值空间分布范围变化

三、空间分布方向的变化

2000—2020 年，广东工业产值空间分布椭圆和服务业产值空间分布椭圆呈顺时针旋转，椭圆内部东北或西南的县域工业和服务业增长速度相对较快，但两者之间的空间分布方位角的差距波动较大（见图 20–11），整体呈现此消彼长的关系。这表明，工业与服务业并没有较好地融合。综合来看，导致这种现象的原因可能有两个：一是工业与服务业阶段性增长差异导致两者的空间分布方向虽然大体一致，但方位角波动幅度差异较大。具体而言，2004 年之前，珠三角工业经济处于快速发展时期。2000—2003 年，珠三角工业经济增长速度从 12.0%上升到 20.3%,之后经济增长进入总体缓慢下降阶段。而服务业因起步较晚,增长速度较低且波动幅度相对平缓,总体上增长率介于 8%和 17%之间,即使在 2008 年金融危机以后,平均增速仍有 9.8%。这种阶段性差异使得两者虽在方向上可能一致,但变动幅度则相反。二是制造服务业在服务业总量中的所占比重不够高。2000—2020 年,广东制造服务业占服务业的比重在 46%和 54%之间,每年仅增长 0.5 个百分点,这使得制造服务业增长对工业整体增长的联动效应弱化,从而导致服务业与工业间的关联度不够,最终呈现两者变动幅度不一致的情况。

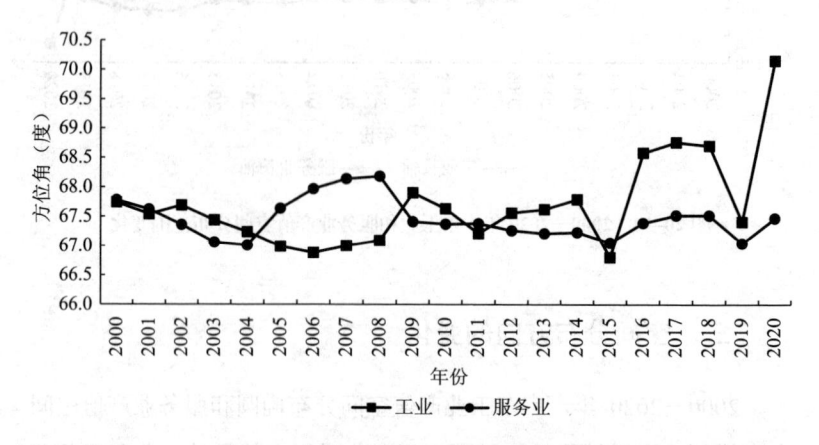

图 20-11　2000—2020 年广东工业和服务业产值空间分布方向变化

四、空间分布形状的变化

总体上看,广东工业和服务业产值空间分布形状基本呈现圆化趋势。其中,服务业产值分布在其短轴方向(西北或东南)上的县域增长相对明显。具体而言,2000—2009 年,工业和服务业产值空间分布形状均呈圆化；2010—2018 年，工业的空间分布形状向扁化发展，而服务业则继续向偏圆化发展；2019—2020 年，工业再次出现圆化发展的倾向，服务业则趋于扁化（见图 20-12）。

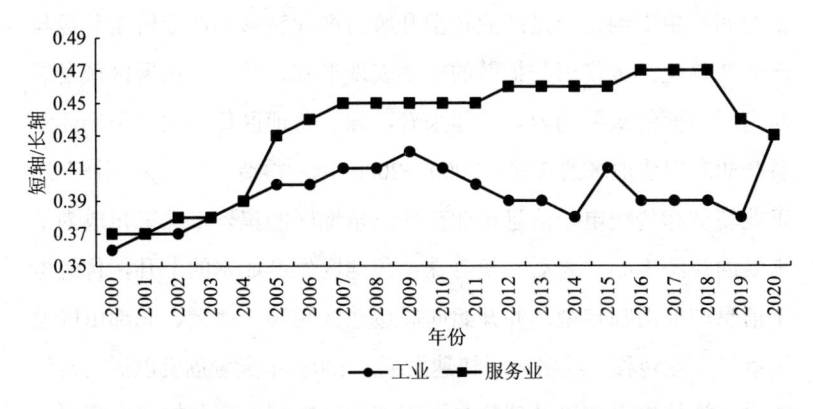

图 20-12　2000—2020 年广东工业和服务业产值空间分布形状变化

总体上看，虽然多年以来广东工业和服务业占 GDP 比重变动并不明显，但是二者在空间上变动却十分显著，存在较为明显的拓展区域发展新空间的现象。在工业方面，大体经历了两个阶段：第一阶段（2000—2004 年），工业向以珠三角地区为核心南部区域集聚，服务业向西南方向集聚。第二阶段（2005—2020 年），工业经历了向西、再向东南方向集聚的过程，可以看出广东的东南和西部地区正在成为推动广东工业经济持续增长的有力支撑。同时，椭圆内部珠三角东南部地区工业转型升级明显，特别是在 2008 年以后逐渐成为拉动广东工业经济增长的重要力量。在服务业方面，东南部成为区域发展新空间。随着珠三角特别是深圳、广州、东莞产业结构转型调整，东南部区域服务业快速增长，成为带动广东服务业增长的主要区域。

从产业层面来看，广东拓展区域发展新空间的演变动因主要归结于产业转型升级与产业转移、政府作用两个重要因素，且这两个因素通过对产业空间布局的影响，最终也从总体上对拓展区域发展新空间产生影响。一是产业转型升级与产业转移。产业转型升级与产业转移是经济集聚与扩散的重要表现形式，是广东拓展区域发展新空间演变的重要动力。总体来看，珠三角地区每一次转型都伴随着产业向周边地区的转移。2000—2006年，得益于"三来一补"加工业转型和传统电子信息产业在珠三角地区的集聚，珠三角成为了重要的经济中心。之后，随着珠三角地区生产成本的上升，传统电子信息产业面临转型，并开始向周边地区转移，西翼、北部山区通过承接产业转移，经济得以快速发展。2008年金融危机以后，传统的电子计算机组装以及部分电子零部件生产制造环节加速向惠州、河源等周边地区转移。同时，以新一代电子信息技术、智能装备、新能源等为主的战略性新兴产业逐渐在珠三角地区成长并集聚，为广东区域经济增长提供了新的动力。二是政府作用。广东省人民政府在拓展区域发展新空间的过程中发挥了积极引导和促进作用。首先，珠三角地区在21世纪初之所以能够快速发展，最重要的因素在于改革开放及经济特区政策形成了"政策洼地"。其次，珠三角地区每一次的转型升级都得到了政府的强有力支持。如2008年金融危机时，先后出台了《广东省人民政府关于促进加工贸易转型升级的若干意见》《中共广东省委 广东省人民政府关于加快建设现代产业体系的决定》等一系列产业政策，推动珠三角地区产业转型升级，使得新一代电子信息业、装备制造业等迅速成为珠三角地区的支柱产业。同时，在珠三角地区空间和劳动力约束日益趋紧的背景下，广东实施"双转移"战略，出台了《中共广东省委 广东省人民政府关于进一步促进粤东西北地区振兴发展的决定》等政策，五年统筹安排资金 6720 亿元扶持东翼、西翼和北部山区地区完善基础设施、建设产业转移园、发展重点产业和开展劳动力免费技能培训等，使得这些地区快速获得新一轮经济增长的动能。特别是惠州、河源及东翼地区在产业承接、粤台合作、重大基础设施建设方面取得了较大突破，经济增长加速，都为后期经济中心向南再向东移动提供了强有力的支撑。

第五节 研究结论与政策含义

一、研究结论

根据上文分析，本章得出结论如下：

第一，广东经济偏向于向南部、东南部区域集聚，但这一过程经历了三个重要的拓展区域发展空间阶段。第一个阶段（2000—2006年），以珠三角地区为核心的南部先发区域带动空间集聚阶段。第二个阶段（2007—2011年），西翼、北部山区等后发地区经济增长提速，以珠三角地区为核心的南部先发区域进入增速减缓和结构调整时期，空间集聚度下降。第三个阶段（2012—2020年），珠三角地区先发区域产业结构转型逐见成效，东翼和珠三角地区经济增长速度增强，并带动整体区域经济水平提升，未来有可能成为带动广东区域发展的新空间。总体上看，广东拓展区域发展新空间与区域经济增长的周期性和阶段异质性、交通条件的变化等因素密切相关。

第二，广东总体区域发展新空间演变轨迹呈现出不同特点，省内各区域存在明显的区域传递，且较为活跃。具体而言，GDP 椭圆空间分布中心移动轨迹为由北向南、由西向东，空间分布范围总体上呈现缩小趋势，其椭圆在短轴（东南或西北）上的县域经济增长明显。而 GDP 增长率椭圆空间分布中心移动轨迹为向北再向南，空间分布范围总体上呈现先缩小后扩大的趋势，其椭圆在 2000—2006 年和 2013—2020 年期间在短轴（东南或西北）上的经济增长明显，2007—2012 年期间在长轴（东北或西南）上的经济增长明显。这表明经济增长动能在广东内部各区域之间存在传递的现象，而且这种传递相对活跃，共同推动广东区域经济发展。

第三，广东的工业与服务业以集聚为主，但分别拥有不同的拓展区域发展空间历程。工业方面共经历了两个阶段：第一阶段（2000—2004 年），即以珠三角地区为核心的南部区域带动广东空间集聚阶段；第二阶段（2005—2020 年），东南部区域逐渐成为广东区域发展新空间，珠三角地区进入转型调整阶段。服务业方面也大体经历了两个阶段：第一阶段（2000—2004 年），服务业向西部区域拓展集聚；第二阶段（2005—2020 年），东南部区域成为区域发展新空间。总体而言，随着珠三角产业结构转型升级，东南部区域将成为广东拓展服务业发展的新空间。

第四，工业与服务业拓展发展空间特征存在差异。在椭圆中心上，工业和服务业产值空间分布中心总体呈现由北向南（略偏东）移动，但工业侧重于南—西—东南方向移动，服务业侧重于西南—东南方向移动；在空间分布范围上，工业产值空间分布范围始终大于服务业，两者间的差距经历了先缩小再扩大的过程。在椭圆旋转方向上，工业和服务业产值空间分布椭圆呈顺时针旋转，但两者分布方位角趋势呈现此消彼长的关系。工业和服务业空间分布形状基本呈现圆化趋势，但服务业的圆化趋势更为明显。产生这种差异的原因主要在于，制造服务业在服务业总量中所占比重不够高，同时工业与服务业处于不同的发展阶段。总体上，基于产业层面的广东拓展区域发展新空间的演变动因可以归结于产业转型升级与产业转移、政府作用两个方面。

二、政策含义

政府推动是拓展区域发展新空间不可缺少的重要动力。政府可以通过一系列措施，有效引导区域发展新空间进一步释放经济发展动能，使得在先发区域进入增速减缓或结构调整的时候，能够通过推动新空间的成长实现区域接力，最终促进广东经济持续稳定发展。

（一）提升新旧空间接力的耦合度

针对处于不同发展阶段下新空间和旧空间的特点，制定针对性和差异化的发展措施，推动新空间和旧空间的协同发展。对于新空间而言，其发展重点应加强新一轮地区产业转型力度。一方面，要大力引进战略性新兴产业和未来产业，加大对传统产业技术改造、智能化改造力度，推动产业结构优化调整；另一方面，要加大城市更新力度，通过进一步提高公共服务水平、优化营商环境、减少空间拥挤度等措施，全面提升新空间发展活力，推动广东新空间尽快进入快速发展阶段。对于旧空间而言，重点是要进一步优化现有产业结构，提升支柱产业和主导产业竞争力，要进一步加快与新空间之间在人才、技术、资金方面的双向流动，从而适当延长经济增长周期、提高经济增长速度，实现资源在空间上的优化配置，通过提升新旧空间接力的耦合度，实现经济社会效益最大化和效率最优化。

（二）推动工业与服务业在更大空间范围内协同发展

一是推动工业与服务在更大空间范围内的优化布局。虽然工业与服务业之间存在紧密关联，但由于两者发展阶段不一样，并不必然保持空间分布的一致性。随着技术进步和经济发展水平的提高，服务业范围呈现进一步扩大的趋势。因此，在广东区域发展与产业转移的过程中，不应过于强调服务业与制造业的空间分工，应注重在更大范围内优化资源配置，推动工业与服务业在更大范围内的集聚发展。二是推动服务业与工业的深度融合，保障产业高质量发展。应加大先进制造业与现代服务业融合，针对重点产业、重点区域，制定有针对性的扶持措施，积极搭建为产业融合提供研发设计、协同技术创新等服务的公共技术服务平台和产业协作平台，为产业融合提供信息数据、标准应用等全面支持。同时，政府应指导和扶持各地方政府根据自身实际建立综合服务平台，为产业融合发展提供金融、法律、会计、咨询等综合服务，特别是在粤港澳大湾区建设背景下，应加强与香港合作，积极引进香港现代服务业，充分发挥协会等社会组织的纽带桥梁作用，提高产业服务水平和创新服务能力，降低企业融合发展成本。

（三）有序引导产业转移，发挥新空间"承上启下"作用

进一步理清产业转移的空间变化趋势，根据产业发展阶段和发展规律，制定"顺势而为"的产业转移政策，及时把握产业转移和产业转型的关键时点，有效拓展区域发展新空间，让新空间尽快成长为广东经济发展的主要承载区。一是合理安排产业的空间布局，推动珠三角传统产业向周边地区转移。根据产业转移发展的不同阶

段，动态调整产业转入区域和产业转出区域间产业结构调整指导目录和产业有序转移优势产业投资指导目录。重点是统筹好产业转入区域之间的产业结构调整，明确各自重点承接产业，防止出现在承接产业转移上的恶性竞争（吴晓军，赵海东，2004）。二是加强产业转入区域产业转移园的统筹管理。进一步优化产业转入区域与产业转出区域的共建产业转移园的体制机制，从而减少区际重复建设和恶性竞争，推动产业集聚发展。对产业转入区域的重点转移项目实施适度倾斜，降低产业转入区域优先转移产业的转入门槛。

（四）推动跨区域合作，打破区域间市场分割政策的阻碍

建立区域间产业发展协调机制，是消除区际行政阻碍、有效推动跨区域增长接力的关键。首先，政府有关部门要推动和监督跨区域重大项目建设，调解各城市政府间冲突，以协调各城市间地方政府的利益关系，维持良好的区际竞争环境，完善跨区域生态利益补偿机制以及相关法律规章，从而保障全省区域增长接力有效开展。其次，各地方政府在省政府的统筹下，在深化行政管理体制改革、提高政府办事效率的基础上，建立多层次多区域的协调机制。其中，"多层次"是指重点依据区域发展阶段差异、不同区域的行政跨度、历史与文化的差异等，建立起不同区域层次的跨区域协调机制。"多区域"是指在新空间与新空间、新空间与旧空间，以及旧空间与旧空间之间，建立起差异化的多区域协调机制，促进跨区域各层次之间资源的有效、快速流动。

参考文献

才国伟等.广东经济发展四十年[M].北京：中国社会科学出版社，2018：281–286.

李晋，曹云源，孙长青.河南省区域经济差异与协调发展研究[J].经济经纬，2018，35（2）：20–26.

李胜兰等.广东区域经济发展四十年[M].北京：中国社会科学出版社，2018：308，328.

覃成林，熊雪如.产业有序转移与区域产业协调发展——基于广东产业有序转移的经验[J].地域研究与开发，2012，31（4）：1–4.

吴晓军，赵海东.产业转移与欠发达地区经济发展[J].当代财经.2004（6）：96–99.

肖前兰.珠三角地区经济增长与环境污染之间的关系[J].生态经济，2009（8）：64–66.

许德友，梁琦.珠三角产业转移的"推拉力"分析——兼论金融危机对广东"双转移"的影响[J].中央财经大学学报，2011（1）：68–73.

余永泽.改革开放以来中国经济增长动力转换的时空特征[J].数量经济技术经济研究，2015，32（2）：19–34.

周春山，金万富，史晨怡.新时期珠江三角洲城市群发展战略的思考[J].地理科学进展，2015，34（3）：302–312.

周春山，刘毅.广东省产业转移对区域经济差异的影响分析[J].云南师范大学学报（哲学社会科学版），2012，44（6）：33–41.

周春山，王晓珊，盛修深等.1990年代以来广东省县域经济差异研究[J].地域研究与开发，2011（4）：27–32.

赵明华，郑元文.近10年来山东省区域经济发展差异时空演变及驱动力分析[J].经济地理，2013，33（1）：79–85.

张德荣. "中等收入陷阱"发生机理与中国经济增长的阶段性动力[J].经济研究，2013，48（9）：17–29.
中国科技发展战略研究小组，中国科学院大学中国创新创业管理研究中心.中国区域创新能力评价报告 2019[M].北京：科学技术出版社，2019：132–134.

第二十一章　北京区域发展新空间

2022年北京总人口2184万人，地区生产总值41610.9亿元，人均地区生产总值19.03万元，城镇化率87.6%，已进入城镇化缓慢增长阶段；2021年北京三次产业结构为0.3∶15.9∶83.8，已经进入后工业化阶段。目前，北京发展面临诸多制约因素，识别出北京区域发展新空间，明确北京区域发展新空间的职能定位和发展方向，对于实现北京经济社会长期繁荣稳定发展具有重要作用。

第一节　北京拓展区域发展新空间的必要性

首都北京面临潜在经济增长率持续下行、人口规模增速过快、生产要素价格上涨过快等制约因素，且第一代区域发展空间已面临较为严重的"城市病"问题，仅靠第一代区域发展空间无法满足北京未来发展需求。因此，如何化解这些制约因素，拓展北京区域发展新空间，有利于推动北京经济社会高质量发展，有利于提升北京城市治理现代化水平。

一、潜在经济增长率持续下行

2004 年以来，北京经济增速明显下降。为消除财政、货币等因政策调整引发的短期经济波动，采用 HP 滤波法对北京实际经济增长率进行处理，推算出潜在经济增长率。结果表明，2004 年至今北京潜在经济增长率持续下行，且较上一个递减区间（1984—1989 年）下行时间更长（见图 21-1）。

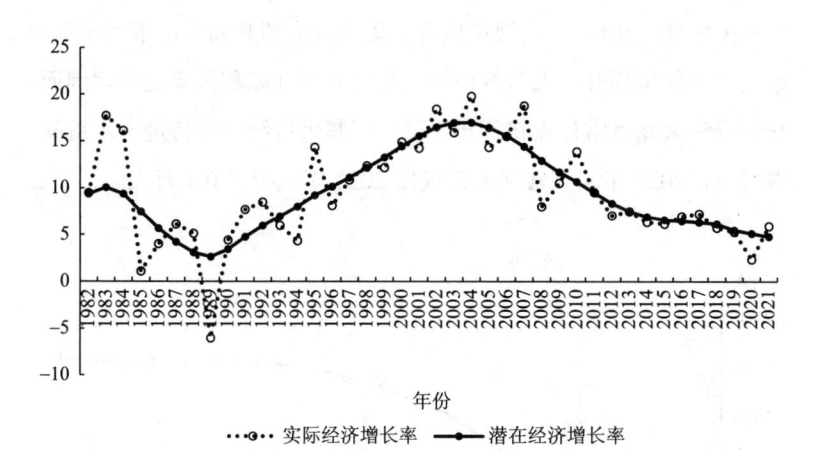

图 21-1　1979—2021 年北京实际经济增长率[1]和潜在经济增长率（%）

[1]实际增长率=GDP 的名义增长率-居民消费价格指数（CPI）。

资料来源：根据北京市统计局、国家统计局北京调查总队的相关数据整理得到。

二、人口规模增速过快

21 世纪以来北京人口规模持续膨胀。《北京城市总体规划（2004 年—2020 年）》提出，到 2020 年北京总人口规模规划控制在 1800 万人左右。但是，2009 年北京常住人口就达到1860.0 万人，2016 年更是达到峰值 2195.4 万人。随着疏解北京非首都功能的持续推进，北京人口规模扩张趋势在 2017—2019 年得到有效遏制，2020 年又开始增加（见图 21-2）。但是，只要北京与周边地区存在巨大的收入差距，北京人口规模就还有继续扩张的可能。经济发展水平较高的区域往往有较高的劳动生产率，较高的劳动生产率使高端人才集聚成为可能，继而城市基础部门加速扩张，通过乘数效应增加就业岗位数量，高端人才集聚会吸引更多人口涌入这一区域（理查德·P.格林，詹姆斯·B.皮克，2011），在规模效应和集聚效应的共同作用下实现全要素生产率的再提升，人口规模扩张将进入循环累积因果之中。因而，尽管近年来北京常住人口逐年下降，但其可持续性有待进一步检验。事实上，2021 年北京常住人口仅比 2020 年减少了 0.4 万人。

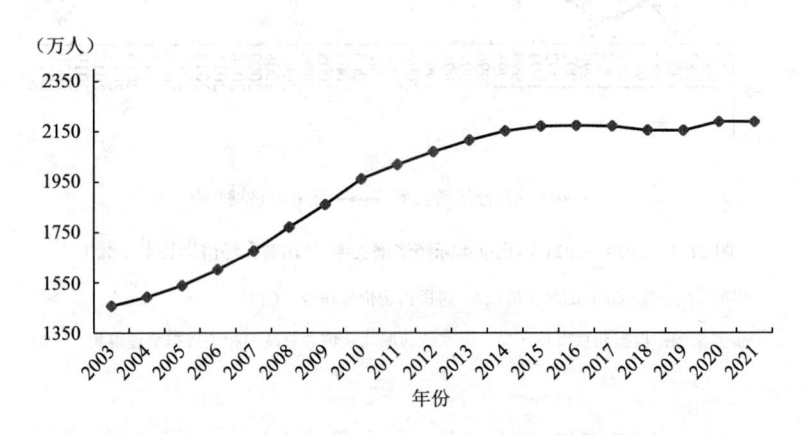

图 21-2　2000—2021 年北京常住人口

资料来源：《北京统计年鉴 2022》。

三、生产要素价格上涨过快

（一）劳动力要素价格

2020 年，北京城镇单位在岗职工平均工资为 185026 元，是 2005 年的 5.4 倍；2005—2020 年，年均增长率高达 11.9%；北京劳动力要素价格上涨快于全国平均水平以及天津和河北（见图 21-3）。

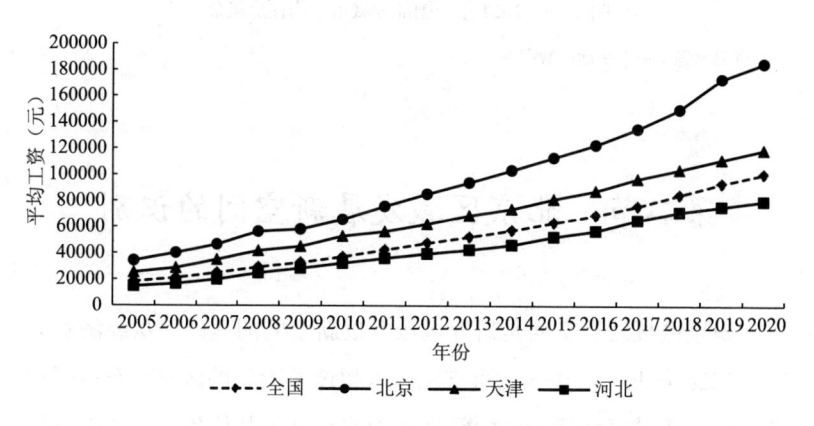

图 21-3　2005—2020 年全国及京津冀城镇单位在岗职工平均工资

资料来源：根据相关年份《中国统计年鉴》整理得到。

（二）土地要素价格

2021 年，北京市人均住房租金为 108.07 元/月·平方米，高于同等级城市，即上海、深圳（见图 21-4）。

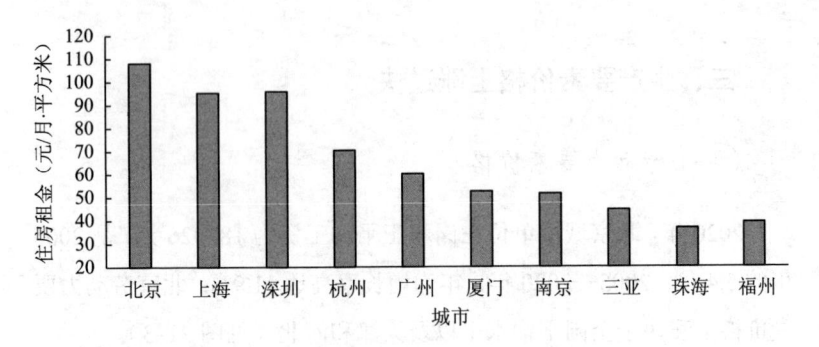

图 21-4　2021 年全国部分城市人均住房租金

资料来源：禧泰房地产数据有限公司。

第二节　北京区域发展新空间的识别

识别区域发展空间是研究区域发展新空间的基础。从经济实力看，2020 年北京居民人均可支配收入超过 8 万元的区只有东城区和西城区，东城区和西城区的经济实力明显高于其他各区。从政策导向看，根据 2018 年 3 月北京市规划和国土资源管理委员会《关于发布〈建设项目规划使用性质正面和负面清单〉的通知》，将北京划分为首都功能核心区（主要包括东城区和西城区）、北京中心城区（首都功能核心区以外的北京中心城区，包括朝阳、海淀、石景山、丰台）、中轴线及其延长线、长安街及其延长线、城市副中心（主要包括通州）、顺义、大兴等新城、怀柔、密云等生态涵养区，共六部分，东城区和西城区是首都功能核心区。因此，本章将东城区和西城区整体视为北京第一代区域发展空间。下文首先提出北京区域发展新空间的识别依据，在此基础上识别出北京区域发展新空间和潜在区域发展新空间。

一、区域发展新空间识别的依据

在一个区域内,各城市之间的联系强弱,是一个区域能否形成较强辐射带动能力的重要因素(王莎,童磊,贺玉德,2019)。因此,首先采用城市流强度与经济流密度模型,综合考察北京各区域之间的联系。其次,区域发展新空间不仅要具备最优产出规模,还需要具备集聚生产要素的能力,具有良好的经济发展潜力与技术创新水平,符合北京未来发展趋势,下文对北京区域发展新空间进行综合识别(张长,2018)。

(一)较强的经济辐射带动能力

在城镇密集区,城市流的形成主要以区域发达的综合交通网络作为物质载体,同时以城镇的集聚和辐射机制作为主要驱动力。以各地区分性别、行业门类的就业人口为测度指标,测算北京19个产业的城市流强度。城市流强度公式为

$$F = N \cdot E \quad (21\text{--}1)$$

式(21–1)中,F 表示城市流强度;N 表示城市功能效益,即北京各区人均地区生产总值;E 表示外向功能,主要取决于某一产业的区位商。

i 城市 j 产业从业人员区位商为:

$$LQ_{ij} = \frac{Q_{ij}/Q_i}{Q_j/Q} \quad (21\text{--}2)$$

式(21–2)中,Q_{ij} 表示 i 城市 j 产业的从业人员数量;Q_i 表示 i 城市

从业人员总数量；Q_j 为北京各区 j 产业的从业人员数量；Q 为北京各区从业人员总数量。根据式（21-2）可以测算出北京各区分产业的区位商。

若 $LQ_{ij} < 1$，则表示 i 城市 j 产业不存在外向功能，即 $E_{ij} = 0$；若 $LQ_{ij} > 1$，则 i 城市 j 部门存在外向功能，此时 E_{ij} 为

$$E_{ij} = Q_{ij} - Q_i(Q_j/Q) \tag{21-3}$$

i 城市 m 个产业的总外向功能量 E_i 为

$$E_i = \sum_{j=1}^{m} E_{ij} \tag{21-4}$$

由此，可以得到 i 城市的城市流强度 F_i 为

$$F_i = N_i \cdot E_i \tag{21-5}$$

根据城市流强度，将北京区域发展新空间的识别标准设置为城市流强度不低于 3.5 亿元。除去东城区和西城区，依次为海淀、朝阳、丰台、顺义、昌平、通州、大兴、房山、平谷、密云、石景山（见表 21-1）。

表 21-1　2020 年北京各区的城市流强度（单位：亿元）

区域	城市流	区域	城市流	区域	城市流	区域	城市流
东城	15.50	通州	7.15	石景山	3.89	怀柔	3.03
西城	4.81	顺义	14.81	海淀	52.18	平谷	5.33
朝阳	25.44	昌平	9.18	门头沟	1.87	密云	3.91
丰台	17.59	大兴	7.89	房山	6.69	延庆	1.72

资料来源：根据北京市各区 2021 年国民经济和社会发展统计公报整理得到。

（二）生产要素集聚的区域

1. 人口要素

从人口要素集聚的角度将北京区域发展新空间的识别标准确定为，适龄劳动人口比重较高[①]，以 2020 年北京 15—64 岁的人口占总人口比重≥75%为标准，依次为昌平、大兴、顺义、通州、怀柔、海淀（见表 21-2）。

表 21-2　2020 年北京各区人口年龄结构（%）

区　域	0—14 岁	15—64 岁	65 岁及以上
东　城	13.8	68.0	18.2
西　城	14.3	67.5	18.2
朝　阳	11.4	74.3	14.3
丰　台	10.9	73.3	15.8
石景山	11.4	72.2	16.4
海　淀	11.8	75.1	13.1
门头沟	11.5	73.8	14.7
房　山	12.9	73.9	13.2
通　州	12.1	76.4	11.5
顺　义	11.7	77.4	10.9
昌　平	10.4	79.9	9.7
大　兴	11.9	78.4	9.7
怀　柔	11.8	75.5	12.7

---

① 人口流动的主体是适龄劳动人口，因而适龄劳动人口占比较高可以间接表示区域对人口的吸引能力较强。

续表

区域	0—14 岁	15—64 岁	65 岁及以上
平谷	13.1	70.5	16.4
密云	12.7	72.2	15.1
延庆	11.6	72.8	15.6

资料来源：根据《北京区域统计年鉴2021》整理得到。

2. 资本要素

贷存比越高意味着该区域的资本流动性越强，是资本要素倾向集聚的区域。根据北京各区实际情况，将北京区域发展新空间的资本要素识别标准确定为：第一，存、贷款总额不低于5000亿元。除去东城区和西城区之外，依次为海淀、朝阳、丰台、通州、大兴。第二，贷存比不低于0.4。除区东城区和西城区之外，依次为丰台、顺义、大兴、密云、延庆、石景山（见表21-3）。

表21-3　2020年北京各区存贷款情况

区域	存款余额（亿元）	贷款余额（亿元）	贷存比（贷款/存款）
东城	22469.29	8524.11	0.38
西城	50332.10	29127.82	0.58
朝阳	29761.43	11304.88	0.38
丰台	8212.50	5722.66	0.70
石景山	2552.62	1094.80	0.43
海淀	39630.19	11576.32	0.29
门头沟	792.46	291.63	0.37
房山	1909.80	561.56	0.29
通州	5711.34	1654.92	0.29

续表

区 域	存款余额（亿元）	贷款余额（亿元）	贷存比（贷款/存款）
顺 义	2747.96	1501.71	0.55
昌 平	3292.33	1014.98	0.31
大 兴	5059.91	2706.03	0.53
怀 柔	871.87	300.01	0.34
平 谷	566.43	218.68	0.39
密 云	708.57	321.56	0.45
延 庆	554.69	247.47	0.45

注：本表银行的统计范围包括中国邮政储蓄银行北京分行、国有商业银行北京分行、股份制商业银行在京营业机构、北京银行、北京农商银行。

资料来源：根据《北京区域统计年鉴》（2021）整理得到。

（三）符合北京经济社会发展空间变化趋势

下文首先用人口分布中心和经济分布中心分析北京经济社会发展空间变化趋势。其计算公式为

$$\overline{X_P} = \frac{\sum_{i=1}^{n} P_i X_i}{\sum_{i=1}^{n} P_i}; \overline{Y_P} = \frac{\sum_{i=1}^{n} P_i Y_i}{\sum_{i=1}^{n} P_i} \qquad (21\text{-}6)$$

式（21-6）中，$\overline{X_P}$ 和 $\overline{Y_P}$ 为某地区人口分布中心的经纬度坐标，n 为组成该地区的行政区或统计区数目，P_i 为行政区的人口规模（祝合良，叶堂林，张贵祥等，2017）。2010—2020 年，北京人口分布中心变动大致可分为以下三个阶段：第一阶段（2010—2015 年），人口分布中心由 116.3764°E、39.9783°N 移动到 116.3754°E、39.9763°N，说明这一阶段北京西南方向人口增速较快；第二阶段（2016—2018

年），人口分布中心由 116.3768°E、39.9757°N 移动到 116.3797°E、39.9766°N，说明这一阶段北京东北方向人口增速较快；第三阶段（2018—2020 年），人口分布中心由 116.3797°E、39.9766°N 移动到 116.3831°E、39.9755°N，说明这一阶段北京东南方向人口增速较快（见图 21-5）。

同理，可得到 2010—2020 年北京经济分布中心。2010—2020 年，北京经济分布中心变动大致可分为以下三个阶段：第一阶段（2010—2015 年），经济中心由 116.3851°E、39.9737°N 移动到 116.3876°E、39.9751°N，说明这一阶段北京东北方向经济增速较快；第二阶段（2016—2018 年），经济中心由 116.3859°E、39.9758°N 偏移到了 116.3816°E、39.9746°N，说明北京西南方向经济增速较快；第三阶段（2019—2020 年），由 116.3813°E、39.9748°N 偏移到了 116.3773°E、39.9750°N，说明北京西北方向经济增速较快（见图 21-6）。

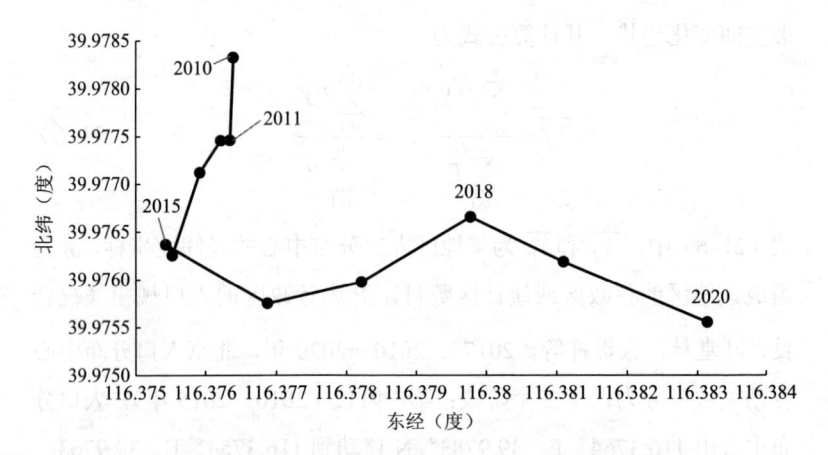

图 21-5　2010—2020 年北京人口分布中心变动趋势

资料来源：根据《北京区域统计年鉴 2021》及百度地图拾取坐标系统整理得到。

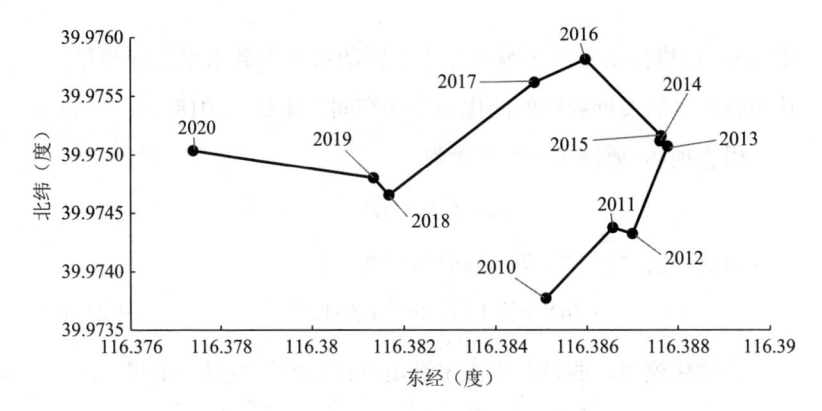

图 21-6　2010—2020 年北京经济分布中心变动趋势

资料来源：根据《北京区域统计年鉴 2021》及百度地图拾取坐标系统整理得到。

上面分析表明，2010—2018 年，北京人口分布中心变动方向与经济分布中心变动方向相反。可能的原因在于，在非首都功能疏解、第一代区域发展空间与区域发展新空间生活成本不断提升的双重影响下，北京人口开始逐步向潜在区域发展新空间移动，但由于大量的就业岗位仍在第一代区域发展空间或区域发展新空间，这就导致即使人口迁移出去了，他们还是要回到第一代区域发展空间或区域发展新空间工作，即产业和岗位并没有随着人口的迁移而迁移（张长，2018）。

（四）具有较高的技术创新水平

理论和实践经验表明，除资本和劳动力对产出水平有推动作用外，更优良的技术也会提升生产函数的水平（柯武刚，史漫飞，2000）。

用柯布-道格拉斯生产函数对北京各区的技术创新水平进行测算,[①]从而找寻区域发展新空间的优先备选空间(张长,2018)。

引入柯布-道格拉斯生产函数

$$Y = A \cdot K^{\alpha} \cdot N^{\beta} \quad (21\text{--}7)$$

对式(21-7)左右两边同时取对数,有

$$\ln Y = \ln A + \alpha \cdot \ln K + \beta \cdot \ln N \quad (21\text{--}8)$$

为简化模型,假设产出水平满足规模报酬不变这一前提,即

$$\alpha + \beta = 1 \quad (21\text{--}9)$$

由此可得

$$\ln Y = \ln A + \alpha \cdot \ln K + (1-\alpha) \cdot \ln N \quad (21\text{--}10)$$

对式(21-10)进行整理得到

$$\ln Y - \ln N = \ln A + \alpha \cdot (\ln K - \ln N) \quad (21\text{--}11)$$

设 $\gamma = \ln Y - \ln N$,$\mu = \ln K - \ln N$,可将式(21-11)改写为

$$\gamma = \ln A + \alpha \cdot \mu \quad (21\text{--}12)$$

式(21-12)中,$\ln A$ 是 μ 为解释变量,γ 为被解释变量的截距项。产出水平(Y)、资本投入(K)和劳动力投入(N)依次用地区生产总值、全社会固定资产投资和常住人口[②]表示,利用式(21-11),计算出中技术创新水平($\ln A$)的结果(见表21-4)。

[①] 影响经济增长的因素是复杂多样的,这决定了索洛余值不仅包括技术创新,同时也包括制度变革、人力资本投入等其他因素。为了使模型更加简化,本部分假设索洛余值只包含技术创新。

[②] 假设劳动力占常住人口比重各区无差异。

表 21-4　2012—2020 年北京各区技术创新水平情况

区域	技术创新水平	区域	技术创新水平	区域	技术创新水平	区域	技术创新水平
东 城	1.75	石景山	0.67	顺 义	3.39	怀 柔	1.36
西 城	2.76	海 淀	0.81	昌 平	2.49	平 谷	2.11
朝 阳	2.80	房 山	2.16	大 兴	0.04	密 云	2.36
丰 台	0.85	通 州	0.44	门头沟	2.29	延 庆	0.72

资料来源：根据相关年份《北京区域统计年鉴》整理得到。

从科技进步对经济增长的贡献角度，将北京区域发展新空间的识别标准确定为，技术创新水平不低于 1.0。除去东城区和西城区之外，依次为顺义、朝阳、昌平、密云、门头沟、房山、平谷、怀柔等。

二、北京区域发展新空间选择的结果

综上所述，朝阳、海淀、石景山、丰台、通州、大兴和顺义等区具备成为北京区域发展新空间的可能（见表 21-5）。总体来说，区域发展新空间的经济集聚能力与人口集聚能力都明显强于除东城和西城之外的其他区。未来，在促进区域发展新空间高质量发展的基础上，扩大区域发展新空间的辐射带动能力。

表 21-5　北京区域发展新空间识别标准及择选结果

一级指标	二级指标	择选结果
经济辐射带动能力	城市流强度	海淀、朝阳、丰台、顺义、昌平、通州、大兴、房山、平谷、密云、石景山

续表

一级指标	二级指标	择选结果
生产要素集聚能力	人口要素集聚能力	昌平、大兴、顺义、通州、怀柔、海淀
	资本要素集聚能力	海淀、朝阳、丰台、通州、大兴
		丰台、顺义、大兴、密云、延庆、石景山
经济发展趋势	人口分布中心	北京东南部地区
	经济分布中心	北京西北部地区
技术创新水平	技术创新水平	顺义、朝阳、昌平、密云、门头沟、房山、平谷、怀柔

第三节　优化提升北京第一代区域发展空间

受到集聚效应的作用，北京第一代区域发展空间集聚了大量的人口和企业，阻碍了新产业、新业态的进入，存在着一些不适于当地发展的企业，需要明确区域发展空间的产业发展定位，通过修订产业的禁止和限制目录，有序疏解北京非首都功能，优化第一代区域发展空间的经济结构。

一、明确第一代区域发展空间功能定位

牢牢把握有序疏解北京非首都功能的机遇，有效降低第一代区域发展空间的人口和企业数量，为第一代区域发展空间提升城市治理水平赢取时间。根据《北京城市总体规划（2016年—2035年）》，第一代区域发展空间是全国政治中心、文化中心和国际交往中心的核心承载区，历史文化名城保护的重点地区，展示国家首都形象的

重要窗口地区,未来要建设成为政务环境优良、文化魅力彰显、人居环境一流的首都功能核心区(北京市规划和自然资源委员会,2019)。

因此,在严格落实老城不能再拆的基础上,通过有序疏解北京非首都功能,限制商场、办公楼、医院、大学、商品房等项目建设,着重建设中央党政军领导机关办公和配套用房、博物馆等文化设施,改善当地居民生活的菜市场、幼儿园、养老设施等,切实改善居住条件,创造绿色、高效、友好的交通出行环境,提高城市安全防灾能力,重塑经济发展空间格局。

二、建设成为有世界影响力的"门户区域"

1983 年以来,经济中心在关于北京城市性质的官方文件之中再未出现过,至今学术界对北京是否要建"经济中心"也有较大争议(安树伟,张晋晋,郁鹏等,2020)。纵观中华人民共和国成立以来首都北京的各项城市职能,没有哪一项城市职能不是以经济发展作为支撑的,不提经济中心的定位不是放弃经济发展,而只是放弃大而全的经济体系(陈一诺,2017)。

对中国金融领域发展有着重要影响的"一行二会"[1]、四大国有商业银行和 11 家保险公司总部皆位于北京,中国 500 强企业中前十名的企业有八家公司的总部设立于北京,由此北京衍生出体量庞大的总部经济。根据 GFCI27 报告,2019 年 9 月至 2020 年 3 月,上海、北京分别位列全球十大金融中心的第五位和第七位[2][国家高端智库中国(深

---

[1] 即中国人民银行、中国银行保险监督管理委员会和中国证券监督管理委员会。

[2] 全球十大金融中心最新排名依次为:纽约、伦敦、香港、新加坡、上海、东京、北京、迪拜、深圳和悉尼。

圳）综合开发研究院，英国智库 Z/Yen 集团，2020］。2002 年北京地区生产总值仅为上海的 75.2%，而 2022 年则达到了 93.2%；2021 年北京国内发明专利申请授权量达到 79210 件，是上海的 2.02 倍，二者科技研发能力之间的差距也较为明显。因此，北京完全具备建成有世界影响力的"门户城市"的条件，而作为主要承载地的第一代区域发展空间具备充分条件打造成为有世界影响力的"门户区域"。

作为京津冀城市群核心城市的北京，建设有世界影响力的"门户城市"，既是京津冀协同发展的要求，也是中国由经济大国迈向经济强国的要求。中央国家机关 67.41% 的用地分布在北京的城六区（刘欣葵，2009），能够切实承担起政治中心、文化中心、国际交往中心和科技创新中心职能的区域只能是北京第一代区域发展空间和部分区域发展新空间。因此，北京第一代区域发展空间，要不断优化社会经济发展职能，疏解不适于北京未来经济发展需要的产业门类，更加突出首都核心功能，将北京打造成为有世界影响力的"门户城市"，实现京津冀建设以首都为核心的世界级城市群的目标。

三、妥善治理城市病

利用价格杠杆治理大城市病，对大城市病的调控需要逐步实现以行政手段为主过渡到以法律手段和经济手段为主的转变（安树伟，刘晓蓉，2010）。2016—2021 年，北京拥堵延时指数[①]由 2.061 下降为 2.048，说明北京交通拥堵情况在近年得到缓解。除高峰期平均候车时长外，北京公共交通综合出行成本各项指标均位居"一线城市"

---

① 指拥堵状态下出行时间（实际出行时间）与畅通状态下出行时间的比值。

首位（见表21-6），而无论是地铁线路网密度，还是公共汽电车营运车辆数北京皆远超其他"一线城市"（见表21-7），说明公共交通领域投入高、产出低问题比较突出。

表21-6　2021年一线城市公共交通综合出行成本

城市	出行平均用时（分）	高峰期平均候车时长（分）	平均步行距离区间（米）	平均换乘系数
北京	47.6	8.46	1000—1050	1.58
上海	42.9	9.73	1000—1050	1.57
广州	40.1	10.03	850—950	1.52
深圳	42.1	8.36	850—950	1.44

资料来源：根据高德地图、交通运输部科学研究院《2021年度中国主要城市公共交通大数据分析报告》（2022）整理得到。

表21-7　2021年一线城市公共交通情况

城市	地面公交线路网密度[1]（千米/平方千米）	地铁线路网密度（千米/平方千米）	公共汽电车营运车辆数（辆）	轨道交通运营里程（千米）
北京	4.80	1.50	23948	727.0
上海	5.24	1.17	17663	729.2
广州	4.14	0.92	15590	553.2
深圳	5.29	0.85	17004	422.6

[1]线路网密度，指某一计算区域内所有道路的总长度与区域总面积之比。

资料来源：根据前瞻产业研究院以及百度地图发布的《2021年度中国城市交通报告》整理得到。

当前，北京主要采取两种手段解决交通拥堵问题：其一，依靠增修道路。"布雷斯悖论"指出，道路数量的增加不一定会对交通拥堵产生积极作用，这一途径并非是一劳永逸的办法。其二，车牌摇号、开车限号。这一系列政策明显也是治标不治本的，依靠行政手段治理交通拥堵问题，很难达到预期政策目标。解决这一问题最切实可行的办法就是外部成本内在化。可以借鉴新加坡的经验，通过征收交通拥堵费缓解交通压力（郭继孚，刘莹，余柳，2011）。

北京房地产价格问题不仅体现在房租上，也体现在购房价格上。2020 年，北京城市家庭人均居住面积为 33.41 平方米，平均每户居住面积达到 77.64 平方米，然而住房紧张问题依旧没有得到根本改善。对于房地产的类别可简单分为以下两类，即满足基本生活需要的房地产和满足美好生活需要的房地产。对于后者，是个人财富积淀到一定程度后的现实选择，即便其价格再高也应交由市场去调节，政府不应进行干预；至于前者，实现"居者有其屋"是体现政府执政为民的重要举措，为使更多的无房者买到房、租到房、住到房，政府应对满足基本生活需要的住房加大保障力度（张长，2018）。

第四节 北京区域发展新空间的功能定位和发展方向

北京拓展区域发展新空间的重要方面，是促进新空间的尽快成长。通州城市副中心是北京重要的区域发展新空间，本节以通州城市副中心为例，研究探讨北京区域发展新空间在北京区域发展格局中的功能定位和发展方向。1959 年至今，通州先后经历了五次较大的城市规划，共有北京卫星城、新城、行政副中心和城市副中心几个功能定位。就目前而言，通州具有双重属性，它既是北京城市副中心，是北京区域发展新空间的重要组成部分，同时也是北京市域范围 16 个行政辖区之一。其发展和功能定位演变的原动力是北京行政事业单位的迁移，由此推动了北京城市副中心配套基础设施的完善和公共服务供给的提高，也吸引到中心城区人口等其他要素的迁移，进而推动了通州产城融合步伐的加快（李瑶，安树伟，2018）。因此，通州城市副中心的职能定位，不仅要在本质上把握好"都"与"城"之间的关系，还要将其与首都核心功能紧密结合在一起。

一、通州城市副中心的功能定位

（一）承担北京"文化中心"与"国际交往中心"的部分功能，打造国际一流和谐宜居之都示范区

通州城市副中心有着悠久的历史，通州作为京杭大运河的北起点，是元、明、清三代贯通南北方的重要钱粮补给动脉，深厚的历史文化积淀为通州城市副中心承担文化中心部分功能奠定了坚实的基础。"大运河文化带"被列为北京三大文化带之一，通州城市副中心还将承担北京文化中心的部分功能。2021 年投入运营的北京环球影城主题乐园是继好莱坞、奥兰多、大阪和新加坡之后的世界第五个环球影城主题乐园，作为世界级环球影城主题乐园，通州城市副中心应以此为契机，承担起北京国际交往中心的部分功能；通州与世界总部经济云集的北京国贸之间距离较近，可以打造 CBD 的配套商务服务中心，增强其承担"国际交往中心"部分功能的实力。

在承担了部分文化功能与国际交往中心功能之后，通州城市副中心应对标国际一流城市的宜居建设标准，建设生态环境卓越、人与自然和谐、经济活跃繁荣、文化特色鲜明、社会安定和谐、人民

生活幸福的美丽家园，打造国际一流和谐宜居之都示范区。

（二）推动形成新型城镇化示范区

遵循超大城市城镇化发展规律，妥善处理好城与乡的关系，建立健全城乡融合发展体制机制，着力推进户籍制度、社会保障制度、土地制度改革，创新城乡功能组织体系，培育若干特色小城镇，打造若干美丽乡村。创新政策体系，探索新型城镇化的发展模式，实现城乡规划、资源配置、设施建设、产业发展、公共服务、社会治理的一体化，让城乡居民共享发展成果（国家发展和改革委员会，2020）。

（三）打造京津冀协同发展的先行示范区

北京市人民政府主要行政机关由东城区搬迁至通州区，客观上缩短了与天津、河北廊坊的空间距离，将通州城市副中心推向了"京津冀协同发展"的前沿阵地。通州城市副中心要利用好这一地理优势，充分发挥北京城市副中心的辐射带动作用，推进通州区与北三县高质量发展，实现功能分工协同、交通互联互通、生态共建共管、设施共建共享、安全联防联控，探索统一规划、统一政策、统一标准、统一管控的协同机制，成为京津冀交界地区协同发展的典范，打造京津冀协同发展的先行示范区（国家发展和改革委员会，2020）。

（四）承接部分北京"非首都功能"，构建与北京城市副中心相匹配的产业发展体系

通州城市副中心作为北京区域发展新空间的重要组成部分，承接第一代区域发展空间的产业转移是其应有之义。为此，必须结合

当地产业发展现状，做大经济发展规模，达到与北京城市副中心定位相匹配的产业规模和能级。围绕通州产业发展定位，努力打造金融商务类产业集群、文化旅游类产业集群以及未来新兴产业集群。不断优化产业结构，引进培育具有较高科技含量的产业，积极推动产业集群的形成，吸纳就业，增强城市副中心的集聚能力。

二、通州城市副中心的发展方向

（一）加强交通联系，打造对内对外的联通渠道

交通基础设施是城市副中心发展的基本条件。除了完善北京城市副中心内部的交通网络体系及交通基础设施建设，还应畅通北京城市副中心与主城区的交通联系，使其更好地承接主城区的部分功能，要在北京主城区与城市副中心之间构建便捷、舒适的公共交通体系，尤其是大容量的轨道交通，增加公共交通的供给量以满足需求。要加快通州同北京以外诸多地区的联系，打造高效、便捷、快速、绿色的综合立体交通网络，辐射带动周边地区，尤其是要加强与三河、大厂和香河的联系，创新交通建设运营管理机制，商讨共建高效一体的交通网络，共同建设轨道上的京津冀（国家发展和改革委员会，2020）。

（二）提高公共服务供给能力，均衡配置基本公共服务

在重点补齐基础教育设施短板的基础上，构建公共文化服务体系，加大公共文化资源的整合，高标准配置卫生健康资源，坚持病有所医，建立覆盖城乡、服务均等的卫生健康服务体系，逐步完善医院、公共卫生和基层卫生等基础设施；优化服务卫生机构布局，

提高基本医疗设施建设水平，大幅度提升卫生健康服务能力。切实提升社会保障基本服务水平，以普惠性、保基本、均等化、可持续为目标，创新社会保障服务体系，完善社会保障政策，以优质的公共服务吸引人才到城市副中心"落地 生根"。

（三）完善城市综合功能，不断增强辐射带动能力

根据《北京城市总体规划（2016年—2035年）》的要求，尽快构建"一带、一轴、多组团"的城市空间结构，沿生态文明带布置运河商务区、北京城市副中心交通枢纽地区和城市绿心三个功能节点；在创新发展轴周围形成宋庄文化创意产业集聚区、行政办公区、城市绿心和北京环球主题公园及度假区四个功能节点。围绕对接中心城区功能和人口疏解，发挥疏解非首都功能的示范带动作用，促进行政功能与其他城市功能有机结合，形成配套完善的城市综合功能。

第五节 北京拓展区域发展新空间的对策

北京拓展区域发展新空间，需要按照创新、协调、绿色、开放、共享五大发展理念要求，推动实现经济高质量发展、城市高水平治理、生态高标准建设、人民高品质生活，要在以下几方面下功夫。

一、完善营商环境，厘清政府市场关系

营造市场化、法治化、国际化营商环境是北京拓展区域发展新空间的基石，让政府、民众和企业在法律的约束下开展经济活动，

政府当好"裁判员",制定好市场规则,维护好市场秩序,处理好经济主体之间的纠纷,让"公权力"成为市场秩序的坚定守护者,切实做到"法无授权不可为"。厘清政府与市场的关系,政府必须进一步简政放权,采取税收减免、政策优惠等措施,优化营商环境,使企业具备在区域发展新空间公平竞争的机会。同时,大力发挥市场在资源配置中的决定性作用(林毅夫,2008)。

二、制定并落实科学的发展规划

一个地区只有按照本地区要素禀赋从事生产经营活动才是最有效率的。不同区域的经济发展基础和自然环境禀赋不同,因而区域发展规划要因地制宜,不可盲目照搬,切实找准产业发展定位,制定科学合理且能够落实的区域发展规划。要充分认识到区域发展新空间不是一个"集装箱",不能简单地理解为第一代区域发展空间转移什么,区域发展新空间就要承接什么,不能为眼前的经济利益而忽视长远的经济发展,对所承接的产业转移要细致甄选,并制定符合区域发展新空间产业发展的科学规划(张长,2018)。

三、加快推进创新发展

长期经济增长依靠的是技术进步,而非劳动力和资本的投入。北京拓展区域发展新空间必须要将创新发展放置于极其重要的位置上,坚决摒弃单纯依靠投资拉动经济增长的传统经济发展模式。拓展区域发展新空间不要囿于已有的培育模式,要将创新思维融入其中,在社会中营造出良好的创新氛围。同时要大力弘扬企业家精神,依托企业家实现产业创新发展。迈克尔·博兰尼(Michael Polanyi)

将知识分为显性知识和隐性知识,①运用隐性知识进行决策更加依赖于企业家自身对市场前景的预测、对未来技术水平的预期和对资源可获得性的判断(张维迎,2017)。不同企业家面对同一问题有着不同的解决手段,其中某一个决策就有可能成为推动社会进步的重要力量。而相比于隐性知识,显性知识就是对已有决策的"复制",对社会进步的推动作用有限。拓展区域发展新空间,表面上看是产业的空间转移,但实质上是人口的空间转移,确切讲是企业家的空间转移。只有大力弘扬企业家精神,发挥创新理念,树立企业家在市场经济决策中的主体地位,打造具备竞争力的新产业、新企业,才能切实提升区域发展新空间的创新能力。

四、加速推进对外开放

历史经验表明,只有开放才能发展,封闭只能带来落后。区域发展新空间不应囿于一隅,而是要走出北京、走出中国、走向世界,积极融入全球价值链分工之中,参与国际分工协作;对于本地区的优势产业更要参与国际产业竞争,在世界产业格局中占据一席之地。为此,北京应当继续提升承担重大外交外事活动的能力,强化国际交往功能,全面提升国际交往的软硬件环境,规范和完善多样化、国际化的城市服务功能,展现良好的对外开放形象。推进构建北京—莫斯科欧亚高速运输走廊,建设向北开放的重要窗口(国家发展改革委,外交部,商务部,2015)。树立良好对外形象,创立世界性品

---

① 显性知识是典型的"教科书式模板",可以通过人与人之间的交流传递、学习;隐性知识则是"只可意会不可言传"的知识,企业家进行决策时更倾向于运用隐性知识,这与普通管理者所倾向使用的显性知识有着本质的不同。

牌，打造综合性的对外门户，服务国家开放大局。打造高端国际交流平台，吸引国际组织总部落户北京，不断拓展对外开放的广度和深度，努力打造国际交往活跃、国际化服务完善、国际影响力凸显的重大国际活动聚集之都。

五、大力推进基础设施建设

第一，要以更高标准规划并建设以通州城市副中心为交通枢纽门户的对外综合交通体系，打造不同层级轨道为主、多种交通方式协调共存的立体交通走廊。第二，大幅度提升通勤主导方向上的轨道交通和大容量公交供给能力，提高服务水平，建设七横三纵的轨道交通线网，建设五横两纵的高速公路、快速路网络。畅通区域发展新空间与第一代区域发展空间的联系。继续发挥北京首都国际机场、北京大兴国际机场的优势，进一步推动机场周围交通设施的建设（北京市人民政府，2017），加快交通枢纽与城市功能的整合。第三，在各空间资源环境约束的要求下，按照世界标准以"适度超前、绿色环保、城乡一体"为原则，以技术创新和机制创新为手段，全面提升基础设施建设标准；尤其是区域发展新空间，要以更快速度和更高标准建设基础设施，包括绿色职能电网、多源导向的天然气输配系统、安全清洁的供热体系等（北京市人民政府办公厅，2015），尽快赶上并超越第一代区域发展空间。

参考文献

安树伟，刘晓蓉.区域政策手段比较及我国区域政策手段完善方向[J].江淮论坛，2010（3）：36–40+52.

安树伟，张晋晋，郁鹏等.京津冀建设世界级城市群[M].北京：经济科学出版社，2020：8.

北京市人民政府.北京城市总体规划（2016 年—2035 年）[Z].2017.

北京市人民政府办公厅.北京市进一步促进能源清洁高效安全发展的实施意见[Z].2015.

北京市规划和自然资源委员会.首都功能核心区控制性详细规划（街区层面）（2018 年—2035 年）[Z].2019.

陈一诺.北京副市长程红：为何首都不提"经济中心"[EB/OL].http://news.ifeng.com/a/20170117/50587779_0.shtml，2017–01–17.

高德地图，交通运输部科学研究院.2021 年度中国主要城市公共交通大数据分析报告[R].2022.

郭继孚，刘莹，余柳.对中国大城市交通拥堵问题的认识[J].城市交通，2011，9（2）：8–14+6.

国家发展改革委，外交部，商务部.推动共建丝绸之路经济带和 21 世纪海上丝绸之路的愿景与行动[N].人民日报，2015–3–29（004）.

国家发展和改革委员会.北京市通州区与河北省三河、大厂、香河三县市协同发展规划[Z].2020.

国家高端智库中国（深圳）综合开发研究院，英国智库 Z/Yen 集团.第 27 期"全球金融中心指数"（GFCI 27）报告[R].2020.

柯武刚，史漫飞.制度经济学：社会秩序与公共政策[M].北京：商务印书馆，2000：17.

李瑶，安树伟.北京城市副中心的形成机制、路径与对策[J].城市，2018（8）：24–32.

理查德·P.格林，詹姆斯·B.皮克.城市地理学[M].北京：商务印书馆，2011：339.

林毅夫.经济发展与转型——思潮、战略与自生能力[M].北京：北京大学出版社，2008：35.

刘欣葵.首都体制下的北京规划建设管理——封建帝都 600 年与新中国首都

60年[M].北京：中国建筑工业出版社，2009：287.

王莎，童磊，贺玉德.京津冀城市群经济联系的定量测度[J].技术经济，2019，38（10）：74–81.

张维迎.知识的本质与企业家精神[EB/OL].https://www.sohu.com/a/139079714_330810，2017–05–08.

张长.北京市拓展区域发展新空间研究[D].北京：首都经济大学，2018.

祝合良，叶堂林，张贵祥等.2017京津冀发展报告：协同发展的新形势与新进展[M].北京：社会科学文献出版社，2017：306.

后 记

经过改革开放 40 多年的高速发展，中国取得了长期高速经济增长和大规模城镇化的辉煌成就。在未来一个较长时期内，中国经济和社会发展对资源和环境的压力将持续加大，各地区的自然结构和社会经济结构将继续演变，社会经济与自然基础之间的匹配和适应关系更趋于复杂，这将使中国国土安全、资源保障、生态和环境等面临诸多危机。为了应对这些可能出现的挑战，我们需要对这些问题进行思考：中国日益庞大的经济总量如何在全国地域上合理布局？如何使那些城市群（都市圈）、人口和产业集聚带增加可持续发展的能力？如何看待中国内部的发展不平衡？根据城镇化发展的一般规律和发达国家城镇化的峰值水平来看，未来东部地区大部分省份的城镇化速度将趋缓，城镇化带动东部地区快速发展的动力会减弱。中国今后社会经济发展的空间格局无法按照目前的态势均衡地延伸下去，各地区不可能都使 GDP 以同样速度翻番下去，全国及各地区的城镇化和工业化进程及其与支撑体系要素间的匹配关系将更加千差万别。在这种背景下，拓展我国区域发展新空间就成为关系到我国经济社会可持续发展的重大战略问题，也是我国目前迫切需要解决的重要问题之一。优化区域空间开发结构,拓展区域发展的空间,有利于促进中国经济持续稳定增长,有利于推动经济增长动能转换,有利于构建区域发展新格局,有利于促进区域协调发展。笔者于2016年1月申报了国家社会科学基金重大项目《拓展我国区域发展新空间研究》,本书就是该项目的最终成果。

《拓展我国区域发展新空间研究》(批准号:15ZDC016)于2016年3月立项,2016年5月开题,经过四年多的研究工作,课题组先后深入京津冀、长三角、珠三角、武汉及其周边地区、昆明及其周边地区、成渝地区、关中平原、西藏"一江三河"地区、太原都市圈、晋陕蒙交界地区、海峡西岸地区、汉江中上游地区、兰(州)西(宁)地区、辽中南等地区进行调研,取得了大量的第一手资料。2020年6月,课题组圆满完成了各项任务,并上报全国哲学社会科学工作办公室申请鉴定,2020年11月通过鉴定。之后,根据鉴定意见对研究报告进行了修改完善。本书是在课题研究报告的基础上修改而成的。

本书的研究思路、基本内容、结构框架是安树伟提出和最后确定的,各部分内容按照分工分别执笔完成,最后由安树伟进行统一修改和定稿。本书各章分工如下:观点概要,安树伟;第一章,安树伟;第二章,王宇光;第三章,熊雪如、安树伟;第四章,常瑞祥、安树伟;第五章,肖金成、黄征学、刘保奎、张燕、曾海鹰、陈梦筱;第六章,张晋晋、宋维珍;第七章,段霞、毛琦梁、高见;第八章,高国力、李天健、滕飞;第九章,高国力、曹忠祥、卢伟;第十章,邬晓霞、张双悦;第十一章,申现杰;第十二章,常瑞祥;第十三章,郁鹏;第十四章,钟顺昌;第十五章,李瑞鹏;第十六章,张晋晋;第十七章,庞晓庆;第十八章,王立;第十九章,马燕坤;第二十章,熊雪如;第二十一章,张长。其中,刘云中、任俊、张长提供了第四章初稿,常瑞祥和安树伟进行了较大修改;祝尔娟、叶堂林、张贵祥、吴庆玲、戚晓旭、卢燕、何晶彦、潘鹏、冯军宁、曹毅、毛若冲、原青青提供了第六章初稿,张晋晋和宋维珍进行了较大修改;申秀敏更新了第十九章和第二十一章数据,张双悦补充完善了第二十一章部分内容。在课题申请、研究阶段,郁鹏和李瑞鹏博士先后做了大量的组织协调工作。

值本书付梓之际,谨代表所有作者对为本书顺利完成和出版提供支持与帮助的单位及个人表示诚挚的感谢!感谢中国社会科学院农村发展研究所所长魏后凯研究员、中国人民大学孙久文教授、北京大学首都发展研究院院长李国平教授、中国科学院科技战略咨询研究院赵作权研究员、首都经济贸易大学张强教授在开题中给予的宝贵意见!感谢魏后凯研究员在百忙之中为本书作序!感谢子课题负责人国家发展和改革委员会国土开发与地区经济研究所原所长肖金成研究员、国家发展和改革委员会城市和小城镇改革发展中心主任高国力研究员、国务院发展研究中心刘云中研究员、首都经济贸易大学段霞教授和祝尔娟教授的鼎力支持!感谢商务印书馆编辑李彬先生,是他的关心、支持和耐心使得本书得以顺利出版,从而为我们广泛地与有关专家、同人、读者就中国拓展区域发展新空间这一问题进行交流提供了良好机会。

本书所进行的研究仅仅是中国拓展区域发展新空间的初步研究,其中一部分相关成果曾先后在《中国软科学》《经济管理》《改革》《财经问题研究》等期刊发表,其中,CSSCI 期刊论文 19 篇,被中国人民大学复印报刊资料全文转载 4 篇，但仍有许多问题有待深入探索。加之水平有限，必有不少纰漏与不妥之处。作为一块引玉之砖，我们诚挚地期盼各位专家、学者、同行不吝赐教。

安 树 伟

2023 年 11 月　北京　丽园